포스트 매스미디어

어머니, 평생 남을 위해 비우기만 하시고
이젠 자신의 모든 기억마저 비우시려는
당신께 이 책을 바칩니다.

컬처룩 미디어 총서 029

포스트 매스미디어

연관성 위기에서
초위기로

김용찬 지음

culture
look

지은이 **김용찬**은 미디어 사회 이론 연구자로 연세대학교 언론홍보영상학부 교수다. 미디어, 도시, 위험 사회 분야를 연구한다. 미국 서던캘리포니아대학교(USC)에서 박사 학위를 받은 후 아이오아대학교, 앨라배마대학교의 교수를 지냈다. 저서로는 《The Communication Ecology in the 21st Century Urban Communities》, 《The Candlelight Movement, Democracy, and Communication in Korea》, 《미디어와 공동체》(공저), 《뉴미디어와 이주민》, 《논문, 쓰다》 등이 있다.

컬처룩 미디어 총서 029
포스트매스미디어
연관성 위기에서 초위기로

지은이 김용찬
펴낸이 이리라

책임편집 이여진
편집 하이픈
표지 디자인 엄혜리

2023년 2월 25일 1판 1쇄 펴냄

펴낸곳 컬처룩
등록 번호 제2011 - 000149
주소 03993 서울시 마포구 동교로 27길 12 씨티빌딩 302호
전화 02.322.7019 ｜ 팩스 070.8257.7019 ｜ culturelook@daum.net
www.culturelook.net

© 2023 김용찬

ISBN 979 - 11 - 92090 - 15 - 3 94300
ISBN 979 - 11 - 85521 - 06 - 0 (세트)

* 이 책은 '2020년 한국방송학회 - GS SHOP 방송/영상 분야 저술 출판 지원'에 의해 수행되었습니다.

차례

일러두기

- 한글 전용을 원칙으로 하되, 필요한 경우 원어나 한자를 병기하였다.
- 한글 맞춤법은 '한글 맞춤법' 및 '표준어 규정'(1988), '표준어 모음'(1990)을 적용하였다.
- 외국의 인명, 지명 등은 국립국어원의 외래어 표기법을 따랐으며, 관례로 굳어진 경우는 예외를 두었다.
- 사용된 기호는 다음과 같다.

  신문 및 잡지 등 정기 간행물, 영화, TV 프로그램 제목 등:〈 〉

  책(단행본):《 》
- 이 책에 실린 그림과 사진은 연구 및 교육의 목적으로 본문의 이해를 돕기 위해 사용했습니다. 사용을 허락해 주신 분께 감사드립니다. 잘못 기재한 사항이나 사용 허락을 받지 않은 것이 있다면 사과드리며, 이후 쇄에서 정확하게 수정하며 관련 절차에 따라 허락받을 것을 약속드립니다.

우리는 미디어의 바닷속을 헤엄치는 고래다. 혹은 미디어의 숲속에 사는 딱정벌레다. 미디어는 우리가 사는 환경이 되었다. 바다 같은, 숲 같은 미디어 환경을 표현하려면, '미디어를 통해서,' '미디어를 갖고,' '미디어의 도움으로,' '미디어와 더불어' 같은 말들로는 부족하다. 요즘 많이 쓰는 '플랫폼상에서'라는 은유도 제한적이다. 우리는 '미디어 안에서' 산다. 고래가 바닷속에 사는 것처럼, 딱정벌레가 숲속에 사는 것처럼 말이다. 우리는 이제 미디어 속에서 살고, 일하고, 사랑하고, 논다.

20세기에 매스 미디어 시대가 자리를 잡기 시작할 때부터 사람들은 미디어와 사회가 서로 영향을 주고받는 방식에 대해 다양한 질문을 해 왔다. 그들은 우선 '미디어가 사회에 어떤 영향을 미칠까'에 관해 물었다. 이런 식의 질문에서 미디어는 주어이고 사회는 미디어 영향을 받는 대상이다. 다른 누군가는 '사람들이 미디어를 왜, 어떻게 사용하는가'라는 질문이 더 중요하다고 보았다. 여기서는 사람들이 주어이고, 미디어가 대상이다. 또 어떤 사람들은 '사람들이 미디어와 더불어 어떻게 살아가는가'라는 질문을 던졌다. 미디어와 사회, 그 둘 사이에는 한쪽이 다른 쪽에 일방적 영향을 주는 관계가 아니라 상호 영향을 주고받는 관계가 있다는 것이다. 미디어를 환경으로 보는 관점을 제시하는 사람들도 있다. 이 책에서 내가 제기하는 것이 이 관점에 가깝다. 이 관점을 택한 사람들은 '사람들이 미디어 안에서 어떻게 살아가는가'라는 질문을 던진다. 바닷속에는 물, 바위, 플랑크톤, 해조류, 어류가 있고, 숲에는 흙, 공기, 햇볕, 풀, 나무, 곤충, 포유류가 있듯이, 미디어라는 환경에는 도구, 내용, 제도, 사람, 공간이 공존한다. '미디어 환경'이라는 말은 이제 그저 수사적으로만 쓸 말이 아니다. 왜냐하면 그것은 실재하는 것이기 때문이다. 우리는 거기서 살아간다.

물속에 있는 물고기는 물의 존재에 대해 온전히 이해할 수 없고, 숲에서 태어나 거기서 죽는 딱정벌레도 그 숲의 존재에 대해 인식하지 못한다. 미디어 속에서 숨 쉬는 우리도 마찬가지다. 미디어 안에 살면서도 사실 우리는 미디어를 잘 모른다. 고래가 자신이 헤엄치는 물에 대해 알려면, 혹은 딱정벌레가 자신이 서식하는 숲에 대해 알려면, 물 밖으로, 숲 밖으로 나가야 한다. 미디어도 마찬가지다. 미디어에 대해 알려면 미디어 밖으로 나가야 한다. 미디어 밖으로 나간다는 것은 과연 무엇을 의미하는 것일까? 미디어 밖에는 과연 무엇이 있을까? 무엇인가가 존재하긴 하는 것일까? 이 책은 미디어의 바다 혹은 미디어의 숲을 벗어나서 미디어 세계를 객관적으로 보고자 하는, 어쩌면 무모할 수도 있는 시도를 담고 있다. 나는 이 책에서 미디어에 대한 관습적 이해를 흔들고, 우리가 사는 미디어 환경을 상대화해 보려 했다. 성공 여부는 독자들이 판단할 것이다. 에드윈 애벗Edwin Abbott이 19세기 말에 쓴 《플랫랜드: 다차원 세계의 이야기Flatland: A Romance of Many Dimensions》에서 우화적으로 잘 묘사했듯이, 자신의 세계에 대해 이해하려면 자기가 익숙한 세계에서 어떻게든 벗어나야 한다. 평면 세계에 사는 사각형이 자기 모습을 이해하려면 입체 도형의 세계로 올라가든지 아니면 선이나 점의 세계로 내려가야 한다. 그럴 때 비로소 평평한 면의 세계에 속한 자기 모습을 깨닫게 된다. 물론 실제로는 불가능한 일이다. 미디어의 세계를 벗어나서 미디어의 세계를 내려다보는 것도 사실 불가능한 일이다. 그런데도 돌고래들이 수면 위로 솟았다 다시 물속으로 들어가는 만큼의 그 찰나적 순간이라도, 미디어 밖에서 미디어를 바라볼 수 있어야 미디어에 대해 이해할 수 있다. 다시 말하지만, 우리가 미디어 속에 살고 있기 때문이다. 그래서 미디어에 관한 연구는 이제 자신이 사는 환경에 관한 연구가 되어야 한다. 이런 상황에서 미디어가 사람들에게 어떤 영향을 미치는지, 사람들이 미디어를 어떻게 이용하는지에 대한 논의는 지엽적 이슈가 될 수밖에 없다. 미디어 연구는 더욱더 힘든 일이 되어 버렸다.

이 책을 쓰는 프로젝트를 나는 세 개의 질문을 갖고 시작했다. 세 질문 모두 우리가 사는 미디어 환경을 그 바깥에서부터 보기 위한 것이다. 세 질문은 이런 것이다. (1) 미디어란 무엇인가? (2) 우리는 어떤 미디어 환경 '속'에서 살고 있는가? (3) 우리 시대 미디어 환경에서 가장 중요한 핵심 이슈는 무엇인가?(이 질문은 '우리는 어떤 미디어 환경 속에서 살아야 하나'로 바꿀 수 있다.) 이러한 질문은 우리가 익숙하다고 생각하고 그래서 잘 안다고 믿는 미디어의 개념, 미디어 환경의 개념, 그 환경 속에서 벌어지는 문제를 상대화하는 것이다. 이 질문들 자체가 이 책을 구성하는 기본 틀이다.

　우선 나는 '미디어란 무엇인가'라는 질문을 통해 미디어라는 개념을 흔들고, 해체하는 작업을 하려 했다. 미디어라는 개념을 상대화시키고 낯설게 하고자 했다. 미디어란 개념이 고정된 것이 아니고 늘 흔들리는 것이었음을 보여 주려 했다. 그 과정에서 미디어가 갖는 도구, 내용, 제도, 사람, 공간의 하부 차원을 솎아내고, 그것들이 어떻게 상호 작용하고, 시간이 변하면서 어떤 차원이 부상하고 어떤 차원이 가라앉는지를 드러내려 했다. 독자는 책의 전반부에서 미디어라는 개념 자체에 대해 다시 생각해 보는 기회를 갖게 될 것이다.

　미디어의 개념을 흔든 뒤에 '우리는 어떤 미디어 환경 속에서 사는 가'라는 질문을 던졌다. 지난 100여 년의 시간을 매스 미디어 시대와 포스트매스미디어 시대로 구분하는 작업을 하면서 그 질문에 대한 답을 찾으려 했다. 매스 미디어 시대에 태어난 사람은 매스 미디어 시대가 아주 오래전부터 있었던 것이고, 그것이 조금씩 해체되는 것을 '급변하는 미디어 환경' 등으로 표현하면서 미디어 환경이 현재 예측 불허 상태로, 그야말로 이상하고 기괴한 방향으로 나가고 있는 것처럼 말하곤 했다. 그러나 인류의 오랜 미디어 역사를 돌이켜 보면 이상하고 기괴했던 것은 오히려 매스 미디어 시대였다. 한 사람이 이야기하는 것을 뿔뿔이 흩어져 있는 수백만, 수천만 명이 동시에 듣는다? 이보다 더 기괴한 일이 20세기 이전 인류 역사에 있었단 말인가! TV의 도입으로 매스 미디어 시대가 완성되는 1940년대 후반부터 케이블 방송이 자리 잡고 인터넷이 등장하면서 매스 미디어 시대가 저물기 시작하는 1990년대 초반에 이르기까지, 매스 미디어 시대의 기간은 그리 길지 않았다. 냉전 시기와도 겹치는 약 40여 년가량 지속되었을 뿐이다. 그때야말로 미디어 역사의 측면에서 보면 기괴하면서도 돌출된 시기였다. 매스 미디어 시대를 벗어나는 중에 있는 우리는, 한편에서는 최근의 기술 발전을 토대로 전에 없던 새로운 미디어 경험을 하고 있다(뉴 미디어 기술에 관한 언론 기사는 대개 이런 것에 초점을 둔다). 하지만 또 다른 편에서는 매스 미디어 시대의 위계적 억압 체제 속에서 중단할 수밖에 없었던 과거의 관행을 다시 복구하는 경험을 하고 있다(가령 소셜 미디어가 그런 경우인데, 이에 대해서는 본문에서 자세히 이야기할 것이다). 매스 미디어 시대는 고대 바빌론 제국 같은 시기였다고도 할 수 있을지 모르겠다. 바빌론 제국은 모든 것을 제국의 사상, 종교, 언어, 문화에 표준화시키고 통합시키는 중앙 집중적인 체제를 갖췄다. 바빌론 제국 시대에서처럼 매스 미디어 시대에도 모든 것이 중앙의 것으로 표준화되고 통합되었다. 변방의 힘없고 작은 목소리들은 사라지거나 숨죽일 수밖에 없었다. 바빌론 제국이 무너진 후에 페르시아 제국이 역사의 전면에 등장했다. 페르시아 제국은 바빌론과는 다른 통치 방식을 택했다. 변방의 문화, 이야기, 언어, 종교를 존중하는 정책을 폈다. 매스 미디어 시대가 저물어가는 오늘날, 마치 페르시아 제국 시기처럼, 변방의 작은 이야기들이 다시 힘을 얻기 시작했다. 그래서 어쩌면 우리가 지금 바빌론 제국의 시대를 지나 페르시아 제국의 시대로 들어간다고 할 수 있을지도 모르겠다. 그런 변화를 나는 이 책에서 포스트매스미디어 혹은 포스트매스미디어 시대라는 이름으로 추적해 보려 했다.

이 책을 쓰기 시작할 때 내가 가졌던 세 번째 질문은 '우리가 사는 미디어 환경의 가장 핵심 문제는 무엇일까'였다. 앞에서도 언급했듯이 이 질문은 미디어 환경에 대한 분석적 질문을 넘어서서 '우리는 어떤 미디어 환경에서 살아가야 하는가'라는 윤리적 질문으로 이어진다. 나는 매스 미디어 시대와 포스트매스미디어 시대에 가장 핵심적인 문제를 '연관성'이라는 개념으로 풀어 보려고 했다. 그리고 매스 미디어 시대의 문제를 연관성 위기로, 포스트매스미디어 시대의 문제를 연관성 초위기로 설명했다. 연관성을 갖는다는 것은 나, 지금, 여기에 가깝다는 것을 말한다. 우리가 연관성 있는 삶을 산다는 것은 나, 지금, 여기와 연관된 것에 관심을 두고, 그것에 관해 이야기하고, 그것에 대해 행동하는 삶을 산다는 것을 의미한다. 그렇다고 해서 나, 지금, 여기의 좁은 세상에 갇혀 살아간다는 것은 아니다. 연관성의 삶이란 일반적이고 보편적인 것이 나, 지금, 여기와 어떻게 연결되고, 나 지금, 여기의 것들이 어떻게 보편적이고 일반적 가치를 갖는지 인식하는 삶이기도 하기 때문이다. 더 나아가서 연관성의 삶이란, 나, 지금, 여기의 가치는 내가 아닌 타자들, 지금이 아닌 시간, 여기가 아닌 공간과의 관계 속에서 구성된다는 것에 관한 이해를 토대로 한다. 연관성 위기란 나, 지금, 여기와 가까운 것으로부터 소외되고, 그것들과 먼 것을 중요하게 여기게 되는 상황을 일컫는 것이다. 연관성 초위기란 나, 지금, 여기와 가까워졌지만, 그것으로부터 나오는 가치를 내가 갖는 것이 아니라 제삼자가 가져가는 상황을 일컫는다. 연관성 위기란 모든 것을 제국의 중심으로 포섭하고 표준화시키는 바빌론 제국 시대에 사람들이 겪었던 위기였다. 반면 연관성 초위기란 바빌론 제국 이후에 등장해서 각 지방의 문화를 인정해 주었던 페르시아 제국 시기의 사람들이 겪었던 위기였다. 페르시아 제국은 일종의 다문화 정책을 시행하면서 지방 문화를 존중했다. 다리우스 1세 때 구축한 왕도royal road는 당시 기준으로는 초고속 통신망의 역할을 하였다. 페르시아 제국은 왕도와 역참 제도 등을 활용해서 지방 총독을 감시하고, 세금을 효율적으로 걷어 들이고, 변방의 사회와 문화가 만들어 내는 가치를 중앙으로 손쉽게 옮길 수 있었다. 중앙 집중적인 바빌론 제국의 체제와 분산적인 페르시아 제국의 체제를 비교한다면, 우리는 이제 막 바빌론적인 매스 미디어 환경을 벗어나서 페르시아적 포스트매스미디어 환경으로 들어서고 있다 할 수 있다. 페르시아 제국이 무너진 후에, 그리스 도시 국가 시기를 거친 뒤, 그 어떤 제국보다 강력하고 포악한 로마 제국이 등장했음을 우리는 알고 있다. 포스트매스미디어 시대 이후에도 과거의 로마 제국같이 더 억압적인 미디어 시대가 부상할 것인가? 아니면 보다 정의로운 미디어 시대가 나타날 것인가? 미래의 미디어 환경이 어떤 것이 되건, 아마도 우리는 그 시대에 '포스트' 같은 접두어가 필요 없는 완전히 새로운 이름을 붙여야 할 것이다.

이 책의 내용은 미디어 사회 이론 연구자로서 내가 그동안 고민해

온 과제인 미디어 환경을 이론화하는 작업을 위한 기초 공사 중 하나라 할 수 있다. 이 책에서 시작한 작업은 두 개의 연결된 후속 작업으로 이어질 것이다. 첫 번째는 도시를 하나의 거대한 미디어로 파악하고, 미디어로서의 도시가 디지털화되는 문제를 다루는 작업이 될 것이다. 두 번째는 우리가 사는 디지털 미디어 환경이 어떻게 일종의 네트워크화된 부족 사회들로 구성되어 가는지, 미디어 환경이라는 개념의 관점에서 그것이 갖는 함의가 무엇인지 논하는 작업이 될 것이다. 이런 작업을 토대로 세워 보려는 건물은 '미디어 환경' 혹은 '커뮤니케이션 환경'이란 개념에 대한 사회 이론이다. 미디어 환경이나 커뮤니케이션 환경이라는 말은 분명한 개념화 과정을 거치지 못하고 수사적으로만 쓰이는 경우가 많았다. 그러나 이 말들은 이론적 틀 속에서 체계적으로 개념화되어야 한다. 우리가 실제로 '미디어 안에서' 사는 것이라면 말이다.

이 책은 미디어 문제를 사회 문제로 보려는 사람들, 혹은 그 반대로 사회 문제를 미디어의 문제로 보려는 사람들을 위한 것이라고 할 수 있다. 미디어와 사회 사이의 관계에 관해 관심 있는 대학생과 대학원생의 수준에 맞는 내용을 담고 있다. 하지만 내가 여기서 제기하는 새로운 문제, 가령 미디어의 하부 개념, 포스트매스미디어 시대의 구분, 연관성 문제 등은 동료 학자들과 함께 계속 논의하고 싶은 주제들이다. 그렇기에 동료 학자들을 염두에 두고 쓴 책이기도 하다. 미디어학자 선후배들이 읽고 냉철한 비판을 해 준다면 매우 감사하게 생각할 것이다. 전체적으로 글을 평이하게 쓰려고 노력했다. 지금 우리가 어떤 미디어 환경 속에서 살고 있는지에 대해 알고 싶은 일반 대중도 비교적 어렵지 않게 읽을 수 있을 것이다.

이 책의 대부분은 이 책을 위해서 새롭게 쓴 것들이다. 다만, 2장과

3장은 2020년 〈한국방송학보〉(Vol. 34, No. 6)에 쓴 "미디어, 흔들리는 개념"이란 논문을 기반으로 한 것이다. 연관성의 개념에 대해서 논한 부분의 일부도 2021년 〈방송문화연구〉(Vol. 33, No. 1)에 쓴 논문 "지역 기반 공동체 미디어와 연관성 위기"의 내용을 기초로 한 것이다. 이 내용은 이 책 여기저기에 흩어져 있다. 연관성의 개념에 대한 것은 그동안 한국기독교사회문제연구원, 마포FM, 한국언론학회, ICA(International Communication Association) 학회, 중국 복단대학교 등에서 발표하기도 했다.

이 책을 쓰는 데 직접, 간접으로 도움을 주신 모든 분에게 감사드린다. 우선 지난 몇 년 동안 '미디어와 사회' 강의를 수강한 연세대학교 학생들에게 감사한다. 수업 시간에 함께 토론했던 내용이 이 책의 방향에 영향을 미쳤다. 특히 2022년에 이 수업을 들었던 학생들은 이 책의 초고를 읽고 다양한 질문과 의견을 공유해 주었다. 그들의 질문과 의견에는 나도 깜짝 놀랄 만큼 탁월한 것들이 있었다. 그것들이 초고를 수정하는 과정에 큰 영향을 미쳤다. '뉴 미디어와 사회' 대학원 수업을 들었던 학생들에게도 감사한다. 특히 원고를 읽고 의견을 공유해 준 박상우에게 감사한다. 학생들에게 감사할 수 있다는 것 자체가 감사한 일이다. 학자로서의 길을 닦아 주신 스승들께 감사드린다. 내 학문의 틀과 방향을 세우는 데 결정적 역할을 하신 스승 샌드라 볼로키치Sandra Ball-Rokeach 교수님께 감사드린다. USC에 있는 동안 기술과 사회의 관계를 이해하는 데 필요한 영감을 주신 빌 더튼Bill Dutton, 고 제임스 베니거James Beginer, 마누엘 카스텔Manuel Castells, 페기 매클로플린Peggy McLaughlin 교수님께 감사드린다. 연세대학교에서 보낸 석사 과정 때부터 지금까지 인생의 멘토가 되어 주신 오인환 교수님께 감사드린다. 이 책을 마무리 짓는 시점에 큰 수술을 받으셨는데, 빨리 완쾌하시기를 바란다. 석사 논문 지도 교수이셨던 최정호 교수님을 비롯해, 박홍수, 서정우, 김영석, 한정호, 최양수, 윤영철, 강상현 교수님들의 가르침으로 학문의 기초를 닦을 수 있었던 것은 나에게 큰 행운이었다. 특별히 나의 연구자 동료들에게 감사의 말을 전하고 싶다. 오랜 시간 동안 함께 연구를 해 온 일본 국제기독대학교의 정주영 교수님께 감사드린다. USC 애넌버그 스쿨 시절부터 지금까지 미디어와 사회 문제에 대해 함께 연구하고, 논문을 쓰며 고민했던 것들이 이 책에 고스란히 담겨 있다. 정 교수님은 이 책의 원고를 읽고 중요한 의견을 공유해 주기도 했다. 한국에서 오랫동안 함께 연구를 수행한 동료인 광운대학교 김예란 교수님, 한국외국어대학교 채영길 교수님, 포항공과대학교 김진희 교수님, 성균관대학교 서미혜 교수님께 감사드린다. 함께 연구를 수행하며 토론했던 것이 이 책의 중요한 부분을 차지하고 있다. 코로나 기간에 서울, 도쿄, 뉴욕, 런던 등 도시를 비교하는 연구를 함께 수행했던 런던정경대학의 미리아 조주Myria Georgiou 교수님과 엠브리리들항공대학교의 앨리슨 크웨셀Allison Kwesell 교수님에게 감사한다. 샌드라 볼로키치가 이끈 USC 메타모포시스 연구팀Metamorphosis Project에서 함께 시간을 보낸 동료들에게 감사한다. 특히 엘리시아 코엔Elisia Cohen, 젠 깁스Jenn Gibbs, 완잉 린Wan-Ying Lin, 소린 마테이Sorin Matei, 매튜 맛사가니스Matthew Matsaganis, 메건 모란Meghan Moran, 잭 추Jack Qiu, 홀리 윌킨Holley Wilkin, 메리 윌슨Mary Wilson에게 감사한다. Urban Communication Lab(UCL)의 정은진, 편미란, 신혜진, 방로, 장서윤, 김단비에게 감사한다. 이들은 이 책의 초고 전체, 혹은 일부를 읽고 중요한 의견을 공유해 주었다. 박사 과정 학생으로 만났지만 오히려 내게 늘 배울 것들을 제공해 준 김유정 박사, 김지현 박사, 신의경 박사, 조아라 박사, 박문령 박사에게 감사한다. UCL에서 함께 연구를 수행했던 심홍진 박사, 권예지 박사, 신인영 박사, 임지영 박사, 정혜선 박사, 손해영, 우지희, 박지민, 손경은, 김미강, 김화연, 김민정,

이도경, 유영은에게 감사한다. 만날 때마다 즐거운 격려의 말을 아끼지 않으신 연세대학교 커뮤니케이션 대학원의 윤태진, 이상길, 이윤영 교수님, 고려대학교 박지훈 교수님, 한림대학교 김신동 교수님, 사이먼프레이저대학교의 진달용 교수님, 서울여자대학교의 박진규 교수님, 오레곤대학교의 염규호 교수님께 감사드린다. 이 책 집필 초반에 제주대학교에서 한 학기 지낼 수 있도록 도와주신 안도현 교수님께 감사드린다. 연세대학교 언론홍보영상학부의 김주환, 김희진, 김경모, 조창환, 박남기, 백영민, 이상엽, 소지연, 김자림, 이나연, 송현진 교수님께 감사드린다. 예일대학교의 존 피터스John Peters 교수님, USC에서 가르침을 받은 고 월터 피셔Walter Fisher 교수님, 런던정경대학의 닉 쿨드리Nick Couldry 교수님과의 대화가 이 책의 내용에 녹아들어 있다. 도시커뮤니케이션재단Urban Communication Foundation에서 교류한 게리 검퍼트Gary Gumpert, 수잔 드러커Susan Drucker, 피터 해러토닉Peter Haratonik, 스콧 매콰이어Scott McQuire 교수님께 감사드린다. 통찰력 넘치는 설교로 연관성 넘치는 삶에 대해 늘 새로운 영감을 주시는 청파교회 김기석 목사님께 감사드린다. 이 책의 일부에 대해 발표할 기회를 주신 마포FM의 송덕호 대표님, 기독교사회문제연구원의 김상덕 박사님, 중국 복단대학교의 판 지Pan Ji 교수님께 감사드린다.

가족들의 도움이 없었다면 이 책이 세상이 나오는 것이 불가능했을 것이다. 집안일과는 연관성이 매우 떨어지는 것일 수도 있는, 책 쓰는 일에 내가 집중할 수 있게 해 준 아내 전이린에게 감사한다. 미술 작가로서, 선생으로서, 엄마와 아내로서, 딸과 며느리로서 일인 다역을 수행하면서도 이 책을 쓰는 과정에 늘 지지를 보내 주었고 원고를 읽고 자기 생각을 공유해 주었다. 아내가 쓰고 있는 책도 빨리 세상에 나오길 기다리겠다. 수하와 하운, 사랑하는 두 아들은 내가 지치지 않고 이 책을 쓸 수 있었던 가장 큰 이유였다. 22세기까지 살아갈 수도 있는 우리 아이들이 어떤 미디어 환경 속에서 살아갈지에 대한 궁금증과, 그것이 지금보다 더 정의로운 환경이 되길 바라는 마음이 이 책을 쓰는 가장 중요한 동기였다. 병환 중에도 늘 미소로 응원해 주신 장모님께 감사드린다. 하루빨리 건강을 회복하시길 바란다. 묵묵히 바라봐 주시는 것만으로도 큰 힘이 되시는 아버지는 내게 늘 큰 산 같은 분이셨다. 내가 기댈 산으로 앞으로도 오랫동안 그 자리에 버티고 계셔 주시기를 기도한다. 기억과의 투쟁 속에서 점점 작아지시는 어머니, 그런 상태에서도 나를 볼 때면 언제나 내게 "내가 뭘 해 줄까?" 물으시고, "내가 더 잘해 줄께"라고 말씀하시는 어머니야말로 나, 지금, 여기라는 내 삶의 연관성 기초를 만들어 주신 분이시다.

이 책을 지원해 주신 한국방송학회와 GS SHOP 관계자분들에게 감사드린다. 기지재단의 지원에도 감사드린다. 마감을 훨씬 넘겼고, 원고의 분량이 예상보다 많이 늘어났음에도 싫은 소리 한번 없이 편집 작업을 해 주신 이여진 선생님께 감사드린다. 고된 편집 중에도 내용이 재미있다고 응원해 주신 것이 막판 작업에 큰 힘이 되었다. 이 책 내용에 대해 긍정적으로 판단해 주시고, 출판을 기꺼이 허락해 주신 컬처룩 이리라 대표님께 감사드린다.

김용찬

1장

미디어 오디세이

미디어 개인사

나는 TV 네이티브다. 내가 기억하는 세상에는 항상 TV가 존재했다. 나보다 나이가 좀 더 많은 사람들 중에는 TV가 없던 어린 시절을 떠올리는 분들이 있다. 그들 중에는 TV라는 물건이 집에 처음 들어오던 순간을 기억하는 사람들도 있다. 하지만 내게는 그런 기억이 없다. TV는 가족처럼 늘 내 옆에 있었다. 어린 시절에는 개나 고양이처럼 TV가 인간과 늘 함께 있던 것으로 생각했는지도 모르겠다. "KBS, 여기는 채널 9, 서울 텔레비전 방송국입니다. HLCK"라는 말과 함께 국영 방송 KBS가 TV 방송을 시작한 해가 내가 태어난 해로부터 불과 6년 전이었다는 사실을 그때는 당연히 몰랐다. '세상'이 시작한 역사는 내가 믿었던 것보다 더 짧았다. TV와 함께 시작한 어린 시절은 〈요괴인간〉과 〈타이거마스크〉와 〈마징가제트〉와 함께했다. 〈초원의 집〉, 〈보난자〉, 〈형사 콜롬보〉, 〈육백만불의 사나이〉, 〈원더우먼〉, 〈코스비가족 만세〉 등을 친구들과 함께 보기도 했다. 〈수사반장〉, 〈토지〉, 〈전설의 고향〉도 어린 시절 나의 미디어 세계를 차지했던 것들이다. 박정희 대통령의 작은 키와 카랑카랑한 목소리를 TV를 통해 늘 보고 들었다. 대통령 부인이 총에 맞는 장면과 박 대통령 서거 소식도 TV를 통해 지켜봤다. 박스컵 대회 축구 경기와 홍수환의 권투 경기도 TV를 통해 전 국민과 함께 지켜봤다. 1980년대 들어서 전두환 대통령의 동정과 프로야구 개막을 컬러 TV로 볼 수 있었다. 1984년에 처음 삼성에서 만든 휴대용 카세트 플레이어 '마이마이'를 구입했고, 라디오에서 나온 음악을 카세트테이프에 녹음해서 듣곤 했다.

TV 키드로 자라 자연스럽게 미디어 관련 학과에 진학했다. 그때가 1980년대 중반이었다. 지금 돌이켜보면 매스 미디어 시대가 조금씩 저물어 가던 시기였다. 하지만 1980년대에 이를 눈치챈 사람들은 드물었다. 미디어 전공자였던 나도 마찬가지였다. PC가 조금씩 보급되었다. 그것이 나중에 미디어 세상과 어떻게 연결될지 말해 주는 사람은 별로 없었다. 방송론 수업 시간에는 여전히 공익성, 형평성의 원칙fairness doctrine, 동시간 원칙equal time rule같이 세상에서 이미 사라졌거나 사라져 가는 것을 외워야 했다. 전화기와 컴퓨터가 연결되면서 곧 새로운 세상이 열릴 것이라는 소문을 듣긴 했다. 그러나 그것이 미디어 세상을 어떻게 바꿔 놓을지 감을 잡을 수는 없었다. 1991년에는 조교로 일하던 연구실에서 전화와 컴퓨터에 텔넷telnet이 연결되었다. 텔넷에 연결된 다른 컴퓨터와 문자를 주고받는 것이 가능하다는 것을 직접 체험했다. 그것이 다 인터넷상에서 이루어진 것이었지만, 그것을 아직 인터넷이라고 부르지는 않았다. 1990년대 초반에 유학을 가는 바람에 한국에서 유행한 삐삐를 쓰진 못했다. 미국에 가서 보니 의사, 경찰, 소방관만 삐삐를 사용했다.

1994년에 미국 동부 지역에 있는 학교에 유학을 가서 이메일 주소를 처음 부여받았다. 고퍼gopher라는 텍스트 기반 브라우저를 쓰기 시작했고, 하이퍼미디어와 하이퍼링크의 세계를 처음 접했다. 고퍼와 더불어 이미지와 동영상까지 지원되는 '모자이크'라는 이름의 브라우저를 쓰기도 했다. 1995년에는 '넷스케이프'가 브라우저 시장을 장악했다. 1995년에 마이크로소프트가 출시한 '인터넷 익스플로러'가 거기에 대항했지만 역부족이었다. 1994년에 이미 웹 페이지로 기사 서비스를 하던 〈중앙일보〉 기사를 뉴욕에서도 볼 수 있었다. 〈중앙일보〉 웹 페이지를 보고 성수대교가 무너지고, 삼풍백화점이 허물어진 것을 알았다. HTML을 조각 정보로 배워서 내 생애 첫 번째 개인 홈페이지를 직접 만들어 본 것도 1994년이었다. 1994년에 미국에서 TV를 보려면 케이블에 가입해야 했다. 한두 해가 지나고 나서 한국에서도 케이블 방송이 시작되었다는 소식을 들었다. 1990년대에 케이블 방송이 위세를 떨치기 시작했지만, 여전히 사람들은 톰 브로코Tom Brokaw, 피터 제닝스Peter Jennings, 댄 래더Dan Rather 같은 공중파 방송 앵커의 이야기에 귀를 기울였다. 1997년 USC에서 박사 과정을 시작하며 처음 관여한 프로젝트는 가상 현실용 햅틱haptic 기술에 대한 것이었다. 1998년부터 '메타모포시스' 연구팀에 참여하면서 디지털 미디어가 도시 환경에 미치는 영향과 정보 격차에 대한 연구를 시작했다. 휴대전화를 처음 갖게 된 것은 1998년에 큰아이가 태어나기 직전이었다. 1990년대의 마지막을 Y2K 소동으로 보내고 새로운 밀레니엄을 맞이했다. 그렇게 20세기가 끝나고 21세기가 시작할 즈음 1998년 설립된 구글이 검색 서비스 시장을 석권하기 시작했다.

1999년부터 USC에서 웹사이트와 온라인 커뮤니티 제작이 주 내용인 학부 과목을 맡아 가르쳤다. HTML뿐 아니라, 자바스크립트, 플래시 등을 가르쳤다. 내가 박사 학위를 마치고 앨라배마대학교에서 조교수로 학생들을 가르치기 시작할 즈음인 2004년에 구글은 지메일 서비스를 시작하고 이용자를 늘려가기 시작했다. 2000년대 초반에 나는 미국에서 아이들 키우는 부모를 위한 다음카페를 직접 만들어서 수천 명이 소통하는 온라인 커뮤니티의 운영자 역할을 하기도 했다. 2004년에는 싸이월드를 쓰기 시작했다. 미국에 있던 나는 싸이월드를 통해서 한국에 있는 가족이나 친구들과 소통할 수 있었다. 2004년에는 Palm III 버전의 팜파일럿 PDA를 사서 썼다. 2006년에는 페이스북에 가입해서 첫 번째 사진을 올렸다. 2007년에는 동영상을 유튜브에 처음 올렸다. 2008년에 아이팟으로 음악을 듣기 시작했다. 같은 해에 세컨드라이프second life에 구축한 가상 현실 강의실에서 강의를 하기 시작했다. 2009년에 한국에 돌아와서 연세대학교에서 가르치기 시작했고, 2010년에 아이폰을 처음 쓰기 시작했다. 2010년대에는 꾸준히 트위터와 페이스북을 통해 사람들과 소통했고, 관련 논문을 썼고, 그런 경험을 논하는 '미디어와 사회' 강의를 했다. 2010년대에는 인공 지능, 사물 인터넷, 자율 주행차, 스마트 시티 등이 미디어 환경의 변화와 다양한 방식으로 얽히는 것을 목격했다. 그런 변화의 내용을 살피는 '디지털 도시' 강의를 했다. 2020년이후는 코로나바이러스가 미디어 환경을 변화시키는 것을 관찰했다. 비대면의 시대가 열렸고, 그럴수록 여기저기서 나오는 메타버스의 소문과 소동을 지켜봤다. 그리고 지금 '포스트매스미디어' 세상에 관한 책을 쓰고 있다.

이것이 20세기 후반 시점부터 지금까지 나의 미디어 개인사다. 물론 이런 개인사가 20세기 후반과 21세기 초를 살아온 사람들의 경험을 대표하지는 않을 것이다. 하지만 매스 미디어 시대에서 새로운 미디어 환경으로 넘어가는 전환기의 일면을 엿볼 수는 있을 것이다. 이 책을 읽는 독자도 이 책을 통해 자신의 미디어 개인사를 스스로 성찰해 볼 거울을 얻을 수 있으면 좋겠다.

포스트매스미디어라는 용어에 대해

나는 이 책에서 우리가 20세기 말부터 경험해 온 새로운 미디어 환경을 '포스트매스미디어' 시대로 부르려 한다. '포스트post'라는 말은 늘 수상한 접두사다. 20세기 들어서 사람들은 여러 가지에 포스트란 말을 붙여 왔다. 포스트모더니즘이나 포스트구조주의 등이 대표적이다. 그 외에 후기 인상파Post-impressionism, 후기 실증주의Post-positivism, 후기 낭만주의Post-romanticism 등에도 포스트란 말이 붙어 있다. 포스트라는 접두사가 최근 가장 많이 쓰이는 말은 아마도 포스트팬데믹과 포스트진실post-truth일 것이다. 포스트란 말의 의미가 늘 명확했던 것은 아니다. 그런데도 그 말의 공통적 쓰임새는 짐작할 수 있다. 가령 어떤 것에 포스트란 접두사를 붙이는 이유는, 기존과는 질적으로 다른 구조, 흐름, 경향이 만들어졌지만, 여전히 기존의 구조, 흐름, 경향의 영향을 받고 있다고 판단하기 때문이다. 기존의 것과는 어떤 관련성도 찾을 수 없을 정도의 혁명적 변화가 생겼다면 기존 이름에 포스트 같은 말을 붙이기보다는 아예 완전히 새로운 이름을 만들어 쓰는 것이 좋을 것이다. 가령 사람들이 어느 순간부터를 포스트팬데믹 시기라 부른다고 해 보자. 그렇다고 해서 팬데믹이란 것이 언제 있었냐 싶게 팬데믹의 피해를 입기 전 상태로 온전히 돌아갔음을 의미하는 것은 아니다. 포스트팬데믹 시기란, 바이러스의 확산은 끝났는지 모르지만 팬데믹이 초래한 변화의 그림자가 여전히 드리워진 시기라고 말하는 것이 더 정확하다. 포스트매스미디어란 말도 마찬가지다. 매스 미디어 시대와는 질적으로 다른 변화가 미디어 환경에서 만들어지고 있지만, 매스 미디어 시대에 만들어진 구조, 경향, 습관이 여전히 힘을 발휘하고 있다. 그렇기에 포스트매스미디어란 이름은 현재의 미디어 환경을 기술하는 데 그럭저럭 쓸 만한 이름이라고 생각한다.

포스트매스미디어란 말은 1980년대에 프랑스 철학자 펠릭스 가타리Félix Guattari가 이미 썼다(Guattari, 2009, 2013). 그는 포스트미디어와 포스트매스미디어란 말을 번갈아 쓰곤 했는데, 그가 포스트미디어를 쓸 때는 대개 중간에 매스란 말을 생략한 것이다. 그는 매스 미디어 체제가 글로벌 자본주의와 결탁해서 결국 획일화된 대중 소비자를 만들어 왔음을 비판했다. 그러면서 그는 1980년대를 전후에서 포스트매스미디어 시대의 징후가 나타나기 시작했음에 주목했다. 그 징후는 대개 매스 미디어 체제에 저항하는 모습으로 나타났다. 가타리는 프랑스의 불법 공동체 라디오나 미니텔 등을 포스트매스미디어의 사례로 주목했다. 더불어 그는 포스트매스미디어 시대의 중요한 특징이 주체화subjectification와 개별화singularities라고 설명했다. 새로운 미디어 실천을 통해서 매스 미디어 체제가 가하는 획일적 지배를 벗어나는 주체화와 개별화의 경험이 가능하다는 것을 포스트매스미디어라는 개념으로 그가 보여 주려 했다고 할 수 있다. 포스트(매스)미디어에 관한 가타리의 논의는 그의 이른 사망으로 다른 사람들이 이어받을 수밖에 없었다. 가타리 이후의 포스트매스미디어 논의는 대개 대안 미디어적 실천에 대한 것이었다(Apprich, 2013; Slater, 2013). 가타리, 그리고 그의 뒤를 이어받은 사람들의 포스트매스미디어 논의에서 그들이 미디어의 개념을 어떻게 규정했는지 분명히 찾기는 쉽지 않다(미디어의 개념을 체계화시키는 것이 이 책의 핵심 내용 중 하나다). 그리고 그들은 포스트매스미디어에 대한 논의를 대안적, 저항적 미디어 실천에 대한 것으로 좁혀 놓았다. 포스트매스미디어 현상이 대안 미디어적 현상을 포함하는 것이긴 하지만, 그것은 현대 일상의 전 영역을 아우르는 것이기도 하다. 그런 점을 의식하며 나는 이 책에서 포스트매스미디어에 대한 논의를 현대적 삶의 다양한 국면을 포괄하는 것으로 확장시키려 했다. 1990년대부터 미술계, 특히 미디어 아트 분야에서는 포스트미디어 혹은 미디어 이후after media란 말을 쓰고 있다(Kinsey, 2103; Kruass, 1999, 2000, 2011). 그들의 논의에서도 매스 미디어에 대한 대안성, 미디어의 디지털화와 자동화 등의 변화에 대한 생각을 찾아볼 수 있다. 그러나 그들의 논의에서 언급되는 미디어는 이 책에서 제시하는 미디어의 개념에 비하면 훨씬 좁은 범위 안에 머물러 있다. 뿐만 아니라(혹은 그렇기에) 매스 미디어 시대에서 포스트매스미디어 시대로 전환되는 것의 사회적, 정치적, 제도적 측면의 의의를 살펴보는 논의도 부족하다. 그런 점들에 대한 논의가 이 책의 중심 주제 중 하나가 될 것이다.

이 책의 세 겹 구조

이 책을 나는 세 겹 구조로 설계했다. 세 개의 이야기가 서로 유기적으로 엮이면서 돌아가도록 책 전체의 구조를 짰다. 첫 번째 이야기는 미디어의 개념에 대한 것이다. 두 번째 이야기는 미디어 시기 전환에 대한 것이다. 세 번째는 미디어와 사회의 관계에 관한 이야기다. 첫 번째 이야기에서는 미디어의 개념을 다섯 가지 차원으로 나눠서 보는 것에 관한 내용을 담았다. 두 번째 이야기에서는 20세기의 매스 미디어 시대에서 21세기의 포스트매스미디어 시대로의 전환 문제를 담았다. 세 번째 이야기에서는 미디어와 사회가 만나는 지점에서 내가 가장 중요한 이슈라고 이 책에서 주장하는 연관성relevance 문제에 대한 내용을 담았다. 이 책은 결국 미디어, 시대, 연관성에 관한 것이다.

첫 번째 이야기는 '미디어란 무엇인가'라는 질문에서 시작한다. 미디어란 말이 이제는 일상의 용어가 되었다. 21세기 초입의 시대를 미디어 시대라고 부르는 사람도 있다. 미디어라는 말 자체가 과잉된 상태에서 우리는 살고 있다. 그런데 '그것이 무엇인지' 누군가 물어봤을 때 선뜻 답하기 어려운 것이 미디어라는 개념이기도 하다. 미디어라는 말의 의미는 한 번도 고정된 적이 없다. 그 말의 의미는 계속 흔들렸다. 흔들림의 역사가 미디어의 역사다. 이 책은 19세기 이래로 미디어라는 말이 어떻게 쓰였는지를 통시적으로 살펴본다. 그럼으로써 그 말의 쓰임새가 어떻게 혁명적으로 바뀌어 왔는지를 추적해 보려 한다. 그리고 나서 미디어에 들어 있는 다섯 가지의 하부 차원을 제시한다. 미디어의 다섯 가지 하부 차원은 도구, 내용, 제도, 사람, 공간이다. 미디어는 도구이기도 하고, 내용이기도 하고, 제도이기도 하고, 사람이기도 하고, 공간이기도 하다. 이 중에서 사람으로서의 미디어, 공간으로서의 미디어란 말은 좀 생소하게 들릴지도 모르겠다. 하지만 20세기 커뮤니케이션 혁명이 도달하기 전에는 미디어의 이런 쓰임새가 도구, 내용, 제도로서의 쓰임새보다 더 지배적이었다.

두 번째 이야기는 '21세기의 미디어 환경은 과거 매스 미디어가 지배하던 시기의 연장인가 아니면 본질적으로 다른 시기인가'라는 질문으로 시작한다. 이 질문에 관해 이 책이 지닌 입장은 '둘 다'라는 것이다. 매스 미디어 시대의 연장이면서 또 그것과 구별되는 성격을 지닌 것이 우리가 사는 21세기 미디어 환경의 특징이다. 20세기는 매스 미디어의 시대였다. 매스 미디어 시대는 인류의 미디어 역사 전체의 관점에서 보면 돌출된 시기였다. 소수가 다수에게 한꺼번에 같은 내용을 전달한다는 것 자체가 만들어 내는 경이로움과 두려움이 그 시기를 지배했다. 21세기의 미디어 환경에는 여전히 매스 미디어 시대의 그림자가 잔뜩 드리워져 있다. 동시에 매스 미디어 시대와는 뚜렷이 구별되는 새로운 징후가 나타나고 있기도 하다. 그래서 나는 우리 시대의 미디어 환경을 완전히 다른 이름으로 부르지 못하고, 매스 미디어란 이름의 유산을 다시 가져왔다. 그리고 지금 우리가 사는 미디어 시대를 포스트매스미디어 시대로 부르려 한다. 우리는 매스 미디어 시대가 물러가는 모습과 포스트매스미디어 시대가 오는 모습을 동시에 지켜보고 있다. 어쩌면 우리는 구체제는 물러가고 있으나 새로운 체제가 완전히 오지 않은 일종의 인터레그넘(왕의 부재 기간) 상태에 있는지도 모르겠다. 새로 오는 포스트매스미디어 시대는 어떤 시대일까? 거기에는 전에 없던 완전히 새로운 무언가도 있고, 매스 미디어 시대의 끈질긴 유산도 남아 있고, 어쩌면 모든 것을 삼켜 버린 매스 미디어 시대의 강렬함 때문에 사람들이 매스 미디어 시대 이전에 하다가 중단했던 것을 다시 새로운 방식으로 복원하는 것도 있다. 매스 미디어와 포스트매스미디어 시대의 전환을 나는 앞의 첫 번째에서 언급한 미디어의 다섯 가지 차원과 연결하여 이야기할 것이다. 즉 매스 미디어 시대에서 포스트매스미디어로 건너가는 장면을 도구, 내용, 제도, 사람, 공간으로서의 미디어 등으로 관점을 달리하면서 살펴볼 것이다.

세 번째는 연관성에 관한 이야기다. 이것을 나는 '과연 사람들은 미디어를 통해 자신의 정체성과, 지금, 여기에 연관된 것에 대해 관심을 갖고, 이야기하고, 행동하는 삶을 사는가'라는 연관성의 질문the relevance question으로 시작할 것이다. 만약 우리가 나/우리, 지금, 여기에 충실하게 연관된 삶을 살지 못한다면 우리는 연관성 위기를 겪는 것이다. 이 질문을 이 책에서 나는 앞의 두 번째 이야기와 연결시키면서 매스 미디어 시대와 포스트매스미디어 시대 각각에 연관성의 질문을 던질 것이다. 매스 미디어 시대는 연관성 위기의 시대였다. 그런 위기에서 무엇이 연관된 것인지와 무엇이 중요한 것인지가 서로 분리되었다. 매스 미디어 시대에는 사람들이 실제로는 나/지금/여기와 연관되지 않은 것은 중요한 것으로 인식하면서, 오히려 연관된 것은 중요하게 여기지 않는 경우가 많았다. 연관성의 범주 밖에 있는 보편적이고 일반적이고 추상적인 것들을 중요한 것으로 인식해야 하는 세상이었다. 반면에 자기와 연관된 것들은 사소하고, 하찮은 것으로 인식해야 했다. 그것을 나는 연관성 위기the crisis of relevance라고 부를 것이다. 매스 미디어 시대에도 연관성 위기 문제에 관한 비판적 지적이 계속 있었고, 그것을 극복하려는 다양한 시도도 있었다. 그런데도 우리는 20세기 내내 연관성 위기 시대의 상흔을 계속 간직한 채 살아야 했다. 미디어의 디지털화와 더불어 포스트매스미디어가 도달하면서 사람들이 자신과 연관 있는 이야기를 할 수 있게 되었다. 매스 미디어 시대에는 사소한 것으로 치부되었던 일상의 '하찮은' 이야기들이 포스트매스미디어 시대로 오면서 주목받기 시작했다. 그것들에 새로운 가치를 부여하는 미디어 환경이 만들어지기 시작했다. 그런데 여기 새로운 문제의 징후가 보인다. 연관성 있는 이야기들이 만들어 내는 가치를 그 이야기를 실제 생산한 개인, 집단, 공동체가 갖는 것이 아니라, 그런 이야기를 할 수 있는 판을 깔아준 제삼자들(가령 플랫폼 기업)이 가져간다. 그런 과정에서 연관성 위기가 더욱더 뒤틀린 형태로 다시 돌아오는 듯하다. 나는 이런 새로운 형태의 위기를 연관성 초위기the super-crisis of relevance라 부를 것이다. 연관성 위기와 초위기의 이야기는 두 번째 이야기(매스 미디어와 포스트매스미디어)와 연결되는 것을 넘어서서 첫 번째 이야기(미디어의 다섯 가지 차원)와도 연결될 것이다. 연관성 위기와 초위기의 징후를 미디어의 다섯 가지 차원으로 나눠서 살펴볼 것이다. 이렇게 이 책 안에서 미디어, 시대, 연관성의 문제들이 삼중 구조로 만나게 된다.

이런 삼중 구조의 이야기들을 이 책에서 9개의 장에 담았다. 2장과 3장은 미디어의 개념 문제를 다룬다. 2장 "미디어란 무엇인가"에서 나는 20세기 이후에 미디어의 개념 자체가 어떻게 격전의 장이 되었는지를 살펴볼 것이다. 그리고 그것이 매스 미디어 시대에, 그리고 포스트매스미디어 시대에 어떤 식의 변화를 겪어 왔는지를 살펴볼 것이다. 3장 "미디어의 다섯 가지 차원"에서는 2장의 내용을 토대로 해서 미디어란 개념이 갖는 다차원성을 설명할 것이다. 앞에서 언급한 것처럼 미디어의 개념이 어떻게 도구로서, 내용으로서, 제도로서, 사람으로서, 공간으로서 규정되어 왔는지를 역사적으로 살펴볼 것이다. 그리고 미디어에 대한 다차원적 개념화가 미디어의 문제를 이해하는 데 왜 중요한 것인지를 논할 것이다.

4장 "미디어와 연관성"에서는 이 책에서 미디어의 사회적 영향을 논하기 위해 주목하는 핵심 개념인 연관성에 대해서 논할 것이다. 연관성이라는 것이 무엇이고, 그것이 왜 미디어에 관한 논의를 하는 데 중요한 개념이 될 수밖에 없는지를 알프레드 슈츠Alfred Schutz, 에드문트 후설 Edmund Husserl, 위르겐 하버마스Jürgen Habermas 등 독일 학자들이 제시한 개념뿐만 아니라, 인지언어학, 커뮤니케이션학, 실증적 미디어 효과 이론이 어떻게 연관성의 문제를 다루는지를 비판적으로 검토할 것이다. 4장은 이 책 전체에서 가장 이론적인 장이 될 듯하다. 5장부터 8장까지의 내용을 이해하는 개념적 재료를 제공하는 장이라 볼 수 있다.

5장 "매스 미디어 시대: 돌출의 시기"에서는 앞에서 이야기한 미디어의 다섯 가지 차원의 틀 속에서 20세기 사람들이 경험한 매스 미디어 시대가 어떤 특징을 가졌는지 살펴보려 한다. 이미 언급했듯이, 매스 미디어 시대는 여러 측면에서 미디어 역사에서 돌출된 시기였다. 그 돌출의 의미 역시 미디어의 다섯 가지 차원의 틀에서 살펴보려 한다. 6장 "연관성 위기"에서는 매스 미디어 시대의 문제를 '연관성 위기'로 규정하고, 그것이 갖는 사회적 의미를 논하려 한다. 여기서 하버마스의 생활 세계의 식민지 개념에 대한 비판적 검토를 하고, 그것을 좀 더 일반화시키는 개념으로서 연관성 위기의 개념을 전개할 것이다. 그러고 나서 그런 논의를 커뮤니케이션 하부 구조 이론(communication infrastructure theory: CIT)의 논의와 연결하게 될 것이다. 7장 "포스트매스미디어 시대: 인터레그넘 시기"에서는 앞에서 소개한 매스 미디어 시대에 대비되는 포스트매스미디어 시대에 관해 설명하려 한다. 특히 이 장에서 나는 매스 미디어 시대와 포스트매스미디어 시대를 구분하는 것이 가능하고도 의미가 있는지에 대해 논의할 것이다. 그러고 나서 포스트매스미디어 시대의 특징을 역시 미디어의 다섯 가지 차원으로 나눠서 체계적으로 고찰해 볼 것이다. 8장 "연관성 초위기"에서는 포스트매스미디어 시대의 특징을 연관성 초위기라는 개념으로 설명하려 한다. 이것은 6장 "연관성 위기"와 대구를 이루는 장이 될 것이다. 특히 8장에서는 포스트매스미디어 시대에 사람들이 겪는 연관성 초위기가 지닌 성격을 구명하고, 그것을 토대로 우리의 일상이 데이터로 전환되며 식민지화되는 상황을 조명할 것이다. 그리고 개인들이 그런 상황에 어떻게 저항하는지, 어떻게 저항할 수 있는지도 논할 것이다. 9장 "우리는 이제 어떤 미디어 환경에서 살 것인가"에서는 지금까지의 논의를 정리하면서 포스트매스미디어 현상에 대한 이론화와 방법론의 가능성과 필요성을 논할 것이다. 더불어 포스트매스미디어 시대에 미디어 연구가 어떤 방향으로 나아가야 할지에 대한 내 생각도 말하고자 한다.

아홉 개의 장들이 엮인 흐름을 다시 살펴보자. 장들의 배치 안에 앞서 언급한 삼중 구조가 들어 있다. 2장과 3장은 미디어의 개념 문제를 집중적으로 다룬 장들이다. 4장, 6장, 8장은 연관성 문제와 관련된 장들이다. 5장과 7장은 매스 미디어 시대에서 포스트매스미디어 시대로의 전환 문제를 다룬 장들이다. 이런 구조의 흐름을 염두에 두고 이 책을 읽으면 내가 여기서 전달하려는 내용을 이해하는 데 도움이 될 것이다.

2장

미디어란 무엇인가

매스 미디어 시대가 포스트매스미디어 시대로 전환되는 것을 이야기하려면 '미디어'라는 개념에 대해 다시 생각해 봐야 한다. 매스 미디어 시대와 포스트매스미디어 시대라는 말속에 모두 '미디어'라는 단어가 있지만, 이것이 같은 것을 의미하는지조차도 사실 불분명하다. 역사적으로 보면 미디어라는 말은 한 번도 하나의 의미로 고정된 적이 없었다. 늘 그 의미가 변화하는 말이었고, 늘 흔들리는 개념(김용찬, 2020b)이었다. 매스 미디어 시대에서 포스트매스미디어 시대로 미디어 환경이 전환되는 것을 이해하기 위해서는 그런 흔들림 속에서 미디어의 의미가 어떻게 변화했는지를 알아야 한다. 그래서 이 장에서는 미디어의 개념 자체에 대해 먼저 생각해 보려 한다. 매스 미디어 시대에서 포스트매스미디어 시대로의 전환을 논하는 긴 여정을 시작하기 전에 말이다.

미디어라는 개념

18세기 말 칼 폰 린네Carl von Linné는 인류에게 호모 사피엔스Homo sapiens 라는 학명을 부여했다. 물론 이 학명과 상관없이 이미 인류는 지구상에서 30만 년 이상 살아왔다. 학명이 인류를 탄생시킨 것이 아니라는 사실은 말할 필요도 없다. 호모 사피엔스는 '인간'과 '현명함'이라는 뜻을 지닌 라틴어 '호모'와 '사피엔스'를 합성한 말이다. 물론 이 두 말은 18세기보다 훨씬 오래전에 등장했다. 이것들을 다 펼쳐 놓고 보면 호모 사피엔스라는 학명 체계가 만들어진 시점과, 인류가 지구에 출현한 시점과, 호모 사피엔스라는 이름 안에 들어 있는 말 재료(호모, 사피엔스) 자체가 만들어진 시점 사이에 불일치가 존재한다는 사실에 새삼스레 주목하게 된다.

'미디어'라는 개념을 둘러싸고도 비슷한 종류의 불일치를 생각해 볼 수 있다. 미디어는 인류가 이 땅에 출현해서 커뮤니케이션이라 분류할 수 있는 행위를 시작하면서부터 늘 있어 왔다. 하지만 특정한 유형의 물체와, 경험과, 현상을 하나의 범주로 묶어서 '미디어'라는 말로 부르기 시작한 것은 비교적 최근의 일이다. 특히 그것을 학문의 주제로 삼기 시작한 것은 한 세기 정도밖에 되지 않았다. 그렇다고 해서 미디어라는 말 자체가 최근에 만들어진 것은 아니다. 호모 사피엔스라는 말처럼 미디어라는 말도 오래전부터 존재해 오던 말이다. 미디어 혹은 그 단수형인 미디엄medium은 원래 '중간' 혹은 '중간에 있는 것'이라는 뜻의 라틴어에서 유래했다. 사람들이 미디어를 특정 방식의 커뮤니케이션 채널(가령 신문, 영화, 라디오, TV 등) 혹은 그 집합체의 의미로 스스럼없이 쓰기 시작한 일은 지금으로부터 불과 한 세기 정도에 지나지 않는다. 특정 현상을 미디어로 묶어 부르기 시작한 시점과, 미디어 자체가 생겨난 시점과, 미디어라는 단어가 만들어진 시점 사이에도 호모 사피엔스의 경우와 비슷한 불일치가 존재한다.

이미 우리는 미디어의 바닷속에서 살기 때문에 우리가 이런 불일치에 주목하는 것이 쉬운 일은 아니다. 그런데도 우리는 그러한 불일치를 끄집어내고 그것에 주목하려 노력해야 한다. 일치하지 않는 세 가지 중에서 여기서 우리가 특히 주시할 것은 미디어라는 실질적 현상 자체도 아니고, 미디어란 말 자체의 유래도 아니다. 우리의 주된 관심 사항은 특정 현상을 묶어서 그것에 미디어라는 '학명'을 붙이고, 그에 관한 연구를 시작한 시점이다. 그리고 그 이후에 연구자들이 미디어라는 개념을 다루어 온 방식의 변화에 대한 것이다. 이러한 과정이 본격적으로 시작한 것은 20세기 들어서라고 할 수 있다. 예일대학교의 미디어학자 존 피터스John Peters는 고대 그리스 시기부터 시작해서 오랫동안 많은 사람이 인간의 말하는 능력에 관심을 가져 왔지만, 그것에 실질적으로 주목하기 시작한 것은 19세기 말에 와서이고, 그것에 '커뮤니케이션'이라는 이름을 붙이고 그것을 학문적 연구의 대상으로 삼기 시작한 것은 20세기에 들어와서였다고 했다(Peters, 2012). 커뮤니케이션과 종종 혼동해서 쓰기도 하고, 혹은 '커뮤니케이션 미디어,' '매개된 커뮤니케이션' 등의 말에서처럼 커뮤니케이션이라는 말과 나란히 놓고 쓰기도 하는 '미디어'에 대해서도 우리는 마찬가지로 이야기할 수 있다. 미디어에 대한 실질적이고 학문적인 관심은 20세기 들어와서 비로소 본격화된 것이다. 여기 2장에서 내가 집중적으로 시도해 보려는 것은 20세기 매스 미디어 시대의 산물인 미디어라는 말을 연구자들이 그동안 어떻게 사용해 왔고, 21세기 포스트매스미디어 시대에 접어들면서 그 말의 용법이 어떻게 확대되어 왔는지 추적하는 것이다. 20세기의 상당 기간 '매스'라는 거추장스러운 모자를 쓰고 있던 미디어가 20세기 후반부터 그 모자를 벗은 후 독자적 추동력을 갖고, 새로운 방식의 진화를 하고 있다. 그러한 진화의 양상을 따라가면서 나는 이 책 전체에 걸쳐서 매스 미디어 환경에서 포스트매스미디어 환경으로 변화에 관한 이야기를 풀어내려 한다.

20세기 산물로서 미디어 개념

영어인 미디어media, 그 단수형인 미디엄medium, 그리고 그 말의 한자어 번역인 매체媒體는 대체적으로 (1) 사이와 중간in-between, 혹은 (2) 목적을 달성하기 위해 사용하는 도구tool의 의미를 가진 말이다. 두 번째 의미도 사실은 목적의 주체(혹은 그의 의도)와 목적 사이에서 그 둘을 이어 준다는 의미를 내포하는 것이므로 미디어의 대표적 의미는 '사이'와 '중간'이라 할 수 있다. 미디어를 사이와 중간의 의미로 쓰는 구체적 예로는 교환의 수단(가령 화폐), 힘의 전달체, 영매 혹은 무당, 중간 크기 등을 의미하는 경우 등을 들 수 있다. 중간이라는 의미가 조금 확대된 경우도 있다. 가령 미디어란 말이 공기, 공간, 물리적 환경, 삶의 조건, 사회 상황 등 유기체를 둘러싸고 있는, 혹은 유기체들 사이에 존재하는, 다양한 맥락적 조건을 가리키는 경우가 그렇다. 옥스퍼드 사전에 따르면 17세기에 "the ethereal Medium"이라는 표현이 쓰였는데, 여기서 미디엄은 공간을 의미하므로, 그것은 천상의 공간이라 번역할 수 있는 말이다. 평상시 우리가 미디어라는 말을 쓰는 방식과는 조금 달라서 생경하게 느껴질 수도 있다. 하지만 공간이란 것 자체가 개체들 사이에 존재하는 것이라는 점을 생각하면 미디어를 공간과 연결하는 것도 사이와 중간이라는 미디어의 원초적 의미를 많이 벗어난 것은 아니다. 공교롭게도 공간空間이라는 말의 한자어에는 이미 사이 간間 자가 들어 있어서 공간과 미디어의 관계를 더 분명하게 증언한다. 미디엄이 맥락을 의미하는 경우로 옥스퍼드 사전이 제시하는 또 다른 예는 1745년 영국의 사학자 조지 그로테George Grote가 플라톤Platon의 책을 번역한 내용에 나오는 "social medium"이라는 표현이다. 21세기 들어 유행한 소셜 미디어라는 말이 이미 18세기 중반에 쓰였던 것이다. 물론 그것이 지금과는 매우 다른 의미였다. 18세기에 쓰인 소셜 미디어는 사회적 맥락 혹은 사회적 환경을 의미하는 것이었다. 요즘에도 과학 분야에서는 미디엄이 맥락이나 환경의 의미로 쓰이곤 한다. 가령 옥스퍼드 사전에서 예로 드는 문장에는 "growing of vegetables and flowers in a soilless medium(토양이 없는 환경에서 야채나 꽃을 재배)"이란 구절이 나오는데, 여기서도 미디엄은 외적 조건이나 환경을 의미한다. 미디엄 혹은 미디어라는 말이 본래 중간과 사이의 의미를 지닌 것이라 했지만, 시간이 흐르면서 중간이라는 의미는 점점 퇴색해 왔다. 가령 평균, 중간값, 삼단논법에서 중간 단계, 품질에서 중간급, (중간에서의) 타협점, 중개인, 중간 계급 등과 같이 미디엄이란 말을 일상의 말에서 '중간'의 뜻으로 쓰는 경우는 이제 레스토랑에서 고기 굽기 정도를 지시할 때 혹은 옷가게에서 옷 크기를 표시할 때 정도에나 남아 있다.

미디엄이나 미디어란 말을 '도구'의 의미로 쓰는 경우도 있다. 아마 가장 대표적인 예는 미술 분야에서 '표현의 재료'를 지칭하는 경우일 것이다. 옥스퍼드 사전에 따르면 이런 식의 용법은 19세기 중반부터 나타났다. 대략적으로 모더니즘 미술이 등장할 시기였다. 19세기 중반부터 미술 작가들은 오일, 물, 알부민 같은 미술 재료를 가리키는 말로 미디엄이라는 말을 쓰기 시작했다. 이러한 관행은 지금까지도 이어지는데, 미술에서는 미디엄의 복수형을 media가 아니라, 아예 mediums로 쓰기 시작하는 등 미디엄이란 말의 다른 길을 만들어 놓았다.

'중간과 사이'라는 의미와 '도구'라는 의미가 통합된 형태로 미디어라는 말을 쓰는 가장 대표적인 경우는 그것을 커뮤니케이션 채널이라는 의미로 쓸 때다. 옥스퍼드 사전에 따르면 미디어를 이런 의미로 쓰기 시작한 것은 17세기 정도부터였다. 이런 분석이 맞다면 17세기 이전에는 책을 미디어로 부르는 경우는 거의 없었을 것이라고 생각해 볼 수 있다. 책은 책일 뿐이지 당시의 언어 관습에서 그것을 미디어라는 단어와 연결시키지는 않았을 것이다. 그런데도 17세기부터는 오늘날 우리가 커뮤니케이션 채널로 규정하는 것을 미디어로 부르는 예들이 등장했다. 가령 1605년에 프랜시스 베이컨Francis Bacon은 "인식은 말이라는 미디엄에 의해 표현된다cogitations bee expressed by the Medium of Wordes"라고 했다. 에드먼드 버크Edmund Burk도 1775년 "전쟁이라는 미디엄에 의한 평화"란 표현을 썼다. 비교적 최근의 경우는 1908년에 E. F. 벤슨E. F. Benson이 "일간지라는 미디엄"이라는 표현을 쓴 것이다. 비슷한 예로 옥스퍼드 사전은 "그의 아들을 미디어로 해서"(통역자로 썼다는 말이다), 혹은 "스위스 은행이라는 미디엄을 통해서" 등의 표현을 소개한다. 옥스퍼드 사전에 따르면 20세기에 들어선 이후 미디엄이 그것의 복수형 '미디어'가 되면서 특히 두 가지 의미가 두드러지게 나타났다. 첫 번째는 소수의 사람이나 기관이 다수에게 말하는 매스 커뮤니케이션의 수단이라는 의미이고, 두 번째는 데이터를 저장하는 물리적 장치라는 의미다. 첫 번째 미디어가 매스 커뮤니케이션의 수단(즉 매스 미디어)의 의미를 갖고 쓰이기 시작한 것은 20세기 초반부터라 할 수 있다. 하지만 20세기 초반에는 그런 사례가 매우 드물었다. 미디어가 매스 커뮤니케이션의 수단이라는 의미로 본격적으로 쓰이기 시작한 것은 20세기 중반에나 와서였다고 해야 할 것이다. 두 번째 경우 즉 미디어가 데이터 저장 매체를 뜻하는 말로 쓰이기 시작한 것은 20세기 후반부에 와서 컴퓨터가 일상적 도구로 보급되기 시작할 때였다. 여기서 우리가 집중할 것은 이 둘 중 첫 번째의 경우, 즉 미디엄의 복수형 미디어가 매스 커뮤니케이션의 수단이라는 의미로 쓰였던 경우다.

그런데 여기서 짚고 넘어가야 할 것이 하나 있다. 20세기 초반에서 중반까지는 (사실상 거의 1960년대까지는) 미디어란 단어가 커뮤니케이션 채널이라는 의미로 쓰일 때도 그것이 단독으로 쓰이는 경우가 거의 없었다는 사실이다. 그런 의미로 쓰일 때는 대개 앞에 '매스'란 말이 붙었다. 미디어란 말이 단독으로 쓰이는 경우가 있더라도 대개 그것은 문맥상 매스 미디어를 뜻하는 것이었다. 그러니까 그런 경우는 사실상 '매스'란 말이 생략된 것이라 해야 할 것이다.

'매스 미디어'란 말이 문헌에 처음 등장하는 것은 대략 1920년대 즈음이다. 가령 1923년에 노블 T. 프레이그Noble T. Praigg란 사람이 자신의 책 《광고와 판매Advertising and Selling》에서 '매스 미디어'란 말을 사용했다. 이 책은 제19회 세계연합광고클럽국제대회International Convention of the Associated Advertising Clubs of the World에 참여한 세일즈 및 광고 경영진 150명의 발표문들을 모아 편집한 것이었다. 이 책에 실린 글에서 S. M. 페크하이머S. M. Fechheimer란 사람은 "매스 미디엄의 수백만 독자"라는 표현을 썼고, G. 스노우G. Snow란 사람은 "매스 미디어는 최단 시간에 새롭고 넓은 시장에 이야기를 전달할 수 있는 가장 경제적인 방법이다"라고 했다(Praigg, 1923). 여기서 이들이 말한 매스 미디어는 대중 신문을 가리키는 것이었다. 매스 미디어와 사실상 거의 동일한 의미로 쓰였던 '매스 커뮤니케이션'이란 말은 라디오의 아버지이자 NBC의 초대 사장이었던 데이비드 사노프David Sarnoff가 1920년대 처음 쓰기 시작한 말로 알려져 있다(Simonson, 2010). 사노프가 매스 커뮤니케이션으로 지칭한 것은 쉽게 짐작할 수 있듯이 라디오였다.

앞에서 언급한 것처럼 1920년대 즈음에 매스 미디어란 말이 등장했고, 그 이후 20세기의 상당 기간 미디어라는 말은 대개 매스 미디어를 지칭하는 것이었다. 그렇다고 해서 20세기 초부터 사람들이 일상 용어로 매스 미디어란 말을 썼던 것은 아니라고 앞서 언급했다. 매스 미디어란 말이 사람들의 일상 용어가 되는 것은 대체로 1950년대에 TV가 급속히 보급되기 시작할 즈음이라고 할 수 있다. 1950년대 이전 연구자들은 매스 미디어를 지칭하기 위해 종종 상당히 길고 거추장스러운 수식어를 사용했다. 가령 시카고대학교의 사회학자였던 로버트 파크Robert Park와 어니스트 버제스Ernest Burgess(1933)는 미국 최초의 사회학 교과서라 할 수 있는 《사회학 과학 개론Introduction to the Science of Sociology》에서 매스 미디어란 말 대신에 '공보의 미디엄medium of publicity,' '신문의 미디엄medium of the press,' '상호 작용 미디엄medium of interaction' 등의 말을 사용하였다. 파크와 버제스는 이 책에서 신문이야말로 도시에서 가장 중요한 '커뮤니케이션의 미디엄medium of communication'이라 하기도 했다. 미국 사회학의 선각자라 할 두 사람은 같은 책에서 커뮤니케이션이란 '사회적 상호 작용을 위한 미디엄medium of social interaction'이라 설명하기도 했다. 더 나아가 그들은 물리학의 기본 단위가 분자의 작용과 반작용인 것처럼 사회학의 기본 단위는 커뮤니케이션이라고 하면서 사회학자란 커뮤니케이션과 미디어를 연구하는 학자들이라 말하기도 했다. 그렇기 때문에 파크와 버제스는 사회 진화에 대한 사회학적 연구는 결국 커뮤니케이션 수단과 테크닉, 즉 미디어의 발전을 추적하는 것이라 말하기까지 했다. 하지만 여기서 그들이 미디엄이 정확히 무엇인지 정의 내리지는 않았다. 그것을 수단, 방법, 테크닉 등의 말과 혼재해서 사용할 뿐이었다. 그런데도 지금 보더라도 파크와 버제스의 《사회학 과학 개론》은 미디어학 혹은 미디어 사회학의 교과서라 불러도 지나치지 않을 정도로 미디어와 커뮤니케이션의 문제를 중요하게 취급했다.

파크와 버제스의 책이 1921년에 나온 이후 몇십 년 동안 미디어라는 말은 매스 미디어와의 개념적 관계가 무엇인지 분명하지 않은 채 다양한 방식으로 불리었다. 어느 누구도 미디어가 무엇인지, 미디어와 커뮤니케이션을 어떻게 구분할지, 매스 미디어와 매스 미디어가 아닌 것을 어떻게 나눌 것인지 등을 분명하게 설명하지 않았다. 20세기 초반까지는 여러 개념이 혼란스럽게 사용되었다. 가령 언어인류학자 에드워드 사피어 Edward Sapir(1931)는 '커뮤니케이션 테크닉,' 혹은 '디바이스'라는 말을 사용하였다. 사회학자였던 맬컴 윌리Malcolm Willey와 스튜어트 라이스Stuart Rice(1933)는 자신들이 쓴 《커뮤니케이션 기관과 사회 생활Communication Agencies and Social Life》에서 '커뮤니케이션 기관,' '커뮤니케이션 미디어,' '매개된 커뮤니케이션mediated communication,' '대중 인상의 미디엄medium of mass impression,' '커뮤니케이션 시스템,' '커뮤니케이션 디바이스' 등의 용어를 조금은 어지럽게 사용하였다. 윌리와 라이스가 이렇게 다양한 용어로 지칭했던 것은 책, 라디오, 영화, 신문, (이 책을 쓴 시점에는 아직 미래 기술인) TV, 옥외 간판 등 대체로 오늘날 우리가 매스 미디어라 부르는 것들이다. 하지만 이들은 그 책 어디에서도 매스 미디어라는 용어를 쓰지 않았다. 미국 작가인 제임스 로티James Rorty(1934)는 1934년 발표한 글에서 일간지 등 정기 발행 신문, 우편, 라디오, 영화, 포스터 등의 미디어를 매스 미디어 대신 '광고 미디어advertising media'라 불렀다. 그는 대중 생산이 대중 확산을 낳았고, 대중 확산이 대중 문해력과 매스 커뮤니케이션과 대중 광고를 낳았다고 설명하면서 매스 미디어 현상에 대해 상당히 폭넓게 논하였지만 정작 '매스 미디어'라는 용어는 사용하지 않았다. 심리학자인 해들리 캔트릴Hadley Cantril과 고든 올포트Gordon Allport(1935)는 1935년에 출판한 《라디오의 심리학The Psychology of Radio》에서 라디오의 심리적, 사회적 영향에 관해 썼다. 그런데 흥미롭게도 이 책 어디에도 미디어라는 단어가 전혀 등장하지 않는다. 대신 그들은 '커뮤니케이션 방법 methods of communication'이란 표현을 사용했다. 그리고 거기에 인쇄, 전신, 전화, 영화, 라디오 등을 포함시켰다. 그들은 자신들이 커뮤니케이션 방법의 범주에 교통수단을 넣지 않았다는 점을 강조하면서 나름대로 그들이 말하는 '커뮤니케이션 방법'이 무엇인지에 대한 개념 정리를 꾀했다.

그런 시도 자체가 보여 주는 것은 1930년 당시까지도 아직 미디어의 개념이 다른 유관 개념(가령 교통수단)과 갖는 차이가 분명히 정립되지 않았다는 것이다. 교통수단은 사람을 실어 나르는 것이지 생각idea을 커뮤니케이션하는 것은 아니기 때문에 커뮤니케이션 방법(즉 미디어)에 포함시킬 수 없다고 캔트릴과 올포트는 설명했다. 그러나 사실 19세기 이전까지(즉 전신이 발명되기 전까지는) 사람들이 생각을 커뮤니케이션하기 위해서는 몸을 이동해서 수신자와 같은 공간에 있어야 했다. 수신자와 장거리로 떨어져 있을 때는 도보나, 말, 기차 등을 활용해서 이동을 해야 했다. 그래서 교통과 소통(커뮤니케이션)은 거의 같은 것이라 해도 크게 이상한 것이 아니었다. 그러나 캔트릴과 올포트가 《라디오의 심리학》을 쓸 때는 이미 장거리 통신이 상용화되어 있었고, 몸을 이동하는 교통을 커뮤니케이션의 개념 범주에서 떨궈 내는 과정이 이미 상당 정도 진행되어 있었다. 그런데도 1940년대까지 여전히 미디어의 범주에 교통을 포함시키는 사람들이 있었다. 막스 호르크하이머Max Horkheimer와 테오도르 아도르노Theodor Adorno는 1944년에 쓴 글에서 "현대 커뮤니케이션 미디어modern communication media"라는 표현을 사용하였다(Horkheimer & Adorno, 1944/1972). 그들은 거기에 철도와 자동차 등 교통수단까지 포함시켰다.

1940년대에 미디어 연구, 특히 미디어에 대한 실증적, 사회과학적 연구를 주도했던 사람은 단연코 컬럼비아대학교의 폴 라자스펠드Paul Lazarsfeld(1941)였다. 1941년에 발표한 글에서 그는 커뮤니케이션 연구에서의 실무적 연구와 비판적 연구를 비교하면서 "현대적 커뮤니케이션 미디어modern media of communication"라는 표현을 사용했다. 하지만 그는 이 글에서 매스 미디어란 말을 거의 쓰지 않았다. 그가 말하는 현대적 커뮤니케이션 미디어란 사실상 신문, 라디오, 영화 등의 매스 미디어를 지칭하는 것이었음에도 말이다. 그는 현대적 커뮤니케이션 미디어가 물건을 팔거나, 대중의 지적 수준을 높이거나, 정부 정책에 대한 이해를 확실하게 하는 수단이라고 간략히 설명했다. 이 글에서 그는 '매스 미디어'란 말 대신 '매스 커뮤니케이션'이란 말을 많이 썼다. 사실 그것을 매스 미디어로 바꿔 썼어도 상관없었다. 이것을 보더라도 20세기 전반부에는 '매스'라는 말이 미디어보다는 커뮤니케이션을 더 선호했던 것 같다.

라자스펠드가 1941년에 발표한 글에서는 매스 미디어라는 용어를 명시적으로 쓰지 않았다고 앞에서 언급했다. 하지만 그가 사회학자 로버트 머튼Robert Merton과 함께 1948년에 발표한 글에서는 '매스 커뮤니케이션 미디어media of mass communication' 혹은 '커뮤니케이션의 매스 미디어mass media of communication'를 번갈아 사용했다(Lazarsfeld & Merton, 1948). 이 용어들을 사용하면서 라자스펠드와 머튼은 매스 미디어의 편재성, 그리고 그것의 막대한 힘이 사회적으로 우려의 대상이 되고 있음을 논하였다. 시카고대학교의 사회학자 루이스 워스Louis Wirth(1948)도 '매스 커뮤니케이션의 미디어'라는 표현을 썼다. 그는 매스 커뮤니케이션의 미디어가 어떤 방식으로도(즉 긍정적으로도 부정적으로도) 사용될 수 있는 가치 중립적인 것이라 말하면서 매스 미디어에 대해 다소 순진한 견해를 보이기도 했다. 이처럼 1940년대 문헌에서는 매스 미디어보다는 '매스 커뮤니케이션의 미디어'란 표현이 더 자주 등장한다. 1945년에 만들어진 유네스코 등의 공식 문건에도 그 말이 등장할 정도였다. 유네스코의 초대 총장이었던 줄리언 헉슬리Julian Huxley(1947)는 심지어 "매스 커뮤니케이션의 미디어the media of mass communication"라는 말이 다소 길고 어색하다고까지 지적했다. 그러면서 그는 이제 사람들이 종종 그것을 줄여서 '매스 미디어'라 부른다고 말하기도 하였다. 그는 매스 미디어에 어떤 것이 포함되는지도 언급했다. 그는 말과 이미지를 대량 배포하는 라디오, 영화, 대중 신문 등을 매스 미디어라고 했다. TV가 이미 조금씩 보급되는 시점이었지만 그가 여기서 TV를 언급하지 않은 것도 흥미롭다. 어쨌든 헉슬리의 말을 통해 알 수 있는 것은 1940년대 말 즈음에 오면 적어도 영어권 세계에서는 '매스 미디어'란 말이 평상어의 자리를 조금씩 잡아가고 있었음을 짐작할 수 있다. 가령 사회학자 데이비드 리스먼David Riesman(Riesman et al., 2020)은 1950년에 출판한 《고독한 군중The Lonely Crowd》에서 그전 어느 연구자들보다 본격적으로 '매스 미디어'란 용어를 사용했다. 물론 그 용어와 더불어 '커뮤니케이션의 매스 미디어mass media of communication'도 여전히 쓰고 있었지만 말이다. 리스먼은 매스 미디어의 범주에 라디오, 영화, 레코드, 만화, 책, 어린이 잡지 등을 포함시켰다. 그런데도 그 역시 TV를 포함시키지는 않았다.

1950년대 들어서서야 비로소 '매스 미디어'라는 말이 영어권 세계에서 익숙하고 평이한 말이 되기 시작했다. 이제는 미디어the media라는 말은 대부분의 경우 매스 미디어를 지칭하는 것이 되었다. 앞서 언급한 것처럼 미디어라는 말은 이미 20세기 초부터 매스 미디어적 현상과 밀접하게 접합하기 시작했다. 그런데 1950년대에 들어서면 미디어와 매스 미디어는 거의 동의어나 다름없게 된다. 1950년대에 나온 대표적 연구를 살펴보면 그것을 쉽게 알 수 있다. 가령 윌버 슈람Wilbur Schramm(Schramm & Riley, 1951)의 한국전 상황에서 미디어 이용 연구, 댈러스 스마이드Dallas Smythe(1951)의 미디어에 대한 경제학적 분석, 커트 랭Kurt Lang과 글래디스 랭Gladys Lang(1952)의 TV 효과 연구, 엘리후 카츠Elihu Katz와 라자스펠드(Katz et al., 1955)의 《개인적 영향Personal Influence》, C. 라이트 밀스C. Write Mills(1956)의 《파워 엘리트The Power Elite》 등 1950년대에 발표된 주요 미디어 관련 저작을 살펴보면 '매스 미디어'라는 말은 이제 다른 수식어가 필요 없는 일상의 말이 된 것을 확인할 수 있다. 그런 이유 때문에 다니엘 벨Daniel Bell(1956)은 1956년에 발표한 "대중 사회 이론: 하나의 비판The theory of mass society: A critique"이라는 글에서 "매스 미디어라는 말이 이제는 상용적으로 쓰이는 말이 되었다"고 명시적으로 밝히기도 했다. 그렇게 말하면서도 벨은 여전히 매스 미디어라는 말에 큰따옴표를 붙여 놓았다. 매스 미디어란 말이 일상화된 1950년대 중반 미국에서도 그 말이 여전히 새로운 개념 대접을 받곤 했다는 것을 보여 준다.

한국에서 미디어라는 말이 문헌에 등장하는 것은 대략 1950년대부터다. 대한민국 국회도서관이 보유한 자료들을 토대로 살펴보면 미디어 혹은 매체라는 말을 가장 먼저 쓴 경우는 연세대학교의 전신인 연희대학교 영문과 교수였던 최재서가 1956년 7월 〈사상계〉에 실은 "현대매체로서의 언어"라는 글이다. 그 뒤 신태문이 1958년 9월 〈신문화〉 창간호에 기고한 글 "지성의 진로進路를 찾아: 매쓰콤뮤니케이숀과 지성과의 관련성을 중심으로"를 읽어 보면 미디어를 '매개물'이라는 말로 번역해서 쓴 것을 볼 수 있다. 대한기독교서회의 〈기독교사상〉 1959년 1월호에는 김재복이 "매쓰-미디어와 전도의 효과"라는 글을 게재했다. 1960년대에 접어들면 한국의 문헌에서도 미디어 혹은 매체라는 말이 급증했다. 1962년 공군정훈감사실이 발행한 〈미사일〉이라는 잡지 18호에서 김기점은 "소비에트 연방의 매스 메디아: 현대의 매스-컴"이라는 글을 실었다. 1960년대까지만 해도 외국어 표기법이 정돈되지 않아 media가 미디어, 머디어, 메디아로, mass media가 매스 메디아, 매스 머디어, 마스 미디어, 매스 미디어 등으로 매우 혼동된 상태로 쓰였다. 미디어를 한자어로 번역한 매체라는 말도 최재서의 〈사상계〉 논문 이래 1960년대에도 '광고매체,' '매체이용,' '시청각매체,' '매체전문가,' '신문매체,' '전파매체,' '매체측 입장,' '옥외매체,' '전자매체' 등의 표현에서 다양하게 등장했다. 여기서 매체는 대개 매스 미디어를 지칭하는 것이었다.

지금까지 20세기 초기와 중반기, 즉 매스 미디어 시대의 초입부라 할 수 있는 시기의 맥락에서 미디어라는 말의 사용에 대해 살펴보았다. 지금까지의 이야기 중에서 중요한 점을 몇 가지 추려서 정리해 보자. 첫째는 앞에서 간략하게 소개한 것처럼 역사적으로 미디어라는 말의 사전적 의미는 매우 다양했다고 할 수 있는데, 20세기 들어서 그중 커뮤니케이션 채널이라는 의미가 가장 두드러진 것이 되었다. 그 이유는 아마도 전신, 전화, 라디오, 자동차 등의 새로운 통신, 교통 기술이 19세기 중반부터 20세기에 걸쳐 등장하면서 사람들의 일상과 경제, 사회, 문화, 정치 전반에 중요한 변화를 만들었기 때문일 것이다. 아마도 그보다 더 중요한 것은 그러한 현상에 대해 체계적으로 연구하고자 하는 학문적 관심이 20세기에 생겨났다는 것이다. 그러한 관심을 토대로 20세기 들어 커뮤니케이션 채널이라는 의미가 미디어라는 말의 가장 대표적이고 지배적인 의미가 되었다. 미디어란 말의 다른 의미들은 매우 특수한 영역에서만 제한적으로 쓰이는 것이 되었다.

두 번째로 언급할 것은 20세기 들어 사람들은 미디어란 말을 대개 '매스'라는 말과 연결해서 사용하기 시작했다는 것이다. 20세기 전반부에 미디어 연구자들은 커뮤니케이션 채널로서의 미디어 범주에 무엇을 포함시킬 것인가에 대해 서로 동의하는 리스트를 만들지 못했다. 우편, 전화, 전신뿐 아니라, 대중 신문, 라디오, 심지어는 자동차와 도로도 미디어에 포함시키는 사람(대표적인 예가 아도르노와 호르크하이머)도 있었다. 하지만 1920년대에 라디오가 등장한 이후에 분위기가 사뭇 변했다. 라디오가 등장한 1920년대 초반부터 TV가 등장하기 시작한 시점인 1940~1950년대 사이에 미디어를 매스 미디어와 등치시키는 경향이 무르익어 갔다. 그 시기에 미디어라는 말을 매스 미디어 혹은 그와 연관된 개념과 연결시키지 않고 독립적인 개념으로 쓰는 사람은 별로 없었다. 존 듀이 John Dewey나 루이스 멈퍼드Lewis Mumford 정도가 그 점에서 예외였다.

세 번째는, '매스 미디어'란 말 자체가 일상의 언어 습관에 제대로 자리를 잡기 시작한 것은 1950년 이후라는 것이다. 지금의 매스 미디어 대신에 20세기 전반부에 더 많이 쓰인 말은 '매스 커뮤니케이션'이었다. 즉 20세기 전반부에는 매스 커뮤니케이션이란 말과 매스 미디어라는 말을 거의 구분하지 않고 썼던 것처럼 보인다. 가령 1947년에 발간된 허친스 보고서의 원 제목은 "자유 책임 언론: 매스 커뮤니케이션에 대한 일반 보고서A free and responsible press: A general report on mass communication"다. 허친스 보고서는 부제에 매스 커뮤니케이션의 범주에 무엇을 포함시키는지 밝히는데, 거기에는 신문, 라디오, 영화, 잡지, 도서 등 결국 매스 미디어로 분류할 수 있는 것이 들어갔다. 커뮤니케이션이라는 말은 커뮤니케이션의 행위라는 의미뿐 아니라, 그것을 위한 도구의 의미도 지니고 있었던 것이다. 그렇기 때문에 매스 커뮤니케이션이 매스 미디어의 의미로 쓰인 것이 이상한 일은 아니었다. 앞서 소개한 것처럼 1950년대 이전에는 매스 미디어를 '매스 커뮤니케이션을 위한 미디어'라고 풀어서 쓰는 경우도 많았다. 허친스 보고서의 본문에서는 매스 커뮤니케이션의 기관agency 혹은 매스 미디엄이라는 표현이 등장하기도 한다. 그런데도 허친스 보고서의 예를 통해 짐작할 수 있는 점은 1940년대 말까지도 매스 커뮤니케이션과 매스 미디어를 개념적으로 엄격하게 구분해서 쓰지는 않았다는 것이다. 그런 구분은 1950년대 들어서야 본격화된다.

네 번째는, 매스 미디어라는 말이 일상화되는 1950년대 시점에, 즉 매스와 미디어를 군더더기 수식어 없이 결합시켜서 매스 미디어란 단어를 쓰는 것이 사회적으로 받아들여지기 시작하던 때에, 미디어는 이미 독립의 기미를 보였다. 20세기 중반까지 미디어라는 말은 커뮤니케이션 채널의 의미를 갖고 자리매김하면서 동시에 '매스'라는 수식어에 포박되는 과정을 겪었다. 1950년대가 되면 이제 매스 미디어란 말은 일상적인 말이 되었다. 당시 미디어라는 말이 스스로 독립해서 혼자만 쓰이는 경우는 많지 않았다. 그런데 1950년대 이후부터는 미디어라는 말이 매스 미디어의 포박에서 벗어나 독자적인 자리를 찾아나가려는 움직임을 보이기 시작했다. 이런 움직임을 주도한 이들은 뒤에서 설명하겠지만, 해럴드 이니스Harold Innis와 마셜 매클루언Marshall McLuhan 등이었다. 특히 그런 추세는 20세기 말 케이블 방송과 위성 방송이 등장하고, 이른바 타깃 수용자라는 개념이 쓰이기 시작하고, 주문형 미디어 서비스가 등장하고, 인터넷 등 네트워크 기술이 도입되고, 모바일 기기가 일반화되고, 소셜 미디어, 유튜브, 스트리밍 서비스 등 다양한 유형의 개인 맞춤형 미디어 서비스들이 등장하는 포스트매스미디어 시대에 강화되었다. 포스트매스미디어 시대라는 말에서 포스트는 매스를 붙잡는 말이다. 그래서 포스트매스미디어 시대에 미디어는 더 자유스러워졌다.

'포스트매스미디어 시대'의 미디어

1960년대 들어서 미디어는 매스의 거추장스러운 모자를 벗을 수 있게 되었다. 이제는 매스 미디어가 아니라 '미디어' 그 자체가 연구의 대상이 되었다. 그 흐름을 이끈 이들은 해럴드 이니스와 마셜 매클루언이었다. 이니스(Innis, 1951)가 《커뮤니케이션 편향The Bias of Communication》에서 언급하는 '커뮤니케이션'은 사실 미디어의 다른 이름이었다. 이니스는 이 책에서 매스 미디어의 범주 밖에 있는 미디어까지 다루었다. 이미 미디어를 꼭 매스 미디어 안에 가둘 필요가 없었던 것이다. 마셜 매클루언은 1962년에 출판한 책의 제목을 《미디어의 이해Understanding Media》라고 붙였다(McLuhan, 1964). 미디어란 단어의 그 당시 사용 용법에서 보면 사실이 제목은 파격적이었다. 앞에서 살펴봤듯이 20세기 초중반에 걸쳐 미디어는 대체적으로 혼자 독립해서 존재하지 못했는데, 드디어 매스로부터 독자적인 것으로서 미디어 연구가 시작되었음을 알리는 것이었기 때문이다.

물론 이런 경향이 갑작스럽게 나타난 것은 아니었다. 이니스와 매클루언이 이런 경향을 처음 시작한 사람들이었던 것도 아니었다. 사실 그 단초는 19세기 말과 20세기 전반부에, 미디어의 개념이 아직 혼돈의 시기에 있을 때 이미 나타났다. 가령 사회학자 찰스 쿨리Charles Cooley(1897)는 제스처, 말, 쓰기, 인쇄, 우편, 전화, 전신, 사진 등을 통칭해서 '커뮤니케이션 메커니즘mechanism of communication'이라 불렀다. 대면 커뮤니케이션과 매개된 커뮤니케이션을 가능케 하는 수단을 통칭하기 위해 커뮤니케이션 메커니즘이란 개념을 썼던 것이다. 그것은 미디어의 다른 이름이었다. 그런데 흥미롭게도 쿨리는 커뮤니케이션 메커니즘 안에 당시 시점에서 매스 미디어라 할 수 있는 신문을 포함하지 않았다. 왜 그랬을까? 참여자들이 쌍방으로 상호 작용하며 커뮤니케이션하는 것이 아니라 소수가 다수에게 동시에 대량으로 살포하는 매스 커뮤니케이션은 이미 커뮤니케이션이 아니라고 그가 생각한 것은 아니었을까? 20세기 초 커뮤니케이션과 미디어에 대한 철학을 정리한 존 듀이(Dewey, 1929)는 《경험과 자연Experience and nature》에서 '뉴 미디엄new medium'이란 용어를 사용했다. 그가 말한 뉴 미디엄은 무엇일까? 그가 말한 뉴 미디엄은 전화나, 전신, 라디오 등의 특정 미디어를 가리킨 것이 아니었다. 그것은 능률의 증진, 시간과 공간의 초월, 지역적/우연적 맥락으로부터 해방을 가져오는 제반 커뮤니케이션 수단을 통칭하는 것이었다. 그러므로 거기에는 이미 대면 커뮤니케이션과 매개된 커뮤니케이션을 위한 수단 모두가 포함될 수 있었다. 앞에서도 언급했듯이 윌리와 라이스(Willey & Rice, 1933), 호르크하이머와 아도르노(Horkheimer & Adorno, 1944/1972) 등은 커뮤니케이션(미디어)의 범위에 교통수단을 포함시키기도 했다. 특히 윌리와 라이스는 미디어에 대한 논의를 매스 미디어의 틀에 국한시키지 않았다. 그들은 매개된 커뮤니케이션의 보편화, 커뮤니케이션 네트워크의 보편화, 그러한 변화가 만들 효과 등에 대해 언급하면서 보편적 개념으로서 '커뮤니케이션 시스템'의 개념화를 시도하기도 했다. 미디어를 매스 미디어 틀 밖에서 보는 시도 측면에서 특히 주목할 사람은 루이스 멈퍼드다. 멈퍼드는 1930년대에 미디어에 대해 매우 독창적인 시각을 제시했다. 이미 고전의 반열에 오른 책《기술과 문명*Technics and Civilization*》(1934)에서 멈퍼드는 쓰기, 읽기, 그리기를 '성찰적reflective 사고와 신중한deliberate 행위의 미디어'로 불렀다. 매스 미디어 밖의 미디어에 대한 논의의 흔적은 데이비드 리스먼이《고독한 군중》에서 옛이야기나 옛날 노래를 아이들에게 들려주는 부모들을 '노변爐邊 미디어Chimney-corner media'로 지칭한 것에서도 드러난다. 확대된 미디어 개념화 측면에서 1930년대에 빠뜨릴 수 없는 사람은 소비에트의 언어학자 레프 비고츠키Lev Vygotsky다. 그는 1934년 발표한《언어와 사상 *Language and Thought*》에서 매개mediation란 용어를 매스 미디어와는 전혀 상관없는 인간의 심리적 경험에 적용했다(Vygotsky, 1962). 비고츠키는 인간의 심리 과정을 인간이 자기 내부에 있는 일종의 "인지적 기술"을 사용해서 현실을 이해하는 매개 과정이라 설명하였다. 이런 식으로 보면 미디어는 개인 외부에 있는 어떤 도구이기만 한 것이 아니라 개인의 내부에 존재하는 것이며 내부에서 경험하는 것이기도 한 것이다.

미디어라는 개념이 '매스'와 관련 없이 독자적으로 쓰였던 20세기 초 사례 하나하나가 별도의 논의가 필요할 정도로 흥미로운 것들이다. 그러나 미디어가 하나의 개념으로 본격적으로 독자성을 갖기 시작한 때는 1950년대 이후 펼쳐진 냉전 시대에서 매스 미디어가 전성기를 구가할 시기였다. 매스 미디어의 전성기 때 오히려 '미디어'란 개념은 매스로부터 떨어져 나갈 준비를 하기 시작했던 것이다. 그것을 이끈 사람들은 앞에서 언급한 대로 이니스와 매클루언이었다. 이 두 사람과 그들의 영향을 받아 뒤에 미디어 생태학자라 스스로 이름을 붙인 그들의 제자들이 미디어가 매스의 틀을 벗어나 독자적 개념으로 서는 것을 도왔다. 역설적이게도 매스 미디어가 상종가를 칠 때 매스와 미디어가 다시 분리되는 포스트매스미디어 시대의 징후가 나타나기 시작한 것이다.

이니스는 미디어를 매스 미디어의 틀에서 본격적으로 탈출시킨 장본인이었다. 그는 대중 신문, 라디오, TV 등의 매스 미디어를 넘어서서 미디어 경계의 장벽을 무너뜨렸다. 이니스(Innis, 1950)는 자신의 책 《제국과 커뮤니케이션Empire and Communication》에서 양피지, 종이, 진흙, 돌, 건물, 조각 등을 미디어로 불렀다. 《커뮤니케이션 편향》에서는 커뮤니케이션 미디어가 갖는 특성(편향)이 문명의 편향을 만들어 낸다고 하였다 (Innis, 1951). 《제국과 커뮤니케이션》에서처럼 《커뮤니케이션 편향》에서도 이니스는 커뮤니케이션 편향을 보이는(혹은 보이게 하는) 모든 것을 '미디어' 연구의 대상으로 삼았다.

마셜 매클루언은 1950년대에 동시대의 다른 사람들과 비교해 보면 매우 튀는 방식으로, 그러나 이니스와는 상당히 흡사한 방식으로, 미디어라는 단어를 사용하였다. 예를 들어 매클루언은 1955년에 발표한 "시각, 청각, 분노Sight, sound, and fury"라는 글에서 인간의 인지 과정을 외부 세계를 내부화하는 과정으로 설명하면서, 인지 과정이란 우리 내부에 있는 '감각과 내부 기관의 미디어medium of our senses and inner faculties'에 존재의 드라마를 재창조하는 것이라고 설명하였다(Peters & Simonson, 2004). 그는 이 글에서 TV, 영화 등을 가리키며 "뉴 미디어"라는 단어를 썼는데, 나는 그가 그 말을 쓴 이유가 매스 미디어를 '뉴 미디어'라는 특별한 범주 안으로 묶어 버리고, 거기에 포함되지 않는 나머지 것들을 오히려 미디어 일반으로 설명하기 위해서였다고 생각한다. 인간 내부에서 인지 과정의 수단이 되는 감각의 미디어가 작동한다고 말하면서 매클루언은 도시의 건물도 일종의 매스 미디어(그는 'mass communications'라고 썼지만)로 볼 수 있다고 했다. 어쩌면 '매스 미디어' 혹은 '매스 커뮤니케이션'이라는 것도 매클루언은 20세기 중반의 시간에 가두지 않고, 일반화시키는 작업을 했다고 볼 수 있다.

매클루언이 1962년에 출판한 《미디어의 이해》는 20세기 후반부 미디어 연구의 흐름에서 가장 중요한 사건이었다. 앞에서 언급한 것처럼 이책이 중요했던 것은 그 제목에서 이미 드러난다. 매클루언이 《미디어의 이해》를 발간하기 전까지 어떤 글에서도 커뮤니케이션을 위한 도구라는 의미의 미디어를 다른 수식어 없이 쓴 경우가 없었기 때문이다. 매스 미디어라고 하는 특정 시기와 특정 방식의 미디어 틀에서부터 '미디어'를 해방시키고, 보편적인 것으로서의 미디어를 논의하는 것이 매클루언의 《미디어의 이해》에서 본격화되었다. 미디어는 이제 매스 미디어의 틀에서 벗어나 매클루언의 표현대로 하면 '인간의 감각 기관을 확장'하는 모든 것이 되었다. 매클루언의 견해를 따른다면 포스트매스미디어 시대의 징후는 매우 원초적으로 우리의 감각 기관에서부터 출발한 것이다.

미디어에 의한 모든 것의 식민지화

이니스와 매클루언의 (확장된) 미디어 연구 이후, 미디어 연구 환경에 많은 변화가 있었다. 물론 그 변화가 모두 이니스와 매클루언의 직접적 영향을 받은 것은 아니었다. 1960년대와 1970년대에 걸쳐서 미디어 연구와 강의가 미국 대학 내에 제도화되기 시작했다. 20세기 초중반 시카고 대학교와 컬럼비아대학교의 사회학과들이 주도하던 미디어 연구의 발아기를 뒤로하고, 독립된 학문 분야로서 미디어와 커뮤니케이션 학과들이 대학에 생겨나기 시작했다. 이 과정에서 윌버 슈람 등 선각자들의 기여가 매우 중요한 역할을 했다. 유럽에서도 다른 학문 분야와 구별되는 미디어와 문화연구의 전통이 자체적으로 만들어지기 시작했다. 미국과 유럽 이외 지역, 가령 한국과 같은 아시아 국가들에도 미디어와 커뮤니케이션 학과들이 1960년대를 전후해서 생겨났다. 이 시기엔 사람들의 미디어 일상도 변화했다. TV가 사람들의 거실을 차지하기 시작했다. 특히 1950년대 이후 냉전 상황에서 TV는 사회 통합의 중요한 기구로 여겨졌다(김용찬, 2020c). TV를 통해서 전 세계 사람들이 동시에 인류의 달 착륙을 시청하기도 했다. 매스 미디어가 지구상에 살아 있는 사람들의 눈과, 귀, 그들의 경험을 하나로 묶는 가공할 힘을 갖고 있음을 적어도 지구 북반부에 사는 많은 사람이 실감할 수 있었다. 그런 와중에 당시의 미디어 개념으로는 미디어라 부를 수 없던 새로운 네트워크 기술이 1960년대부터 개발되고 있었다. 그것은 일반 사람들의 눈에는 띄지 않게 물밑에서 진행되다가 1990년대부터 인터넷이라는 이름으로 나타났다. 그러자 매스 미디어 시대와는 사뭇 다른 새로운 미디어 시대가 열릴 것이라는 기대를 사람들이 갖게 되었다. 사실 그런 기대는 이미 1980년대부터 본격화되어 왔다. 케이블 방송과 위성 방송 기술이 보급되면서 사람들의 눈과 귀가 분산되기 시작했다. 극소수 채널로 수백만의 눈과 귀를 한꺼번에 사로잡을 수 있는 매스 미디어 시대가 조금씩 저물기 시작했다. 특히 1990년대 들어서 인터넷이 보급되고, 모바일 기기가 확산되면서 그런 경향이 더욱더 본격화되었다. 전에는 인쇄물, 전파, 케이블 등을 통해 전달받던 것을 인터넷 등 디지털 미디어를 통해 자기가 원하는 시간과 장소에서 자기가 원하는 방식으로 받게 되는 세상이 되면서 탈대중화, 탈매스미디어화, 그리고 이 책에서 소개하는 포스트매스미디어 시대로의 변화가 본격화되기 시작했다.

미디어라는 개념 자체에 대한 이야기로 돌아가 보자. 포스트매스미디어의 징후가 커지기 시작한 지난 20여 년 동안 미디어 개념은 매스 미디어라는 거추장스러운 프레임에서 더욱더 벗어나 본격적인 자생의 길에 접어들었다. 심지어 미디어가 아닌 것들에까지 미디어 개념의 영향력이 흘러넘치는 상황이 발생했다. 종래에는 미디어와 관련 없다고 생각해 온 영역을 미디어가 지배하고, 심지어는 식민지화(Kellner, 2003)하는 상황까지 만들어졌다. 그러한 징후를 보여 주는 개념이 특히 2000년 이후 쏟아져 나왔다. 예를 들면 미디어화mediatization(Couldry & Hepp, 2017; Hjarvard, 2013), 재매개remediation(Bolter & Grusin, 2000), 미디어 문화(Kellner, 2003), 미디어 도시(McQuire, 2008), 미디어 삶(Deuze, 2012), 미디어 노동(Hesmondhalgh, 2015), 네트워크화된 개인(Rainie & Wellman, 2012), 네트워크화된 자아(Papacharissi, 2010), 네트워크 사회(Castells, 2000), 네트워크 정보 경제networked information economy(Benkler, 2006), 네트워크화된 공중(Varnelis, 2008), 네트워크 집합 행동(Milan & Hintz, 2013), 연결 행위connective action(Bennett & Segerberg, 2013) 등이 그것들이다. 이런 개념들을 모두 펼쳐 놓고 보면 결국 우리가 살아가는 삶의 환경 전체가 미디어로 충만한 것이 된 것처럼 느껴진다. 매스 미디어는 이제 거기서 소수 세력일 뿐이다. 미디어가 아닌 것, 매개되지 않는 것은 과연 무엇인가라는 질문을 해야 할 정도다. 태초에 말씀이 있었다면 말세의 새 하늘과 새 땅은 미디어로 충만한 곳이 될 것이라고 해도 지나치지 않게 되었다(실제로 성경의 요한계시록은 미디어적 표현으로 가득하다).

앞에서 언급한 새로운 미디어 관련 개념 가운데 몇 가지를 살펴보도록 하자. 미디어화란 종래엔 미디어 특히 매스 미디어와 구별되는 비미디어적 제도(정치, 경제, 사회, 문화)들이 미디어의 작동 논리media logic를 체화하고, 거기에 맞춰서 결정하고 행동하게 되는 현상을 가리키는 개념이다. 미디어화의 과정을 통해 개인과 집단의 삶과 제도적 과정이 미디어 논리를 중심으로 재편되고 재형성되는 과정을 겪는다. 포스트매스미디어 시대에 미디어화의 개념은 이제 매스 미디어 체제에 속한 언론의 사회적 영향을 설명하는 것을 넘어서서, 매스 미디어의 틀에서 해방된 미디어 일반이 사회 전반에 끼치는 보다 보편적인 미디어화를 설명하는 것으로 확대되었다. 가령 모바일 기기를 중심으로 개인의 삶과 사회관계가 재편되는 현상이라든지, 소셜 미디어에서의 재현을 의식하며(가령 인스타그램에 올릴 만함instagrammablity을 신경 쓰며), 현실의 자아와, 관계와, 물리적 장소가 재편되는 현상도 미디어화의 일종으로 설명할 수 있다. 닉 쿨드리Nick Couldry와 안드레아스 헵Andreas Hepp(2017)은 미디어화의 역사적 단계를 기계화mecha-nization, 전자화electrification, 디지털화digitalization, 데이터화datafication로 나누고, 이 중 최근 진행되는 디지털화와 데이터화의 과정은 따로 '심층적 미디어화deep mediatization'로 불러야 할 만큼 미디어가 사회의 구성과 재구성에 미치는 보편적 효과의 깊이가 커지고 있다고 지적하였다. 그들의 구분을 빌려 온다면 기계화와 전자화는 매스 미디어 시대의 미디어화를 가리키는 것이고, 디지털화와 데이터화로 구성되는 심층적 미디어화가 포스트매스미디어 시대의 미디어화 경향이라 할 수 있다.

제이 데이비드 볼터Jay David Bolter와 리처드 그루신Richard Grusin(Bolter & Grusin, 2000)은 재매개의 이중 논리를 현대 문화의 중요한 특징으로 설명한다. 재매개의 이중 논리란 현대 문화가 미디어를 계속 증식시키면서(하이퍼매개hypermediation) 동시에 뭔가가 매개된다는 사실을 끊임없이 지워버리려 한다는 것이다(비매개immediacy). 가만 생각해 보면 비매개와 하이퍼매개 모두 우리 사회가 얼마나 미디어로 충만한 곳인지를 보여 주는 개념이다. 볼터와 그루신은 재매개란 개념을 통해 미디어의 내용과 형식이 시공간적으로 서로 중첩되고, 미디어들끼리 자체적 상호 작용을 하며, 그 과정에서 매개된 것들의 증식이 이루어지는 현대적 미디어 현상을 설명한다. 그들에 따르면 우리는 이제 미디어가 어떤 실재적인 것을 지칭할 필요도 없는, 미디어 과잉의 세계에 살고 있다. 미디어 자체가 실재인 세상이 된 것이다. 볼터와 그루신은 무엇인가를 매개하는 매개체로서의 미디어는 결국 모두 재매개체remediator라고 역설한다. 재매개의 시작점이 어디인지는 분명하지도 않고 사실 중요하지도 않다. 볼터와 그루신은 재매개는 매개의 매개이고, 재매개를 통해 매개와 실재의 분리가 불가능하게 되고, 결국 재매개 자체가 개혁이라고 설명한다. 결국 이제 우리가 사는 포스트매스미디어의 세상은 모든 것이 모든 것에 의해 매개되는 세계로 나아간다는 것이다.

더글러스 켈너Douglas Kellner(2003)는 '미디어 문화media culture'라는 개념을 갖고 미디어 충만의 세계를 설명한다. 미디어 문화란 무엇인가? 그가 말하는 미디어 문화란 미디어가 그 내용을 통해 반영하고 전달하는 문화가 아니라, 미디어가 구축하는 문화적 환경 자체를 가리킨다. 켈너는 현대 문화는 그 자체가 이미 미디어 문화이고, 미디어가 문화 전반을 식민지화해 왔다고 역설한다. 미디어 문화는 이미지와 음향, 스펙터클을 통해 사람들의 일상생활을 조직하고, 여가 시간을 지배하며, 정치적 관점과 사회적 행동을 구성하고, 사람들이 자신의 정체성을 형성할 재료를 제공한다. 미디어는 신화, 상징, 그리고 다양한 자원을 사람들에게 공급하면서 하나의 공통된 문화를 만들어 간다. 그렇다고 해서 미디어 문화가 독재의 문화일 필요는 없다. 미디어 문화에서 다양한 방식으로 권력이 재생산되지만, 또 누군가는 그 권력에 대해 도전하기도 한다. 권력의 생산/

재생산과 권력에 대한 저항과 도전이 모두 미디어 문화 안에서, 그것을 통해 이루어지는 것이다. 미디어 문화에서는 다양한 세력들이 서로 경쟁과 투쟁을 하고, 개인들은 그러한 경쟁/투쟁들을 일상적으로 경험하며 살아간다. 이 모든 것이 '미디어 문화'가 하나의 문화로서 갖는 총체성을 보여 준다. 미디어 문화 속에서 개인의 삶은 결국 미디어적 삶media life이다(Deuze, 2012). 마크 되제Mark Deuze는 현대적 삶이란 결국 미디어 안에서 사는 삶이라고 말한다. 되제도 켈너와 비슷하게 미디어는 단순히 사람들이 사용하는 도구나 내용이 아니라, 이제 사람들이 일상을 살아가고 조직하고, 그 안에서 노동하는 환경이 되었다고 주장한다.

2000년 이후 유행처럼 등장한 미디어의 또 다른 이름은 네트워크다. 네트워크는 그야말로 새로운 미디어 공간을 제시했다. 그것은 가상의 '흐름의 공간flow of space'으로만 남아 있지 않고, 현실의 '장소의 공간space of place'에까지 간섭하고, 현실의 존재, 인식, 관계, 가치, 권력 작용에 영향을 미친다(Castells, 2000). 단일 미디어 도구나 제도가 중요한 것이 아니라, 이들이 만들어 내는 네트워크의 효과가 더 중요하다는 것은 앞에서 언급했듯이 이미 1933년 윌리와 라이스가 예견한 것이기도 하다. 서던캘리포니아대학교(USC) 애넌버그 커뮤니케이션스쿨의 교수이자 스페인 정부에서 대학부 장관을 지낸 마누엘 카스텔Manuel Castells은 1990년대에 네트워크가 모든 것을 통합하고, 배제하는, 사회의 총체적 지배 원리가 되는 세상이 열리고 있다고 전망했다. 이제 자아(Papacharissi, 2010)도, 사회관계(Wellman et al., 2003)도 개인들의 정치적, 경제적 집합적 능력(Benkler, 2006)도, 민주적 공론장(Benkler, 2006; Varnelis, 2008)도, 정치적 이슈에 대한 집합적 행위 역량(Bennett & Segerberg, 2013; Milan & Hintz, 2013)도 미디어의 네트워크 망에서, 다시 말해 쿨드리와 헵(Couldry & Hepp, 2017)이 말한 디지털화, 데이터화로 이루어진 깊은 미디어화 과정에서 형성되고 재형성되는 상황이 되었다. 포스트매스미디어 시대에는 네트워크화된 미디어가 우리의 존재와 인식과 관계에 매우 촘촘한 방식으로 영향을 미치는 원천적인 인프라가 되었다 해도 과언이 아닌 상태가 되었다.

존 피터스(Peters, 2015)는 여기서 더 나아가서 모든 자연환경이 미디어라 선언한다. 피터스에 따르면 미디어란 "다양한 형태의 생명체들에게 서식지 제공을 가능케 하는 환경"이다. 이런 식으로 미디어를 이해하게 되면 책, 신문, 전신, 전화, 라디오, TV, 인터넷 등 20세기 동안 사람들이 미디어라 불러왔던 것은 피터스가 상상하는 '미디어' 환경에서 매우 작은 부분일 뿐이다. 피터스에 따르면 미디어는 "자연의 요소와 인간의 가공물이 더해진 앙상블"이다. 이런 관점을 갖고 그는 2015년 출판한 책의 제목을 "경이로운 구름marvelous clouds"이라 하였다. 책 제목을 그렇게 정한 이유는 그가 구름조차도 하나의 미디어로 보기 때문이다. 구름뿐이 아니다. 그는 이 책에서 바다, 고래, 불, 하늘, 몸과 얼굴 등도 미디어로 설명한다. 피터스에 따르면 이제 우리는 미디어를 통해 새로운 의미를 전달받고, 전달하고, 저장하고, 찾는 인식론적 여정을 끝내고, 이제 미디어에 의해 구축된 새로운 존재론의 세계로 인도된다. 앞에서 언급한 되제(Deuze, 2012)나 켈너(Kellner, 2003)가 말하듯이 우리는 미디어를 가지고with media 무엇을 하는 상황을 넘어서서 미디어 속에in media 살게 된 것이다. 피터스의 입장을 적극적으로 받아들인다면 우리의 영적, 육체적 존재, 우리를 둘러싼 우주의 존재 자체가 미디어다. 미디어를 통해 세상을 이해하는 것이 아니라, 이제 우리는 미디어에 대한 이해를 통해 세상을 이해하게 되었다.

이처럼 지난 20여 년 동안 미디어의 개념에 대해 매우 새롭고도 흥미로운 관점들이 제기되었다. 20세기 초에 본격화된 미디어에 관한 사회과학적 연구는 당시 새롭게 등장한 특정 미디어 기술(전신, 전화, 라디오 등)을 중심으로 전개되었다. 하지만 20세기 후반부 들어서 미디어는 기술 중심적 시각의 좁은 틀을 넘어서서 더욱 폭넓은 관점에서 논의되기 시작했다. 이러한 변화는 미디어에 대한 다층적, 다면적, 다차원적 이해의 토대를 만들어 줄 수 있다. 하지만 미디어의 범위를 너무 넓히다 보면 정작 미디어와 미디어 아닌 것 사이의 구분이 어려워지면서 미디어에 대한 이해 자체가 오히려 불가능해진다. 이러한 점을 극복하기 위해서, 또 지난 20여 년 동안의 미디어 개념 발전을 수용하면서도 미디어에 대한 분석적 이해를 할 수 있도록, 다음 3장에서는 미디어의 다섯 가지 하부 차원을 구별하는 작업을 해 보도록 하겠다. 다섯 가지 차원 각각을 설명하고, 그것들을 어떻게 결합해서 미디어와 관련된 현상을 지나치게 보편적이지도 않으면서도 의미 있는 연구의 대상으로 삼을 수 있을지 논해 보겠다. 나는 미디어의 다섯 가지 하부 차원이라는 틀을 뒤에서 매스 미디어 시대와 포스트매스미디어 시대 각각을 설명하고 그 둘 사이의 전환을 설명할 때도 사용할 것이다. 이런 틀이 없이 세상의 모든 것이 미디어라는 관점만으로는 매스 미디어 시대와 포스트매스미디어 시대를 구별하고, 그것들 사이의 전환을 설명하는 것이 사실상 불가능하기 때문이다.

3장

미디어의 다섯 가지 차원

미디어는 다차원적 개념이다. 미디어가 하나의 차원으로 이루어진 것이 아니라 다차원적 요소로 이루어졌다는 생각은 내가 이 책에서 처음 제기하는 것이 아니다. 20세기 초기부터 그런 주장을 한 학자들이 있었다. 예를 들어 라자스펠드와 머튼은 1948년 자신들이 쓴 글에서 매스 미디어가 사회에 미치는 효과를 크게 세 가지 부분으로 나눠 살펴보는 것이 좋겠다고 제안했다(Lazarsfeld & Merton, 1948). 그들이 제시한 세 부분 중 첫 번째는 매스 미디어라는 존재 그 자체가 사회에 미치는 효과, 두 번째는 매스 미디어의 소유 구조와 작동 방식이 미치는 효과, 세 번째는 매스 미디어를 통해 배포되는 내용의 효과다. 물론 여기서 미디어의 다차원성을 설명하는 일이 라자스펠드와 머튼의 주 관심은 아니었을 것이다. 그들의 관심은 사실 미디어가 만들 수 있는 다양한 사회 효과에 대한 것이었다. 그런데도 그들의 논의에서 우리는 도구로서의 미디어, 제도로서의 미디어, 내용으로서의 미디어 등 세 가지 차원의 미디어 개념을 끄집어낼 수 있다.

미디어의 다차원성을 언급한 이들이 더 있다. 가령 로버트 린드 Robert Lynd와 헬렌 린드Helen Lynd(1929)도 1920년대 수행한 라디오에 관한 연구에서 도구로서의 미디어와 내용으로서의 미디어를 구별해야 할 필요성이 있다고 역설했다. 나는 라자스펠드와 머튼이 언급한 도구, 제도, 내용으로서의 미디어 차원에다가 두 가지 차원을 더하고자 한다. 하나는 '사람으로서의 미디어'라는 차원이고, 또 하나는 '공간으로서의 미디어'라는 차원이다. 이렇게 두 가지 차원을 추가해서 미디어의 개념을 다섯 가지 차원으로 설명하는 체계를 소개해 보도록 하겠다.

도구로서의 미디어

도구로서의 미디어media as tools는 미디어의 물리적 토대에 대한 것이다. 물리적 토대에는 자연적인 것과 인공적인 것이 모두 포함된다. 가령 봉수대는 인간이 만든 도구로서의 미디어다. 하지만 사람들끼리 목소리로 대화를 주고받을 때 사용하는 음파는 인간이 만든 것은 아니지만 음성 대화를 위해서 말 그대로 자연적으로 '도구' 역할을 한다는 점에서 도구로서의 미디어 범주에 포함할 수 있다. 자연적인 것이 인간의 소통을 위해 도구가 되면 자연적인 것의 자연성에 변형이 생긴다. 사실 이런 식으로, 앙리 르페브르Henri Lefebvre(1991)가 말했던 것처럼, 현대 사회에서 순수하게 자연적인 것은 거의 사라졌다. 그 점을 가장 잘 보여 주는 것은 아마도 인간의 몸일 것이다. 인간의 몸은 본래 자연적이고 생물학적인 것이다. 그러나 어떤 자연적인 것보다 사회화된 것이기도 하다. 사람들은 자기 몸을 도구화하여 자기 의사를 타자에게 전달한다. 자기도 모르게 새어 나오는 표정이나 손짓, 몸짓처럼 몸이라는 도구 미디어의 의사 표현을 개인이 모두 완벽하게 통제하는 것은 아닐지라도 말이다. 사실 인간은 그 어떤 도구(가령 못을 박는 망치)도 항상 완벽하게, 능수능란하게 사용하지는 않는다.

도구로서의 미디어는 기존 규범(Ajzen, 1991; Cialdini, 2003; Fishbein & Ajzen, 2011; Goffman, 1966)과 효능감(Bandura, 1997; Maddux & Rogers, 1983)을 강화하기도 하고, 새로운 규범과 효능감을 형성하기도 한다. 규범이란 무

엇을 해야 하는지should와 무엇을 해서는 안 되는지should not를 규정한다. 효능감은 무엇을 할 수 있는지could와 할 수 없는지could not를 규정한다. 가령 전화라는 도구로서의 미디어가 사람들 삶으로 들어오면 전화의 생산, 유통, 사용 등을 둘러싸고 새로운 법적, 경제적, 사회적 규범이 만들어진다(Fischer, 1992). 예를 들어 전화 생산과 관련한 독과점 규제, 특허법 규정뿐 아니라, 기업이 스스로 인식하는 수용 가능한 전화 디자인 등도 모두 전화 생산 과정에서 형성, 재형성되는 규범의 문제다. 전화를 수용하고 사용하는 과정에도 규범의 문제가 개입한다. 전화가 처음 일반 사람들에게 보급될 당시 집에 전화를 놓을지 말지를 결정할 때 다른 사람들이 어찌하는지 눈치를 본다면 사회적 규범(사회심리학에서 기술적 규범 descriptive norm이라고 부르는 규범)이 작동하는 것이다(Cialdini et al., 1990). 전화로 통화하는 과정에서도 규범이 작동한다. 처음 누가 말을 시작할 것인지, 어떤 말로 시작할 것인지(가령 "여보세요," "hello" 등의 말), 누가 먼저 수화기를 내려놓을 수 있는지 등에 대한 사회적 규범이 전화가 도입된 직후부터 만들어졌다. 물론 모든 규범이 완전히 새로 만들어졌다고 할 수는 없다. 어떤 것은 대면 상황에서 지켜오던 사회적 규범이 전화 통화 상황으로 옮겨간 것도 있고(가령 연장자가 말을 하면 연하의 상대방은 하던 말을 중단하는 것), 전화 도입 이후에 완전히 새로 만든 것도 있다(앞에서 말한 것처럼 '여보세요'로 통화를 시작하는 것 등).

전화라는 새로운 소통 수단은 효능감 측면에서도 변화를 만들었다. 전화는 산업적으로, 정치적으로, 사회적으로, 그리고 개인적으로 '할 수 있는 것'과, '할 수 없는 것,' 혹은 '더 쉽게 할 수 있는 것'과 '더 어려워진 것'들에 대한 인식, 즉 효능감(Bandura, 1997)에 대한 새로운 인식을 만들어 냈다. 가령 전화 때문에 기업은 자신의 관료 조직을 공간에 완벽히 묶어 놓지 않아도 되게 되었다. 신문사는 특파원 제도를 더 효율적으로 운영할 수 있게 되었다. 정치 세계는 전화를 이용해 여론을 더 빨리 파악할 수 있게 되었고, 공간적으로 떨어진 정치 주체끼리 정치 정보를 더 신속하게 공유할 수 있게 되었다. 정치가는 같은 편끼리 (혹은 종종 정적과도) 공간에 묶이지 않고 정치적 모략을 함께 도모할 수 있게 되었다. 심지어 갱단이나 범죄 조직도 전화 도입 이후에 그 운영 방식을 바꾸었다. 평범한 개인 삶에도 전화 이전에는 생각하지 못했지만 전화 이후에 비로소 할 수 있는 것이 생겨났다. 수천 킬로미터 떨어진 사람과 대화하려고 일부러 장거리 여행할 필요가 없어졌다. 서로 자기 집에 머무르면서도 멀리 있는 사람들과 대화할 수 있는, 전에는 상상조차 하지 못했던 것이 가능해졌다. 전화라는 기술을 토대로 새로운 효능감이 만들어진 것이다.

전화라는 도구가 영향을 미치는 규범과 효능감은 결국 새로운 행위를 만들어 낸다. 인간 행위에는 늘 '무엇을 해야 하느냐 혹은 해서는 안 되냐'라는 규범의 문제와 '무엇을 할 수 있느냐 혹은 할 수 없느냐'라는 효능감의 문제가 영향을 미치기 때문이다. 도구로서의 미디어가 규범과 효능감 신념을 바꿀 수 있다면, 사람들이 다양한 상황에서 하는 행위에도 영향을 미칠 수 있다.

도구로서의 미디어가 사회에 도입되고 규범과 효능감, 행위에 영향을 미치는 것이 진공 상태에서 이루어진다고 생각하는 사람은 없을 것이다. 도구로서의 미디어는 마치 외계인이 지구에 침입하는 것처럼 사람들이 무방비 상태에 있을 때 갑자기 출현하는 것이 아니다. 도구로서의 미디어가 사회에 도입되는 과정에는 다양한 맥락 요인이 영향을 미치게 된다. 도구로서의 미디어 등장에 영향을 주는 가장 직접적인 맥락은 무엇보다 기술 그 자체의 맥락일 것이다. TV가 등장하기 위해서는 라디오 기술, 이미지를 스캔하는 스캐닝 디스크(일명 닙코 디스크), 스크린에 이미지를 띄우는 (브라운관이라고도 부르는) CRT 기술 등이 이미 개발되어 있었어야 했다. 즉 TV는 이미 개발되어 있던 카메라 기술, 영화 기술, 라디오 방송 기술 등을 등에 업고 세상에 등장했다. 인터넷 경우도 다양한 선행 기술, 가령 전신(톰 스탠디지Tom Standage[1998]는 전신을 빅토리아 시대의 인터넷이라 불렀다), 편지, 전화, 책, 라디오, TV, 신문, 네트워크 기술 등을 토대로 등장했다고 해야 할 것이다. 더 직접적으로는 인터넷이 등장하기 전 케이블, 패킷 스위칭, TCP/IP 등의 기술이 이미 개발되어 있어야 했다. 볼터와 그루신(Bolter & Grusin, 2000)은 이렇게 새로운 기술이 기존 기술을 토대로 등장하는 것을 기술 사이의 '공명'이라 불렀다. 도구로서의 미디어는 대개 그전에 있던 또 다른 도구로서의 미디어(들)를 등에 업고 나타난다. 그래서 사람들은 완전히 새로운 개념의 미디어에 접하더라도 그것이 무엇일지 쉽게 짐작하고 어떻게 사용하는지를 본능적으로 이해하고, 자기 삶 속에서 비교적 쉽게 전유할 수 있다.

도구로서의 미디어가 등장하는 과정에는 기술적 맥락만 작용하는 것이 아니다. 사회적 맥락(인구 구성, 사회관계, 사회 자본 등), 상징적 맥락(언어, 상징자본, 이데올로기, 헤게모니, 문해력, 문화자본, 스토리텔링 자원 등), 제도적 맥락(법률, 제도화된 가치 체계, 미디어 조직, 관료주의, 수익 모델 등), 물리적 맥락(주거 형태, 도시 공간 구획, 교통 체계 등) 등이 동시에 작동한다(Kim, 2020). 이런 다차원적 맥락은 마치 새로운 미디어가 등장하는 과정에 필요한 인프라(Star & Bowker, 2002)처럼 작동한다. 새로운 도구로서의 미디어는 한편으로는 기존의 규범과 효능감과 상호 작용하고, 또 다른 한편으로는 기존의 기술적, 물리적, 사회적, 상징적, 제도적 인프라를 맥락으로 하면서 사회 안에 등장하는 것이다.

사람들이 신문, 전화, 라디오, 영화, TV 등 미디어의 도구적 특성에 주목하기 시작한 것은 미디어 연구 역사의 측면에서 보면 사실 상대적으로 최근의 일이다. 뒤에서 살펴보겠지만 20세기 초기부터 미디어(혹은 매스 미디어)에 대한 연구는 대개 '내용'에 대한 것이었다(Meyrowitz, 1986). 미디어의 도구적 차원에 본격적으로 주목한 첫 번째 그룹은 앞에서 언급한 이니스와 매클루언, 그리고 그들의 뒤를 이어 등장한 이른바 미디어 생태학자들이었다. 하나의 숲에서 여러 다른 개체들이 경쟁하고 협력하는 것을 관찰하는 생태학 분야에서처럼 미디어 생태학 연구는 종종 서로 다른 미디어들이 어떻게 서로 경쟁하고, 협력하고, 진화하고 퇴화하는지에 대해 주목했다(이동후, 2021). 그러나 미디어의 도구적 특성에 관심을 보인 연구가 20세기 초반에 전혀 없었던 것은 아니다. 가령 1920년대에 부부 사회학자였던 로버트 린드와 헬렌 린드(Lynd & Lynd, 1929)는 미국 인디애나주의 먼치라는 소도시에서 "미들타운 연구"라는 프로젝트를 수행했다. 그 연구 내용을 담은 책들을 출판하기도 했다. 이 연구에서 그들은 1920년대에 라디오 이용이 어떻게 독서를 줄이고, 영화 보러 가는 것을 감소시키고, 심지어는 자동차 이용에도 부정적 영향을 미치는지 관찰하였다. 그들의 연구는 그로부터 약 반세기 후에 본격화된 미디어 대체displacement와 보완supplement에 관한 연구의 효시였다고 할 수 있다. 미디어 대체란 기존의 미디어가 새로 등장한 미디어 때문에 사라지는 것을 말한다. 가령 파피루스가 종이에 의해 대체되고, 워크맨이 아이팟에 의해 대체되는 것을 떠올리면 된다. 그런데 돌이켜보면 의외로 미디어 대체는 쉽게 이루어지지 않는다. 특히 미디어를 나누는 큰 범주 수준(가령 신문, 라디오, TV)에서는 미디어 대체가 잘 일어나지 않는다. 미디어 대체가 일어난다면 대개 각 범주 내에서 일어나는 것이 대세다(가령 LP에서 CD로, CD에서 MP3로). 책이나 신문은 라디오가 등장한 이후에도 사라지지 않았고, 라디오와 영화는 TV 등장 이후에도 사라지지 않았다. 인터넷 등장 이후에도 기존 큰 범주의 매스 미디어는 여전히 우리 주변에 있다. 심지어는 종종 사라졌다고 여겼던 것들이 다시 출몰하기도 한다. 최근의 LP 열풍이 그 예 중 하나다. 미디어 보완이란 것은 새로운 미디어가 등장한 이후 뉴미디어와 기존 미디어 사이의 일종의 역할 조정 과정이 발생하는 것을 말한다. TV가 등장하고 자동차가 보급되면서 TV는 라디오가 차지하던 거실을 점령했고, 대신 라디오는 자동차 실내 공간을 지배했다. 미디어 대체에 관한 연구든, 보완에 관한 연구든, 이런 연구 모두의 공통점은 미디어가 갖는 다른 성격(가령 내용이나 제도적 측면)에 초점을 맞추기보다는 대개 도구적 성격에 초점을 맞춘다는 점이다.

도구로서의 미디어에 관한 연구는 미디어가 개인과 사회에 긍정적인 영향을 미치는지, 부정적 영향을 미치는지에 따라 낙관적 견해와 비관적 견해로 나누기도 한다. 20세기 초기의 자료를 보면 전신과 전화와 라디오가 사람들 삶에 끼칠 긍정적이고 낙관적인 기대가 여러 사람에 의해 다양한 방식으로 표출된 것을 확인할 수 있다(Douglas, 1987; Fischer, 1992). 동시에 비관적 전망도 많았는데, 그에 대한 효시 중 하나도 앞서 소개한 린드와 린드(Lynd & Lynd, 1929)의 연구다. 그들은 자신들의 연구에서 라디오가 등장한 직후인 1920년대 후반에 이미 벌써 라디오가 아이들을 밤늦게까지 깨어 있게 해서 다음 날 학교 공부에 지장을 준다고 불평하는 사람들 이야기를 소개한다. 이런 긍정적 기대와 부정적 전망의 대립은 새로운 미디어 기술이 등장할 때마다 거의 예외 없이 나타났다. 최근에는 디지털 기술, 모바일 기기, 소셜 미디어 등이 초래하는 부정적 영향에 대한 전망(Carr, 2010; Turkle, 2011)과 긍정적 전망(Benkler, 2006; Shirky, 2008)이 대립하고 있다. 가령 니콜라스 카Nicholas Carr와 클레이 셔키Clay Shirky는 〈월스트리트 저널The Wall Street Journal〉을 통해 디지털 네트워크 기술의 사회적 영향에 대한 찬반 논쟁을 벌였다. 2010년 6월 4일 클레이 셔키는 〈월스트리트 저널〉에 "인터넷이 당신을 더 똑똑하게 만드는가"라는 칼럼을 게재했다. 그것을 이어 받아 바로 다음 날 니콜라스 카는 "인터넷이 당신을 더 바보로 만드는가"라는 칼럼을 게재했다. 니콜라스 카는 디지털 네트워크 기술이 사람들의 인지 능력을 심각하게 떨어뜨린다는 비관적 전망을 대변했다(Carr, 2010). 클레이 셔키는 디지털 네트워크 기술이 사람들을 서로 연결시킴으로써 초집단 지성을 만들고 그래서 인터넷 때문에 인간의 인지 능력이 떨어지는 것이 아니라 오히려 사회적으로는 인지적 잉여cognitive surplus가 만들어진다는 낙관적 견해를 대변했다(Shirky, 2010). 여기서 다시 한 가지 분명한 점은 이들이 미디어에 대해 낙관론을 피력하든 비관론을 견지하든 결국 내용이나 제도로서의 미디어가 아닌 도구로서의 미디어 문제를 다루었다는 점이다.

도구로서의 미디어가 한 사회에 들어오는 과정을 보면 산타클로스처럼 하늘에서 몰래 내려오거나, 한밤중에 적군이 몰래 쳐들어오는 방식으로 오지 않는다. 하지만 사람들은 새로운 미디어에 대한 기대와 두려움에 관해 이야기할 때 마치 미디어가 어느 날 갑자기 우리 사회에 불쑥 들어온 것처럼 취급하곤 했다. 미디어의 등장에 대해 이런 식으로 이야기하는 것을 여기서는 '침입자 메타포'라고 부르도록 하자. 침입자 메타포가 계속 유지되는 이유는 그런 메타포 자체가 우리에게 익숙할 뿐 아니라 또 이해하기 쉬운 단순 구조를 가졌기 때문일 것이다. 하지만 이해가 잘 된다고 해서, 말이 잘 된다고 해서, 그것이 현실을 제대로 반영하는 것은 아니다. 침입자 메타포를 담은 이야기들은 대개 기술결정론적 시각을 담고 있다. 기술결정론은 도구로서의 미디어가 그 자체 내 기술 논리로 사람들의 인식, 태도, 가치, 관계, 행동에 영향을 주고, 사회 규범, 제도, 관습을 직접적, 혹은 간접적으로 결정한다는 생각을 바탕으로 한다. 기술결정론을 기반으로 하는 침입자 담론은 '평온한 세상에 어떤 기술이 우리가 사는 곳에 뚝 떨어져서 나와 우리를 변화시킨다'와 같은 이야기 흐름을 갖는다. 그러나 현실은 그렇게 단순하지 않다. 기술결정론이라는 말 안에 들어 있는 기술이라는 말 자체가 복잡한 현실을 반영한다. 기술 즉 테크놀로지라는 말에는 이미 사회적인 것이 다분히 들어 있다. 테크놀로지는 물리적이고 손에 잡을 수 있는 도구만을 의미하지 않는다. 도구를 어떻게 선택하고, 조직화할 것인가의 전략까지 그 의미에 담고 있다. 테크놀로지와 도구는 동격이 아니다. 도구를 어떻게 조직할 것인가의 문제는 결국 사회적 문제라 할 수 있다. 기술결정론에 대한 대안, 즉 침입자 메타포에 대한 대안적 이야기들은 대개 더 복잡한 내러티브 구조를 갖는다.

도구로서의 미디어를 논하는 또 하나의 대안적 이야기는 사회가 도구로서의 미디어의 생성과 변화에 어떤 작용을 하는지에 초점을 둔다. 이 이야기들은 침입자 메타포보다 훨씬 더 복잡한 내러티브 구조를 갖는 경우가 많다. 사람들은 그들을 사회결정론자 혹은 사회구성론자라 부른다(강상현, 2021). 사회결정론이란 도구로서의 미디어 기술이 개발, 도입, 사용되는 과정을 기술 논리와 기술적 필요성이 결정하는 것이 아니라, 사회, 정치, 경제, 문화 요인이 결정한다고 보는 관점이다. 이들이 제시하는 미디어 도구와 사회 간의 관계에 관한 이야기에서는 주인공이 기술이나 도구가 아니라, 개인이나, 집단이나, 조직이나, 기업이나, 공동체 같은 사회적인 단위다. 기술은 외부로부터 들어오는 침입자가 아니라, 어떤 한 사회가 이미 지닌 정치적, 경제적, 사회적, 문화적 특성의 반영일 뿐이다. 그 사회 내 권력관계의 특성이, 그리고 다양한 이해 집단 간의 역학 관계가 기술이 개발되고, 도입되고, 보급되고, 이용되는 과정에 영향을 미친다. 그래서 기술에 대한 사회결정론을 따르게 되면 미디어 기술의 운명은 기술 자체의 내적 논리가 아니라 사람들 자체 그리고 그들 사이의 관계를 반영하는 사회 논리에 의해서 결정된다고 말해야 한다. '사람들'이라고 했는데, 여기에는 도구를 생산하는 사람들과 그것을 이용하는 사람들이 모두 포함된다. 도구로서의 미디어에 사회적인 것이 어떤 방식으로 영향을 미치는지를 보려면 생산 부분과 이용 부분을 모두 봐야 한다. 이에 대해 조금 더 이야기해 보자.

먼저 생산 측면부터 살펴보자. 미디어의 생산 과정에 사회적 요인이 영향을 미친 것에 관한 이야기를 하려고 할 때 아마도 가장 좋은 예 중 하나가 라디오일 것이다. 새롭게 발견된 라디오 전파 스펙트럼을 어떻게 사용할 것인가를 놓고 19세기 말과 20세기 초에 다양한 사회적 논의가 진행되었다. 라디오 전파를 전신처럼 일대일 통신을 위해 사용할 것인가, 아니면 일 대 다의 방송을 위해 사용할 것인가에 대한 논의가 이어지다가 결국 방송으로 결정되었다. 다양한 주체가 다양한 방식으로 이런 결정 과정에 참여했다(Douglas, 1987). 미국 정부, 군과 기업이 이 논의 과정을 주도했지만, 미국 동부 아이비리그 대학에 다니던 대학생들도 라디오가 자신들의 일대일 무선 햄 통신을 위해 사용되어야 한다고 주장했다(Douglas, 1987). 1차 세계 대전을 거치면서 결국 라디오 전파 대부분은 방송을 위해 사용한다는 사회적 결정이 내려졌다. 군사 목적 등으로 쓰일 통신을 위해서는 아주 약간의 스펙트럼만 할당했다. 일대일 방식의 음성 통신이라 할 전화는 지하에 케이블을 묻는 방식을 택해서 전파를 쓰지 않아도 되게 하였다. 이런 식으로 정리된 것에 사실상 기술적으로 필연적인 이유는 없었다. 대부분이 정치적, 사회적 선택이었을 뿐이다. 라디오 방송을 중심으로 내려진 기술에 대한 사회적 선택의 결과는 TV가 나온 뒤에도 지속되었다. 20세기 초에 만들어진 구조는 20세기 후반까지 계속되었다. 오랫동안 방송은 공중에서 전파를 통해 전달되고, 전화는 땅속에서 선을 통해 전달되는, 그런 사회적 선택의 결과가 적어도 1990년대 초반까지 미디어 환경의 전경을 지배했다(Negroponte, 1995).

TV의 경우도 마찬가지였다. TV 즉 그림을 전송하는 데 필요한 기

잡지 〈텔레비전의 모든 것〉 표지. 텔레비전이 일반 가정에 들어가기 수십 년 전인 1927년에 이미 이런 대중 잡지가 50센트에 팔렸다. 미국 워싱턴 DC의 뉴지엄Newseum 소장. (사진: 김용찬)

1930년대 초 텔레비전 클리어링하우스사가 발행한 〈텔레플래시〉라는 업계 신문. "텔레비전이 왔다"라는 1면 머리기사가 눈에 띈다. 미국 워싱턴 DC 뉴지엄 소장. (사진: 김용찬)

술은 대부분 20세기 초반에 거의 개발이 되었다. TV가 아직 시장에 나오기도 전에 사람들은 잡지와 책 등을 통해 아직 도래하지 않은 미래 기술인 TV에 관한 관심을 공유하고, 그에 관해 이야기했다. 1927년에 이미 벌써 〈텔레비전의 모든 것*All About Television*〉이라는 대중용 잡지가 50센트에 팔리기도 했다. 1927년에 뉴욕에서 발행된 신문 〈더 월드*The World*〉는 "이제 현실이 된 TVTelevision Now Fact"라는 제목의 1면 기사를 내보내기도 했다. 1930년대 초에는 〈텔레플래시*Tele-Flash*〉라는 TV 업계 신문이 발행되기도 했다. 일반 대중에게 TV라는 미디어가 실제로 첫선을 보인 것은 1939년 뉴욕박람회에서였지만 말이다. TV가 가정에 실제 도입되는 데는 뉴욕박람회 이후에도 시간이 더 필요했다. 기술적 이유로 TV가 가정에 들어오는 시간이 늦춰진 것이 아니다. 그보다는 정치적, 경제적 환경이라는 조건이 더 중요한 영향을 미쳤다. 1930년대에는 경제 공황이 TV가 시장에 나오는 것을 막았다. TV 수상기가 시장에 나온다 하더라도 그것을 살 수 있는 시장 여력에 신뢰가 없었다. 경제 공황기였기 때문에 TV가 상업 방송 체제로 운영된다 하더라도 광고비를 댈 수 있는 기업도 많지 않았다. 1940년대는 특히 정치 상황이 TV의 도입을 막았다. 1941년 발발한 2차 세계 대전이 TV의 도입을 한 번 더 늦춘 것이다. 결국 미국에서 TV가 일반 가정에 도입된 때는 2차 세계 대전이 끝난 1940년대 중반 이후였다.

미국에서 TV 방송을 시작한 것은 기존의 라디오 방송국들이었다. 아마도 그런 점 때문에 TV 방송은 라디오 방송의 구조를 거의 그대로 이어받았다. 방송 신호를 수신자에게 전파를 통해(전화처럼 케이블을 이용하는 것은 왜 안 되었을까?) 전달하는 기술적 선택을 라디오가 하던 방식을 거의 그대로 따라 했다. 하지만 이것이 적절한 선택이었는지에 대한 논의는 계속되었다. 1990년대 중반 MIT 미디어랩의 니콜라스 네그로폰테 Nicholas Negroponte 교수는 이제 전화는 공중으로 가야 하고, TV 방송은 땅속으로 가야 한다고 역설했다(Negroponte, 1995). 1990년대 중반에는 네그로폰테의 그런 말에 여전히 의아해하는 사람들이 있었다. 하지만 그에 대한 논의는 20세기 초부터 있었다. 네그로폰테의 말이 실제로 곧 실현되었음을 우리는 잘 알고 있다. 1990년대 이후 케이블 TV가 본격적으로 보급되고, 모바일 전화가 일상이 되면서 땅속에 있던 전화는 공중으로 갔고, 공중에 있던 방송은 땅속 케이블로 갔다.

사회가 도구로서의 미디어에 영향을 미치는 것을 이제 이용의 측면에서도 살펴보도록 하자. 미디어 이용자는 도구로서의 미디어를 종종 전유해서 이용한다. 도구로서의 미디어를 이용하는 과정에서의 전유란 생산자가 디자인한 방식이 아니라 이용자의 자율성과 이용을 하는 맥락이 요구하는 바에 따라 미디어를 이용하는 것을 가리킨다. 미디어 기기 개발자들은 나름대로의 효용을 생각하고 기기를 개발한다. 대개 그들은 이용자가 자신들이 설계한 방식으로 그 기기를 사용할 것이라 기대하기 마련이다. 그러한 기대는 새로운 기기가 갖는 다양한 기술적 유익성에 기반을 둔다. 하지만 사람들은 기술적인 논리나 생산자의 논리가 아니라 자신들에게 더 가까운 사회적 논리를 따라 도구를 이용한다. 이러한 것을 미디어학자들은 전유라고 불러왔다. 전유란 도구로서의 미디어를 자신이 살아가는 일상의 개인적, 사회적 틀에 맞춰서 사용한다는 것을 가리킨다. 기술적 논리가 아니라 일상에 담겨 있는 다양한 사회적 논리가 사람들이 미디어 도구를 자신의 삶에 끌어들이는 과정과 사용하는 방식에 영향을 준다는 점을 강조하는 개념이 전유다. 전유의 개념이 미디어 연구에서 쓰이기 시작한 것은 그리 오래되지 않았다. 원래 영어 appropriation이란 말은 남의 것(혹은 주인이 누군지 분명하지 않은 것)을 자기 유익을 위해 취하는 것을 뜻하는 법적 용어다. 한국말로 직역하면 전유보다는 전용이나 도용 같은 말이 더 적절할지 모르겠다. 전유 혹은 전용이라는 법적 용어를 사회학적 용어로 처음 쓴 사람 중 하나는 미셸 드 세르토Michel de Certeau(1984)였다. 미디어의 문제를 그가 직접 다루진 않았지만 드 세르토는 언어생활과 사회생활에서 이루어지는 다양한 유형의 문화적 전유의 문제를 언급했다. 가령 시청이 도시의 한 구역을 보행 도로로 지정했음에도 사람들이 그곳을 각종 집회를 하는 광장같이 쓴다면 공간의 전유가 일어난 것이다. 1990년대 이후에 미디어학자들은 이 용어를 가지고 와서 이용use의 대체어로 사용하기 시작했다(Silverstone, 2006). 도구로서의 미디어 용도 혹은 기능이 개발자에 의해 이미 정해져 있다 하더라도 실제 그 도구를 사용하는 사람은 자신의 일상에서 그것에 새로운 용도와 기능을 부여하면서 전유의 방식으로 사용할 수 있다.

　미디어가 전유되는 몇 가지 흔한 예들을 생각해 보자. 1940년대 후반 이후 TV가 처음 등장했을 때 사람들은 TV를 하나의 가구로 취급했다. TV 수상기 윗부분을 책꽂이나 선반으로 활용하는 사람들도 있었다. TV 이전에는 라디오와 축음기가 응접실에서 가구 역할을 담당했었다. 전유의 개념을 2006년 작고한 영국의 미디어학자 로저 실버스톤 Roger Silverstone은 조금 더 역동적으로 길들이기domestication라는 개념으로 표현했다(Silverstone, 2006). 수만 년 전에 야생 동물을 인류가 가축으로사육했던 것처럼, 미디어 기기를 자신들 삶으로 끌고 들어와 삶의 일부로 만드는 것을 미디어 사육화 혹은 미디어 길들이기로 볼 수 있다는 것이다. 그러한 길들이기 과정을 통해서 전유가 일어난다. 미디어 연구자들은 획일성이 지배하는 것 같은 매스 미디어 시대에도 다양한 방식의 미디어 길들이기 과정을 발견할 수 있다고 강조했다. 그래서 똑같은 회사의 동일 모델 TV일지라도 그것이 누구의 일상에 들어가느냐에 따라 완전히 다른 물건이 될 수 있다. 마치 같은 강아지라도 누구의 집에 입양되느냐에 따라 다른 삶을 살게 되는 것처럼 말이다. 전유의 개념은 행동유도성affordance(Gibson, 1966) 개념과 연결될 때, 보다 분명하게 현실을 반영한다. 행동유도성이란 개념은 기술 자체의 특성(형태, 무게, 기능 등)이 우리가 그것을 갖고 무엇을 할지의 범위를 정해 준다는 것을 설명하기 위해 만들어진 것이다. 그 범위 내에서 사람들은 전유의 행위를 한다. 똑같은 미디어(가령 TV 수상기)를 가지고서도 누군가는 그것을 혼자 적적한 시간을 보낼 때 쓰고, 누군가는 가족들을 한자리에 모이게 만드는 수단으로 쓰고, 누군가는 정해진 시간에 뉴스와 정보를 얻는 데 쓰고, 누군가는 지친 하루를 보내고 아무 생각 없이 시간을 보내기 위해서 쓰고, 누군가는 앞서 말한 것처럼 책과 꽃병을 올려놓는 가구로 쓸 것이다. 그것을 결정할 제한된bounded 권한이 이용자에게 부여된다.

내용으로서의 미디어

미디어 개념의 또 다른 차원은 내용이다. 사실 20세기에 걸쳐서 미디어를 연구하는 학자들과 대중이 가장 많은 관심을 가졌던 미디어 차원은 내용이었다. 미디어가 어떻게 사람들을 실없이 웃게도 하고, 공포로 벌벌 떨게도 하고, 저급 취향을 갖게도 하고, 허위의식을 갖게도 하고, 말도 안 되는 생각과 행동을 하게도 만드는지 우려하는 목소리들은 모두 내용으로서의 미디어media as messages 문제를 지적하는 것이었다. 이른바 '미디어 효과media effects' 연구의 전통이 20세기 중반 이후부터 만들어졌는데, 여기서 미디어 효과는 대개 매스 미디어 내용의 효과를 말했다. 다양한 연구자들이 매스 미디어 내용(주로 부정적 내용)이 인지, 정서, 행위에 미치는 효과에 관한 연구를 수행하였다. 미디어 효과 전통은 20세기 중반과 후반에 체계화되었지만, 사실 그 원류는 20세기 초반부터 진행된 프로파간다 연구까지 거슬러 올라간다 할 수 있다. 사회학자 허버트 블루머Herbert Blumer가 수행한 1930년대 영화 연구(Blumer, 1933)도 결국 영화 '내용'이 청소년들에게 미치는 영향에 관한 것이었다. 1950년대 랭과 랭(Lang & Lang, 1952)의 TV 효과에 관한 초기 연구도 TV의 내용에 관한 것이었다.

20세기를 거쳐 21세기에도 미디어 연구의 대세는 여전히 미디어 내용의 효과에 관한 연구가 잡고 있다 해도 과언이 아니다. 미디어 내용의 효과를 다루는 연구들은 몇 가지 기준으로 나눠 볼 수 있다(McQuail, 2000). 가령 매스 미디어 내용의 영향력이 실제 존재하는가, 존재하지 않는가, 존재하더라도 그 영향력이 큰가 아니면 미미한 수준인가라는 질문에 어떤 입장을 보이느냐를 기준으로 기존 연구를 나눌 수 있다. 즉 미디어 영향력의 정도에 관한 입장에 따라 나눌 수 있다. 가령 1950년대와 1960년대는 미디어 내용이 사람들의 태도와 행동을 바꿀 만큼 강력한 효과를 가졌다는 입장과 미디어의 효과가 사실은 매우 제한적이어서 실제 사람들의 태도와 행동에 영향을 미치는 것은 가족이나 친구 등 주변 사람들이라는 견해가 대립했다. 매스 미디어 내용의 효과를 전송 과정transmission으로 이해하는가, 아니면 의미 형성과 유지의 과정으로 이해하는가를 기준으로 미디어 내용 효과 연구의 갈래를 구분할 수도 있다(Carey, 1988). 즉 커뮤니케이션 과정 자체의 이해 방식을 기준으로 나눌 수 있다. 전송 과정으로 이해하는 관점은 매스 미디어 내용의 효과를 특정 의도(가령 상대방의 태도를 바꾸려는 의도)를 가진 송신자가 수신자에게 메시지를 전달하는 일방향적 과정에서 발생하는 것으로 이해하는 것이다. 반면 의미 형성과 유지를 강조하는 관점은 미디어 내용을 공유함으로써 나타나는 쌍방향적 소통의 커뮤니티 형성 가능성에 주목하는 것이다.

　미디어 내용에 관한 효과 연구는 매스 미디어 내용이 미치는 영향의 수준level에 따라서도 갈래 구분을 할 수 있다. 가령 미디어 내용이 미치는 효과를 개인 수준(가령 개인의 태도, 가치, 지식, 행동 등)에만 맞추는 연구와 사회 수준(가령 한 사회 내 지식의 양, 사회 분위기, 여론의 흐름, 양극화 등)까지 끌어올리는 연구로 구분해 볼 수 있다. 또 미디어 내용 효과가 나타나는 영역에 따라 미디어 연구를 나눌 수도 있다. 예를 들어 어떤 연구들은 인지 영역에서, 어떤 연구들은 정서 영역에서, 어떤 연구는 행동 영역에서, 어떤 연구는 더욱 근본적이고 광범위한 이데올로기 영역에서 나타나는 미디어 내용의 효과를 중심으로 논의를 전개했다. 미디어 내용이 미치는 효과의 시간 차원에 따라서도 미디어 내용에 대한 학문적 관심을 나눌 수 있는데, 가령 단기적 효과(가령 프라이밍 효과)를 주로 다루는 연

표 3 - 1 주요 미디어 효과 이론의 핵심 주장

미디어 내용 효과 이론	핵심 주장
2단계 흐름 이론 Two step flow theory	미디어의 내용은 여론 지도자를 통해서 일반 공중의 태도와 행동에 영향을 미친다.
지식 격차 가설 Knowledge gap hypothesis	미디어가 사회 내에 투여하는 정보/지식의 양이 많아지면 사회 안의 지식 격차는 줄어드는 것이 아니라 오히려 더 커진다.
배양 이론 Cultivation theory	미디어의 내용은 사람들로 하여금 자기들이 사는 환경이 실제보다 더 위험하다고 인식(사회화)하게 하고, 거기에 맞춰서 행동하게 한다. 이것은 위험한 세계 증후군mean world syndrome이라고 할 수도 있다.
침묵의 나선 이론 Spiral of silence theory	미디어의 내용은 사람들로 하여금 다수 의견이 무엇인지와 자신이 다수에 속해 있는지 아닌지를 인식하게 하고, 그 인식에 맞춰서 행동(의견 표출 혹은 침묵 유지)을 하게 한다.
미디어 체계 의존 이론 Media system dependency theory	미디어의 영향력은 고정된 것이 아니라 역동적으로 변한다. 미디어에 대한 의존도가 높아지게 되는 상황(가령 사회적 불확실성이 높아졌을 때)에서는 미디어의 내용이 사람들의 태도, 가치, 행동을 바꿀 강력한 위력을 갖지만, 미디어의 의존도가 높지 않은 상황에서는 미디어의 내용은 제한된 힘만 갖는다.
사회 인지 이론 Social-cognitive theory of mass communication	미디어의 내용은 사람들로 하여금 자기 자신과 환경에 대한 신념을 형성하거나 강화하고, 사람들이 그러한 신념에 따라 행동하게 만든다. 미디어 내용은 특히 자기 자신과 환경에 대한 신념이 복합적으로 만드는 자아 효능감의 형성을 통해 개인의 인지, 정서, 행동에 영향을 미칠 수 있다.
프레이밍framing, 의제 설정agena setting, 프라이밍priming	미디어의 내용은 사람들로 하여금 어떤 이슈가 중요한지(의제 설정), 그 이슈의 어떤 점에 집중해서 그 이슈에 대해 이해해야 하는지(프레이밍), 어떤 내적 준거틀로 다양한 정보 각각을 처리해야 하는지(프라이밍) 등에 영향을 미친다.

표 3-2 미디어 내용의 효과 연구가 제기한 주요 질문

- 미디어의 폭력적 내용이 사람들의 태도와 행동을 더 거칠게 만드는가?
- 미디어의 선정적 내용이 사람들의 태도, 행동에 어떤 영향을 미치는가?
- 미디어가 전달하는 정보는 사람들 사이의 지식 격차를 늘리는가 아니면 줄이는가?
- 미디어의 내용은 현실을 제대로 반영하는가, 아니면 현실을 왜곡하는가? (즉 미디어의 내용을 통해 사람들은 어떤 현실을, 어떻게 인식하는가?)
- 미디어의 내용은 성 역할에 대한 인식에 어떤 영향을 끼치는가?
- 미디어의 내용은 몸에 대한 인식에 어떤 영향을 미치는가?
- 미디어의 내용은 위험 행동을 조장하는가 억제하는가?
- 미디어의 내용은 개인적 정체성과 사회적 정체성 형성에 어떤 영향을 미치는가?
- 미디어의 내용은 사람들의 가치value 체계에 영향을 미치는가?
- 미디어의 내용은 특정 대상/이슈/사물에 대한 태도에 영향을 미치는가?
- 미디어의 내용은 이데올로기로 작동하는가?
- 미디어의 내용은 특정 이슈에 대한 여론에 어떤 영향을 미치는가?
- 미디어의 내용은 정치 참여에 어떤 영향을 미치는가?

구와 장기/누적적 효과(가령 가치나 이데올로기에 미치는 효과)를 다루는 연구로 구분할 수 있다. 마지막으로 미디어 내용이 개인과 사회에 미치는 영향에 대한 논의는 효과의 방향을 기준으로 '긍정적'인 것과 '부정적'으로 나눌 수 있다. 물론 현실에서는 미디어 내용의 효과를 긍정과 부정의 스펙트럼 중간 어디쯤에선가 찾아야 하는 경우가 많긴 하지만 말이다. 미디어 내용의 효과에 관한 연구가 20세기 중반부터 20세기 말까지는 매스 미디어를 중심으로 전개되었다. 그러나 이제 포스트매스미디어 시대에서 소셜 미디어 등 디지털 미디어를 통해 개인이 생산, 유통, 소비하는 내용이 만들어 내는 효과에 관한 연구로 전환하고 있다.

이 책에서 나는 미디어 효과 이론 하나하나를 설명하지는 않을 것이다. 다만 그동안 개발된 주요 미디어 내용 효과 이론들의 기본 주장을 표 3 – 1에서 정리해 보았다. 더불어 지난 반세기 이상 미디어 내용 효과 연구자들이 제기해 온 주요 질문들의 예를 표 3 – 2에 열거해 보았다.

제도로서의 미디어

누군가 "한국의 미디어가 이래도 되는 것인가"라고 하면서 미디어의 문제점에 대해서 말하기 시작했다면 그는 아마도 내용이나 도구적 차원의 미디어가 아니라 미디어 조직이나 제도 이야기를 하려는 것일 가능성이 크다. 제도로서의 미디어media as institutions는 미디어와 관련된 조직, 관행, 규범, 법규, 정책을 모두 포함하는 것이다. 제도라는 것은 자기 자신을 재생산하는 복잡한 사회 형태social forms다(Stanford Encyclopedia of Philosophy). 미디어, 특히 매스 미디어는 특정 조직, 혹은 조직의 체계 안에서 존재/작동하는 지위, 역할, 규범, 가치의 복합체다. 제도로서의 매스 미디어는 영속적이지는 않더라도 상당한 정도로 지속적이면서 안정된 패턴을 보여 준다. 또 그것은 생존을 위해 필요한 자원을 스스로 생산하고, 그 구성원을 재생산하고, 주어진 환경에서 제도 내의 사회 구조를 유지하는 다양한 활동을 수행한다. 신문사 조직을 생각해 보자. 그 조직(하나의 제도로서)을 지속해서 유지, 성장시키기 위한 자원(가령 이윤, 명성, 권력 등)을 생산하고, 끊임없이 기자와 직원을 충원하고, 그들이 만들어 내는 사회 구조(관료 체계, 위계, 명령 체계, 관습, 문화 등)를 유지하는 활동(작업 지시, 회의, 워크숍, 회식 등)을 한다. 큰 틀에서 보면 제도로서의 (매스) 미디어는 사회적 틀에서 만들어지고, 변형되고, 퇴락한다. 프레드 시버트Fred

Siebert, 시어도어 피터슨Theodore Peterson, 슈람(Siebert et al., 1956)이 제시한 언론의 4이론, 대니얼 핼린Daniel Hallin과 파올로 만치니Paolo Mancini(Hallin & Mancini, 2011)의 미디어 체계 비교 연구, 미디어 조직의 사회학적 연구(Schudson, 1989; Tuchman, 1978a), 미디어 산업에 대한 정치경제학적 연구, 미디어 체계와 정치 체계 사이의 관계 연구 등은 모두 제도로서의 미디어에 초점을 맞춘 것이다.

영어권 국가의 사람들이 미디어라는 말을 내용이나 기술로서가 아니라, 언론사 조직 혹은 언론 종사자를 가리키는 말로 쓰기 시작한 것은 대략 1960년대부터였다. 미디어란 말의 쓰임새를 그런 방향으로 이끈 사람은 1960년대에 미국 대통령이었던 리처드 닉슨Richard Nixon이었다(McQuail, 2000). 닉슨이 언론과 사이가 좋지 않았던 것은 잘 알려져 있다. 그런 그가 언론을 부를 때 종종 비하하는 투로 쓴 말이 바로 "여봐 미디어들the media"이라는 것이었다. 닉슨 전에는 보기 힘든 관행이었다.

미디어 연구의 역사를 살펴보면 20세기 초부터 미디어의 제도적 측면에 관한 관심이 있었음을 발견할 수 있다. 가령 리처드 로티Richard Rorty(1934)는 1930년대에 매스 미디어를 광고 미디어advertising media로 부르면서 미디어를 광고 산업의 제도적 측면에서 논하였다. 버나드 베렐슨Bernard Berelson은 1959년에 발표한 글에서 커뮤니케이션 연구의 종말을 선언한 것으로 유명하다(Berelson, 1959). 그 글에서 베렐슨은 미디어와 커뮤니케이션 연구(대개 내용의 효과에 관한 연구)가 이제 막다른 골목에 다다랐다는 비관적 전망을 전개하면서 대안 하나를 제시했다. 미디어와 커뮤니케이션 연구가 나아갈 우회로 중 하나는 미디어에 대한 경제적 분석, 즉 미디어의 제도적 측면에 관한 연구라고 피력했다. 컬럼비아대학교에서 버나드 베렐슨의 상관이었다고 할 수 있는 폴 라자스펠드는 1941년의 글에서 미디어를 연구하는 연구자는 '미디어들이 어떻게 조직되고,

통제되는지,' '중앙집중화, 표준화, 상업적 압력은 어떻게 내용으로 표현되는지,' '그것들이 어떤 형태로 인간의 가치를 위협할 수 있는지' 등 제도적 문제에 대한 답을 찾아야 한다고 하였다(Lazarsfeld, 1941). 1950년대부터 미디어에 대한 정치경제학적 연구는 대개 미디어의 제도적 차원에 집중하곤 했다(Smythe, 1951). 네트워크 기술과 소셜 미디어 서비스가 미디어 환경의 산업적, 법적, 제도적 기반을 바꾸고 있는 21세기에도 미디어의 제도적 측면에 관한 연구가 지속되어야 함은 당연하다.

사람으로서의 미디어

앞서 살펴본 것처럼 미디어라는 말은 그동안 도구, 내용, 제도적 차원을 모두 아우르는 말로 사용되었다. 나는 거기에 새로운 차원을 두 가지 추가하려 한다. 그중 첫 번째는 사람으로서의 미디어media as person/people다. 2장에서도 언급했듯이 미디어라는 영어 단어는 자주 신적인 존재와 사람을 이어 주는 영매 혹은 무당을 가리키는 말로 쓰여 왔다. 영어권에서는 지금도 영매나 무당을 'spiritual media'라고 부른다. 미디어란 말의 이런 쓰임새는 19세기에 특히 두드러졌는데, 거기에는 19세기 중반 미국에서 성행했던 심령주의가 영향을 미쳤을 것이라 짐작해 볼 수 있다. 가령 유니테리언 교회의 목사였다가 심령주의자가 된 새뮤얼 바이런 브리턴Samuel Byron Brittan은 19세기 중반의 기술적 진보 상황을 상징적으로 반영한 《영적 전신Spiritual telegraph》이라는 책을 1854년에 출판했다. 이 책에 등장하는 미디엄medium이란 단어는 영적 안목spiritual sight을 갖고 자기 앞에 있는 영적 존재를 볼 수 있는 영매, 즉 사람으로서의 미디어를 가리키는 것이었다. 1869년 침례교 목사이자 당시 컬럼비아칼리지(나중에 조지워싱턴대학의 컬럼비아문과대학으로 변경됨) 총장을 지낸 조지 샘슨George Samson은 《마귀적 혹은 영적인 미디엄*Demonian or Spiritual Medium*》과 《영적 현현 속의 물리적 미디어*Physical Media in Spiritual Manifestation*》와 같은 책을 썼다. 조지 샘슨의 책에서도 제목에 있는 미디엄(미디어)이란 말은 영매 혹은 영매의 능력을 가능케 하는 어떤 것을 뜻했다. 샘슨의 책 역시 19세기 중반 심령주의의 영향을 반영했는데, 그는 그것을 19세기 당시를 규정짓는 또 다른 운동이라 할 과학주의와 결합하면서 심령주의의 초자연적 현상을 과학적으로 규명하는 노력을 했다. 이처럼 미디어란 말이 갖는 의미의 역사를 살펴보면 사람으로서의 미디어라는 차원이 뚜렷이 드러난다. 신과 사람을 이어 주는 사제, 종교인, 무당 등이 모두 미디어였다. 그리고 사람과 사람 사이의 중개인, 통역, 거간꾼 등이 모두 미디어였다. 데이비드 리스먼(Riesman et al., 2020)이 쓴 노변 미디어도 결국 사람으로서의 미디어(이야기꾼으로서의 부모)의 또 다른 예다.

20세기 들어 사람으로서의 미디어는 영매나 무당과는 다른 방식으로 드러났다. 도시화가 진전되면서 익명 속에 살아가는 사람들은 자신의 공적 자아, 혹은 사회학자 찰스 쿨리(Cooley, 1902/2017)가 20세기 초 소개한 개념인 '거울 자아looking glass self'를 만들고 유지하는 법을 배워야 했는데, 이는 사실상 모두 자아의 미디어적 재현 과정을 설명하는 개념들이라 볼 수 있다. 어빙 고프먼Erving Goffman(1959)이 제시한 단정함, 인상 관리, 연극 등의 개념도 모두 자아라는 미디어의 표현 방식에 관한 이야기로 이해할 수 있다. 또한 리스먼(Riesman et al., 2020)이 《고독한 군중》에서 말한 내적 자기 지향과 외적 타자 지향이란 개념도 결국은 사람으로서의 미디어와 관련된 표현이라 할 수 있다. 라이너 마리아 릴케Rainer Maria Rilke는 자신의 유일한 소설인 《말테의 수기*Die Aufzeichnungen des Malte Laurids Brigge*》에서 주인공이 19세기 초 파리를 방문한 뒤 "보는 법"을 배웠다고 말한다. 그가 '보는' 첫 번째 대상은 도시 안에 있는 수많은 얼굴인데, 릴케는 당시 파리에는 사람 수보다 얼굴 수가 더 많았다고 표현했다. 왜냐하면 각 개인이 다른 여러 개의 얼굴을 갖고 있기 때문이었다. 릴케의 관찰에 따르면 결국 도시의 삶은 모두가 모두에게 미디어로 역할을 하는 삶이었다. 도시에 사는 사람들은 각각 여러 개의 얼굴 채널을 갖고 있었던 것이다.

사람으로서의 미디어를 보여 주는 또 다른 예는 카츠와 라자스펠드(Katz et al., 1955)가 제시한 '여론 지도자'라는 개념이었다. 여론 지도자는 서로 다른 사회연결망 사이에서, 보편적인 것과 지역적인 것 사이에서, 매스 미디어와 지역민 사이에서, 사실상 하나의 미디어로 역할을 했다. 이런 식으로 보게 되면 카츠와 라자스펠드가 제시한 '2단계 가설'에는 두 개의 서로 다른 유형의 미디어(매스 미디어와 사람 미디어)가 들어 있는 것이라 할 수 있다. 여론 지도자의 개념, 그리고 그것을 토대로 한 2단계 흐름 모델은 사람 미디어가 매스 미디어를 매개하는 매개의 매개, 즉 재매개의 모델이기도 하다.

21세기에 들어서 새로운 유형의 '사람 미디어'들이 등장하고 있다. 모든 사람이 다른 모든 사람에게 이야기하는 매스 자아 커뮤니케이션 Mass self-communication(Castells, 2009)이 보편화된 상황에서 다양한 유형의 이른바 1인 미디어가 활성화되고 있다. 그렇게 누군가의 '사이'에서 미디어 역할을 하고자 하는 사람들이 늘어났다. 각종 미디어 기기를 장착한 개인은 이제 다중의 정체성을 연출하면서 온라인과 오프라인을 매개할 뿐 아니라, 온라인의 서로 다른 공간 사이에서, 오프라인의 서로 다른 장소 사이에서 다른 자아를 표현한다. 사람으로서의 미디어는 앞으로 점점 더 중요해져 갈 것이다.

공간으로서의 미디어

옥스퍼드 사전을 통해 앞서 살펴봤듯이 미디어라는 영어 단어의 뜻에는 유기체를 위한 환경이란 것도 있다. 영어권에서는 유기체가 생존하고, 활동하고, 관계를 맺는 공간적 맥락을 말하기 위해 미디어라는 단어를 사용하기도 했다. 역사적으로 살펴보면 공간 자체가 하나의 거대한 미디어로 역할을 하는 경우를 쉽게 발견하게 된다. 가령 멈퍼드(Mumford, 1961)는 도시의 역사에 관해 이야기하면서 고대로부터 지금까지 도시는 용기container 역할을 했다고 한다. 용기는 식량뿐 아니라, 다양한 유형의 이야기와 데이터를 저장하는 일종의 미디어다. 멈퍼드가 아직 살아 있다면 그가 도시를 일종의 클라우드 미디어라고 말했을지도 모른다. 도시의 역사를 살펴보면 새로운 도시를 계획하는 것 자체를 도시 안에 특정 아이디어나 신념을 담는 과정으로 진행한 예도 많다. 조선의 한양이 그러했고, 미국의 워싱턴 DC가 그러했다. 발터 벤야민Walter Benjamin(1999)의 아케이드 프로젝트는 도시의 미디어성을 매우 다양하게 보여 준 작품이다. 벤야민의 눈에 보인, 혹은 그의 자료에서 비추는, 20세기 초 파리는 그야말로 모든 볼 것과 의미와 욕망이 저장되고 흘러다니는 하나의 거대한 미디어였다. 박물관, 미술관, 콘서트홀 등 그 자체가 미디어인 공간을 품고 있는 도시는, 20세기에나 21세기에나 마찬가지로, 사실상 미디어의 미디어라 할 수 있다. 교회나 사찰 같은 종교 건물도 일종의 공간 미디어다. 가령 교회라는 공간 안에는 텍스트, 영상, 음향, 음악, 상호 작용, 뉴스, 가십, 다층의 관계 경험, 관계의 리스트 등이 존재한다. 마치 일종의 소셜 미디어 같다. 도시는 이런 소셜 미디어 공간을 포함하는 소셜 미디어의 소셜 미디어다. 도시 안에서 이루어지는 다양한 행사, 가령 퍼레이드, 축제 등이 벌어지는 도로, 사거리, 빈 공터, 광장 등은 하나의 거대한 공간 미디어다. 그곳에서는 감정과 이성이 부딪히는 시위라는 이름의 미디어 행위도 벌어진다. 가령 광화문 광장의 촛불 집회와 태극기 집회 등을 생각해 보자. 이런 시위가 벌어지는 광화문 광장은 하나의 거대한 미디어다. 광장은 도시 안의 거대한 확성기가 되어, 사람과 사람, 네트워크와 네트워크, 기기와 기기를 이어 주는 미디어 플랫폼으로 역할을 한다. 광화문 광장은 '네트워크의 네트워크'(결국 인터넷)이고, 도시는 그러한 네트워크의 네트워크가 작동하는 또 하나의 거대한 공간 미디어다.

미디어를 공간적 맥락에서 파악하려고 하는 시도는 20세기 초 미디어에 관한 연구가 시작될 때부터 발견된다. 가령 린드와 린드(Lynd & Lynd, 1929)는 미들타운(인디애나주 먼치시의 가명) 연구를 발표한 책에서 미디어와 도시의 관계에 대해 흥미로운 주장을 하였다. 그들은 도시가 외부 영향으로부터 독립적인, 즉 자기 충족적이라는 것이 말이 되지 않는 것과 마찬가지로, 공간을 엮고space binding 오락거리를 주는 도시 안의 새로운 미디어(가령 라디오)가 도시를 재형성하는 효과가 있지 않다고 생각하는 것도 말이 되지 않는다고 했다. 공간과 장소로서의 미디어를 분석한 또 다른 20세기 초 연구로 제인 애덤스Jane Addams(1909)의 도시 내 극장에 관해 쓴 글을 주목해 볼 가치가 있다. 그녀는 이 글에서 미디어란 단어를 한 번도 쓰지 않았다. 하지만 극장이란 곳이 영화 내용을 소비하는 여흥의 장소이기만 한 것이 아니라, 도시 주민이 어떻게 생각하고, 행동하고, 느껴야 할지를 배우는 문화의 장소이면서 동시에 도시적 삶을 형성하는 가장 중요한 공간 요인이 되었다고 했다. 영화관이야말로 20세기 초 등장한 도시 공간 미디어였다. 실제로 제인 애덤스는 극장이라는 미디어를 그것의 기술적 측면, 내용적 측면, 제도적 측면을 넘어서서 공간적 측면으로 파악하려 하였다. 도시 공간 문제와 미디어 문제를 연결한다는 측면에서 주목할 또 다른 연구자는 델마 매코맥Thelma McCormack(1961)이다. 그녀는 "사회이론과 매스 미디어social theory and mass media"라는 논문에서 도시사회학자들이 매스 미디어에 대한 논의에 더 적극적으로 참여해야 한다고 주장했다. 왜냐하면 일간지, 자동차 라디오, TV 안테나만큼 도시적인 것을 상징적으로 보여 주는 것이 없기 때문이다. 그러면서 그녀는 '도시 맥락'에 관한 커뮤니케이션 연구의 필요성에 대해서도 역설한다. 매코맥에 따르면 매스 미디어란 세속 도시가 제공하는 근대적 삶의 경험에 대해 이해하고자 하는 사람들의 사회적, 심리적 수요의 충족을 위해서 나타난 사회 제도였다.

공간으로서의 미디어media as spaces에 대한 이해는 인공 지능과, 사물 인터넷, 클라우드 기술, 네트워크 기술을 도시의 주요한 인프라로 구축하는 다양한 시도 속에서 더욱더 중요한 것이 되었다. 최근 대두되는 자율주행차, 로봇 인프라, 특히 도시의 디지털화urban digitalization(김용찬, 2020a)에 대한 논의는 도시 공간 전체를 하나의 거대한 미디어로 파악하는 시도라 할 수 있다. 도시 안의 모든 사물과 인간의 활동을 조정하는 중앙 운영 체제(OS)가 도시 밑에 깔리고, 도시의 모든 활동은 그 OS 위에서 일종의 애플리케이션처럼 조정되고, 감시되고, 관리된다. 이런 도시에서 사람과 사물과 기기는 거대한 도시 공간 미디어의 한 부분일 뿐이다. 신자유주의적 토대 위에서 진행되는 도시의 디지털화는 개인 정보와 감시의 문제, 불평등 심화의 문제, 사회관계의 변화, 거버넌스, 참여, 민주주의의 문제 등 다층적인 문제를 제기한다(김용찬, 2020a). 이러한 문제에 대한 논의는 장소와 공간으로서의 미디어라는 시각을 반영하는 새로운 미디어 이론을 토대로 해야 제대로 이루어질 수 있다.

인프라로서의 미디어

2장과 3장의 목적은 '미디어가 무엇인가,' '미디어의 역할은 무엇인가,' '미디어의 효과는 무엇인가,' '미디어가 어떻게 작동하는가'와 같은 질문에 대한 답을 찾는 것은 아니었다. 대신 미디어라는 말이 20세기와 21세기에 걸쳐서 어떤 방식으로 다루어져 왔는지를 살펴보는 것이었다. 20세기는 그야말로 미디어의 시기였다고 할 수 있다. 20세기 초에 미디어에 대한 학문적 문제화가 본격적으로 이루어졌고, 사람들이 미디어라는 문제에 비로소 관심을 두기 시작했다. 중요한 것들 '사이'에 있던 미디어가 이제 무대의 중심에 서게 된 것이다. 20세기 초에는 미디어라는 말에 늘 매스라는 말이 따라붙었다. 매스 미디어, 광고 미디어, 커뮤니케이션 미디어 등에서처럼 20세기의 전반부에는 미디어 앞에 늘 어떤 수식어가 붙어 있었는데, 대부분 그것은 매스 즉 대중이라는 것의 다른 이름이었다. 20세기 후반부로 오면서 미디어는 매스에서부터 벗어나 독자적 의미화를 꾀할 수 있게 되었다. 그러면서 이제는 미디어가 다른 무엇인가를 수식하게 되었다. 미디어 자아, 미디어 삶, 미디어 도시, 미디어 문화, 미디어 정치 등이 그 예다. 이런 경향 속에서 현대 사회의 모든 것이 미디어에 포섭되고, 미디어화되고, 심지어는 미디어와 관련 없는 것이 하나도 없는 것처럼 인식되는 조짐까지 보인다. 이런 상황을 염두에 두고, 그리고 지난 100년 동안 축적된 미디어에 관한 이해를 토대로 해서, 미디어의 다층성, 다면성, 다차원성을 분석할 수 있는 새로운 이론과 개념 틀이 필요한 시점이 되었다. 그런 점을 염두에 두고 새로운 미디어 이론 구축을 위해 재료가 될 수 있는 것으로서 미디어의 다섯 가지 차원(도구, 내용, 제도, 사람, 공간/장소)에 대해 이번 장에서 간략하게 설명하였다.

나는 2장과 3장에서 20세기 전체와 21세기 초반에 걸쳐 미디어 개념에 중요한 변화가 있었음을 추적해서 논했다. 그렇다면 미디어 개념이 변화하게 한 요인은 무엇일까? 우선 미디어가 매스 미디어 틀을 벗어나 독자화한 데는 1980년대부터 본격화된 개인 컴퓨터의 확산과 인터넷 혁명 등이 대표하는 기술 토대의 변화가 영향을 미쳤다고 할 수 있다. 이러한 기술 환경의 변화와 더불어 20세기에 걸쳐 매스 미디어를 중심으로 구축되어 온 법적, 경제적, 정치적 제도에서도 변화가 진행되었다. 요하이 벤클러Yochai Benkler(2006)가 언급한 '산업적 정보 경제 체제'에서 '네트워크화된 정보 경제 체제'로 전환이 1980년대 이후 급속히 진행되었다. 이 시기는 또한 미디어 연구의 제도적 틀이 더욱 공고화한 시기이기도 했다. 타 학문 분야에서 훈련을 받고 미디어 연구를 했던 초기 미디어학자들과는 달리 1980년대가 되면 처음부터 미디어커뮤니케이션학과에서 훈련을 받은 이른바 네이티브 미디어학자들이 등장하기 시작했다. 미국이나 유럽뿐 아니라, 한국의 경우도 마찬가지였다. 이들 네이티브 미디어학자들은 매스 미디어 체제를 넘어서서 미디어의 개념화와 이론화를 위한 준비가 된 사람들이었다. 동시에 그들은 사회 현상을 미디어를 중심으로 보는 경향성을 보였다. 기술적, 제도적 변화와 더불어 사람들이 일상에서 미디어를 경험하는 방식에도 변화가 생겼다. 1990년대 들어 냉전이 끝나면서 이데올로기의 양극 체제가 저물고, 세계는 다면적 이념의 세계로 접어들었다. 사람들은 경쟁하는 복수의 이야기들 사이에서 갈팡질팡하게 되었다. 그런 상황에서 유연해진 정체성 기획의 부담은 개인이 스스로, 혹은 그들이 속한 작은 공동체 안에서 짊어져야 했다(Beck, 1986; Giddens, 1991). 1980년대 이후에는 사회 내 상징적 토대에서도 변화가 만들어졌다. 하나의 고정된 이야기를 다수에게 전달하는 매스 미디어식 미디어 경험은 인류가 20세기에 '짧게' 경험한 역사적으로 돌출된 사건이었다. 연결된 개인들은 이제 미디어 내용의 소비자 역할만 하는 것이 아니라, 자신이 스스로 이야기의 생산과 유통의 역할도 하게 되었다. 20세기 말 미디어의 독자화에는 이러한 정치적, 사회적, 상징적, 기술적, 물리적, 제도적 변화가 영향을 미쳤다. 이러한 변화 자체가 20세기 매스 미디어 시대를 끝내고 21세기 포스트매스미디어 시대가 시작하는 징후라고 할 수 있다.

미디어의 독자화는 결국 우리를 미디어 중심주의로 이끌 것인가? 우리를 둘러싼 환경과 그 요소들이 갖는 미디어적 성격을 발견하고 그에 대해 논하는 것과, 모든 것이 미디어라고 말하는 것은 완전히 성격이 다른 일이다. 미디어 아닌 것이 미디어 논리를 따라서 생각하고 결정하고 행동한다고 말하는 것과 모든 것이 미디어가 되었다라고 말하는 것도 다른 것이다. 2장과 3장에서 언급했듯이 새로운 기술적, 사회적, 물리적, 상징적, 제도적 변화에서 미디어가 21세기 현대 사회를 이해하는 중요한 키워드가 된 것은 사실이지만, 그렇다고 해서 모든 것이 미디어다라고 말하는 순간, 미디어는 현상을 분류하고 분석하는 도구로서의 개념의 역할을 상실한다. 미디어에 대한 새로운 개념화는 적어도 세 가지 점을 고려해야 한다. 첫째는, 미디어와 미디어 아닌 것을 구분해야 한다. 미디어의 차원을 도구, 내용, 제도, 사람, 공간/장소로 구분하고, 확장하더라도 미디어와 미디어 너머의 경계를 나눌 수 있어야 한다. 두 번째는, 본문에서 설명한 미디어의 차원들이 어떻게 상호 작용하는지에 대한 이론화가 구축되어야 한다. 세 번째는, 20세기에 개발된 미디어 이론과 사회 이론을 토대로 다차원적 미디어가, 미디어가 아닌 것들과 어떻게 영향을 주고받는지에 대한 새로운 이론화가 진행돼야 한다.

위에서 제기한 미디어 개념화의 세 가지 숙제를 풀 하나의 방법으로 미디어를 인프라로 파악하는 이론화 작업이 여러 학자에 의해 시작되었다(김용찬, 2014). 미디어를 인프라로 파악하게 되면 미디어를 도구로만, 내용으로만, 제도로만 이해하는 것을 넘어서서 앞에서 언급한 여러 차원을 포괄하는 것으로 이해할 수 있다. 그 차원들 사이의 관계를 이론화하는 근거를 마련할 수 있다. 미디어를 자체적인 메커니즘의 측면에서도 파악할 수 있지만, 미디어 인프라를 토대로 어떤 커뮤니케이션 행위가 가능 혹은 불가능한지를 설명하는 이론적 틀을 구축할 수도 있다. 1931년 에드워드 사피어는 비록 미디어라는 단어를 명시적으로 사용하지는 않았지만, 철도, 전신, 전화, 라디오, 비행기 등을 커뮤니케이션 행위를 촉진하는 물리적 조건, 즉 인프라로 설명하였다. 아마도 에드워드 사피어야말로 미디어에 대한 인프라적 사고를 주창한 최초의 학자라 할 수 있다. 지난 20년 동안 미디어를 인프라로 파악하는 체계적 시도가 진행되어 왔다(Kim & Ball-Rokeach, 2006; Kim, Matsaganis, Wilkin, & Jung, 2018; Peters, 2018). 가령 커뮤니케이션 하부 구조 이론은 도시 지역 내에서의 다양한 미디어 커뮤니케이션 자원을 인프라로 파악한다(Kim & Ball-Rokeach, 2006; Kim et al., 2018).

기존의 인프라 이론과 앞에서 설명한 미디어에 대한 다차원적 개념화를 결합해서 미디어를 인프라로 파악하면서 우리가 처한 미디어 환경(Kim, 2020)에 대한 새로운 이론화 작업을 할 수 있다. 그런 이론들은 앞에서 소개한 다섯 가지 미디어 차원이 어떻게 상호 작용하며, 다차원적 미디어 작용을 만들어 내는지, 미디어의 인프라는 다른 인프라들, 즉 물리적, 기술적, 제도적, 사회적, 상징적 인프라와 어떻게 영향을 주고받는지, 미디어 인프라는 어떻게 새로운 사회적 규범과 효능감을 구축하고, 어떻게 기존의 규범과 효능감으로부터 영향을 받는지, 미디어 인프라는 어떤 방식으로 개인과 집단의 커뮤니케이션 행위에 영향을 주고, 또 어떻게 개인과 집단의 커뮤니케이션 행위 때문에 구성, 재구성되는지 등에 대한 설명을 포함하는 것이어야 할 것이다. 미디어 인프라의 변화, 미디어 규범과 효능감의 변화, 그리고 그것을 토대로 이루어지는 커뮤니케이션 행위의 변화는 결국 미디어에 대한 새로운 개념화를 계속 요구할 것이다. 이런 변화가 계속되었을 때, 가령 지금으로부터 50년 후에, 우리는 여전히 미디어란 말을 쓰고 있을까? 그렇다면 그것의 의미는 지금 우리가 쓰는 것과 같은 것일까? 이제까지 그래왔던 것처럼 미디어 개념은 계속 흔들릴 것이다.

이 책 안에서 나는 앞에서 소개한 다섯 가지 하부 차원으로 구성된 미디어 개념을 붙잡고 나갈 것이다. 그런 개념 틀에서 매스 미디어 시대의 미디어 인프라와 미디어 환경, 포스트매스미디어 시대의 미디어 인프라와 미디어 환경을 비교하는 작업을 해 볼 것이다. 그런데 그 작업을 본격적으로 하기 전에 우리가 주목해야 할 개념이 하나 더 있다. 바로 연관성relevance이란 개념이다. 그에 대해서는 다음 장에서 자세히 이야기해 보자.

4장

미디어와 연관성

2장에서는 미디어의 개념이 얼마나 유동적이고 불안한 개념인지 이야기했다. 3장에서는 미디어 개념을 구성하는 다섯 가지 차원에 대해서 살펴보았다. 도구로서, 내용으로서, 제도로서, 사람(들)으로서, 공간으로서의 미디어, 이렇게 미디어를 다차원적인 것으로 이해한다면 미디어의 사회적 의미와 역할을 더 입체적으로 다양한 측면에서 살펴볼 수 있을 것이다. 미디어의 다차원적 작용을 토대로 사회가 어떻게 구성되고, 유지되고, 성장하고, 퇴락하는지를 설명하는 틀을 만들 수 있다면 더 포괄적인 미디어 사회 이론이 탄생할 수도 있을 것이다. 사회 체계 이론을 가져와서 이야기한다면 사회 체계가 어떻게 작동하는지, 혹은 작동하지 않는지의 문제를 다차원적 미디어의 개념을 토대로 이야기할 수도 있다. 혹은 민주주의, 공론장, 시민적 숙의와 대화 등의 문제를 다차원적 미디어의 문제와 연결할 수도 있다. 그렇게 된다면 민주주의와 공론장의 문제 안에 들어 있는 도구, 내용, 제도, 사람, 공간적 측면의 미디어 문제를 다룰 수 있고, 그런 차원이 어떻게 상호 작용하면서 민주주의의 가능성을 높이는지, 혹은 낮추는지를 이야기할 수 있다. 사회에서 관찰되는 다양한 유형의 억압과 지배의 문제, 착취와 불평등의 문제를 다차원적 미디어와 연결하면서 미디어의 사회적 의의에 대해 논할 수도 있다. 물론 이런 문제 하나하나를 한 권의 책에서 모두 다루는 것은 무리다. 차근차근 천천히 긴 호흡으로 풀어나갈 문제이고, 관심 있는 여러 학자가 함께 해야 하는 공동체적 과제이기도 하다. 대신 나는 여기서 한 가지 문제에 집중하고자 한다. 바로 내가 '연관성의 문제problem of relevance'라고 부르는 것이다. 연관성의 문제가 무엇인가는 뒤에서 더 자세히 다루겠지만, 여기서 일단 간단히 쉬운 정의를 제시한다면 그것은 나(혹은 우리), 여기, 지금에 관해 이야기하는 것과 관련된 문제라고 할 수 있다.

사회 현상을 다루는 많은 논의가 빠지기 쉬운 함정은 환원주의다. 환원주의란 하나의 잣대로 사회의 모든 현상을 다 설명하려는 경향성을 말한다. 연관성의 문제 하나로 미디어와 사회의 문제를 다 다루려 한다면 전형적인 환원주의의 오류를 범하는 것이다. 환원주의 오류에 빠질 위험에 대해 경각심을 가지면서 조심스럽게 나는 미디어와 커뮤니케이션의 문제는 연관성의 문제와 본질적 관계를 갖는다라는 어쩌면 이 책의 가장 핵심적인 명제를 이 장에서 설명해 보려 한다.

연관성의 의미

'연관성'이란 말은 우리가 평상시에 자주 쓰는 것은 아니다. 하지만 종종 "백신 접종 연관성 의심 마비 증상," "코인 거래소 취업하려는 퇴직 경찰에 공직자 윤리위 업무 연관성 있다," "총 걸음 수와 당뇨병 발병 사이의 연관성," "지구 온난화와 극한 기후와의 연관성"과 같이 뉴스에서 연관성이라는 말을 가끔 보기는 한다. 이런 기사 제목은 대개 어느 둘 사이에 상관관계가 있다는 뜻을 전하기 위해서 연관성이란 말을 쓰는 것 같다. 연관성의 개념을 미디어의 맥락에서 본격적으로 논하기 전에 사전적 의미를 먼저 살펴보도록 하자. 내가 뒤에서 논의하려는 연관성 개념이 사전적 의미와 반드시 일치하는 것은 아닐 수 있다. 하지만 그 말의 일상적 의미(즉 사전적 의미)를 완전히 무시할 수는 없다.

국립국어원이 편찬한 표준국어대사전에서는 연관이라는 말의 뜻을 "사물이나 현상이 일정한 관계를 맺는 일"이라고 했다. 연관과 비슷한 말인 상관은 "둘 이상의 사람, 사물, 현상 따위가 서로 관계를 맺어 매여 있음. 또는 그 관계"라고 풀이했다. 표준국어대사전에서 소개하는 연관 혹은 상관이라는 개념은 어떤 중심focal point을 상정하지 않고 중립적으로 여러 개체 사이의 관계connection 혹은 상관관계correlation를 가리키는 말인 것처럼 보인다.

연관 혹은 상관에 가장 가까운 영어 단어는 렐러번스relevance다. 렐러번스에 대해 영어 사전들이 제시하는 설명은 연관이나 상관에 대한 한국어 사전들의 설명과는 약간의 뉘앙스 차이가 있다. 케임브리지 사전은 렐러번스를 "지금 일어나는 일 혹은 말해지는 것과 관련 있거나 그것들에 유용한 정도라고 했고, 옥스퍼드 사전은 "밀접하게 연결되어 있거나 적절한 상태The quality or state of being closely connected or appropriate라고 했다. 웹스터 사전은 "바로 앞에 당면한 것과 관계있는 것related to the matter at hand"이라고 했다. 영어 사전 간에도 조금씩 뉘앙스 차이가 있지만 종합해 보면 렐러번스는 대체적으로 '내가 누구인가의 문제, 내가 관심 가진 것, 그리고 시간상으로는 지금, 장소적으로는 여기에 가까운 것들'에 대한 것이라 할 수 있다. 즉 영어 사전들의 정의를 놓고 봤을 때는 정체성identity, 지금now, 여기here와 같은 말들이 연관성을 구성하는 열쇠 말인 것이다. 이렇게 놓고 보면 렐러번스의 적절한 한국어 번역이 연관성이나 관련성이 아닐 수도 있겠다는 생각도 든다. 아마도 한국말에는 영어 단어 렐러번스에 정확히 일치하는 말이 없다는 것도 될 수 있다. 그런데도 나는 여기서 연관성이란 말을 영어의 렐러번스와 조금 더 밀접하게 연결하는 작업을 하려고 한다. 즉 우리는 여기서 연관성이란 말을 제삼자적 시점에서 여러 개체 사이의 관계를 뜻하는 것이 아니라(마치 네트워크 연구자가 네트워크 분석을 하듯이), 자기 시각을 가진 주체의 관점에서, 즉 일인칭 관점 (개인적, 집합적 일인칭 관점, 즉 나와 우리의 관점)에서 파악하는 개념으로 사용하려 한다. 그래서 내가 여기서 말하는 연관성이란 나(혹은 우리), 지금, 여기와 심리적으로, 물리적으로, 커뮤니케이션적으로 가까운 것이다. 즉 연관성이란 나와 가깝다고 인지하거나 느끼는 것(심리적 근접성), 실제로 가까운 것을 시각, 청각, 촉각 등을 통해 지각하는 것(물리적 근접성), 혹은 자주 듣거나 말하는 것(커뮤니케이션적 근접성)을 포괄하는 것이다.

연관성에 대한 이론적 논의

사실 연관성이란 개념은 다양한 맥락에서 다양한 방식으로 사용되어 왔다. 최근에 이 개념이 가장 빈번하게 쓰이는 분야는 아마도 인터넷 검색 분야일 것이다. 가령 검색 포털의 이용자가 특정 검색어를 입력하면 그 검색어(혹은 그 검색어를 통해 이용자가 의도한 내용)와 '연관'된 내용을 제공해 주는 과정에서 연관(성)의 개념이 사용된다. 한때 네이버, 다음 등 한국의 검색 포털들은 이른바 '연관' 검색어 서비스라는 것을 제공했다. 컴퓨터과학에서 연관성이라는 개념을 쓰기 훨씬 전부터 인지언어학, 현상학, 사회학, 심리학, 사회심리학, 미디어 연구, 커뮤니케이션학 등에서 연관성 개념에 대한 논의가 있었다. 여기서는 그중에서 대표적인 것을 골라 살펴보도록 하자.

연관성에 관한 인지과학적 논의

인지언어학 관점에서 연관성의 문제를 체계적으로 논의한 이들은 유니버시티칼리지런던 언어학과의 디어드르 윌슨Dierdre Wilson과 프랑스국립

과학연구소의 댄 스퍼버Dan Sperber다. 그들은 1986년 《연관성: 커뮤니케이션과 인지Relevance: Communication and Cognition》라는 책에서 연관성과 대인 간 커뮤니케이션 사이의 관계를 설명하는 연관성 이론을 제시했다. 이 책에서 윌슨과 스퍼버는 연관성이야말로 커뮤니케이션을 발생하게 하는 주 동기이면서, 그것을 구성하는 핵심이라고 주장했다. 사람들이 커뮤니케이션하는 이유 자체가 연관성 때문이기에 연관성의 문제를 떠나서 커뮤니케이션의 문제를 생각할 수 없다는 것이다. 이들의 설명에 따르면 사람들이 화자로서 혹은 청자로서 커뮤니케이션하는 것은 진리를 추구하거나, 정확한 정보를 얻기 위해서라기보다는, 그보다 먼저 연관성을 높이기 위한 것이다. 윌슨과 스퍼버는 인간이 생존, 성장, 확장하기 위해서 특정 상황과 연관된 정보를 찾고 그것에 주목해서 커뮤니케이션하도록(조금 더 인지심리학적인 방식으로 말한다면 커뮤니케이션을 위한 인지 과정에 참여하도록) 진화해 왔다고 설명한다. 개인은 외부에서 들어오는 수많은 정보를 모두 소통의 대상으로 삼지 않는다. 그러려고 했다가는 아마도 정신병에 걸리고 말 것이다. 개인은 외부에서 들어오는 정보 중 어떤 것이 자신의 생존과 성장을 위해 필요한지, 즉 연관성이 높은지 판단해야 하고, 그 결과에 따라 그것을 인지 처리의 대상으로 삼는다. 이런 능력은 진화 초기 단계에 있던 인류보다 정보의 홍수 시대를 사는 현대인에게 훨씬 더 필요한 것이라 할 수 있다.

윌슨과 스퍼버가 자신들의 연관성 이론에서 말하는 연관성은 인지 과정에 투여되는 입력 요소input를 판단할 때 쓰는 기준 중 하나로 볼 수 있다. 그들은 입력 요소의 연관성 정도는 두 가지 요인에 의해 영향을 받는다고 설명했다. 첫 번째는 그 입력 요소가 갖는 '긍정적 인지 효과'다. 이 효과가 클수록 입력 요소의 연관성이 높아진다. 화자가 청자에게 어떤 정보를 전하는 상황에서 긍정적 인지 효과란, 청자가 그동안 필요로 했지만 간직하고 있지 않던 지식을 전해 주거나, 청자의 기존 신념을 강화시킬 수 있거나 변화시킬 수 있는 등의 결과를 가져오는 효과를 말한다. 화자가 청자에게 전달하는 입력 요소가 이런 효과를 가지려면 정보를 받는 청자가 입력되는 정보를 매우 중요한 것으로 여기거나, 매우 흥미롭게 느껴야 한다. 가령 지진 발생 지역에 사는 사람에게 전달되는 지진 대피 정보는 이런 '긍정적 인지 효과'를 가진 입력 정보일 가능성이 매우 높다고 할 수 있다. 연관성의 정도에 영향을 주는 두 번째 요인은 입력 요소를 인지적으로 처리할 때 소요되는 '노력의 양'이다. 윌슨과 스퍼버는 인지적 노력이 적게 드는 입력 요소일수록 연관성의 정도가 커진다고 했다. 지진 발생 지역에 사는 사람에게 지진의 발생 과정에 관해 설명하면서 "non-DC 성분을 이용하여 지진 본진에 유체에 대한 영향이 얼마나 큰지 알기 위해서 전 모멘트 텐서 역산을 수행해 CLVD와 ISO 성분 함량을 측정했다. ISO 성분은 15.1~28.8% 정도로 측정되었다"와 같은 말을 한다면, 지진 전문가가 아닌 일반인 대부분은 그것을 인지적으로 처리하는 것을 포기할 것이다. 지진 피해자로서 아무리 절박한 상황에 처해 있다 하더라도 이런 말은 인지적 노력을 과도하게 요구하기에 연관성이 떨어지는 입력 정보가 될 가능성이 크다. 어떤 말이 제대로 소통되려면 청자가 그 말에 주목해서 인지적 노력을 기울일 의지를 가질 만큼의 긍정적 인지 효과를 가져야 한다.

이런 설명의 연장선상에서 윌슨과 스퍼버는 이상적 소통을 위한 연관성 원리 두 가지를 제안한다. 첫 번째 원리는 그들이 '인지적 원리'라고 부르는 것이다. 이것은 커뮤니케이션 과정에서 청자 쪽에 더 관련된 원리다. 이 원리의 골자는 인간의 인지 과정은 연관성을 극대화하는 방향으로 설정되어 있다는 것이다. 청자는 자신에게 연관된 것을 찾고, 그것에 주목하려 한다. 앞에서 말한 것처럼 자신에게 어떤 식으로든 인지적 유익성(새로운 지식과 정보 투여, 기존의 의견 강화, 인지적 부조화 해소 등)이 높고, 인지적 노력이 적은 방식으로 소통하려 한다는 것이다. 윌슨과 스퍼버가 제시하는 두 번째 연관성 원리는 '커뮤니케이션 원리'다. 이것은 소통 과정에서 화자 쪽에 더 관련된 원리다. 이 원리에 따르면 화자가 진술한 말은 화자의 전달 능력과 선호에 부합할 때 가장 높은 연관성을 갖는다. 이 점을 의식해서 화자는 청자가 인지적 처리의 노력을 할 가치가 충분할 만큼 연관성 있는 정보를 전달해야 한다(인지적 원리 충족). 여기서 가장 기본적인 전제는 대부분의 화자는 청자에게 쉽게 이해받고 싶어 한다는 것이다. 그렇기에 어떤 정보가 아무리 청자에게 중요한 것이라 할지라도 화자가 생각하기에 그것을 청자가 알아들을 능력이 없거나 화자 자신이 그것을 청자가 알아들을 수 있게 전달할 능력이 없다고 판단한다면 소통의 노력을 아예 시작하지 않을 것이다. 인지적 원리와 커뮤니케이션 원리가 충분히 충족되는 상황에서만 화자와 청자는 연관성 높은 소통을 할 수 있다.

윌슨과 스퍼버의 연관성 이론은 연관성 문제를 직접적으로 커뮤니케이션 문제와 연결하는 이론적 틀을 제시했다는 점에서 주목할 만하다. 그렇지만 내가 여기서 제시하려는 연관성 논의를 위해서는 몇 가지 한계점을 갖고 있다. 먼저 이들의 연관성 설명은 기능주의적 설명 방식 때문에 연관성이 낮더라도 여전히 이루어지는 소통의 다양한 상황에 대해 어떻게 설명할지가 모호하다. 소통 그 자체가 의례화되어서 소통 내용의 연관성은 그리 중요하지 않은 상황도 있기 때문이다. 두 번째 지적할 한계점은 이들이 미디어의 문제에 대해서는 명확하게 언급하지 않는다는 점이다. 사실 윌슨과 스퍼버의 연관성 개념은 매스 미디어(TV, 라디오, 신문 등)가 프로그램 내용에 대한 전략 수립 과정 그리고 시청자, 청취자, 독자가 미디어의 내용을 보고, 듣고, 읽는 과정에서 하는 다단계의 선택 과정(가령 선택적 노출, 지각, 인지 등)을 설명할 때 유용하게 쓰일 수 있는 개념이다. 매스 미디어의 내용이 만들어지고, 전달되고, 수용되는 과정에서도 인지 원리와 커뮤니케이션 원리가 작용한다 할 수 있다. 그런데도 인지과학자인 윌슨과 스퍼버는 연관성 논의를 대인 간 커뮤니케이션과 그 속에서 이루어지는 개인 내부의 인지 과정에만 연결할 뿐 미디어와 관련한 문제까지 확장하지는 않았다.

연관성 문제에 대한 알프레드 슈츠의 논의

연관성 개념에 대해 처음으로 체계적인 사회학적 논의를 했던 사람 중 하나는 20세기 전반에 활동한 오스트리아 출신 미국 사회학자 알프레드 슈츠다(Schutz & Luckmann, 1973). 그는 사회 구조가 작동하는 방식과 사회 구조 안에서 수행되는 사회적 행위social action를 설명하는 과정에서 연관성의 개념에 주목하면서 자신의 연관성 이론을 구축했다. 그는 연관성의 개념이 사회학과 문화과학Geisteswissenschaften에서 가장 핵심적 개념이라고 말하기까지 했다(Schutz, 1996). 그가 연관성의 개념을 개발하고 발전시키면서 제기한 가장 핵심 질문은 행위 선택의 가능성이 활짝 열려 있는 상태에서도 사람들이 어떻게 일정한 관례routine를 따르는 정형화된 행위를 하는지, 동시에 일정한 규범을 따르면서도 어떻게 행위 수행의 신축성을 보이는지에 대한 것이었다(Straßheim, 2010). 결국 슈츠는 사회 행위의 틀을 제시하는 사회 구조의 지속성과 변화 가능성, 이 둘이 보이는 일종의 역설을 설명하려 했다. 그는 사회 구조의 지속성과 변화 가능성의 역설 속에서 사회관계와 사회적 행위가 유지되는 것은 연관성이라는 개념과 밀접하게 연결된 다단계의 복합적 선택selection 과정이 있기 때문이라고 설명했다. 일상의 미시적 상황에서도 수많은 정보와 자극이 쏟아지는 현대 사회에서 사람들이 생존할 수 있는 것은 순간순간 작동하는 연관성 구조에 의해 무엇에 주목할 것인지(Campo, 2015), 무엇을 문제 삼을 것인지, 무엇에 관해 생각할 것인지, 주목한 대상을 해석하기 위해 어떤 정형화typical된 틀을 동원할 것인지, 특정 상황에서 어떤 행위를 수행할 것인지 등에 대한 것들을 포괄하는 다양한 '선택'이 개인 삶에서 대개는 큰 무리 없이 진행되기 때문이다.

슈츠는 연관성의 개념을 주제적 연관성thematic relevance, 해석적 연관성interpretive relevance, 동기적 연관성motivational relevance 등 세 가지 상호 연관된 차원으로 나누어서 설명한다. 개인의 일상에서 이미 평범하고 익숙하고 당연한 것이 되어서 전혀 의식하지 못하는 것, 뒤로 물러서서 배경으로만 작동하는 것, 그래서 개인의 일상에서 눈에 띄지 않는 것에는 사실 어떤 연관성을 부여하기 힘들다. 그래서 개인은 그것이 자기 삶에서 어쩌면 사실은 매우 중요한 것일 수 있다는 인식 자체를 하지 못한다. 가령 어떤 사람이 출근길에 뭔가 골똘히 생각에 잠겨 집에서부터 지하철역까지 걸어간다고 해 보자. 뭔지는 모르겠지만 그가 뭔가 중요한 것을 생각하며 걸어가고 있기 때문에 걸어가는 보도, 계단, 길에서 마주친 사람들, 광고판, 상점, 가로수, 자동차 등은 평범한 배경으로만 작동하고 그의 눈에 띄지 않고 흘러 지나갈 것이다. 어쩌면 그중 어떤 것은 그의 삶이 유지되는 데 사실 매우 필수적인 것이었을지도 모른다(가령 길이 없으면 어떻게 걸을 수 있겠는가). 그런데도 길을 걷는 그에게는 뭔가 골똘히 생각할 것이 있었기 때문에 그 필수적인 것이 그의 눈에 들어오지 않았다. 다시 말해 그것들은 그에게 연관성의 대상이 되지 못했던 것이다. 그런데 당연한 것으로 간주하는 평범한 일상의 배경에서 돌출되어 나오는 것, 그래서 우리 눈길을 끌게 되는 것이 비로소 연관성을 갖게 되는데, 이것을 슈츠는 주제적 연관성thematic relevance이라 했다. 현대 대도시에서 개인 삶에 매 순간 끊임없이 무정형으로 쏟아져 들어오는 다양한 자극을 무심히 흘려보내다가 어떤 계기에 의해서든 그중 어떤 것에 주목하게 되었다면 (가령 곰곰히 뭔가 생각하며 지하철역까지 걷는데, 누군가가 어깨를 툭 치며 말을 걸었다면), 그것은 뒤로 물러선 배경에서부터 앞으로 쑥 튀어나와 주제화thematize되는 과정을 겪게 되고, 그 과정에서 비로소 연관성을 획득하게 된다. 적어도 그 개인의 삶에서는 말이다. 슈츠는 주제적 연관성이 발생하는 데는 두 가지 유형이 있다고 설명한다. 첫 번째는 강요된imposed 주제적 연관성과 두 번째는 동기화된motivated 주제적 연관성이다. 강요된 연관성이라는 것은 개인의 의지와 상관없이 어떤 정보가 주제화되면서 개인의 삶과 연관된 것으로 그의 일상에 들어오는 것이다. 앞에서 예로 들었던 것처럼 누군가 갑자기 말을 걸거나, 무엇인가 공포심이나 수치심을 자아내는 것이 발생하거나, 자연재해같이 일상을 중단할 만큼 심각한 사건이 벌어지는 경우가 여기에 해당한다. 그러한 경우 개인은 그것들에 주목할 수밖에 없는 일종의 강요된 '선택'을 하게 될 것이다. 동기화된 주제적 연관성은 개인이 원래 갖고 있던 관심, 전문성, 경험 등을 토대로 개인이 특정 대상에 의지적으로 주목하는 경우다. 가령 직업이 건축가인 사람이 길을 걸어가다가 흥미로운 디자인의 새 건축물을 발견하고서 "음 저거 못 보던 건물인데!" 하며 잠시 가던 길을 멈추고 그것에 주목하는 경우가 동기화된 주제적 연관성을 갖는 상황이라 할 수 있다.

개인이 어떤 대상에 주목하고 집중하게 된다면(즉 그것이 주제적 연관성을 획득하게 된다면), 개인은 그것에 대해 이게 뭘까, 이것을 어떻게 받아들이고, 어떻게 이해해야 할까 등을 생각하게 된다. 그 과정에서 과거의 경험, 지식, 혹은 종종 편견과 선입견을 토대로 자기 머릿속에 들어 있는 정형화된typical 개념과 범주를 동원한다. 슈츠는 그런 과정을 어떤 대상이 해석적 연관성을 갖게 되는 과정으로 설명한다. 해석적 연관성이 부여되는 과정에서 슈츠가 동원하는 중요한 개념은 정형성typicality이다. 우리는 우리가 주목한 대상에 대해 해석하고 이해할 때 그것들에 매번 무작위의 의미를 부여하지 않는다. 대개는 이미 정형화된 것 중에서 가장 적절하다고 생각하는 것을 '선택'해서 주목하게 된 대상에 부여하고 그것을 이해한다. 출근길을 걸어가는데 누군가 나를 뚫어지게 쳐다보는 것을 느꼈다면(그러면 그런 눈길 자체가 주제적 연관성을 갖게 될 것이다), 나는 그가 왜 그랬는지를 해석하려 할 것이다. 그 과정에서 내가 지닌 몇 가지 정형화된 해석 틀(내 얼굴에 뭐가 묻었나? 나에게 관심이 있나? 내게 구걸하려는 건가? 아니면 내게 어떤 해를 가하려 하나? 등)을 동원해서 그가 나를 쳐다보는 이유를 찾으려 할 것이다. 그 과정에서 나를 쳐다보는 대상(혹은 그의 눈길)은 해석적 연관성을 갖게 된다.

연관성은 생각의 과정을 넘어 개인의 행동을 유발하기도 한다. 그러면 연관성의 대상은 동기적 연관성을 갖게 된다고 슈츠는 설명한다. 앞의 예를 계속 사용한다면 길을 가다가 나를 뻔히 쳐다보는 사람에 대해 호기심, 두려움, 놀라움을 느꼈다면 그를 빨리 피하거나, 그에게 다가가 왜 나를 쳐다보느냐고 물을 것이다. 혹은 왜 나를 쳐다보냐는 표정을 지으며 나도 그를 쳐다볼 수도 있다. 즉 나를 쳐다보는 사람에 대해 어떤 행동을 하게 된다. 조금 더 일반적으로 이야기하자면 이렇다. 주제적 연관성과 해석적 연관성을 갖게 된 어떤 대상에 대해 사람들은 필요하다면 그것이 무엇인지에 대한 추가 정보를 얻으려고 행동할 것이다. 그것이 무엇인지에 대한 해석이 완결되지 않았거나, 그것이 무엇인지에 대해 잠정적일지라도 이미 어떤 결론을 내렸다면 그 문제를 무시하거나 회피하는 행동을 할 것이다. 그렇지 않은 경우라면 적극적으로 다가가 대상과 관련한 문제를 해결하기 위해 행동할 것이다. 이런 과정을 통해 그 대상을 향한 사람들의 시선(주제적 연관성)과 해석 노력(해석적 연관성)이 다양한 행동으로 표현되는 동기적 연관성을 만들어 내는 것이다.

슈츠는 연관성의 유형(주제적, 해석적, 동기적 연관성)을 설명하는 과정에서 고대 그리스의 철학자 카르네아데스Carneades가 사용했던 이야기를 가져온다. 이 이야기는 캄캄한 동굴 안에서 뱀인지, 밧줄인지 모를 기다란 물체를 희미하게 지각한 사람의 이야기다. 그 사람은 캄캄한 동굴 안에서 뱀인지 밧줄인지 모를 물체를 발견하고 놀라면서 그것에 주목한다. 그러면 그 물체는, 캄캄한 동굴 속 어둠이라는 배경적 상황에 묻혀 있다가, 즉 주의해서 보지 않으면 그저 스쳐 지나갈 수도 있던 것에 머물러 있다가, 동굴 속에 들어온 남자의 눈에 띄면서 주제적 연관성을 갖게 된다. 동굴 속 사람은 그 물체가 뱀인지 밧줄인지 판단하기 위해 자신의 과거 경험, 정보, 지식 등을 동원해서 따져 보고 생각한다. 그 과정을 통해서 그것이 뱀일 수도 있다고 생각한다. 그러면 그 물체는 해석적 연관성도 갖는다. 그 남자가 어둠 속에 있는 긴 물체가 뱀이라고 확신했다면 도망치는 등의 행동을 했을 것이다. 만약 뱀인 것 같지만 아직 확신할 수는 없다고 생각했다면 막대기 같은 것으로 그 물체를 톡톡 건드려 보면서 좀 더 확실한 해석을 위한 추가 정보를 얻는 행동을 하게 될 것이다. 그 과정에서 그 물체는 행위와 연관되는 동기적 연관성도 갖게 되는 것이다. 앞서 제시한 연관성의 사전적 정의와, 비교적 길게 설명한 슈츠의 연관성 이론을 합쳐 보면 개인 삶에서 연관성이 높다는 것이 의미하는 바를 이렇게 정리할 수 있을 것이다. 연관성이 높은 것은 단순히 개인의 정체성, 지금, 여기에 가까운 것을 가리키는 것에 그치는 것이 아니라, 나의 주목attention과 생각(해석)과 행동을 이끄는 것이어야 한다. 즉 배경적 맥락에서 돌출되어 나와서 나의 주목을 받고, 생각과 행동을 이끌어 낼 정도의 중요성을 갖는 것이어야 한다.

슈츠의 연관성 논의에서도 앞으로의 우리 논의를 위해 몇 가지 지적할 점이 있다. 슈츠의 논의를 앞에서 언급한 윌슨과 스퍼버의 연관성 이론과 비교한다면, 연관성의 의의를 인지적 과정의 미시적 상황에서만 논하는 윌슨과 스퍼버와 달리 슈츠는 그것을 사회적 수준에서 살펴보았다는 특징을 갖고 있다. 즉 슈츠는 연관성의 문제를 보다 거시적 차원에서 논의했다. 그런데 앞에서 윌슨과 스퍼버의 연관성 이론이 연관성 없는 소통과, 연관성 없는 인지 과정의 상황에 대해서는 분명한 설명이 없었다고 지적했는데, 슈츠의 연관성 이론도 비슷한 문제를 갖고 있다. 사회적으로 연관성이 실패한 상황 즉, 한 개인(혹은 집단)이 자신(들)이 누군지와 관계없는 것, 자신(들)이 어디에 있는지와 관계없는 것, 자신(들)이 어느 시점에 있는지와 관계없는 것에 주목하고, 생각하고, 행동하면서, 그것들을 중요한 것으로 여기는 상황에 처한다면, 그런 상황을 어떻게 설명할지가 슈츠의 논의 틀에서 애매한 채 남아 있다. 나는 이런 연관성 실패의 상황에 주목하면서 그것을 뒤에서 '연관성 위기'라고 부를 것이다. 윌슨과 스퍼버와 마찬가지로 슈츠 역시 자기 글들에서 미디어의 문제를 직접 언급하지 않았다. 이는 슈츠에게 직접적 영향을 받은 사회학자인 피터 버거Peter Berger와 토머스 루크만Thomas Luckmann의 경우도 마찬가지였다. 그들의 대표 저작인 《실재의 사회적 구성The Social Construction of Reality》(Berger & Luckmann, 1966)에서도 미디어에 대한 언급은 제한적이었다(Couldry & Hepp, 2017). 그런데도 슈츠의 논의를 토대로 연관성과 관련된 미디어의 두 가지 역할을 생각해 볼 수 있다. 첫 번째로 미디어는 동굴 안의 사람들이 자기 발밑의 구체적 현실보다는 동굴 밖 세상의 것에만 주목하고, 생각하고, 행동하게 만들 수 있다. 사람들 발 바로 앞에 그들을 죽일지도 모르는 뱀인지 밧줄인지 아직 확인되지 않은 문제가 있음에도 말이다. 이런 식으로 미디어는 연관성 위기를 초래한다. 하지만 다른 가능성도 생각해 볼 수 있다. 동굴 밖 세상으로 사람들의 관심을 돌렸던 미디어가 이제 그 역할을 바꿔서 오히려 사람들 발밑의 희미한 물체를 비춰 주고, 사람들이 그 물체에 더 잘 주목하게 만들어 주고, 그 물체가 무엇일지 서로 이야기하면서 공동의 이해를 만들어 내고, 그에 대해 더 잘 대처할 수 있는 집합적 행동의 기회를 제공할 수도 있다. 동굴 안에 나만 있는 것이 아니라, 나와 비슷한 상황에 부닥친 다른 사람들이 있다는 것을 깨닫게 해 주고, 그들과 함께 협력해서 공동으로 대처할 문제를 함께 인식하고(주제적 연관성), 함께 그 문제를 이해하고(해석적 연관성), 함께 그 문제에 대해 행동(동기적 연관성)할 수 있도록 도와줄 수도 있다. 이 경우 미디어는 연관성 확장의 도구 역할을 하는 것이다. 현대 사회의 미디어는 이렇게 연관성 위기의 요인이 되기도 하고, 연관성 확장의 촉진제가 되기도 하는, 모순적 가능성을 동시에 지녔다고 할 수 있다.

생활세계의 개념과 연관성: 후설과 하버마스

20세기 독일의 학자들이 사용한 생활세계(독일어로는 Lebenswelt이고 영어로는 lifeworld로 번역됨)라는 개념도 연관성과 밀접한 관련성을 갖는 개념이라 할 수 있다. 생활세계란 개념을 처음 체계적으로 논한 사람 중 한 명은 독일의 철학자 에드문트 후설이다. 그는 현상학을 주창한 사람이기도 했다. 후설은 생활세계를 19세기와 20세기 초의 합리주의와 실증주의를 비판하기 위한 개념적 장치로 사용했다(Huseerl, 1970). 합리주의와 실증주의에 대한 그의 비판은 갈릴레오 갈릴레이Galileo Galilei부터 시작한 과학(혹은 당시의 과학적 방법론) 자체에 대한 비판으로부터 시작한다. 갈릴레이부터 그의 시대까지 이어 온 과학의 방법론은 현실에서 출발하긴 하지만, 결국 현실을 수학화하는 것이다. 현실을 수학화mathematization한다는 것은 결국 추상적 기호로 이뤄진 이론들로 대체한다는 것이다. 생생하지만 불규칙적이고, 모호한 현실이 이론적 개념에 의해, 수학적 모델에 의해 대치되는 것에 대해서 후설은 비판했다. 후설이 말하는 생활세계라는 것은 과학 전의 세계다. 과학에 의해 포섭되기 전의 세계다. 과학적 방법론에 의해 분석되고, 해석된 뒤, 추상적이고 일반적인 개념의 모자를 쓰기 전의 세계다. 생활세계는 감각의 세계이고 실제로 체험하는 세계다. 후설은 이런 식으로 생활세계와 과학을 대비시킨다. 그런데 흥미로운 점은 과학이 이루어지는 과정도 사실은 생활세계 안에서 이뤄진다는 점을 후설이 강조했다는 것이다. 결국 과학이라는 것도 과학자 혹은 과학자들이라는 사람들, 집과 실험실과 그 밖의 장소에서 그들이 살아가는 구체적인 삶, 과학자들 사이의 상호 작용, 실험이 이루어지는 실험실 안에서 찾을 수 있는 사회적 과정 등으로 이루어진 것이기 때문이다. 추상적, 이론적, 수학적 모델로 생활세계에서 멀어진 세계에 대한 담론을 만들어 내는 과학도 생활세계와 밀접한 — 어쩌면 모순적 — 관계를 유지하는 것이다. 비슷한 방식으로 그는 정치, 경제, 사회, 종교 제도, 문화적 활동과 결과물 등도 생활세계의 일부이면서 온전히 순수한 감각의 세계와는 구별되는 것으로 개념화하였다. 생활세계를 특징짓는 것으로서 후설이 사용한 개념 중에 우리가 주목할 것은 즉각성immediacy이다. 즉각성이란 말은 시간적인 즉각성과 공간적인 근접성을 모두를 포함하는 것이다. 생활세계에서 우리가 감각하는 것은 즉각성의 성질을 갖는다. 어떤 추상적 범주에 의해 규정되기 전에 생활세계의 어떤 것을 우리가 경험할 수 있게 하여 주는 것이 즉각성이다. 앞서 나는 나/우리, 지금, 여기와 가까운 것이 연관성의 개념을 구성한다고 말하였다. 그렇다면 후설의 생활세계는 즉각성이 특징인 연관성의 세계라고 할 수 있다.

또 다른 독일학자인 하버마스도 후설의 생활세계라는 개념을 사용했다(Habermas, 1984). 다소 철학적 개념이라 할 후설의 생활세계를 그는 사회학적 개념으로 발전시켰다. 하버마스는 특히 미시적 상황에서 사람들이 어떻게 서로 조정하면서 일관성 있는 사회를 경험하는지를 설명하는 과정에서 생활세계의 개념을 가져왔다. 생활세계에서는 커뮤니케이션적 합리성communicative rationality에 의한 조정이 이루어진다. 생활세계에서 사람들은 커뮤니케이션 행위를 수행한다. 커뮤니케이션 합리성을 토대로 커뮤니케이션 행위를 할 수 있는 것은 거기에 참여하는 사람들이 당연하게 여기는 규범, 규칙, 관행을 공유하기 때문이다. 자신이 알고 있는 규범을 상대방도 알고 있다는 것을 당연하게 여기는 것을 전제로 해서 커뮤니케이션이 이루어지고 그것을 토대로 그러한 전제가 계속 재생산된다. 즉 생활세계는 사람들이 일상의 틀에서 합의를 본 규범에 따라 말하고 행동하는 공간이다. 가정이든, 직장의 작업장이든, 동네든, 그곳의 상황, 시각, 필요, 관습 등에 의해 그곳의 구성원들이 합의해서 받아들인(혹은 오랫동안 받아들여 온) 규범에 따라 행위를 하는 곳이 생활세계라는 것이다. 하버마스는 생활세계를 사회적 행위를 가능케 하는 배경 자원, 맥락, 차원이라고 설명했다. 생활세계에서 행위자들은 상호 이해, 의미의 문화 체계 공유, 행위 패턴을 안정적으로 만들어 주는 제도 질서, 가족, 교회, 이웃, 학교 등으로부터 획득하는 성격 구조personality structure 등을 바탕으로 한 협력을 할 수 있다고 했다. 즉 생활세계는 상호 합의 양식의 행위를 통한 조정이 이루어진 곳이다. 생활세계는 외부에서 들어온 규범에 영향받지 않고 오로지 모든 것이 내부에서 결정된다. 그것이 외부자의 시각에서는 불합리한 것으로 보일 수도 있다. 그러나 내부자의 시각에서는 지극히 합리적인 것이다. 이런 점들을 생각해 보면 하버마스의 생활세계 개념에서도 즉각성과 근접성의 측면이 중요하다. 그러므로 하버마스의 생활세계 개념 역시 자연스럽게 나/우리, 지금, 여기와의 근접성을 기반으로 하는 연관성의 개념으로 연결된다.

후설이 생활세계를 과학과 대비시켰다면 하버마스는 그것을 '체계system'와 대립시킨다. 하버마스가 말하는 체계는 커뮤니케이션 행위 대신에 전략적 행위strategic action가 지배적인 상황을 가리킨다. 체계 역시 현대 사회가 채택한 조정 방식이라 할 수 있는데 가장 대표적인 것은 시장과 관료주의다. 시장에서 이루어지는 화폐에 의한 조정과 관료주의를 통해 드러나는 제도적 권력에 의한 조정은 커뮤니케이션이 필요 없이 이미 짜놓은 규정에 의해 조정하는 방식이라 할 수 있다. 하버마스는 이것을 '비언어적 미디어'라고 불렀다. 화폐와 권력은 언어를 사용하지 않고 사회 여러 구성원의 행위를 조정하는 방식이기 때문이다. 체계가 생활세계에 간섭하기 시작하는 것은 현대 사회의 복잡성 증가로 인해 생활세계의 합리화rationalization 압력이 높아지면서부터다. 생활세계에서 서로 동의하거나 합의하지 못한 상황이 발생하면, 그에 관한 대화가 이루어져야 한다. 서로 다른 시각을 지닌 주체들이 대화하려면 내부 전통에 따라 잠정적으로 합의해 온 것을 넘어서서 상호 주관적인, 즉 더 객관적 규칙이 필요하다. 생활세계의 합리화 자체는 더 합리적인 커뮤니케이션을 위한 것이다. 그러나 그것이 어느 한도를 넘어서게 되면 커뮤니케이션적 합리성으로 문제를 조정하기 힘든 상황에 부딪치게 된다. 그런 상황이 되면 앞서 말한 비언어적 미디어인 화폐와 제도 권력이 개입해서 문제를 해결하고 상황을 조정하게 된다. 그 결과 경제와 국가의 하부 체계가 생활세계의 상징적 재생산에 더 깊이 침투하게 된다. 하버마스는 이런 상황을 체계에 의한 생활세계의 식민지화라고 불렀다.

체계를 떠받치는 것은 보편적, 일반적, 추상적 원리이고 특정 장소나 특정 관계 안에 묶이지 않는 원리다. 반면에 생활세계는 특정 장소와 커뮤니티와의 관계에 내재해 있는 합리성, 소통 방식, 행위의 원리가 실천되는 곳이라 할 수 있다. 즉 생활세계는 연관성의 장이고, 연관성의 관계, 소통, 조정이 이루어지는 곳이다. 나/우리, 지금, 여기의 규범, 문화, 정체성이 당연한 것으로 간주되고, 그것이 소통의 기반이 되는 곳이다.

하지만 체계는 모든 상황에 적용되는 공통의 규칙이고, 조정 방식이다. 그것이 생활세계에 간섭하는 것, 하버마스가 식민지화라 부른 과정을 통해 우리가 뒤에서 자세히 논할 연관성 위기가 초래된다.

이야기하기와 연관성: 커뮤니케이션 하부 구조 이론

커뮤니케이션 하부 구조 이론은 도시 내에서 이루어지는 소통의 문제를 연관성 문제와 직접적으로 연결하는 이론이다. CIT 이론은 샌드라 볼로키치Sandra Ball-Rokeach와 김용찬 등이 1998년부터 미국 로스앤젤레스에 있는 다양한 지역 커뮤니티를 대상으로 어떻게 지역 내 커뮤니케이션 하부 구조communication infrastructure를 기반으로 지역 이야기하기community storytelling가 실천되고 있는지, 그러한 지역 이야기 활동이 지역 커뮤니티 내 사람들의 지역 소속감, 집합적 효능감, 시민적 참여 등에 어떤 영향을 미치는지를 살펴보는 과정에서 구축한 이론이다(Ball-Rokeach & Kim, 2001; Kim, 2018, Kim & Ball-Rokeach, 2006a). 이후 미국 내 다른 도시, 서울 등 미국 밖의 도시에서도 이 이론을 검증하는 과정이 진행되었다. CIT의 핵심 주장은 도시 지역 내에서 사람들이 자기가 사는 지역, 그 지역 내의 일상, 지역과 관련된 다양한 이슈에 관해 이야기할 기회와 자원을 많이 갖고 있을 때 그 지역의 커뮤니케이션 하부 구조의 상태가 우수하다고 말할 수 있고, 그렇게 질적으로 우수한 커뮤니케이션 하부 구조가 잘 갖춰져 있는 지역의 구성원(개인, 모임, 단체, 미디어 등)은 지역 문제를 함께 집합적으로 인식하고, 공유할 뿐 아니라 함께 문제 해결 과정에 참여할 역량을 갖출 가능성이 크다는 것이다. CIT 이론 자체 내에서 연관성이라는 개념을 정교하게 발전시킨 것은 아니다. 하지만 CIT는 매우 명확하게 연관성 이론이라고 할 수 있다(김용찬, 2021). 결국 도시 지역 커뮤니티 안의 여러 주체가 그 커뮤니티의 장소와 연관성 높은 이야기를 생산하고, 공유하고,

축적할 수 있느냐 없느냐의 문제를 커뮤니케이션 하부 구조의 핵심 문제로 파악하기 때문이다.

CIT는 미디어를 이야기하기의 주체이자 통로로 파악한다. 미디어는 이야기를 생산하고, 공유한다. CIT는 미디어가 생산하고 공유하는 이야기를 그 이야기의 준거reference에 따라(즉 그것이 무엇을 이야기하느냐에 따라), 거시적, 중시적, 미시적인 것으로 구분한다. 미시적인 것은 개인, 혹은 개인들이 구성하는 사회연결망 주변에서 발생하는 이야기를 뜻한다. 미시적 이야기를 생산하고 공유하는 주체는 그 이야기의 준거가 되는 개인과 개인의 사회연결망 그 자체가 되는 경우가 많다. 미시적 이야기하기는 주로 대면으로 이루어지지만, 전화, 문자, 소셜 미디어, 블로그 등의 미디어를 통하기도 한다. 중시적 수준의 이야기는 개인과 그 개인의 사회연결망을 넘어서는 범위를 포괄한다. 가령 개인이 사는 지역이나 도시가 여기에 해당한다. 이 수준에 관해 이야기하는 주체는 대개 지역 정부, 지역 기반의 모임, 조직, 단체, 지역 미디어, 지역 기반의 소셜 미디어 등이다. 거시적 수준은 개인의 일상이 이루어지는 장소를 넘어서서 더 넓은 범위로 나아간다. 가령 국가의 경계 혹은 그것을 넘어선 국제적 수준과 연관된 이야기들이 여기에 해당한다. CIT가 나누는 이야기의 미시적, 중시적, 거시적 수준이라는 것은 결국 연관성의 수준이라고 부를 수 있다. 결국은 개인과 그 개인이 살아가는 특정 지역 공동체의 일상과 얼마나 연관된 것이냐를 기준으로 이야기하기의 미시적, 중시적, 거시적 수준을 나누는 것이기 때문이다.

CIT 연구자들은 대부분 현대 도시에서 그리고 현재의 미디어 환경 속에서 미시적, 중시적 수준의 이야기하기 주체들이 개인의 구체적 일상과 연관된 이야기를 할 가능성이 크다고 파악한다. 그래서 실제 CIT 이론에서 커뮤니케이션 하부 구조의 핵심을 이루는 커뮤니티 이야기하기 연결망community storytelling network 안에 지역 주민, 지역 모임/단체, 지역 미디어 등 미시적 수준과 중시적 수준의 이야기하기 주체들만을 포함시킨다. 거시적 수준의 이야기하기는 이야기의 준거가 개인의 생활세계를 벗어난 보편, 일반, 중심으로 향한다. 여기에는 추상적이고 가상적 상황의 여기, 지금, 나/우리가 있을 뿐, 개인들이 실제 살아가는 구체적인 일상과 직접 연관된 지금, 여기, 나/우리는 빠져 있는 경우가 많다. 거시적 수준의 이야기들이 연관성을 갖기 위해서는 그것이 미시적, 중시적 수준으로 '번역'되어야 한다(Lim, Kim, & Koch-Weser, 2022). 번역의 과정은 결국 일반적, 추상적, 보편적 이야기를 구체적 맥락으로 끌고 와서 그것이 개인과 지역 공동체에 어떤 의미가 있는지 재맥락화하는 과정이라 할 수 있다. 서울 이외의 도시에 사는 사람들에게 서울에서 나오는 중앙의 이야기들은 거시적 수준의 이야기일 뿐이다. 그것들은 지방 도시의 맥락에서는 연관성이 낮다. 그것들이 연관성을 갖기 위해서는 특정 지역의 이해, 관심, 시각의 틀에서 재맥락화의 과정, 즉 번역의 과정을 거쳐야 한다. CIT는 개인들이 살아가는 구체적인 도시의 일상에서 지금, 여기, 나/우리와 연관된 이야기들의 존재 여부, 그리고 그런 이야기들을 하는 역량의 여부에서 지역 간 불평등이 존재함을 지적한다. 그 불평등은 결국 연관성의 불평등이라고 부를 수도 있다.

　　CIT는 미디어 특히 지역 기반 미디어가 보이는 이런 모순적 가능성에 주목한다(김용찬, 2021). 즉 지역 기반 공동체 미디어가 사람들의 일상에서 지역 연관성을 높이는 역할을 할 수도 있고, 그렇지 않을 수도 있다. 그러한 모순적 가능성에 주목하며 CIT는 지역 기반 미디어가 지역 이야기하기의 역할을 수행할 동기와 능력을 얼마나 갖추었는지 질문을 던진다. 이런 질문을 던지는 이유는 특정 지역을 기반으로 하는 공동체 미디어라 할지라도 그 지역과 연관된 이야기를 제대로 충분히 생산하고 유통하지 않는 경우가 많기 때문이다. 어떤 미디어가 특정 지역 내에서 인쇄물을 발행하고 방송물을 송출하면서 사람들로부터 이른바 '지역 미디어'로 불린다는 것이, 그 미디어가 사람들의 지역 연관성 경험에 긍정적인 역할을 할 것을 보장하지는 않는다. 앞서 언급했듯이 슈츠는 연관성이 선택의 과정을 통해 실현된다고 했다. 지역 기반 공동체 미디어가 지역과 연관된 이야기를 생산하는 지역 이야기하기의 주체로 역할을 하려면 몇 단계의 선택 과정을 거쳐야 한다. 가령 세상에서 발생하는 수많은 이야기 중에서 일부를 지역 이야기로 선택하고 그것들에 주목해야 한다(주제적 연관성). 주제화되고, 주목된 지역 이야기들을 지역과 연관된 관점, 정보, 지식으로 해석해야 한다(해석적 연관성). 더 나아가 그 이야기들과 연관된 행위(가령 시민 참여)를 촉진할 수 있어야 한다(동기적 연관성). 이런 점들을 고려해서 CIT가 커뮤니케이션 인프라의 핵심 요소로 설명하는 '커뮤니티 이야기하기'의 정의를 '지역 맥락에서 주제적으로, 해석적으로, 동기적으로 연관된 이야기들을 생산, 공유, 사용하는 과정'으로 다시 내릴 수 있다. 지역 미디어는 지역 내 다른 커뮤니티 이야기하기 주체(지역 모임과 단체, 주민)와 더불어 지역 이슈로서 주목할 이야기를 발굴하고, 지역의 관점으로 그것을 이해하고 해석하고, 나아가 그러한 이슈에 대한 행동의 방향, 의례, 방법 등을 공유하는 플랫폼이라 할 수 있다.

미디어의 다섯 가지 차원과 연관성

지금까지 지난 20세기와 21세기에 걸쳐서 여러 다양한 분야에서 제기되었던 연관성 논의들을 살펴보았다. 서로 다른 학문적 배경에서 나온 논의지만, 그것들 사이에는 공통점이 있다. 첫째, 연관성이란 나/우리의 정

체성, 그리고 지금, 여기에 심리적, 물리적, 커뮤니케이션 근접성을 갖는
다는 것, 둘째, 연관성이 토대가 되었을 때 사람들은 소통을 시작한다는
것, 셋째, 연관성의 소통이 이루어질 때 비로소 개인과 공동체가 자신들
이 처한 문제의 중심으로 나아가서 스스로 그 문제를 인식하고 해결할
수 있다는 것이다. 이제부터는 이 논의들을 미디어의 문제와 연결하는
작업을 조금 더 본격적으로 해 보겠다. 미디어 문제의 핵심에는 연관성
의 문제가 있다는 것이 이 책에서 강조하는 점이다. 미디어와 연관성 사
이의 관계를 논의하는 과정에서 3장에서 소개했던 미디어의 다섯 가지
차원을 끌고 오려 한다. 즉 연관성의 문제를 도구로서의, 내용으로서의,
제도로서의, 사람으로서의, 공간으로서의 미디어와 연결해 보려 한다.
그런 과정을 통해서 연관성의 문제와 미디어의 문제 사이에 다층적이고
입체적인 관계가 스스로 드러나게 하는 것이 이 장의 목표다.

도구로서의 미디어와 연관성

먼저 도구로서의 미디어가 어떻게 연관성의 개념과 연결되는지 살펴보
자. 도구로서의 미디어 문제를 다루는 연구자들은 오랫동안 사람들이
왜 어떤 미디어 기술은 수용하고, 어떤 미디어 기술('기술적'으로 더 뛰어난
것이라 할지라도)은 수용하지 않는지, 왜 어떤 미디어 기술은 이용을 중단
하지 않고 계속해서 이용하지만 어떤 것은 이용을 중단하는지 등에 대
한 질문을 던졌다. 이들 중 다수가 비교적 단순한 공리주의적 전제(즉 사
람들은 유익은 극대화하려 하면서 비용 지불은 최소화하려는 동기를 갖고 행동한다는 전
제)로 이 질문에 대한 답을 찾으려 했다. 이런 공리주의적 틀 속에서 그
들은 기술 수용과 지속적 이용 과정을 설명했는데, 특히 두 가지 개념
에 주목했다. 하나는 유용성usefulness이고, 또 하나는 용이성easiness이다
(Davis, 1989; Lin, 2003; Venkatesh & Davis, 2000). 유용성은 도구로서의 미디어를

사용하는 것이 얼마나 유익한 것인지(혹은 그렇지 않을 것인지)에 대한 인식이고, 용이성은 그것을 사용하기가 얼마나 쉬울지(혹은 그렇지 않을지)에 대한 인식이다. 기술 수용과 이용 문제를 다룬 연구자들은 유익성에 대한 인식이 클수록, 그리고 용이성에 대한 인식이 클수록 도구로서의 미디어를 수용하고, 그것을 이용, 재이용할 가능성이 커진다고 예측했다. 공리주의적 틀의 단순성 그 자체, 유용성과 용이성에 대한 인식과 실제 이용 사이에 개념적 간극이 얼마나 먼지 불분명한 점(그것들 사이에는 동어 반복의 혐의가 도사리고 있다), 또 주요 개념 사이의 인과관계가 불분명한 점(가령 용이성 인식이 이용을 이끄는지, 혹은 반대로 이용하다 보니 용이성에 대한 인식이 만들어지는지) 등 때문에 기술 수용과 이용 문제를 다룬 공리주의적 모델들은 비판의 대상이 되어 오기도 했다. 그런데 기술 수용과 이용 모델에서 제기하는 유용성과 용이성 개념은 연관성의 시각에서 볼 때 오히려 그 개념들이 정확히 무엇을 의미하는지 더 잘 드러난다. 특정 미디어 장치에 대해 유용성과 용이성을 높게 인지한다는 것은 사실 그에 대한 연관성 인식이 커지는 것이라고 볼 수 있기 때문이다. 즉 어떤 특정 미디어 도구가 유용하다고 말하는 것은 나/우리, 지금, 여기의 문제 해결을 위해 그것이 유용할 것이라 하는 것이고, 그것이 용이하다고 말하는 것은 그것을 이용할 때 필요한 역량의 수준이 나/우리, 지금, 여기로부터 접근 가능한 범위 안에 있다고 인식하는 것이기 때문이다.

인지언어학적인 연관성 이론 안에서 윌슨과 스퍼버가 연관성의 요인으로서 '높은 긍정적 인지 효과'와 '낮은 인지적 노력'을 제시했던 것에 대해 이 장의 앞부분에서 내가 소개한 것을 독자는 기억할 것이다. 윌슨과 스퍼버는 대인 간 커뮤니케이션 상황에서 이 개념을 사용했던 것이지만, 그것을 도구로서의 미디어를 이용하는 사람과 미디어 사이의 관계에도 적용할 수 있다. 가령 도구로서의 미디어가 갖는 유용성 개념은 높은 긍정적 인지 효과에, 용이성 개념은 낮은 인지적 노력에 연결할 수 있다. 미디어를 사용하려 할 때 개인은 그것이 자신에게 가져다줄 지식, 정보, 새로움, 흥미, 관계, 휴식 등의 긍정적 인지 효과를 기대하기 마련이다(이것은 유용성 인식과 관련 있는 것이다). 그런 기대가 개인에게 도구로서의 미디어에 접근하게 하는 것이다. 동시에 개인이 미디어에 접근하기 위해서는 그러한 접근에 필요한 인지적 노력이 너무 높으면 안 된다(이것은 용이성과 관련 있는 것이다). 미디어 기기를 사용하는 것이 너무 어렵다면 그런 어려움을 극복할 자원이 없는 사람들은 그것이 가져올 긍정적 효과가 아무리 크다 하더라도 이용의 고려조차 못 할 가능성이 크다. 물론 개인이 특정 미디어의 용이성을 인식하려면 인지적 노력의 필요성뿐 아니라 다른 장애 요소도 넘어서야 한다. 가령 가격, 시간적 여유, 새로운 것을 배워야 하는 수고, 배우는 과정에서 신경 쓸 남의 눈치 등 치러야 할 구조적 비용이 너무 크다면 용이성을 인식하기 쉽지 않고, 그렇다면 미디어를 채택하지도 않을 것이고 이용, 재이용하지도 않을 것이다. 이처럼 유용성과 용이성 인식은 연관성 인식의 두 차원인 긍정적 인지 효과와 낮은 인지적 노력과도 밀접하게 연결된 개념이다. 이런 점을 보더라도 도구로서의 미디어를 수용하고 이용하는 과정은 연관성의 문제를 품고 있다.

그렇다고 해서 도구로서의 미디어가 수용되는 과정을 개인적 수준에서 이루어지는 합리적이고, 공리주의적인 연관성 판단의 과정으로만 설명할 수 있다는 말은 아니다. 도구로서의 미디어는 대개 개인이 다른 타자들과 함께 구성하는 사회적 상황으로 들어오는 것이기 때문에 그렇다. 그러므로 연관성은 개인적 수준에서 인식하는 연관성뿐 아니라 사회적 수준에서 경험되는 일종의 '사회적 연관성'이라는 차원도 갖는다. 즉 연관성은 개인 수준과 사회 수준을 아우르는 다수준적 개념으로 파악해야 한다.

로저 실버스톤의 미디어 사육화(혹은 길들이기)media domestication 이론 (Silverstone, 2006; Silverstone & Haddon, 1996)은 도구로서의 미디어가 사회적 상황 속으로 들어오면서 연관성을 획득하는 (혹은 그것에 실패하는) 과정을 설명한 이론이라 할 수 있다. 물론 실버스톤이나 그의 동료들, 그리고 후에 사육화 개념을 받아들인 다른 학자들이 연관성이란 개념을 직접 언급한 것은 아니었지만 말이다. 야생에서 살아가는 동물을 집에 데리고 와 가축으로 만들고 그들과 함께 살아가는 것을 우리는 사육화 혹은 길들이기라는 말로 표현한다. 즉 사육화란 야생 동물을 사람들의 일상에 길들여가는 과정이라 할 수 있다. 실버스톤은 새로운 기술, 특히 새로운 미디어 기술이 사람들의 일상, 특히 가정이라는 지극히 사적인 공간에 들어오는 과정을 일종의 사육화 과정으로 설명했다. 미디어 기술은 사람들이 사는 사회 환경과 그 안의 일상으로 들어간다. 개인이 다른 사람들과 함께 살아가는 사회적 환경은 앞에서 설명한 미디어 수용 모델들이 전제로 삼는 것처럼 합리적이고, 공리주의적이지만은 않다. 그곳은 관습, 문화, 하비투스, 권력 등이 작용하는 곳이다. 합리적인 것과 비합리적인 것이 사회 구조의 유지와 권력 작용을 위해 공존하는 곳이다. 그곳에 도구로서의 미디어가 들어가면 미디어가 그 환경에 적응해야 한다. 동시에 사회 환경도 미디어에 의해 변화를 겪는다. 도구로서의 미디어와 그 미디어를 둘러싼 사회관계의 주체들이 모두 함께 적응하며 일종의 공진화co-evolution 과정을 겪는다. 실버스톤을 비롯해서 사육화 개념을 발전시킨 학자들은 사회 환경 속으로 들어오는 미디어가 거기에 적응하는 과정을 다양한 개념(가령 전유, 사물화, 병합, 전환 등)으로 설명했다(De Schutter, Brown, & Vanden Abeele, 2015; Silverstone, 2005). 도구로서의 미디어는 구입 등의 방식을 통해 특정 맥락(가령 가정) 밖에서 안으로, 공적 상황에서 사적 상황으로 들어오는 전유appropriation의 과정을 먼저 거친다. 그러고 나서 그것은 새로운 맥락 안에서 시간적, 공간적 선택(가령 일상의 흐름 속에서 언제 이용하고 언제 이용하지 않을 것인가, 어디에 놓고 이용할 것인가)을 통해 하나의 대상으로 자리 잡는 사물화objectification의 과정을 거친다. 그렇게 실제 일상의 흐름 가운데 자리 잡은 상태에서 미디어는 다양한 목적을 위해 사용되는 단계로서의 병합incorporation의 과정을 거친다. 마지막으로는 가정 내 사적 상황에서 만들어진 미디어의 의미가 공적 차원에서 교환되는 변환의 단계를 거친다. 이런 단계들에 대한 설명이 언제나 명확하게 이해되는 것은 아니지만, 이 단계 개념은 사실 연관성 정도의 변화를 가리키는 것으로 읽을 수 있다. 즉 도구로서 미디어가 연관성 범위 밖에 있다가 안으로 전유되어 들어온 후에, 나/우리, 지금, 여기의 연관성 맥락에서 사물화의 과정을 겪고, 변환의 과정을 통해 연관성 확장의 방향으로 나아가는 것을 미디어 길들이기의 과정으로 이해할 수 있다. 즉 미디어 길들이기의 과정은 연관성 강화의 과정이라 볼 수 있는 것이다.

미디어 길들이기의 과정에서 도구로서의 미디어가 개인의 사적 세계에 들어와 연관성 높은 사물로 자리 잡아 가는 것과 동시에, 미디어는 사람들의 연관성 인식, 즉 나는 누구인가, 여기는 어디인가, 지금은 언제인가에 대한 기존 인식에 영향을 미치기도 한다. 도구로서의 미디어가 그것이 침투하는 사회 환경의 연관성 구조에 변화를 끼치기도 하는 것이다. 이런 생각을 더 발전시키면 도구로서의 미디어를 둘러싼 일종의 '연관성의 생태학,' 혹은 '연관성의 생태학적 상호 작용'이라는 것을 개념화할 수도 있을 것이다. 개인이 살아가는 일상을 생태학적 환경으로 본다면, 개인을 둘러싼 다양한 개체(타자, 사물, 정보 등)들이 연관성의 정도에 따라 자기 자리를 잡고 일종의 평형 상태를 유지하는 그림을 상상해 볼 수 있다. 평형 상태를 보이는 일상 속으로 도구로서의 미디어 하나가 새로 들어오면 생태학적 교란이 발생한다. 기존의 일상은 새로운 개체

(도구로서의 미디어)를 밀어내거나 아니면 그것을 받아들이고, 길들이고, 동시에 거기에 적응한다. 그리고 다시 생태계의 평형 상태가 만들어진다. 이런 과정에서 다양한 방식의 생태학적 상호 작용이 진행되는 것이다.

　도구로서의 미디어가 개발되고, 사람들의 일상에 처음 들어오는 장면을 살펴보는 것은 여러 측면에서 흥미롭다. 특히 새로운 미디어가 어떻게 기존의 연관성 구조와 만나고, 그 안에서 자신의 연관성을 확보하고 확장해 나가는지를 지켜보는 것은 미디어 연구에서 매우 의미 있는 작업이 될 수 있다. 도구로서의 미디어가 처음 사람들의 일상으로 들어갈 때 종종 기존 다른 미디어의 도움을 받기도 한다. 가령 1920년대에 라디오가 처음 등장했을 당시 라디오라는 뉴 미디어를 사람들이 자기 삶과 연관 있는 것으로 받아들이도록 만드는 데 앞장섰던 것은 의외로 신문이나 잡지 미디어였다(Douglas, 1987). 당시 신문이나 잡지들은 사람들에게 라디오라는 새로운 도구가 그들이 일상에서 느끼는 동기, 욕구, 필요에 연관된 것이라는 점을 다양한 방식으로(가령 관련 기사를 냄으로써) 상기시켰다.

　세상에 들어오는 도구로서의 미디어가 빠른 시간 안에 사람들 삶에서 연관성을 확보한 뒤, 그들 삶에 큰 영향을 즉각적으로 미친 예를 어렵지 않게 찾아볼 수 있다. 가장 대표적인 것 중 하나가 TV일 것이다. 20세기와 21세기를 통틀어 가장 빨리 확산된 미디어 기술을 꼽으라면 단연코 그것은 TV다(Leighton, 2001). TV를 위한 기술은 1930년대 말 이미 상당한 정도 개발이 되어 있었다. 하지만 여러 가지 이유 때문에, 특히 2차 세계 대전과 같은 정치적 이유 때문에, TV가 미디어 시장에 실제 들어오는 것을 보는 것은 1940년대 중후반까지 기다려야 했다(Abramson, 2003). TV가 처음 본격적으로 보급되기 시작한 미국에서는 본격적으로 TV 방송이 시작되고 난 후 10년도 채 되기 전인 1950년대 후반부에 오면 벌써 80%가 넘는 가정 보급률을 보였다(Fullerton, 1988).

앞에서 암시했듯이 새롭게 사람들의 일상에 들어온 도구로서의 미디어는 기존 연관성 생태계와 다양한 방식으로 만난다. 여기서는 두 가지 극단적인 예를 살펴보도록 하자. 첫 번째는 사람들의 일상에서 연관성을 제대로 확보하지 못하면서 기존의 연관성 구조에 의미 있는 변화를 만들지 못하는 경우이고, 두 번째는 반대로 기존의 연관성 구조에 중요한 변화를 만드는 경우다.

먼저 첫 번째 경우(연관성 확보가 미약한 경우)에 대해서 생각해 보자. 1920년대와 1930년대에 한국에서 라디오 수신기가 어떻게 보급되었는지를 살펴보면 라디오라는 도구가 식민지 피지배자의 삶에서 어떤 연관성을 가졌는지, 어떻게 그 연관성의 정도를 높여 갔는지 혹은 그에 실패했는지를 살펴볼 수 있다. 일제가 처음 라디오 방송을 식민지 조선에서 시작한 것은 1927년이었다(김영희, 2002). 처음에는 조선어 방송이 없었고, 수신기 가격이 꽤 비쌌기 때문에 조선인 중에서 라디오를 들을 수 있는 사람은 별로 없었다. 일제는 라디오를 식민 통치의 수단으로 쓸 수 있다는 것을 자각하고 청취자를 조선 반도 거주 일본인뿐 아니라 조선인까지 확장하려 했다. 그래서 1933년에는 조선어 방송을 시작하고 그 시간을 조금씩 늘려갔다. 그러나 여전히 라디오 수신기를 집에 소유하고 라디오를 들을 수 있는 조선인은 많지 않았다. 통계에 따르면 1940년대까지도 조선인에게 보급된 라디오 수신기는 11만 대를 조금 넘는 수준이었다(김영희, 2007). 그 정도의 보급률을 갖고 도구로서의 라디오가 식민지 조선의 조선인 대부분의 삶에 연관성을 갖기는 어려웠다. 왜 그랬을까? 가장 직접적인 이유는 한국어 방송이 있긴 했지만 여전히 일본어 방송이 주축이었다는 점, 수신기의 가격이 일반 사람들이 감당하기에는 매우 비쌌다는 점, 그리고 특히 중일 전쟁 이후에는 일제가 조선인 사이의 라디오 보급을 억제했다는 점 등이었다(박순애, 2005). 이런 이유로 해방이 가까울 때까지도 조선인 중에서 라디오를 가진 사람들은 소수에 그쳤다. 한반도에서 라디오 보급이 본격화되기 시작한 것은 해방이 지나고 나서도 한참 지난 1960년 즈음에 와서였다(김영희, 2002, 2003). 1940년대 조선 민중의 일상에서 라디오가 연관성을 제대로 확보하지 못했다는 것을 잘 보여 주는 예가 있다. 1945년 8월 15일 정오 당시 일본 천황 히로히토가 라디오 연설 형식으로 2차 세계 대전 항복 선언을 했다. 그의 항복 선언이 라디오에서 생방송으로 흘러나왔다. 그러나 1945년에 히로히토의 항복 선언을 라디오에서 직접 들을 수 있는 조선인은 극소수에 지나지 않았다. 그래서 식민지 조선에 해방의 메시지가 제대로 전달된 것은 히로히토가 항복한 8월 15일이 아니라 그다음 날인 8월 16일이었다(원용진, 2009). 이 어처구니없는 에피소드는 라디오라는 미디어가 식민지의 삶에서 얼마나 연관성이 낮았는지를 보여 준다. 물론 라디오가 사람들의 일상에 들어오지 못하고 그냥 퇴출당한 것은 아니었다. 앞에서 말한 것처럼 1960년대부터 라디오는 사람들의 일상에 깊숙이 들어와 많은 사람에게 매우 연관성 높은 미디어로 자리 잡기 시작했다. 도구로서의 미디어가 사람들의 일상에서 연관성을 확보하기 위해서는 종종 이렇게 매우 오랜 시간이 걸린다.

새로운 미디어가 일종의 과잉 연관성을 만들어 내면서 기존의 연관성 생태계에 중요한 교란을 만들어 낸 예들도 있다. TV가 그러한 경우에 속한다. 앞에서도 언급했듯이 미국 등 서구에서 1940년대 중반부터 보급되기 시작한 TV는 1950년대에 오면 이미 벌써 중요한 사회적 영향을 미치기 시작했다. 당시 많은 사람이 TV가 가져올 사회적 여파에 대해 기대와 우려의 마음으로 지켜보았다. 하버드대학교의 정치학자 로버트 퍼트넘Robert Putnam은 1950년대 말이 되면 이미 대부분 미국 가정의 거실을 차지하고 있던 TV가 원인으로 작용한 연관성 문제에 대해 언급했다(Putnam, 1995). 20세기 동안 미국 사회의 사회 자본이 감소하는 것을 추적해 온 퍼트넘은 그 감소 폭이 특히 1950년대를 전후해서 커진 점을 발견했다. 그리고 그 이유를 다른 여러 가지 사회적 변화 요인(핵가족화, 맞벌이 부부 증가, 노동 시간 증가, 통근 시간 증가, 교외 거주 증가 등)과 더불어 TV의 도입에서 찾았다. 그가 주목한 것은 TV가 전달하는 내용이나 TV 네트워크 방송 제도가 아니었다. 그가 주목한 것은 TV라는 도구로서의 미디어가 사람들의 거실에 있다는 사실, 그리고 사람들을 그 앞에 묶어 두었다는 사실이었다. 사회 자본은 사람들이 밖으로 나가 지역의 다른 사람들을 만나고, 그들과 상호 작용하면서 축적된다. 이미 서로 잘 아는 사람들뿐 아니라, 같은 지역에 거주하는 낯선 사람들과도 만날 기회를 가질 때 비로소 사회 자본이 축적, 유지되는 것이다. 그런데 사람들이 TV가 있는 거실을 떠나지 않고, 사회적 소통을 거실에 함께 있는 가족에게만 제한한다면 지역을 기반으로 한 사회 자본을 쌓을 수 없을 것이다. 퍼트넘은 사람들이 자기 삶과 밀접하게 '연관'되어 있는 지역 기반의 관계망으로부터 멀어지고, 그럼으로써 지역적 연관성을 토대로 하는 사회 자본의 양이 감소하는 추세가 TV에 의해서 만들어지고 있음을 지적했던 것이다. 물론 퍼트넘이 이런 주장을 하면서 연관성이란 개념을 사용하진 않았다. 퍼트넘이 TV 이용 확산 → 사회 자본 감소의 인과관계 가설을 제시한 이후 이에 대해 미디어학자들을 포함해서 많은 사람이 방법론상의 문제를 제기하기도 했다(Moy, Scheufele, & Holbert, 1999; Norris, 1996; Uslaner, 1998). 그런데도 퍼트넘의 사회 자본 논의는 TV 등의 미디어가 어떻게 연관성의 문제와 연결될 수 있는지 중요한 시사점을 제시한다. 미디어는 연관성을 높일 수도 있고, 낮출 수도 있는 잠재력을 갖고 있다 할 수 있다. 가령 TV가 적극적으로 지역 문제를 다루면서 커뮤니케이션 하부 구조 이론에서 말하는 것처럼 지역 이야기하기의 주체로서 역할을 한다면 퍼트넘이 걱정했던 사회 자본 감소의 문제를 어느 정도는 상쇄시킬 수 있을 것이다. 그러나 TV가 전달하는 내용이 지역과 연관 없는 내용, 일반적인, 보편적인, 추상적인 중앙의 내용이기만 하다면 연관성의 문제는 배가될 수 있다. 내용으로서의 미디어에도 해당하는 이런 이슈는 다음 섹션에서 좀 더 자세히 다루도록 하겠다.

내용으로서의 미디어와 연관성

내용으로서의 미디어를 연관성의 측면에서 바라본다는 것은 간단히 말해 도구로서의 미디어를 통해 전달되는 내용이 나(우리), 지금, 여기에 대한 이야기를 담고 있는지 그렇지 않은지 논하는 것이라 할 수 있다. 퇴근 후 집에 오는 길에서 뭔가에 대해 골똘히 생각했는데 집에 도착해 TV를 켜자 그와 연관된 내용이 나온다든지, 기분이 매우 처져 있었는데 그 기분을 바꿔 줄 신나는 음악이 라디오에서 나온다든지 하면 연관성 높은 미디어 내용이라 할 수 있을 것이다. 미디어 내용에 대한 심리학적 연구들(Zillmann, 1988, Zillmann & Bryant, 2013; Zillmann & Vorderer, 2000)은 이런 항상성 원칙(흥분 상태에 있을 때는 차분해지게 하는 내용에, 기분이 가라앉아 있을 때는 신나는 내용에 접함으로써 계속해서 균형점을 지향하는 것)을 토대로 해서 어떤 미디어 내용이 연관성 있는 것인지는 그때그때 개인의 상태에 따라 달라진다는 이론을 제시하기도 했다.

　　미디어와 커뮤니케이션 과정에서 나타나는 내용의 연관성 문제에 집중한 논의를 미디어와 커뮤니케이션 연구에서 어렵지 않게 찾을 수 있다. 가령 설득 정보를 사람들이 머릿속에서 어떻게 처리하는지를 설명하는 리처드 페티Richard Petty와 존 카치오포John Cacioppo의 정교화 가능성 모델Elaboration Likelihood Model에서는 전달되는 내용의 주제에 대해 미디어 수용자가 얼마만큼의 관여도를 인지하느냐에 따라 미디어가 전달하는 내용의 요소 중에서 그가 어디에 주목할지가 달라진다고 설명한다(Petty & Cacioppo, 1986; Petty, Caccioppo, & Goldman, 1981). 페티와 카치오포는 연관성relevance이라는 말 대신에 관여involvement라는 용어를 사용했지만, 특정 이슈에 얼마나 자신이 결부되어 있는지, 그것이 자기 삶에 얼마나 연관 있는지를 가리키는 말이기 때문에 연관성으로 바꿔 불러도 사실 별 무리가 없다고 할 수 있다. 패티와 카치오포가 실험 과정에서 관여도를 어떻게 처치했는지 보면 관여도의 의미를 잘 이해할 수 있다. 가령 그들은 대학생 피실험자들에게 졸업 시험 제도 도입의 이슈를 제시하면서 그것이 피실험자 자신이 졸업하기 전에 시작할 제도라고 말하거나(이 경우 높은 관여도를 보일 것이다), 피실험자가 졸업한 후에 시작할 제도라고 말함으로써(이 경우엔 낮은 관여도를 보일 것이다) 관여도 정도를 실험적으로 처치했다. 페티와 카치오포는 관여도가 높은 주제의 내용에 맞닥뜨렸을 때 사람들은 특정 내용의 주장 자체가 얼마나 설득력이 있는지에 주목하고, 관여도가 낮은 주제의 내용에 맞닥뜨렸을 때는 내용이 담는 주장의 스타일 등 내용 자체를 둘러싼 그 주변 요인(화자의 매력, 채널의 세련됨, 내용의 길이 등)에 주목하게 된다고 했다. 그래서 미디어 내용에 대해 관여도를 많이 느끼는 사람들의 경우는 내용의 핵심 주장 자체의 질을 토대로 설득당할지 안 당할지가 결정되고, 관여도를 덜 느끼는 사람들의 경우엔 핵심 주장 주변의 주변부 정보에 의해서 설득 여부가 결정된다는 것이다. 패티와 카치오포가 관여도의 개념을 체계적으로 정의 내린 것은 아니지만, 실제 연구에서 제시한 조작적 정의를 보면 앞에서 이미 언급했듯이 관여도 개념을 연관성이란 말로 바꿔도 상관없다.

샌드라 볼로키치의 미디어 체계 의존 이론Media System Dependency Theory은 개인과 미디어 내용 사이의 연관성 관계가 고정된 것이 아니라 개인의 내적 상태 변화와 개인이 처한 외부 환경의 변화에 따라서 유동적인 것이라고 설명한다(Ball-Rokeach, 1998; DeFleur & Ball-Rokeach, 1989; Kim, 2020). 가령 평상시에는 뉴스를 전혀 보지 않던 사람이라도 자기가 사는 곳에서 지진이 발생했다면 라디오나 TV를 켜고 뉴스를 보게 될 것이다. 평상시에는 지역 뉴스에 전혀 연관성을 느끼지 못하던 사람이라도 자연 재난 때문에 환경에 대한 불확실성 증가를 느끼게 되면, 그런 불확실성을 해소할 정보 추구의 목적을 갖게 될 것이다. 그리고 개인들은 지역 뉴스에서 제공하는 재난 뉴스 내용에 대한 연관성이 자기 삶에서 커진 것을 경험하게 될 것이다. 이러한 연관성 증가 인식의 상황을 미디어 체계 의존 이론에서는 '의존'의 개념으로 설명한다. 즉 미디어 체계 의존 이론에서 의존이란 결국 미디어 내용에 대한 연관성 인식의 확장 과정이자 결과다. 미디어 체계 의존 이론에 따르면 미디어 내용에 대한 연관성 인식이 높지 않을 때는 미디어의 내용에 대한 의존도도 낮을 것이고 그래서 결국 미디어 내용이 사람들에게 미칠 힘은 매우 제한적이 된다. 하지만 어떤 이유에서라도 미디어 내용에 대한 연관성 인식이 높아지면 그것에 대한 의존도도 같이 높아지게 될 것이고, 그렇게 높아진 미디어 내용에 대한 의존도가 결국 미디어 내용이 사람들에게 미치는 영향력을 상승시키면서 인지적(정보 확산, 태도 변화), 정서적(무드 변화), 행농석(미디어 내용에 관한 대화, 문제 해결 참여) 효과를 만들어 낸다.

1970년대에 나온 의제 설정 이론Agenda Setting Theory도 사실상 미디어 내용에 대한 연관성 이론이라고 해도 과언이 아니다. 맥스웰 매콤Maxwell McCombs과 도널드 쇼Donald Shaw는 1972년에 "매스 미디어의 의제 설정 기능"이라는 논문(Shaw & McCombs, 1972)에서 뉴스 미디어가 어떻게 의제 설정 기능을 보이는지 처음 설명했다. 이 연구는 크게 두 단계로 이루어져 있다. 첫 번째 단계는 노스캐롤라이나주 채플힐시에 사는 유권자가 생각하는 주요 이슈 목록을 만드는 것이었다. 그 목록을 만들기 위해서 그들은 설문 참여자들에게 "당신이 보기에 요즘 주요 이슈들이 어떤 것들인지 열거해 주세요"라고 부탁한다. 그러고 나서 두 번째 단계에서 매콤과 쇼가 한 일은 채플힐시에서 접할 수 있는 뉴스 미디어들의 주요 뉴스 기사 목록을 만드는 것이었다. 매콤과 쇼는 두 조사에서 나온 목록 사이에 꽤 높은 상관관계가 있다는 것을 발견했다. 그 결과가 상관관계만을 토대로 한 것이어서 둘 사이의 인과 관계 방향을 통계적으로 확정할 수는 없었지만, 매콤과 쇼는 이 결과가 매스 미디어가 설정한 의제가 일반 주민에게 전가된 효과(즉 의제 설정 효과)를 보여 주는 것이라고 해석했다. 두 사람은 이것이 시사하는 바가 결국 매스 미디어의 효과는 사람들에게 '무엇을 생각하게 하는 데' 있는 것이 아니라, '무엇에 대해 생각하게 하는 데' 있다는 것을 보여 주는 것이라 말하기도 했다. 즉 매스 미디어, 특히 뉴스 미디어의 역할은 사람들에게 어떤 이슈가 생각할 만한, 이야기할 만한, 논의할 만한 연관성의 가치를 가지는지 알려준다는 것이다. 이런 점에서 의제 설정은 연관성의 문제와 연결된다.

나중에 의제 설정 연구자들은 의제 설정 이론을 정교화하는 과정에서 연관성의 개념을 보다 직접적으로 언급하기도 했다. 그들은 왜 의제 설정이 발생하는가를 설명하면서 그 조건을 규명하는 작업을 수행했다. 의제 설정 효과를 만드는 조건 중에서 그들이 주목한 것은 개인들이 가진 인지 욕구need for cognition였다(McCombs et al., 2014). 인지 욕구는 인지적 노력을 기울일 경향성이라 할 수 있는데, 그것이 높은 사람들은 생각하고, 문제를 풀고, 인지적 노력을 기울이는 것을 즐기는 경향을 보인다. 의제 설정 연구자들은 인지 욕구가 높은 사람들이 뉴스 미디어 내용에 주목할 가능성이 크고, 그렇기에 그런 사람들 사이에서 의제 설정의 효과가 더 분명히 드러나게 될 것으로 보았다. 그러면서 그들은 인지 욕구가 두 가지 차원으로 구성되어 있다고 했다. 그들이 말한 두 차원이란 연관성과 불확실성이었다. 즉 어떤 이슈가 자기에게 연관된다고 인식하는 정도(가령 자기 소유의 토지를 포함하는 재개발 사업 이슈)와 그 이슈 관련 상황이 불확실한 정도(가령 정부의 재개발 계획 확정 가능성에 대한 불확실성)가 높은 사람들이 인지 욕구가 높다는 것이다. 앞에서 나는 매스 미디어의 의제 설정이란 결국 사람들에게 무엇이 자신의 삶에 연관성 높은 이슈인지를 알려주는 것이라고 말했다. 그런데 의제 설정 이론가들은 이 이론을 정교화하는 과정에서 연관성 개념을 끌고 와서 그것을 의제 설정 효과의 전제 조건 중 하나로 삽입하였다. 그 과정에서 이 이론은 일종의 동어 반복 문제를 갖게 되었다. 특정 이슈에 대한 연관성 의식이 높은 사람이 매스 미디어 내용을 접함으로써 다시 그 이슈에 대해 높은 연관성을 가지게 된다는 주장을 하는 이론이 되었기 때문이다. 즉 연관성이 연관성을 이끈다는 동어 반복적 구조를 의제 설정 이론이 갖게 되었다 할 수 있다. 이런 문제에도 불구하고 의제 설정 이론이 연관성의 문제를 미디어 내용 효과가 이루어지는 다양한 단계(과정과 결과)에서 언급했다는 것은 미디어와 연관성 사이의 관계를 살펴보려는 우리에겐 매우 흥미로운 점이라 할 수 있다.

필립 티체너Philip Tichenor, 조지 도너휴George Donohue, 클라리스 올리엔Clarice Olien의 지식 격차 가설Knowledge Gap Hypothesis에서도 연관성에 대한 개념이 등장한다. 지식 격차 가설은 한 공동체 안에 투입되는 정보와 지식의 양이 늘어날수록 정보/지식을 둘러싼 불평등(격차)은 오히려 늘어난다는 가설을 바탕으로 한 이론이다(Tichenor et al., 1970). 티체너, 도너휴, 올리엔은 한 사회 내에서 지식 격차가 발생하는 이유는 그 사회 안에 있는 더 원천적인 불평등 요인(가령 교육 정도, 소득 등) 때문에 늘어나는 지식에 대한 수용성(관심, 이해, 정보 추구 동기 등)에 있어서 개인 차이가 존재하기 때문이라 설명한다. 그런데 이후 다른 학자들은 새로운 정보와 지식의 수용성에 영향을 미치는 것은 교육 정도나 소득 외에도 정보와 지식의 주제와 개인이 맺는 연관성이 중요한 역할을 한다고 주장했다(Ettema & Kline, 1977). 가령 새로운 게임 정보에 대한 수용성은 소득이나 교육 정도로만 설명할 수 없고, 게임에 대한 연관성으로 설명해야 한다는 것이다. 어떤 학자들은 정보/지식에 대한 연관성 인식의 주체를 개인이 아니라 사회 내 하위 집단이나 공동체로 보기도 했다(Gaziano & Gaziano, 1996). 가령 보건 관련 미디어 캠페인 내용에 대해 사회 내의 어떤 집단은 연관성을 더 인식할 것이고, 다른 집단은 그렇지 않을 수 있는데, 그러한 차이가 결국 사회 전체 시각에서 보면 지식 격차를 유발한다는 것이다. 이처럼 개인과 공동체의 삶에서 나타나는 지식 격차와 정보 불평등에서도 연관성 문제를 찾을 수 있다.

20세기에 영화, 라디오, TV 등 매스 미디어가 자리를 잡기 시작하자 그것들이 전달하는 내용에 대해 다양한 걱정과 비판이 쏟아져 나왔다. 그런 걱정을 다시 살펴보면 연관성 문제와 관련해서 적어도 두 가지 상반된 관점이 있었다고 할 수 있다. 첫 번째는 매스 미디어가 사람들에게 지나치게 연관성을 좇게 한다는 것에 대한 우려의 목소리다. 즉 연관성 과잉의 문제에 대한 걱정이다. 20세기 중반에는 아도르노나 호르크하이머 등 프랑크푸르트학파의 학자들이 이런 우려를 주도했다. 아도르노와 호르크하이머는 《계몽의 변증법Dialectic of enlightenment》에서 매스 미디어는 그것이 전달하는 내용(이야기 자체, 다양한 시청각 효과 등)을 통해 대중이 바로 지금, 여기의 즉각적이고도, 감각적인 욕망에 집착하게 할 뿐 아니라, 매스 미디어가 제시하는 인물들과 스스로를 동일시하면서 즉각적 (그러나 허구의) 정체성을 받아들이게 한다고 했다(Adorno & Horkeimer, 1997). 다시 말해 매스 미디어의 내용은 허구의 즉각적 연관성을 과잉 경험케 하는 효과를 보인다는 것이다. 아도르노와 호르크하이머가 제기한 매스 미디어 내용에 대한 비판의 핵심은 매스 미디어의 즉각적, 허구적 연관성 효과에 속박된 대중이 자신들이 어떤 이데올로기의 지배를 받고 있는지 못 보게 된다는 것이었다. 즉 이데올로기적 허구로 채워진 매스 미디어의 연관성 과잉 내용 때문에 자신들이 실제 누구이고, 자신들이 처한 실제의 지금과 여기가 어떤 때이고 어떤 곳인지에 대한 문제들, 즉 실제적 연관성의 문제들로부터 사람들이 멀어지게 된다는 것이다. 그들의 논의는 문화산업에 대한 전면적이고 제도적인 비판에서 출발한 것이기 때문에 그들이 내용으로서의 미디어 문제만 다룬 것은 아니었다. 따라서 그들의 이야기는 제도로서의 미디어 차원에서도 다시 언급하도록 하겠다.

아도르노와 호르크하이머가 매스 미디어가 초래하는 즉각적 연관성 과잉에 대해서 말했다면 다른 한편에서는 매스 미디어가 사람들을 지금, 여기, 나/우리의 문제로부터 멀어지게 하고, 지금, 여기, 나/우리와 직접적인 연관성이 낮은 보편적, 일반적, 가상의 문제에 집착하게 하는 문제를 지적하는 사람들이 있었다. 아도르노와 호르크하이머의 논의가 허구적 연관성의 과잉 문제에 초점을 둔 것이라면 이런 것은 실제적 연관성의 결핍 문제에 초점을 둔 것이라 할 수 있다. 이런 문제를 지적한 최근의 대표적인 이론은 앞에서 소개한 커뮤니케이션 하부 구조 이론이다. 이 이론에 따르면 거시적 준거의 이야기를 전하는 매스 미디어는 개인들을 보편, 일반, 추상, 가상의 이야기로만 향하게 하고, 자신들이 실제 살아가는 구체적인 일상에 직접적으로 연관된 지금, 여기, 나/우리의 이야기로부터 멀어지게 할 수 있다. 매스 미디어에 등장하는 지금, 여기, 나/우리는 추상과 가상의 연관성을 만들 뿐 개인의 구체적인 일상과 연관된 지금, 여기, 나/우리의 이야기로부터 개인을 소외시킨다는 것이다.

미디어의 내용이 초래하는 연관성 과잉과 연관성 결핍의 문제는 사실 서로 대립하는 문제가 아니라, 결국 같은 사회적 결과(즉 연관성 위기)를 초래하는 동전의 앞뒤 같은 문제다. 많은 학자가 미디어가 만들어 내는 의사적 현실pseudo reality에 대해 지적해 왔는데(Lippmann, 2017), 의사적 현실이라는 것은 결국 근거 없는 가상의 연관성을 만들어 낸다는 말과 같다. 매스 미디어는 의사적 현실 속에서 가상의 지금, 여기, 나/우리의 정체성을 만들고, 개인들이 거기에 집중하게 한다. 아도르노와 호르크하이머가 《계몽의 변증법》에서 영화의 이런 효과를 비판했지만, 사실 영화관을 나서면 개인은 대개 그런 즉각적 의사 연관성의 고리에서 풀려날 수 있다. 그런데 TV 시대는 다르다. 거실 앞에 놓여 있는 TV에서 벗어나는 것은 영화관 스크린에서 벗어나기보다 훨씬 어렵다. 가상의 연관성 과잉은 개인을 둘러싼 구체적, 지역적, 실제적 연관성의 결핍을 만든다. 그럼으로써 개인에게는 자신과 직접 연관 있는 지금, 여기, 나/우리의 이야기로부터 소외되고, 자신과는 직접 관련 없는 추상적, 일반적, 가상 이야기에 집착하는 상황이 만들어진다.

지금까지 살펴봤듯이 내용으로서의 매스 미디어는 다양한 방식으로 연관성의 문제를 품어 왔다. 연관성은 개인이 미디어의 내용을 인지적으로 처리하는 과정에서도 작용하고, 미디어 내용에 대한 수용성 자체를 결정짓는 과정에서도 역할을 한다. 미디어 내용이 개인에게 갖는 연관성은 고정적인 것이 아니고, 외부의 상황 변화에 따라 달라진다. 가령 외부의 불확실성이 커지면 미디어의 특정 내용에 대한 연관성 인식 정도가 커지기도 한다. 내용으로서의 미디어는 사회적인 차원에서도 상반된 것처럼 보이나 사실은 보완적인 효과들을 만드는데, 그것을 우리는 앞서 연관성 과잉과 연관성 결핍이란 말로 구분해서 살펴보았다. 연관성 과잉과 연관성 결핍이라는 말은 쓴다는 것은 어쩌면 매스 미디어가 적정한 수준(과잉도 결핍도 아닌 방식)으로 사람들에게 그들의 삶에 연관성 있는 이야기를 전달할 가능성이 있음을 전제로 하는 것인지 모른다. 내용으로서의 미디어를 통해 개인들이 지금, 여기, 나/여기와 연관된 문제를 주체적으로 그리고 비판적으로 인식하고, 그러한 실제적 연관성의 틀에서 다양한 수준의 정보를 통합할 수 있는 능력을 갖춘다면, 여기서 우리는 적정 수준의 연관성 이야기를 전하는 미디어를 상상해 볼 수도 있을 것이다.

제도로서의 미디어와 연관성

앞에서는 도구로서의 미디어, 그리고 내용으로서의 미디어 측면에서 연관성 문제에 대해 살펴보았다. 그런데 도구로서의 미디어와 내용으로서의 미디어는 진공 상태에서 작동하는 것이 아니다. 그것을 둘러싼 제도의 틀에서 생산되고, 소비되면서, 그 안에서 작동하는 것이다. 그렇기에 도구로서의 미디어가 갖는 연관성 문제와 내용으로서의 미디어가 갖는 연관성의 문제도 결국 제도로서의 미디어와의 관계 속에서 논의되어야 한다. 앞에서도 이야기했듯이 제도로서의 미디어는 크게 미디어 조직의 구조와 활동의 측면과 그것을 둘러싼 공식적, 비공식적 규범의 측면으로 나눠서 살펴볼 수 있다.

미디어 조직의 측면에서 제도로서의 미디어가 어떤 방식으로 연관성 문제를 포함하는지 살펴보도록 하자. 어떤 조직이 연관성을 갖는다는 것은 무엇일까? '조직의 연관성'이라는 개념을 쓸 수 있다면 그것은 한 조직이 그 조직의 구성원, 그 조직의 고객, 그 조직을 둘러싼 외부의 다양한 이해 당사자들과 연관된 비전, 목표, 활동 내용을 갖는다는 것을 의미할 것이다. 조직의 연관성이라는 말은 사실 좀 생소한 말이다. 그러나 조직 연구 분야에서는 오래전부터 조직이 갖는 내적, 외적 연관성의 중요성을 조직 내의 통합, 조정, 통제 과정, 조직 문화, 마케팅 등의 개념을 통해 그 중요성을 간접적으로 언급해 왔다. 특히 기술이 급속히 변화하고, 시장 상황이 시시각각 변하는 상황에서, 즉 조직의 투입 요소와 산출 결과를 계속 변화시켜야 하는 상황에서, 그런 상황 변화에 신속하게 대처하기 위해서는 연관성의 문제를 심각하게 생각하지 않을 수 없다. 조직의 내부, 외부 이해 당사자들이 그 조직을 지금, 여기, 나/우리와 연관된 것으로 받아들이지 않으면 조직의 생존 자체가 힘들 수 있다. 이런 식으로 조직을 바라본다면 조직이 수행하는 마케팅도 결국 연관성 통제 활동이라고 해야 할 것이다. 기업의 브랜딩 활동, 혹은 '기업의 사회적 책임'이라는 것들도 사실은 기업의 사회적 연관성을 높이는 활동들을 가리키는 것이다. 연관성의 의미를 가장 직접 담고 있는 것은 PR이다. PR이 목적으로 하는 조직과 공중 사이의 우호적 관계를 연관성의 시각에서 '조직과 공중 사이의 연관성 구축, 관리, 복구'라는 말로 재구성할 수도 있다.

　일반적 조직뿐 아니라 미디어 조직이 갖는 연관성도 이런 측면에서 생각해 볼 수 있다. 그것은 조직으로서의 미디어가 미디어 조직 안의 구성원들, 조직으로서의 미디어가 생산하는 내용(내용으로서의 미디어)을 듣고, 읽고, 보는 사람들(독자, 시청자, 청취자, 이용자 등), 그리고 미디어를 둘러싸고 존재하는 다양한 이해 당사자들(중앙 정부, 지방 정부, 광고주, 정치인, 시민 단체 등)에게 조직으로서의 미디어가 얼마나 연관성 있는 이미지, 정체성, 비전, 목표, 활동, 결과물을 만들고 제시하는가에 대한 것이다. 미디어를 둘러싼 환경 속에 존재하는 다양한 이해 관계자들은 미디어가 자신들의 목표, 상황, 처지, 일상과 연관 있는 조직으로서 활동하며 자신들과 연관된 내용을 생산, 유통하는지를 보면서 조직으로서의 미디어의 연관성 정도를 판단하게 된다. 미디어 조직이 하나의 제도로서 움직이는 것에 주목했던 사람들이 오래전부터 사용해 온 '게이트키핑'과 '의제 설정' 같은 개념은 연관성이 조직으로서의 미디어와 얼마나 밀접한 관련이 있는지 보여 준다. 게이트키핑은 연관성을 거르는 게이트키핑이고,

의제 설정이란 연관성 설정이라고 해도 과언이 아니기 때문이다. 제도로서의 미디어의 문제가 갖는 연관성 이슈를 비교적 일찍 언급했던 사람들은 앞에서 소개한 아도르노와 호르크하이머였다. 그들이 지적한 문화산업의 문제는 결국 연관성의 문제로 귀착된다.

제도로서의 미디어가 사회에서 비판받는 이유를 연관성의 문제로 연결해서 생각해 볼 수 있다. 가령 왜 한국에서는 미디어와 그 안에서 일하는 사람들이 '기레기'란 수치스러운 이름으로 비난받게 되었을까 같은 문제를 연관성의 문제로 논의할 수 있는 것이다. 제도로서의 미디어가 더 이상 사람들에게 실제 필요한 정보를 제공하지 않고, 그들과 정서적으로 교감하지도 않고, 사람들의 삶의 일상과 유리된 채로, 자신들의 목표(이윤, 정치적 영향력 등)만을 위해 움직이고 있다고 느낄 때 사람들은 그런 미디어 조직을 비판할 수밖에 없다. 소금이 짠맛을 잃으면 쓸모없듯, 연관성을 잃어버린 미디어 조직도 마찬가지다. 미디어 조직이 자체적으로 갖는 작업 목표, 작업 패턴, 업무 시간 주기 등이 미디어 조직을 둘러싼 환경에 있는 다양한 이해 당사자들이 갖는 목표, 패턴, 시간 감성과 어긋날 때 사람들은 미디어 조직에 대해 실망하고, 좌절하게 된다. 기레기란 말은 그런 실망과 좌절을 극적으로 드러내는 표현이나. 쓰던 물건의 연관성이 떨어질 때 우리는 그것을 쓰레기통에 버린다. 이렇게 제도로서의 매스 미디어에 대한 실망, 좌절, 비판 등도 절묘하게 연관성의 이슈와 맞닿아 있다.

제도로서의 미디어라는 맥락에서 연관성 문제와 연결된 또 다른 이슈는 지역 혹은 지역성에 대한 것이다. 매스 미디어의 출현 이후 서구의 미디어는 20세기 내내 공익성의 한 차원으로 '지역성localism을 미디어의 중요한 규범으로 자리 잡게 하려 노력했다(강형철, 2016; Bogart, 2017). 그것을 주요한 정책적 이슈로 삼았다. 매스 미디어는 많은 사람과 많은 지역에 같은 메시지를 동시에 전달할 수 있는 기술을 바탕으로 한다. 그렇기에 늘 동질화의 압력 속에 있을 수밖에 없다. 동질화는 종종 한 국가 내, 혹은 국가 간 권력 불평등의 영향을 받곤 한다. 권력을 쥔 세력이 자신의 이해관계 틀 속에서 동질화의 방향을 결정할 수 있기 때문이다. 가령 한국에서는 주류 언론 대부분이 서울에 몰려 있고, 그들이 전달하는 내용이 서울의 시각을 담은 서울 이야기로 동질화되어 있다. 그래서 제주 서귀포의 시청자가 정작 자기가 사는 집 근처인 서귀포 원도심 도시 재생 문제는 듣지 못하고, 한 번도 가보지 않은 서울 문래동의 도시 재생 이야기를 더 많이 듣게 되는 것이다. 이런 문제는 한국에서 주류 언론이 서울에 몰려 있고 거기에서 일하는 사람들 대부분이 서울에 있는 대학을 나오고 서울에서 사는 사람들이라는 것, 서울의 주류 언론과 이른바 지방 언론 사이에 있는 위계 구조 등, 결국에는 제도적인 문제와 연관되어 있다 할 수 있다. 비서울 혹은 비수도권 지역에서 재난이 발생했을 때 서울의 주류 언론이 그것을 단발성 사건으로만 보도한다든지, 보도할 때도 서울의 시각으로만 보도하면서 실제 그 재난을 겪는 사람들의 시각과 목소리는 배제되는 것을 보면서 그 지역 주민은 종종 소외감과 좌절을 경험하곤 한다(김진희 외, 2020). 자기 지역에 있는 이른바 지역 언론은 지역 내의 정치 및 경제적 이권에 얽혀 있어서 제대로 지역 이슈를 공정하게 다루지 못하는 모습을 보면서 절망한다. 이런 구조적 제약 속에서 지역 내부에서 지역적 연관성이 높은 지역 이야기들을 생산하고, 유통하는 인프라는 계속 허약한 상태로 남아 있을 수밖에 없는 경우가 많다.

미디어의 지역적 연관성을 높이려는 제도적 노력이 최근에는 마을 미디어, 지역 공동체 미디어 등의 이름으로 등장했다(김용찬, 2021; 정은경, 2018; 채영길 외, 2016). 자기가 사는 구체적인 시공간적 맥락과 직접 연관된 이야기를 듣고 싶다는 욕구, 그리고 더 나아가 그런 이야기를 수동적으로 듣기보다는 자기가 직접 하고 싶다는 욕구가 모여서 만들어진 현상이라 할 수 있다. 한국에서는 지역 자치 단체들이 마을 공동체 사업의 목적으로 마을 미디어 활성화를 위해 예산을 편성하고, 다양한 방식의 지원을 하기도 했다. 한국 사회에서 마을 미디어는 미디어 조직별로 매우 다양한 형태를 띠고 있다. 특히 조직화의 정도에서도 큰 차이를 보인다. 서울의 마포FM처럼 비교적 조직화 정도가 높은 경우부터 소수 사람이 모여서 동호회처럼 활동하는 사례같이 조직화 정도가 매우 낮은 예도 있다. 대부분의 마을 미디어가 지자체 지원의 틀에서 생성, 유지된다는 이야기는 그것이 정치, 행정의 제도적 영향을 받을 수밖에 없다는 말이기도 하다. 그래서 지자체장이 바뀌는 등 정치, 행정 환경이 바뀌게 되면 마을 미디어의 존재 기반 자체가 위협받기도 한다. 그런 위협은 결국 연관성에 대한 위협이라 할 수 있다. 지역 내에서 지역 연관성 있는 이야기를 만들어 내는 통로에 대한 위협이기도 하고, 각 지역 내에서 자기와 연관된 이야기를 할 수 있는 역량이 계속 축적되는 과정에 대한 위협이라 볼 수도 있기 때문이다.

지금까지 제도로서의 미디어를 연관성 측면에서 살펴보았다. 결국 미디어는 개인과 공동체가 연관성 있는 삶의 형태를 계속 유지하는 제도적 틀을 제공할 수도 있고, 아니면 오히려 그런 삶을 살아가는 것을 막고 방해하는 제도적 틀이 될 수도 있다. 제도로서의 미디어가 연관성을 강화하는 방향으로 틀 지어 있다면 앞에서 살펴보았던 내용으로서의 미디어, 도구로서의 미디어의 측면에서도 연관성 강화 방향의 변화를 만들어 낼 수 있다.

사람으로서의 미디어와 연관성

사람으로서의 미디어라는 것이 여전히 조금 생경하게 들리지만, 앞의

3장에서 자세히 설명했듯이, 특정 역할(중재, 중개, 중매 등)을 수행하는 '사람'을 가리킬 때 미디어라는 말을 쓰는 것은 사실 매우 오랜 역사를 갖고 있다. 선사 시대에 신과 사람들을 중재하는 사제들은 일종의 미디어였다. 신과 인간을 연결하는 것뿐 아니라, 한 국가를 대표해서 다른 국가에 파견됨으로써 집단과 집단 사이에서 자신의 역할을 하는 것(사신들, 대사들)과 개인과 개인 사이를 연결하는 역할(중매쟁이, 거간꾼)도 매개의 역할, 즉 미디어의 역할이라 할 수 있다. 특정 유형의 사람 미디어는 자연과 사람들을 연결하기도 했다. 가령 장인이나 예술가가 그런 역할을 했음을 생각해 보면 장인이나 미술가도 일종의 미디어라 할 수 있다(Sennet, 2009). 그들은 다양한 미술 재료, 즉 미디엄을 사용해서 자연의 세계와 인간의 세계를 연결하는, 즉 미디어를 사용하는 미디어였다. 미술가뿐 아니라 건축가도 자연과 사람을 연결하는 사람들이다. 더 나아가 도시를 설계하는 행정가, 국가를 경영하면서 강, 바다, 토지와 사람들 사이의 관계를 통제하는 정치가도 자연과 사람들 사이의 미디어다.

사람들 사이의 관계를 연결망network 구조로 상상하는 것은 20세기 중반부터 본격화되었다(Kadushin, 2012; Monge & Contractor, 2003; Scott, 2012). 연결망을 그림으로 표현하면 개인들은 각각 하나의 결절node을 차지하고, 다른 결절들과 링크로 연결된다. 이런 연결망 그림이 20세기 후반부터 사회과학을 지배하기 시작했다. 이런 그림이 우리에게 암시하는 것은, 대부분 결절은 최소한 다른 두 결절 사이에 존재하면서 일종의 미디어 역할을 할 수 있다는 것이다. 연결망 구조에서 가장 변방에 존재하거나, 로빈슨 크루소같이 다른 결절들과 완전히 분리되어 고립된 사람들을 제외하면, 우리는 모두 누군가의 사이에 있다. 사이에 있다는 존재 위치가 우리를 미디어로 만든다. 인간人間이란 한자어에 사이間란 뜻을 지닌 말이 들어 있다는 것은 흥미로운 일이다. 인간은 누구나, 다른 것들 사이에 있는, 미디어다. 특정한 '사이 위치'(가령 로널드 버트Ronald Burt가 말하는 구조적 공백structural hole)는 거기를 차지한 사람에게 특별한 권력을 부여하기도 한다(Burt, 2004). 물론 연결망 안에서 다양한 위치를 점하는 미디어들(결절들 사이에 있는 것들)에 대한 상상은 사람들로 이루어진 사회연결망에 대한 것이기만 할 필요가 없다. 최근에는 사물들끼리의 연결망, 혹은 사람들과 사물들을 함께 묶는 연결망을 개념화하고 이론화하는 논의가 본격화되었다(Newman, 2018). 이런 상황에서는 도구 미디어(가령 전화)가 개인과 개인을 연결하는 것만 생각할 수 있는 것이 아니라, 개인이 사물들과 사물들을 연결하는 미디어까지 될 수도 있음을 생각해 볼 수 있다.

사람으로서의 미디어가 연관성을 갖는다는 것은 무엇일까? 이것은 어떤 사람이 신과 다른 사람들 사이에 있든, 집단과 집단 사이에 있든, 다른 사람들 사이에 있든, 사람과 사물 사이에 있든, 사물과 사물 사이에 있든 상관없이, 그런 '사이'와 밀접하게 연결된 지금, 여기, 나/우리(정체성)의 이야기를 하느냐 그렇지 않느냐, 그런 이야기를 할 수 있느냐 없느냐의 문제와 관련된 질문이다. 앞에서도 언급했듯이 그 수많은 '사이'에서 사람들은 다양한 역할을 수행한다. 사제나 선지자(이들은 신과 사람들 사이에 있다)가 되기도 하고, 정치가나 행정 관료(이들은 자연과 사람 사이에 있다)가 되기도 하고, 외교관(이들은 집단과 집단 사이에 있다)이 되기도 한다. 이렇게 거창한 역할뿐 아니라 사람으로서의 미디어는 더욱 일상에 가까운 역할, 가령 가족, 친구, 주민, 직장 동료, 시민 등의 위치에서 '사이'의 역할을 하기도 한다. 이런 역할에서 그 위치가 정해 주는 시공간적 맥락(지금, 여기)과 나/우리의 정체성과 연관된 이야기를 하느냐, 그렇지 않느냐가 연관성과 관련한 질문이라 할 수 있다. 사물과 사물 사이에서 개인이 미디어 역할을 하는 경우도 마찬가지다. 사람이 사물과 사물 사이에서 미디어 역할을 한다는 것이 여전히 어색하게 들릴 수 있다. 그렇다면 망치로 못을 박는 사람을 생각해 보자. 이 사람은 망치라는 사물과 못이라는 사물을 연결하는 중재자, 즉 미디어 역할을 하고 있다 할 수 있지 않겠는가! 땅에 씨를 뿌려 작물을 재배하는 농부들도 마찬가지다. 그들도 땅이라는 사물과 작물이라는 사물을 연결하는 미디어다. 이런 식으로 생각하면 사물들을 연결하는 미디어 역할을 하는 사람의 예들을 끊임없이 들 수 있다. 망치로 못 박는 사람, 땅에서 농사짓는 사람을 미디어로 부르는 것에 당황했다면, 다음 예에 대해서는 어떻게 느낄지 궁금하다. 1960년대까지 존재했던 전화 교환수에 대해 생각해 보자. 그들은 수동식 전화 기계를 서로 연결하는 일을 했다. 전화 교환수는 전화 기계라는 사물 미디어(도구로서의 미디어)들을 서로 연결하는 사람 미디어였다고 할 수 있다. 미디어와 미디어를 연결하는 미디어, 즉 메타미디어였던 것이다. 망치로 못을 박는 사람이건, 농사를 짓는 사람이건, 전화 교환수건 그 상황에 맞는 연관성의 문제를 생각해 볼 수 있다. 바로 그때, 바로 그곳, 그리고 바로 그 정체성과 연관된 못질, 농사, 전화 교환이 아니라면 그들은 연관성 상실의 과오를 저지르는 것이다. 사람 미디어가 연관성 낮은 행동을 하게 된다면, 망치질하는 사람은 손을 다치거나 엉뚱한 데 박힌 못을 다시 뽑는 일을 해야 할 것이고, 농사꾼은 농사를 망칠 것이고, 전화 교환수는 엉뚱한 곳에 전화를 연결했다가 낭패를 보게 될 것이다.

　사람으로서의 미디어라는 개념 자체가 생경하게 된 것은 우리가 20세기의 상당 기간을 매스 미디어 시대로 살았기 때문이다. 매스 미디어 시대에 사람들은 '국민 여러분,' '시청자 여러분,' '청취자 여러분,' '독자 여러분'과 같은 집단 정체성을 부여받았다. 송신자-채널-수신자라는 기계적 정보 모델이 득세하던 20세기에 개인은 자신을 수신자로만 자리매김하였다. 도구로서의 미디어, 내용으로서의 미디어, 그리고 제도로서의 미디어는 매스 미디어 시대의 틀 속에서 개인들에게 매스 미디어가 생산, 유통하는 내용의 최종 목적지라는 수동적 자리에 머물러 있게 하였다. 일대다의 매스 커뮤니케이션을 가능케 하는 매우 특수한 형태의 매스 미디어가 미디어라는 개념 자체를 독점하는 상황에서, 개인으로서의 미디어라는 개념은 심각하게 훼손되었다. 도구, 내용, 제도로서의 미디어를 논하는 부분에서도 언급했던 것처럼 개인들은 자신과 연관된 일상으로부터 분리되어 국민, 시청자, 청취자, 독자라는 거창한 정체성을 부여받고, 중앙의 미디어 조직들로부터 연관성 없는, 일반적, 보편적, 추상적 이야기를 전달받았다. 일반, 보편, 추상은 20세기에 자본주의 사회와 권위주의 사회 모두에서 권력이 자신을 표현하고 유지하는 도구들이었다. 중앙 미디어가 갖는 이야기의 독과점이 강력해지면, 결국 개인들은 자신들이 실제 존재하는 '사이들'의 시공간적, 정체성 맥락과 직접 연관된 이야기를 하지 못하고, 듣지 못하고, 탈맥락화된 '중앙'의 이야기만 전달하는 숙주 꼴이 되고 만다. 미디어로서의 자신의 지위를 잃어버리고, 탈미디어화된 채로 비연관의 늪에 빠져 살아가게 되는 것이다. 닉 쿨드리는 이런 문제를 목소리의 문제로 접근한다(Couldry, 2010). 그는 개인은 "자신에 관해, 자신이 서 있는 자리에 관해" 이야기하는 능력을 통해 자신의 가치를 만들어 갈 수 있다고 하면서 목소리의 중요성에 대해서 역설한다. 인간은 누구나 자신에 대해, 그리고 지금, 여기에 관해서 이야기할 수 있는 능력을 갖췄다. 하지만 쿨드리는 그것이 20세기 중후반에 구축된 신자유주의적 체제에서 어떻게 억눌리고, 삭제되고, 망각되었는지 고발한다. 연관성 위기의 핵심에는 신자유주의 이데올로기와 체제가 자리 잡고 있다. 목소리의 위기가 쿨드리가 지적하듯이 신자유주의 체제에서 더 심각해진 것이 분명하지만 그 위기 자체는 매스 미디어 시대 초기부터 이미 시작되었다.

미디어로서의 개인이 갖는 연관성 문제는 다음과 같은 몇 가지 역량

이슈와 연결된다. 첫째는 자신에게 입력되는 정보를 비판적으로 해석하는 역량이다. 둘째는 보편적 이야기를 자신의 특정 시간, 공간, 정체성과 연결해서 해석하는 역량이다. 셋째는 그렇게 해석한 이야기를 자신과 연관된 것으로 이야기할 수 있는 역량이다. 넷째는 그 이야기를 다른 사람들이 알아들을 수 있도록 말할 수 있는 역량이다. 다섯째는 더 나아가 자신이 하는 이야기를 듣는 사람들이 그들 자신의 시간, 공간, 정체성과 관련된 맥락에서 그 이야기를 재해석할 수 있도록 이야기하는 역량이다. 이것을 뒤집으면 개인이 미디어로서 연관성을 잃게 되는 상황에 대해서도 유추해 볼 수 있다. 첫째, 그것은 보편적 이야기에 압도되어 그것 자체가 마치 자신의 이야기인 양 받아들이고 자신의 연관성을 구성하는 시간, 공간, 정체성 감각을 잃어버리는 것이다. 둘째, 자신의 시공간, 정체성과 직접 연관되지 않은 보편, 일반, 추상의 이야기만 할 뿐 자신과 직접 연관된 이야기를 하는 동기와 능력을 상실하는 것이다. 셋째, 자신과 연관된 이야기를 할 수 있다 하더라도 그것을 다른 사람들이 접근할 수 있게, 즉 이해할 수 있게 말하는 역량이 없는 것이다. 넷째, 화자가 자신의 이야기를 타자에게 일방적으로 전달만 할 뿐 듣는 사람들이 그것을 통해 자신의 일상에 연관성 높은 이야기를 스스로 만들어 내도록 돕지 못하고 오히려 화자의 영향력만 키우는 결과를 만들어 내는 것이다. 마지막으로 자신의 연관성 경험을 확장하기 위해 다른 사람들을 비연관성의 늪으로 빠뜨리고 자신의 연관성 세계의 식민지로 만드는 것이다. 이런 것들이 미디어로서의 개인이 연관성과 어긋나는 모습의 예들이라 할 수 있다.

21세기 들어서 미디어로서의 개인이 연관성을 확장하려는 두 개의, 매우 상반된 움직임이 생겼다. 첫 번째는 이른바 초지역 미디어(하이퍼로컬)라 불리는 마을 미디어나 공동체 미디어에서 자신의 이야기를 하는 것이다(김용찬, 2021; 정은경, 2018; 채영길 외, 2016; Kim et al., 2022). 주류 언론에서

나, 혹은 내가 속한 우리에 관해 이야기하지 않고, 나와 우리를 위한 정보를 전달하지 않는 것에 대한 문제를 인식하고, 스스로 나/우리를 위한 이야기를 공유하고, 나/우리를 위한 정보를 나누겠다는 결심이 마을 미디어와 공동체 미디어의 형태로 등장해 왔다. 이러한 흐름은 주류 언론이 장악한 이야기의 세계가 자신의 일상과는 매우 연관성 없는 이야기들로 가득 차 있다는 것을 인식한 사람들로부터 출발했다. 그러한 인식은 결국 자기들 스스로가 미디어가 되어야겠다는 결심으로 이어진다. 유튜브 채널, 팟캐스트, 소식지, 신문 등 다양한 형태로 나오는 이 '겸손한' 미디어는 결국 개인으로서의 미디어가 도구/내용/제도로서의 미디어와 결합한 형태라 할 수 있다. 가령 팟캐스트를 하는 마을 미디어는 인터넷, 마이크, 팟캐스트 앱 등으로 구성된 도구로서의 미디어, 자신들이 쏟아 놓는 개인의, 마을의 이야기들로 구성된 내용으로서의 미디어, 그리고 마을/공동체 미디어라는 정체성, 정부의 지원, 소수 참여자로 구성된 공식/비공식적 조직(그리고 조직의 목표, 구조, 관행, 문화 등)의 조합으로 나타나는 제도로서의 미디어를 토대로 한다. 그러나 결국은 마이크 앞에 앉은, 혹은 키보드를 두드리는 개인이 하나의 미디어가 되어서 사신과 정사(혹은 독자)에게 상호 연관성 있는 이야기를 만들고, 공유한다는 측면이 가장 중요하다. 21세기에 개인 미디어가 연관성을 확장하는 두 번째 두드러진 움직임은 개인 유튜버의 등장이라 할 수 있다. 지난 2010년경부터 개인 유튜브 채널이 하나의 중요한 미디어 현상이 되었다(안소진·김용찬, 2020; Bishop, 2019; Pires et al., 2021; Sokolova & Kefi, 2020). 개인 유튜버는 직관적으로도 '미디어로서의 개인'의 모습을 띠고 있다. 유튜브라는 플랫폼, 카메라, 조명, 마이크 등 다양한 장치(도구로서의 미디어), 유튜브를 통해 전달하는 다양한 음성, 동작, 내용(내용으로서의 미디어), 유튜버 수익 모델, 방송 시간과 방송 주기, 채널 정체성 등 제도적인 것(제도로서의 미디어)을 토대로 개인으로서의 미디어도 연관성의 측면에서 생각해 볼 수 있다. 개인 유튜버들이 지금, 여기, 나/우리와 연관성 높은 이야기를 하는 미디어로 역할을 할지 안 할지에는 복합적인 요인이 작용한다. 그에 대해서는 뒤의 장들(특히 7장과 8장)에서 자세히 살펴보겠다.

공간으로서의 미디어와 연관성

미디어를 공간으로 파악하는 관점 안에서도 연관성의 문제는 중요하다. 공간으로서의 미디어가 연관성이 높다는 것은 무엇을 의미할까? 지금까지 우리가 사용한 연관성의 정의를 대입해 보자면 어떤 공간이 그 안에 있는 사람들에게 지금, 여기, 나/우리와 관련된 이야기를 생산하고, 공유하고, 유지할 수 있도록 돕는다면 연관성이 높은 공간 미디어라 할 수 있지만, 그 반대로 공간 내 사람들을 지금, 여기, 나/우리의 이야기로부터 소외시키고, 그것과 관련 없는 이야기를 하거나 듣도록 강요하는 공간으로 역할을 한다면 연관성이 낮은 공간 미디어라 할 수 있다.

이런 식의 생각은 앙리 르페브르가 제시한 공간 실천spatial practice, 재현 공간representational space, 공간 재현space of represtation 등의 개념에 녹아 있다(Lefebvre, 1991). 르페브르는 개인과 집단이 공간을 만나는 방식을 감각, 인식, 체험의 세 유형으로 나눈다. 감각의 만남은 생각, 이념, 계획 등의 인식 과정 중재 없이 청각, 시각, 촉각 등 오감으로만 공간을 만나는 것이다. 공간을 인식으로 만난다는 것은 감각적 만남을 넘어서서 생각, 이념, 계획의 중재를 거쳐서 공간을 만나는 것이다. 체험의 만남은 공간 안에서 개인들이 실제의 경험, 관계, 기억, 이야기 등을 생산하고 소비하는 방식의 만남이다.

공간 실천, 재현 공간, 공간 재현의 개념과 감각, 인식, 체험은 서로 조응한다. 공간 안에 있는 개인들이 그 공간이 갖는 물리적 조건(넓이, 높이 등)의 가능성과 한계 속에서 그것을 지각하고 그 안에서 움직이는 것이 공간 실천이다. 따라서 어떤 개인이 식당에 들어가면 그 식당의 물리적 공간 배치에 따라서 움직이고, 앉고, 음식을 주문하고, 자리가 차 있으면 밖에서 기다리는 등의 행동을 하게 된다. 그것이 르페브르가 말하는 공간 실천이다. 감각과 공간 실천은 서로 조응한다. 공간 재현은 공간을 공간 실천처럼 실제 감각하는 것이 아니라, 인식의 과정을 통해 머릿속에서 재현하는 것이다. 책상 위의 설계도에서 특정 도시에 대한 계획을 세울 때, 도시 정비 사업에 대한 계획을 세울 때, 재개발 사업을 벌이기 위해 기존 마을을 철거하겠다는 구상을 할 때, 논밭만 있는 곳에 신도시 건설을 계획할 때 설계자들이 만드는 공간이 공간 재현이다. 그러므로 공간 재현은 하향식으로 위에서 아래로 내려가는 공간에 대한 이해, 그 공간 안에서의 구체적 일상을 추상적 인식의 틀 속에서 규정하는 것이다. 공간 재현에서 연관성은 종종 불도저 아래 사라질 운명에 처한다. 반면에 재현 공간은 체험의 사회적 공간이다. 개인과 집단이 스스로 여기, 지금, 나/우리의 정체성을 기반으로 일상을 구축하는 것이 가능한 공간이다. 자본주의와 근대화 때문에 합리적, 기능주의적 공간에 대한 인식이 공간 재현을 통해 개인/집단을 억누를 때도, 그것에 저항하면서 연관성의 체험을 지켜내는 재현 공간의 가능성은 남아 있기 마련이었다. 교환 가치를 강조하면서 추상화되는 공간 재현에서 연관성이 설 자리가 없는 것처럼 보이지만 그런데도 여전히 공간에 대한 사용 가치를 추구하려는 재현 공간의 노력이 연관성을 지키려는 저항으로 나타난다.

　　마누엘 카스텔은 앙리 르페브르의 논의를 끌고 더 나갔다(Castells, 2000). 그는 디지털 미디어와 네트워크망이 생산력의 기반을 이루는 1980년대 이후의 공간에 관해서 설명하는 시도를 했다. 그러면서 흐름의 공간space of flow과 장소의 공간이라는 개념을 제시했다. 이것은 앞에서 르페브르가 말한 공간 재현과 재현 공간을 네트워크 사회의 틀 속에서 재개념화한 것이라 할 수 있다. 카스텔이 말하는 흐름의 공간은 디지털 네트워크를 통해 구축된 일종의 공간 재현이다. 전 지구적 네트워크 공간 안으로 물리적 도시 공간도, 그 공간 안의 일상적 삶도, 사람들의 노동, 놀이, 관계 등이 모두 추상적 공간으로, 네트워크 설계자가 구상한 공간으로 들어간다. 흐름의 공간은 연관성이 해체된 공간이다. 연관성이 만들어질 수 있도록 머물고, 고이고, 기다리는 행동은 억제되고, 모든 것이 끊임없이 흐를 뿐이다. 온라인 공간의 대부분은 공간 재현이 드러나는 흐름의 공간에 속해 있다. 오프라인의 물리적 공간 중에도 흐름의 공간으로 분류할 수 있는 것들이 있다. 카스텔은 공항을 흐름의 공간의 예로 언급한다. 여행하면서 어느 공항에 있든지 여행객 중 누구도 그곳을 머무르는 공간으로 생각하지 않는다. 그곳은 스쳐지나가는 곳일 뿐이다. 공항은 누구도 붙잡지 않고, 사람, 물자, 정보, 가치들을 계속 흘러가게 할 뿐이다. 거기에는 그 장소에 깃든 정체성, 여기, 지금의 기억이 없다. 그곳에서 사람들은 연관성을 추구하지 않는다. 도시 안에서도 마찬가지다. 나/우리, 여기, 지금이 어느 정도라도 시간의 흐름에 머무르며 사람들 사이에 관계의 역사, 이야기의 지층, 경험의 때를 만들어 주지 않는 곳들은 흐름의 공간에 편입된다. 도시의 장소 속에서 글로벌한 취향, 관심, 패션, 행동을 보이는 사람(글로벌 엘리트), 상점(글로벌 체인), 물건(글로벌 브랜드) 등은 모두 흐름의 공간에 속한 것들이다.

그러나 현대적 삶이 흐름의 공간에 완전히 포섭되는 것은 아니다. 여전히 고유성, 유일성, 정통성의 체험을 강조하는 장소들이 존재한다. 이것이 카스텔이 말하는 장소의 공간이다. 장소의 공간은 경험, 이야기, 기억의 공간이다. 오래 지속하는 관계의 공간이고, 그런 관계 속에서 사람들이 어느 정도 지속성을 갖고 머무는 공간이다. 장소의 공간은 전 지구적 네트워크에 매우 선택적으로만 연결되어 있다. 장소의 공간은 르페브르가 말한 재현 공간의 성격을 갖는다. 그곳에는 개인과 공동체의 실제 체험이 살아 있다. 그곳은 특정 체험을 위해서 사람들이 일부러 찾는 공간이다. 그곳에 가야만 만날 사람을 만나기 위해, 그곳에 가야만 볼 것을 보기 위해, 그곳에 가야만 느낄 수 있는 것을 느끼기 위해, 그곳에 가야만 먹고, 마시는 것을 먹고 마시기 위해 찾고 깃드는 공간이다. 장소의 공간은 결국 연관성의 공간이다. 나/우리, 지금, 여기가 차곡차곡 쌓여서 그것을 오래 간직하고, 공유하는 공간이다.

흐름의 공간이건, 장소의 공간이건, 그 공간은 모두 미디어의 공간이다. 사람들은 그가 흐름의 공간에 존재하는지, 장소의 공간에 존재하는지에 따라 다른 대상과 소통한다. 흐름의 공간과 장소의 공간은 사람들이 누구와, 무엇을, 어떻게, 왜 소통할지 결정한다. 흐름의 공간에서는 연관성 있는 소통을 기대하기 어렵다. 흐름의 공간에서는 연관성의 소통이 촌스럽고, 비효율적이고, 불편하고, 돈이 안 되는 것으로 간주된다. 하지만 장소의 공간에서는 사람들이 연관성의 소통을 늘 기다리고 기대한다.

미디어의 연관성, 연관성의 미디어

사람들은 도구, 내용, 제도, 사람, 공간으로 구성된 다차원적 미디어를 통해 나/우리, 지금, 여기와 연관된 것들에 대한 감각을 갖고, 그에 대해 인식을 하고, 그것들에 대한 이야기하기의 과정과 사회적 행위의 과정에 참여하게 된다. 연관성은 사람들이 제한된 인지 능력과 제한된 사회적, 정치적, 경제적 자원을 갖고 세계를 만날 때 필수적인 요소라 할 수 있다. 개인들이 자신의 제한된 역량과 자원을 꼭 필요한 곳에 사용하기

표 4 – 1 미디어의 다섯 가지 차원에 들어 있는 연관성 개념

	미디어 쟁점 안의 연관성 개념
도구로서의 미디어	용이성, 유용성, 미디어 길들이기(전유, 객관화, 병합, 변환) 연관성의 생태계
내용으로서의 미디어	항상성, 이슈 관여도, 미디어 의존, 의제 설정, 지식 수용성, 이데올로기, 연관성 과잉과 결핍
제도로서의 미디어	조직 연관성, 기업의 사회적 책임, PR, 기업 브랜딩, 게이트키핑, 의제 설정, 문화산업, 공익적 가치로서의 지역성, 대안 미디어, 마을 미디어
사람으로서의 미디어	네트워크, 메타미디어, 목소리, 스토리텔링 역량, 하이퍼로컬 미디어 참여자, 개인 미디어(유튜버)
공간으로서의 미디어	재현 공간과 공간 재현, 흐름의 공간과 장소의 공간

위해 고려해야 하는 것이 바로 연관성이라 할 수 있다. 개인들이 살아가는 삶의 다양한 영역들이 미디어화되어 가는 상황에서, 즉 사람들의 세계 경험이 미디어를 통하지 않고서는 불가능하게 변해 가는 상황에서, 미디어와 연관성 사이의 관계는 더 밀접해진다. 우리는 이 장에서 미디어와 연관성 사이의 관계를 미디어의 다섯 가지 차원으로 구분해서 살펴보았다. 도구로서의, 내용으로서의, 제도로서의, 사람으로서의, 공간으로서의 미디어는 모두 매우 본질적인 수준에서 연관성의 문제를 품고 있다. 표 4 – 1은 앞에서 논의한 이야기들 안에 들어 있는 주요 열쇠말들을 미디어의 다섯 가지 차원별로 정리해 놓은 것이다. 미디어 현상을 이해하기 위해 연관성의 문제에 집중하는 것은 여러모로 괜찮은 전략이다. 앞에서 몇몇 사례들을 살펴봤던 것처럼 기존의 사회 이론들과 미디어 이론들은 이미 부분적으로, 혹은 암묵적으로 연관성의 개념들을 품고 있었다. 하지만 본격적으로 연관성의 개념을 핵심 개념으로 삼아 미디어 이론을 구축하려는 시도는 최근에 와서야 이루어지고 있다(아마도

가장 대표적인 경우는 커뮤니케이션 하부 구조 이론일 것이다). 개인이 미디어를 통해 세계를 만날 때 핵심적 요소로 작용하는 연관성의 문제가 매스 미디어 시대와 포스트매스미디어 시대에 각각 다른 유형의 위기를 겪고 있다. 5장부터 8장까지 그에 대한 이야기를 본격적으로 하게 될 것이다.

5장

매스 미디어 시대

: 돌출의 시기

매스 미디어 시대에 대한 이야기를 막상 시작하려면 한 가지 어려운 문제에 봉착하게 된다. 매스 미디어 시대의 성격을 규정하려 한다면 매스 미디어 시대라고 따로 떼어낼 시기가 과연 정말 있었던 것인지, 있었다면 그것이 언제 시작해서 언제 끝난 것인지(혹은 끝날 것인지) 등의 문제에 대한 답을 명확하게 내려야 할 것이다. 그런데 이는 결코 쉬운 일이 아니다. 이 문제는 매스 미디어란 무엇인가라는 더 까다롭고도 근본적인 질문과 연계되어 있기도 하다.

매스 미디어는 19세기 출현한 대중 신문으로부터 출발했을까? '대중' 신문이라고는 하지만 초기 신문이 갖는 지역적 한계성을 생각해 보면 본격적인 매스 미디어는 라디오 방송부터라고 해야 할까? 아니면 대중 신문이나 라디오 방송 시대보다 더 과거로 올라가서 인쇄술의 발전을 토대로 책이 대량 생산되기 시작한 때를 매스 미니어 시내의 시작점으로 삼아야 할까? 요하네스 구텐베르크Johannes Gutenberg의 인쇄 기술이 15세기 중반에 등장하자마자 유럽 지역에서는 이미 대량 인쇄물이 쏟아져 나왔다. 다양한 유형의 책이 대량 생산되어 유럽 곳곳에 퍼졌다. 책의 대량 생산은 여러 가지 충격파를 만들어 내기도 했다. 사실 매스 미디어의 원형과 시기를 찾는 역사 여행은 구텐베르크의 시대보다 어쩌면 더 위로 올라갈 수도 있다. 가령 제국 시기 로마의 원형 극장을 생각해 보자. 역사학자에 따르면 3~4세기경 로마의 인구는 35만 명 정도였다고 한다(Russell, 1958). 그런데 당시 로마에 있던 콜로세움은 5만 명 정도를 수용할 수 있었다. 당시 로마 제국 인구 전체에서 10% 정도가 시민권을 갖고 있었다는 비율을 적용하면 로마에는 시민권을 가진 사람들이 3~4만 명 정도 있었다는 말이 된다. 물론 당시 로마의 시민권자 비율은 로마 제국 내 다른 지역보다 높았을 가능성이 크다. 그런 점을 고려하더라도 5만 명을 수용하는 콜로세움은 로마에서 시민권을 가진 성인 남자 대다수를 한꺼번에 품을 수 있는 규모라 해도 과언이 아니다. 콜로세움에서는 다양한 행사와 공연이 열렸다. 종종 사적인 행사가 열리기도 했다. 콜로세움은 로마의 시민 거의 전체가, 즉 로마의 대중이, 함께 모여 즐기는 것을 가능케 한 일종의 매스 미디어(공간으로서의 미디어)였다고 할 수 있지 않을까?

이처럼 역사를 거슬러 올라가면 매스 미디어의 원형이라 부를 만한 흥미로운 사례가 많지만, 미디어의 도구, 내용, 제도적 측면을 고려해서 따져 보면 아마도 근대적 의미의 매스 미디어는 19세기 말 미국과 유럽에서 출현한 대중 신문과 함께 시작한 것이라고 주장할 수 있다. 지금은 대중 신문이라는 것이 일반화되었지만, 서구에서도 19세기 이전까지에는 신문이라는 것이 대중성과는 거리가 먼 미디어였다(Stephens, 2007). 19세기 전까지 서구에서 신문은 개인이 사거나 구독하기에 매우 비쌌다. 더불어 대부분의 신문은 불특정 다수의 대중을 상대로 한 것이기보다는 특정 집단(가령 특정 정치 집단) 등을 대상으로 하면서 매우 파당적인 성격을 띠었다. 그러다가 19세기 중반 이후 윤전 기술 등 신문 제작 기술이 발전하면서 신문의 대량 생산이 가능해졌고, 기차 등을 이용해 대량 수송 및 배급까지도 가능해지자 신문 제작자는 신문의 대중 시장성을 알아차렸다. 이런 기술적 인프라의 발전을 토대로 매스 미디어로서의 신문을 위한 새로운 비즈니스 모델이 등장하기 시작했다(Schudson, 2011). 그런데 대중 신문 출현을 매스 미디어 시대의 시작점으로 삼으려 할 때는 해결해야 할 문제가 있다. 어떤 시기를 매스 미디어 시대라고 부르기 위해서는 매스 미디어의 성격을 갖는 미디어가 존재했는지 여부를 넘어서서, 그런 매스 미디어가 미디어 환경 전체의 성격을 규정하는 지배적인 것이 되어야 할 것이다. 19세기는 그런 점에서는 함량 미달이다.

매스 미디어 논리가 일상 소통을 지배하는 기본 원리가 되어 사람들 일상에 내재하는지를 기준으로 한다면, 로마의 콜로세움이나 구텐베르크 이후 책의 대량 생산이나 19세기 대중 신문에서부터 매스 미디어 시대의 시작점을 잡기보다는 20세기 들어 라디오와 TV 방송이 등장한 이후부터라고 보는 것이 합당하다. 라디오가 등장한 이후로 잡자면 1920년대부터 매스 미디어 시대가 열렸다고 할 수 있고, TV를 기준으로 잡자면 1940년대 후반부터라고 해야 할 것이다. 시간과 공간을 초월해서 동시에 같은 메시지를 흩어져 있는 많은 사람에게 전달하는 방송은 매스 미디어를 하나의 중요한 미디어 현상으로 만들었다. 매스 미디어의 도구적, 내용적, 제도적 특징 대부분은 라디오 방송과 함께 등장했다. 그런데도 사람들이 매스 미디어란 말을 일상 용어로 쓰면서 미디어 환경 변화에 대해 실감하게 된 것은 TV가 본격적으로 사람들이 사는 거실로 진출해 들어간 1950년대 이후였다. 매스 미디어의 기술, 내용, 제도 등이 대중 신문과 라디오 방송을 통해 구축되었고, 그것이 TV를 통해 '완성'되었다고 할 수 있다.

매스 미디어 시대가 정확히 언제 시작했는지 따지기가 쉽지 않다는 것을 모두 대충 눈치챘으리라 생각한다. 그런데도 앞에서 이야기한 것을 토대로 매스 미디어 시대를 넓게, 중간으로, 좁게 잡는 세 가지 가능성을 생각해 볼 수 있다. 넓게 잡는 것은 19세기 대중 신문의 출현부터 시작하는 것이고, 중간 정도로 잡는 것은 20세기 초 라디오 방송이 시작될 때부터 잡는 것이고, 좁게 잡는 것은 2차 세계 대전이 끝나고 TV 방송이 대서양 양쪽, 미국과 유럽 모두에서 본격적으로 시작될 때부터 잡는 것이다. 시기별로 19세기 중후반의 매스 미디어 맹아기, 20세기 초의 선행 도입기, 20세기 중반의 본격 도입기 정도의 이름을 붙일 수 있을 것이다.

매스 미디어 시대의 시작점을 잡기도 쉽지 않지만, 사실 끝점을 잡는 것은 더 어렵다. 매스 미디어 시대는 이미 끝났는가? 매스 미디어 시대와는 본질적으로 다른 시대가 이미 왔는가? 이것 역시 답하기 쉬운 질문이 아니다. 우리가 지금 할 수 있는 안전한 답은 아마도 매스 미디어 시대에서 뭔가 다른 시대로 접어드는 과도기에 있다 정도일 것이다. 매스 미디어 시대와 성격이 매우 다른 시대로 나아가고 있지만 그렇다고 해서 매스 미디어 시대의 흔적이 완전히 없어지지는 않은 시기에 우리가 있다고 말하는 것이 적당할 것이다. 한마디로 인터레그넘의 시대인 것이다. 인터레그넘은 지금까지 통치하던 왕이 죽었으나 다른 왕이 아직 들어서지 않은 시기를 가리키기 위해서 로마 제국에서 쓰던 말이다. 매스 미디어가 다스리던 시대는 저문 것 같은데, 그것을 이어받을 다른 시대가 아직 완전히 오지는 않은 시대, 즉 미디어의 인터레그넘 시대에 우리가 살고 있는 것이다. 인터레그넘 시기가 특별한 것은 죽은 왕의 유령과 새로 올 왕의 정령이 함께 섞여 있다는 것이다. 그렇기에 이 시기가 완전한 공백의 시기는 아니다. 어쨌든 우리는 이제 우리가 고민할 질문을 매스 미디어 시대가 언제 끝났냐는 다소 거창하고 거북한 것에서 미디어의 인터레그넘이 언제 시작된 것일까라는 조금은 덜 부담스러운 것으로 바꿀 수 있다. 나는 미디어의 인터레그넘이 대체로 1990년 초반부터 본격적으로 시작되었다고 생각한다. 마셜 매클루언은 매스 미디어 시대의 종말을 1960년대에 이미 예언했지만, 예언자가 아닌 평범한 사람들의 눈앞에서 매스 미디어 시대가 실제로 종말의 징후를 보이기 시작한 것, 그리고 동시에 포스트매스미디어 시대의 기미를 사람들이 눈치채기 시작한 것은 TV 수신이 무선에서 유선으로 바뀌고, 일반인이 인터넷을 접하게 되고, 동서 냉전이 종말을 맞이하던 1990년대 초였다. 공교롭게도 프랜시스 후쿠야마Francis Fukuyama는 1989년에 발표한 한 논문에서 역사의 종언을 설파했다(Fukuyama, 1989). 누군가 그때 매스 미디어 역사의 종언을 선언했다면 어땠을까?

지금까지 이야기한 것을 정리해 보자면 매스 미디어 시대는 넓게는 19세기 대중 신문의 출현과 함께(맹아기), 혹은 1920년대 라디오의 등장과 함께(선행 도입기), 아니면 완성기부터 따지자면 1940년대 중후반 TV의 확산과 함께 시작했고(본격 도입기), 1990년대 초 인터넷의 시작과 함께 저물기 시작했다고 할 수 있다. 흥미로운 점은 TV를 중심으로 가장 좁게 잡게 되면 공교롭게도 매스 미디어 시기(1940년 말에서 1990년 초반까지)가 냉전 시기와 거의 일치한다는 것이다. 매스 미디어 시대를 이렇게 좁게 잡고 보면 매스 미디어 시대가 고작 40여 년밖에 안 되는 역사였다는 것도 알 수 있다. 매스 미디어 시대는 사실 그리 긴 시기가 아니었지만 인간의 미디어 역사에서 그 어떤 시대보다 강한 인상을 남긴 시기였다. 여러 면에서 그 시기는 미디어 역사에서 돌출된 시기였다.

이번 장에서는 매스 미디어 시대를 돌출적인 시기로 보는 이유를 앞서 3장에서 설명한 미디어의 다섯 가지 차원으로 나눠서 살펴볼 것이다. 즉 매스 미디어 시대의 특징을 매스 미디어를 구성하는 도구 미디어, 내용 미디어, 제도 미디어, 사람 미디어, 공간 미디어로 구분해서 살펴보려 한다. 이런 작업은 다음 장에서 논의할 매스 미디어 시대의 연관성 위기를 논하는 배경을 제공할 것이다. 매스 미디어 시대의 특성(그 돌출성)이 결국 연관성 위기를 초래하는 기반을 제공했다는 것이 이 책에서 내가 주장하는 바이기 때문이다.

매스 미디어 시대 도구로서의 미디어

영국의 사진작가 마이클 쿡Michael Cook은 작품 〈침입invasion〉에서 평온한 런던 거리에 외계인이 침입하는 장면을 보여 준다. 비행접시가 하늘에 떠 있고, 외계인이 불러온 것인지 아니면 비행접시 출현에 놀라서 그런 것인지 새 떼가 사람들을 공격한다. 사진을 보고 있노라면 이제 사람들의 일상은 외부 세력의 침입 때문에 송두리째 변화할 것처럼 보인다. 음산하고 불안하고 공포스러운 장면이다. 우리는 어린 시절부터 이런 침입 이야기를 역사책, 소설, 드라마, 영화 등에서 많이 접해 왔다. 각종 외세 침입의 이야기들도 그런 유형의 이야기들이었다. 이 책을 쓰는 동안에도 러시아군이 우크라이나를 침범한 이야기가 뉴스에서, 소셜 미디어에서 넘쳐 난다. 외부 침입 세력의 공격을 받아 세상이 변화한다는 이야기에 우리는 이미 매우 익숙해져 있다. 어떤 경우엔 일부러 침입 이야기의 틀을 통해 세상의 변화를 이해하려 하기도 한다. 미디어에 대해서도 마찬가지다. 미디어가 세상에 '침입'해 들어와 사람들의 일상, 관계, 욕망, 운명을 바꾼다는 식의 이야기를 우리는 오랫동안 접해 왔다.

침입 내러티브를 담고 있는 이야기 하나를 더 살펴보자. 직역하면 "신들은 제정신이 아닌 것이 분명해The Gods Must Be Crazy"란 제목의 할리우드 코미디 영화가 1980년에 개봉했다. 한국에서는 〈부시맨〉이라는 제목으로 개봉했다. 영화는 이렇게 시작한다. 어느 날 비행기 조종사가 집

마이클 쿡의 사진 작품 〈침입〉은 외부 세력의 침입으로 사람들 일상이 송두리째 변화할 것 같은 장면을 보여 준다. 마치 미디어의 침입으로 사람들의 삶이 완전히 변화할 것이라는 주장들처럼.

어 던진 콜라 병 하나가 칼라하리 사막에 사는 부시맨 마을에 떨어졌다. 처음에는 그것이 마을에서 유용한 도구로 쓰였다. 단단한 병 밑동으로 곡식을 빻으면 꽤 쓸모가 있었기 때문이다. 사람들은 그것을 신이 하늘에서 내려 준 도구라고 생각했다. 그러나 얼마 안 있어 콜라 병은 마을 내 분쟁의 씨앗이 된다. 평온하던 마을이 콜라 병을 둘러싼 갈등에 휩싸였다. 콜라 병 하나 때문에 사람들이 마을의 권위에 도전하는, 전에는 상상할 수조차 없던 일까지 발생했다. 그래서 이 영화의 주인공이자 마을 추장 자이는 쳐다보기에도 이젠 지긋지긋한, 그 괴상한 물건을 신들에게 돌려주고자 콜라 병을 들고 신들이 사는 세상 끝(뉴욕)으로 간다. 영화의 본론은 자이가 이른바 문명 세계에 가서 겪는 일들로 구성되어 있다. 하지만 나에게는 이 영화의 도입부인 콜라 병이 이 마을에 '침입'해 들어오는 순간, 바로 그 부분이 더 흥미로웠다. 미디어가 사회 안에 들어와서 사회를 변화시키는 것에 대해 우리가 이야기할 때 머릿속에 상상하는 바로 그 침입의 장면을 이 영화의 도입부가 고스란히 담고 있었기 때문이다.

　새로운 미디어 기술이 처음 사회에 소개될 때 그것에 대해 우리가 이야기하는 방식을 곰곰이 돌이켜보면, 우리는 종종 그것이 하늘에서 갑자기 떨어져서 우리 삶 한가운데로 들어온 것처럼 말하는 것에 익숙해 있다는 사실을 깨닫게 된다. 20세기 내내 사람들이 도구로서의 매스 미디어에 관해서 이야기할 때는 대개 부시맨이 콜라 병을 대하듯 해 왔다. 혹은 마이클 쿡이 자신의 사진 작품에서 외계인 침입을 묘사한 것처럼 원래는 우리 삶과 전혀 관련 없던 어떤 것이 외부로부터 불쑥 침입해 들어온 것처럼 매스 미디어가 개인에게, 공동체에, 사회에 미치는 영향에 대해 이야기해 왔다. 사람들이 도구로서의 미디어가 등장하는 것을 침입의 이야기로 생각한 것이 꼭 매스 미디어에 대해서만은 아니었다. 미디어학자들은 인류가 유사 이래 도구로서의 새로운 미디어를 접한 다양한 경우를 대개 그런 방식으로 묘사해 왔다. 문자라는 것이 세상에 침입해 들어왔고, 인쇄 기술이 사람들이 살아가는 사회 속으로 뚝 떨어졌고, 전신 기술이, 전화가, 라디오가, 자동차가, TV와 케이블이 사람들의 일상에 갑자기 들이닥친 것처럼 이야기해 왔다. 또 인터넷이, 스마트폰이, 소셜 미디어가, 이제는 인공 지능 기술이 어디로부턴가 우리 삶 속에 불쑥 침입해 들어온 것처럼 이야기해 왔다. 그것들이 우리 삶과 사회에 침입해 들어와 우리 일상을, 관계를, 구조를, 우리의 모든 것을 바꿔 왔고, 또 바꾸려 한다고 말해 왔다. 이런 식의 내러티브를 통해 우리는 도구 우선적 패러다임에 익숙해져 왔다. 그런 패러다임에서 우리는 도구로서의 미디어와 사회와의 관계를 보는 특정한 관점을 배워 왔다. 구석기, 신석기, 청동기, 철기 시대로 역사를 구분한다든지, 1차, 2차, 3차, 4차 산업 혁명이라는 용어를 사용하면서, 외부로부터 우리 삶에 침입해 들어온 도구가 세계와 역사를 이끈다는 세계관을 배우고 그에 익숙해져 온 것이다. 이런 침입 담론, 그리고 도구 우선의 패러다임은 기술결정론이란 비판을 받아 왔다.

그에 대한 대안으로 도구로서의 미디어를 사회적 맥락에서 파악하려는 시각들이 제기되어 왔다. 미디어의 기술적 가능성은 늘 사회적 조건이라는 울퉁불퉁한 길과 마주쳐야 했다. 그렇기에 앞에서도 잠깐 언급했듯이 매스 미디어의 기술적 가능성이 아무런 저항이나 장애 없이 온전히 실현되는 경우를 찾기는 쉽지 않았다. 3장에서도 잠깐 언급했듯이, 아마도 라디오 방송의 출현 과정이야말로 그 점을 가장 잘 보여 주는 예일 것이다. 1888년에 하인리히 헤르츠Heinrich Hertz가 전자기파라는 것의 존재를 발견하고, 이를 이용해서 굴리엘모 마르코니Guglielmo Marconi가 무선 전신을 개발한 이후에 레지널드 페센든Reginald Fessenden이 처음으로 전파에 음성을 싣는 것을 가능케 하는 장치를 1901년에 개발했다. 이렇게 라디오 기술이 사람들에게 처음 소개된 뒤에 그것을 어떻게 사용할 것인가에 대한 사회적 논의가 20세기 초에 벌어졌다 (Douglas, 1987). 아직 방송이라는 개념 자체도 생소할 때였다. 당시 사람들은 글로 쓰인 메시지를 먼 곳에 보내는 기술에 대해서는 전신(유선과 무선 모두) 기술 덕택에 이미 잘 이해하고 있었다. 그러나 사람의 목소리나 다른 소리(가령 오케스트라 음악)를 멀리 전달하는 것, 그것도 많은 사람에게 한꺼번에 전달한다는 방송의 개념은 아직 그들에게 익숙하지 않았다. 초기에는 라디오 기술을 활용하는 방안에 대한 지배적 생각은 기존 전신 기술의 연장으로서 활용하는 것이었다. 즉 일대일의 통신 기술로 활용하는 것이었다. 그런 방식으로 라디오 기술을 사용한 흔적은 군사적 목적으로 라디오 통신을 이용하든지, 아니면 아마추어 무선 통신(햄)을 위해 이용하는 것 등에 남아 있다. 라디오 기술을 방송 기술로 활용하려면 기술 자체를 넘어서는 상상력이 필요했다. 그 과정을 이해하고 설명하기 위해서는 도구로서의 기술 자체가 갖는 논리나 성격에만 집중해서는 안 된다. 그래서 도구로서의 미디어가 어떤 사회적 맥락에서 개발되었는지, 혹은 어떤 사회적 맥락에서 보급되고 제도화되었는지, 그리고 어떤 사회적 환경에서 사용되고 있는지 등의 측면도 보아야 한다. 다시 말해 이는 앞에서 언급한 침입 이야기의 구도를 극복하려는 시도라 할 수 있다. 이런 관점을 사람들은 기술에 대한 사회결정론 혹은 사회구성론이라 불러왔다(Bijker & Law, 1994; Lievrouw & Livingstone, 2002; MacKenzie & Wajcman, 1999). 기술결정론이든, 사회결정론이든 한쪽으로 치우친 이야기는 대개 현실을 온전히 반영하기 어렵다. 미디어의 역사를 살펴보면 어떤 미디어도 (너무나 당연하게도) 외계인의 침입처럼 아무런 사전 예고 없이 불쑥 던져진 경우는 거의 찾아볼 수 없다. 대개는 한 사회에 이미 존재하는 맥락(정치적, 경제적, 기술적, 법적, 사회적, 문화적 맥락)의 틀 속에서 미디어 기술이 만들어지고, 선택되고, 사용되는 것이다. 그리고 그렇게 특정한 사회적 맥락 속에서 등장한 미디어 기술은 다시 그 사회의 다양한 영역에 영향을 미치게 된다. 도구로서의 미디어와 사회(그리고 그 안의 개인들)는 서로 영향을 받기도 하고 주기도 하는 일종의 생태학적 순환 관계가 있다고 보는 것이 도구로서의 미디어와 사회와의 관계를 보는 균형 잡힌 시각이라 할 수 있다.

이런 점을 염두에 두면서 매스 미디어 시대에 도구로서의 미디어는 어떤 특성이 있었다고 할 수 있는지, 그리고 그런 특성을 통해 어떻게 사회와 영향을 주고받았는지 이야기해 보도록 하자. 도구로서의 미디어의 특징으로 내가 여기서 주목할 것은 (1) 같은 이야기의 동시 전달, (2) 공간의 확장, (3) 시간의 축소 등 세 가지다.

같은 내용의 동시 전달: 미디어 이벤트의 시작

새로운 도구, 새로운 기술적 장치로서의 매스 미디어가 가져온 가장 중요한 변화는 같은 이야기를 흩어져 있는 많은 사람에게 동시에 전달하는 것이 가능해졌다는 것이다. 바로 이 점을 중심으로 해서 도구로서의 매스 미디어를 그 이전 시대(그리고 그 이후 시대)의 미디어와 구별할 몇 가지 중요한 특성이 드러난다. 우선은 동일성과 동시성이다. 조금 풀어서 말하자면 동일성은 내용의 동일성이고, 동시성은 전달의 동시성이다. 둘을 연결하는 매스 미디어의 또 하나의 특징은 다수성이다. 매스 미디어 시대 이전에도 다수의 사람들이 거의 동시에 같은 내용을 전달받는 경우는 있었다. 조선 시대에도 봉수대, 파발, 역참 등을 장거리 통신의 수단으로 이용해서 특정 내용을 비교적 빨리 공유할 수 있었다. 조선 후기(특히 19세기)로 오면 책 생산과 판매가 확대되어서 같은 내용의 대중 소설을 많은 이들이 비슷한 시기에 읽는 것도 가능해졌다(정명기, 2003). 그러나 매스 미디어 시대의 동일성, 동시성, 다수성의 기준에서 살펴보면 매우 제한적인 경험이었을 뿐이다. 동일성, 동시성, 다수성이 동시에 그리고 충분한 정도로 가능해진 것은 라디오 방송이 등장한 이후라고 해야 할 것이다. 한반도에도 라디오가 1920년대에 소개되었다. 1924년 〈조선일보〉의 한 기사는 라디오를 "방송 무선 전화"라는 이름으로 소개하면서 그에 대해 이렇게 설명한다(김영희, 2002).

> "전파가 사면발상으로 퍼지는 성질을 이용하야 엇더한 곳에서 말을 보내게 되면 그 말이 전하여 갈 수 있는 거기에서는 그 수신기를 가진 이는 천사람이고 만사람이고 일제히 같은 시간에 들을 수 있다."

라디오에 대한 짧은 묘사 안에 앞에서 언급한 동시성, 동일성, 다수성에 대한 것이 모두 들어 있다. 1920년대에 이렇게 식민지 조선의 땅에도 매스 미디어 시대의 동이 트기 시작했다. 라디오 방송과 같은 매스 미디어는 하나의 내용을 "천사람이고 만사람이고" 다수에게 전달하는 것을 가능하게 했고, 그 다수가 로마의 콜로세움에 모인 관중처럼 한 자리에 물리적으로 모여 있지 않으면서도 '어떠한 곳에서'라도 전달하는 내용을 함께 듣거나 보는 것을 가능하게 했다. 적어도 이론적으로는 거리의 한계를 극복해서 100미터 떨어진 곳에 있는 사람이나 수천 킬로미터 떨어진 곳에 있는 사람들에게나 같은 메시지를 동시에 전하는 것이 가능해진 것이다. 물론 이것은 이론적으로만 그렇다는 말일 것이다. 사람들의 흥미를 끌지 못하는 내용은 아무리 최첨단 방송 기술을 사용하더라도 소수의 사람들에게조차 전달하기 쉽지 않을 것이기 때문이다. 미디어마다 그 도구적 특성(종이를 이용하느냐, 전파를 이용하느냐)에 따라, 그리고 다른 외부 조건(가령 언어, 국경, 기술 표준 등)에 따라, 기술적으로는 더 멀리 갈 수 있음에도 정치적, 사회적 이유로 특정 지역 밖으로 나가기 쉽지 않기도 했다. 가령 신문이나 라디오는 특정 지역 커뮤니티라는 한계 안에서 작동했고, TV도 대개는 특정 국가의 한계를 벗어나지 않았다. 그래서 지구 전체를 아우르는 동일성, 동시성, 다수성이 실현되는 경우가 기술적으로는 가능했을지 모르지만, 실제로는 그런 사례를 찾기는 쉽지 않다. 그런데도 여기서 강조해야 하는 것은, 적어도 기술적으로는 또 이론적으로는, 동일성, 동시성, 다수성이 절묘하게 결합함으로써 거리를 극복해서 내용을 전달하는 것이 매스 미디어 시대와 함께 도래했다는 사실이다. 거리의 극복은 도구로서의 미디어 측면에서 주목할 매스 미디어 시대의 또 다른 특징이었다.

그런데 사실 가만히 따져 보면, 동일성, 동시성, 다수성, 거리의 극복, 이들 각각이 매스 미디어 시대에 처음 나타난 완전히 새로운 것들은 아니다. 많은 사람이 동일한 이야기를 접하는 것, 사람들이 동시에 하나의 메시지를 듣는 것, 먼 곳에 메시지를 전달하는 것 등은 모두 인류 역사를 통해 오랫동안 부분적으로는 각각 존재했던 것들이다. 19세기에 매스 미디어 시대 기술들이 등장하기 전에도 메신저 없는 원거리 통신이 이미 가능했고, 같은 이야기를 많은 사람이 공유하는 것도 가능했다. 가령 19세기에 전신 기술이 등장하기 전에도 원거리 통신의 원형이 이미 존재했다. 예를 들면 봉수대 같은 것들이다. 횃불(봉)이나 연기(수)를 사용하는 봉수대는 서양과 동양 모두에서 오랫동안 원거리 커뮤니케이션을 위한 수단으로 사용되었다(Standage, 1998). 가령 조선 시대에도 전국을 포괄하는 봉수대 네트워크가 있었다(김용우, 2003, 최형우, 2007, Park, 1990). 가령 국경에 적이 쳐들어오면 그 소식을 한양까지 봉수대 네트워크를 통해 거의 즉시 중계 전달할 수 있었다. 함경도 국경에서 한양까지 메시지를 전달하는 데 반나절이면 충분했다는 기록이 있는 것으로 보아 속도는 대략 시속 100킬로미터 정도 즉 자동차나 무궁화 열차 정도의 속도로 메시지를 전달할 수 있었다는 것이다. 전신 기술이 등장하기 전에도 사람들이 도보나 말과 같은 교통수단을 이용하지 않고 이 정도 속도로 메시지를 전달하는 것이 가능했다는 점은 사실 매우 흥미로운 사실이다. 더군다나 봉수대가 사용하는 메시지 구축 및 전송 방식은 이진법을 사용하는 일종의 디지털 방식이었다는 점도 재미있다(예를 들면, 불을 올리지 않는다＝0, 불을 올린다＝1)(Standage, 1998). 하지만 봉수대는 명백한 한계를 갖고 있었다. 미리 정해 놓은 조합의 메시지를 전달하는 것은 가능했지만, 복잡하고 추상적인 메시지를 전달하는 것은 거의 불가능했다. 그런데도 원거리 통신의 원형으로서 봉수대가 갖는 의의는 매우 크다고 할 수 있다. 전신과 전화 기술이 나오기 전 시기에 복잡한 메시지를 전하기 위해서는 누군가 직접 이동해서 그 메시지를 전달할 수밖에 없었다. 그런 이동을 위해 내륙에서는 여전히 도보나 말 등이 사용되었지만, 증기 기관 등이 발명된 이후에는 해운 교통 기술을 사용하여 복잡한 메시지도 국제적으로 유통하는 속도가 빨라지기 시작했다. 그래서 18세기 정도가 되면 국제 뉴스도 전과 비교할 수 없을 정도의 속도로 전달하는 것이 가능해졌다. 가령 1755년에 리스본에서 지진이 발생한 것, 그 후의 구호 복구 과정 등에 대한 소식이 영국, 프랑스, 독일 등에 매우 빠른 속도로 전달되었다(Araujo, 2006; Wilke, 2009). 당시의 기준으로는 사건이 일어나자마자, 즉 거의 동시적으로 리스본 지진을 경험했다고 해도 과언이 아닐 정도였다. 동시성의 경험은 19세기에 전신 기술과 대중 신문이 결합하면서 더욱 강화되었다. 그리고 전화가 등장하면서 더욱 극적으로 강화되었다.

동일한 이야기를 많은 사람이 같이 접한다는 것(즉 동일성과 다수성) 역시 매스 미디어 시대 이전에 존재했다. 그러므로 그런 것이 매스 미디어 시대 와서야 처음 가능해졌다라고 하는 것 역시 과장일 것이다. 19세기 이전 사람들도 이미 동일한 내용을 여럿이 같이 접하는 것을 다양한 방식으로 경험하고 있었다. 가령 먼 곳에서 온 편지를 식구들이 같이 읽는다든지, 누군가의 연설을 광장에서 많은 사람이 모여 듣는다든지, 이웃집 거실에 동네 사람들이 모여 함께 음악 연주를 듣는다든지, 사람들이 교회나 법당에 모여 설교나 설법을 듣는다든지 하는 것 모두 다수(두세 명부터 수천 명까지)의 사람이 함께 같은 메시지를 수용하는 상황이라 할 수 있는데, 이런 것은 인류 역사에서 언제, 어디에서나 찾아볼 수 있었다. 같은 이야기를 서로 떨어져 있는 사람들이 공유하는 경우도 있었다. 가령 호메로스Homeros의 《일리아드Illiad》와 《오디세이Odyssey》, 성경의 이야기들은 대개 입을 통해서, 혹은 독본의 방식을 통해 다른 곳에 흩어져 사는 많은 사람에게 전달되었다. 서양에서는 15세기 중반에 인쇄술이 도입되고 책의 대량 생산 체제를 갖추고 나자 많은 사람이 거의 비슷한 때에 같은 소설을 읽을 수 있는 환경이 16세기에 벌써 조성되었다(Anderson, 1991; Eisenstein, 1985). 조선에서도 17세기에 쓰여진 《홍길동전》이 18세기 이후 특히 19세기에는 일반 서민 사이에서도 그것을 모르는 사람이 없을 정도로 인기가 높았다. 19세기 한양에는 오늘날 도서 대여점에 해당하는 세책점에서 사람들에게 필사본을 돈이나 물건을 받고 빌려주기도 했다(최유희, 2017). 베네딕트 앤더슨Benedict Anderson은 민족 국가 개념의 근원을 인쇄술 도입 이후 등장한 '같은 내용을 읽는 무형의 독서 공동체'에서 찾기도 했다(Anderson, 1991). 사실 민족 국가 의식이 출현하기 전부터 사람들은 늘 이야기를 공유하면서 작고 큰 공동체 의식을 만들고 유지해 왔다. 천지창조와 이집트 탈출의 설화를 공유하면서 유대인이 하나의 종교 민족 공동체에 속했다는 의식을 가졌던 것이 가장 대표적인 예가 될 것이다.

　동일성, 동시성, 다수성, 거리 극복의 특성 각각에 대해 매스 미디어 시대 이전에도 그 원형을 찾을 수 있다면 이런 점들을 갖고 도구로서의 매스 미디어의 고유한 성격을 설명하려는 이유는 무엇일까? 그 이유는 이렇게 설명할 수 있다. 매스 미디어 시대에는 새로운 기술적 발전을 토대로 사람들이 동일성, 동시성, 다수성, 거리 극복 등을 '통합된' 형태로 경험하게 되었다는 것이다. 그러한 통합적 경험이 도구로서의 매스 미디어가 만든 중요한 차이점이다. 도구로서의 매스 미디어(대중 신문, 영화, 라디오, TV)는 동일성, 동시성, 다수성, 거리 극복의 특성을 결합한 일종의 통합 미디어였다. 즉 19세기 중반부터 개발된 전기적 커뮤니케이션 기술을 토대로 해서 매스 미디어 기술은 동일한 이야기를 동시에 많은 사람에게 그들이 어디 있든지 상관없이 전달하는 것을 통합적으로 가능케 했다. 먼저 영화에 대해 생각해 보자. 영화를 보기 위해서는 로마 사람들이 콜로세움에 모였던 것같이 영화관이라는 특정 장소에 가야 했다. 영화관 안에서는 어느 정도 다수(적어도 수십 명 혹은 수백 명)의 사람들이 같은 내용을 동시에 보는 것이 가능하다. 하지만 그 경험이 영화관이라는 매우 한정된 장소에 국한되다 보니 거리 극복의 측면에서는 한계가 있는 것처럼 보인다. 20세기의 영화관과 로마 제국의 콜로세움 간에 별 차이가 없는 것처럼 보이기도 한다. 하지만 영화관과 콜로세움 사이에는 한 가지 중요한 차이가 있다. 로마 제국 시대의 로마에는 콜로세움이 단 하나 존재했지만, 21세기에 로마에 가 보면 분명히 적어도 수십 개 이상의 영화관이 있을 것이다. 그렇게 도시에 흩어져 있는 영화관에서 같은 영화를 상영한다. 사람들은 자기가 원하는 극장을 골라서 영화를 본다. 서로 같은 장소에 있지 않더라도 많은 사람(수십, 수백 명이 아니라, 종종 수백만, 수천만의 사람들)이 같은 영화를 볼 수 있다. 이런 점을 고려하면 영화관은 확실히 콜로세움과 다르다. 전자 미디어는 아니지만 대중 신문에 대해서도 생각해 보자. 전신, 전화 등 거리 극복을 가능케 한 기술과, 19세기 발달한 교통 기술(가령 철도)을 활용해서 19세기 후반부터 드디어 본격적인 대중 신문이 출현했다. 이전의 신문들과 구별되는 대중 신문의 중요한 특징은 같은 내용을 정치적 견해 혹은 거주 지역과 관계없이 많은 사람이 거의 동시에 접할 수 있게 했다는 것이다. 대중 신문은 정당 기관지 수준에 머물렀던 대중 신문 이전의 신문과는 사뭇 다른 신문이었다. 대중 신문의 경우도 동일성, 동시성, 다수성, 거리 극복이 통합해서 나온 결과물이라 해야 할 것이다.

동일성, 동시성, 다수성, 거리 극복이 더욱 극적으로 통합된 것은 라디오와 TV가 등장했을 때였다. 예수의 재림 장면을 지구상의 모든 사람이 같이 동시에 보게 될 것이라는 성서의 예언을 실현할 기술적 토대가 전신, 전화, 대중 신문, 영화를 거치고, 결국 라디오와 TV가 등장하면서 거의 완성되었다 해도 과언이 아니다. 근대 통신 기술이 등장하기 바로 100년 전쯤으로만 올라가 보더라도 상황이 어떻게 변했는지 실감해 볼 수 있다. 1795년에 정조가 6,000명이라는 어마어마한 수의 사람들을 이끌고 수원성 행차를 했지만, 그 모습을 실제로 본 사람들은 제한적이었다. 그 장면을 《원행을묘정리의궤園幸乙卯整理儀軌》 같은 책 안의 그림이나, 〈능행반차도陵幸班次圖〉 같은 그림을 통해서 지금도 비교적 생생히 확인할 수는 있다. 하지만 그런 책과 그림들조차 대량 생산되어 대중적으로 소비된 것이 아니었다. 정조가 화성 행차를 했던 때로부터 9년 후인 1804년에 나폴레옹 1세의 대관식이 있었다. 그 장면 역시 직접 목격한 사람들은 소수에 지나지 않았을 것이다. 물론 자크루이 다비드 Jacques-Louis David이 그림 〈나폴레옹 1세의 대관식Le Sacre de Napoléon〉을 통해서 그 모습을 지금도 생생히 볼 수 있긴 하다. 그러나 다비드의 그림 역시 근대적 형태의 미술관이 없던 시절에는 그 그림이 걸린 특정 장소에 접근할 수 있는 사람들만 볼 수 있었다. 따라서 정조의 수원성 행차나 나폴레옹 1세의 대관식 경우 모두, 그 두 사건이 발생한 당시의 장면을 직접 볼 수 있던 사람들은 바로 그 장소에 함께 있던 사람들뿐이었다. 당시에는 다른 가능성 자체를 생각할 수 없었을 것이다(그런 시대에 예수 재림을 지구상의 모든 사람이 동시에 볼 것이라 기독교인이 어떻게 믿을 수 있었을까?). 특정 사건의 장면을 사람들이 어디 있든지 상관없이 어느 곳에서라도 동시에 경험할 수 있다는 것의 가능성은, 즉 동일성, 동시성, 다수성, 거리 극복의 특성을 통합된 방식으로 경험할 가능성은, 19세기까지는 종교적 신념 안에서만 생각해 볼 수 있었다. 그러나 정조와 나폴레옹이 살았던 때로부터 불과 120년 정도 지났을 뿐인 20세기 초로 오게 되면 라디오와 TV의 세상이 열리기 시작했다. 그 세상에서는 수백만 명의 사람들이 어디에 있든지 상관없이 다른 사람들과 같은 장면의 소리와 그림을 동시에 듣고 보는 것이 가능했다. 100여 년 전 세상과 비교해 보면 정말 놀라운 변화가 아닐 수 없다.

어디에 있든지 상관없이 많은 사람이 동시에 같은 이야기에 접한다는 것. 지금은 너무나 당연한 것이 되어서 화제로 올릴 주제조차 될까 생각하는 사람이 있을지 모르지만, 가만 생각해 보면 미디어 역사에서 이것이야말로 가장 혁명적 변화 중 하나라고 할 수 있다. 미디어 연구자들은 나중에 그것에 별로 학술적으로는 들리지 않는 이름을 붙였는데 바로 '미디어 이벤트'라는 것이었다(Ytreberg, 2017). 미디어 이벤트는 20세기에서야 가능해진 매스 미디어 시대의 산물이라 할 수 있다. 정조의 수원 행차나 나폴레옹의 대관식과 같은 이벤트는 그것들이 아무리 화려하고 웅장한 것이었다 해도 20세기 미디어 연구자들이 말하는 미디어 이벤트가 될 수 없었다. 미디어 이벤트라는 개념을 처음 언급한 사람은 엘리후 카츠였다. 그는 1980년에 발표한 논문(Katz, 1980)에서 미디어 이벤트가 되려면 그것이 (1) 생방송broadcast live이어야 하고, (2) 미디어 밖의 주체가 실제로 조직한 사건을 기반으로 해야 하고(그런 점에서 대니얼 부어스틴Danial Boorstin 등이 말하는 의사 사건과 구별된다고 카츠는 설명한다), (3) 감정 몰입을 불러일으키는 드라마적 요소를 갖춰야 하고, (4) 대개 미리 계획된 것이어서 사람들을 불러 모을 수 있어야 하고, (5) 시공간적으로 어디서 무엇이 벌어지는지 규정할 수 있어야 하고, (6) 인물 위주의 영웅 내러티브가 포함되어야 한다고 했다. 정조의 수원행차와 나폴레옹의 대관식은 카츠가 언급한 첫 번째 조건에서 이미 미디어 이벤트로서의 조건을 만족시키지 못했다. 당연한 이야기이지만 두 사건 모두 생방송으로 전달할 수 없었기 때문이다.

미디어 이벤트의 효과

수백만, 수천만 사람들이 어디에 있든지 상관없이 같은 이야기를 듣는다는 것, 즉 미디어 이벤트를 만들고 그것을 경험하는 것은 어떤 정치적, 사회적 효과를 만들어 냈을까? 이 질문에 답을 찾기 위해 나는 여기서 1930년대 활동한 두 사람에 주목하려 한다. 그들은 바로 미국의 프랭클린 루스벨트Franklin Roosvelt와 독일의 아돌프 히틀러Adolf Hitler다.

　먼저 루스벨트가 어떤 식으로 미디어 이벤트를 활용했는지를 이야기해 보자. 21세기의 정치가들이 페이스북, 트위터, 인스타그램, 틱톡, 유튜브 등 소셜 미디어를 적극적으로 이용해서 자신의 정치적 목적을 달성하려 하는 것과 거의 같은 동기로 20세기 초의 정치가들도 당시의 뉴 미디어라 할 수 있는 라디오 방송을 적극적으로 활용하고자 애썼다. 그들이 가장 주목했던 방송의 장점은 역시 동일성, 동시성, 다수성, 거리 극복 등이었다. 자신의 메시지를 많은 사람에게 그들이 어디 있든지 상관없이 동시에 전달할 수 있다는 획기적 기술 진보에 누구보다 주목했던 사람들이 당시의 정치가들이었다. 루스벨트도 예외가 아니었다. 아니

그는 그 누구보다도 뉴 미디어 활용에서 선두에 섰다.

　루스벨트가 집권을 시작한 해인 1933년에 라디오는 여전히 뉴 미디어의 대우를 받고 있었다. 피츠버그에서 사상 첫 라디오 방송이 시작되고 나서 불과 10여 년이 지났을 뿐일 때였다. 그런데도 루스벨트는 대통령이 되자마자 발 빠르게 라디오를 이용해서 많은 사람이 자신의 목소리를 실시간으로 동시에 듣도록 했다. 그것을 그는 '노변정담'이라 불렀다. 루스벨트의 노변정담은 1933년에 시작해서 1944년까지 이어졌다. 출처마다 세는 방식이 조금씩 다르긴 하지만 루스벨트는 대략 총 31개의 노변정담 연설을 했다(Roosevelt, 1992). 사실 루스벨트가 노변정담 형식의 라디오 대담을 한 것은 대통령이 되기 전부터였다. 대통령에 당선되기 직전 뉴욕 주지사 시절에도 루스벨트는 노변정담과 거의 같은 포맷의 라디오 방송을 시도했었다. 1920년대 중반 라디오가 사람들에게 막 선을 보였을 때부터 루스벨트는 라디오를 정치적 목적을 위해 적극적으로 이용했다. 라디오가 아직 채 자리를 잡기도 전이었던 시점에서부터 그가 이렇게 할 수 있었던 것은 아마도 그가 다른 곳이 아닌 뉴욕주의 주지사였기 때문일 것이다. 1920년대 미국(그리고 전 세계) 대부분의 라디오 이용자가 뉴욕 등 미 동부에 있었다. 다시 말해 그가 주지사를 한 시역이 우연히도 전 세계에서 가장 큰 뉴 미디어(라디오!) 시장市場이었던 것이다. 당시 '최첨단' 뉴 미디어인 라디오를 통해 루스벨트는 처음에는 주지사로서 뉴욕 주민에게 자신의 정책을 설명했다. 그리고 나중에는 대통령으로서 미국 국민에게 국가 정책 현안에 대해 설명했다. 혹자는 그가 30대 말에 성인 소아마비에 걸려서 휠체어 생활을 할 수밖에 없게 되면서 이동에 제약이 있었기 때문에 라디오 이용에 적극적이었다고 추측했다(Braden & Brandenburg, 1955). 이동성 제약 문제를 겪으면서(혹은 그것 때문에) 역설적으로 공간의 제약을 넘어서 메시지의 동시 송신과 수신을 가능케 하는 라디오를 누구보다 적극적으로 자신의 정치 활동에 도입하게 되었다는 것이다. 사실 라디오를 정치에 이용한 첫 번째 사람이 루스벨트였던 것도 아니었다. 그의 뉴욕 주지사 선임자였던 알프레드 스미스 Alfred Smith, 그의 선임 대통령이었던 허버트 후버Herbert Hoover 등도 라디오를 정치에 적극 이용하려 했다(Hayes, 2000). 루스벨트와 비교해서도 어쩌면 이들이야말로 진정한 얼리 어답터였다. 물론 루스벨트에겐 이 선임자들과 다른 점이 있었다. 그것은 그가 그들보다 훨씬 더 능숙하게 라디오를 다뤘다는 점이다. 이들의 예까지 고려하면 루스벨트가 라디오를 적극 이용한 이유를 그의 소아마비에서 찾는 것은 지나친 것일 수 있다. 미국, 그리고 뉴욕이라는 곳에서 그가 활동했다는 환경적 요소에서 그 이유를 찾는 게 더 설득력 있어 보인다.

　루스벨트가 대통령에 당선되고 미 전역을 대상으로 노변정담을 시작한 1933년에 미국에서 라디오 수신기를 갖고 있던 가정은 50%를 조금 넘는 수준이었다(Craig & Craig, 2000). 1940년대 들어서면 미국의 80%가 넘는 가정이 라디오 수신기를 갖게 된다. 수신기 보급이 지지부진했고 방송이 실험적 수준에 그쳤던 1920년대를 지나고, 1930년대의 10년 동안에는 라디오가 매우 빠른 속도로 미국인들 사이에 퍼져 갔다. 바로 그럴 때 노변정담 프로그램이 시작한 것이다. 노변정담을 통해 루스벨트는 자신의 정책에 대해, 경제 공황 상황에 대해, 뉴딜 정책에 대해, 2차 세계 대전 상황에 대해 미국 국민에게 라디오를 통해 직접 이야기했다. 그럼으로써 자신과 자신의 정책을 둘러싼 다양한 루머에, 보수 정객들의 거센 공격에 직접 대응할 수 있었다. 듣는 사람들이 어디에 있든지 상관없었다. 루스벨트가 이야기하는 바로 그 순간 개별 청취자는 자신에게 가장 친숙한 사적 공간(가령 거실)에 앉아 국가에서 가장 공적인 인물의 말을 들을 수 있었다. 이는 매스 미디어 시대에 비로소 가능해진

루스벨트는 대통령이 되자마자 발 빠르게 라디오를 이용해서 많은 사람이 자신의 목소리를 실시간으로 동시에 듣도록 했다.

혁신적 사건이었다.

　　루스벨트의 노변정담은 여러 측면에서 도구로서의 매스 미니어가 보여 준 고유한 성격을 잘 보여 준다(Ryfe, 1999). 라디오는 공간을 가로지르는 동시성, 그리고 동일성과 다수성을 토대로 대중 매개mass mediation와 대중 정치mass politics를 활성화시켰다. 20세기 초 무르익던 대중 정치 시대에 미국 정치 지도자들이 풀어야 했던 숙제는 대면에 전적으로 의존하지 않으면서도 지지 대중을 형성하고 이끌 방법을 찾는 것이었다. 19세까지 미국의 정치는 거의 전적으로 대면에 의존하는 것이었다. 사람들을 일일이 직접 만나고 특정 장소에 모인 사람들을 직접 보며 연설하는 방식으로 정치가 이루어졌다. 그러나 20세기에 들어서자 매스 미디어 기술을 토대로 하는 대중 정치, 즉 매개된 정치가 등장했다. 얼굴을 직접 보지 않고 미디어가 매개하는 정치가 처음 등장한 것이다. 매개된 정치의 효과를 극대화하는 것은 미디어 이벤트로서의 정치 이벤트를 만드는 것이었다. 아이오와대학교의 데이비드 라이프David Ryfe(1999)는 노변정담이 미국인 마음에 새로운 상징적 공간을 극적으로 조성한 일종의 미디어 사건media event이었다고 설명한다. 엘리후 카츠는 아마도 라이프의 이런 분석에 반대했을지 모르겠다. 카츠는 미디어 토크 프로그램이나 대담은 드라마적 요소를 갖추기 힘들고 그렇기에 미디어 이벤트로서의 성격을 갖지 못한다고 말했다(Katz, 1980). 엘리후 카츠의 견해를 빌려오면, 예수가 십자가에 달린 사건, 부활한 사건, 하늘 승천 장면은 모두 미디어 이벤트적 성격을 분명히 지니고 있다 할 수 있다. 그러나 예수가 제자들에게 산상수훈 설교를 하는 장면이나, 문답을 주고받는 대화 장면은 그것에 신학적 의미가 얼마나 있느냐와 상관없이 미디어 이벤트적 성격을 갖기 쉽지 않다. 노변정담처럼 누군가 혼자 이야기하는 것을 수백만, 수천만이 동시에 듣게 한다는 것은 엘리후 카츠가 규정한 장엄한 미디어 이벤트로서의 성격을 갖지 못한 것일 수도 있다. 하지만 노변정담은 사람들을 끄는 힘이 있었다. 사람들은 거실에 앉아 있는 자신에게 국가 지도자가 라디오를 통해 직접 소곤대며 이야기하는 것처럼 느낄 때 한편으로는 신기한 긴장감을 느끼면서도 또 한편으로는 친근감과 안락함을 느꼈을 것이다. 그때로부터 몇십 년 후에 아폴로 11호가 발사되는 장면을 바라보며 우주가 아주 가까워진 것을 느꼈던 TV 시청자처럼, 노변정담을 듣는 미국인 라디오 청취자는 워싱턴 DC와 자기 사이의 거리가 가까워지고, 그 방송을 듣는 전국의 미국인이 마치 한 마을 사람이 된 것같이 느꼈을지도 모른다. 공적인 정치의 세계와 안락한 자기 집의 사적인 공간 사이의 벽이 낮아지는 것을 느꼈을 수도 있다. 노변정담은 사실 그 어떤 미디어 프로그램보다도 극적으로 미디어 이벤트적 효과를 만들어 낸 사건이었다.

노변정담을 통해 드러난 것은 도구로서의 매스 미디어가 공적 상황과 사적 상황의 구분을 혁명적으로 변화시킬 잠재력이 있다는 사실이었다. 동일성, 동시성, 다수성, 거리 극복의 특성을 토대로 해서 매스 미디어는 공적인 정치가, 정치가가, 정치의 말이 거실이라는 사적 공간으로 들어올 수 있는 길을 열어 주었다. 노변정담은 도구로서의 매스 미디어가 갖는 특징을 매우 효과적으로 사용한 예라고 할 수 있다. 노변정담이 공적인 정치를 사적인 공간으로 가져오는 것을 가능케 했다고 해서, 루스벨트가 옆집 아저씨처럼 늘 친밀한 말투로 이야기했던 것은 아니었다(Lim, 2003). 그런데도 가족이 모여 있는 거실 같은 사적 공간에서 대통령의 이야기를 듣는다는 것 자체가 사적 공간에 머물러 있는 사람들을 공적인 장으로 연결하는 효과를 가져왔다. 노변정담은 이런 정치적 효과를 얻기 위해 라디오를 의도적으로 이용한 아마도 첫 번째 사례라 할 수 있다.

루스벨트의 노변정담에 대해 사람들은 라디오 초기의 낭만적 사건인 양 긍정적으로 이야기하곤 한다. 하지만 그것도 결국 고도의 선전 방송이라고 해야 할 것이다. 노변정담의 궁극적 목적은 라디오를 정치적으로 이용해서 미국 국민으로 하여금 루스벨트 개인과 그의 정책에 대해 호의적 태도를 갖게 하는 것이었다. 물론 루스벨트는 자신의 방송에서 노변정담의 정치 선전적 성격을 절대 드러내지 않았다. 그것이 그가 가진 능력이었다. 그런데도 루스벨트의 노변정담은 동일한 이야기를 수천 킬로미터 떨어져 있는 많은 이들에게 동시에 전달하는 것이 얼마나 강력한 정치 선전 효과를 가져다줄 수 있는지 보여 준 사례라고 해야 할 것이다.

20세기 초 루스벨트의 노변정담보다 더 노골적으로 라디오를 정치 선전의 도구로 쓰기 시작한 예는 사실 미국 바깥, 대서양 건너편에 있었다. 쉽게 짐작할 수 있듯이 그들은 2차 세계 대전 중의 나치 정권이었다. 전쟁 중 선전 노력을 기울여야 하는 정권이 공간적으로 흩어져 있는 다수에게 같은 메시지를 동시에 전달하는 능력을 갖출 수 있다는 것은 엄청난 일이 아닐 수 없다. 선전이 효과적으로 되기 위해서는 무엇보다 설득력 있는 메시지가 필요하다. 그러나 강력하게 설득력 있는 메시지만 있다고 해서 선전이 원하는 효과를 만들어 내는 것은 아니다. 아무리 잘 만들어진 메시지라 할지라도 그것을 원하는 사람들에게 원하는 때에 제대로 전달할 수 없다면 아무 소용없는 일일 테니까 말이다. 그래서 20세기 초 나치 정권도 루스벨트 등 미국 정치가들과 마찬가지로 동일성, 동시성, 다수성, 거리 극복의 특성을 갖는 라디오의 도구적 특성에 주목했다. 그러한 도구적 특성이 선전 내용의 효과를 극대화할 수 있다고 믿었기 때문이다.

나치 정권은 라디오를 1920년대부터 적극적으로 이용했다. 그러나 독일에서 라디오를 정치에 처음 이용한 것은 사실 나치 정권이 아니었다. 나치가 권력을 잡기 전에 독일의 권력 주체였던 바이마르 정부는 이미 라디오를 활용해서 친정부적 뉴스 방송을 했다. 그래서 바이마르 정권 시절에는 라디오 청취를 많이 하는 사람일수록 나치 이념과 그 집단에 반대하는 의견이 강했다(Adena et al., 2015). 정권을 잡은 이후에는 나치 스스로 바이마르 정권의 행태를 이어받아 라디오를 적극적으로 활용하면서 다양한 친나치 선전 활동을 벌였다. 물론 바이마르 정권 시대와 나치 정권 시대에 라디오를 통해 흘러나온 내용은 극과 극으로 달랐다. 그런데도 동일한 내용을 공간적으로 흩어져 있는 다수의 사람에게 동시적으로 전달한다는 라디오의 도구적 성격에 주목하고 그것을 정치 선전에 십분 활용하려 했다는 점에서는 두 정권이 상당히 흡사했다. 이런 배경에서 나치 정권은 집권 초기부터 라디오의 잠재력에 대해 매우 잘 알고 있었

히틀러도 1930년대에 라디오가 갖는 도구로서의 미디어의 특성을 간파하고 그것을 십분 정치적으로 활용하였다. (출처: German Federal Archives)

다. 20세기 중반에 설득과 선전에 관한 연구를 주도했던 미국 컬럼비아 대학교의 클라이드 밀러Clyde Miller(1941)는 히틀러가 라디오를 통해 독일 사람들의 가성과 공석 상소에 ㄱ의 목소리를 동시에 신속하세 전달하면서 선전의 독점monopoly of propaganda을 가질 수 있었다고 했다(히틀러는 루스벨트와 거의 같은 시기에 거의 같은 방식으로 라디오를 활용했다). 그러면서 밀러는 나치의 히틀러와 프랑스의 나폴레옹을 다음과 같이 비교한다.

전시에 나폴레옹의 목소리는 아무리 그가 큰소리를 친다 해도 근처에 있는 병사들만 들을 수 있었다. 하지만 히틀러가 "독일의 사활을 걸고 싸우자"라고 외치는 소리는 모든 독일인이 동시에 들을 수 있었다(Miller, 1941).

히틀러는 라디오 등 매스 미디어 장악 작전을 1933년 정권을 잡자마자 바로 그해에 끝내 버렸다. 1933년은 공교롭게도 미국에서 루스벨트가 대통령이 되고 노변정담을 시작한 것과 같은 해이기도 하다. 밀러는 히틀러가 독일식 집단주의collectivism를 만드는 과정에 라디오가 중요한 역할을 했다고 주장했다. 레닌도, 무솔리니도 그런 의도를 갖고 라디오를 사용하였으나, 집단주의 구축을 위해 라디오를 장악하고 이용하는 능력에는 누구도 히틀러에 미치지 못했다. 코넬대학교의 데이비드 배스릭David Bathrick(1997)도 라디오를 통해 사람들을 하나로 연결하는 것, 청취자에게 민족과 국가의 경계를 넘어서서 궁극적으로 하나의 '가족'에 속했음을 느끼게 하는 것이 나치 선전 전략의 중요한 목표였다고 말했다. 라디오를 통해 같은 내용을 동시에 많은 사람에게 전달함으로써 나치 정권은 새로운 '공동체'의 출현을 기획할 수 있었다. 베네딕트 앤더슨은 책의 대량 출판이 민족이라는 새로운 공동체 정체성을 출현하게 했다고 말했지만, 그 공동체는 누구도 기획한 공동체가 아니었고, 자연스럽게 등장한 역사적 결과물이었다. 그러나 라디오와 같은 매스 미디어는 고도로 치밀하게 사전 기획된 공동체를 출현할 수 있게 했고, 나치는 그런 가능성을 십분 활용하려 했다(노변정담에서 루스벨트가 원했던 것도 궁극적으로는 비슷했을 것이다).

라디오의 도구적 잠재력을 나치 정권이 매우 정확하게 인식하고 있었다는 증거는 차고 넘친다. 가령 1933년 나치의 선전 장관이었던 파울 요제프 괴벨스Paul Joseph Goebbels는 제10회 독일 라디오 전시회의 개회사에서 다음과 같이 매우 의미심장한 말을 했다(Goebbels, 2003). 나치가 라디오에 대해 어떤 인식을 하고 있었는지가 이런 그의 말에 아주 잘 드러나 있다.

"나폴레옹은 제7의 대권력the seventh greatest power으로서의 신문에 대해 말했다. 신문의 중요성은 프랑스 혁명 발발과 함께 정치적으로 가시화되었는데, 신문의 그런 위상은 19세기 내내 유지되었다. 19세기의 정치는 신문에 의해 좌지우지되었다. 저널리즘의 영향력을 빼놓고 1800년에서 1900년 사이에 일어난 역사적 사건들을 제대로 이해한다는 것은 불가능하다. 신문이 19세기에 차지했던 자리를 20세기에는 라디오가 차지할 것이다. 나폴레옹의 말을 조금 수정하면 그것을 우리 시대에도 쓸 수 있다. 라디오가 여덟 번째 대권력이 되었다고 말이다. 라디오의 발견과 이용은 현대의 공동체적 삶에서 진정으로 혁명적 의미를 지닌다. 인쇄술이 종교 개혁 시작에 영향을 미친 것과 마찬가지로, 미래 세대는 라디오가 대중에게 지적, 영적인 영향을 미쳤다고 평가할 것이다."

괴벨스는 이 연설에서 라디오와 비행기가 없었다면 독일 혁명은 불가능했을 것이라고 말하기도 했다. 라디오 전시회 행사장에서 한 연설이었기 때문에 라디오의 중요성을 조금은 과장해서 말했을 것이라는 점을 염두에 두더라도 괴벨스는 나치의 집권 자체가 라디오라는 '뉴 미디어'를 통해 가능했다는 믿음을 분명히 내비쳤다. 괴벨스는 나치가 이미 집권에 성공하긴 했지만, 독일 국가의 완성을 위해 라디오의 잠재력을 계속해서 최대한으로 이용해야 한다고 역설했다. '대중의 시대'에 라디오는 영성, 민족, 이념과 사람들을 중재하는 역할을 해야 한다고도 했다. 이 연설에서 괴벨스는 나치 국가사회주의당 집권을 통해 독일 국가를 완성하려면 '절대적 개인주의'를 왕좌에서 끌어내리고 집단적 민중을 다시 역사의 중심에 서게 하면서, 대중을 희망 없는 비참에 머무르게 하는 '대도시' 지식인들의 회의주의를 박멸시켜야 한다고 강조했다. 그러면서 그런 목적 달성을 위해 라디오가 가진 도구적 미디어로서의 잠재력을 십분 활용해서, 그것을 "민중을 위한 라디오," "정부와 국민 사이를 중재하는 라디오"로 만들어야 한다고 역설했다. 물론 독일 국가 재건에 기여할 라디오의 잠재력은 공간적으로 다른 곳에 있는 수백만의 사람들에게 동시에 같은 내용을 전달할 수 있는 능력, 바로 그것이었다.

나치의 라디오 이용은 독일 국내만을 향한 것이 아니었다. 단파 라디오 방송을 통해 국제 여론을 조성하려는 노력도 기울였다. 그 대상이 유럽 내 국가들뿐 아니라 중동과 북아프리카의 아랍 세계 국가들(Herf, 2009)에까지 미쳤고, 심지어는 멀리 호주에까지 이르렀다(Perkins, 1994). 같은 이야기를 다수에게 동시에 전달한다는, 방송이 가능케 한 가능성이 이제 국가의 경계를 넘어서서 글로벌한 상황에서까지 실현되었다. 그렇다고 해서 나치 정권의 라디오 선전이 늘 일관되게 성공한 것은 아니었다. 가령 나치는 라디오를 통해 반유대주의 선전을 강력하게 진행했는데, 그 효과가 독일 내 모든 지역에서 동일하게 나타났던 것은 아니었다는 연구 보고서들이 나오기도 했다. 독일 내에서도 반유대인 정서가 이미 강했던 곳에서는 나치의 반유대주의 라디오 선전이 먹혔지만, 반유대인 정서가 약했던 곳에서는 그것이 오히려 역효과를 만들어 냈다는 것이다(Adena et al., 2015).

라디오라는 뉴 미디어가 가능케 한 것, 즉 거리와 관계없이 동일한 내용을 다수를 향해 동시에 전달한다는 기술적 가능성을 루스벨트나 히틀러의 경우와 같이 정치가나 정치 집단에서만 활용했던 것은 아니었다. 제도 정치에 속하지 않은 개인과 집단도 이미 1920년대부터 자신들의 특정 신념을 전파하기 위한 선전 수단으로 라디오를 이용했다. 1930년대 미국에 머무르면서 폴 라자스펠드와 교류했던 아도르노는 당시의 경험을 바탕으로 미국 내 기독교 파시스트의 라디오 이용에 관한 책을 쓰기도 했다(Adorno, 2000). 스탠퍼드대학교 출판부에서 출판한 《마르틴 루

WJR 방송국에서 라디오 연설을 하고 있는 찰스 코플린. 라디오 사제라는 별명을 가졌던 그는 비정치인으로서 1930년대에 라디오를 가장 효과적으로 이용한 사람이었다. 훗날 그는 라디오 토크 방송의 효시이자 혐오 표현의 효시를 열었다는 평가를 받기도 했다. (출처: © Walter P. Reuther Library, Archives of Labor and Urban Affairs, Wayne State University)

터 토마스 라디오 연설의 심리적 기술The Psychological technique of Martin Luther Thomas' radio addresses》이라는 책에서 아도르노는 1930년대에 기독교 우익 파시스트 이념을 설파했던 마르틴 루터 토마스가 어떻게 라디오를 이용했는지 분석했다. 그런데 사실 라디오 활용이라는 측면에서 마르틴 루터 토마스보다 당시 미국 내에서 더 유명했던 사람은 찰스 코플린Charles Coughlin이란 아일랜드 출신 가톨릭 신부였다. 그는 1920년대부터 이미 라디오라는 새로운 장치를 선전 도구로 사용하면서 라디오 사제Radio Priest라는 별명까지 얻었다. 그가 라디오에 관심을 갖게 된 계기 자체가 매우 흥미롭다. 1920년대 중반에 젊은 신부였던 코플린은 디트로이트 교외에 있는 로열 오크라는 지역에 리틀 플라워라는 이름의 성당 건물을 건축하는 일을 맡게 되었다. 그런데 교회 건물이 다 세워지기도 전에 그 지역 KKK단이 성당 뜰에 불타는 십자가를 세워 놓고 성당 건축에 반대하는 의사를 노골적으로 표출하는 끔찍한 일이 발생했다. 처음에는 좌절했을지 모르지만 코플린은 그 일을 오히려 전화위복의 기회로 삼았다. 성당 부지를 일종의 핍박받는 성지로 만들었던 것이다. 그리고 '디트로이트의 핍박받는 성당 이야기'를 전국 뉴스로 만드는 데 성공했다. 이 작업이 어느 정도 성공했는지는 그가 당시 최고의 스포츠 스타였던 베이브 루스Babe Ruth와 그의 팀 동료들을 디트로이트에 초대할 수 있었던 데서 드러난다. 스타들의 방문은 어마어마한 인파를 교회에 끌어들였고 그것을 통해 막대한 기금을 모을 수 있었다. 이 사업을 지속시킬 수단을 찾던 그의 눈에 띈 것이 당시의 뉴 미디어인 라디오 방송이었다(Fishwick, 1988). 마침 디트로이트에는 미국 최초의 라디오 방송국 중 하나인 WJR 방송국이 있었다. 처음 코플린이 라디오를 활용한 것은 WJR 같은 지역 라디오 방송을 통해 자신의 이야기를 디트로이트 주민에게 전달하는 정도였다. 그러나 곧 전국 네트워크인 CBS 방송을 통해 전국에서 매주 수천만 명이 듣는 방송을 진행하게 되었다. 나중에는 코플린 스스로 미국 내 지역 로컬 방송국들을 연결해서 자체 네트워크를 구축하기도 했다. 코플린은 자신의 프로그램을 대화식으로 진행하면서 토크 라디오의 효시(Kay et al., 1998)가 되었다. 라디오 시대의 파워 유튜버 같은 사람이었다. 그가 방송을 통해 전한 이야기들은 종교적인 내용에 그치지 않았다. 종종 정치적인 발언도 서슴지 않았다. 그는 원래 프랭클린 루스벨트의 진보적 성향을 지지했지만, 월스트리트를 도와주는 루스벨트의 은행법 제정에 실망하면서 루스벨트 반대자로 돌아섰다. 코플린의 반월스트리트 이념은 자연스럽게 반유대주의 신념으로 발전했다. 월스트리트를 유대인이 조종한다고 그가 믿었기 때문이었다. 시간이 가면서 그의 방송은 극단적인 우파 파시즘적 성격을 띠게 되었다. 그러면서 그의 방송은 요즘식으로 말하면 혐오 표현hate speech과 포퓰리즘 방송의 효시가 되기도 했다. 특히 그는 반자본주의, 반공주의의 이념 위에서 미국의 고립주의와 반외국인 정서를 대변했다. 그리고 파시즘과 반유대주의 이념을 전달하는 데 라디오를 이용했다. 1930년대 말 2차 세계 대전이 발발하기 전에는 히틀러, 무솔리니, 히로히토 천왕을 옹호하는 발언을 하기도 했다. 이런 과격한 내용 때문에 결국 코플린은 점차 주류 라디오 방송국들로부터 외면을 받았고, 결국 사람들의 기억 속에서 잊혀 갔다.

나치와 같이 라디오를 선전 사업에 전면적으로 이용한 경우나 코플린과 같이 비교적 국지적인 형태로 라디오를 이용한 것을 같은 선상에서 비교하는 것은 적절하지 않을 수 있다. 그런데도 이들 사이에는 중요한 공통점이 있다. 그들 모두 자신들의 메시지를 전할 미디어 선택 과정에서 도구 미디어로서의 라디오가 가졌던 특성을 간파했다. 그 특성은 (1) 동일한 메시지를 공간적으로 떨어져 있는 다수의 사람에게 동시에 전달할 수 있다는 것, (2) 사람들을 동시에 한 메시지에 접속하게 함으로써 그들 사이에 집단주의적 연대감을 고취시킬 수 있다는 것, (3) 다수의 사람에게 동일한 메시지를 전달하는 상황에서도 청취자들이 그것을 매우 사적인 대화처럼 들을 수 있다는 점 등이었다. 라디오라는 미디어가 갖는 이러한 도구적 성격을 잘 이용하기만 하면 메신저는 자기가 전달하는 메시지에 설득된 사람들을 계속 그 메시지에 붙잡아 매어 놓을 수 있고, 다른 생각을 하는 사람들은 그 생각을 바꾸게 하거나, 생각을 바꾸는 것을 거부하는 사람들은 사회적으로 고립시킬 수도 있었다. 이런 힘은 라디오라는 매스 미디어의 내용에서 나오는 것이라기보다는 일차적으로 그 미디어가 갖는 도구적 성격(동시성, 동일성, 다수성, 거리 극복)에서 나오는 것이었다.

공간 인식의 변화

앞에서 언급한 동일성, 동시성, 다수성, 거리 극복 등 미디어 기술이 갖는 특성은 당연하게도 시공간적 함의를 갖는다(Carey, 1988; Thompson, 1995). 서로 떨어져 있는 장소에 있는 사람들을 하나의 동일한 미디어 공간에 결집시키고, 각자가 놓인 고유의 상황에서 개별적 방식으로 발전시켜 온 시간 경험 표준화를 통해, 동일한 시간 경험으로 수렴시키는 변화가 매스 미디어 시대에 급속히 진행되었다. 여기서는 먼저 공간적 측면을 이야기해 보고 다음 절에서는 시간적 측면을 이야기하겠다.

19세기에 등장한 전신 기술부터 20세기 중반에 사람들의 일상으로 들어온 TV까지 그것들이 만든 가장 중요한 변화는 공간의 극복이었다. 19세기 이전까지의 인류 역사를 돌이켜 보면 지식이나 정보의 전달은 원래 사람이나 말의 물리적 이동과 같이 진행되었다. 그래서 20세기 이전에는 교통transportation과 통신communication을 굳이 구분할 필요가 없었다. 메시지의 전달, 즉 통신은 늘 어떤 교통수단을 필요로 했다. 둘은 늘 같이 움직여야 했다. 상징적인 것의 이동과 물리적인 것의 이동 사이에 강력한 접합이 있었던 것이다. 그러나 19세기 말부터 본격화된 전기적 커뮤니케이션 장치(가령 전신)에 의해 물리적인 것의 이동과 상징적인 것의 이동을 분리할 수 있는 기술적 토대가 마련되었다. 그러면서 사람들은 통신과 교통을 별개의 것으로 구분하기 시작했다. 이 점을 생각해 보면 매스 미디어 시대가 저물고 우리가 여기서 포스트매스미디어 시대라고 부르는 것이 떠오르는 21세기에 통신과 교통이 다양한 방식(가령 자율주행차, 스마트 도시 등)으로 다시 통합되는 모습을 보이는 것은 매우 흥미로운 일이다(이에 대해서는 7장에서 다시 논의한다). 20세기에 들어선 후 매스 미디어 시대가 자리 잡기 시작하면서 통신과 교통은 거의 완전히 분리되었다. 사람들 간의 소통이 물리적 이동과 독립해서 공간적으로 확장될 수 있게 되었다.

상징의 이동과 물질의 이동을 분리할 수 있다는 것이 초래한 결과 중 하나는 '공간'과 '장소'의 분리 가능성이다(Massey, 2013; Mitchell, 1996; Tuan, 1979). 공간은 추상적이고 물리학적인 개념이고, 장소는 구체적이고 사회학적인 개념이다. 공간은 기능, 면적, 접근성 등 추상적 개념의 장이고, 장소는 기억, 이야기, 관계 등을 만들고, 축적하는 사회적인 곳이다. 상징의 이동과 물질의 이동이 분리되지 않고, 밀접하게 연결된 곳에서는 굳이 장소와 공간을 나눌 필요가 없다. 그런 상황에서는 사람들이 갖는 공간에 대한 감각과 장소에 대한 감각이 중첩된다. 그러나 매스 미디어 시대가 열리면서 장소에 묶이지 않는 공간들이 넓어져 갔다. 사람들이 접하는 구체적, 물리적, 사회학적 장소에 대한 경험과 전기 신호 때문에 만들어지는 추상적, 일반적, 물리학적 미디어 공간에 대한 경험 사이에 의미 있는 분리가 시작되었다. 이 점을 한국 전쟁 후 한국 사회에서 라디오 보급이 진행될 때의 이야기를 통해 살펴보도록 하자.

한국 사회에서 매스 미디어가 본격적으로 확대되기 시작한 것은 한국 전쟁이 끝나고 나서부터였다. 특히 라디오와 같은 매스 미디어는 1960년대에 들어서야 본격적으로 확대되기 시작했다. 1927년 일제가 경성방송국을 시작하긴 했지만, 한반도에서 라디오의 보급은 1950년대까지도 원활하지 않았다. 1960년대 들어서야 비로소 라디오 보급이 확대되었고, 전국이 하나의 방송 네트워크 안에 들어오게 되었다. 한국 1세대 사회학자 이만갑(1973)의 《한국 농촌 사회의 구조와 변화》에는 1958년과 1969년 사이에 농촌 지역 주요 정보원이 어떻게 극적으로 변화했는지 알려주는 흥미로운 결과가 담겨 있다(김영희, 2003). 가령 1958년에는 가장 중요한 정보원이 부락의 유력자(20.2%), 신문(15.2%), 라디오(14.9%) 순이었던 반면에, 1969년에는 라디오(72%), 부락의 유력자(7.5%),

신문(6.3%) 순이었다. 물론 가장 중요한 정보원을 하나 고르라고 한 설문의 결과였기 때문에 현실을 온전히 정확하게 반영한 것은 아니었을지 모르지만 라디오가 농촌 지역민의 삶에서 차지하는 비중이 불과 10년 만에 극적으로 변화한 것은 볼 수 있다. 글을 읽지 못하는 사람들도 이제 자기가 사는 지방 농촌의 안방에 앉거나 누워서 서울에서 벌어지는 일들, 서울의 이념, 서울의 문화, 서울의 취향, 서울의 관심사에 접할 수 있게 되었다. 사람들 관심의 공간이 자기가 속한 조그만 '부락'의 장소에서 전국적인 공간으로 확대되었다. 그렇게 만들어진 새로운 관심 공간(상징 공간)은 점점 전국적 정치 공간, 혹은 상업적 소비 공간에 이중, 삼중으로 포섭되었다. 그런 변화를 토대로 쿠데타 정권은 정권의 정당성을 전국적으로 인정받으면서 정치적 통합을 이뤄 낼 수 있었을 것이고, 경제 개발 계획의 진행과 함께 전국적인 소비 시장을 확충할 수 있었을 것이다. 사람들의 관심은 자신이 발을 딛고 살아가는 구체적인 장소에서 일반적, 추상적인, 전국적 공간(사실 한국에서는 그것을 전국화한 서울의 공간이었다고 해야 할 것이다)으로 확대되었다.

물론 그렇다고 해서 구체적이고, 사회학적인 장소가 완전히 소멸한 것은 아니었다. 1960년대 사람들이 라디오를 청취했던 모습을 돌이켜보면 중상류층은 가족이 모두 함께 모이는 거실에서, 중하류층은 동네 사람들이 삼삼오오 모여 라디오를 듣는 경우가 많았다. 1960년대에는 라디오를 보급하기 위해 이른바 엠프방이라는 것이 있었다(마동훈, 2004; 문선영, 2012). 가령 마을 이장 집에 라디오 수신기를 하나 설치하면 다른 사람들은 동네 스피커로 라디오를 듣거나 집마다 연결된 개별 스피커를 통해 라디오를 들었다. 라디오 방송 초기에 최근의 '소셜 시청' 현상과 비교해 볼 수도 있는 일종의 '소셜 청취' 행위가 있었던 것이다. 적어도 라디오 보급 초기에는 사람들이 특정 장소를 기반으로 한 공동체적 라디오 청취를 했다. 그것과 더불어 동네 전파상에서, 이발소에서, 식당에서도 손님을 끌기 위해 라디오를 문밖에서도 들리게 크게 틀었다. 이런 일종의 '공공' 라디오들은 어떤 때는 불특정 다수가 함께 라디오를 듣게 하고, 또 어떤 때는 특정 장소에 모인 고객이 함께 라디오를 듣게 했다. 이런 사례는 라디오 청취를 통해 특정 장소(거실, 마을, 점포 등)의 역할이 더 강화되거나 그 장소가 새로운 역할을 부여받은 경우라 할 수 있다. 하지만 매스 미디어가 장소 친화적인 모습을 보인 시기는 그리 길지 않았다. 매스 미디어는 사람들에게 일상을 살아가는 물리적 장소를 떠나 추상적이고 일반적인 관심 공간을 향해 움직이도록 그들의 등을 계속 떠밀었다.

매스 미디어를 통한 장소와 공간의 분리 현상을 가장 직접적으로 보여 주는 예 중 하나는 20세기 초에 이미 시도된 원격 교육이다. 교육이란 행위는 오랫동안 집, 거실, 강의실 등 특정 장소와 연결되어 진행되었다. 원격 교육은 정보 전달을 통한 교육 행위가 미디어 공간에서 이루어지게 함으로써 그것을 특정 장소로부터 분리해 내는 시도라고 할 수 있다. 라디오를 통해 원격 교육을 하려는 시도는 라디오가 처음 등장하자마자부터 나타났다. 라디오를 통해 일종의 비대면 평생 교육을 세공하려는 것이었다. 그러한 시도의 초기 주체는 물론 대학이었다. 1933년 (루스벨트가 노변정담을 시작한 해이고, 나치가 라디오 선전을 시작한 해!)에 시카고대학교는 〈시카고대학교 라운드테이블*University of Chicago Roundtable*〉이라는 이름으로 토크쇼 형식의 라디오 교육 프로그램을 만들었다(Griffin, 1949). 이 방송은 1950년대까지 지속될 정도로 성공적이었다. 비슷한 시기에 좀 더 획기적인 아이디어도 나왔다. 가령 뉴욕대학교의 C. C. 클라크C. C. Clark라는 교수는 1935년에 쌍방향 커뮤니케이션이 가능한 단파 라디오 주파수를 활용하는 강의를 시도했다(Berkman, 1992; Clark, 1932). 단파 라

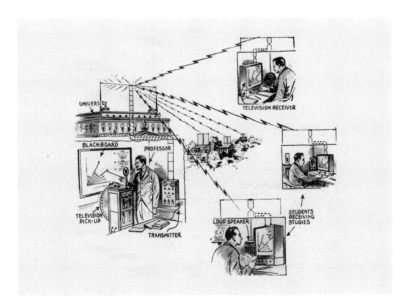

1935년 〈단파 기술〉지가 상상으로 그린 TV를 통한 원격 수업. (출처: 스미스소니언박물관)

디오를 이용해 교수도 집에서 강의하고, 학생들도 집에서 강의를 듣는 방식이었다. 단파 라디오는 쌍방향 대화가 가능했기 때문에(군의 무전병들이 들고 다니는 무전기를 생각하면 된다) 교수가 학생들의 질문을 받을 수도 있었다. 물론 클라크 교수의 시도는 실험 수준에 머문 것이었다. 하지만 이러한 실험들이 모여 나중에 TV를 통한 원격 대중 강의에 대한 상상으로 이어졌다. 클라크 교수의 실험을 소개한 〈단파 기술Short Wave Craft〉이라는 잡지는 1935년 기사에서 한두 해 안에 TV를 통한 원격 강의가 가능해질 것이고, 그렇게 되면 그림이 필요한 수학이나 물리학 같은 강의도 원격으로 가능할 것이라고 예측하였다. TV를 통한 원격 강의가 1930년대에 가능할 것이라는 예측이 너무 앞선 낙관적 예측처럼 들리지만, 사실 TV를 통한 원격 강의는 〈단파 기술〉이 말했던 것처럼 먼 미래의 일이 이미 아니었다. 잡지 〈스미스소니언Smithonian〉에 따르면 TV를 통한 원격 강의는 1933년에 이미 (역시 실험적이긴 하지만) 아이오와대학교에서 이루어졌다(https://www.smithsonianmag.com/history/predictions-for-educational-tv-in-the-1930s-107574983/). 물론 당시에는 음성 신호와 영상 신호를 동시에 전송할 수 없었기에, 영상은 TV를 통해, 소리는 라디오를 통해 따로따로 전송하는, 매우 원시적인 형태를 띠고 있기는 했지만 말이다.

　20세기 이전에 장소와 공간의 분리는 대개 종교적 경험을 통하거나 약물을 통한 환각의 경험을 통해서나 가능한 것이었다. 매스 미디어 시대로 오면서 일상적 현상으로서 장소와 공간이 분리되기 시작했다. 심지어는 공간이 장소를 침략해 들어오기 시작했다. 그렇다고 장소들이 호락호락 당하기만 한 것은 아니었다. 공간의 침략에 대해 장소들도 나름대로 저항을 했다. 하지만 저항의 강도와 성공 여부는 전선에 따라 달리 나타났다. 사람들이 함께 라디오를 듣고, TV를 보던 마을의 장소들은 이제 거의 사라졌다. 거실에 모여 있던 사람들은 자기 방으로 자기 라디오를 들고, 자기 디지털 기기를 들고 서서히 사라져 갔다. 그러나 그런 상황에서도 사람들은 종종 광화문 전광판 밑 같은 곳에 함께 모여 응원을 하기도 하고, 시위를 벌이기도 한다. 공항과 기차역의 승차장에는 여진히 사람들이 함께 시선의 공동체를 만들며 스크린 앞에 늘어선다. 스치듯이 만들어지는 찰나의 공동체이지만, 여전히 장소를 기반으로 한 공동체의 형태를 띠고 있다. 21세기에도 공간과 장소가 완전히 결별한 것은 아니다. 이에 대해서는 7장에서 다시 이야기해 보도록 하겠다.

시간의 축소

매스 미디어 기술은 사람들이 시간을 경험하는 방식에도 변화를 만들었다. 그것은 앞에서 설명한 공간에 대한 경험과 결합하여 진행되었다.

19세기 매스 미디어의 기술적 토대가 만들어질 때, 특히 앞에서 말한 공간과 장소의 분리가 진행될 때, 시간 경험에 중요한 변화를 만들었던 것 중 하나는 표준시의 시작이었다(Beniger, 1986; Carey, 1988). 이것을 보여 주는 미국의 예를 먼저 이야기해 보자. 19세기 말까지 미국에서는 각각의 마을과 동네마다 자신들이 채택한 시간이 달랐다. 가령 일리노이주 하나에만 수십 개의 시간대가 있었다. 그래서 시카고와 샴페인은 모두 일리노이주에 있는 도시였지만 서로 시간이 달랐다. 기차를 운행할 때 같은 주 안에서도 계속 바뀌는 시간을 조정한다는 것은 매우 복잡한 일이었다. 이 때문에 기차가 처음 대중화되고 노선이 촘촘해지기 시작한 19세기 중반에는 기차들이 서로 시간을 혼동해서 추돌하는 사고가 빈번했다. 이런 혼돈을 줄이기 위해 미국은 표준 시간 제도를 도입했다. 미국을 4개의 다른 시간대로 구분했다. 동일 시간대 안에서는 지역의 시간을 표준시에 맞춰야 했다. 한반도의 3배가 넘는 텍사스주의 도시들이 모두 하나의 시간대로 묶이게 된 것이다. 표준시에 대한 국제 규약은 1884년 미국 워싱턴 국제회의에서 만들어졌다. 여기서 영국의 그리니치 천문대 자오선을 시간의 기준(GMT)으로 정하고, 전 세계를 24개의 시간대로 구분한 방식을 채택했다. GMT 기준에서 보면 3개 이상의 시간대를 포함한다고 할 수 있는 중국은 전국을 하나의 시간대로 운영하고 있다. 한반도에서는 대한제국 시기인 1908년 동경 127도 30분을 기준으로 하는 표준시를 시행하였다. 도쿄와 30분 차이가 나는 시간이었다. 그러나 일제 강점기가 시작되고 나서 조선총독부는 일본이 사용하는 동경 135도 기준의 일본 표준시를 한반도에서 쓰기 시작했다. 일본의 표준 시간에 한반도가 통합된 것이다. 이렇게 바뀐 한반도의 표준시에 대해서는 그 뒤에도 논란이 계속되었고 변경에 대한 요구가 이어졌다. 해방 직후에는 원래의 동경 127도 30분으로 바꿔 사용한 적도 있었다. 그러나 결국 일본이 정한 시간대로 복구해 지금까지 사용하고 있다.

표준시에 대해서 비교적 자세히 언급한 이유는 그것이 방송의 시간이기도 했기 때문이다. 하나의 시간대에 같이 묶였다는 것은 같은 방송 영역대에 속한다는 것을 의미했다(임종수, 2006). 이와 연관된 제도가 방송 시보다(Kim, 1987). 지금도 라디오 방송을 청취하다 보면 정시마다 시간을 알려주는 방송 시보를 들을 수 있다. 방송 시보는 영국 BBC가 1924년에 처음 시작했다. BBC는 그것을 그리니치 시보Greenwich Time Cignal 혹은 별칭으로 '뚜 소리pips'라고 불렀다. 다섯 개의 뚜 소리가 일초 간격으로 들리다가 마지막 여섯 번째 소리는 '뚜-'로 길게 나는 한국인에게도 익숙한 소리다(Pollard, 2020). 시각을 맞춰 주는 제도는 오래 전부터 한국에서도 보신각의 종소리, 서양에서도 교회의 종탑 등이 담당했던 제도다. 하지만 종소리가 퍼질 수 있는 공간은 제한될 수밖에 없다. 어디에 있건 같은 시간대에 속한 사람들은 방송을 통해 비로소 같은 시간을 살기 시작했다. 앞서 언급한 것처럼 일제 강점기에는 내선일체의 이념이 표준시에도 반영되었다. 경성방송국을 통해 일본인과 한국인이 같은 시보를 같은 시간에 들었다.

방송은 시보를 통해서뿐만 아니라 방송 프로그램을 통해서도 사람들을 시간 공동체의 일원으로 묶었다. 12시 정오 뉴스 시간에 맞춰서 사람들이 일을 멈추고 휴식을 취한다든지, 9시 뉴스 시간이나 10시 드라마 시간에 맞춰서 가족들이 안방이나 거실에 모이는 등 방송을 통해 혹은 방송을 둘러싸고 사람들이 같은 시간을 동시에 소비하게 되었다. 아이들은 골목에서 놀다가도 6시가 되면 모두 집으로 뛰어 들어가 그 시각에 시작하는 어린이 만화 영화를 보았다. 이것도 결국 매스 미디어로서의 방송이 사람들의 시간 경험을 조직화했던 경우였다.

매스 미디어가 만들어 낸 시간 감각은 개인과 조직의 활동에도 영향을 미쳤다. 조직은 미디어의 시간에 맞춰서 자신들의 활동을 재조직했다. 매스 미디어 시대에는 뉴스의 사이클이 비교적 단순했다. 방송 뉴스는 9시 뉴스를 기준으로, 신문은 가판 초판 시간에 맞춰서 자신들의 활동이 방송과 신문에 보도가 될 수 있도록 홍보 활동을 하기도 하고 정치 집회나 시위 시간을 결정하기도 했다.

매스 미디어는 다른 방식으로도 사람들의 시간 경험에 영향을 미쳤다. 매스 미디어 시대 이전에는 사람들의 생애 주기에 따라 접근할 수 있는 미디어가 달랐다. 가령 어린이들은 어른들이 가십으로 떠드는 이야기들에서 배제되었고, 어른들이 보는 책에 접근하는 것이 제한되어 있었다. 매스 미디어 시대에서도 이런 것을 계속해서 유지하려는 시도가 있긴 했다. 소파 방정환은 볼 것과 읽을 것이 없던 아이들이 접할 수 있는 잡지를 만들었다. 어린이라는 개념을 만들어 주고 어린이가 미완성된 인간이 아니라, 존중받아야 하는 온전한 인간이라는 인식을 불러일으켰다. 그리고 그들이 접할 수 있는 미디어를 제공한 방정환은 일종의 미디어 개혁가였다. 하지만 그런 개혁으로 인해 어른들이 읽는 것과 어린이들이 읽는 것 사이의 구분이 더 명확해졌다. 1980년대까지 한국의 공중파 방송에서는 9시가 되면 "어린이 여러분 지금은 잠자리에 들 시간입니다"라는 방송이 나오면서 아이들을 재우려 했다. 그러고 나서 10시 이후에는 성인들에게 적합한 내용의 프로그램들이 방송되었다. 방송통신심의위원회가 2001년부터 텔레비전 등급 제도를 통해 프로그램별로 연령대를 제한하려 한 것도 미디어를 생애 주기에 따라 제한하는 시도였다 할 수 있다. 1965년에 〈동아일보〉와 〈조선일보〉가 경쟁적으로 발간하기 시작한 〈소년동아일보〉와 〈소년조선일보〉도 미디어를 연령에 따라 구분하는 관행이 반영된 것이었다.

미디어 자체, 혹은 미디어의 내용을 생애 주기에 따라 구분하는 것은 사실 매스 미디어 시대에 와서는 매우 힘든 일이 되었다. 노스웨스턴 대학교의 미디어 생태학자인 조슈아 마이어로위츠Joshua Meyrowitz에 따르면, 매스 미디어 시대에 돌입하면서, 특히 TV가 등장하면서, 어린이들이 어른의 세계를 엿보는 것이 가능해졌다(Meyrowitz, 1986). 텔레비전 등급 제도가 있다 하더라도 어린이들이 채널을 이리저리 돌려서 자기들이 원하는 프로그램 보는 것을 물리적으로 막기가 쉽지 않아졌다는 것이다. 자기들이 원하기만 하면 아이들도 어른들의 이야기를 어렵지 않게 접할 수 있게 된 것이다. 최근에 판매되는 TV에는 어린이 보호용 채널 삭제 기능이 있지만, 1990년대까지 TV 수상기에는 그런 장치가 없었다. 부모의 눈을 피할 수 있다면 아이들이 어떤 프로그램도 접할 수 있었다. 가령 초등학생 어린이가 심야 시간에 방송하는 영화, 드라마, 토크쇼 등을 보면서 어른들의 세계에 눈을 뜨고, 그들의 화제, 그들의 어휘를 배우는 것도 가능해졌다.

매스 미디어 시대가 열리면서 사람들은 이제 자신의 지역 시간이 아닌 표준화된 시간에 살게 되었다. 매스 미디어는 표준화된 시간을 계속해서 사람들에게 각인시키고 마치 그것이 객관적인 시간인 것처럼 인식하게 했다. 매스 미디어가 규정한 시간의 흐름 속에서 사람들은 자신의 일상을 재조직화했다. 어린이 프로그램 시간에 맞춰서 집 안의 TV 앞으로 뛰어가는 아이들부터 조간신문 배달 시간에 일어나거나 9시 뉴스나 드라마 시간에 맞춰서 집으로 귀가하는 어른들까지 자신의 일상을 미디어의 시간에 맞추어 살아가게 되었다. 기업 활동, 시민 조직 활동, 학생 운동 등도 미디어의 시간과 논리에 맞춰서 활동 시간, 내용, 범위를 결정했다. 중세 유럽의 사람들이 교회의 종소리에 맞춰서 시간 인식을 하고, 교회의 절기에 따라서 자신들의 일상을 살아갔듯이 20세기 매스 미디어 시대에는 신문과 방송이 중세 유럽의 교회 역할을 하면서 사람들이 살아가는 시간의 좌표를 만들어 주었다.

도구로서의 매스 미디어가 갖는 동일성, 동시성, 다수성, 시공간의 축소 등의 특징은 다양한 유형의 사회적 결과를 만들어 냈다. 앞에서 말한 것처럼 매스 미디어 시대는 공교롭게도 두 차례 세계 대전을 배경으로 출현했고, 매스 미디어 시대의 전성기는 냉전 시대와 절묘하게 겹친다. 그런 상황에서 국가의 영향력이 커졌다. 개인은 국민으로서의 정체성, 혹은 더 나아가 자유 진영과 공산 진영 국민으로서의 정체성을 갖게 되었다. 더불어 독자, 청취자, 시청자 등과 같이 매우 추상적인 정체성을 새롭게 부여받기도 했다. 시청자와 국민은 거의 같은 수준의 추상성을 갖는다. 이런 상황에서 어떤 의미로 규정하든지 간에 지역성은 20세기 내내, 즉 매스 미디어 시대 내내 축소되어 갔다. 곳곳에서 지역들의 작은 저항이 끊임없이 나타나긴 했지만 말이다. 결국 매스 미디어의 도구적 성격은 지금, 여기, 나를 연결하는 연관성에 심각한 문제를 일으켰다. 그에 대해서는 다음 장(6장)에서 더 자세히 이야기해 볼 것이다. 일단 여기서는 미디어의 다른 차원을 중심으로 매스 미디어 시대의 특징을 더 살펴보도록 하자.

매스 미디어 시대 내용으로서의 미디어

매스 미디어가 등장하면서 사람들이 처음 주목했던 것은 사실 새로운 기술적 성취가 아니라 그것이 전달하는 내용에 대한 것이었다. 라디오 방송과 관련된 제작, 송출, 수신 기술은 사실 일반 사람들의 눈에는 보이지 않게 감춰져 있었다. 사람들이 접하는 수신기도 실제 그것을 가능케 한 기술적 장치들은 나무 상자 안에 숨어 있었다. 사람들이 눈으로 직접 듣고, 보는 것은 매스 미디어가 전달하는 내용(소리, 그림 등)이었다. 그래서 앞에서 말한 미디어의 다섯 가지 차원 중 전문가들과 일반 사람들 모두가 주목했던 것은 매스 미디어의 내용이었다. 어쩌면 20세기 내내 사람들은 미디어의 내용이 미디어 그 자체라고 생각했다고 해도 과언이 아니다. 마셜 매클루언은 "미디어가 메시지"라고 했지만, 실제 20세기 사람들의 인식 속에서는 미디어가 메시지라기보다는 그 반대로 메시지가 미디어였다. 미디어(도구로서, 제도로서, 사람으로서, 공간으로서)가 무엇인가, 그것을 어떻게 평가해야 하는가 등에 관한 판단은 결국 매스 미디어가 전하는 내용을 갖고 해야 한다는 것이 매스 미디어 시대의 일반적 인식이었다. 그래서 매스 미디어 시대 사람들이 미디어에 대해 걱정할 때면 대개 그것은 미디어 내용에 대한 것이었다. 라디오 수신기의 크기나 모양이 왜 꼭 특정 형태여야 하는지, TV 스크린은 왜 꼭 사각형이어야 하는지 등에 대해서 불평하거나 걱정하는 사람은 많지 않았다. 혹은 왜 신문사나 방송사(제도로서의 미디어)가 특정 형태의 조직 구조를 가져야 하는지, 왜 특정한 방식으로 조직 운영을 해야 하는지, 왜 특정 방식의 사업 모델을 만들어 왔는지, 왜 특정 방식의 관행과 규범을 가졌는지 등에 대해서도 우려하는 목소리가 크지는 않았다(물론 그것들이 내용에 직간접적으로 영향을 미칠 수 있지만 말이다). 20세기 대부분의 시기에 사람들이 미디어에 대해 걱정하고, 우려하고, 관심을 두고, 비판했던 점은 내용에 대한 것이었다. 대개 그것은 미디어 내용이 너무 선정적이라든지, 폭력적이라든지, 허위 내용이 많다든지, 혐오 표현이 넘친다든지 등이었다.

미디어 내용에 대한 두려움, 그리고 기대

사람들이 매스 미디어의 '내용'에 주목했던 이유는 그것이 혹시 우리가 예상하는 것 이상의 가공할 위력을 가진 것은 아닐까라고 생각해서였다. 사람들이 미디어의 부정적 위력에 대해서만 생각한 것은 아니었다. 긍정적 결과(교육, 정치, 보건 캠페인, 사회 개혁 등을 위한 결과들)를 만들어 낼 수 있는 위력에 대한 기대도 있었다. 긍정적 위력에 대한 기대든, 부정적이고 파괴적인 위력에 대한 우려든, 미디어의 위력에 대한 기대와 우려는 내용으로서의 매스 미디어의 특성이 앞에서 설명한 도구로서의 매스 미디어의 특성과 절묘하게 결합하는 상황을 염두에 둔 것이었다. 이것을 20세기 초에 살던 사람들의 관점에서 한번 생각해 보자. 19세기에 이미 대중 신문이라는 것이 출현했지만, 영화가 20세기 초에 등장하고, 라디오와 TV가 20세기 전반기와 중반기에 등장하면서 완벽하게 같은 내용을 수백만, 수천만 사람들이 동시에 같이 듣는 것이 실현되었다. 인류 역사상 그런 규모의 커뮤니케이션은 존재하지 않았다. 그런 상황은 세상의 끝을 보여 주는 묵시록적 상상에서나 가능한 것이었다. 그것을 가능케 한 기술적 특성에 대해서는 도구로서의 미디어를 설명하는 부분에서 자세히 살펴보았다. 동일한 내용을 거리에 상관없이 수많은 사람에게 동시에 전달하는 것이 매스 미디어 시대에 가능해졌다는 것을 전제로 하고, 이제 우리가 주목할 것은 그 '동일한 내용'이 어떤 내용일지에 대한 것이다.

미디어 내용에 대한 걱정은 종종 두려움과 공포로 확장되었다. '악한' 의도를 가진 세력이 매스 미디어를 장악하고 거기서 전달하는 내용을 자기 마음대로 통제할 수 있다면 과연 어떤 일이 벌어질까? 사람들은 이런 질문을 떠올리며 미디어에 대해 두려운 마음을 가졌다. '홍길동은 빨갱이다'라는 말을 누군가 만들어서 마이크에 대고 떠들고, 그 내용을 수백만, 수천만 명이 듣는다고 생각해 보라. 그가 정말로 빨갱이인지 아닌지 상관없이 특정 개인에 대한 사회적 평판을 매스 미디어가 한순간에 파괴시킬 수도 있다는 생각을 하면 사람들은 떨 수밖에 없었다. 어떤 사람들은 매스 미디어의 폭력적 내용, 선정적 내용이 아이들의 성장에 미치는 영향에 대해 걱정했다. 그런 걱정을 한 사람 중에는 매스 미디어 내용의 그런 부정적 효과가 몇몇 아이들에게만 미치는 것이 아니라, 모든 아이에게 미치고 그래서 일종의 세대 효과가 나타날 수도 있는 것은 아닐까 하는 생각을 하는 사람들도 있다. 매스 미디어 시대 이전에도 어른들이 아이들에게 숨기고 싶은 것을 어떻게든 찾아내서 보는 아이들은 늘 있었다. 아들이 수학에 관심 두는 것이 싫어서 아버지가 집에 있는 수학책들을 모두 숨겨 놓았더니 몰래 그 책들을 찾아 읽은 파스칼처럼 말이다. 물론 대부분 가정에서는 부모들이 숨긴 책이 수학책이 아니라, 아이들이 보면 안 될 '불온한' 책인 경우가 많았겠지만 말이다. 어쨌든 매스 미디어 이전에도 아이가 너무 일찍 어른 세계에 눈을 뜰까 두려워하는 부모들은 늘 있었다. 그러나 매스 미디어 시대에 들어서자 이제 몇몇 아이들 정도가 아니라 아이들 일반이 '어른들 세계'의 내용을 '너무 일찍' 접하게 될 수도 있고, 정말 그렇게 된다면 그것이 사회 전체에 가져올 파괴적 결과는 과연 어떤 것일까 두려워하는 사람들이 나타났다. 이런 식의 우려는 사실 매스 미디어 시대 이전에는 찾아보기 힘든 것이었다. 이런 식의 걱정이 종종 어른들과 아이들 사이의 관계를 넘어서서 나타나기도 했다. 20세기 매스 미디어 시대에 정치권력을 쥔 자들은 피통치자들을 어린아이들처럼 취급하면서 혹시라도 매스 미디어가 그들을 오염시킬 내용을 전달해서는 안 된다고 생각했다. 1960년대부터 1980년대까지 군부 독재의 시대에 자행된 다양한 방식의 미디어 검열은 어린아이 같은 국민을 '보호'하고 사회 풍속과 안보를 지킨다는 명분으로 이루어졌다.

20세기 매스 미디어 시대에 사람들이 내용으로서의 매스 미디어에 대해 우려만 했던 것은 아니었다. 한편에서는 매스 미디어가 전달하는 내용을 통해 근대적 사고방식, 혁신적인 라이프스타일, 새로운 지식, 유용한 정보의 내용을 특정 사회에 확산시킬 수 있으며, 그럼으로써 매스 미디어 내용이 개인과 사회에 긍정적인 변화를 만들 수 있을 것이라는 기대를 갖기도 했다. 이런 기대는 사회주의적 혁명을 이끈 사람들도, 미국의 진보주의자들과 자유주의자들도 모두 공유하는 것이었다. 물론 그들이 생각하는 '긍정적인' 변화가 무엇인지는 다 달랐지만 말이다. 리처드 세넷Richard Sennett(2012) 등이 말하듯 20세기 초가 연대solidarity의 시대였다면, 매스 미디어의 내용은 연대의 메시지로 채워졌다. 또 다른 편에서는 매스 미디어의 내용이 정치, 사회, 문화적으로 분열된 사회를 통합할 수 있을 것이라는 기대도 있었다. 매스 미디어가 전달하는 내용은 자본주의 체제를 유지하는 토대를 제공하기도 했다. 20세기는 대량 생산과 대량 유통이 본격화한 시기였다. 대량으로 만들어진 물건을 대량으로 팔아야만 자본주의 시스템이 움직일 수 있었다. 그러나 생산된 상품을 어떻게 잠재적 소비자에게 알릴 것인지가 숙제였다. 미국의 시어스Sears 백화점은 19세기 말 당시로는 신기술이라 할 우편 카탈로그 방식으로 전국적인 광고를 했다. 매스 미디어 시대가 도래한 후 라디오와 TV는 우편 카탈로그보다 더 강력한 마케팅 수단을 제공했다.

20세기 내내 매스 미디어의 내용에 대한 우려와 기대는 커졌다. 어떤 때는 우려의 이유가 기대의 단초가 되기도 하고, 기대의 대상이 우려의 원인이 되기도 했다. 특히 2차 세계 대전을 거치면서 서구의 학자들은 라디오와 같은 매스 미디어(당시로서는 뉴 미디어!)가 나치와 같은 세력에 들어가자 선량한 사람들(가령 독일인)이 무서운 집단 최면에 빠져서 사악한 집단행동을 하는 것을 보면서 경악했다(Arendt, 1964). 그러나 또 한편으로는 자본을 토대로 운영되는 서구 사회 매스 미디어의 내용 때문에 사람들이 자본주의 이데올로기를 비판 없이 받아들이는 모습을 보며 절망했다(Adorno & Horkheimer, 1997). 그들에게 매스 미디어는 역사의 흐름(가령 사회주의로의 이행)을 가로막는 심각한 장애물이었다. 무엇보다 매스 미디어(도구로서의, 그리고 제도로서의)가 전하는 이데올로기적 내용 때문이었다. 하지만 동시에 매스 미디어는 전후 서구 사회에서, 2차 세계 대전 후 새롭게 부상한 탈식민지 국가들에서, 그 이후 등장한 권위적인 개발 독재 국가들에서, 국민에게 '도움이 되는' 메시지를 전달하고, '긍정적'인 메시지를 전달하면서 사회 발전과 사회 통합을 이룰 수 있다는 기대를 만들어 내기도 했다(Lerner, 1958; Schramm, 1964). '좋은' 내용(즉 근대성을 지향하는 내용)을 단시간에 많은 사람에게 전달해서 그들에게 근대성에 부합하는 '바람직한' 생각과 태도와 행동을 하게 하고, 그럼으로써 발전되고 통합된 '좋은' 국가 공동체를 만드는 것은 좋은 일이라는 이데올로기가 매스 미디어를 시대를 지배했다.

적어도 20세기 초중반까지는 내용으로서의 매스 미디어가 갖는 영향력을 많은 사람이 당연한 것으로 받아들였다. 그러한 우려와 기대가 당시에 실증적 연구를 바탕으로 한 것은 아니었다. 대개 몇몇 대표적인 에피소드, 일화적 이야기, 개인의 주관적 경험, 일종의 유사 이론들에 바탕을 둔 것이었다. 그것은 새로운 것에 대해 사람들이 갖게 마련인 기대와 걱정, 설렘과 두려움을 바탕으로 한 것이었다. 아마도 20세기 초 가장 대표적인 에피소드는 허버트 조지 웰스Herbert George Wells의 동명 소설을 바탕으로 해서 오슨 웰스Orson Welles가 제작, 감독한 〈우주 전쟁The War of the Worlds〉이라는 제목의 라디오 드라마 방송 때문에 벌어진 사태였을 것이다. 1938년 CBS 라디오에서 방송된 이 라디오 드라마의 한 부분에 화성인의 지구 침입을 뉴스 보도 형식으로 보도하는 장면이 있었다. 그런데 문제는 뉴욕과 샌프란시스코 등 대도시 사람 중에 이를 드라마 일부가 아닌 실제 뉴스 방송으로 알아듣고 정말로 화성인이 침입했다고 생각한 사람들이 많았다는 것이다. 그렇게 생각한 사람들이 공황 상태에 빠져 거리로 쏟아져 나오고, 경찰에 신고하고, 도시 대탈출 소동을 벌이려 했다는 것이 이 에피소드의 내용이다(Cantril, 2017). 이 에피소드는 매스 미디어 시대 초기에 방송의 내용이 어떤 심리적, 행동적 결과를 초래할 수 있는지(Cantril, 2017)에 대한 예, 혹은 당시 사람들이 미디어 내용의 효과에 대해 어떻게 생각했는지를(Sears & Kosterman, 1994) 보여 주는 예로 지금도 미디어 교과서에 자주 등장한다. 물론 이 사건을 조금 더 자세히 살펴보면 미디어 교과서들이 피상적으로 이 에피소드에 관해 소개하는 것과는 조금 다른 점들도 발견할 수 있다. 이 라디오 드라마 사건이 발생한 1938년에는 이미 상당수 미국 가정이 라디오를 보유하고 있었다. 그렇기에 전체 청취자들이 드라마 내용을 사실로 받아들였다면 그 여파가 정말로 컸을 수도 있다. 하지만 이 드라마 내용의 효과에 대한 소동이 실제로는 상당 정도 과장된 것이었을 수도 있다. 과장된 해석을 이끈 주체로 의심해 볼 수 있는 것은 당시의 신문 미디어들이었다(Adler et al., 2006). 1930년대 들어서자 뉴스와 공보 미디어로서의 자리를 점점 신문 대신 라디오가 차지하는 것을 보면서 자신들의 위치가 흔들릴 것을 신문사들은 걱정했다. 그래서 그들은 어떻게든 라디오의 부정적 효과를 부각시키고 싶었을지 모른다. 〈우주 전쟁〉 에피소드에서 공황 상태에 빠졌던 것은 미국 대도시 라디오 청취자들이 아니라, 사실은 라디오와 경쟁 관계에 있었던 신문들이 아니었을까? 라디오의 등장은 그들에게 화성인의 침입처럼 느껴졌을 수도 있다. 이 에피소드에 대한 당시의 신문 보도들이 실제 상황을 얼마나 객관적으로 전했는지는 더 면밀한 검토가 필요하다. 이 점을 고려하더라도 이 에피소드에서 우리가 놓쳐서는 안 될 것은 당시의 대중이 매스 미디어 내용에 대해서 가졌던 기대와 우려의 폭이 어떠했을지다. 라디오와 경쟁 관계에 있던 신문이라고 해서 대중의 인식 범위를 완전히 뛰어넘는 얼토당토않은 이야기를 기사화하지는 않았을 것이기 때문이다. 라디오 방송을 듣다가 화성인이 정말로 쳐들어온다고 믿은 사람들이 실제 얼마나 되었는지는 누구도 모른다. 안타깝게도 그것을 보여 주는 통계치는 어디에도 없다. 당시 신문사들이 어떻게 보도를 했든 상관없이 우리는 이 에피소드를 통해 매스 미디어 시대 초기에 대중에 느꼈던 두려움의 원천 같은 것을 느낄 수 있다. 자신들의 일상에 외계인처럼 침입해 들어오는 매스 미디어의 메시지가 가지고 있을지 모를 가공할 위력, 그것이 자신들의(그리고 적들의) 생각, 태도, 행동을 바꿀지도 모른다는 대중의 두려움을 엿볼 수 있다(Battles & Hayes). 〈우주 전쟁〉 에피소드가 있었던 해로부터 바로 1년 후에 2차 세계 대전이 발발했다. 전쟁의 포화 속에서 라디오 등 매스 미디어가 전쟁 도구로 사용되는 것을 보면서 사람들은 〈우주 전쟁〉에서 느꼈던 두려움의 파편을 기억했을지도 모른다.

전쟁과 미디어 내용

매스 미디어 내용에 대한 사람들의 우려와 기대를 증폭시킨 것은 무엇보다 전쟁이었다. 20세기는 전쟁과 혁명으로 시작했다. 1916년부터 1918년까지 진행된 1차 세계 대전과 1917년의 러시아 혁명은 사실상 20세기를 여는 신호탄이었다. 전쟁과 혁명은 수많은 메시지를 만들어 냈다. 전쟁과 혁명의 주체(즉 메시지의 생산자)는 당연히 자신들의 메시지가 제대로 작동하는지에 관심을 가졌다. 그 메시지들이 만들어 내는 이데올로기적 효과를 우려하는 사람들도 있었다. 라디오 방송이 자리 잡기 시작한 1930년대 말에 두 번째 세계 대전이 벌어졌고, 이어서 한국 전쟁이 20세기의 중간 점을 찍었다. 그리고 나서 바로 냉전 체제가 구축되었다는 것은 매스 미디어 시대를 이해하려 할 때 고려해야 하는 매우 중요한 배경 상황이다. 전쟁은 특정한 유형의 내용을 대량 생산해 냈다. 적국의 국민과 병사들만을 향한 내용뿐 아니라, 자국의 국민과 병사들을 향한 내용도 생산해 냈다. 20세기 전쟁에 참여한 국가들은 삐라나 스파이 등의 전통적 채널뿐 아니라 라디오와 같은 '뉴 미디어'도 적극적으로 활용하였다. 적국의 국민과 병사를 향해서는 거짓말쟁이 지도자를 위한 헛된 싸움을 중단하도록 설득하는 내용을 전달했다. 자국의 국민과 병사를 향해서는 왜 자신들이 싸우는 것이 자국을 위해서뿐만 아니라 인류 전체를 위해 숭고한 것인지 설득하는 내용을 전달했다. 이 과정에서 다양한 설득 기법이 차용되거나 개발되고, 그것들을 과학적 방법에 따라 검증하는 노력이 이루어졌다(Jowett & O'Donnell, 2018; Koppes & Black, 1990; Lasswell, 1971; Welch, 2017). 20세기 전쟁은 미디어 내용의 설득 효과를 측정할 수 있는 장을 사회과학자들에게 제공하였다(Jowett & O'Donnell, 2018). 많은 사회과학자가 이런 방식으로 전쟁에 동원되었다(Sproule, 1987).

2차 세계 대전이 끝나고 냉전이 시작되면서 세계는 서구권과 동구권으로 급속히 재편되었다. 소비에트 체제 확산을 견제하기 위해 1947년에 미국의 트루먼 대통령이 트루먼 독트린을 선언하면서 양 진영 간 긴장은 높아져 갔다. 학자들은 대체로 1947년부터 동구권이 해체된 1991년까지를 냉전 시기로 부른다. 냉전이란 말은 피를 흘리지 않는 전쟁의 시기, 다양한 방식으로 동서 체제 경쟁의 긴장이 이어지던 시기를 가리키는 말이다. 물론 그 시기에 한국 전쟁처럼 막대한 사상자와 피해를 초래한 전쟁도 있었지만 말이다. 냉전은 결국 다른 무엇보다 말의 전쟁이었다. 그런데 흥미로운 것은 냉전의 시기가 TV의 전성기와 고스란히 겹친다는 점이다. 기존의 미디어(라디오, 책, 잡지, 신문, 영화, 삐라 등)뿐 아니라, TV를 통해 미국/서방 진영과 소비에트 진영은 50년간 말의 체제 경쟁을 벌였다.

소련의 공산당 서기장 니키타 흐루쇼프Nikita Khrushchev와 미국의 리처드 닉슨 부대통령 사이에 벌어진 이른바 '부엌 논쟁'이야말로 냉전 시기에 있었던 양 진영 간 말의 전쟁을 상징적으로 보여 주는 사건이었다. 모스크바 주재 미 대사관이 1959년에 모스크바의 소콜니키 공원에서 미국국가박람회American National Exhibition를 열었다. 그것은 미국의 예술, 기술, 라이프스타일 등을 소련 국민에게 보여 주는 일종의 문화 외교의 장이었다. 전시회 개막식에는 흐루쇼프 소련 서기장과 당시 미국 부통령이었던 닉슨이 참석했다. 전시장 한쪽에는 미국 일반 가정의 실내 모습이 전시되어 있었다. 부엌 논쟁은 두 사람이 이 집의 부엌 모습을 함께 보는 중에 벌어졌다. 각종 가전제품들로 가득한 미국 가정의 넓고 현대적인 부엌 장면을 보면서 흐루쇼프는 "미국 노동자들이 모두 이런 부엌이 있는 집에서 사는 것은 아니겠죠"라고 닉슨에게 묻는다. 그러자 닉슨은 파업 중인 노동자들도 이런 집에서 살고 있다고 맞받아친다. 부엌에서 시작한 이들의 논쟁은 미디어 기술, 소비재 생산 기술, 우주 개발 기술 등 주제를 옮겨가면서 어느 체제가 더 우월한지에 대한 논쟁으로 이어졌다. 이 장면이 고스란히 테이프에 녹화되었다. 미국에서는 그것을 나중에 3대 네트워크(ABC, CBS, NBC) 방송국들이 동시에 방송했다. 소련에서는 모스크바 텔레비전 방송국이 방송했다. 이 사건에 대해서는 다양한 방식으로 평가할 수 있지만, 우리가 여기서 주목해서 볼 점은 매스 미디어 시대에는 TV가 각 국가 내에서 자기 체제의 우월성을 보여 주는 내용을 전달하는 수단으로 사용되었다는 점이다. 미국 방송사들은 당시 상황을 비교적 편집하지 않고 내보냈지만, 모스크바 텔레비전은 닉슨이 말한 부분은 일부만 번역하는 등 미국 방송사들보다는 편집을 더 많이 한 내용을 내보냈다. 어쨌든 이런 식으로 같은 사건을 담은 TV의 내용을 양 국가 내에서 각각 자기 체제의 우월성을 보여 주는 것으로 사용했다는 점이 흥미롭다. 닉슨은 부엌 논쟁으로 정치가로서의 자신의 이미지를 상당히 높일 수 있었다. 그 뒤 몇 년 후 존 F. 케네디John F. Kennedy와의 대선전에서는 흐루쇼프와의 부엌 논쟁을 통해 형성한 자본주의의 단호한 수호자라는 이미지를 적극적으로 활용하려고 노력하기도 했다.

미디어 내용 효과 연구

미디어 역사를 통틀어 20세기 매스 미디어 시대의 중요한 특징은 내용으로서의 미디어가 개인과 사회에 미치는 효과에 관해서 체계적인 연구가 시작되었다는 것이다. 이것을 가능하게 했던 가장 중요한 배경은 앞에서도 언급한 매스 미디어의 내용에 대한 일반적 기대와 두려움이었다. 그런 두려움과 더불어 전쟁 기간에는 프로파간다에 대한 필요가 급증했다. 미디어 위력에 대한 두려움과 그것을 전략적으로 이용하려는 의도가 20세기 초부터 발전하기 시작한 실증 연구 방법(실험, 설문 조사, 통계 등)과 결합하면서 미디어 내용의 효과에 관한 연구가 본격적으로 시작된 것이다. 결국 20세기 매스 미디어 시대의 미디어 연구는 미디어 내용 효과에 대한 연구가 지배했다고 해도 과언이 아니다(Neuman, 2016). 아무런 수식어 없이 '미디어 효과' 연구라고 할 때도 그것은 대개 미디어 내용의 효과에 대한 연구를 가리키는 것이었다. 두 차례 큰 세계 대전과 한국 전쟁이 끝나고 난 후인 20세기 중반부터 사회과학 연구자들은 다양한 미디어 효과 이론들을 만들었다. 그리고 그것들을 토대로 미디어 효과에 대한 실증 연구를 수행했다.

2차 세계 대전 전후에 시작한 내용으로서의 미디어에 관한 실증 연구들은 대개 미디어가 전달하는 내용이 개인과 사회에 어떤 해악을 끼칠 수 있는지에 주목하는 것과 미디어 내용을 어떻게 활용해서 사람들의 태도와 가치, 행동을 효과적으로 바꿀 수 있을지에 대한 것으로 나눌 수 있다. 내용으로서의 매스 미디어에 대한 연구들은 이렇게 비판적 연구와 실용적 연구로 나눌 수 있다. 이 두 진영의 이데올로기적 차이는 분명했다. 이들이 공유하는 공통점도 있었는데, 그것은 매스 미디어 내용이 가진 힘에 대한 것이었다. 매스 미디어의 내용이 사람들의 태도, 가치, 행동, 세계관, 이데올로기를 바꾸는 사실상 가공할 만한 힘을 갖고 있음을 받아들이는 점에 있어서 양쪽은 비슷한 입장을 가졌다고 할 수 있다.

그런 와중에 한쪽에서는 미디어 내용의 효과가 걱정할 만큼 크지 않다는 견해를 제시하는 사람들이 있었다. 대표적인 사람들은 1950년대 컬럼비아대학교에서 응용사회과학연구소Bureau of Applied Social Scinec를 이끌었던 폴 라자스펠드, 연구원으로 일했던 버나드 베렐슨과 헤이즐 가우뎃Hazel Gaudet, 라자스펠드의 박사 지도 학생이었던 엘리후 카츠 등이었다. 미 중서부의 농촌 도시 지역에서 수집한 데이터를 토대로 그들은 미디어 내용의 효과는 사회관계라는 맥락에서 파악해야 한다는 것, 그렇다면 사실 미디어 내용이 사람들에게 직접 영향을 미친다고 이야기하는 것은 너무 단순한 생각이라는 견해를 제시했다(Katz & Lazarsfeld, 1955; Lazarsfeld et al., 1948). 이들은 이런 주장을 담은 연구 결과를 《국민의 선택People's Choice》과 《개인적 영향》 등의 책에 담아 발표했다. 컬럼비아대학교 연구진의 이러한 주장은 주목을 받을 수밖에 없었는데, 낭시 미디어에 대해 쏟아져 나왔던 다른 이야기들과는 사뭇 다른 주장을 피력했을 뿐 아니라 체계적인 실증 연구를 바탕으로 했기 때문이었다. 컬럼비아대학교 연구진의 주장은 내용으로서의 미디어가 사람들의 일상에 함부로 침입해 들어오는 침입자가 아니라는 것이었다. 미디어의 내용은 개인에게 직접 다가오는 것이라기보다는, 그가 속한 사회적 맥락 속으로 먼저 들어온다. 즉 개인이 속한 공동체가 일종의 필터가 되어서 미디어 내용의 효과를 걸러 주게 된다는 것이 그들의 주장이었다. 사회적 맥락 중에서 필터 역할을 담당하는 특별한 사람들이 있었는데, 컬럼비아대학교 연구자들은 그들을 '여론 지도자'라고 불렀다. 매스 미디어가 전달하는 내용이 개인의 삶에 영향을 미치기 위해서는 여론 지도자들을 포함하는 사회적 필터링의 단계들을 거쳐야 했다. 아무리 그 과정을 단순화시킨다 해도 적어도 미디어 내용은 2단계의 과정, 즉 매스 미디어 → 여론 지도자 → 개인의 과정을 거쳐야 했다(Lazarsfeld et al., 1948). 이런 2단계 과정은 사실 내용에 대한 것이었기 때문에 조금 더 정확히 하자면 매스 미디어 내용 → 여론 지도자의 이야기 → 개인의 생각으로 바꿔 표현할 수 있다. 라자스펠드가 이끈 컬럼비아대학교 연구진은 이 것을 나중에 미디어의 2단계 모델two-step model이라고 불렀다(Lazarsfeld et al., 1948). 이들의 입장을 받아들인다면 미디어의 힘과 사회의 힘(혹은 공동체의 힘)은 쉽게 구분할 수 있는 것이 아니라, 실제 현실에서는 역동적인 방식으로 얽혀 있는 것이라 할 수 있다.

라자스펠드 등이 제시한 2단계 모델이 갖는 중요한 의의는 그것이 미디어 내용 효과에 대한 설명을 위해 사회적 역학의 복잡성을 포함시켰다는 점이었다. 그것은 미디어 연구의 관점에서 보면 중요한 이론적 발전이었다. 그런데 이들의 논의가 가져온 파장은 컸다. 미디어 권력의 가공할 위력에 대해 줄곧 이야기했던 사람들, 특히 미디어의 이데올로기적 파괴력에 대한 비판을 강하게 피력해 왔던 학자들은 반발했다. 그런 논쟁이 이어지는 가운데 이제 더 이상 미디어 내용의 효과에 대한 연구는 무의미해졌다고 주장하며 미디어 연구가 종착점에 다다랐다고 선언하는 사람들도 나오기 시작했다(Berelson, 1959). 미디어의 힘이 결국 그것이 속한 사회적 역학에서 나타나는 것이라면 굳이 미디어를 따로 떼어내 연구할 필요가 있을까라고 생각하는 사람들도 있었다. 그런 분위기에서 미디어 내용의 효과에 관한 초기 연구를 이끌었던 학자 중 많은 사람이 자신들이 원래 훈련받았던 사회학, 정치학, 심리학 등의 분야로 돌아갔다(Bryant & Pribanic-Smith, 2010). 정말로 미디어에 관한 연구는 종말을 맞이하는 것 아니냐는 생각이 들 정도의 분위기가 만들어졌다. 하지만 그 와중에 여전히 미디어 연구를 이어갔던 몇몇은 미디어 연구와 교육을 대학 제도에 정착시키는 일을 시작하기도 했다. 그 과정에서 가장 결정적 역할을 했던 사람으로 윌버 슈람이 있었다. 윌버 슈람은 미국 중서부의 아이오와대학교, 일리노이대학교 등에 커뮤니케이션학과를 만든 뒤, 미 서부의 스탠퍼드대학교 등에도 커뮤니케이션대학을 만들었다 (Bryant & Pribanic-Smith, 2010; 차재영, 2020). 한국에서도 1960년대부터 신문방송학과 혹은 유사한 이름의 학과들이 생겨나기 시작했다(양승목, 2005; 이상철, 2009). 미디어 관련 학과가 대학 내에 만들어졌다는 것이 의미하는 바는 초기의 미디어 연구를 이끌었던 사회학자, 심리학자, 정치학자 등이 미디어 연구에 흥미를 잃고 자신들의 본령으로 떠났더라도 미디어 내용의 영향력은 실재하는가라는 근본적인 질문을 계속 이어나갈 제도적 인프라가 대학 내에 구축되었다는 것이다.

미디어 내용의 힘에 관한 관심은 곧 다시 부상했다. 그 배경은 1960년대의 혼동 상황이었다. 1960년대 미국이나 유럽에서는 TV가 이미 일상의 도구로 자리 잡았다. 그때쯤 되면 대다수 가정의 거실에 TV 수상기가 놓여 있었다. 한국에서도 TV가 본격적으로 보급되기 시작했다. 한국은 1960년대를 4·19 학생 운동으로 시작했다. 한국의 1960년대는 바로 뒤 5·16 쿠데타로 집권한 박정희 독재 정권의 제3공화국이 시작한 시기이기도 하다. 1960년대의 한국도 이처럼 어지러운 상황에서 시작되었다. 미국 등 서구에서는 1960년대가 학생 운동뿐 아니라 각종 인권, 민권 운동이 폭발했던 저항의 10년이었다. 특히 미국에서는 마틴 루터 킹Martin Luther King 목사를 중심으로 하는 흑인 인권 운동, 여성 인권 신장 운동, 학생 운동, 반전 운동 등이 1960년대에 동시에 터져 나왔다. 그뿐만 아니라 미국 사람들에게는 1960년대가 존 F. 케네디 대통령 암

살(1964), 마틴 루터 킹 암살(1968), 로버트 케네디Robert Kennedy 암살(1968) 등이 상징하는 정치적 격변의 시기이기도 했다. 유럽에서도 프랑스에서 68운동이 일어나는 등 다양한 방식으로 인권에 대한 목소리가 높아졌다. 다양한 집단의 요구는 종종 폭력적 방식으로 표출되기도 했다. 이런 상황에서 1960년대에 미국과 유럽 등 서구의 도시들은 각종 사회 폭력으로 홍역을 앓았다. 특히 미국 도시에서 벌어진 폭력 문제는 심각했다. LA 와츠 지역의 역사적 폭력 사태(1965)를 비롯해서, 뉴욕, 시카고, 워싱턴 DC 등 주요 도시에서 큰 규모의 폭동 사태가 발생했다. 이런 상황에서 사람들은 왜 미국 사회가 이렇게도 폭력적이 되어 가는 것일까라는 질문을 던질 수밖에 없었다. 그들이 의심한 첫 번째 용의 대상은 다름 아닌 TV였다. 도구나 제도로서의 TV라기보다는 결국 TV가 전달하는 내용에 자극받아서 사회가 폭력적이 되는 것은 아닐까라는 의심을 하게 된 것이다. 1965년 LA의 와츠 지역에서 폭동이 일어나고, 뒤이어 디트로이트, 뉴왁 등지에서 폭동 사태가 발생하자, 당시 미국의 린든 존슨Lyndon Johnson 행정부는 1967년에 커너위원회Kerner Commission라는 것을 구성해서 이러한 폭력의 원인이 무엇인지 규명하는 작업을 시작했다. 수개월의 조사 작업을 거친 후 커너위원회는 폭력의 원인을 무엇보다도 구조적 인종주의에서 찾았다. 린든 존슨 대통령은 1968년에 커너위원회의 보고서를 받자마자 대통령 행정 명령을 내려 "폭력의 원인과 예방을 위한 미국 국가위원회U.S. National Commission on the Causes and Prevention of Violence"를 구성했다. 이 위원회는 종종 줄여서 국가폭력위원회National Violence Commission로 불리곤 했다. 이 위원회가 구성되기 바로 직전 마틴 루터 킹 목사와 로버트 케네디가 암살당하는 일이 발생했다. 불행한 일들이었지만 어쩌면 폭력위원회 활동을 위한 서막 같은 사건이 되었다. 국가폭력위원회가 처음 한 일은 폭력과 관련한 태스크 포스를 만들어서 폭력의 실제 원인과 예방 방법에 대한 조사를 수행하는 것이었다. 총 7개의 태스크 포스가 만들어졌는데, 그중 하나가 '미디어와 폭력 태스크 포스'였다. 이 태스크 포스를 로버트 베이커Robert Baker와 샌드라 볼Sandra Ball(나중에 샌드라 볼로키치로 개명)이 공동 위원장으로 이끌었다. 이 태스크 포스 안에는 레오 보가트Leo Bogart, 피터 클라크Peter Clark, 조지 거브너George Gerbner, 브래들리 그린버그Bradly Greenberg 등의 미디어 연구자들이 자문위원으로 참여하기도 했다. 미디어와 폭력 태스크 포스는 1년간의 연구결과를 담은 보고서를 1969년 대통령에게 제출하였다.

1960년대에 불거진 폭력과 미디어 사이의 관계에 대한 정부와 시민의 관심은 미디어 내용에 대한 학문적 관심을 다시 불붙게 하는 계기를 마련해 줬다. 그런 분위기에 직접, 혹은 간접적으로 영향을 받아서 미디어와 사회 사이의 관계를 설명하는 새로운 이론들이 1970년대에 다수 개발되었다. 대표적인 예는 앞서 언급한 미디어와 폭력 태스크 포스에서 자문위원으로도 참여했던 조지 거브너의 배양 이론cultivation theory일 것이다(Gerbner, 1998; Gerbner & Gross, 1970; Gerbner et al., 1977). 배양 이론의 기본 전제는 TV가 전달하는 내용이 우리가 사는 사회의 상징적 환경을 포괄적으로 지배하게 되있다는 것이다. TV가 지배하는 세성에서 사림들은 TV의 내용이 전달하는 세계관을 받아들이고, 그에 맞춰서 살아간다. 마치 기독교가 지배하던 중세에 성서의 메시지가 사람들의 상징 세계를 지배하고 있어서 이를 떠나 산다는 것이 거의 불가능했던 것처럼 말이다. 거브너 등 배양 이론 연구자들은 이제 사람들이 TV라는 새로운 '교회'의 성도가 되어서 그것의 세계관에 사로잡혀 살아가게 되었다고 말했다. 특히 TV가 전하는 세계의 모습은 그야말로 "사악한 세계 mean world"였다. 누구도 믿을 수 없고, 언제 어떤 위험이 닥칠지 모르니 늘 경계하고 자신을 지켜야 하는 곳이었다. 이런 세상에서 살아가는 사람들이 자신과 다른 타자들을 믿고 그들과 연대하는 세상을 꿈꾼다는 것은 매우 어려운 일이었다. 조지 거브너의 배양 이론은 결국 사회의 폭력이 구조화되고 재생산되는 이유를 TV의 내용이 만드는 메시지 환경에서 찾으려 했던 것이다.

'미디어와 폭력 태스크 포스'를 이끌던 샌드라 볼로키치는 멜빈 드플러Melvin DeFleur와 함께 미디어 체계 의존 이론media system dependency theory이라는 생태학적 미디어 이론을 개발했다(Ball-Rokeach & DeFleur, 1976). 1970년대에 소개된 이 이론에 따르면 미디어 내용의 힘은 고정된 것이 아니라 상황적 조건에 따라 역동적으로 달라진다. 그래서 어떤 상황에서는 미디어 내용이 사람들의 가치관을 바꿀 정도로 강력한 이데올로기적 효과를 보이지만, 다른 상황에서는 전혀 힘을 발휘하지 못하기도 한다(Ball-Rokeach, 1985). 상황적 조건을 결정하는 가장 직접적 요인은 미디어와 미디어를 이용하는 주체 사이에 어떤 관계가 만들어져 있느냐다. 여기에서 '의존'이란 개념이 등장한다. 미디어 외의 주체들이 미디어에 의존할 수밖에 없는 상황적 조건이 만들어지게 되면 미디어 내용의 힘이 커지게 되고, 미디어에 대한 의존이 약하거나 없을 때는 미디어가 힘을 발휘할 수 없다. 그렇다면 상황적 조건이란 무엇일까? 미디어 체계가 정보 처리 측면에서 한 사회 내에서 차지하는 상대적 중요성, 외부의 급격한 불확실성 증가, 미디어 이용자 자체의 불안정성 증가 등이 상황적 조건으로 역할을 한다고 할 수 있다(Ball-Rokeach & Jung, 2009; Ball-Rokeach, 2008; Kim, 2020).

1970년대를 전후해 미디어 내용의 효과에 대한 사회과학적 이론들이 다시 전성기를 맞이하면서 개인과 사회에 미치는 매스 미디어 내용의 영향력이 실제 존재하느냐는 근본적인 질문을 넘어서서 더 세부적이고 구체적인 이슈에 대한 질문들이 등장하기 시작했다. 내용으로서의 매스 미디어가 개인에게 미치는 인지적 효과, 정서적 효과, 행동적 효과 등에 초점을 맞춘 세부적 현상에 대한 이론들이 등장했다. 가령 매스 미디어 내용이 개인의 태도, 의견, 행동 의도 등에 영향을 미치는 과정과 이유에 대해 설명하는 이론들이 소개되었다. 여기에는 앞에서 설명한 배양 이론과 미디어 체계 의존 이론 이외에 침묵의 나선 이론(Noelle-Neumann, 1999), 사회 인지 이론(Bandura, 1997), 프레이밍(Entman, 2010; Scheufele, 1999), 의제 설정(McCombs & Shaw, 1972), 프라이밍(Iyenger & Kinder, 1987) 등이 포함된다. 내용으로서의 미디어가 사회화라는 근본적인 효과를 가져온다는 측면에 초점을 맞춘 연구들도 있었다. 이 점에 있어서는 앞에서 이미 언급한 배양 이론이 아마도 가장 대표적일 것이다. 이런 상황에서 미디어 내용이 갖는 이데올로기적 효과에 집중하는 비판적 이론도 다시 등장했다.

매스 미디어 내용이 개인과 사회에 미치는 효과에 관한 연구는 1970년대 들어서자 더욱 체계적인 이론적 무장을 하게 되었다. 그 연구 중 상당수는 미디어 내용이 개인, 공동체, 사회에 미칠 부정적 영향에 초점을 맞춘 것들이었다. 가령 매스 미디어의 내용이 생활세계의 식민지화, 폭력 조장, 갈등 조장, 신입견, 편견 형성, 희대, 여론에 대한 잘못된 인식 형성, 냉소주의 확산, 지식과 정보를 둘러싼 사회적 불평등 확장, 사실을 왜곡하는 허위 정보의 통로, 억압적 사회 통제의 수단이라는 지적들이 새로운 이론의 옷을 입고 20세기 후반에 등장했다.

그러나 다른 한편에서는 매스 미디어 내용이 가져올 수 있는 긍정적 측면에 초점을 맞춘 연구들도 활발히 소개되었다. 그중에서 두 가지 예를 들면 첫째는 매스 미디어의 내용과 민주주의 사이의 관계를 파악하려는 일련의 연구들이 1980년대 들어서 진행된 것이다. 가령 위스콘신주립대학교의 잭 매클라우드Jack McLeod와 그의 동료, 학생들은 매스 미디어가 전달하는 뉴스 내용을 사람들이 접하고 그것들에 집중해서 읽거나 듣거나 보게 되면 지역 현안에 대한 시민적 참여 경향이 커진다는 것을 보여 주는 실증 연구 결과들을 1970년 말부터 발표하기 시작했다(McLeod et al., 1979; McLeod et al., 1999). 매스 미디어의 뉴스 내용이 깨어 있는 시민, 식견 있는 시민informed citizen을 길러 낸다는 전통적 뉴스 관점이 반영된 연구들이라 할 수 있다. 물론 언론의 내용이 늘 민주주의 발전에 긍정적인 기능만을 하는가에 대해서는 다른 비판적 의견들이 계속 등장했다. 위스콘신주립대학교 등 미국 중서부 지역의 중소 도시를 배경으로 나온 연구 결과들이 뉴욕이나 LA 같은 대도시에는 적용하기 힘들 수 있다는 점을 지적할 수 있다. 그런데도 매클라우드 연구팀의 연구 결과는 적어도 매스 미디어의 특정 내용(가령 경성 뉴스)이 개인의 민주적 참여에 긍정적 역할을 한다는 결과를 제시했다는 점에서 주목할 수 있다. 매스 미디어 내용이 긍정적 효과를 보여 주는 두 번째 사례는 매스 미디어의 내용을 활용해서 사람들의 태도와 행동을 개인과 사회를 위해서 '긍정적인' 것으로 바꿀 수 있다는 가정하에 미디어 내용에 직접 개입하려는 시도들을 들 수 있다(Bandura, 1986; Bandura, 1994; McGuire, 1984). 미디어 내용을 통해서 다양한 보건 캠페인을 벌이는 것이 여기에 해당할 것이다(Singhal & Rogers, 2012). 심지어 남미나 아프리카 지역에서는 매스 미디어의 내용을 통해서 금연, 콘돔 사용 등 보건 캠페인을 벌여서 시청자에게 새로운 태도, 신념, 규범 인식을 갖게 하고 궁극적으로 행동 변화를 만들어 내는 노력을 하기도 했다(Rogers et al., 1999; Singhal & Rogers, 1989).

'중앙' 이야기의 지배와 변방 이야기의 쇠퇴

매스 미디어 내용에 대해 사람들이 특별한 기대와 우려를 했던 것은 매스 미디어가 전하는 내용 자체에 사실 어떤 새로운 것이 있어서는 아니었다. 매스 미디어가 사용한 장르와 전달하는 내용은 사실 매스 미디어 이전의 것을 차용해서 변형시킨 것이 대부분이었다. 가령 방송 뉴스는 신문에서, 드라마는 연극이나 영화에서, 각종 쇼 프로그램도 기존 무대 공연에서 기본적인 포맷과 내용을 가져온 것들이다. 사람들이 갖는 미디어 내용에 대한 우려 그 자체도 매스 미디어 시대에 갑자기 새로 나타난 새로운 것이 아니었다. 인류 역사를 거슬러 올라가면 오래전부터 미디어 내용에 대한 우려는 공식적, 비공식적 검열의 형태로 늘 있어 왔다. 그러므로 내용에 대한 우려 자체가 매스 미디어 시대에 갑자기 나타난 특별한 것은 아니라 할 수 있다. 매스 미디어 시대에 내용으로서의 미디어가 갖는 특징은 오히려 다른 곳에 있었다. 바로 일반과 보편적인 것이 구체적이고 국지적인 것을 장악하게 되었다는 것이다.

매스 미디어 시대는 일반과 보편의 시대였다. 이런 시대적 특징은 전방위적으로 실현되었다. 먼저 그것은 중앙에 의한 변방의 장악이라는 모습으로 나타났다. 20세기는 무엇보다 국가 정체성이 공고화된 시기였다. 2차 세계 대전이 끝나고 피식민지 국가들이 독립하였다. 그 과정에서 피식민지에 속했던 사람들이 새로운 국민 성체성을 부여받게 되었다. 개인이나 특정 공동체가 처한 국지적이고 특수한 상황들은 국민과 국가라는 새로운 정체성의 틀 속에서는 부차적인 것이 되어야 했다. 한국도 이런 경구에 해당한다. 2차 세계 대전이 끝나고 대한민국과 조선민주주의인민공화국이라는 두 개의 국가가 출현했다. 그러고 나서 불과 몇 년 만에 전쟁이 일어났다. 한반도의 개인들은 우연히 38선 남쪽 아니면 북쪽에 있었다는 것 때문에 한쪽의 국가 정체성을 강요받게 되었다. 그런 우연적 분리 때문에 서로 죽이거나 죽거나 하는 폭력의 시기를 겪어야 했다. 이탈리아의 파시스트 무솔리니는 철학자 조반니 젠틸

레Giovanni Gentile와 공저한 《파시즘의 교리 La dottrina del fascismo》에서 19세기가 개인과 자유주의의 세기였다면 20세기는 국가의 세기라고 역설하였다. 개인 삶에 미치는 파시즘적 국가 지배를 정당화하기 위한 말이었지만, 그의 말은 일면 20세기의 현실을 일목요연하게 표현하는 것이기도 했다. 20세기는 실로 국가의 세기였다.

더불어 20세기는 국가의 경계를 넘어서는 국제적 수준에서 매우 특수한 형태의 연대가 만들어진 시기이기도 했다. 한쪽에서는 소비에트 사회주의 체제의 연대가 구축되었고, 또 다른 축에서는 자본주의를 토대로 한 자유 진영의 연대가 구축되었다. 1990년대 초반까지 이러한 초국가적 연대가 이어지고, 개인은 국민으로서의 정체성뿐 아니라 자유 진영의 일원, 사회주의의 형제자매라는 정체성도 강압적으로 부여받았다. 두 체제 갈등이 가장 극적인 형태로 드러난 것은 아마도 소비에트 진영 국가들이 참여를 거부함으로써 반쪽 올림픽이 되었던 1984년 LA 올림픽 때일 것이다. 이처럼 20세기는 연대의 시대이기도 했다. 국가적 소비에트 사회주의 혁명이 벌어지면서 지구의 반쪽은 사회주의의 대열에 동참했다. 반대로 다른 쪽은 자본주의 체제에 연대했다. 20세기 매스 미디어 시대를 관통해서 사람들은 개인의 정체성이나 지역적 정체성보다는 국가적 정체성, 심지어는 자유 진영이냐 소비에트 진영이냐라고 물으며 지구를 둘로 나누는 거대 수준의 추상적 정체성을 부여받고 살았다.

매스 미디어의 내용은 그러한 현실을 반영했다. 사람들이 매스 미디어를 통해 듣는 이야기들은 대개 시공간적으로 자신의 일상에서 벗어난 일반적, 보편적, 추상적인 것들이었다. 6장에서 더 자세히 살펴보겠지만 비일상에 의한 일상의 식민지화야말로 매스 미디어 시대의 미디어 내용이 갖는 중요한 특징이라고 해야 할 것이다. 베네딕트 앤더슨(Anderson, 1991)이 대량 생산된 인쇄물(책, 신문) 등 때문에 사람들이 지역적 정체성을 넘어서서 보다 추상적이고 일반적인 민족 정체성national identity을 갖게 되었다고 말했을 때, 그가 책과 신문의 내용이 가져온 효과에 대해 말한 것은 아니었다. 그가 주목한 것은 대량 생산된 책 그 자체, 그리고 민족 국가라는 매우 추상적 범위 안에 속한 많은 사람이 그 책을 함께 읽는 행위 그 자체였다. 즉 그가 주목한 미디어의 차원은 도구로서의 미디어(그리고 그 미디어와 미디어 이용자 사이의 관계)에 대한 것이었다. 그런데 매스 미디어 시대는 도구로서의 미디어가 떠받치는 보편성의 효과를 넘어서서 내용으로서의 미디어가 촉진하는 보편성이 극도로 확장된 시기였다. 사람들은 매스 미디어를 통해 바로 근처에 있는 나와 너에 대한 이야기를 듣고 보기보다는 커다란 울타리로 확장한 상상의 '우리,' 그리고 그 울타리 너머에 있는 '그들'에 대한 이야기를 더 많이 보고 듣게 되었다. 매스 미디어의 내용은 사람들을 국민으로, 자유 진영의 일원으로 호명했다. 매스 미디어의 내용은 개인에게 말을 걸지 않았고, 개인이 실제 살고 있는 구체적인 장소 이야기도 해 주지 않았다. 서대문구 대신동에 사는 개인으로서의 김 씨를 위한 이야기는 없었다. 대신 대한민국 국민으로서, 자유 진영의 일원으로서의 김 씨들에 대한 이야기가 넘쳤다.

매스 미디어 시대는 사실 미국의 시내이기도 했나. 배스 미디어를 위한 기술, 제도 등이 모두 미국에서 시작한 미국적 현상이기도 했기 때문이다. 매스 미디어의 미국적 내용은 미국 밖의 나라들, 특히 비서구 지역의 나라에는 또 다른 층위의 보편화를 만들어 냈다. 매스 미디어 시대에 서대문구 대신동에 사는 김 씨의 상징 세계는 미국적인 것으로 넘쳐 났다. 매스 미디어의 내용이 미국으로부터 수입한, 미국의 이야기인 경우가 많았기 때문이다. 대신동의 김 씨가 대신동의 모습을 TV에서 볼 수 있는 경우는 거의 없었다. 그러나 주말 황금 시간대를 차지한 미국 드라마 때문에 김 씨는 로스앤젤레스의 윌셔 거리를 마치 자기 동네처럼 느꼈을 수도 있다. 매스 미디어 시대에 보편과 일반을 대표했던 미국적인 것들이 다양한 내용의 형태로 비서구 사람들의 일상으로 들어와, 그들 일상의 구체적 경험들을 식민지화했던 것이다.

비슷한 방식으로 한국에서 비서울 지역에 사는 주민들은 매스 미디어가 전달하는 서울의 이야기가 자신의 일상을 잠식하는 것을 경험해야 했다. 경북 포항에 사는 최 씨가 매스 미디어에서 읽고, 듣고, 보는 이야기들은 포항에 대한 것보다는 서울로부터 온 서울에 대한 것들이 대부분이었다. 서울 즉 중앙의 이야기들이 지방 사람들의 일상을 식민지화했던 것이다(강준만, 2015). 앞에서 대신동의 김 씨 경우를 통해서 볼 수 있듯이 서울에 사는 사람들이라고 해서 상황이 좋았던 것은 아니다. 매스 미디어가 그리는 서울의 이야기들(정치, 경제, 문화 등)은 사실 매우 추상적이고 일반적인 서울에 대한 것들이었다. 대신동 골목의 구체적인 일상과 추상적이고 일반적인 서울 이미지가 어떻게 연결되는지는 모호했다. 대신동 사람들이 받는 소외는 어쩌면 포항 북구 중앙동 사람들이 받는 소외와 근본적으로 다르지 않았다.

내용으로서의 미디어가 갖는 특징 중에서 특히 내가 주목하는 것은 매스 미디어 시대에 개인적, 구체적 이야기들이 위협받고, 일반적, 보편적, 추상적 이야기들이 사람들의 상징 세계를 장악했다는 점이다. 매스 미디어 내용의 폭력성, 선정성, 이데올로기성 등 그동안 매스 미디어 내용에 관한 연구들이 주목했던 것보다 어쩌면 매스 미디어 시대를 규정하는 가장 근본적인 특징은 보편적 내용이 득세하며 구체적이고 개인적인 이야기를 사람들의 일상에서 몰아냈던 것이었을지 모른다.

매스 미디어 시대 제도로서의 미디어

매스 미디어 시대는 이야기하기storytelling의 권력이 소수에게 집중되었던 시기였다. 그런 중앙집권적 권력 구조 속에서 매스 미디어 시대의 미디어 제도가 만들어졌다. 매스 미디어의 제도적 성격이 자리 잡기 시작한 것은 19세기 대중 신문에서부터였다고 해야 할 것이다. 그러므로 신문에 관한 이야기부터 시작해 보는 것이 좋을 듯하다. 정파지의 수준을 벗어나지 못하던 신문이 서구에서 매스 미디어의 성격을 갖기 시작한 것은 대체로 19세기 중반부터였다. 미디어 역사학자들은 이런 변화를 이끈 역사적 요인으로서 정보 수요를 증가시킨 산업화, 도시화로 인해 국가 내부에서와 국가 간 인구 이동이 늘어나면서 기삿거리가 많아지고, 기사 내용의 다양성이 증가한 점, 그리고 전신, 전화, 대륙 간 케이블, 종이 생산 기술, 인쇄 기술의 발전 등을 포함하는 신문 제작 기술의 발전한 것, 19세기 증기 기관차의 상용화 등 교통이 발전한 것, 보통 교육의 확장으로 글을 읽는 인구가 증가한 점, 영국의 인지세법Stamp Act이 철폐되고 미국 수정헌법 1조가 설립되는 등 언론 자유를 보장하는 법적 체계가 수립된 것, 그리고 무엇보다 불안한 국제 정세로 인해 뉴스 수요가 증가한 것 등을 꼽는다(Briggs & Burke, 2009; Stephens, 2007; Starr, 2004). 이런 배경을 바탕으로 등장한 19세기 대중 신문의 틀은 20세기 들어 라디오와 TV 같은 매스 미디어로서의 방송으로 이어진다. 규모의 경제를 토대로 한 새로운 미디어 제도의 틀이 공고화된 것이다(Compaign & Gomery, 2000). 매스 미디어의 제도적 체계는 20세기 내내 정치, 경제, 사회, 문화적 체계 등과 특별한 형태의 관계를 만들어 왔다. 미디어 조직을 소유, 경영한다는 것은 미디어 제도 체계 안팎의 법적 규제와 규범, 관행과 하비투스의 영향을 받는다는 것을 의미했다. 미디어 조직 자체, 미디어 조직이 외부와 맺는 관계, 미디어 조직 내외에서 작동하는 규범, 법, 관행, 하비투스 등이 결합해서 20세기 매스 미디어 시대의 제도적 특징이 만들어졌다. 그런 제도적 특징을 토대로 해서 소수가 이야기 권력을 독점하는 체제가 구축되었다. 그 특징 중에서 몇 가지 중요한 점을 조금 더 구체적으로 살펴보자.

매스 미디어 기업

매스 미디어 체계의 가장 중요한 특징 중 하나는 그것이 규모의 경제에 기반을 둔다는 것이다(Doyle, 2013; Murdock & Golding, 1997). 신문이 정당 기관지나 정파지의 성격을 갖고 수천 부를 찍는 것이 고작이던 시대에는 규모의 경제라는 것이 중요한 이슈가 아니었다. 물론 당시에도 신문사를 운영하려면 인쇄기를 소유하거나 사용할 수 있는 정도의 자본은 필요했다. 신문이 매스 미디어가 되면서 신문을 소유하고 운영하기 위해서는 기사를 취재하고 작성하기 위한 공간, 시설, 장비, 인력, 경험 등이 있어야 했고 제작한 신문을 인쇄할 수 있는 기계와 시설이 있어야 했고, 또 인쇄된 신문을 배포할 장비와 인력이 필요했다. 그래서 매스 미디어화된 신문은 막대한 초기 자본이 필요한 사업이 되었다. 방송의 시대가 열린 후에는 이런 점이 더 명확해졌다. 매스 미디어 조직을 운영하기 위해서는 초기 고정 자본이 어마어마하게 들어갔다. 그렇기에 매스 미디어 조직을 소유하거나 운영할 수 있는 사람들은 자본력을 갖춘 소수에 그칠 수밖에 없었다.

방금 위에서 말했던 것처럼 매스 미디어 조직을 소유하고 운영하면서 매스 미디어 내용을 생산, 판매하기 위해서는 막대한 초기 비용이 든다. 여기서 흥미로운 점은 그 초기 비용의 대부분이 첫 번째 단위(가령 신문을 제작할 때 인쇄기에서 나오는 첫 인쇄본 한 장)를 제작하는 데 들어가고 그 이후 생산품을 만드는 데 들어가는 추가 비용(경제학자들은 이를 한계 비용이라고 부른다)은 매우 적거나 거의 0에 가깝다는 것이다(Cunnighan, Flew, & Swift, 2015; Doyle, 2013; Owen & Wildman, 1992). 가령 8면짜리 신문을 제작한다고 해 보자. 8면짜리 신문의 첫 한 부를 윤전기에서 뽑아낼 때까지 신문 제작 비용의 대부분이 소요된다. 가령 신문사 건물 비용, 장비 구매 및 관리 비용, 기자들 월급, 취재에 들어가는 비용 등등이 신문 첫 한 부를 뽑아내는 데 들어가는 것이다. 즉 두 번째 부를 뽑을 때부터는 추가 비용(즉 한계 비용)이 거의 들어가지 않는다. 아마도 윤전기를 돌리는 데 필요한 전기값과 윤전기 유지 비용 정도만 추가로 들어갈 것이다. 그래서 결국 신문을 한 부만 찍든, 100만 부를 찍든 추가로 들어가는 비용에 큰 차이가 없게 된다. 라디오나 TV 같은 방송의 경우도 마찬가지다. 가령 드라마 1회분을 제작한다고 해 보자. 드라마 한 편을 만드는 데도 막대한 비용이 들어간다. 그 비용의 거의 대부분이 드라마를 제작해서 첫 번째 시청자에게 전달하기 위한 것이다. 두 번째 시청자에게 그 드라마를 보여 주는 것부터는 한계 비용이 0에 가깝게 된다. 결국 드라마를 만들어서 방송할 때 한 사람이 그것을 시청하든 100만 명이 시청하든 제작 비용은 거의 동일하다.

매스 미디어의 내용이 갖는 이런 성격(초기 제작 비용은 매우 많이 들지만, 추가 복제 혹은 추가 송출에 대한 한계 비용은 0에 가깝다는 것)을 경제학자들은 공공재public goods라는 흥미로운 개념으로 설명했다(Cunnighan, Flew, Swift, 2015; Doyle, 2013; Owen & Wildman, 1992). 경제학자들은 기업이 생산하거나 사람들이 소유하거나 할 수 있는 재화의 유형을 경합성과 배제성의 두 차원을 사용해서 구분한다. 경합성이 높다는 것은 한 사람이 특정 재화를 사용하면(가령 접시에 깎아 놓은 사과를 누군가 다 먹어 버리면) 다른 사람들은 그것을 사용할 수 없다는 것을 의미한다. 배제성이 높다는 것은 재화의 사용이 특정한 조건을 갖춘 사람(가령 입장료를 낸 사람)에게만 제한된다는 것이다. 시장에서 사고파는 상품은 대개 경합성과 배제성이 높은 것들이다. 누군가 시장에서 운동화를 사면 그 운동화는 그것을 산 사람의 소유이므로 다른 사람이 함께 공유할 수 없다(높은 배제성). 운동화를 산 사람이 그것을 신고 있다면 다른 사람이 그 운동화를 동시에 신는 것은 불가능하다(높은 경합성). 반면 공공재는 경합성과 배제성이 모두 낮은 재화다. 가령 어떤 사람이 TV에서 특정 드라마를 본다고 해서 다른 사람이 보는 것을 막을 수 없다(낮은 경합성). 더불어 TV 수신기만 소유하고 있다면 누구라도 차별받지 않고 그 드라마를 볼 수 있다(낮은 배제성). 매스 미디어 조직의 생산물이 갖는 공공재적 성격은 매스 미디어 조직을 시작할 때의 진입 장벽과 초기 생산 비용이 엄청나게 높을지라도 일단 그 장벽을 넘어서면 추가 생산 비용이 매우 낮아지는 상황을 만들었다. 그래서 앞에서 설명했듯이 신문사나 방송국이 막대한 예산을 들여서 프로그램을 제작하고 나면 그것을 한 사람에게 보여 주든 100만 명에게 보여 주든 한계 비용이 0에 가깝게 되는 것이다. 그런데 가령 운동화 만드는 회사는 좀 다르다. 한 켤레를 만들 때와 100만 켤레를 만들 때 들어가는 생산 비용의 차이가 어마어마할 것이다. 그래서 생산량을 늘릴 때도 그것 때문에 발생할 수 있는 추가 고용 비용이나 추가 설비 비용 등을 신중하게 고려해서 결정해야 한다(추가 비용이 추가 수익보다 높다고 판단하면 당연히 생산량을 늘리지 않을 것이다). 하지만 매스 미디어 조직처럼 추가 생산을 위한 한계 비용이 0에 가깝다면 어떤 식의 결정을 하게 될까? 아마도 많은 사람에게 소구할 수 있는 내용을 만들어서 한 사람이라도 더 자신의 상품을 구매하게 하려 하지 않을까? 초기 제작에 들어간 비용도 뽑아내야 하지만, 더 노력한다면 추가 비용을 투여하지 않고서도 무한대의 수익을 올릴 수 있을 테니 말이다.

그런데 상황을 조금 더 복잡하게 만드는 점이 하나가 더 있다. 그것은 '매스 미디어 기업의 수익은 어디에서 발생할까'라는 질문과 관련된 것이다. 매스 미디어 조직의 수익은 대개 프로그램을 직접 수용하는 독자, 청취자, 시청자에게서 오는 것이 아니다. 대개 그 수익은 광고에서 온다. 운동화를 만드는 회사가 운동화를 만들어 팔면 그 수익은 운동화를 산 사람에게서 나온다. 하지만 신문, 라디오, TV 등의 경우는 미디어가 제공하는 기사나 프로그램을 이용하는 사람(독자, 청취자, 시청자)이 그 프로그램 이용에 대한 대가를 미디어 기업에 직접 지불하지 않는다. 라디오 수신기나 TV 수상기만 구입을 하면 누구든 무료로 라디오 방송과 TV 방송을 이용할 수 있다. 신문을 가판대에서 사거나 구독을 하면 돈을 내야 하는 것은 맞지만, 그것이 신문에 실린 기사 하나하나에 대한 요금을 지불하는 것은 아니다. 매스 미디어 기업의 수익은 이용자들에게서 직접 나오는 것이 아니라 대개 광고를 싣는 광고주들로부터 온다. 정부에게서 직간접 지원을 받는 국영 체제이거나, 국민로부터 수신료를 받는 공영 체제가 아니라면 말이다. 자본주의적 체제 속에서 매스 미디어의 수익이 이용자에게서 오는 것이 아니라 광고주로부터 온다는 바로 이 사실이 미디어 제도를 조금 더 복잡하게 만든다.

매스 미디어 제도에 대해 경제학적 설명을 시도한 초기 학자인 마이클 스마이드Michael Smythe는 이런 상황을 미디어의 이중 상품 시장dual-product market이라는 개념으로 설명했다(김승수, 1998; 임영호, 2015; Fuchs, 2015a; Napoli, 2016; Smythe, 1960; 1981). 미디어 상품의 제작과 소비 과정에서 생산자와 소비자를 구분할 수 있긴 하지만 실제 미디어 상품 제작과 관련한 수익 모델을 들여다보면 미디어가 무엇을 생산하고 무엇을 파는지의 문제에 있어서 표면에 드러난 시장과는 다른 숨어 있는 시장이 하나 더 존재한다는 것이다. '다른 시장'이란 무엇을 말하는 것일까? 그 시장의 생산자는 여전히 매스 미디어 기업이지만, 소비자는 일반 시청자나 청취자가 아니라 광고주다. 그리고 이 시장에서 생산, 판매되는 상품은 매스 미디어의 프로그램이 아니라, 바로 매스 미디어 이용자(독자, 청취자, 시청자 등)다. 스마이드는 이를 상품으로서의 수용자audiences commodity라고 불렀다(Smythe, 1981). 광고주가 광고를 싣게 하고 매스 미디어에 돈을 주는 것은 매스 미디어가 만든 프로그램이 자신들의 광고를 볼 사람을 모아 주기 때문이다. 즉 광고주 편에서 보면 매스 미디어는 광고 소비자 집단을 '생산'하고, 그것을 자신들에게 파는 것이다. 그리고 광고주는 그에 대한 대가를 매스 미디어에 지불한다. 그래서 실제로 생산되고 팔리는 것은 프로그램이 아니라, 광고 소비자(독자, 시청자, 청취자)인 것이다. 유익하고 흥미로운 프로그램은 어쩌면 잠재적 소비자를 모으기 위한 일종의 미끼라고 해야 할지 모른다. 양이나 질에서 우수한 '상품'(프로그램을 말하는 것이 아니라 구매력 높은 다수의 시청자를 말하는 것이다)을 생산해서 광고주에게 제공하면 매스 미디어 기업은 광고주로부터 더 많은 대가를 받게 될 것이다. 이렇게 매스 미디어 제도는 [매스 미디어 조직 – 상품(프로그램) – 이용자]로 이어지는 형태의 시장과 [매스 미디어 – 상품(소비자) – 광고주]로 이어지는 형태의 시장이 함께 작동하는 이중 상품 시장의 구조를 지닌다.

미디어 생산물의 공공재적 성격, 막대한 초기 자본, 이중 상품 시장이라는 수익 구조의 성격 등은 결국 이야기하기의 독과점 구조를 만드는 경제적 기초와 조건이 된다. 그런 독과점 구조 속에서 매스 미디어 조직 밖에 있는 주체들은 이야기하기 산업의 하청 업체가 되거나 아니면 독자, 시청자, 청취자의 정체성을 갖는 데 만족할 수밖에 없다. 가령 매스 미디어 시대에 방송사들은 예능, 교양, 드라마 프로그램을 제작해서 방송사에 제공하는 독립 제작사들 위에 거대한 공룡처럼 군림했다. 그들 사이에는 엄격한 위계 구조가 존재했다. 매스 미디어 시대에 방송사와 제작사 간 위계 구조는 본청 업체와 하청 업체의 관계와 다름없었다. 이야기를 생산하는 생태계에서 매스 미디어 조직은 이야기(하기)에 대한 절대적인 권력을 쥐고 있었다. 포스트매스미디어 시대로 오면서 방송사와 제작사 간 불균형적 힘의 역학 관계에 많은 변화가 생기긴 했지만, 여전히 방송사 – 제작사 간의 위계적 불평등 관계는 방송 환경의 중요한 축으로 유지되고 있다(박소라, 2001; 이설희·홍남희, 2020; 장용호·노동렬, 2008). 그런 상황에서 매스 미디어 조직 밖의 다른 조직과 개인은 이야기 생산과 유통 과정에서 유의미한 권력을 갖지 못하는 상황에 놓였다. 특히 개인은 앞에서 이야기한 미디어의 이중 상품 시장 구조에서 일종의 '소외'를 경험하고 있었다. 스스로 적극적으로 미디어 내용이라는 상품을 구매하고 이용하는 주체라 생각했지만, 사실은 자신의 시간, 관심, 시선, 취향 등이 상품화되어 광고주인 기업에 팔리고 있었다. 그런 상황에서 개인들이 자신의 이야기를 스스로 생산하고, 공유하는 주체가 되는 길은 어디에서 찾을 수 있었을까? 매스 미디어 시대에 그것을 찾는 것은 쉽지 않은 일이었다.

매스 미디어와 정치와의 관계

매스 미디어 체계가 이야기하기에 대한 사회적 독과점을 갖게 되자, 사회 내의 다른 체계들도 이야기하기의 과정에 참여하기 위해서는 매스 미디어 체계에 의존하지 않으면 안 되는 상황이 만들어졌다. 샌드라 볼로키치와 멜빈 드플러는 이런 상황을 설명하기 위한 개념으로 미디어 체계 의존media system dependency이라는 개념을 1970년대에 만들었고, 그것을 바탕으로 미디어 체계 의존 이론을 구성했다(Ball-Rokeach & DeFleur, 1976). 미디어 체계 의존이라는 개념은 이야기 수집과, 가공, 생산, 분배 과정에서 매스 미디어 조직이 갖는 독과점을 염두에 둔 것이다. 매스 미디어 시대에는 정치 체계도, 경제 체계도 자신들의 이야기와 정보가 급속하게 생산, 유통될 필요가 있을 때는 매스 미디어 체계에 의존할 수밖에 없었다. 가령 정치 체계는 여론을 감지하거나 여론에 영향을 주기 위해서 미디어 체계가 가진 이야기하기의 독과점 권력에 의존할 수밖에 없었다. 기업도 자신의 상품을 소비자에게 광고하기 위해서는 매스 미디어 체계에 의존할 수밖에 없있다. 볼로키지는 이런 식으로 구축된 거시적 수준(혹은 체계 수준의) 의존 관계가 미시적 수준, 즉 개인 수준에서의 미디어 의존에도 영향을 미친다고 설명했다(Ball-Rokeach, 1985, 1993). 정치나 사회 체계가 미디어 체계에 영향을 받는 것을 미디어 의존이란 개념보다 더 확장시킨 개념이 미디어화다. 미디어화란 미디어 체계와 제도의 논리를 다른 체계(정치, 경제 등)가 받아들이게 되는 과정을 기술하는 개념이다(Couldry & Hepp, 2017; Hjarvard, 2008). 현대 사회의 대부분 영역이 이제 미디어에 매개되는 상황이 전개되면서 미디어의 논리를 받아들여 그것을 체득하지 않고서는 도태될 수밖에 없는 상황이 만들어졌다. 매스 미디어가 지배하는 환경에서 어떤 식으로건 '존재'하려면 미디어의 매개 논리, 언어, 관습, 패턴을 받아들일 수밖에 없게 되었다.

미디어 체계 의존과 미디어화라는 개념을 앞에 놓고 보면 미디어 제도가 다른 제도를 압도하고, 모든 상황을 다 장악한 것처럼 보인다. 그러나 미디어화라는 것은 특정 미디어 조직의 사회적 영향력이라기보다는 더 상위의 거시적 흐름(가령 산업화, 도시화, 정보화, 개인화 등과 거의 같은 수준의 사회 변화)을 말한다. 그 흐름에서 미디어 체계와 다른 비미디어 체계 모두가 영향을 받는 과정을 말하는 것이 미디어화라고 이해하는 것이 더 정확할 것이다.

미디어 체계와 정치 및 경제 체계 사이의 관계는 생각보다 더 복잡하고 역동적이다. 매스 미디어 시대에 미디어 조직과 제도는 상당한 정도로 정치의 영향을 받았다. 가령 어떤 정치 제도의 틀 속에 있느냐에 따라 미디어 조직은 사뭇 다른 모습을 띠게 된다. 프레드 시버트, 시어도어 피터슨, 윌버 슈람 등 출판 당시 전현직 일리노이대학교 교수들은《언론의 4이론》이란 책을 1956년에 출판하면서 바로 그 점을 일목요연하게 정리했다(Siebert, Peterson, & Schramm, 1956). 우리말로는 '언론'이란 말을 써서 번역했지만, 이 책의 원제목은 "the four theories of the press"로 되어 있고 신문에 초점을 둔 것이었다. 그러나 책의 서론에서 저자들은 제목에 신문the press이라고 쓰긴 했지만 자신들이 염두에 둔 것은 매스 커뮤니케이션을 위한 모든 미디어였다고 밝혔다. 책 제목에 들어 있는 '이론'에 대해서도 한마디 할 수 있는데, 사실 이 책에서 다룬 것은 실증적 검증의 대상이 될 학술적 이론이라기보다는 상이한 언론 제도들을 떠받치는 철학적 틀에 가깝다고 해야 한다.《언론의 4이론》에서 저자들은 매스 미디어가 정치 체제와 맺는 관계를 권위주의, 자유주의, 사회적 책임주의, 소비에트 공산주의 방식 등 크게 네 가지 유형으로 분류했다. 이러한 분류 자체가 시사하는 것은, 매스 미디어 조직과 제도가 어떤 모습을 띨지는 그것이 어떤 사회 정치 환경에 있느냐에 달려 있다는 점이다. 미디어화와 미디어 의존이라는 개념을 통해 학자들은 미디어가 사회 체계와 정체 체계에 미치는 근본적 영향에 대해서 언급했지만, 사실 매스 미디어 제도는 역으로 사회 제도와 정치 제도의 한계 안에서 작동할 수밖에 없다.

시버트, 피터슨, 슈람이 제시한 언론의 4이론 틀은 뒤에 많은 비판을 받기도 했고, 몇몇 연구자들은 현실을 더 잘 반영한 수정된 모델을 제시하기도 했다(Hallin & Mancini, 2011). 그런데도 이런 유형 분류 자체가 우리에게 상기시키는 것은 이것이다. 즉 어떤 유형의 사회에서건 매스 미디어 시대에는 대부분의 일반인에게는 말을 할 수 있는 기회가 주어지지 않았고, 정치 체계가 자신의 제도적 장치를 통해 정한 소수에게만 말할 기회를 주었다는 것이다. 물론 언론의 네 가지 유형 중에서 자유방임주의는 사회 소수자를 포함해서 누구든 말할 수 있어야 한다는 존 밀턴John Milton 식의 자유론을 바탕으로 하고 있어서 말할 수 있는 자들을 제한하면 안 된다는 것을 중요한 원칙으로 삼았다. 이 점은 실로 권위주의나 소비에트 공산주의, 그리고 사회적 책임주의로부터 자유방임주의를 구별 짓는 것이라 할 수 있다. 그러나 이론과 현실이 늘 일치하는 것은 아니었다. 매스 미디어 시대에 자유방임주의를 순수하게 따르는 사회는 거의 없었다고 해야 할 것이다. 자유방임주의에 가장 가깝다 할 수 있는 미국도 누가 말할 것인가를 결정하는 많은 법적 규제가 있었다. 특히 제한된 라디오 전파 스펙트럼을 이용해야 하는 방송의 경우, 원하는 모든 사람이 방송을 할 수 없었고 허가권을 가진 극소수만 방송을 할 수 있었다. 결국 자기 말을 할 수 있는 기회를 극소수에게만 줄 수밖에 없는 기술적 한계가 존재했다는 것인데, 이것은 단순히 기술적 한계라기보다는 법적, 정책적, 정치적 한계라고 하는 것이 더 정확하다. 이러한 점을 비판하며 언론인 허버트 앨철Herbert Altschull은 매스 미디어를 권력의 대행자agents라고 불렀다(Altschull, 1984). 그가 분석 대상으로 삼은 것은 권위주의나 공산주의 체제의 매스 미디어가 아니라, 자유방임주의 체제에 있는 미국의 매스 미디어였다.

전문직주의

20세기 매스 미디어 시대에 등장한 새로운 경향 중 하나는 매스 미디어에 종사하는 사람(특히 기자)을 전문직이라고 불렀다는 것이다. 어떤 직업이 전문직이라 불리기 위해서는 몇 가지 조건을 갖춰야 한다. 사회학자인 리처드 홀Richard Hall(1968)은 행동의 준거를 제시하는 전문직 조직, 대중에게 제공되는 서비스에 대한 믿음, 자기 규제에 대한 믿음, 직업적 소명의식 등이 그런 조건이라고 설명했다. 매스 미디어의 맥락에서 가장 최초로 전문직주의를 이야기한 사람은 아마도 신문 발행인 조지프 퓰리처 Joseph Pulitzer였을 것이다. 그는 1904년에 이미 저널리즘을 전문직으로 규정하면서 그것을 위한 교육과 훈련의 중요성을 강조했다. 대체로 언론인들이 전문직인가 아닌가에 대한 미디어학 내부의 논의는 다른 분야(특히 사회학 분야)에서 소개한 이론과 개념의 틀을 빌려와 1960년대부터 시작되었다(Janowitz, 1975; Johnstone, Slawski, & Bowman, 1972; McLeod & Hawley, 1964).

매스 미디어의 틀에서 전문직에 대한 논의는 대개 뉴스를 다루는 기자를 대상으로 한 것이었지만, 그것을 확대해서 방송 제작자, 편집인 등도 포함하는 경우도 있었다. 1960년대부터 이루어졌던 논의는 대개 두 가지 유형으로 나눌 수 있다. 첫 번째는 전문직주의라는 의식과 자부심이 매스 미디어 종사자들 사이에서 어떻게 만들어지고, 그것이 그들의 작업에 어떤 영향을 미치는지를 살피는 현상학적 연구다(Dunwoody, 1979; Tuchman, 1978b). 두 번째는 전문직을 구성하는 표준적이고 객관적인 기준을 설정하고 매스 미디어 안의 직업(가령 기자 직종)이 그 기준에 얼마나 부합하는지를 판단하는 산업조직론적인 연구다(박진우·송현주, 2012; 윤석민, 2020; 조항제, 2018; Becker, Sobowale, & Cobbey, 1979; Johnston, Salwski, & Bowman, 1972; Nayman, 1973).

현상학적 연구든, 산업조직론적 연구든 매스 미디어 직종의 전문직성 논의는 그 자체로서 하나의 또 다른 사회적 효과를 만들어 냈다. 20세기의 미디어 기술을 이용해서 이야기를 생산, 분배하는 것을 특별한 자격, 능력, 소양을 갖춘 사람(즉 전문직!)에게만 한정시켜야 한다는 인식이 사회적으로 만들어진 것이다. 언론의 전문직주의가 만들어 낸 이런 사회적 효과에 대한 이슈는 연구자들로부터 그리 많은 주목을 받지 못했다. 특정한 자격을 갖춘 사람만 미디어 체계 내에서 이야기 생산과 배분에 참여할 수 있다는 것은 매스 미디어 체계가 갖춰진 20세기, 특히

20세기 중후반부에 구축된 것이다. 20세기 이전에도 신문사 등의 전문 미디어 조직이 있긴 했지만, 미디어 종사자와 비종사자를 구분하는 벽이 분명했던 것은 아니었다. 가령 19세기에 활약했던 프랑스의 소설가 오노레 드 발자크Honoré de Balzac는 작가이면서 동시에 언론인이기도 했다 (Zweig, 1946). 그는 언론을 대상으로 다양한 글을 썼는데, 종종 돈을 벌기 위해서 논조를 바꿔 가며 신문사 성격에 맞는 글을 써 주기도 했다. 나중에는 직접 본인이 신문을 발행하기도 했다. 물론 그가 저널리즘 정규 교육을 받은 것은 아니었다. 당시 언론의 호된 비판을 받기도 했던 작가 발자크는 그에 대항하듯 동시대 언론의 비윤리성에 대해서 조롱과 비판 섞인 글을 쓰기도 했다. 20세기 초 근대적 신문이 들어온 한반도에서도 전문직으로서의 언론인이라는 의식은 뚜렷하지 않았다. 가령 이광수도 20세기 초에 〈동아일보〉 논설위원이자 기자였으나 그가 1960년대 전문직 논의에서 언급하는 전문직으로서의 기자 의식을 가졌었는지는 불분명하다. 하지만 20세기 중반에 오면 상황이 바뀌기 시작한다. 미국과 같은 곳에서는 1920년대 아이오와대학교를 시작으로 저널리즘학과가 대학 내에 생겨났고, 저널리즘학과에서 학위를 받은 사람들이 언론사에 취직하는 체계가 수립되기 시작했다. 미국에서는 1909년 시그마 델타 카이Sigma Delta Chi라는 이름의 언론인협회가 설립되었는데, 이는 나중에 전문언론인협회The Society of Professional Journalists라는 이름으로 개명을 했다. 조직 이름 안에 'professional,' 즉 전문직이라는 수식어가 들어갔다는 점을 눈여겨보기 바란다. 더불어 한국에서도 신문협회가 1957년에, 기자협회가 1964년에 만들어지면서 전문직 언론인에 대한 의식이 자리를 잡기 시작했다. 20세기 중반 이후부터는 발자크나 이광수 등과 같은 사람들도 정해진 자격 조건을 갖춰야만 언론인이 되는 세상이 되었다.

공익성

매스 미디어 시대가 시작하면서 매스 미디어 제도에 적용할 다양한 규범이 등장했다. 여기서는 공익성, 객관성, 공정성 등의 규범에 집중해서 이야기를 해 보도록 하겠다. 사람들이 미디어를 갖고 수행하는 소통 과정에 이런 규범을 적용하기 시작한 것은 매스 미디어 시대가 처음이었다고 해도 과언이 아니다. 가령 가족 사이에서, 친구 사이에서, 직장에서 상사와 부하 사이에서, 군주와 신하 사이에서, 시장에서 판매자와 구매자 사이에서 이루어지는 소통이 공익적이어야 하고, 객관적이어야 하고, 공정해야 한다고 말하는 경우는 흔하지 않았다. 소설이나 시 같은 문학 작품에도, 과학적 연구 결과를 담은 학술서나 학술 논문에도 이런 규범을 적용하는 것은 적절하지 않아 보인다. 창의적 내용(가령 문학 작품)에 이런 식의 규범을 적용하려는 시도가 있었다면 아마도 그것은 정치적 의도를 담은 검열로 비판받게 될 것이다. 매스 미디어로서의 신문이 등장하기 전 정파적 신문을 공익, 객관, 공정의 기준으로 판단하는 것도 억지스러운 일이었다. 그러나 매스 미디어 체제가 구축되자 공익성, 객관성, 공정성과 같은 것이 미디어 제도를 틀 짓는 지배 규범으로 등장했다. 서로 떨어져 있는 수많은 사람에 동시에 같은 내용을 전달하는 매스 미디어는 이제 공익에 부합해야 하고, 불편 부당의 객관성을 담보해야 하고, 무엇보다 공정해야 하는 것이 되었다.

공익성 즉 모든 사람의 이익이라는 뜻을 지닌 public interest는 매스 미디어 제도가 무르익기 전 시기에 이미 이른바 커먼 캐리어common carrier에 해당되는 도로, 항만, 철도 산업 등에 적용되던 규범이었다(Keedy, 1917; 오형일·윤석민, 2014). 이들 산업에 부여한 공익성의 근거는 그 산업의 물적 기반을 만들고 유지하는 데 정부 지원(즉 공적 자원)을 제공할 수밖에 없다는 점, 그 산업이 갖는 자연 독점적 성격, 그런 독점적 성격 때문에 누가 무슨 목적을 위해 이용하는지에 관계없이 비차별적으로 서비스를 제공하도록 하는 법적, 규범적 장치가 필요했다는 것 등이었다(강형철, 2014; 이창근, 2002; de Sola Pool, 1983; Horwitz, 1991). 커먼 캐리어의 공익성 근거는 사실 중세 시대로부터 유래한 커먼 콜링common calling 개념에 기원한다(강형철, 2016). 커먼 콜링이란 쉽게 말하자면 물건이나 서비스를 파는 사람이 사려는 사람을 차별해서 팔아서는 안 된다는 것이다. 가령 어느 마을에 와인을 파는 가게가 하나밖에 없다면(즉 독점 상황이라면) 그 가게는 와인을 사려는 누구라도 차별하지 않고 와인을 팔아야 한다는 것이 커먼 콜링의 요점이다. 커먼 콜링의 개념에서 공익이란 차별 없이 모든 사람의 요구와 이익에 부응하는 것이라 할 수 있다. 중세의 경제 구조에서는 대부분의 상인이 커먼 콜링을 요구받았다. 경쟁 없는 독점인 경우가 많았기 때문이다. 뒤로 오면서 커먼 콜링을 요구받는 산업은 나중에 커먼 캐리어로 불리는 것으로 축소되었다. 커먼 캐리어의 뿌리가 커먼 콜링이라 한다면 근대로 와서도 독점과 비차별이 공익성의 핵심 요소라 할 수 있다. 커먼 캐리어 산업에서는 국가 지원이라는 요소가 공익성 요소 중 하나로 더욱 분명히 부각된다. 즉 항만과 철도 등 커먼 캐리어 기업이 작동하기 위해서는 정부의 지원을 받을 수밖에 없기 때문에 그러한 특혜 지원에 대한 보상으로 공적 의무를 부담해야 한다는 것이다. 19세기와 20세기 초에 걸쳐 등장한 전신과 전화는 기존 철도 산업과의 직간접적 관계에서 시작했기 때문에 커먼 캐리어로서 철도에게 요구되던 공익성의 조건을 전수받았다(강형철, 2016). 그 뒤에 등장한 라디오 기술은 애초에 전신이나 전화와 같이 통신 기술의 하나로 개발되었던 것이었기 때문에 전화와 전신에 부여한 커먼 캐리어로서의 지위와 그에 따른 공익성 원칙을 라디오 방송이 이어받은 것이 그리 이상한 것은 아니었다. 하지만 따져 보면 방송에 커먼 캐리어 지위와 공익성 원칙을 부여한 것이 기술적으로나 제도적으로 필연적인 것은 아니었다. 방송은 사실 전화, 전신, 도로, 철도와 비교했을 때 적어도 한 가지 점에서 중요한 차이점을 갖고 있었기 때문이다. 그 차이점이란 전달되는 내용(통화 내용 혹은 운송 물건의 종류 등)에는 직접 관여하지 않고 그것을 전달만 하는 전화, 전신, 도로, 철도와는 달리 방송은 '내용'을 생산, 전달하는 것을 통합한 산업이었기 때문이다. 매스 미디어(방송)와 공익성 개념의 이런 어색한 만남은 매스 미디어의 공익성이란 과연 무엇일까라는 질문에 대해 20세기 내내 계속해서 분명한 답을 찾기 어렵게 만든 근본 원인이 되었다.

　　매스 미디어와 공익성이라는 개념은 이렇게 우연히 접합되었다. 그러한 우연성을 보완하기 위해 매스 미디어 특히 방송에 적용하는 공익성의 근거를 체계화하는 작업이 뒤에 필요했다. 그러한 작업은 20세기 내내 계속되었다. 대체로 방송 공익성의 근거로 전문가들은 전파의 희소성, 방송 내용의 사회적 영향력, 내용 품질의 확보, (앞에서 설명한) 생산물의 공공재적 성격, 규모의 경제, 자연 독점 현상 등을 언급해 왔다. 방송의 공익성도 커먼 캐리어 산업처럼 정부로부터 기술적, 재정적, 행정적 특혜받는 것을 토대로 한다. 그런 특혜에 대한 대가로 사회는 방송에 공익성의 의무를 시울 수 있었나. 그럼에도 20세기 내내 방송의 공익성이란 무엇인가에 대한 논의가 계속되었다. 강형철(2016)은 《융합 미디어와 공익》에서 매스 미디어 시대 이전, 매스 미디어 시대, 그리고 포스트매스미디어 시대의 공익 개념을 매우 체계적으로 논의하였다. 미국과 유럽 등의 경험 사례를 토대로 그가 자신의 책에서 논의한 것을 정리하자면 방송이 공익성을 추구한다는 것은 결국 (1) 사회 구성원 중 누구라도 배제하지 않는 것(다양성, 포용성, 소수자에 대한 배려), (2) 어느 한쪽 의견에 치우치지 않는 것(공평성, 공정성), (3) 이용자에게 실질적으로 유익이 될 고품질 내용(고품질)을 제공하는 것 등이 공익성의 일반적 내용이라고 할 수 있다. 공익성은 대중성(가령 다양성과 포용성이 대표하는)과 엘리트주의(가령 고급 취향의 고품질 내용 추구)를 모두 포함하는 규범이라는 성격을 갖고 있었다. 방송에 적용된 공익성은 방송과는 직접 관련 없는 다른 매스 미디어 채널(가령 신문이나 영화)에까지 확산되었다. 신문이나 영화도 정부 지원을 받는 경우가 있었을 뿐 아니라 무엇보다 그것이 갖는 사회적 영향력에 대한 고려 때문이었다.

매스 미디어의 공익성 개념은 한국에 들어와서 국가주의와 결합하였다(강형철, 2016; 오형일 · 윤석민, 2014; 우지운, 2010; 윤석민, 2020). 서구에서 통용된 공익 개념은 '모든 사람'을 위한 이익이라는 의미가 강했던 반면, 한국에서는 그것이 개인의 이익을 희생하고 집단의 이익을 지향하는 것이라는 의미로 받아들여졌다. 그리고 한국에서 그 모든 집단을 대변하는 것은 국가였다. 유럽이나 미국에서는 공익이라는 개념이 소수자들이 '모든 사람의 이익'에서 배제되지 않도록 하는 개념 장치였다고 한다면, 한국에서는 그것이 국가 이익이 훼손되지 않도록 하는 개념 장치였다(강태영, 2007; 강형철, 2016). 한국에서는 국가 이익과 국가 통합에 해를 끼칠 것처럼 보이는 소수자들의 취향, 의견, 목소리가 공익의 이름으로 억압되었다. 권위주의적 정치 체제에서 공익은 종종 이렇게 폭력적 개념이 되기도 한다.

매스 미디어에 공익성 개념을 적용하는 것이 만든 한 가지 중요한 사회적 결과는 그것이 이야기하기 주체의 독점 현상을 공고화했다는 것이다. 이것이 이 책에서 주목하는 점이다. 공익성을 요구받을 조건(정부 지원, 희소한 전파의 사용권 등)을 만족시킬 수 있는 사람이나 조직은 매스 미디어 시대에 소수로 제한되어 있었다. 이런 상황에서 공공의 이익에 부합하지 않는 목소리는 공적 소통의 장에서 주변화될 수밖에 없었다. 공익의 이름으로 소수 의견과 소수 취향이 존중받더라도 그러한 존중은 일종의 시혜처럼 위에서 아래로 주어지는 것이었다. 소수자들 스스로 공익의 이름으로 자기 목소리를 갖게 되는 것은 아니었다. 특히 공익성이 국가주의와 만난 한국의 경우에는 공익(즉 국가 이익)에 부합하지 않는 것은 종종 억압과 탄압의 대상이 되기도 했다.

객관성

매스 미디어 시대에 나타난 또 하나의 새로운 발명품은 객관 보도라는 것이다. 객관 보도의 역사적 기원에 대해 언급하는 학자들은, 객관 보도란 신문의 역사적 등장과 함께 나타난 이상적인 보도 양식이 아니라 19세기 중반 이후 정당 신문을 대체하는 대중 신문의 출현과 더불어 하나의 보도 관행으로 발전하게 된 것이라고 설명한다(Hackett, 1984; Schiller, 1979; Schudson, 2011; Stephens, 2007). 그래서 미디어 제도에서 객관성objectivity 개념의 시작은 객관 보도가 관행으로 나타나기 시작한 1830년대의 페니 신문penny press의 등장을 기점으로 삼는 것이 일반적이다. 페니 신문이 등장하기 이전에는 정당 신문들이 특정 정파의 입장이나 발행인의 개인적 견해를 대변해 왔다. 상업 신문commercial press으로서 페니 신문은 대다수 공중의 이해 관심에 봉사하는 것을 목적으로 삼았으므로 특정 정파로부터 독립하여 중립적 위치에서 정보를 제공한다는 객관 보도의 형식을 필요로 하게 되었다. 객관 보도에 관한 이러한 실명이 강조하는 것은 신문 기업의 생존과 발전을 위한 경제적 논리에서 객관성, 객관 보도의 이념이 만들어졌다는 것이다.

1960년대에 접어들면서 객관 보도의 이상과 현실에 대한 거센 비난과 반발이 새로운 보도 양식에 대한 아이디어들과 함께 제기되기 시작하였다. 이러한 움직임은 사회 현실에 대한 객관적 인식의 불가능에 대한 자각과 함께 그동안의 언론 보도의 이기성과 무책임성에 대한 회의를 기반으로 했다. 즉 2차 세계 대전 이후 '언론에 대한 사회적 책임' 개념이 등장하고(The commission on freedom of the press, 1947), 1960년대와 1970년대를 거치면서 객관 보도의 관행이 커다란 비판에 직면하게 되면서 새로운 유형의 보도 양식이 다양한 이름으로 등장하게 되었다. 가령 뉴 저널리즘new journalism, 주장 저널리즘advocacy journalism, 조사 보도investigative reporting, 탐사 저널리즘precision journalism 등이 그것이다. 최근에는 문제 해결 저널리즘solution journalism 등이 등장하기도 했다. 이런 대안적 시각들은 공통적으로 보도의 객관성에 관한 논의가 이제는 실증주의적 객관성에 지나치게 집착하는 데서 탈피해야 할 것이며 단지 사실만이 아니라 사실의 의미에 대한 문제를 논의할 수 있어야 한다고 주장했다. 언론인이 아무리 자신의 편견을 배제하려고 노력한다고 해도 자신이 처해 있는 사회나 문화적 입장으로부터 온전히 벗어날 수는 없다는 것이다.

그러나 이런 대안적인 시각들이 등장했음에도 불구하고, 매스 미디어 시대에 객관성은 여전히 매스 미디어 체계 내에서 신성시되는 가치로 자리매김해 있었다. 객관성과 더불어 공정성, 중립성, 정치적 올바름 등의 가치는 매스 미디어 시대 내내 언론인이 스스로를 변호할 때도 사용하고 외부에서 언론을 비판할 때도 동원하는 가치들이었다.

공정성

매스 미디어 시대에 중요하게 언급되는 또 다른 가치는 공정성이다. 그것이 얼마나 중요한 가치였는지를 아는 방법은 사람들이 얼마나 공정성 결핍에 대해 불만을 토로해 왔는지를 살펴보는 것이다. '언론이 공정하지 못하다'라는 데는 한국 사회 구성원 모두가 늘 한목소리였다. 정치인, 시민 모두 같은 말을 했다. 보수는 보수대로, 진보는 진보대로 언론이 공정하지 못하다 불평했다. 권위주의 정권하인 1984년에 만들어져서 지금까지 한국에서 활동하는 진보 단체 '민주언론시민연합'도, 진보 세력이 정권을 잡았던 2008년에 보수 인사들이 모여 만들었지만 지금은 활동이 뜸해진 보수 단체 '공정언론시민연대'도 모두 공정하지 못한 편파 언론을 감시해야 한다고 나섰다. 이렇듯 우리 사회 누구도 미디어가 공정하다고 말하는 사람이 없다. 어쩌면 매스 미디어의 역사는 불공정의 역사이고, 불공정한 미디어에 대한 불만 토로와 비판의 역사라고 해도 될 정도다. 한국의 언론에서 공정성은 늘 결핍의 대상이었다. 물론 한국 사회에서 미디어의 공정성에 대한 문제 제기는 사회적, 역사적 맥락을 고려해서 이해해야 한다. 조항제(2016)는 한국에서 미디어에 대한 공정성 시비가 문제가 된 것은 "식민지와 분단, 전쟁, 군부 권위주의와 압축적 경제 성장, 그리고 제한적 민주화 등에서 언론이 걸어온 통제와 기만의 역사 때문"일 것이라 설명한다. 그러한 역사적 맥락 속에서 미디어의 공정성 문제를 지적하고, 그것에 대항하는 정부의, 정치권의, 시민의, 학자의, 대안 언론의, 기성 언론 자체의 움직임은 또 다른 차원에서의 공정성 시비를 빚기도 했다(윤석민, 2015).

그렇다면 과연 미디어의 공정성이란 무엇인가? 우리가 모두 동의할 수 있는 정의를 찾을 수 있을까? 언론이 늘 참인 정보를 전달하고, 거짓된 정보를 전달하면 안 된다는 것에 대해 동의하지 않는 사람은 드물 것이다. 즉 미디어의 사실 추구 가치는 누구나 받아들일 수 있다. 미디어의 사실 추구는 미디어가 지향하는 다른 대부분 가치와 충돌하지 않는다. 예를 들어 미디어가 사실성을 추구해야 한다는 것과 표현의 자유라는 가치는 서로 상충하지 않는다. 그런데 미디어의 공정성 개념은 어떤가? 미디어의 공정성은 표현의 자유 가치와 종종 상충한다. 미국 등에서 1980년대 중반 공정성 원칙을 기반으로 하는 상당수 규칙들이 폐기된 이유 중 하나도 그것이 표현의 자유를 침해한다는 판단 때문이었다. 이런 점을 생각하면 공정성이 미디어가 추구해야 하는 절대적인 가치인지조차 의심이 든다. 어쩌면 미디어의 공정성은 20세기 매스 미디어의 발전 과정과 그것이 만든 새로운 기술적 조건(가령 전파의 희소성 등) 때문에 역사적으로 우연히 만들어진 개념인지 모른다. 미디어의 공정성에 대한 법적 의무가 그동안 요동쳐 왔다는 것도 어쩌면 그 개념이 20세기 매스 미디어 시대의 특수한 상황적 조건 때문에 우리에게 주어진 임시적 개념이었기 때문이라고도 생각해 볼 수 있다. 매스 미디어 시대 내내 미디어의 공정성이라는 개념 자체는 그때그때 정략적 목적에 따라 이해되어 왔고, 그러면서 이 개념의 모호성은 줄어들기는커녕 커져만 왔다.

미디어의 공정성이라는 개념이 모호한 이유를 조금 더 따져 보자. 미디어의 공정성이라는 개념이 모호한 이유 중 하나는 그것의 주체가 누구인지와 그 대상이 누구인지가 명확하지 않기 때문이다. 먼저 공정함의 주체에 대해 살펴보자. 미디어가 공정해야 한다고 할 때 과연 누구의 공정성을 말하는 것일까? 공정해야 하는 것은 개별 언론 기사인가, 한 언론사가 특정 사안에 관해 쓴 기사들 전체인가, 그 기사(들)를 쓴 언론인(들)인가, 아니면 미디어 조직 자체인가, 혹은 더 나아가 개별 미디어 조직을 아우르는 한 사회의 미디어 생태계 전체인가? 미디어의 공정성에 대한 법적, 학문적 논의들은 대개 특정 미디어 기사의 공정성에 대해 말하는 경우가 많다. 예를 들면 이준웅과 김경모(2008)는 언론의 공정성의 세 가지 요소로서 정보원의 다양성, 담론적 공정성(즉 당사자 견해의 정당한 반영), 약자 배려 원칙을 들고 있는데, 이들도 결국 개별 기사 텍스트 내에서의 공정성에 대한 것이다. 공정성에 대한 법적 규제 역시 대부분 이렇게 하나의 기사 안에서의 공평성에 대한 것들이다. 하지만 미디어의 공정성 주체는 기사 자체가 아니라, 기사를 쓰는 언론인의 전반적인 보도 행태에 대한 것일 수도 있고, 언론사 전체의 보도 방향에 대한 것일 수도 있다. 특히 언론인의 전문직성을 강조하게 되면 공정성은 단순히 특정 기사에 요구되는 것이 아니라 개별 언론인들이 짊어져야 하는 의무가 된다(Schudson, 2003). 또한 독일 노르트라인-베스트팔렌주 (Westdeutscher Rundfunk 서부독일방송)법이 규정하는 것처럼(김영욱, 2011), 한 언론사의 전체 프로그램에서 의견의 다양성을 공정성의 잣대로 삼을 수도 있는데, 이 경우 공정성의 주체는 특정 기사나 언론인이 아니라 언론사 전체의 프로그램 편성 방향이다. 공정성의 주체는 개별 언론사 울타리를 넘어서서 한 사회 전체 미디어 생태계가 될 수도 있는데, 이 경우엔 특정 사안에 대한 다양한 의견이 사회 구성원들에게 충분히 전달되는지를 기준으로 미디어의 공정성을 평가할 수 있다.

미디어 공정성의 주체를 누구로 할 것인가는 사실 중요한 문제임에도 불구하고 그동안 개념적으로 명확하게 설명되지 못했다. 미디어 공정성 주체의 문제가 중요한 이유는 다음과 같은 것이 가능하기 때문이다. 첫째는 모든 언론 기사가 각자의 관점에서 '불공정'하게 어느 한 편에 치우친 기사를 내보내더라도, 언론사 전체 내용의 관점에서, 혹은 더 나아가 미디어 생태계 전체의 관점에서 보면 '공정한' 즉 다양한 관점의 내용이 전달되는 경우다(김영욱, 2011). 둘째는 그 반대로 각각의 기사는 기계적인 중립성과 불편 부당성, 의견 다양성을 가졌다 하더라도, 그것이 합쳐져서 만들어지는 상위 수준 — 언론사, 언론 생태계 — 에서는 시민이 다양한 내용을 받지 못하는 불공정한 상황이 발생할 수도 있다. '공정한 기사'가 공정한 미디어 생태계를 보장하는 것이 아니다. 라인홀드 니버Reinhold Niebuhr의 《도덕적 인간과 비도덕적 사회Moral Man and Immoral Society: A Study of Ethics and Politics》 제목을 패러디해서 말하자면 '공정한 기사와 불공정한 미디어 생태계,' 혹은 그 반대로 '불공정한 언론 기사와 공정한 미디어 생태계'의 상황들이 모두 가능한 것이다.

공정함의 대상에 대한 문제도 살펴보자. 공정해야 한다는 말은 항상 '누구에게' 공정해야 하는지를 상정해야 한다. 그런데 따져 보면 미디어 공정성에 대한 논의에서 공정함의 대상 역시 모호한 경우가 많다. 미디어가 공정해야 한다는 것은 과연 누구에게 공정해야 한다는 것일까? 특정 기사를 읽는 개별 독자인가? 아니면 독자 일반인가? 가령 독자가 누구인지에 대해 눈감고 특정 사안에 대해 말하는 것이 공정함인가? 그런데 기존의 언론 공정성 조항들은 (독자가 아니라) 언론 기사가 다루는 대상을 공정성의 직접적 대상으로 삼는다. 가령 공직선거법상의 공정성 규정은 경쟁하는 후보자 한 사람을 다룰 때 다른 후보자들에 관한 내용도 공평하게 다루거나 반론권을 줄 것을 규정한다. 공정함의 주체가 미디어 조직 혹은 생태계라면 미디어의 공정함 대상에는 언론인도 포함되는가를 물을 수 있다. 이에 대해 그렇다고 답한다면 언론인이 자신의 양심과 전문직으로서의 직업의식에 근거해서 기사를 쓸 수 있는 여건이 있느냐 없느냐가 공정함의 잣대가 될 수도 있다. 이 경우 공정함의 대상은 언론인이다. 앞에서 언급한 언론 노조의 언론 공정성 요구는 이런 배경에서 나온 것일 것이다. 서울고등법원 제5형사부(부장판사 김상준)는 2012년 파업으로 인한 업무 방해 등 혐의로 기소된 당시 전 노조 위원장과 집행부 4명에게 무죄를 선고하면서 "실제 방송 제작 등에 있어서 공정 방송 의무를 실현하는 것이 가능한 환경이 조성되었는지 여부 등은 근로 조건을 결정짓는 중요한 요소가 된다고 할 것"이라고 판결 취지를 설명하였다. 여기서 주목할 단어는 "공정 방송 의무를 실현하는 것이 가능한 환경"이라는 표현이다. 미디어의 공정성을 언론인이 공정하게 활동할 수 있는 언론사 조직 내부의 환경으로 파악하는 것인데 이 경우 공정함의 일차적 대상은 언론사 구성원이다. 이러한 논지를 더 확장하면 우리 사회 전체 미디어 생태계의 틀 속에서 개별 언론사가 저널리즘의 기본을 충실히 실천할 수 있는 환경이 조성되어 있는지의 관점에서 언론의 공정성이라는 개념을 파악할 수도 있다. 이 경우엔 개별 언론사

(그리고 그 구성원)를 미디어 공정성의 대상으로 볼 수 있다. 종종 언론 공정성의 대상이 권력(정치권력, 경제 권력)이 되는 일도 있다. 절대 권력에 대립하는 언론(혹은 언론인)이라는 구도, 강력한 보수(혹은 진보) 언론에 대항하는 소수파 진보(혹은 보수) 정권의 구도, 재벌의 지배에 대립하는 언론(언론인)의 구도가 만들어졌을 때 그렇다. 사실 그동안 한국에서 공정 언론에 대한 논의는 정부에 대한 언론의 독립 측면, 혹은 언론 경영자를 상대로 한 언론인의 권리로서 논의되었다(이준웅·김경모, 2008; 조항제, 2016). 이처럼 공정함의 대상도 여러 층위로 나눠서 생각해 볼 수 있다. 공정함의 대상을 어떻게 파악하느냐에 따라 공정함의 의미가 달라진다.

이렇게 보면 우리가 미디어의 공정성을 이야기할 경우 누구의 공정성에 관한 이야기인지, 그리고 누구에 대한 공정성을 이야기하는지 등을 분명하게 규정하지 않는다면 제대로 된 논의를 할 수 없다. 매스 미디어 시대에 사람이 미디어의 가장 중요한 가치 중 하나로 여겼던 공정성은 사실 모호성의 늪에 빠져 있었다. 그리고 '별다른 조처'가 없다면 포스트매스미디어 시대에는 결국 폐기될 운명에 처할 수도 있다.

20세기 제도로서의 매스 미디어가 구축한 중요한 변화는 이야기 체계를 중앙집중화시키고, 국지적인 이야기들을 주변화했다는 것이다. 제도로서의 매스 미디어가 공고화되자 누가 이야기할 수 있는가(특별한 방식의 교육과 훈련을 받은 전문직 종사자로서의 언론인), 어떻게 이야기할 것인가(공익성, 객관성, 공정성의 규범 틀에 맞는 이야기들), 무엇을 갖고 이야기할 것인가(막대한 초기 자본이 필요한 이야기 생산 시스템)에 대한 이슈들이 어떤 경우엔 법적인 틀로, 어떤 경우엔 비공식적 규범의 틀로 규정되었다. 따라서 정해진 교육과 훈련을 받지 못한 사람들, 공익성, 객관성, 공정성의 규범을 따라 이야기하지 않거나 못하는 사람들, 이야기 생산 기술에 접근할 자본이나 정치권력을 갖지 못한 사람들과 조직들은 자신의 이야기를 할 여건을 갖추지 못하였다. 물론 매스 미디어 시대에도 다양한 유형의 이른바 대안 언론들이 존재했다. 다양한 조직들이 조직 안에서 소비되는 소식지를 만들기도 하고, 사회 운동 언론이나 저항 신문 등이 존재했다. 중앙이 포섭하지 못한 지역에서는 사람들이 모여 다양한 동기(전통 세습, 관습, 친목, 종교 등)를 바탕으로 문화적 실천을 수행하기도 했다. 그중 어떤 것들은 매스 미디어가 포착해서 '전국화'의 대상이 되기도 했지만, 대부분은 주변화된 문화로 존재할 뿐이었다.

매스 미디어 시대 사람으로서의 미디어

19세기까지는 미디어라는 말이 두 개 이상의 대상(사람, 신, 조직 등) 사이를 중개하는 사람들을 가리키기도 했다는 것을 나는 3장에서 비교적 자세히 설명했다. 하지만 20세기 중반에 들어서면서 매스 미디어 시대가 무르익어 가는 시점에 오게 되면 개인을 미디어라고 부르는 것은 생경하고 어색한 일이 되었다. 그 이유가 이 시기에 개인으로서의 미디어가 사라졌기 때문은 아니었을 것이다. 그것보다는 개인으로서의 미디어에 대한 '인식'이 사라진 시기였기 때문이라고 하는 편이 더 맞을 것이다. 20세기도 여전히 정치가, 종교 사제, 각종 중개인이 미디어적 역할을 하고 있었다. 국민의 대리자로서, 신의 대리자로서, 혹은 의뢰인의 대리자로서, 매개자로서, 미디어 역할을 하는 사람들이 매스 미디어 시대에도 계속 존재했다. 그러나 그들을 미디어로 보는 시각 자체가 희미해졌을 정도로 20세기에는 매스 미디어가 미디어 세계를 점령했다. 대부분의 개인들에게는 매스 미디어 시대가 만든 새로운 미디어 시스템 안에서 새로운 역할이 부여되었다. 그것은 수용자라는 역할이었다. 개인을 미디어로 보는 것과 비교했을 때 개인을 수용자로 보는 것은 개인을 매우 제한적으로 보는 것이다. 특정 국가에서 태어나 그 안에서 사회화를 거치면서 개인이 국민의 일원이라는 집단적 정체성을 학습하듯이 매스미디어 시대를 사는 개인들은 시청자, 청취자, 독자 등의 정체성을 모두 포함하는 수용자라는 정체성을 부여받고 끊임없이 매스 미디어가 전하는 각종 내용의 종착점이 될 뿐이었다. 개인을 미디어 그 자체가 아닌 미디어의 수용자로만 한정시켜서 바라보게 된 것이다.

개인으로서의 미디어에 대한 인식은 이렇게 매스 미디어 시대 동안에 축소되었다. 하지만 개인이 미디어적 기능을 수행하는 현상 자체가 없어진 것은 아니었다. 매스 미디어 체계 속에서 그들이 설 자리가 좁아지긴 했지만, 매스 미디어 시대에도 개인으로서의 미디어는 여전히 카리스마 지도자, 여론 지도자, 능동적 수용자, 식견 있는 시민 등의 모습을 입고 나타났다. 이들에 대해 살펴보기 전에 먼저 매스 미디어 시대에 새롭게 등장한 수용자의 정체성에 관한 이야기를 조금 더 이야기해 보도록 하겠다.

새로운 정체성의 탄생: 국민, 청취자, 시청자

베네딕트 앤더슨(Anderson, 1991)은 《상상된 공동체*Imagined Community*》에서 15세기 유럽 사회에 도입된 금속 활자 인쇄 기술(그리고 그것을 토대로 대량 생산된 책)을 토대로 민족이라는 집단 정체성이 만들어졌다고 주장한다. 1445년경 구텐베르크는 유럽에서는 처음으로 납으로 활자를 만드는 법을 터득했다. 그렇게 개발한 금속 인쇄 기술을 사용해서 1450년에 42행 성서를 발간하였다. 활자 인쇄 미디어 혁명이 유럽에서 이렇게 시작한 것이다. 이제 과거와는 비교할 수 없는 속도와 양으로 책을 찍어낼 수 있게 되었다. 그런 기술을 토대로 다양한 유형의 출판물들이 쏟아져 나오기 시작했다. 구텐베르크 자신은 42행 성서를 찍어낸 뒤 바로 파산하고, 그로부터 10여 년 지병을 앓아 시력을 잃은 채 지내다가 1468년에 죽고 말았다. 그의 역할은 인쇄 기술 개발과 책의 대량 생산이라는 역사의 수레바퀴를 굴리기 시작한 것에 그쳤다. 하지만 그가 시작한 인쇄 기술 혁명과 책의 대량 생산은 16세기 유럽 사회를 근본적으로 변화시켰다. 구텐베르크가 죽은 뒤 반세기 정도가 지난 1517년 독일에서 마르틴 루터Martin Luther가 종교 개혁의 신호탄을 날렸다. 구텐베르크의 인쇄 기술 덕분에 종교 개혁자들은 팸플릿과 책을 대량으로 찍어낼 수 있었다. 개신교와 가톨릭 사이에 총체적인 선전전이 시작되면서 인쇄 수요는 기하급수적으로 늘어났다. 그런 와중에 독일에서 마르틴 루터는 라틴어가 아니라 독일어로 책을 쓰고, 그것을 출판하는 일을 시작했다. 당시 독일어는 라틴어보다 천박한 말로 업신여김을 받았지만, 루터는 자신의 책들을 독일 민중의 언어로 발간했다. 민족어의 중요성에 대한 인식은 마르틴 루터 이전에도 유럽에서 이미 조금씩 커지고 있었다. 어떤 면에서 루터의 종교 개혁 운동은 그러한 인식이 커져 온 것을 이용한 것이기도 했다. 루터는 독일어로 된 책을 출판하는 과정에서 독일어의 문법적 정리 작업을 하기도 했다. 그래서 루터는 근대 독일어의 아버지라는 칭송도 받는다. 독일어 문법이 다른 언어에 비해 높은 규칙성을 지닌 언어가 된 것도 루터에 의해 문법이 체계적으로 정리되는 기회가 있었기 때문이다. 독일어로 출판된 책들은 독일어를 읽을 줄 아는 사람들이 사는 지역으로 퍼져나갔다. 그러면서 사람들 머릿속에 새로운 집단 정체성에 대한 인식이 생기게 되었다. 같은 마을에 살면서 대면으로 만나는 사람들의 경계를 넘어서서, 산 넘고 물 건너 저 멀리 한 번도 직접 만난 적 없지만 내가 지금 읽고 있는 책과 같은 것을 읽는 사람들, 즉 나와 같이 독일어를 말하고 읽을 줄 아는 사람들과 어렴풋한 유대감을 갖게 된 것이다. 같은 언어의 책을 읽는 (상상된) 공동체의 유대감을 모태로 해서 민족이라는 의식, 민족 정체성이 생겨났다는 것이 앤더슨의 설명이다. 구텐베르크의 인쇄 기술, 그리고 그것을 토대로 가능해진 대량 생산된 책이라는 미디어가 전에 사람들이 경험하지 못한 새로운 것으로서의 민족적 정체성을 탄생시켰다는 것이다.

앤더슨이 《상상된 공동체》에서 제시한 17세기의 미디어(모국어로 대량 생산된 책)와 정체성 간의 관계에 대한 흥미로운 가설을 매스 미디어 시대에도 적용할 수 있지 않을까? 20세기 매스 미디어 시대에서도 새로운 미디어 기술을 기반으로 여러 가지 형태의 새로운 정체성이 나타났다. 무엇보다도 20세기 매스 미디어 시대가 시작하면서 사람들은 매스 즉 대중이라는 정체성을 갖게 되었다. '매스'라는 말은 라틴어를 기반으로 중세 이전부터 사람들이 쓰던 말이었다. 하지만 이 말이 우리가 지금 쓰는 방식대로 개인을 넘어선 하나의 거대한 무리, 즉 대중이라는 뜻으로 본격적으로 쓰이기 시작한 것은 20세기 들어와서였다(Oxford English Dictionary). 즉 대중이라는 정체성은 20세기 도구로서의 매스 미디어가 도입되고 나서 생겨났다. 매스 미디어는 원래 존재하던 매스가 사용한 미디어가 아니다. 오히려 매스 미디어가 매스라는 새로운 정체성을 만들어 냈다.

대중이라는 정체성과 더불어 20세기 사람들의 삶을 지배적으로 구성한 정체성은 국가 정체성이다. '나는 한국인'이라는 의식에 이런 정체성이 내재해 있다. 국가 정체성이 20세기에 새로 발명되었다고 말하는 것은 지나친 주장일 것이다. 하지만 도구로서의 미디어가 20세기에 본격 등장하면서 국가 정체성이 사람들의 일상에서 과거보다 훨씬 더 강화되고 명확해졌다고 할 수 있다(Schlesinger, 1991). 20세기 매스 미디어 시대 동안 강화된 국가 정체성 때문에 이제 사람들은 감히 그것을 떠나서 살 수 없게 되었다. 20세기 내내 대중으로서의 정체성과 국가 정체성은 서로 영향을 주고받으며 진화했다. 도구로서의 매스 미디어는 대개 국가의 경계 내에서 작동했다. 그래서 대중으로서의 정체성은 국가 정체성(한국인)과 중첩될 수밖에 없는 조건을 이미 갖고 있었다. 21세기 시점에서도 여전히 '대중은,' '대중에게,' '대중을 상대로' 등의 말을 쓸 때 들어 있는 대중은 대개 국가 정체성과 밀접하게 연계된 대중이다. 국가 한계를 넘어서는 대중은 글로벌 팬덤의 네트워크 현상이 두드러진 현상으로 주목받기 전에는 상상하기 힘들었다. 매스 미디어란 말 안에 들어 있는 매스 즉 대중(도구로서의 매스 미디어의 이용자이자 대상인 대중)은 대중 사회, 대중 정치, 대중문화, 대중오락, 대중 교육, 대중 소비, 대중 광고, 대중 소구, 대중 설득의 대상이었다. 이 말들은 모두 20세기 들어서, 즉 매스 미디어 시대가 시작되면서 쓰이기 시작한 말들이다. 여기 등장하는 대중도 대개 국가 경계 내에서 규정되는 것으로서의 대중을 가리킨다.

20세기 들어서 매스 즉 대중은 청취자, 시청자, 이용자, 수용자 등의 유사 집단 정체성 개념들과 더불어 사용되었다. 청취자listener 즉 '듣는 사람들'이라는 말은 당연히 20세기 이전에도 있던 말이다. 하지만 20세기 이전에는 이 말이 면 대 면 대화 중에 상대방 이야기를 듣는 사람, 혹은 어떤 모임에서 화자(정치 연설자, 설교자, 교사 등)의 목소리를 듣는 집단을 가리키는 것이었다. 그러나 1922년경에 들어서면 영어의 리스너는 방송 미디어 특히 라디오를 듣는 사람을 일컫는 말이 된다(Oxford English Dictionary). 구글이 제공하는 엔그램Ngram 데이터를 보면 1920년대에서 1940년대까지 리스너라는 말의 사용이 영어권에서 급증했던 것을 확인할 수 있다. 1920년대부터는 듣는 자 혹은 청취자라는 말은 라디오라는 특정한 도구를 사용하는 사람들을 묶어서 부르는 것이 되었다. 즉 라디오 수신기에서 흘러나오는 내용을 시간과 공간을 초월해서 듣는 사람들을 모두 묶어 이제 청취자라는 이름으로 부르기 시작한 것이다. TV가 등장한 이후에는 청취자라는 말과 똑같은 상황이 '보는 사람viewer'이라는 말에서 나타났다. 영어의 viewer는 눈으로 뭔가를 본다라는 일반적 의미보다는 정식으로 어떤 대상을 조사하거나 감정한다는, 특별한 유형의 보는 행위를 뜻하는 말이었다. 영어 viewer는 지금도 이런 뜻을 가진 말로 쓰이곤 한다. 그런데 20세기 초부터 viewer는 새로운 의미를 갖게 된다. 처음에는 영화를 보는 사람이라는 의미였다. 영화 기술의 역사를 보면 처음에는 움직이는 그림을 여러 사람이 같이 볼 수 없었다. 처음에는 움직이는 사진, 즉 영화를 한 번에 한 사람씩만 볼 수 있었다. 그러다가 영사기 기술이 발달하면서 다수의 사람들이 한 장소에 모여서 영화를 볼 수 있게 되었다. 그러자 이제 viewer는 한 장소에 모여 함께 영화를 보는 사람들, 그리고 더 나아가 같은 영화관에 있지 않더라도 같은 영화를 보는 사람들 일체를 지칭하는 말이 되었다. 옥스퍼드 사전에 따르면 영화를 보는 사람(들)의 의미로 viewer란 말이 처음 쓰인 것이 1914년경인 것으로 나온다. 영화 시청자의 의미로 쓰이던 viewer라는 말은 1940년 이후에는 새로운 의미를 갖고 확장한다. TV가 등장하자 viewer란 말은 TV 시청자(viewer의 한자어인 '시청자'는 보는 것뿐 아니라 듣는 것도 포함하고 있다)라는 의미를 갖게 되었다. 라디오 청취자와 마찬가지로 이제 집단으로서의 TV 시청자들은 시공간을 초월해서 TV라는 도구가 보여 주는 움직이는 그림을 함께 보는 사람들이 되었다. 한국의 미디어 학자들은 독자, 청취자, 시청자를 모두 통칭해서 수용자라는 말을 쓰기도 했다(임종수, 2010). 그런데 미디어 내용을 받아 이용하는 사람들이라는 뜻, 영어로 하면 recipient와 audience의 뜻을 모두 포함하는 수용자라는 말은 한국어 사전에 없는 말이다. 사전에도 없는 말로 매스 미디어 시대의 개인들을 통칭해서 부른다는 사실 자체가 그들이 놓인 위치가 애매모호함을 반영하는 것인지도 모른다. 매스 미디어 시대의 개인은 미디어적 역할을 온전히 수행하지 못하는 자, 마치 귀와 눈은 있지만 입은 없는 것 같은 존재로 취급되었다. 수용자라고 해도 그 말이 풍기는 느낌대로 수동적이기만 한 것이 아니라 나름대로 능동성을 갖는다는 견해들이 1950년대 이후 제기되었지만, 그런 능동성의 인정이 '미디어적 역할을 하는 개인들'을 상상할 정도로까지 나아가진 않았다. 미디어 연구자들은 나중에 매스 미디어 환경에서의 능동적 개인을 부각시키기 위해 더 단도직입적인 이름을 부여했는데, 미디어 이용자와 미디어 소비자라는 것이었다. 이렇게 특정 미디어 도구의 이용을 둘러싸고 시공간을 초월한 사람들이 독자로서, 청취자로서, 시청자로서, 혹은 그것을 다 묶어서 수용자, 이용자, 소비자 등의 정체성을 함께 공유하게 되었다. 마치 17세기에 책을 토대로 민족이라는 정체성이 출현했던 것처럼, 대중신문, 라디오, 영화, TV 등 도구로서의 미디어가 등장하면서 읽는 사람들과, 듣는 사람들과, 보는 사람들의 새로운 집단 정체성이 만들어진 것이다. 미디어를 둘러싸고 묶인 집단 정체성은 대중과 국민 등 다른 집단 정체성과 서로 중첩된 것처럼 사용되었다.

국민, 독자, 청취자, 시청자, 수용자, 이용자, 소비자 등의 집단 정체성을 뒤집어썼다는 것이 매스 미디어 시대에 개인에게 의미하는 것은 무엇일까? 국민은 국가의 혹은 국가 지도자의 목소리를 듣고 따르는 자다. 독자는 읽는 자이고, 청취자는 듣는 자이고, 시청자는 보는 자다. 그들은 말하고 떠드는 자들이 아니다. 매스 미디어 시대에 말하는 자는 소수일 수밖에 없었다. 앞에서 이미 설명한 도구적, 내용적, 제도적 한계 속에서 매스 미디어 시대는 소수에게만 말할 기회를 주었고, 나머지 다수는 그들의 말을 들어야 하는 체제를 만들었다. 매스 미디어 시대에 말할 기회를 가졌던 소수는 누구일까?

카리스마 – 미디어

매스 미디어 시대 말할 기회 혹은 능력이 있던 사람들을 수식할 때 썼던 말 중 하나는 카리스마였다. 어느 때나 마찬가지로 매스 미디어 시대에도 카리스마 넘치는 개인들이 있었다. 신으로부터, 국민으로부터 권위를 부여받은 그들은 신의 대리자, 국민의 대변자 역을 수행했다. 사회학자 막스 베버Max Weber가 20세기 초에 사회학자로서 카리스마(Weber, 1917)에 대한 연구를 했다는 것은 잘 알려진 사실이다. 이 책에서 내가 제기하는 관점에서 보자면 막스 베버의 카리스마 연구는 사실 개인으로서의 미디어에 대한 것이었다고 해도 과언이 아니다. 매스 미디어 시대에 카리스마 – 미디어를 대표하는 사람들은 누구였을까? 일일이 열거할 수 없을 정도이겠지만 우선 나치 정권의 히틀러, 소비에트 정권의 스탈린, 미국의 프랭클린 루스벨트, 존 F. 케네디, 로널드 레이건Ronald Reagan 등이 그런 사람들이었다고 할 수 있다. 한국에서도 이승만, 박정희, 김대중 등의 정치가가 그들의 카리스마를 통해 민족과 국민을 대변하는 미디어의 역할을 하였다. 매스 미디어 시대에 그들은 개인으로서의 미디어였다. 정치 영역에서뿐 아니라 다양한 사회 운동 부문에서도 카리스마 넘치는 지도자들이 매스 미디어 시대에 존재했다. 미국에서는 마틴 루터 킹 목사, 한국에서는 함석헌이나 백기완과 같은 웅변가이자 운동가들이 카리스마 넘치는 미디어 역할을 수행했다. 종교계에도 카리스마 넘치는 종교 지도자들이 존재했다. 미국의 빌리 그레이엄Billy Graham 목사나, 한국의 조용기 목사 등이 대표적 예라 할 수 있다. 이들 역시 매스 미디어 시대에 활동했던 개인으로서의 미디어였다.

어느 시대나 그랬듯이 카리스마를 지닌 사람들은 소수였다. 매스 미디어 시대에도 마찬가지였다. 매스 미디어 시대에 활동한 지도자들이 가졌던 미디어로서의 카리스마는 대개 매스 미디어를 통해 극대화되었

찰스 피니가 공터에서 천막을 치고 사람들을 모아 설교하는 장면. 찰스 피니는 설득과 마케팅 테크닉을 터득해서 기독교 복음을 전한 대중 설교자였다. 전신도, 전화도, 라디오도, 마이크도, 스피커도 없이 오로지 자신의 카리스마에 기대서 설교할 수밖에 없었다. (출처: © Oberlin College Archives, RG 32/4)

다. 특히 주목할 것은 그들의 카리스마가 매스 미디어에 의해 매개된 카리스마였다는 사실이다. 스스로의 카리스마를 토대로 이미 미디어였지만 그 카리스마가 매스 미디어에 의해 다시 매개되었다. 그러한 재매개(Bolter & Grusin, 2000) 과정을 거쳐 그들의 권력은 더 커질 수 있었다. 아마도 그런 이유로 그들은 매우 적극적으로 매스 미디어를 활용했다. 매스 미디어를 활용해서 의도적으로 자신들의 카리스마를 확장시키려 했다. 그들은 매스 미디어에 의해 매개되는 과정을 거치면서 자신들의 카리스마가 자신들의 생각을 훨씬 뛰어넘는 정도로 확장되는 것을 경험하였다. 매스 미디어의 매개가 만들어 내는 차이는 매스 미디어 시대 이전인 19세기에 가장 유명한 기독교 부흥사였던 찰스 피니Charles Finney 목사와 20세기 매스 미디어 시대의 정점에서 활동했던 빌리 그레이엄 목사를

빌리 그레이엄 목사는 스스로가 탁월한 연설자였지만, 그것을 다양한 매스 미디어 채널을 통해 재매개함으로써 자신의 미디어적 권력을 효과적으로 확장시켰다. (출처: Christian History Institute)

비교해 보면 분명해진다(McLoughlin, 2004). 찰스 피니는 전도 위주의 미국식 기독교를 정립한 사람으로 유명하다. 그는 당시 초보적 형태였긴 했지만 다양한 설득과 마케팅 기법을 전도와 설교에 활용했다(Emmel, 1959; Miller, 2021). 그러나 당시의 미디어 환경은 매스 미디어 시대와는 사뭇 달랐다. 전신도, 전화도, 라디오도, 마이크와 스피커도 없던 시기였다. 그가 활용할 수 있는 미디어는 고작 팸플릿 정도였다. 그는 전적으로 자신의 연설에 의존할 수밖에 없었다. 그 스스로 신의 대리자로서, 즉 신과 성도 중간에서 그 둘을 잇는 미디어 역할을 감당했지만, 자신을 재매개할 다른 미디어는 부실했다. 그러나 빌리 그레이엄 목사가 처한 상황은 달랐다. 그 역시 찰스 피니만큼 탁월한 대중 설교자였다. 그러나 그에게는 자신의 목소리와 몸에 더해 영화와, 라디오와, TV가 있었다(Coffman, 2017; Wacker, 2014). 그의 메시지는 이들 매스 미디어에 의해 재매개되고,

전 세계로 퍼져 나갔다. 그의 영향력은 그가 설교 장소에서 만나는 사람에 국한되지 않고, 국제적인 것이 되었다. 19세기 정치가와 20세기 정치가(가령 에이브러햄 링컨Abraham Lincoln과 루스벨트)를 비교할 때도 우리는 비슷한 차이를 발견하게 될 것이다. 매스 미디어 시대에 거의 모든 사람들이 대중, 수용자, 이용자 등으로 불리며 듣거나, 보거나, 읽는 사람에 머물러 있을 때, 카리스마를 가진 개인은 스스로가 미디어가 되거나, 미디어를 사용하는 미디어(재매개되는 미디어)가 되어서 대신 말하는 자, 대신 소리치는 자, 대신 이야기를 전하는 자의 역할을 할 수 있었던 것이다.

매스 미디어 시대에도 개인의 카리스마가 미디어에 의해 매개되지 않는 경우가 물론 여전히 남아 있었다. 그들 중 누군가는 부모였고, 학교 교사였고, 골목에서 만나는 동네 어른이었고, 마을 이장이었고, 동네 교회의 목사였다. 그들 역시 전통, 사회 규범, 마을 규칙, 종교적 신앙 등을 대신 말하는 사람으로서의 카리스마를 지난 사람 미디어였다. 그들이 매스 미디어를 이용해서 자기 목소리를 확대시키는, 재매개의 모습을 보이는 경우는 드물었다. 그럴 능력이나 여건을 갖추는 것은 당연히 매우 어려운 일이었다. 그런데도 그들의 카리스마는 그들이 속한 사회에 어느 정도의 영향력을 발휘할 수 있었다. 이들도 과거의 경험, 넓은 세계, '윗분'들의 뜻, 공인된 지식과 정보 체계 등을 대변하고 전달하는 미디어로서의 역할을 그들이 속한 작은 세계에서 자신이 소유한 작은 카리스마를 통해 수행했다. 대개 그런 역할들은 20세기 내내 진행된 도시화, 산업화, 근대화의 과정에서도 흔적이 조금 남아 있던 공동 사회의 관행과 느낌의 틀 속에서 실현되었다. 물론 그들의 역할이 매스 미디어 시대 이전과 비교하면 상당한 정도로 축소 과정을 겪고 있었긴 했지만 말이다.

셀럽 언론인

매스 미디어 조직 내부에서도 카리스마를 지닌 사람들이 있었다. 그들의 카리스마는 매스 미디어 수용자들을 직접 향한 것이었다. 가령 1940년 대 활약한 미국 CBS 방송국 기자 에드워드 머로Edward Murrow는 방송 저 널리즘의 미국 모델을 만든 사람이다(Cull, 2003; Edwards, 2004; Persico, 2020). 그가 명성을 얻은 것은 2차 세계 대전 중 종군 기자를 하면서 유럽의 전 쟁 상황을 현지에서 생방송으로 미국 라디오 청취자에게 전하면서였다. 그가 런던에서 방송을 시작하면서 늘 앞의 This에 악센트를 주는 식으 로 말한 "This is London"이나, 방송을 끝내면서 하던 "Good night, and good luck" 등의 말은 그의 시그니처 표현이 되었다. 사람들은 라디오 를 듣는 것이 아니라, 에드워드 머로를 들었다. 머로는 전쟁의 진실과 청 취자를 연결해 주는 미디어였다. 1960년대에 CBS에서 활약한 월터 크

에드워드 머로는 방송 저널리즘의 미국 모델을 만든 사람이다. 그는 셀럽 언론인으로 단지 언론사를 위해 일한 기자가 아니라 스스로가 미디어가 되었다. 사람들은 1940년 2차 세계 대전 중에 라디오 뉴스를 듣는 것이 아니라 에드워드 머로를 들었다고 해도 과언이 아니었다.

롱카이트Walter Cronkite는 처음으로 앵커맨이라는 칭호를 받은 사람이었다(Conway, 2014). 세상의 모든 뉴스가 진실의 닻(앵커)을 내린 월터 크롱카이트에 손아귀에 잡혀 있다고 사람들은 생각했던 것 같다. 그가 뉴스를 마치면서 늘 했던 그의 클로징 멘트 "And that's the way it is(세상 돌아가는 게 그렇습니다)"를 사람들은 마치 선지자 예언의 후렴구같이 들었다. 그 역시 진실의 신과 세상을 연결시켜 주는 미디어였다. 월터 크롱카이트가 1980년대 초에 은퇴하자 그 자리를 마치 선지자의 제자들처럼 이어받은 CBS의 댄 래더, NBC의 톰 브로코, ABC의 피터 제닝스 등이 잠시 앵커 트로이카 시대를 열었다. 이들은 결국 매스 미디어 시대의 마지막 앵커들이 되었다. 한국에서도 이런 영향력을 발휘했던 언론인이 존재했다. 대표적인 사람만 꼽더라도 한양대학교 교수이자 〈한겨레신문〉 논설위원이었던 리영희, 〈한겨레신문〉 초대 사장인 송건호, 〈동아일보〉와 〈한겨레신문〉에서 기자로 일했고 소설가이기도 한 최일남, 역시 소설가이자 기자였던 〈조선일보〉의 선우휘, 〈조선일보〉의 김대중, 최근으로 오면 MBC에서 jtbc로 옮긴 손석희 등을 언급할 수 있다. 이들은 모두 특정 언론사에 속한 구성원이었지만, 스스로가 하나의 미디어 권력을 갖고 글을 쓰고 말하였다. 사람들은 이들의 말에 귀를 기울였고, 정치적, 경제적, 사회적 불안감이 높아질 때는 이들이 모세처럼, 여호수아처럼, 구약의 선지자들처럼 지팡이를 들어 길을 제시해 주길 바랐다. 사람들은 신문을 읽고, 라디오를 듣고, TV를 본 것이 아니라, 스스로가 미디어가 되어 미디어처럼 활동한 이들 언론인을 읽고, 듣고, 보았다.

미디어로서의 여론 지도자

앞에서 나는 매스 미디어 시대에도 작은 카리스마의 사람 미디어들이 존재했다고 말했다. 작은 카리스마의 지도자들을 폴 라자스펠드와 엘리후 카츠 등 1950년대 컬럼비아대학교 학자들은 '여론 지도자'라고 불렀다(Katz & Lazarsfeld, 1955). 그들은 매스 미디어가 전달하는 내용의 영향력이 사람들에게 직접 미치기보다는 여론 지도자를 통해서 가는 것이라고 했다. 라자스펠드와 카츠는 그것을 '2단계 흐름'이라고 불렀다(Katz, 1957). 각 개인이 스스로 매스 미디어 내용을 읽거나, 듣거나, 보거나 하더라도, 결국 그들의 일상에서 중요한 결정을 할 때는 매스 미디어가 아니라 그들 주변에 있는 작은 카리스마 존재에 의존하는 경우가 많다는 것이다. 작은 카리스마를 지닌 이른바 여론 지도자들은 일반 사람들보다 더 많은 미디어에 접촉하고, 외부 세계와 더 많은 접촉점을 갖고 있고, 다양한 이슈에 대해 더 많은 관심사를 갖고 있고, 코스모폴리턴적 태도와 성향을 갖고 있었다(Rogers & Cartano, 1962). 그렇기에 그들은 그들의 작은 세계에 속한 사람들과 매스 미디어가 보여 주는 외부 세계를 연결하는 다리 역할을 한다. 즉 그들은 사람 미디어였다. 여론 지도자라는 역할 그 자체가 미디어로서의 역할이었다. 그렇기 때문에 매스 미디어 내용의 영향력이 처음에는 매스 미디어에서 여론 지도자로, 그리고 여론 지도자에서 일반 사람들로 간다고 하는 2단계 흐름 과정의 가설은 이중 매개double mediation 가설로 불러야 했을지 모른다. 여론 지도지들은 미디어의 매개를 다시 재매개re-mediation하는 이중 매개 역할을 하는 것이라 볼 수 있기 때문이다.

매스 미디어 시대 동안에 여론 지도자에 대한 연구는 선거, 여론, 개혁 확산, 사회연결망 등의 주제와 더불어 발전되었다. 1970년대와 1980년대에 진행된 이런 연구들을 통해서 여론 지도자와 일반인 사이의 관계가 훨씬 더 역동적인 것임이 밝혀졌다. 가령 한 집단 내에 하나의 여론 지도자만 있는 것이 아니라, 사안별로 다양한 여론 지도자가 있을 수 있음이 밝혀졌다. 그런데 사실 이것은 여론 지도자에 대한 논의가 처음 등장할 때 컬럼비아대학교의 머튼(Merton, 1948)이 이미 언급한 내용이었다. 그는 여론 지도자는 단형성monomorphic 지도자와 다형성polymorphic 지도자로 나눌 수 있다고 하면서 단형성 지도자는 하나의 영역에 대해서만 여론 지도자의 역할을 하는 사람들, 다형성 지도자는 다수의 복합적 영역에서 전방위적으로 여론 지도자의 역할을 하는 사람들을 가리킨다고 했다. 개인으로서의 미디어 관점에서 보자면 단형성 여론 지도자는 단일 채널의 미디어이고, 다형성의 지도자는 복수 채널의 미디어였다고 할 수 있다. 한 집단 내에 다수의 여론 지도자가 있을 수 있다는 이야기는 집단 구성원들이 사실은 서로가 서로에게 주제에 따라 여론 지도자와 여론 추종자의 역할을 번갈아 가며 담당한다는 말이다. 그래서 매스 미디어 시대에도 모두가 모두에게 미디어 역할을 하는 것이 수면 아래에서는 일반화되어 있었다. 그들의 목소리가 아주 크지는 않았지만 말이다. 포스트 매스미디어 시대에 소셜 미디어 등이 등장하면서 여론 지도자와 추종자 사이의 관계가 더욱더 역동적으로 바뀌었지만(Jung & Kim, 2016), 매스 미디어 시대에도 여론 지도자와 추종자 사이의 관계는 이미 유동적이고 다면적이었다. 매스 미디어의 거대한 확성기 아래서 사람으로서의 미디어 간에 오가는 작은 목소리는 건재했다.

식견 있는 시민

매스 미디어 체제가 구축되기 시작할 때부터 매스 미디어 도구와, 내용과, 제도를 민주주의를 확장하기 위한 수단으로 쓸 방법에 대해 상상하는 사람들이 있었다. 1930년경에 벌써 미국 정부와 일부 대학은 라디오를 민주주의 정신과 민주적 삶의 태도를 전파하는 수단으로 활용하고자 하는 프로젝트를 시작했다(Goodman, 2011; Slotten, 2009). 라디오가 처음 방송을 시작한 후 10년 정도가 지난 시점이었다. 1930년대에 미국의 정치 사회적 분위기를 이끌던 지배적 사상은 존 듀이와 루스벨트 대통령 등이 대표하는 진보주의적progressive적 세계관이었다. 파시즘과 나치즘 세력이 꿈틀대면서 그 영향력을 확장해 가는 유럽을 바라보며 진보 시각을 가진 미국인은 미국 내에 직접 민주주의적인 체제를 더 공고히 해야겠다는 동기를 더 강화시켰다. 직접 민주주의가 제대로 작동하기 위해서는 시민의 적극적인 정치 참여가 필요했다. 시민이 적극적으로 정치 과정에 참여하기 위해서는 그들이 정치, 사회, 경제, 국제 이슈에 대한 정보에 쉽게 접근할 수 있어야 할 뿐 아니라, 더 중요한 것은 그 이슈에 관해 토론할 능력과 기회를 가질 수 있어야 했다. 그런 과정에서 식견 있는 시민이라는 개념이 부각되었다. 민주주의를 떠받치는 이른바 식견 있는 시민을 육성할 목적을 갖고 미국 농림성은 1920년대부터 농부에게 다양한 쟁점을 소개하고 새로운 정보를 제공하며, 동시에 농민 스스로 정보와 이슈를 공유하고 함께 토론하는 모임들을 활성화시키는 프로젝트를 진행했다(Shaffer, 2019; Slotthen, 2009). 농림성의 이러한 프로젝트에 중요한 협조를 제공한 주체는 미국의 주립대학교들이었다. 특히 미국 중서부에 있는 대학들이 주도적이었다. 가령 위스콘신주립대학교는 대학 내에 있던 라디오 방송국을 이용해서 위스콘신수 농민에게 농업에 대한 성보, 다양한 공적 이슈, 각 지역 내에 있는 다양한 대면 토론 모임을 소개했다. 그뿐만 아니라 다른 사람과 민주적으로 토론하는 방식을 배울 수 있는 프로그램을 내보내기도 했다. 이들이 기대했던 것은 사람들이 라디오를 통해 기본적인 실용 정보, 시사 지식, 그리고 토론 역량을 얻고, 그것을 바탕으로 자기 지역 사람들과 대면으로 만나 식견 있는 시민으로서 대면 토론을 하고 공동체 사안에 대해 공동의 의사 결정을 할 수 있게 만드는 것이었다. 1930년 당시 최첨단 뉴 미디어라 할 라디오를 사용해서 미국 내 풀뿌리 민주주의의 근간을 마련하려 했던 것이다. 아직 미디어와 저널리즘에 대한 사회과학적 연구가 체계를 제대로 갖추기도 전인 1930년대였지만, 대략 1960년 이후부터 본격적으로 진행된 지역 미디어 이용과 시민 참여 사이의 관계에 대한 연구의 기본적인 아이디어가 이 당시에 이미 상당 정도 구축되었다(Shaffer, 2019).

식견 있는 시민을 길러 내려는 프로그램은 사실상 미디어 개발 프로그램이라고 할 수 있다. 매스 미디어 이용에서 수동적이기만 한 것이 아니라 조작적 내용의 희생양이 될 수도 있는 대중을 식견 있는 시민으로 길러 낸다는 것은, 스스로 자신이 속한 집단의 견해를 대변하면서 공론장에 적극적으로 참여하며 토론에 참여할 능력을 갖춘 사람 미디어를 키우려는 노력이었다고 할 수 있다. 이들은 자기가 접할 수 있는 다양한 미디어(매스 미디어, 카리스마 지도자, 이슈별로 다양한 여론 지도자 등)을 통해 새로운 이슈를 접하고, 기존 이슈에 대한 자신의 견해를 확인/재확인하고, 자신이 속한 특정한 집단(가령 옥수수 재배 농부)의 이해가 무엇인지 인식하고, 그것을 자신 있게 담론화하는 식견 있는 미디어였던 것이다.

적극적 미디어 이용자?

매스 미디어 시대의 미디어 연구에서 논쟁의 대상이 되었던 쟁점 중 하나가 과연 매스 미디어 이용자가 능동적 주체가 될 수 있는가 아니면 수동적 객체이기만 한 것인가였다(Abiocca, 1988; Moley, 1993; Seaman, 1992). 초기 미디어 연구들은 매스 미디어(도구, 내용)를 이용하는 개인을 내용으로서의 미디어에 장악될 수밖에 없는 수동적 존재이거나, 도구로서의 미디어에 집착하고 심지어는 거기에 중독될 수밖에 없는 의지박약의 존재인 것처럼 묘사하곤 했다. 더 나아가 개인은 제도로서의 미디어가 생산하는 하나의 집합적 상품이 되어서 광고주에게 팔려나가는 존재에 지나지 않는다고 보는 견해도 등장했다. 그러나 이렇게 사람들을 수동적인 존재로만 파악하는 것에 반대하는 견해가 1970년대 들어서면서 유럽과 미국 모두에서 등장하기 시작했다.

유럽 쪽에서는 학자들이 매스 미디어를 수용하는 과정 자체에 집중하면서 그 과정에서 드러나는 '적극적' 수용의 모습을 부각시켰다. 매스 미디어의 내용을 사람들이 수용하는 과정이 늘 매스 미디어가 설정한 방향으로 이루어지는 것은 아니라는 것이다. 가령 움베르토 에코Umberto Eco는 1965년에 이탈리어어로 썼다가 나중에 영어로 번역된 논문에서 일탈적 해독aberrant decoding(이탈리어로는 decodfica aberrante)이라는 표현을 사용하면서 사람들이 TV의 내용을 수용할 때 TV 제작자의 의도대로만 그 내용을 해독하는 것이 아님을 강조했다(Eco, 1972). 영국 문화연구의 대가라 평가받는 스튜어트 홀Stuart Hall은 에코의 일탈적 해독 개념에 기대어서 그의 부호화encoding/해독decoding 논의를 구성했다(Hall, 1980). 거기에서 홀은 사람들이 매스 미디어의 내용을 제작자가 그 사회와 시기의 지배적인 이데올로기를 토대로 부호화한 방식대로 수동적으로 받기만 하는 것이 아니라는 점을 강조했다. 그는 이런 식의 해독을 지배적 방식의 해독이라고 불렀다. 많은 사람들이 지배적 해독 방식을 통해 매스 미디어의 내용을 받아들이는 것은 사실이지만, 어떤 사람들은 사신이 처한 세급적 위치에 따라 타협적 방식으로 해독하기도 하고 혹은 저항적, 전복적 방식으로 해독하기도 한다는 것이 스튜어트 홀이 주장하는 바였다. 에코의 일탈적 해독, 홀의 타협적, 혹은 저항적 해독의 개념들이 공통적으로 암시하는 것은 무엇일까? 그것은 제작자가 원래 전달하려던 의미와 수용자가 해독하는 의미 사이에 불일치가 존재할 수 있다는 것을 넘어서는 어떤 것이다. 그것을 이런 식으로 표현할 수 있다. 개인은 매스 미디어가 자신에게 전달하는 내용을 그대로 수동적으로 받아들이기만 하는 것이 아니라, 종종 그것을 스스로 다시 재매개하는 능력을 갖추고 있다는 것이다. 그런 능력을 기반으로 실제 재매개의 활동을 수행하는 과정에 있는 개인을 우리는 '개인으로서의 미디어'로 이해할 수 있다. 물론 이런 재매개는 매스 미디어가 미리 설정한 틀 안에서 이루어진다는 점을 고려하면 제한적인 것일 수밖에 없다. 결국 매스 미디어의 도구, 내용, 제도에 묶여 있는 재매개일 뿐인 것이다. 그것이 매스 미디어 시대에 사람으로서의 미디어가 갖는 한계라고 해야 할 것이다. 그런 한계 속에서도 개인이 스스로 자신이 미디어라는 사실을 자각하고 저항의 메시지를 던질 잠재력은 사라지지 않고 매스 미디어 시대 내내 명맥을 유지했다.

독자/청취자/시청자 등의 능동성에 대한 또 다른 관점은 1970년대 말 미국의 엘리후 카츠, 제임스 블럼러James Blumler, 마이클 구레비치Michael Gurewitsch 등이 제시한 이용과 충족 이론이다(Katz, Blumler, & Gurevitch, 1973). 이 이론은 매스 미디어 수용자 혹은 이용자들의 능동성을 기본 가정으로 삼는다. 카츠 등은 미디어와 수용자 사이의 관계에 대한 질문 방식을 과거의 연구자들이 했던 것처럼 '미디어가 수용자에게 어떤 영향을 미치는가'에서 '수용자들이 미디어를 갖고 무엇을 하는가'로 바꿔야 한다고 주장하였다. 이용과 충족 이론을 갖고 연구할 때 연구자들이 갖는 첫 번째 미션은 개인들이 왜, 어떻게 도구로서의 미디어와 내용으로서의 미디어를 이용하는가를 규명해 내는 것이었다. 대개 그것을 위해 연구자들은 특정 미디어 도구 혹은 내용의 이용 동기 리스트를 만드는 것에 집중했다. 매스 미디어의 효과라는 것은 매스 미디어(도구, 내용) 그 자체에서 나오는 것이 아니라 그것을 이용하는 개인이 어떤 동기에서 이용하는지에서 나온다는 것이 이용과 충족 이론의 핵심 주장이다. 이런 주장이 포함하는 숨겨진 가정 중 하나는 개인이 미디어와 완전히 분리될 수 없다는 것이다. 즉 개인의 동기를 떠나서는 도구로서의 매스 미디어, 내용으로서의 매스 미디어의 역할을 논하는 것이 의미 없다는 것이다. 매스 미디어의 의미, 역할, 기능이 구성되는 과정에 개인이 매우 중요한 역할을 한다는 말이기도 하다. 이렇게 이용과 충족 이론을 통해서 매스 미디어가 무엇이고, 무슨 역할을 하는가에 대한 논의에 개인(그의 의지, 동기, 목적 등)이 깊숙이 들어오게 된다. 이 책에서 내가 이야기하는 '개인으로서의 미디어' 개념이 이용과 충족 이론 안에 분명히 드러나 있던 것은 아니다. 그런데도 이 이론의 틀 안에서 개인과 미디어 사이의 경계가 낮아지면서 개인이 미디어를 갖고 무엇을 하는가라는 논의를 넘어서서 개인이 스스로 미디어로서 직접 매개의 과정에 참여한다는 논지로 나갈 수 있는 길이 열렸다는 점을 주목해야 한다.

사람 미디어의 생존

매스 미디어 시대에 개인은 대개 대중으로, 독자로, 시청자로, 청취자로 상상되곤 했다. 그렇게 수동적, 집단적 존재로 그려졌다. 이 집단은 어떤 결속력을 갖춘 집단은 전혀 아니었다. 오히려 도시화, 산업화, 근대화 과정에서 개인주의적 성향을 더 노골적으로 드러내는 사람들의 집합체였다. 매스 미디어 초기에 이들은 목소리를 잃어버리고 그저 매스 미디어의 내용을 수용하기만 하는 존재인 것처럼, 그리고 그 내용의 영향을 고스란히 받아들이는 수동적인 존재인 것처럼 상상되었다. 이러한 상상 속에서 매스 미디어 시대의 개인은 미디어의 개념 자체에서부터 밀려나 버렸다. 그들은 미디어(도구, 내용, 제도)의 범주 밖에 있으면서 미디어의 영향을 받는 미디어 외부의 존재였다. 하지만 공연장에 온 관객을 공연의 일부에서 제외한다는 것이 말이 될까? 미디어의 개념 틀 내에서 독자, 청취자, 시청자를 쫓아낸다는 것이 말이 될까?

　이런 와중에도, 즉 매스 미디어 시대에도, 사람으로서의 미디어 모습을 드러낸 이들이 있었다. 사람으로서의 미디어라는 인식 자체는 이미 희미해져 버렸지만 말이다. 그들은 자신의 카리스마를 매개하는 힘 센 지도자들의 모습으로, 일상에서 매스 미디어의 내용과 주변 사람을 매개하는 이른바 여론 지도자의 모습으로, 혹은 매스 미디어의 내용을 자신이 처한 사회 경제적, 물리적 위치에 따라 적극적으로 재매개하고, 합목적적인 방식으로 미디어의 의미와 역할을 스스로 규정하는 능동적 개인들의 모습을 하면서, 사람 미디어로 살아 있었다. 매스 미디어 시대에 개인으로서의 미디어는 매우 위축된 형태를 띠었지만, 그런데도 그 싹이 완전히 없어졌던 것은 아니었다. 사람으로서의 미디어는 여전히 살아 있었다.

매스 미디어 시대 공간으로서의 미디어

매스 미디어 시대에 공간은 어떻게 미디어 역할을 했을까? 공간으로서의 미디어라는 관점 자체가 아직 새로운 것이기 때문에 이에 대한 논의가 실험적일 수밖에 없다. 그럴수록 매우 조심스러운 논의가 필요하다. 이 책에서 매스 미디어 시대라고 규정하는 때는 도시의 역사에서는 대체로 매우 가열찬 개발의 시기였다. 미국이나 유럽 국가들도 그랬지만 한국을 포함하는 개발 도상 국가들도 마찬가지였다. 매스 미디어 시대에 사람들이 경험한 공간으로서의 미디어가 갖는 특성은 무엇일까? 다양한 방식으로 매개 역할을 하는 공간과 장소, 즉 사람들을 모으고, 연결하고, 특정한 방식으로 소통하도록 조건 짓기도 하고, 특정 방식으로 소통할 여건, 역량, 동기를 제공하기도 또 뺏기도 하는 공간과 장소는 매스 미디어 시대에 어떤 모습을 하고 있었고 어떤 특징을 갖고 있었을까? 이 질문과 관련된 이슈를 여기서 살펴보겠다.

국민 국가 공간

매스 미디어 체제는 거의 예외 없이 국민 국가 영토의 틀에 의해 규정되었다. 매스 미디어에 속하는 신문, TV, 라디오, 영화 등은 모두 국가 영토 경계의 틀 속에서 만들어졌고, 대개 영화나 음악 같은 경우를 제외하면 국경 안에서 유통되었다. 가령 매스 미디어 역사를 돌이켜 보면 언어나 문화를 상당 정도 공유하는 인접한 두 국가(가령 미국과 캐나다)도 그들을 포괄하는 매스 미디어 채널이 없었다는 것은 사실 흥미로운 일이다. 매스 미디어 시대에 미디어를 둘러싼 국가 간 이슈는 대개 전파 월경과 관련된 것이었다. 인접 국가 사이에서 벌어지는 전파 월경은 문화 침략이라는 혐의까지 받으며 종종 국가 간 갈등의 요인이 되기도 했다. 이런 사례들이 우리에게 말해 주는 것은 매스 미디어 시대에 가장 중요한 미디어 단위는 국민 국가였다는 사실이다.

도구, 내용, 제도, 사람으로서의 매스 미디어는 국가의 경계 안에서 작동하면서 국가의 통합에 이바지해야 한다는 기대로 움직였다. 그런 맥락에서 매스 미디어를 통해 사람들이 갖는 국가적 정체성이 강화되었다. 매스 미디어는 국가라는 공간의 틀에서 이루어지는 표준화의 중요한 매개체였다. 매스 미디어는 국가 공간에서 언어의 표준화, 시간의 표준화, 의제의 표준화, 라이프스타일과 취향의 표준화 등을 만들어 내는 장치였다. 한국의 경우 속초와 해남 사이에 해 뜨고 지는 시간이 다름에도 불구하고 두 지역에 사는 사람들은 같은 방송 시보를 들으며 모두 같은 시간 공간에서 살고 있다. 신문과 방송은 표준어를 강요하면서 지방에 있는 다양한 방언들을 지배했다. 무엇보다 매스 미디어는 의제의 표준화를 구축했다. 경기도 파주에 사는 사람들과 제주 한경면에 사는 사람들이 똑같은 의제에 대해 듣고, 생각하고, 이야기하는 상황이 만들어진 것이다. 이와 더불어 매스 미디어는 국민 국가 공간에서 라이프스타일과 취향의 표준화를 이루었다. 전국 어디에 살든 사람들이 비슷한 음식, 비슷한 패션, 비슷한 문화 소비, 비슷한 여가 시간을 갖고 살아간다. 국민 국가라는 틀 자체가 하나의 거대한 미디어적 공간이다. 사람들은 국민 국가라는 미디어 공간의 틀에서 생각하고, 느끼고, 말하고, 행동한다.

도시 개발과 미디어

매스 미디어 시대는 흥미롭게도 국가적 차원에서 급속하게 진행된 20세기 도시화 시기와도 겹친다. 상대적으로 먼저 근대화와 도시화를 이룬 국가들도 이 시기에 대규모 도시 재개발 프로젝트를 시행했고, 막 식민지를 벗어난 이른바 저개발국이나 개발도상국들도 매스 미디어 시대라 할 수 있는 1960년대와 1970년대에 본격적인 도시 개발 과정을 시작했다. 전 세계적으로 대규모의 도시 개발 프로젝트들이 진행된 것이다. 아마도 가장 대표적인 예는 1920년대부터 1960년대까지 뉴욕시 정부 내에서 다양한 역할을 맡으며 뉴욕시 개발을 이끈 로버트 모시스Robert Moses의 도시 개발일 것이다(Schwartz, 1993). 모시스는 뉴욕시를 자동차와 고층 빌딩과 공원의 도시로 탈바꿈시켰다. 자동차의 도시로 만들기 위해 도시 안에 고속 도로를 건설하였고, 맨해튼 섬과 육지를 연결하는 다리들을 건설하였다. 그 과정에서 뉴욕시 안에 있는 유색 인종 커뮤니티와 빈민 커뮤니티의 집들은 불도저에 의해 쓸려 사라졌다. 모시스가 처음 뉴욕시 정부에서 도시 개발 일을 시작할 때는 라디오가 막 도입되던 시기였다. 그의 영향력은 TV가 등장하여 전성기를 구가하던 1960년대까지 이어졌다. 모시스의 도심지 개발로 인해 뉴욕시 주민 상당수가 거주지를 교외로 옮겼다. 1920년대와 1930년대에는 맨해튼 내 게토에서 같이 모여 라디오를 듣고 신문을 함께 읽던 사람들이 1960년대에는 롱아일랜드 같은 교외 지역의 집 거실에 앉아 TV를 보는 것으로 미디

루버트 모시스가 뉴욕 모형물 앞에 서 있다. 그는 불도저라는 별명을 얻을 정도로 뉴욕 공간을 재개발하는 데 앞장섰다. (출처: Library of Congress. New York World-Telegram & Sun Collection)

어 소비의 장면이 바뀌었다. 2017년에 뉴욕 오프브로드웨이에서 로버트 모시스의 생애 스토리를 담은 뮤지컬이 처음 공연되었는데, 작품의 제목이 〈불도저Bulldozer〉였다. 불도저는 모시스의 별명이었다. 사람들의 삶의 토대, 골목에서의 자연스러운 상호 작용으로 도시가 이루어진다고 믿었던 운동가 제인 제이콥스Jane Jacobs와 불도저로 도시를 새롭게 개발/재개발하려는 로버트 모시스의 대결은 도시 계획사에서 매우 유명

1966년에서 1970년까지 서울시장을 지낸 김현옥도 불도저라는 별명이 있었다. 그는 서울 도시 재개발을 이끌며 1960년대 이후 서울의 모습을 바꾼 장본인이었다. 도시 재개발은 도시 공간의 합리화 과정이었다. (출처: 서울역사박물관)

한 이야기가 되었다(Flint, 2009; Gratz, 2010).

　서울에도 로버트 모시스에 버금가는 사람이 있었다. 1962년부터 1966년까지 부산시장을 지내고, 1966년부터 1970년까지 서울시장을 지낸 김현옥은 시장으로서의 재임 기간이 길었다고는 할 수 없지만 다양한 개발 프로젝트를 벌이며 서울의 모습을 완전히 바꾼 장본인이었다(손정목, 2003). 세종대로와 그 밑의 지하도, 강변북로, 세운상가, 여의도 개발, 청계 고가 도로 등 서울시에 있던 거의 모든 고가 도로, 시민 아파트 등이 김현옥의 지시로 이루어졌다. 흥미롭게도 뉴욕의 모시스와 마찬가지로 김현옥 시장의 별명도 불도저였다. 그는 늘 '돌격'이라는 글자가 박힌 헬멧을 쓰고 공사 현장을 누볐다고 한다. 김현옥의 불도저 이미지는 박정희 정권에게 개발 독재라는 수식어를 붙이는 데 중요한 기여를 했다고도 할 수 있다. 매스 미디어 시대 도시 개발을 통한 급속한 도시화는 뉴욕과 서울의 이야기만은 아니었다. 그것은 도쿄에서, 이스탄불을 거쳐 런던, 암스테르담, 마드리드와 나이로비까지 전 세계 주요 도시의 이야기였다.

　매스 미디어 시대의 도시 개발과 재개발의 과정은 일종의 도시 공간의 합리화 과정이었다. 도시의 합리화 과정은 대개 폭력성을 띠었다. 도시의 합리화 과정에서 그 안에 사는 사람들의 터전을 철거하면, 거기 살던 사람들은 도시 외곽이나 도시 밖으로 뿔뿔이 흩어질 수밖에 없었다. 도시 계획의 추상적 틀에 의해서 사람들이 일상에서 만들어 온 구체적인 관계, 기억, 이야기 등이 억압받거나, 흩어지거나, 사라지는 상황이 벌어진 것이다. 이런 역사를 가장 극적으로 보여 준 것이 1960년대에 서울 도심 내 청계천을 복개하고 청계 고가 도로를 건설하는 과정에서 청계천 주변에서 살던 도시 빈민들이 서울의 외곽 지역과 당시 광주대단지로 알려졌던 성남 지역으로 강제 이주당한 사건이었다. 이런 역사는 그 뒤에도 서울의 이른바 달동네 정비 사업으로 이어졌고, 1988년 서울 올림픽을 준비하면서 대대적으로 전개한 도시 정비 사업으로 이어졌나. 불도저가 철거한 집들과 골목의 자리에 현대성과 합리성의 상징이라 할 아파트 건물과 사무용 건물이 들어섰다. 대대적인 도시화와 개발/재개발의 과정에서 르페브르가 말한 공간 재현이 재현의 공간을 압도하는 상황이 만들어졌다(Lefebvre, 1991). 앞 장에서 이에 대해 자세히 설명했지만, 공간 재현은 추상적, 이론적 계획을 토대로 하향식으로 행사되는 권력의 공간이다. 반면에 재현의 공간은 밑에서부터 일상의 숨결을 느끼는 구체적 경험의 장소다. 공간의 합리화 과정(공간 재현)에서 도시 공간에 대한 사람들의 장소적 경험(재현 공간)이 '구획 정리'되고 철거되었다.

이런 과정에서 도시 공간이 하는 미디어로서의 모습과 역할도 변화를 겪었다. 이분법적으로 단순화시킬 위험이 있긴 하지만, 매스 미디어 시대 사람들이 사는 도시 공간은 구체적인 장소의 소통 미디어에서 추상적인 공간의 소통 미디어로 변화되어 갔다. 공원이나 보행 도로같이 공적 공간이 더 늘어났을지라도 그런 공간이 사람들이 타자와 지속적인 관계를 만들고, 그 관계 속에서 일상과 연관된 이야기를 함께 생산, 공유, 기억, 저장하는 공간 미디어로 역할을 하지 못했다. 대신 그곳은 추상적인 타자 일반과 마주하는 곳이 되었고, 그렇기에 그곳에서의 소통 행위를 지배하는 것은 추상적이고 일반적인 사회 규범이 되었다. 이런 사회 규범은 사람들의 소통 행위를 표준화시킨다. 이것은 과거에 사람들이 각자 삶의 구체적 정황을 반영하는 물건(가령 쌀이나 물고기)을 들고 와서 물물 교환을 통해 경제적 거래를 하다가 어느 순간부터는 추상적 매체라 할 수 있는 화폐를 사용해서 거래하기 시작했을 때 경험했던 것만큼의 큰 변화라할 수 있다. 화폐로 인해 사람들 사이의 경제적 거래가 표준화되었다. 그래서 모르는 사람들끼리도 경제적 거래가 가능해졌다. 도시 공간은 화폐처럼 표준화된 규범을 체득한 도시인이 추상적 상호 작용을 하는 미디어로 변했다. 그들의 삶에서 구체성을 띤 장소적 소통은 가족이나 친한 친구 사이의 관계로 축소되었다. 그리고 거실 안 TV 화면에서 만나는 늘 익숙한 얼굴과의 친근한 관계(학자들은 이것을 준사회적 상호 작용[Giles, 2002]으로 불렀다) 정도에 만족해했다. 앞에서도 언급했듯이 로버트 퍼트넘은 이런 변화를 사회 자본의 감소로 포착했다(Putnam, 1995). 이런 변화가 갑자기 어느 한순간 이루어진 것은 아니었다. 매스 미디어 시대 한가운데서도 장소적 소통은 사람들이 거주하는 집 앞 골목에, 아파트 단지 공원에 남아 있었다. 그런데 어느 순간부터, 대체적으로 매스 미디어 시대가 저물고 포스트매스미디어 시대의 징후가 서서히 나타나기 시작한 1980년대 말과 1990년대 초부터, 장소적 소통을 가능하게 하는 도시 공간이 점점 추상적인 공간적 소통에 자리를 넘겨주기 시작했다. 1980년대와 1990년대 한국의 도시에서는 아이들이 사라진 골목의 단층짜리 주택들이 다세대 주택으로 바뀌거나 아파트로 변하였다. 사람들이 사는 도시는 추상적인 공간의 소통만이 가능한 미디어가 되었다. 물론 장소적 소통의 공간이 완전히 사라진 것은 아니었을지라도 말이다.

광장의 시대

매스 미디어 시대의 공간적 특징을 잘 보여 주는 현상은 아마도 광장일 것이다. 오래전부터 광장은 그 자체가 거대한 매스 미디어였다. 하지만 현대 사회에서 어떤 광장도 로마의 콜로세움처럼 그 도시 구성원 모두를 집결시킬 수는 없었다. 그런데도 많은 사람을 함께 모이게 하고 그 안에서 대규모의 소통을 하게 한다는 점에서 광장은 매스 미디어적 성격을 지녔다고 할 수 있다. 매스 미디어와 광장은 마치 같은 종에 속한 것들 같았다. 그래서였을까? 매스 미디어 시대는 광장의 시대였다. 매스 미디어 시대를 보여 주는 가장 대표적 이미지는 히틀러의 헬덴 광장 연설, 마틴 부터 킹의 워싱턴 DC 링컨 기념관 앞 광장 연설, 빌리 그레이엄의 여의도 광장 설교, 그리고 김대중의 보라매 공원 광장 연설 같은 것들이다. 이런 광장에서는 카리스마를 가진 소수의 연설자가 다수의 사람에게 메시지를 전하였다. 광장은 일대다의 대면 커뮤니케이션(즉 소규모였지만 매스 커뮤니케이션이라 할 수 있는 것)이 이루어지도록 돕는 공간 미디어였다. 광장이 있기에 이런 식의 커뮤니케이션이 가능했다. 광장은 공간으로서의 매스 미디어였다.

공간으로서의 (매스) 미디어는 그 자체로서도 미디어로 작동하지만, 더 정확히는 다른 차원의 미디어(도구, 내용, 제도, 사람)와 통합된 방식으로 작동한다고 할 수 있다. 예를 하나 들어 보자. 1973년 미국의 유명 부흥 설교자인 빌리 그레이엄 목사가 한국을 방문해서 여의도 광장에서 부흥대성회란 이름의 집회를 열었다. 당시 여의도는 허허벌판이나 다름없었다. 일제 강점기부터 있던 공항이 1970년대 초 김포공항 국내선 청사 확장 이후 폐쇄되었다. 그러자 정부는 여의도에 남아 있는 활주로 공간을 5·16 광장으로 만들었다. 빌리 그레이엄 집회가 열렸던 1973년에는 여의도에 시민아파트만 덩그러니 들어서 있을 뿐이었고, 국회의사당 건물도 KBS 사옥도 아직 없었다. 여의도는 거의 빈 공간이었다. 평양의 김일성 광장에 맞서기 위해 박정희 정권은 그 빈 공간에 5·16 광장을 만들었다. 빌리 그레이엄 목사의 설교를 듣기 위해 주최 측 추산 100만 명이 넘는 사람들이 전국에서 5·16 광장에 모여들었다. 당시 서울 전체 인구가 600만이 조금 넘는 수준이었던 것을 생각하면 어마어마한 숫자였다. 2022년 5월 닐슨 조사를 보면 한국에서 시청자 수 100만이 넘는 프로그램이 단 세 개에 지나지 않았다. 이 점을 생각해 보면 1973년도였다 할지라도 100만 명이 한자리에 모여 하나의 메시지를 듣는다는 것은 굉장한 일이었음을 알 수 있다. 그렇기에 그것은 하나의 물리적 공간에서 이뤄진 매스 커뮤니케이션이었다. 그러므로 5·16 광장이라는 공간을 매스 미디어(의 공간)라 부르는 것도 전혀 어색한 일이 아니다.

　매스 미디어로서의 광장 공간은 다른 차원의 미디어와 유기적으로 관계하며 작동한다. 가령 5·16 광장에 있던 대형 확성기 등의 도구 미디어가 없었다면 광장의 미디어화는 불가능했을 것이다. 기독교방송 등을 통해 사람들은 집회에 대한 소식을 들었고, 집회 당일에는 기독교방송뿐 아니라 일반 TV 방송국을 통해 실시간 생중계되는 내용을 들을 수 있었다. 물론 이런 것들은 제도적 차원에서 기존 언론사들과의 협력 없이는 불가능한 것들이었다. 더불어 여의도 광장에서 이런 집회가 가능

1973년 여의도 광장에서 열린 빌리 그레이엄 목사 집회에는 100만 명 넘는 사람들이 모였다. 이때 광장은 매스 커뮤니케이션을 가능하게 하는 일종의 공간 미디어적 역할을 했다. (출처: 서울역사박물관)

하려면 한국 교회와 박정희 정권 사이에 있던 제도적 차원의 공생 관계라는 배경도 중요한 기여를 했다. 여의도 광장에 100만 명이 넘는 사람이 모이는 것은 전국에 흩어져 있던 교회들의 조직적인 홍보와 동원이 없이는 불가능했다. 근대화, 도시화의 물결과 더불어 급성장 중이었던 당시의 한국 교회는 한국 사회에서 제도로서의 미디어적 성격을 띠고 있었다. 빌리 그레이엄 집회가 가능했던 것은 무엇보다 빌리 그레이엄이라는 사람 그 자체의 카리스마(개인으로서의 미디어)와 그가 전한 단순 명료한 기독교 복음 메시지(내용으로서의 미디어) 때문이었다. 5·16 광장은 빌리 그레이엄 집회를 통해 '매스 미디어'로서의 가능성을 확인받았다. 그 이후 5·16 광장은 대한민국에서 대중 정치 집회가 가장 빈번하게 열리는 장소가 되었다. 5·16 광장은 뒤에 여의도 광장으로 이름을 바꾸었고, 또 이어서 아예 여의도 공원으로 성격이 바뀌었다. 그러면서 그 공간의 미디어적 성격도 변하였다. 5·16 광장이 수행하던 매스 미디어로서의 역할은 뒤에 광화문 광장이나 시청 광장이 이어받았다.

매스 미디어 시대 공간으로서의 미디어 역할을 했던 광장이 가졌던 몇 가지 중요한 특징을 놓치면 안 된다. 첫 번째는 그것이 한국 사회 정치, 사회, 문화의 지형에서 추상적이고 일반화된 '중앙'에 있었다는 것이다. 그곳에 가기 위해서는 나의 터전을 벗어나야 했다. 빌리 그레이엄 목사의 여의도 집회 이래 서울 밖 지역 사람들을 서울의 광장에서 벌어지는 집회에 동원하기 위해서는 대형 버스들이 필요했다. 대형 버스들도 광장을 매스 미디어로 만드는 과정에서 필요한 중요한 미디어 장치였다고 할 수 있다. 자기 집, 자기 동네를 아침 일찍 떠나 '이른바' 중앙의 광장에 간다는 것은 물리적 이동이라는 것을 넘어 매우 상징적인 것이었다. 그렇게 찾은 광장에서 자신의 일상에 대해, 자기 자신의 문제에 대해, 자기가 떠나온 지역에 관해 이야기 나눌 것을 기대하는 사람들은 별로 없었을 것이다. 거기는 국가적 중대사, 민족의 과제, 심지어는 (빌리 그레이엄 집회의 예에서 볼 수 있듯이) 신의 목소리를 듣는 곳이었다. 나와 직접 연관 있는 이슈, 관심, 이해에 관한 이야기는 잠시 중단해야 하는 공간이었다. 광장의 두 번째 특징은 거기서 발언할 수 있는 사람들이 매우 체계적으로 통제되었다는 것이다. 1962년에 제정된 집시법은 제3조에서 "누구든 헌법의 민주적 기본 질서에 위배되는 집회 또는 시위를 해서는 안된다"라고 했고, 제2조는 "재판에 영향을 미칠 염려가 있거나 미치게 하기 위한 집회나 시위"를 금지했다. 이 조항들은 1989년 집시법 개정 시모두 삭제되었다. 1960년대와 1970년대에 걸쳐 해당 조항에 근거해서처벌을 받았던 사람들은 재심을 청구했고, 법원은 그 조항들에 관한 위헌 법률 신청을 했는데, 2016년 헌법재판소는 그 조항들을 위헌으로 결정했다. 이렇게 나중에 위헌으로 판정된 박정희 정권의 집시법이었지만, 그것은 1960년대에서 1980년대까지 사람들이 광장을 사용하는 방식을 촘촘히 통제했다. 이는 마치 매스 미디어 시대에 신문사나 방송국을 아무나 운영할 수 없던 것과 비슷한 것이었다고 할 수 있다. 누가 광장의 메가폰을 쥘 수 있는지에 대해 권력은 매우 체계적으로 감시하고 통제했다. 그렇기에 사람들은 자신들이 일상에서 겪는 다양한 이슈들에 대해 스스로 말하거나 그런 이슈들에 대해 다른 사람들이 하는 이야기를 듣기보다는 권력의 필터링을 거친 보편적이고 일반적인 이야기들을 광장에서 들어야 했다. 가령 개인이 어떻게 구원받을 수 있는지에 관한 보편적이고 일반적인 이야기는 5·16 광장에서 들을 수 있었지만, 기독교 신앙을 통해 어떻게 내가 사는 가정을, 내가 일하는 공장을, 내가 사는 동네를 '구원'할 수 있을지에 관한 이야기, 즉 내 삶과 더 밀접하게 연관된 이야기는 듣기 힘들었다.

　매스 미디어 시대에 모든 광장이 권력에 포섭된 것은 아니었다. 정치권력과 자본 권력에 맞서는 목소리를 담는, 소규모이지만, 광장으로서의 미디어라 부를 수 있는 것이 존재했다. 박정희 정권 시기, 그리고 1980년대 전두환, 노태우의 정권에 맞서서 시위를 벌였던 공간들은 대개 대학교 캠퍼스 내에 존재했다. 흥미로운 것은 그 공간들도 당시에 종종 '광장'이란 이름으로 불렸다는 것이다. 연세대학교와 고려대학교 등에서는 그곳을 민주 광장이라 불렀다. 이곳에 모이는 사람들은 대개 수십, 수백이고, 많아 봤자 천 명을 넘는 수준이었기에 '매스 미디어'로서의 공간이라 부르는 것은 무리였지만, 그런데도 그 광장들은 대안적 미디어 공간으로서의 역할을 수행했다. 대자보, 악기, 확성기 등 다양한 도구가 동시에 활용되었고, 카리스마 있는 연설자, 공연자(개인으로서의 미디어), 강렬한 정치 메시지(내용으로서의 미디어), 학생 조직(제도로서의 미디어) 등이 공간 미디어로서의 광장과 함께 작동했다. 더불어 흥미로웠던 점은 미디어로서의 광장이 신문, 방송 등의 매스 미디어와도 연결점을 갖고 있었다는 것이다. 광장의 선택, 광장에서의 집회 시간 선택, 메시지의 내용과 톤의 선택 등이 주류 언론의 뉴스에서 어떻게 전달될지를 고려해 전략적으로 정해지는 경우도 있었다. 대안 미디어로서의 '민주 광장'들은 대학 캠퍼스 안에 갇혀 있었기에 그것이 갖는 영향력은 물론 제한적일 수밖에 없었다. 1987년 6월 항쟁에서와 같이 대학의 민주 광장들이 학교 밖으로 쏟아져 나와 중앙 권력이 장악하고 있던 시청 광장을 접수했던 것과 같은 예외적 사건이 있긴 했지만 말이다. 공간으로서의 미디어라는 시각에서 보면 6월 항쟁은 대안 미디어(민주 광장들)가 중앙의 미디어(시청 광장)를 대체한 사건이었다. 물론 이런 예외적 사건은 결코 흔하게 일어나지 않았다.

거창하게 '광장'의 이름이 붙은 것은 아니라 할지라도 매스 미디어 시대에도 골목 어귀, 집 근처 놀이터, 구멍가게 앞 평상 등에서 사람들은 자신들의 일상, 즉 생활세계의 이야기를 할 수 있었다. 그 역시 매스 미디어 시대의 대안 미디어적 공간이었다. 박정희 정권하에서는 이런 대안적 공간마저 반상회라는 이름으로 제도화하고 통제하려 했다. 정권의 이런저런 방해가 없었더라도 골목의 대안적 공간은 1970년대와 1980년대 급속하게 진행된 도시화, 근대화, 표준화 속에서 계속 줄어들어 갔다. 골목에 아파트가 들어서고 아파트 창에 TV의 불빛이 번져나가는 것과 함께 미디어로서의 대안 공간은 계속해서 축소되어 갔다.

중앙과 비중앙

매스 미디어 시대의 편향성은 중앙의 강화와 비중앙의 주변화 모습으로 드러났다. 해럴드 이니스는 모든 시대의 사회 구조는 그 시대의 주축 미디어에 따라 편향성을 갖는다고 했다(Innis, 1951). 가령 시간적 편향성을 갖는 미디어(기념비, 건축물 등)가 지배하던 곳에서는 왕권, 전통, 공동체 등이 강조되는 반면, 공간 편향성을 갖는 미디어(이동이 편리한 파피루스, 종이 등)가 지배하는 곳에서는 지배, 경쟁, 제국 등이 강조된다고 했다. 매스 미디어 환경이 갖는 편향성을 단순화시켜 이야기한다면 그것은 중앙과 비중앙의 분리라고 할 수 있다. 앞에서 자세히 언급했듯이 매스 미디어를 소유, 운영하는 것은 소수에게 집중될 수밖에 없었다. 소수의 제작자와 조직을 제외하고는 모든 것을 수용자로 주변화시키는 것이 매스 미디어 시대의 기본적인 경향이었다. 그것이 공간적 상황에도 반영되는 경우가 많았다. 특히 20세기 내내 진행된 메트로폴리스와 그것을 넘어서는 메가폴리스의 과정에서 매스 미디어는 대도시의 목소리, 라이프스타일, 문화, 이해를 대변하고, 나머지는 주변화했다. BBC나 NHK, KBS 같은 이른바 공영 방송국은 공익성의 차원에서 중앙의 목소리만 지배적인 상황을 막기 위해서 지역성 강화를 중요한 프로그램 정책으로 내세우기도 했으나 역부족인 경우가 많았다. 중앙과 비중앙의 대립, 그리고 중앙의 강화와 비중앙의 주변화가 가장 극적으로 나타난 곳 중 하나는 대한민국일 것이다. 그 어떤 사회보다도 서울에 모든 것이 집중되는 공간의 중앙집중화를 한국 사회는 겪어 왔다. 서울 중심주의는 조선이 1392년 건국된 이래로 한반도의 공간 정치를 지배했다. 지방의 사대부들도 서울에서 활동해야만 지방에서의 권력을 계속 유지할 수 있었다. 이런 서울 중심주의는 일제 식민 체제 아래에서도 중앙 집권의 통치 수월성을 업고 지속되었다. 해방 후 대한민국 정부가 들어선 이후에도 서울 중심주의는 계속 유지되었다.

이미 강하게 고착되어 있던 서울 중심주의와 매스 미디어 체제가 결합하면서, 대한민국 안에 있던 공간으로서의 미디어는 중심 공간의 목소리, 취향, 욕망의 지배성을 키웠고, 주변부의 일상은 더욱더 주변화시켰다. 이런 중심-주변부의 구조는 서울과 지방 간의 대립 형태로만 발생하는 것이 아니었다. 사실 서울 안의 지역들도 소외되는 것은 마찬가지였다. 추상적인 중심부 공간은 자신의 목소리를 생성해 내고 자신의 이슈와 이야기를 전달할 수 있지만, 그 밖의 주변부 공간들은 미디어로서의 기능을 제대로 하지 못하는 상황이 심화되어 갔다.

냉전의 공간

20세기 매스 미디어 시대에 공간으로서의 미디어는 국제적인 수준으로까지 확장했다. 소비에트 연방은 모스크바 라디오Moscow Radio라는 라디오 방송을 1922년에 시작하였다. 1930년대에 벌써 영어, 독일어, 이탈리아어, 아랍어 방송을 시작하며 국제 방송을 시작하였다. 모스크바 라디오에서는 한국어 방송도 1945년에 시작하였다. 그러다가 1950년대 초 냉전 시기가 본격화되자 미국을 포함한 거의 전 세계를 대상으로 방송을 하기 시작했다. 모스크바 라디오는 소비에트 연방이 무너진 이후에는 러시아의 소리Voice of Russia라는 새로운 이름을 갖게 되었다. 냉전 기간 중 미국 등 서방 진영의 프로파간다 채널 역할을 했던 미국의 소리Voice of America(VOA) 방송의 이름을 냉전이 끝난 뒤에 러시아가 차용했다는 것은 흥미로운 아이러니다. VOA는 1942년에 독일어 방송으로 시작했다. 나치와 대적하던 시기였기 때문일 것이다. VOA는 당시 적대 국가였던 독일을 향한 일종의 선전 미디어로 시작한 것이다. VOA가 실질적인 영향력을 행사하기 시작한 것은 1950년대 이후 냉전이 시작하면서부터였다(Heil, 2003). VOA의 가장 중요한 임무는 공산주의를 대적하는 것이었다. VOA는 거의 전 세계를 포괄하는 국제 방송으로 자리 잡았다.

모스크바 라디오와 VOA는 자유 진영과 공산 진영으로 갈라진 지구 공간의 이미지를 사람들 머릿속에 구성하였다. VOA나 모스크바 방송을 듣는 사람들은 자기가 속한 거대한 진영 공동체에 대해 상상할 뿐 아니라, 경계 밖에 존재하는 적대 진영의 공동체에 대해서도 상상했다. 국제적으로 유통되는 방송의 공간(혹은 공간으로서의 미디어)은 청취자들에게 자신의 발이 땅을 딛고 있는 국지적 장소에서 벗어나 초국경의 자유/공산 진영 공간 안에서 자신의 정체성을 인식하게 만들었다. 그런 공간 이해 속에서 자유 진영의 국민은, 혹은 공산 진영의 국민은, 진영 내에서 서로 연대해야 했다. 물론 서로 한 번도 만난 적이 없었더라도 말이다. 그리고 상대 진영의 국민은 적대해야만 했다. 역시 한 번도 그들을 직접 만난 적이 없었더라도 말이다. 냉전으로 틀지어진 글로벌 차원의 공간 미디어는 이처럼 사람들이 누구와 어떻게 어떤 방식으로 소통할지에 대해 상당한 정도의 영향을 미쳤다.

두 차례 세계 전쟁과 한국 전쟁이 끝난 1950년대 이후 냉전이 공고화되었다. TV가 대부분 가정에 보급되면서 매스 미디어 체제가 완숙한 모습을 보인 시점과 냉전이 시작된 시점은 거의 일치했다. 미소 냉전 혹은 자유 진영과 공산 진영 사이의 냉전이 심화되어 가는 분위기에서 매스 미디어(도구, 내용, 제도, 사람, 공간 차원을 아우르는 매스 미디어)를 보급해서 이른바 제3세계의 사회 발전을 꾀하려는 움직임도 있었다. 이러한 움직임을 주도했던 사람들은 대니얼 러너Danial Lerner, 윌버 슈람, 에버렛 로저스Everett Rogers, 이티엘 드 솔라 풀Ithiel de Sola Pool 같은 학자들이었다. 이들의 논리는 매스 미디어와 통신 수단이 근대화의 가장 중요한 토대이므로, 아직 근대화 이전 '전통 사회' 수준에 머물러 있는 제3세계 국가들은 이런 기술들에 대한 투자를 해야 한다고 주장했다. 그들의 주장은 결국 도구(현대적 미디어 기술), 내용(근대적 가치), 제도(매스 미디어 관료 조직), 사람(근대적 개인으로서의 독자, 청취자, 시청자), 공간(자유 진영과 연대)로서의 매스 미디어를 강화함으로써 제3세계에서도 근대화와 산업화의 변화를 만들어 낼 수 있다는 것이었다(Bernstein, 1971; Shah, 2011). 이러한 이른바 '근대화 이론'은 이후에 비판적 학자들로부터 강력한 비판을 받게 된다. 그러한 비판을 이끌었던 사람들은 남미의 종속이론가들과 이른바 포스트식민주의 학자들이었다(Alhassan & Chakravartty, 2011; Bortoluci & Jansen, 2013; Boyd-Barrett, 2014; Roach, 1997). 이들은 근대화 이론은 결국 서구화의 다른 말일 뿐이고, 냉전 구도하에서 진영 논리를 반영하는 것에 그친다고 주장했다. 뿐만 아니라 매스 미디어를 강압적으로 이식해서 만드는 근대화는 새로운 양식의 식민 구조를 만들어 내고 제3세계는 근대화된다기보다는 주변화의 과정에서 중앙에 있는 서구 국가들의 문화 착취 대상이 된다고 경고하였다. 이런 논쟁은 결국 냉전적 공간 이해를 바탕으로 했다. 냉전 구도에서 진행한 근대화 프로젝트는 결국 서구 자유주의 진영의 공간을 확장하려는 시도였다. 미디어(도구, 내용, 제도, 사람, 공간)를 통해 근대화 결과를 만들어 낼 수 있다고 했던 것이 이른바 근대화론자들의 주장이었다면, 그런 프로젝트를 통해서는 근대화와 발전의 결과를 얻을 수 없으며 오히려 서구–비서구의 불평등 관계를 심화시키는 부작용만 커지리라는 것이 문화제국주의 혹은 미디어 제국주의 학자들의 주장이었다. 공간으로서의 미디어 측면에서 보자면 그것은 국제적 차원에서 냉전의 공간 구도를 변화시키려는 프로젝트였다. 냉전 체제 속에서 자유 진영과 공산 진영 어디에도 속하지 않고 중립 지대에 있던 국가와 그 국민이 어떤 미디어 내용에 접하고, 누구와 어떤 방식으로 소통하고 연대할지에 영향을 미치려는, 국제적 수준의 공간 미디어적 중재intervention 프로젝트였다 할 수 있다.

6장

연관성 위기

20세기 매스 미디어 시대에 사람들은 종종 연관성 위기를 경험했다. 매스 미디어 시대에 개인이 경험하는 연관성 위기는 크게 보면 두 가지 형태로 나타났다. 첫째는 실제로는 자신에게 매우 중요한significant 것을 별로 연관relevant 없는 것이라고 개인이 인식하는 경우다. 둘째는 실제로는 별로 중요하지 않은 것을 자신에게 매우 연관성이 큰 것처럼 인식하는 경우다. 현대 사회에서 개인들은 독립된 개인으로서 혹은 특정 집단(예를 들어 가족, 종교 단체, 학교, 지역, 국가 등)의 구성원으로서 일상에서 중요한 것과 중요하지 않은 것, 연관성이 있는 것과 연관성이 없는 것을 구분하기 마련이다. 예를 들어 같은 태풍이라도 자기가 사는 지역을 통과하는 태풍은 자기에게 연관성 있는 태풍이고, 자기가 사는 지역을 통과하지 않는 태풍은 자기에게 연관성 없는 태풍으로 구분하곤 한다. 이렇게 우리는 우리 주변의 것을 연관성이 높은 것과 낮은 것을 기준으로 구분하고, 연관성 높다고 지각하는 것에 더 많은 관심을 두고, 더 신경을 쓰고, 더 집중하게 마련이다. 반면 연관성 낮다고 지각하는 것에는 대개 무심하고, 관심을 덜 기울이고, 신경을 덜 쓴다. 연관성 높은 것은 나에게, 혹은 우리에게 중요하다고 생각하기 때문이다. 연관성relevance과 중요성significance은 쌍둥이 같은 것이다. 하지만 현대 사회를 사는 개인의 일상에서 이 둘은 종종 서로 어긋나곤 한다. 그것이 연관성 위기의 핵심이다.

연관성의 개념에 대해서, 그리고 그것이 왜 미디어와 관련된 중요한 이슈인지에 대해서는 4장에서 자세히 살펴보았다. 여기서는 연관성 위기의 문제에 대해서 조금 더 자세히 이야기해 보자. 연관성 위기는 내가 누구이고(정체성), 어디에 있고(여기), 어느 시점에 있는지(지금)의 문제와 직접 관련 없는 이야기는 중요하게 여기면서, 그것들과 밀접하게 연관된 것은 오히려 소홀히 여기는 경향 그리고 그런 경향이 초래할 수 있는 부정적 결과의 가능성이라고 말할 수 있다. 즉 그것은 자신의 정체성과 분리된 것, 지금, 여기에 없는 것(즉 종합해서 말하자면, 연관성이 없는 것)에 대해서 4장에서 설명한 주제적, 해석적, 동기적 연관성을 강요받는 것을 가리킨다. 연관성 위기는 어느 시대, 어느 장소에서도 그 예를 찾을 수 있다. 수렵 채취를 하던 선사 시대에도, 중세 시대에도 연관성 위기는 존재했을 것이다. 그 위기가 산업화, 도시화, 근대화와 더불어 가속화되었다. 서구에서는 19세기와 20세에 걸쳐, 한국에서는 1960년대 이후부터 이루어진 도시화와 산업화, 근대화 흐름에서, 사람들이 전통적 농촌 공동체로부터 근대적 도시 사회로 이주하는 변화가 급속히 이루어졌다. 그런 변화 과정에서 현대적 의미의 연관성 위기를 많은 사람들이 경험하게 되었다. 현대 사회의 도시화 추세 속에서 사람들은 무엇이 나와 연관된 것인지, 무엇이 나에게 중요한 것인지를 새로운 틀, 즉 전에는 한 번도 사용해 보지 않은 낯선 틀을 갖고 규정해야 했다. 전체주의 사회이건, 자본주의 사회이건, 20세기에 인류가 실험한 사회 체제는 무엇이 나(우리)와 연관된 것이고 중요한지가 당사자인 나와 우리가 아닌 제삼자에 의해서, 바로 여기가 아닌 다른 곳(가령 워싱턴에서, 모스크바에서)에서, 바로 지금이 아닌 다른 시간의 틀 속에서 결정되는 환경을 만들었다(Habermas, 1989).

　연관성 위기는 특히 19세기 말 대중 신문에서 출발해서 20세기에 걸쳐 라디오, 영화, TV를 통해 구축된 매스 미디어와 밀접하게 연결된 현상이다. 그래서 매스 미디어 시대의 가장 중요한 특징을 연관성 위기와 연결해서 설명할 수 있다. 20세기 동안 전체주의 사회와 자본주의 사회 모두에서 매스 미디어는 무엇이 개인에게 연관된 것인지, 무엇이 그에게 중요한지를 개인 자신 대신 혹은 그 개인이 속한 공동체 대신 결정해 주는 역할을 했다. 일상에서 자신에게 무엇이 중요한지, 무엇이 자기와 연관된 것인지, 무엇에 관심을 두고 무엇에 집중해야 하는지, 무엇에 가치를 부여해야 하는지, 심지어는 나는 누구이고, 어떤 사람이 되어야 하는지 등에 대해 다른 누군가가 '나를 위해' 결정해 준 것을 받아들여야 하는 상황, 즉 연관성 위기 상황이야말로 매스 미디어가 지배했던 사회의 중요한 특징이었다. 매스 미디어 시대 연관성 위기 속에서 중요한 것과 연관된 것 사이의 심한 분열이 발생했다. 그러한 분열을 통해 연관 있는 것이 연관 없는 것에 의해 식민지화되는 결과가 만들어졌다(Habermas, 1987). 나의 정체성, 지금, 여기의 이야기가, 다른 정체성, 다른 시기, 다른 장소에 의해 식민지화되는 결과가 만들어진 것이다. 물론 매스 미디어가 늘 일방적으로 연관성 위기를 초래하기만 한 것은 아니라는 반론도 가능하다. 가령 지난 수십 년 동안 많은 연구가 매스 미디어가 지역 공동체 내 시민 참여에 다양한 방식으로 기여했음을 밝혀 오기도 했다(Jeffres et al., 1988; McLeod et al., 1999; Shah et al., 2001). 또한 연관성 위기에 대해 인식하면서 그에 저항하려는 다양한 노력노 있었다. 이 장에서는 우선 5장에서 이야기한 매스 미디어 시대의 문제를 연관성 위기의 측면에서 살펴보려 한다. 그 문제를 논의할 때도 계속해서 미디어의 다섯 가지 차원의 틀을 사용할 것이다. 그리고 거기에서 끝나지 않고 연관성 위기에 대한 개인과 공동체의 다양한 대응과 그 좌절에 대해서도 언급해 보려 한다. 이런 논의를 통해서 매스 미디어 시대에 연관성 위기가 어떤 사회적 함의를 가졌던 것인지 선명하게 드러내 보려 한다. 이는 8장에서 포스트매스미디어 시대의 연관성 초위기 문제에 대한 논의로 연결될 것이다.

도구로서의 미디어와 연관성 위기
: 사람들의 일상으로 침입해 들어온 도구 미디어

20세기 초반부터 도구로서의 매스 미디어가 사람들의 일상에 침입해 들어왔다. 그리고 우리 삶에서 무엇이 중요하고, 무엇이 연관된 것인지에 대한 인식에 중요한 변화를 만들었다. 미디어가 사람들의 일상에 침입해 들어와서 연관성에 대한 사람들의 인식에 중요한 변화를 만든 것이 20세기에 처음 나타난 현상은 아닐 것이다. 가령 매스 미디어 시대 이전이라 할 수 있는 18세기에 자기 서재에 숨어 온종일 책을 읽고 있는 사람을 떠올려 보라. 그가 런던이나 파리에 있다고 생각해도 좋고, 한양이나 북경에 있다고 해도 좋다. 종이의 물성을 갖는 미디어가 한 사람을 골방에 묶어 놓고, 자신의 주변으로부터 이탈시키고 시간과 공간을 초월한 세계로 이동시킨다. 이제 그의 관심은 자신의 몸이 거주하는 하이델베르크 골목이나, 한양의 양반 마을에서 빠져나와 넓은 세계와 광활한 우주로 나아간다. 이런 장면이야말로 책이라는 미디어가 한 사람의 일상 공간(서재)에 침입해 들어와 그를 다른 세계로 옮기면서 무엇이 중요한지, 무엇이 그와 연관된 것인지에 대한 인식을 바꾸는 것이 아니겠는가? 그런데 문제는 20세기 이전에는 이런 경험이 매우 소수의 사람에게, 그리고 특정 상황에 제한되어 있었다는 것이다. 20세기 매스 미디어 시대의 중요한 특징은 미디어의 침입이 전방위적으로, 즉 대중적으로 이루어졌고, 그렇게 침입해 들어온 미디어가 초래한 연관성 위기의 문제도 거의 보편적인 것이 되었다는 것이다. 마치 20세기 매스 미디어 시대를 사는 도시 거주자 전체가 자신들이 살아왔던 도시를 버리고 매스 미디어 체제가 숨겨 놓은 미지의 아틀라스 대륙으로 떠나기라도 하는 것처럼, 연관성 위기는 현대인 모두의 문제가 되었다.

미디어 중독

매스 미디어 시대 초기부터 매스 미디어에 관해 사람들이 제기한 이슈 중에서 연관성 위기와 연결할 수 있는 것은 '중독'에 대한 것이었다. 중독이란 것이 어떻게 연관성 위기와 관련 있을까? 중독의 정의와 범위는 다양하지만, 중독이 초래하는 중요한 결과는 개인에게 바로 지금 여기에 있는 문제로부터 도피해서, 그 문제에 대한 해결의 노력을 회피하거나 하염없이 미루게 하는 것이라 할 수 있다. 자기 자신을 스스로로부터 소외(혹은 초월)시키는 것이 중독의 결과 중 하나라고 한다면, 중독이 왜 연관성 위기와 연결되는지 이해할 수 있다. '미디어 중독'이라는 개념과 그에 대한 논의 자체가 20세기의 현상이다. 특히 매스 미디어 시대에 새롭게 등장한 현상이라 할 수 있다. 물론 중독 자체는 인류 역사와 함께 해 왔다. BC 3000년경부터 사람들이 대마초를 흡입했다는 증거가 있을 정도이니 말이다. 중독의 문제는 주로 약물이나 술, 담배의 문제로 취급됐다. 하지만 사람들이 미디어에 중독될 수 있다고 생각한 것은 20세기에 들어와서였다. 그전에는 누구도 미디어에 사람이 중독될 수 있다는 생각 자체를 하지 않았다. 그런데 1920년경이 되자 사람이 미디어에도 중독될 수 있다는 이야기기 등장했다. 1920년대 초반에 발행된 〈리디오 월드Radio World〉 같은 라디오 관련 잡지들을 보면 이미 '라디오 중독'에 대한 기사를 찾아볼 수 있다. 1920년대에 이미 이른바 라디오 중독이 '라디오 광인'을 만들어 낸다든지, 라디오에 빠진 남자들 때문에 '라디오 과부'가 증가한다든지, 그래서 라디오 때문에 이른바 '라디오 이혼'이 증가한다는 이야기가 등장했다(Butsch, 1998). 1941년에 벌써 〈소아과 저널Journal of Pediatrics〉에서는 어린이들의 라디오 중독과 영화 중독에 대한 학술 논문이 발표되기도 했다. 논문의 저자는 메리 프레스턴Mary Preston 이라는 의사였다. 그녀는 이 논문에서 어린이들의 영화 중독을 세 단계로 나눴다. 가장 심한 중독 정도는 일주일에 2~5편 정도를 보는 것이고, 중간 정도는 한 달에 한두 편 정도를 보는 것이고, 미약한 중독은 일년에 수 편을 보는 정도라고 구분했다. 그녀는 이 연구에 참여한 어린이 중 57%가 심각한 라디오 중독 상태라고 판단하기도 했다(Preston, 1941). 이 기준을 적용하면 아마 요즘 사람 중 상당수가 중증 미디어 중독 판정을 받을 것이다. 미디어 중독이란 것이 정말 존재하는지, 그것을 어떻게 규정할지는 늘 논란의 대상이 되어 왔다. 그런데도 이런 기조를 이어받아 다른 미디어에도 중독의 굴레를 씌우는 움직임이 확산하였다. 가령 미 의회는 1950년대에 '만화책 중독'에 대한 공청회를 열기도 했다. 이런 상황이었으니 TV 등장 이후에 'TV 중독'의 문제를 언급하는 사람들이 바로 나타난 것이 그리 놀랍지 않다. TV가 일반 가정에 보급되고 10년도 채 되지 않은 시점에 TV 중독에 대한 학술 논문이 발표되었다. 1954년 컬럼비아대학교 정신의학과 교수이면서 세뇌 기술에 관한 연구를 했던 네덜란드 출신 유스트 미어루Joost Meerloo(1954)는 TV 중독에 대한 논문을 발표했다(Sussman & Moran, 2013). TV 중독 문제를 처음 언급한 이들 중에는 마셜 매클루언도 있었다. 그는 TV가 일종의 마약 같은 것이라고 말하기도 했다. 다른 학자들은 TV를 도박과 같은 것으로 취급하면서 마치 도박처럼 사람들이 TV에 종속dependency되고 있다고 지적했다(Kubey, 1996; Mallwraith, 1998). 미디어 중독은 미디어 내용이나 제도에 대한 중독이 아니었다. 물성을 가진 도구로서의 미디어 그 자체에 대한 종속을 다룬 문제라고 할 수 있다(Tokunaga, 2015).

미디어 중독이 왜 연관성 문제와 연결이 되는지를 앞서 중독과 연관성 위기의 문제 사이의 관계에 대해서 언급한 것을 토대로 생각해 보자. 다른 유형의 중독과 마찬가지로 미디어 중독이라는 것도, 개인 자신의 의지로 과이용을 통제하지 못하고, 결국 개인에게 자신이 일상에서 수행해야 하는 사회적 역할, 가족 관계, 직업적 활동 등을 제대로 수행하지 못하게 하는 것으로 이해할 수 있다. 물론 '미디어 과이용'을 과연 약물 중독이나 알코올 중독의 경우와 마찬가지로 '중독'이라는 용어로, 즉 의학적 처치가 필요한 것으로 규정할 수 있을지는 계속 논란의 대상이 되어 왔다. 최근에는 그런 논란이 인터넷 중독, 게임 중독, 스마트폰 중독, 소셜 미디어 중독 등의 말을 둘러싸고 벌어진다. 여기서 내가 주목하는 점은 그런 논란을 판단하고자 하는 것이 아니라, 그런 논란이 벌어졌다는 사실 자체, 그리고 그런 논란의 성격에 대한 것이다. 매스 미디어 시대 미디어 중독에 대한 문제 제기는 결국 그것이 미디어를 이용하는 개인 삶에서 연관성 위기를 초래할 수 있다는 지적이었다고 할 수 있다.

미디어 중독은 연관성 위기의 극단적 형태라고 할 수 있다. 그리고 그것은 보편적인 문제라기보다는 전체 인구 중 특정 소수가 겪는 병리적 문제에 대한 지적이라 할 수 있다. 사실 매스 미디어 시대 연관성 위기 논의는 중독이라는 특수한 형태가 아니라 보다 일반적이고 일상적 측면(가령 사회관계)의 문제를 중심으로 진행되었다. 도구로서의 미디어에 대한 논의들 중 많은 것이 미디어가 우리 삶에 침입해 들어오면서 우리에게 익숙한 다양한 유형의 사회관계에 어떤 변화를 만들 것인지를 전망(혹은 걱정)하는 것이었다. 매스 미디어 시대에 도구로서의 미디어(전화기, 축음기, 라디오, TV 수상기 등)는 사람들의 관심을 독점하면서 사람들이 맺는 관계의 틀을 바꿨다. 가령 새로운 도구로서의 미디어(내용으로서의 미디어가 아니라)가 한집에 사는 가족들 사이의 관계(가령 부부간, 부모와 자식 간의 관계), 연인들 사이의 관계, 동네에 사는 이웃들과의 관계, 친구들과의 관계, 직장 동료들과의 관계, 길에서 마주치는 낯선 사람들과의 관계, 심지어는 수천 킬로미터 떨어져 있는 사람들(친척이나 친구일 수도 있고 혹은 전혀 모르는 사람일 수도 있다)과의 관계를 근본적으로 변화시킬 수 있었다. 그런 과정에서 연관성 위기가 발생할 수 있음을 사람들은 걱정했다. 그런 걱정거리 중에서 가정 내부의 가족 관계에 대한 걱정과 가정 외부의 사회관계에 대한 걱정을 살펴보도록 하자.

매스 미디어와 가족 관계

라디오와 TV가 가족 내 관계를 어떻게 변화시키고 이것이 어떻게 연관성 위기와 관련되는지부터 살펴보자. 라디오는 1920년대부터, TV는 1940년대 후반부터 사람들이 사는 집의 거실에 침입해 들어왔다. 대체로 라디오는 1차 세계 대전이 끝나고 나서, TV는 2차 세계 대전이 끝나는 시점에 가정의 거실로 들어왔다. 린 스피겔Lynn Spigel은 매스 미디어 장치들이 가족들의 공간 안으로 "진입"했다고 표현했다(Spigel, 1992). 하지만 그것은 종종 침입의 이미지로 묘사되기도 했다. 마치 일제가 조선을 침략한 후에 조선 신궁을 남산 위에 짓고, 조선총독부를 경복궁 자리에 지은 것과 비슷한 방식의 침입이었다. 경성의 가장 중요한 자리에 정치와 종교 기관 건물이 들어선 것처럼, 전화기와 축음기와 라디오와 TV 수상기가 집 거실의 가장 중요한 자리를 차지했다. 사람들이 살아가는 일상의 물리적 공간에 침입해 들어온 매스 미디어는 여러 측면에서 연관성 위기를 만들었다. 매스 미디어가 전달하는 내용 자체가 초래하는 연관성 위기(이것은 뒤에서 논할 것이다) 이전에, 도구로서의 미디어가 갖는 물성이 일상의 중요한 공간을 차지했다는 사실에 일단 먼저 주목해야 한다. 진입이든 침입이든 그 도구들은 사람들이 살아가는 일상 공간에 들어와서 가장 중요한 자리를 차지했다. 스피겔은 이에 대해 라디오와 TV가 저녁 시간에 가족들을 한 장소에 모이게 함으로써 가족 간 유대를 강화하는 효과를 나타냈다(Spigel, 1992)고 비교적 긍정적으로 묘사했다. 가구처럼 생긴 TV 수상기와 라디오 수상기를 둘러싸고 사람들은 자신들이 머릿속에 그려온 중산층 가족의 삶을 만들어 갔다. 사실 그런 삶이 역사적으로 원래 실재했던 것이라기보다는, 실질 소득이 늘어나고 교외에서 넓은 거실을 가진 가정들이 늘어나면서 상류층 삶의 모습으로 당시의 사람들이 상상한 것을 구현한 것이라고 보는 것이 더 맞을 것이다. 스피겔에 따르면 20세기 서구 사람들이 생각하는 상류층 사회의 이상은 19세기 빅토리아 시대 영국 귀족의 삶이었다. 20세기 중반 대량 생산된 공산품이 쏟아져 나오면서 영국 귀족 생활의 이미지를 담은 모조품을 비교적 저렴하게 집안에 들여 놓는 것이 가능해졌다. 그러한 공간의 중심을 처음에는 축음기가, 그다음에는 라디오가, 그리고 1940년대 후반부터는 TV 수상기가 차지하게 되었다. 축음기와 라디오와 TV는 그것들이 전하는 내용과는 상관없이 거실의 중심에 침입해 들어왔다는 사실 하나로 가족을 같은 시간과 장소에 모이게 했고, 가족에 대한 이상을 실현해 주는 것처럼 보였고, 그 과정에서 가족의 정의, 성 역할, 가족 내 규범 등에 대한 기존의 전통적 사고를 재생산하고 재확인시켜 주는 것처럼 보였다(Spigel, 1992). 그렇지만 같은 공간을 공유하는 것 자체가 소통과 유대의 강화라는 결과를 필연적으로 가져왔는지는 사실 불분명하다.

TV가 가족 사이의 유대를 강화했다는 연구들도 있지만, 사실 그 반대의 가능성은 항상 존재했다. 그리고 유대 강화를 지지하는 연구들도 TV 앞에 모인 사람들이 무엇을 함께 이야기했는지에 대한 문제에는 집중하지 않았다. 린드와 린드(Lynd & Lynd, 1929)의 글을 보면 라디오가 등장한 직후인 1920년대 후반에 이미 밤늦게까지 라디오를 듣다가 다음 날 학교 공부에 지장을 받는 아이들에 대해 불평하는 부모의 이야기가 나온다. 그런 이야기들은 가족들이 라디오를 중심으로 같은 공간에 있더라도 그 장면이 항상 평화롭지만은 않았을 수 있음을 시사한다. 호주의 문화사회학자 레슬리 존슨Lesley Johnson(1981)은 1920년대 호주에 처음 도입된 라디오가 사실은 초대받지 않은 손님으로 들어왔으며, 가정 내 일상의 스케줄을 교란하고, 가족 사이의 관계에 간섭하면서, 가정 내에 오랫동안 자리 잡아 온 의례ritual를 무너뜨렸다고 했다. 미디어 생태학자 조슈아 마이어로위츠(Meyrowitz, 1986)는 TV가 어떻게 가족 내 의례를 파괴했는지 조금 더 구체적으로 설명했다. 가령 TV 시대 이전에는 가정 내에서 부모와 자녀가 접할 수 있는 미디어(책, 잡지 등)와 대화 내용 등이 구별되어 있었다. 가령 성인용 잡지는 아이들 손이 닿지 않고 눈에 띄지 않는 장롱 위에 올려져 있고, 부부간 내밀한 이야기나 가족 간 갈등에 관한 이야기는 아이들이 듣지 않는 장소와 시간에 하곤 했다. 그런데 TV가 등장하고 나서부터는 이것이 불가능해졌다. 왜냐하면 아이들에게 숨겨 왔던 주제의 이야기와 그림들이 채널 몇 개만 돌리면 나오는 상황이 만들어졌기 때문이다. 이제 가족 내 아이들은 부모의 손을 떠나 세상으로 쉽게 나갈 길이 생겼다. 몸은 여전히 자기 집 거실에 머물러 있지만 말이다.

매스 미디어 시대가 시작된 이후로는 어린이나 어른 모두 집에 있을 때에도 그들의 소통을 집 담장 안으로 제한시킬 필요가 없게 되었다. 그들의 세계관, 가치관, 의견, 관계 등도 이제는 가족이라는 끈에만 묶어 놓을 필요가 없게 되었다. 특히 관계적 측면에서 그런 변화가 두드러지게 나타났는데, 이와 연관된 개념이 준사회관계parasocial relation와 준사회적 상호 작용parasocial interaction이라는 개념이다. 온 가족이 단칸방을 공유하는 집에서 살기 때문에 자신만의 프라이버시를 갖는 것이 쉽지 않았던 1980년대 대전의 여중생도 매일 밤 라디오 음악 방송을 들을 때 DJ가 마치 자기 자신에게 속삭이는 듯한 친근함을 느낄 수 있었다. 물론 그의 말을 듣는 수천, 수만의 여중생이 있음을 잘 알고 있더라도 말이다. 이런 것이 준사회적 상호 작용이고 그런 준사회적 상호 작용을 통해 미디어 진행사와 맺는 친밀한 관계가 준사회관계다. 다른 가족들과

한 장소에 있더라도 사람들은 가족의 일원이 아닌, 가족 밖의 누군가(가령 라디오 프로그램 호스트)와 매우 친밀한, 이른바 준사회관계를 만들어 낼 수 있게 되었다.

준사회관계란 개념은 시카고대학교 사회학과 도널드 호튼Donald Horton과 리처드 올Richard Wohl이 "매스 커뮤니케이션과 준사회적 상호 작용: 원거리 친밀성에 대한 관찰Mass Communication and Para-Social Interaction: Observation on Intimacy at a Distance"이라는 논문을 학술지 〈정신의학Psychiatry〉에 1956년 발표하면서 처음 소개했다(Horton & Wohl, 1956). 그들은 사람들이 라디오, 영화, TV에 등장하는 인물과 마치 대면으로 만나 이야기하는 것과 같은 허상의 관계 인식을 갖는 현상에 주목했다. 그들은 준사회관계의 대상이 되는 미디어 등장인물을 페르소나라고 칭했는데, 이들이 사람들과 친밀한 사적 관계를 갖는 것처럼 보이지만 사실 그들의 말과 행동, 성격 등은 매우 표준화된 것이고, 라디오를 듣고, TV를 보는 모든 이들을 향한 것이라는 점을 강조했다. 그렇기에 당연하게도 준사회관계가 주는 친밀성 그 자체는 지극히 허구적인 것이다. 2013년에 나온 영화 〈그녀Her〉에서 인공 지능 사만다는 수백만 명의 사람과 동시에 쌍방의 대화를 할 수 있지만, 라디오와 TV의 페르소나는 자기 입장에서는 하나의 대화만 할 수 있을 뿐이었다. 그러나 수백만 명의 사람들이 그 대화를 개인화한다면, 결국 수백 개의 대화가 발생한 것이라 말할 수도 있다. 호튼과 올은 TV와 라디오의 페르소나와 함께 만드는 준사회적 상호 작용에서 아이들은 미래의 자신을 상상하고, 노인들은 과거를 회상하고, 또 많은 사람이 자신 안에 숨겨진 욕망을 표출한다고 말했다. 호튼과 올은 매스 미디어 시대에 특히 이러한 준사회적 사회 작용이 "일상적 사회 활동usual social activities"의 일부가 되고 있다는 점을 강조하기도 했다. 준사회적 사회 작용은 일상이 중단된 상황에서 겪는 특수한 경험이 아니라 이제 사람들의 삶을 구성하는 요소로 일상화되었다는 말이다. 그렇게 일상화된 준사회적 상호 작용과 준사회관계가 가정의 테두리 안으로 들어왔다. 준사회적 상호 작용에 대한 연구는 호튼과 올의 논문이 발표된 이후에 후속 논의가 거의 없다가 1980년대 들어서야 미디어학자들에 의해 새롭게 주목받기 시작했다. 그러나 대개 심리학적 과정과 효과에 관한 연구에 그쳐서 그것이 갖는 사회 맥락적 의미에 대해, 특히 그것을 연관성 위기와 관련해서 논의한 연구는 거의 없었다(Giles, 2002).

라디오와 TV가 가정 내에서 사람들을 같은 물리적 장소에 모이게 하는 역할을 했을지는 모르지만, 그것이 바로 가족 간에 의미 있는 소통을 만들어 낸 것은 아니었다. 사실 라디오에서 흘러나오는 음악이나 드라마를 듣기 위해서는 모두 침묵해야 했고, 누가 말을 꺼내기라도 한다면 조용히 하라는 핀잔을 받을 수도 있었다. 그리고 가족들이 모두 각자의 준사회관계를 미디어 페르소나와 맺고 있다면, 정작 가족 사이의 관계는 준사회적 상호 작용의 배경 혹은 준사회관계를 방해하는 소음으로 물러서게 된다. 여기서 우리는 무엇이 더 중요한 관계이고, 더 연관성 있는 관계일까라는 질문을 던질 수 있고, 그 질문은 바로 연관성 위기의 질문으로 이어진다.

라디오가 가정 내에 들어와서 가정이란 공간과 가족 관계에 교란을 만들어 내고 있을 때, 라디오는 '새로운 가족'을 만드는 수단으로 작동하기도 했다. 독일에서는 나치가 라디오를 통해 독일 민중을 하나의 거대한 행복 가족으로 만드는 작업을 했다(Bathrick, 1997). 미국도 다르지는 않았다. 루스벨트의 노변정담도 미국 민중에게 안락한 의자에 앉거나 거실 바닥에 누워 대통령의 친근한 말을 듣는 가족 같은 느낌이 들게 하려는 의도로 만들어졌다고 할 수 있다. 한국 전쟁이 끝난 이후에 남한과 북

1981년 5월 28일에서 6월 1일까지 여의도에서 열렸던 국풍81. 이 행사는 국민 정체성을 고양시킴으로써 전두환 정권의 정당성을 확보하려는 시도였다. (출처: 경기도 멀티미디어자료실)

한에서 거의 동시에 진행된 이승만(이화진, 2007)과 김일성의 국부화(김윤희, 2016)도 라디오와 TV, 신문 같은 매스 미디어의 도움 없이는 불가능했다. 이승만과 김일성이 전체 국민(인민)의 아버지가 되고, 그 아버지의 목소리와 모습을 사람들은 거대한 가족의 일원이 되어서 지켜보는 상황이 만들어졌다. 그러면서 정작 바로 같은 공간에 있는 사람들과의 의미 있는 소통과 유대는 줄어들었다. 이렇게 서서히 연관성 위기의 징후가 나타나기 시작한 것이다.

연관성 위기의 측면에서 TV가 만든 효과는 라디오 효과의 확장된 것이라 볼 수 있다. TV를 통해 준사회적 상호 작용은 더 강화되었다. 라디오 DJ의 '잘 자요'라는 클로징 멘트를 듣는 것에서 이제 시청자는 자신을 향해 윙크하는 쇼 프로그램 진행자와 준사회관계를 맺을 수 있게 되었다. TV는 가정을 넘어서는 더 큰 공동체로 사람들을 끌어내고 거대한 가족의 일원이 되게 하는 도구로 사용되었다. 그것이 기괴한 형태로 진화한 예 중 하나가 1981년 여의도 광장에서 진행된 국풍81일 것이다. 이 행사는 한국신문협회가 주최하고, KBS가 주관했다. 그런데 하필이면 행사 기간이 5월 28일에서 6월 1일까지로 잡혔는데, 많은 이들이 이에 대해 바로 1년 전 있었던 광주 민주화 운동을 의식한 것이었다고 생각했다. 쿠데타로 집권한 전두환 정권이 자신의 빈약한 권력 정당성을 만들어 내고, 국민을 하나로 묶는 것을 목표로 한 행사는 여의도 광장에서 진행되었고, KBS 방송을 통해 5일 동안 집중적으로 방송되었다. 이는 결국 사람들에게 자신들이 처한 정치적, 사회적 상황에 대해 인식을 하지 못하게 하고, 추상적 국민 국가의 가족 공동체(정권의 정당성을 제대로 인정받지 못하는 정부가 중심이 된 공동체였지만)로 통합시키려는 시도였다고 할 수 있다. 사람들이 처해 있는 실제 문제는 무엇일지에 대해 눈을 가리게 하는 행사, 즉 연관성 위기를 확대하는 행사였다.

매스 미디어와 사회관계

도구로서의 매스 미디어가 집 밖의 사회관계에서도 연관성 위기를 초래할 수 있다고 우려하는 사람들이 있었다. 가장 대표적인 사람이 로버트 퍼트넘이었다. 그의 악명 높은 TV 고발에서 퍼트넘이 연관성 위기 같은 표현을 직접 썼던 것은 물론 아니었다. 《나 홀로 볼링 Bowling Alone》 등의 책과 여러 논문을 통해 퍼트넘은 20세기에 걸쳐 미국 사회 내에서 사회 자본이 꾸준히 줄어 왔음을 주장했다(Putnam, 2000; Putnam & Campbell, 2012). 사회 자본이란 사회관계망, 지역 유대, 사회적 신뢰, 각종 풀뿌리 단체를 통한 시민 참여 등으로 구성된다. 사회 자본이야말로 미국 민주주의의 토대라고 할 수 있다. 사회 자본의 감소는 20세기 내내 진행된 것이긴 했지만, 퍼트넘은 미국 사회에서 사회 자본의 감소 정도가 가장 심했을 때가 1950년대라고 하면서 주 원인으로 TV의 등장을 꼽았다. 물론 그가 TV만을 용의선상에 올렸던 것은 아니었다. 교외 지역의 발달(그리고 통근 시간이 늘어나는 것), 여권 신장과 맞벌이 부부 증가 등도 사람들이 사회 자본을 축적하고 늘리는 활동에 참여하는 것을 막는 요인으로 언급했다. 하지만 TV 등장 시기와 사회 자본의 급감 시기가 1950년대를 중심으로 (아마도 우연히) 겹치면서 퍼트넘은 TV를 그 어느 것보다 중요한 사회 자본 감소 요인으로 언급하였다. 그가 TV를 용의선상에 올린 근거는 이것이었다. TV가 사람들을 집 안 거실에 머물게 하면서 같은 지역에 사는 다른 사람들과 지역 현안, 지역 모임, 단체 활동, 스포츠 리그 등을 통해 만날 기회를 줄어들게 했다는 것이다. 집 밖에서 다른 사람들을 만나 함께하는 활동, 그리고 그 활동을 통해 새롭게 만들고 유지하는 사회적 유대 관계(대개는 약한, 혹은 매우 약한 유대 관계)가 사회 자본의 토대가 되는 것인데, TV가 사람들을 거실에 붙들어 놓음으로써 사회 자본 축적을 위한 활동의 기회를 빼앗았다는 것이다. 퍼트넘의 이런 수상을 앞서 언급한 스피겔의 연구와 연결해 보자. 스피겔이 말한 것처럼 TV가 가족들을 거실에 모이게 하고, 가족 간에 이미 만들어진 강한 유대를 더 강하게 했을지는 모르지만, 그와 동시에 (혹은 그 때문에) 개인이 집 밖에서 다양한 층위의 사회관계를 형성하고, 즉 사회 자본을 만들고, 지역 공동체에 참여할 기회는 줄였다고 말할 수 있다. 퍼트넘은 그런 상황을 은유적으로 "혼자 볼링 치는 것bowling alone"이라고 묘사했다. 퍼트넘이 현대 사회에 혼자 볼링장을 찾는 사람이 늘어났다고 주장한 것은 아니었다. 전통적으로 미국 소도시에 사는 사람들은 아는 사람들끼리 팀을 만들어 지역 리그에 참여하면서 볼링을 즐기곤 했다. 리그에 참여하면 지역에 사는 다른 사람들(그들 중 상당수는 잘 모르는 사람들이다)을 자연스럽게 만나게 되고, 그들과 약한 유대를 형성하면서 사회 자본의 토대를 만들 수 있었다. 그런데 지역 내의 모르는 사람들과 만날 기회를 제공하는 리그 수가 줄어들면서 사람들은 이제 가족이나 친한 친구처럼 이미 아는 사람들, 이미 강한 유대로 연결된 사람들 하고만 볼링을 치게 되었다. 친밀성을 기반으로 하는 강한 유대는 더 강화되고, 사회 자본의 기반이 되는 약한 유대는 더 약화되는 현상이 만들어진 것이다. 그런 추세의 중심에 거실에 침입해 들어온 TV가 있었다는 것이 퍼트넘의 주장이었다. 친밀하고 강한 유대는 더 친밀하고 더 강한 유대로 묶으면서 개인이 지역 주민으로서 해야 하는 시민적 참여의 유대와 지역 참여 가능성은 줄이는 효과를 TV가 가져왔다. 그렇기에 TV야말로 사회 자본 감소 추세를 촉진한 주범이라는 것이 퍼트넘의 분석이었다.

TV가 사회 자본의 주범이라는 퍼트넘의 주장을 연관성 위기의 측면에서 생각해 볼 수 있다. 만약에 정말로 TV나 라디오가 사람들을 집안의 거실에 머물게 하면서, 집 담장 너머에 있는 지역 현안과 이야기에는 관심을 두지 않게 하고, 동네에 거주하는 사람들과 의미 있는 유대 관계를 만들고 유지할 필요성 자체를 느끼지 않게 했다면, TV와 라디오 등의 매스 미디어 도구들은 사람들 삶에 심각한 연관성 위기를 초래했다고 말할 수 있다. 여기서 TV나 라디오가 어떤 내용을 전달했는가는 그리 중요한 문제가 아니다. 설사 TV나 라디오가 지역 현안의 문제를 논하는 프로그램을 방송하더라도 사람들이 그 이슈에 대해 지역 내 다른 구성원들과 만나 공식적, 비공식적으로 이야기할 기회를 빼앗고 있었다면 그것은 실로 연관성 위기를 강화하는 것이었다 할 수 있다.

20세기 초반부터 매스 미디어의 첨병들은 신문지의 모습으로, 라디오 수신기의 모습으로, TV 수상기의 모습으로 사람들의 일상에 침범해

들어갔다. 그리고 그들의 삶에 무엇이 중요하고, 무엇이 연관된 것인지에 대한 인식에 교란을 가져왔다. 이제 무엇이 나/우리에게 중요한지, 무엇이 나/우리와 연관된 것인지가 매우 혼돈된 상태가 되었다. 이런 측면에서 우리는 중독의 문제를 먼저 살펴봤다. 중독은 미디어가 전달하는 특정 내용 이전에 특정 미디어와 맺는 물적 인터페이스에 대한 집착이라 할 수 있다. 그것은 개인에게 그가 누구인지, 무엇을 해야 하는지, 자신이 어디에, 어느 곳에 있는지 혹은 있어야 하는지 등의 문제로부터 소외되도록 한다. 그러면서 무엇이 중요한지, 무엇이 지금, 여기, 나 자신과 연관된 것인지에 대한 인식을 흐리게 한다. 20세기 내내 매스 미디어는 연관성의 가장 중요한 토대라고 할 수 있는 가족 관계와 이웃 관계와의 연관성에 부정적 영향을 끼쳤다는 비판에 직면했다. 그래서 20세기 동안 진행된 가족 해체 현상, 그리고 지역 공동체 붕괴 현상을 도구로서의 매스 미디어 등장과 연결해 생각하려는 시도가 있었다는 것은 그리 놀라운 일이 아니다.

지금까지는 도구로서의 매스 미디어 측면에서 연관성 위기의 가능성 문제를 살펴봤다. 이제 미디어의 다른 차원(내용, 제도, 사람, 공간)의 맥락에서도 같은 문제에 대해 생각해 보자.

내용으로서의 미디어와 연관성 위기
: 중앙과 권력의 거대 담론에 의해 실종된 일상의 이야기

내용으로서의 매스 미디어가 어떻게 연관성 위기 문제와 연결되는지부터 살펴보자. 20세기 매스 미디어의 시대는 사실상 거대 담론의 시대였다. 프랑스의 철학자 장프랑수아 리오타르Jean-François Lyotard는 짧은 에세

이집《포스트모던의 조건La Condicion Postmoderna》에서 매스 미디어 시대를 포함하는 근대 전체를 메타내러티브 혹은 거대 내러티브의 시대로 규정했다(Putnam, 2000; Putnam & Campbell, 2012). 리오타르의 주장을 받아들인다면 매스 미디어 장치는 그런 거대 담론의 산물이면서 동시에 거대 담론 프로젝트를 확산시키고 강화시키는 도구였다고 할 수 있다. 1917년 볼셰비키 혁명이 일어나고 1922년 소비에트 연방이 탄생하면서 카를 마르크스Karl Marx의 공산주의 이념을 현실에서 실현하려는 거대 프로젝트가 20세기 초에 시작했다. 이와 더불어 과학과 기술을 통해 인간이 계속해서 진보할 것이라는 신념이 20세기 초의 세계를 지배했다. 적어도 아우슈비츠의 잔학상이 알려지기 전까지는 말이다. 마르크스주의, 과학, 진보, 국가 등의 거대 담론이 20세기 초반을 장악했던 것이다. 리오타르는 2차 세계 대전이 끝나고 1950년대에 들어서면서 이런 거대 담론이 물러서기 시작했고, 지식이라는 것 자체의 성격이 바뀌기 시작했다고 하였다. 그런 변화 과정에서 컴퓨터나 통신 기술 등 기술적 발전이 중요한 역할을 했다고도 말하였다. 리오타르는 1950년을 기점으로 삼아서 새로운 기조가 나타났다고 했지만 거대 담론이 그렇게 쉽게 물러서진 않았다. 결국 거대 담론은 1950년대가 지난 이후에도 냉전 시대를 다 보낸 후 1991년 베를린 장벽이 무너질 때까지 사람들의 일상을 장악하고 있었다. 그때까지 매스 미디어는 거대 담론과 거대 내러티브가 둥지를 틀 공간을 마련해 줬다. 거대 담론의 지배 속에서 내용으로서의 매스 미디어가 초래한 연관성 위기가 어떤 것이었는지를 보여 주는 구체적 사례를 살펴보자. 그 사례를 굳이 나누자면 정체성(나는 누구인가), 시간(나는 어느 시점에 있는가), 공간(나는 어디에 있는가)의 범주에 따라 나눌 수 있다.

매스 미디어 내용과 정체성

내용으로서의 미디어가 초래하는 연관성 위기는 사람들이 인식하는 '나/우리는 누구인가,' '나/우리는 어떤 사람이 되어야 하는가'에 대한 정체성 인식의 측면에서 먼저 생각해 볼 수 있다. 개인과 집단의 정체성을 구성하는 요소는 매우 다양하다. 가령 개인의 경우 출신 지역, 피부색, 신체 특징, 계층, 가족, 성별, 나이, 직업, 종교, 취향, 습관 등의 요소를 바탕으로 자기가 누구인지라는 정체성을 구성한다. 집단도 그 집단의 구성원, 역사, 특정 사건, 지역 등을 바탕으로 정체성을 구성할 것이다. 정체성과 관련해서 생각할 수 있는 연관성 위기는 나/우리와 직접 관련이 없는 것이 나/우리가 누구인지를 규정하려 하거나, 나/우리와 관련 있는 요소일지라도 그것이 다른 요소들을 다 내쫓고 나/우리가 누구인지라는 규정을 혼자 독점하려 할 때 발생한다. 매스 미디어 내용이 정체성 측면에서 초래한 연관성 위기로서 분석 수준level of analysis이 다른 두 가지 경우를 살펴보려 한다. 첫 번째는 매스 미디어가 사람들에게 국가/국민 정체성을 강요했다는 것이다. 두 번째는 매스 미디어가 몸에 대한 사람들의 인식에 중요한(대체로 부정적인) 영향을 미친 것이다. 미디어 연구에서 이 두 이슈가 함께 논의된 경우는 거의 없었지만, 이 둘은 정체성 측면에서의 연관성 위기를 보여 준다는 공통점을 갖는다. 몸 이미지 관련 이슈는 결국 나와 직접 관련 없는 것(이상적인 몸 이미지)을 갖고 나는 어떤 몸을 가졌고, 어떤 몸을 가져야 하는지에 대한 인식에 개입하는 경우다. 국민 정체성에 대한 이슈는 정체성을 구성하는 여러 요소 중 하나일 뿐인 특정 국가의 시민권을 갖고 있다는 것이 다른 정체성 요소들을 압도하는 경우라 할 수 있다. 이 둘에 대해 좀 더 자세히 살펴보자.

미디어가 민족주의나 국민 의식에 어떤 영향을 줄 수 있는지는 그동안 많은 학자들이 베네딕트 앤더슨이나 칼 도이치Karl Deutsch 같은 이들이 제시한 논의 틀에서 이야기해 왔다. 그들이 제시한 논의 틀의 골자는 대량 생산된 책이 널리 퍼지면서 같은 민족 언어로 된 책을 함께 읽는 사람들이 만드는 집단의식이 민족의식을 구성했다는 것이다. 이런 논의 틀에서 책이라는 미디어의 내용은 그리 중요하게 취급되지 않았다. 책이라는 것 자체, 혹은 책을 읽는 행위 자체, 즉 도구로서의 미디어(혹은 그 것의 집단적 이용)가 민족의식과 국민 의식을 만드는 원인이 되었다는 것이다. 어니스트 겔너Ernest Gellner 같은 학자는 이 점을 꼭 집어서 말하기도 했다. 그는 민족주의라는 것이 등장하는 과정에 "미디어가 전한 내용이 무엇이었는지는 중요하지 않았다"라고 하면서 결국 중요했던 것은 "미디어 그 자체, 즉 추상적, 중앙 집중적, 표준적인 일대다 커뮤니케이션이 확산되고 중요해졌다는 사실"(Gellner, 2008)임을 강조해서 말했다. 즉 내용으로서의 미디어가 아니라 도구로서의 미디어가 민족주의를 만들어 낸 것이라는 것이다. 그렇다고 해서 내용으로서의 미디어를 무시할 수는 없다. 민족, 국가, 국민 의식 등의 출현에서 도구로서의 미디어가 중요했을 수 있으나, 그것들이 재생산되고, 강화되는 과정에서는 내용으로서의 매스 미디어 역시 중요한 역할을 했다. 앞에서 우리는 매스 미디어 시대는 국가의 시대였다는 점에 대해 살펴보았다. 매스 미디어 시대를 장악했던 거대 담론은 사실 국가와 국민에 대한 것이었다. 내용으로서의 매스 미디어는 국민, 국가, 민족 등을 포함하는 거대 담론의 이야기들이 흘러 다니는 통로였다. 매스 미디어의 내용을 통해서 매스 미디어 시대의 사람은 자신이 국민의 하나임을, 국가의 구성원임을, 민족의 일원임을 끊임없이 상기해야 했다.

매스 미디어 시대의 미디어 내용은 국가주의와 민족주의로 가득했다. 대부분 사회에서 매스 미디어는 국민 정체성을 대변하는 내용을 전했다. 특히 전쟁이나 갈등 상황에서 그런 경향은 더 커졌다(Roosvall, 2015).

신문을 읽는 독자, 라디오를 듣는 청취자, TV를 보는 시청자는 그 어떤 누구이기 전에 국민이었다. 국민으로서 독자이고, 청취자이고, 시청자였다. 그렇기에 매스 미디어의 내용을 토대로 끊임없이 재생산되는 국민으로서의 정체성은 각 개인의 정체성을 구성하는 다른 요소와 갈등과 긴장 관계에 있을 수밖에 없었다(Calabrese & Burke, 1992). 개인은 남자나 여자이기 전에, 특정 커뮤니티의 일원이기 전에, 누구의 부모 혹은 자식이기 전에 국민이어야 했다. 매스 미디어는 뉴스를 통해, 드라마를 통해, 시사 프로그램을 통해, 예능 프로그램을 통해, 스포츠 중계를 통해 그러한 점을 한순간도 잊지 않게 했다. 1994년까지는 극장에서 영화를 보기 전에 제목 자체가 이미 국가주의 성격을 다분히 담은 〈대한뉴스〉를 먼저 봐야 했다. 지금도 대한민국에서 공중파 방송의 시작 시간과 끝 시간에는 애국가가 울린다. 매스 미디어 시대에는 매스 미디어의 편재성만큼이나 국민 정체성을 강화하는 내용이 사람들 일상의 구석구석을 채웠다.

특히 국가주의적 내용이 두드러졌던 장르는 스포츠 중계다(Cho, 2009). 매스 미디어 시대에 가장 중요한 미디어 이벤트는 올림픽 중계였다. 올림픽 기간이 되면 사람들의 눈이 올림픽 경기 중계와 올림픽 관련 기사 등에 쏠렸다. 올림픽은 스포츠의 향연이면서 동시에 국가주의의 발현장이기도 했다. 올림픽 시청을 하면서 사람들은 세계 평화를 꿈꾸기보다는 국민으로서의 각성과 더불어 국가주의적 의식을 강화하곤 했다(Billings et al., 2013). 올림픽 경기를 중계하는 매스 미디어 내용을 보면서 사람들은 다른 정체성의 요소는 잠시 내려놓고 국민이라는 집단 정체성의 현저성이 극대화되는 것을 경험하곤 했다. 이러한 현상은 올림픽뿐 아니라 국가 대항 경기가 벌어질 때는 거의 비슷한 방식으로 나타났다. 아마도 한국에서 대표적인 사례는 2002년 월드컵 경기였을 것이다. 광화문 광장에, 시청 광장에 함께 모여 한국 축구팀을 응원하는 사람들은

2002년 월드컵 거리 응원 장면. 시민들이 시청 앞 광장을 빨간색으로 물들였다. 스포츠는 종종 국가주의 발현의 통로가 된다. (출처: 국가기록원)

모두 빨간색 옷을 입고 대한민국 국민이라는 정체성 인식이 극대화되는 것을 느꼈다. 정체성의 다른 요소들은 잠시 유보해 놓고서 말이다. 그런 과정에서 사람들은 자신들이 정말 누구인지, 누구여야 하는지, 누구일 수 있는지를 잊는다.

국가, 국민, 민족 정체성이 끊임없이 강조되는 매스 미디어 시대에 사람들은 자신의 실제 정체성을 잊거나, 중단하거나, 숨는 일도 있었다. 어떤 정체성의 요소는 불온한 것으로 취급되기에 될 수 있으면 들키지 않아야 했다. 정치적으로 지배 세력과 다른 의견을 가졌거나, 성소수자이거나, 이민자이거나, 심지어는 노동 계급의 정체성 등도 불온시되고 핍박의 대상이 된다면 가급적 숨겨야 했다. 또 어떤 것들은 그것이 불온시되는 것이 아닐지라도 국민 정체성에 비하면 사소한 것으로 취급받았다. 가령 서대문구 창천동 주민이라는 것, 가수 김광석을 좋아한다는 것, 박완서의 소설을 좋아한다는 것, 운동화를 즐겨 신는다는 것 등은 매우 사소한 것이어서 국가, 국민, 민족의 정체성 앞에 내세우기 부끄럽게 여겨졌다. 이렇게 개인과 밀접하게 연결된 것, 개인의 일상과 맞닿아 있는 것, 즉 연관성 요소가 국가, 국민, 민족의 거대 담론이 떠받치는 정체성의 미디어 내용 앞에서는 숨을 죽이게 된다. 이런 거대 담론으로부터 누구든 도망치지 못하게 매스 미디어가 끊임없이 국가와 국민과 민족을 이야기할 때 매스 미디어 시대의 개인들은 연관성 위기 속에 빠져들 수밖에 없었다.

G. H. F. 헤겔G. H. F. Hegel은 국가를 거대한 유기체로 보았는데, 이제는 국가보다 훨씬 더 작은 단위의 유기체인 개인의 몸 수준으로 내려와서 몸과 관련된 정체성 문제에서 어떤 방식으로 연관성 위기가 매스 미디어 시대에 발생했는지 살펴보도록 하겠다. 매스 미디어가 사람들에게 자기 몸에 대해 부정적 이미지를 갖게 한다는 것을 보여 주는 연구들이 지난 30여 년 동안 꾸준히 발표되었다. 미시건대학교의 셸리 그레이브Shelly Grabe, 모니크 와드Monique Ward, 새닛 하이드Janet Hyde(Grabe et al., 2008)는 매스 미디어 이용과 신체에 대한 인식 사이의 관계를 다룬 77개의 연구를 메타분석하는 연구를 진행했다. 이 연구를 통해 미시건대학교 연구진은 매스 미디어 이용이 개인에게 자기 신체에 부정적 태도를 갖게 만들고, 그로 인해 거식증 등 부정적 행동으로 이어진다는 것이 통계적으로 근거 있음을 확인했다. 신체 이미지 인식에 미치는 매스 미디어의 부정적 영향은 대체로 남자보다 여자가 더 많이 받는다. 지금까지 연구들을 보더라도 매스 미디어가 보여 주는 근육질 몸매에 남성 시청자가 영향받는 것보다 매스 미디어에 등장하는 날씬한 몸매에 여성

시청자가 영향받는 정도가 더 큰 것을 알 수 있다. 그렇다고 해서 남성이 전혀 영향받지 않는 것은 아니었다(Agliata & Tantleff-Dunn, 2004; Hargreaves & Tiggemann, 2004).

이 연구들이 공통으로 전달하는 메시지는 미디어가 제시하는 이상적 신체 이미지가 결국 시청자에게 스스로의 몸에 부정적인 이미지를 갖게 하고, 자기 몸에 대한 부정적 인식은 결국 다양한 유형의 부정적 결과(가령 자기 존중의 결여, 관계 기피, 거식증 등)를 초래한다는 것이다. 여기서 우리가 주목할 것은 매스 미디어의 내용 때문에 사람들이 자신의 몸에 대해 부정적 이미지를 갖게 되는 이유가 무엇일까다. 그것은 매스 미디어가 전달하는 내용을 통해서 개인이 자신이 아닌 것(혹은 자신이 될 수 없는 것, 자신이 될 필요가 없는 것)을 기준으로 자기 몸의 인식을 구성하기 때문이라 할 수 있다. 자기 몸을 평가하고 인식하는 기준을 스스로 만드는 것이 아니라, 매스 미디어가 제시하는 몸의 전형성 기준(날씬한 몸, 근육질의 몸)을 수동적으로 받아들이기 때문이다. 이 과정을 통해서 개인(남자와 여자)은 타자화된다. 타자화란 결국 자신과 연관 있는 것으로부터의 접근권을 잃게 됨을 의미한다. 잘못된 기준을 사용해서 자신의 몸에 엉뚱한 이미지를 갖는 것, 그 과정에서 타자화되는 것, 그것이 바로 연관성 위기의 본질이다. 내용으로서의 매스 미디어는 사람들에게 잘못된 기준(가령 비현실적 비율의 몸매)을 제시한다. 그리고 연관성 위기를 만들어 낸다.

매스 미디어 내용과 현실 도피

내용으로서의 매스 미디어가 초래하는 연관성 위기로서 두 번째 살펴볼 것은 현실 도피 문제다. 매스 미디어에 대해 기능주의적 연구를 했던 사람들이 빼놓지 않고 언급한 매스 미디어의 기능은 현실 도피였다. 매스 미디어는 사람들로 하여금 현실에서 도피하는 길을 만들어 준다는 것이다. 현실 도피는 사실 여러 차원을 포괄하는 것이다. 가령 열등한, 실패한, 부족한 '자신'으로부터 도피하거나, 골치 아픈 일이 눈에 보이는 '여기'(지역, 국가 등)로부터 도피하거나, 해결해야 하는 '지금'의 문제로부터 도피하는 것 등을 포괄하는 것이다. 매스 미디어 내용에 주목하다 보면 열등한 자아, 골치 아픈 여기, 문제들이 쌓여 있는 지금을 잊을 수 있다.

매스 미디어와 연관해서 현실 도피의 문제를 가장 먼저 체계적으로 살펴본 사람은 엘리후 카츠일 것이다(Katz & Foulkes, 1962). 1960년대 초반 컬럼비아대학교에서 박사 학위를 받고 시카고대학교 사회학과 부교수가 된 카츠는 심리학자 데이비드 폴크스David Foulkes와 함께 "현실 도피로서의 미디어 이용"이라는 제목의 논문을 발표했다. 이 논문에서 카츠와 폴크스는 '이용과 충족'의 개념을 제시하면서 미디어 연구를 위한 새로운 접근 방식이 필요하다고 주장했다(이것은 나중에 이용과 충족 가설로 체계화된다). 그들의 접근 방식은 당시까지의 미디어학자들이 주로 "미디어가 사람들에게 무엇을 하는가"라는 시각으로 미디어 문제에 접근했던 것을 뒤집어서 "사람들이 미디어를 갖고 무엇을 하는가"라는 질문으로 미디어 문제를 다뤄야 한다는 점을 강조하는 것이었다. 카츠와 폴크스는 이런 방식으로 접근한다면 1960년대 초반 당시 미디어 연구와는 별개로 진행되어 온 대중문화 연구를 미디어 연구와 접합시킬 수 있다고 주장했다. 미디어 연구와 대중문화 연구를 접합시킬 핵심 개념으로 그들이 제시한 것이 바로 '현실 도피'였다. 카츠와 폴크스는 대중문화 연구자들이 이용과 충족의 접근 방식을 따라서 "사람들이 미디어를 갖고 무엇을 하는가"라는 질문을 스스로에게 던진다면 그들의 답은 거의 예외 없이 "현실 도피"일 것이라고 말했다. 카츠와 폴크스는 현실 도피의 개념을 체계화하는 작업을 하면서 그 개념이 사실은 여러 차원을 포함하는 일종의 다차원적 개념이라고 설명했다. 가령 소외감, 박탈감 등 때문에 현실을 잊고 싶어하는 현실 도피의 동기, 미디어가 전달하는 현실 도피의 내용, 현실로부터 자신을 차단하는 미디어 수용 맥락(가령 얼굴을 파묻듯 신문을 쳐다보면서 주변 사람들과 자신을 차단하는 것), 그리고 현실 도피의 결과(가령 잠깐의 편안함을 느끼는 것, 사회관계에서 문제가 발생하는 것, 일을 제때 못 끝내는 것 등) 등을 구별해야 한다고 주장했다. 물론 이것들이 서로 영향을 주고받는 것이긴 해도 말이다.

지금 우리는 내용으로서의 매스 미디어를 이야기하는 것이니만큼 카츠와 폴크스가 예로 든 현실 도피의 유형에서 '미디어의 현실 도피 내용'에 집중해 보자. 미디어가 전달하는 현실 도피 내용은 어떤 것들이었을까? SF같이 초현실적 판타지의 내용이 들어 있는 드라마나 영화만이 현실 도피의 내용일까? 아니면 어떤 내용이라도 수용자가 현실 도피의 동기로 이용한다면 현실 도피의 내용이 되는 것일까? 카츠와 폴크스는 자신들의 논문에서 후자 쪽에 치우친 견해를 드러냈지만 사실 명확한 답을 제시하지는 않았다. 그러나 우리는 이 문제를 연관성 위기라는 측면에서 조금 더 명확한 규정을 내릴 수 있다. 매스 미디어가 전달하는 내용 중에서 나/우리, 지금, 여기와 직접적 관련성이 없는 것들은 현실 도피의 내용이라 할 수 있다. 그렇다면 그 내용을 특정 장르(가령 판타지물)에 한정시킬 필요가 없다. 지극히 현실적 내용을 담고 있더라도(가령 어느 가수와 탤런트가 사귄다는 뉴스 혹은 어떤 연예인 부부가 이혼한다는 뉴스), 그것이 지금, 여기에서 일용직으로 살아가는 나와 직접 관련이 없는 것이라면 현실 도피의 내용이 되는 것이다. 이렇게 본다면 정치 뉴스도, 해외 소식도, 드라마도, 예능 프로그램도, 그것을 통해서 나, 지금, 여기에 대한 새로운 생각, 시각, 성찰 등을 하게 해 주는 대신 오히려 거기서 멀어지게 하는 결과를 초래한다면 현실 도피의 내용이 되는 것이라 할 수 있다.

카츠와 폴크스는 미디어 내용에 따라 석어도 세 가지 수준level에서 현실 도피가 관찰된다고 설명하기도 했다. 첫째는 사회적 이슈와 정치적 사안의 수준이다. 이 점을 설명하기 위해 그들은 주부 한 명을 예로 든다. 이 주부는 사회 정의가 완벽하게 실현된 세상을 보여 주는 드라마에 빠져 있다. 그 결과 그녀는 실제 사회의 이슈들에 무관심하게 되었고, 현실 정치 뉴스에도 시큰둥하게 되었다. 두 번째는 대인 관계 수준인데, 카츠와 폴크스는 여기서도 주부 한 명을 예로 들며 그에 대해 설명했다. 그녀는 자기가 애청하는 TV 프로그램의 한 등장인물을 일종의 남편 대체물로 선망했다. 그렇기에 현실에서 그녀가 맞닥뜨려야 하는 남편과의 관계는 소원해졌다. 그녀의 현실 도피는 남편과의 관계로부터 TV 프로그램의 가상 인물에게로 도피하는 것이었다. 세 번째로 카츠와 폴크스는 정신적 수준에서도 매스 미디어 내용으로 인한 현실 도피 현상이 나타날 수 있다고 했다. 가령 어떤 TV 시청자가 드라마의 인물과 자신을 동일시하면서 자기 요구를 억누르거나 부인한다면, 결국 성격 장애 문제를 갖게 될 것이라고 했다.

이쯤에서 우리는 현실 도피와 연관성 위기를 개념적으로 연결할 수 있다. 사람들이 미디어를 통해 현실에서 도피하고자 하는 동기를 갖는 것이 현대 매스 미디어 시대에서만 볼 수 있는 현상은 아닐 것이다. 물론 현대인 대부분은 도시 생활에서 전에 경험하지 못한 수준의 소외감과 박탈감을 경험하고 있다. 그 때문에 현실 도피의 동기를 그 어느 시대보다 더 많이 가질 수 있다. 그런데도 다양한 이유로 스트레스를 받고 현실 도피의 동기를 갖는 개인은 수천 년 전에도, 수만 년 전에도 있었을 것이다. 매스 미디어 이전에는 대부분 사람이 잠을 자거나 어딘가 숨는 방법을 통해서, 종교적 행위를 통해서, 심지어는 약물 등을 통해서 바로 지금, 앞에 펼쳐져 있는 문젯거리에서 벗어나려 시도했을 것이다. 어떤 이들은 문학 작품에 빠지거나 음악을 들으며 현실에서 잠시라도 벗어나고자 했겠지만, 그렇게 미디어를 통해서 현실 도피를 할 수 있는 사람들은 소수에 지나지 않았다. 그런데 매스 미디어 시대로 오면서 이제는 누구나 원한다면 매스 미디어를 통해 현실에서 빠져나갈 수 있게 되었다. 누구든 라디오나 TV를 켜기만 하면 자신의 문제에서, 지금, 여기의 골칫거리에서 벗어나게 해 주는 내용(결국 타자의 이야기, 지금과 여기에서 먼 곳의 이야기)에 접속할 수 있게 된 것이다. 미디어 내용이 펼치는 세계에도 문제가 없는 것은 아니다. 드라마나 영화를 흥미진진하게 만들려면 이야기 초반에 해결해야 할 문젯거리를 집어넣어야 한다. 그런 문제들은 대개 시청자들이 자신의 현실에서 피하려 했던 것보다 더 큰 문제일 것이다. 시청자는 손에 땀을 쥐고 드라마 속 문제 해결자 중 한 명이라도 된 것인 양 몰입해서 프로그램을 볼 것이다. 그런데 여기서 중요한 차이점은 드라마 속 문제는 내 문제가 아니고, 내 몸이 있는 지금 여기의 문제가 아니라는 사실이다. 지금, 여기, 나/우리의 문제에는 잠시 괄호가 쳐져 있고, 생각 중지 신호등이 켜져 있어서 미디어 내용을 수용하는 세계에서는 잠시 잊는 것이 허용된다. 그러나 그런 과정에서 연관성 위기는 더욱더 커질 수 있다.

매스 미디어 내용과 문화제국주의의 문제

매스 미디어 내용을 통해 특히 '여기'의 문제를 다른 곳의 문제로 대체하면서 연관성 위기를 초래한 사례들은 이른바 문화제국주의 혹은 미디어제국주의에 대한 논의에서 찾아볼 수 있다(Boyd-Barrett, 2014; Tomlinson, 2001). 20세기 중반 이후부터 매스 미디어 현상을 국제 수준에서 연구하는 연구자들이 본격적으로 등장하기 시작했다. 처음에는 그런 연구들이 냉전의 틀에서 지극히 미국 중심적, 서구 중심적 시각에서 이루어졌다. '발전'이라는 마술적 개념을 갖고 식민지에서 벗어난 후 얼마 안 된 저개발 국가들의 상태를 평가하면서 그 국가들이 발전하기 위해서는 현대적인 매스 미디어 체계를 갖춰야 하고, 그런 매스 미디어를 통해서 전통에 얽매이지 않는 개방적이고 서구적인, 즉 근대성의 내용을 사람들이 전달받도록 해야 한다고 했다. 이러한 미국 중심적, 서구 중심적 발전 개념에 반대하면서 미디어를 국제 수준에서 바라볼 때 나타나는 지배와 종속의 불균형 관계에 초점을 두는 시각이 만들어졌다(Schiller, 2019; Schiller & Schiller, 1969). 이런 관점은 문화제국주의 혹은 미디어제국주의로 불렸다(Boyd-Barrett, 2014; Tomlinson, 2001). 이런 관점의 기본적 아이디어는 19세기와 20세기 초에 익숙했던 이른바 역사적 제국주의와 식민주의의 국제 관계 기본 틀이 포스트식민주의의 시대에서도 사라지지 않았고, 적어도 문화 수준에서는 그것이 여전히 지배와 종속의 틀로 남아 있다는 것이었다. 문화제국주의와 미디어제국주의는 미디어 생산 체계, 유통 체계, 소비 체계 모두에 영향을 미쳤다. 그뿐만 아니라 생산, 유통, 소비되는 내용의 성격에도 영향을 미쳤는데, 여기서는 바로 그 미디어 내용 측면에 집중해서 그것이 연관성 위기와 어떻게 연결되는지 살펴보겠다. 문화/미디어 제국주의의 다른 측면(특히 생산과 유통 측면)에 대한 논의는 제도로서의 미디어 부분에서 이어가도록 하겠다.

매스 미디어 시대의 문화제국주의적 현실에 대해 생각해 보기 위해서, 1970년대 여전히 저개발 국가였던 대한민국의 지방 소도시 S시에 사는 20대 남자에 대해서 생각해 보자. 그는 몇 년 전 집에 들여온 TV에서 미국의 서부극을 즐겨 보고, 존 웨인을 존경하며 자신의 영웅으로 삼게 되었고, 국내 방송사들이 보여 주는 미국 드라마를 보면서 미국 도시들은 멋지다, 미국 중산층은 풍요로운 삶을 사는구나라고 생각했고, 미국 영웅들이 용감히 싸우며 세계 정의와 평화를 지키는 장면을 보며 흥분하기도 했다. 매스 미디어가 전달하는 미국과 서구의 모습과 비교한다면

1970년대 한국의 모습은 그에게 별 볼 일 없고, 촌스럽고, 뭔가 후진 사회처럼 보였다. 매스 미디어가 한국 사회 현실을 제대로 비춰 주는 것도 아니었다. 국내 뉴스는 그가 보더라도 심각한 정도의 검열을 거친 것이어서 그것을 봐서는 정말로 대한민국 안에서 어떤 중요한 일들이 벌어지고 있는지를 알기가 쉽지 않았다. 국내에서 벌어지는 어떤 정치 사건은 뉴스보다는 소문을 통해 듣는 경우가 많았다. 더군다나 그가 사는 곳은 국가의 권력과 자본이 몰려 있는 서울도 아니고, 지방의 소도시일 뿐이다. 그 소도시는 어떤 면에서 정치, 경제, 문화적으로 서울에 종속된 상태에 있었다. 많은 젊은이가 서울로 떠났거나 기회만 있다면 떠나려 했다. 이 소도시 안에 이른바 지역 미디어라는 것들이 있긴 하지만, 대부분 그 지역의 이야기를 생산하는 역할을 제대로 할 수 없는 상태였다. 자신의 일상이 이루어지는 소도시 S의 현실과 그 안에서의 삶보다도 사실상 자신과는 아무런 직접 관련 없는 미국 도시의 현실이 이 청년이 접하는 매스 미디어 내용 안에서는 더 큰 비중을 차지했다. 이 20대 남자는 한국의 정치 상황보다는 외국의 상황에 대한 뉴스를 더 많이 접하고, 자기 나라에 대한 이미지나 인상 등은 서구의 목소리를 통해서 듣거나 서구의 것을 기준으로 만들었다. 이것이 문화제국주의와 미디어제국주의 틀에서 이야기하는 문화적으로 식민성을 갖는 상황이다. 매스 미디어 시대의 비서구 국가 사람들은 미국과 서구가 전달하는 미디어 내용을 통해서 '여기'의 삶이 아닌 '저곳'의 삶을 더 동경하고, 저들의 삶으로 나/우리의 삶을 평가할 수밖에 없었다. 이런 식으로 자기가 직접 살아가는 '여기'에서 오히려 소외되는 연관성 위기를 겪는 것이다.

그런데 이 20대 청년의 미디어 삶에는 한국-미국 간의 관계와 더불어 앞에서 언급했듯이 하나의 층이 더 있다. 권력과 자본과 자원이 몰려 있는 서울과 이 청년이 사는 소도시 S가 갖는 관계의 성격 때문이다. 한국의 몇몇 학자들(강준만, 2015; 문종대·이강형, 2005; 장호순, 2015)은 한국에서 나타나는 중앙 미디어와 지역 미디어의 문제를 지적하기 위해서 "내부 식민지"라는 개념을 사용해 왔다. 문화제국주의적 시각에서 보는 제국주의−식민지의 지배/종속 관계를 국가 간의 관계에서만 찾을 수 있는 것이 아니라 한국같이 서울에 모든 것이 집중된 중앙 집중적 구조의 사회에서는 서울−지방 간에도 찾아볼 수 있다는 것이다. 내부 식민지라는 개념은 학문적으로 더 정교화되어야 하고 실증적으로 검증되어야 하는 상태에 있긴 하지만 한국과 같은 사회에서 중앙−주변부의 관계 문제를 미디어 측면에서 논할 때 흥미롭고도 유용한 개념으로 쓸 수 있다. 그런데 서울과 지방의 미디어 문제를 내부 식민지의 개념으로 조망한 학자들은 대개 그것을 주로 제도적 차원에서 언급하곤 했다. 그러나 여기서 우리가 주목해야 할 것은 내용의 문제다. 지방 소도시에 사는 20대 남성은 매스 미디어를 통해서는 자기 도시의 이야기, 자기가 사는 동네의 문제를 거의 듣지 못한다. 서울의 이야기, 심지어는 뉴욕과 LA에 대한 이야기는 넘쳐 나지만 말이다. 그래서 그는 자기가 사는 도시의 정체성, 역사, 역할, 그리고 거기서 살아가는 자신에 대한 평가도 결국 중앙이라 할 수 있는 서울의 관심, 관점, 이해관계의 틀 속에서 이루어지고 있다는 생각을 떨칠 수 없다. 그런 생각 자체가 결국 연관성 위기와 맞닿아 있다. 내 몸과 삶은 여기에 있음에도 '여기'의 이야기를 들을 수 없는 것, 그것이 매스 미디어의 내용이 만들어 내는 위기였던 것이다.

　내부 식민지의 문제, 그리고 그것이 초래하는 연관성 위기는 한국에서 지방 소도시에 사는 청년만 겪는 것이 아니었다. 서울의 어느 동네에 사는 또 다른 20대 청년도 비슷한 문제를 겪을 수 있다. 서울이라는 추상적 공간과 사람들이 삶을 영위해 나가는 구체적 장소로서의 서울 내 동네 사이에도 모종의 긴장 관계가 있기 때문이다. 서울 안의 한동네에 사는 20대 청년은 자기 동네에 대해서는 전혀 모를 뿐 아니라 관심을 가질 생각조차 하지 않는다. 사실 자기 동네에 과연 어떤 지역 이슈가 있을까 궁금하더라도 그에 대해 알 방법이 거의 없다. 한국 내 주류 매스 미디어 기업 대부분이 서울에 몰려 있지만 정작 서울 안의 작은 단위로서의 동네들에 대해서는 거의 아무것도 언급하지 않기 때문이다. 사건 사고가 발생하기 전까지는 말이다. 이런 식으로 서울 안의 동네들도 중앙-변방의 불평등 구조의 문제를 공유하고 있다. 서울 내에 있는 이런 이야기 불평등은 지방 소도시에 사는 사람들이 느끼는 불평등과는 다른 성격을 가진 불평등이다. 서울 안 동네들이 겪는 불평등은 그 동네가 서울 안에 있다는 사실 때문에 공론화되지 못하고, 불평의 대상조차 되지 못한다. 그런데도 이 문제 역시 지방 소도시의 경우와 마찬가지로 매스 미디어 시대의 중앙 집중적이고, 서구 중심적인 내용에 의해서 '여기'의 이야기를 소외시키는 연관성 위기 문제와 닿아 있다.

주변부로 쫓겨나는 공동체의 이야기

컬럼비아대학교의 제임스 캐리James Carey는 20세기 동안 매스 미디어의 지배적 모델은 전송 모델transmission이었다고 했다(Carey, 1988). 전송 모델은 전송이라는 말 자체가 시사하는 것처럼 어느 한 곳에서 다른 곳으로 메시지를 전달하는 과정을 중심으로 미디어를 이해하는 모델이다. 전송 모델이 메시지를 한 곳에서 다른 곳으로 전송하는 것을 기반으로 한다면, 매스 미디어 시대에 대개 그 전송의 방향은 외부에서 내부로, 혹은 중앙에서 주변부로, 평균적인 것에서 구체적인 것으로, 국가에서 개인으로 향했다. 지금까지 우리는 매스 미디어가 전송하는 내용을 통해 개인들이 자신의 일상적 정체성과 지금, 여기의 상황에서 내몰리고 대신 국민이라는 버거운 정체성을 짊어지기도 하고, 자기도 모르는 곳에서 누군가가 만들어 준 이상적 몸의 이미지로 자기 몸을 평가하기도 하고, 지금 앞에 닥친 골치 아픈 문제에서 벗어날 구멍을 찾기도 하고, 여기의 이야기보다는 저기의 이야기에 지배되고 종속되는 상황이 만들어져 왔음을 살펴보았다. 그것들이 대개 연관성 위기를 초래하는 '내용으로서의 매스 미디어'가 가진 문제라는 점도 짚어 보았다. 제임스 캐리는 전송 모델에 대응하는 것으로서 의례 모델을 제시하기도 했다. 의례 모델은 미디어가 특정 내용을 한 곳에서 다른 곳으로 전송하면서 효과를 내는 과정에 초점을 두는 대신에 개인들이 미디어를 함께 이용하는 과정에서 공동체를 구성하고, 그것을 유지하는 다양한 의례 과정을 만들고 실천하는 과정을 강조하는 모델이라 할 수 있다. 의례 모델에서 소통은 대개 특정 커뮤니티 안에서 순환되는 특징을 보인다. 의례 모델에서 순환되는 소통의 내용은 대개 그 커뮤니티에 속한 사람들의 이야기, 즉 연관성 높은 이야기일 가능성이 크다. 매스 미디어 시대의 지배적 모델은 전송 모델이었고, 의례 모델은 공동체 미디어나 지역 미디어 등의 형태로 주변부에 머물러 있는 상태였다. 그런 상태에서 연관성 위기는 더 커져 갔다.

제도로서의 미디어와 연관성 위기

20세기 매스 미디어 제도의 특징을 앞의 5장에서는 (1) 거대 미디어 기업이 등장하면서 이야기하기의 실천을 독점하였다는 것, (2) 매스 미디어 조직이 이야기하기를 독점하게 되자 정치, 문화, 교육 체계 등 사회 내 다른 체계가 이야기하기의 과정과 결과를 위해 매스 미디어에 의존하거나 미디어화되는 상황이 만들어졌고 그런 상황에서 매스 미디어의 이야기하기 독점은 더 심화되었다는 것, (3) 언론인에 대한 전문직주의 이념은 그런 직업적 훈련이나 지위를 갖지 못한 사람들을 이야기하기의 과정에서 배제하는 근거를 만들어 주었다는 점, (4) 공익성, 공정성, 객관성 등의 규범들은 그런 규범의 틀로 묶기 힘든 개인과 공동체의 경험, 기억, 이야기 등이 사회적으로 의미 있는 방식으로 유통되는 길을 막았다는 것을 주요 골자로 해서 이야기했다. 매스 미디어 시대의 이런 제도적 특징은 결국 사회 구성원들이 나/우리, 지금, 여기의 문제를 다른 사람들과 함께 이야기하고 공유할 수 있는 터전을 만들어 주지 못했다. 매스 미디어가 등장하기 훨씬 전부터 연관성 있는 이야기하기를 위해 사람들이 이용했던 제도들 자체가 20세기 매스 미디어 시대에는 연관성 위기에 놓이게되었다. 매스 미디어 시대 이전부터 사람들이 연관성 있는 이야기들을 생산하고 유통하기 위해 의존했던 제도는 대개 정치, 교육, 종교 등과 관련된 조직이었다. 지역 정치인, 지역 학교, 지역의 교회와 사찰 등이 사람들에게 무엇이 그들 삶에 중요하고도 연관된 이슈인지를 이야기해 주는 주요한 장치들로 역할 했다. 매스 미디어 시대가 도래하면서 이 모든 것이 매스 미디어 안으로 통합되거나 매스 미디어에 의해 주변화되는 상황이 만들어졌다. 20세기 매스 미디어 시대에 어느 누가 매스 미디어와 경쟁할 수 있었겠는가?

제도적 차원에서 나타난 매스 미디어 시대 연관성 위기란 결국 (지금까지 사용해 온 연관성 정의의 틀에서 보면) 사람들이 나/우리의 정체성이나 여기, 지금에 관한 이야기를 듣고, 말하고, 나누려고 할 때 필요한 제도적 자원이 현격히 줄어들었다는 상황과 관련 있다. 템플대학교가 1965년에 주최한 커뮤니케이션 연구 세미나Communication Research Seminar에서 당시 MIT 국제학연구센터MIT Center for International Studies 소속 교수였던 이티엘 드 솔라 풀(de Sola Pool, 1965)(이후에 그는 MIT에 정치학과를 설립했다)은 매스 미디어의 발전은 사람들을 소외시킬 가능성과 그들의 사회적 참여를 촉진할 가능성, 이 두 가지 모순된 가능성을 다 만들어 낸다고 하였다. 그는 산업화와 도시화 과정에서 매스 미디어 제도가 발전하면서 전통 사회에 익숙한 사람들의 문해력이 증가하고, 공적 사안에 대한 이해가 증가했다고 하면서, 결국 매스 미디어 제도의 발전이 사람들의 정치 참여를 촉진해 왔다고 설명했다. 그러나 동시에 "매스 미디어의 내용 때문에 공중의 삶이 자기에게 직접적이고 개인적 중요성이 없는 사안들로 포화 상태가 되는" 상황이 만들어졌다고 하면서 이런 상태가 지속되면 사람들은 오히려 참여를 줄이게 될 것이라고 전망했다. 그는 자신의 이야기를 묶어서 결국 매스 미디어와 정치 참여 사이에 일종의 역U자형 관계가 있다고 했다. 즉 매스 미디어 발전 과정을 보면 처음에는 그것이 사람들이 자신과 관련된 정치 이슈에 참여하는 것을 강화하지만 어느 수준 이상을 넘어서면 오히려 정치로부터의 소외를 촉진하게 된다는 것이다.

풀은 위에서 언급한 강연에서 매스 미디어라는 제도 때문에 다른 사회 제도들이 사라지거나 그 역할이 미미해졌다는 점도 강조했다. 그런 제도들이 취약해지면서 사람들이 자신과 연관된 이슈에 대해 논의할 장들이 사라지게 된 것이다. 결국 그것은 연관성 위기의 심각한 문제로 이어졌다.

정치 제도와 연관성 위기

매스 미디어에 영향받은 주요 제도를 살펴보도록 하자. 먼저 정치 제도다. 정치가 사람들의 일상과 연관된 문제를 다루는 데 실패했다는 지적은 매스 미디어 시대 이전에도 늘 있었다. 예를 들어 정치적 양극화와 이데올로기적 대립에서 시민의 민생은 뒷전으로 밀렸다는 불평은 19세기 미국이나 유럽뿐 아니라 조선에서도 들을 수 있는 이야기였다. 그런데도 정치가 연관성 위기 한가운데 놓이게 되는 것은 특히 매스 미디어 시대가 본격적으로 시작한 20세기 들어서였다. 매스 미디어 시대로 들어서면서 그전에는 주로 대면으로 이루어지던 정당 활동이 미국 대부분 지역에서 점점 사라져 갔다. 사람들이 자기가 사는 지역의 정치적 과정에 직접 대면으로 참여하는 길도 점점 축소되어 갔다. 그런 상황에서 사람들은 자신에게 직접적으로 개인적 중요성이 없는 사안에 오히려 정신을 팔게 되었다. 연관성 위기의 징후가 나타난 것이다. 특히 1960년대와 1970년대에 걸쳐서 미국 등 서구에서는 지역 정치의 위기 논의가 본격적으로 전개되었다. 펜실베이니아대학교 정치학과의 헨리 튠Henry Teune(1980)은 미국 도시의 지역 정치가 허물어지기 시작한 이유로서 중앙 정치를 강조하는 분위기가 커지고 지역 정치의 국가화nationalization of local politics 경향이 커진 것을 꼽았다. 이런 경향 때문에 미국 도시의 공론장에서도 지역 경제가 아니라 국가 경제에 대한 의제가, 지역 정치 의제가 아니라 중앙 정치 의제가 사람들의 관심을 장악하는 상황이 만들어졌다. 헨리 튠은 결국 이런 상황에서 사람들이 정치 참여의 채널 역할을 할 지역 단위의 조직을 잃게 되었다고 지적했다. 미국의 도시사회학자인 마크 고트디에너Mark Gottdiener(1987) 역시 1987년에 출판한 책《도시 정치의 퇴락The decline of urban politics》에서 지역 정치의 역할이 미국에서 20세기에 걸쳐 불가역적으로 쇠락하는 중이라는 점을 꼬집었다. 그는 개인의 정치 참여 저조, 구역 간 분절jurisdictional fragmentation, 중앙 정부의 간섭 등이 지역 정치가 쇠락하는 원인이라고 보았다. 로버트 퍼트넘의 사회 자본의 감소 논의 역시 결국 지역 내의 공식적, 비공식적 정치의 쇠락과 연결되는 것이라 할 수 있다. 서유럽 국가들의 상황도 미국과 아주 다르지 않았다. 국민 국가의 중요성이 미국보다 원래부터 컸던 것이 사실이긴 하지만, 유럽에서도 20세기 들어서 지방 정치에 대한 중앙 정치의 우세가 전보다 너 커졌나(John, 2001). 지역 내에서 지역 정당, 정치 모임, 시민 단체, 정치인 등의 역할이 줄어들면서 지역 내 사람들이 자신들과 연관 있는 이야기를 생산하고 공유하는 데 필요한 정치적 인프라가 더 빈약해지게 된 것이다.

매스 미디어 시대 한국이 겪은 정치 제도 측면에서의 연관성 위기 경험은 미국이나 서유럽보다 더 극단적인 경우라고 할 수 있다. 매스 미디어 시대의 정점이라 할 1960년대에서 1980년대까지 시기가 한국에서는 공교롭게도 군사 독재 시기와 겹친다. 박정희 정권에서부터 노태우 정권에 이르기까지 군사 독재 정권은 체제의 효율적 운영과 경제 발전 등의 국가 목표를 이룬다는 명분으로 지방 정치가 중앙 정치에 의존하는 체제를 유지하였다. 이런 점은 행정 체계에도 그대로 반영되었다. 해방 후 이승만 정권하의 남한 정부는 적어도 명목적으로는 지방 자치 제도를 시작했다(최봉기, 2011). 그러나 박정희 군사 혁명 이후에는 그 미약한 토대마저 사라지고 말았다. 1961년 제3공화국이 들어선 후 제정된 "지방자치에 관한 임시조치법"에 의해 지방 의회가 해산되었고, 그 기능을 상급 감독청이 대행하는 체제가 구축되었다(이승철, 2017). 그리고 강력한 중앙 집권 체제가 구축되었다. 이런 중앙 집권 체제는 1988년에 지방자치법이 전문 개정될 때까지 계속 이어졌다. 결국 매스 미디어 시대 내내 한국에서는 제대로 된 지방 자치의 틀이 자리 잡지 못했다는 것이다. 모든 것을 중앙이 결정하고, 지방의 하위 단위 행정 조직은 중앙 정부의 예속된 기구로서 중앙 정부의 결정 사항을 수행하는 역할만 담당하는 식의 체제가 유지된 것이다. 이런 상황에서 각 지역 내의 구성원들이 중앙과 구별되는 자신들의 이슈를 찾아내고, 그것을 쟁점화하고, 지역 이야기를 공유하고, 그에 대한 정치적 의지를 모으는 민주적 의사소통의 인프라를 갖추는 것은 요원한 일이었다. 지역 구성원들이 지역 이야기하기 주체로서 역할을 하게 할 지역 정치와 행정의 기반을 갖추지 못한 상

태에서 사람들은 지금, 여기, 나/우리에게 연관된 이슈가 무엇인지 알 수
있는 길조차 막혀 있었다. 대신 그들에게 주어진 '중요한' 일들은 '민족
중흥'과 '국가 건설'과 '통일 조국'을 수립하는 것이었다.

종교 제도와 연관성 위기

정치나 행정 조직만큼 사람들이 사는 일상의 한계에서 연관된 이야기들
을 풀어낼 이야기 제도 중 하나로 꼽을 수 있는 것은 종교 단체다. 교회
나, 법당이나, 모스크 같은 것들은 대개 특정 장소에 자리를 잡고 있다.
한국의 절이 조선 시대 동안에는 산으로 들어가 있긴 했지만, 교회나 모
스크는 대개 사람들의 일상 한가운데 자리를 잡고 있다. 기독교 역사의
첫 교회들이 그것들이 있던 도시의 이름을 따라 불리었다는 것은 흥미
로운 사실이다. 교회라는 제도가 갖는 지역성의 전통을 보여 주는 것이
라고 할 수 있다. 물론 종교가 늘 그렇게 사람들의 일상과 연관되고 어
우러진 이야기를 생성, 유통하는 역할만 담당했던 것은 아니었다. 종교
는 본질상 현실을 뛰어넘는 초월성과 일반적 원리를 추구하는 경향이
크기 때문에 종종 연관성과 반대되는 보편성을 추구하는 모습을 보이
는 경우가 많다. 또 종교 제도가 국가에 병합해서 국교화되거나, 국가와
대립하면서 대안 정치 세력화되는 모습을 보이게 되면 사람들의 일상과
연관 있는 이야기를 하는 장으로서 그것의 기능이 축소될 수도 있다.

근대와 민주주의의 문제를 생각하면서 종교 제도의 성격에 대해
언급한 것 중 가장 유명한 것은 프랑스의 정치학자 알렉시스 드 토크
빌Alexis de Tocqueville의 이야기다. 그는 《미국의 민주주의De la democratie en
Amerique》에서 미국 사회 안에 있는 교회의 모습에 주목했다(Tocqueville,
1955). 마을마다 있는 교회가 마을 사람들의 시민적 참여를 돕는 일종의
공론장 역할을 충실히 해 내는 모습을 발견했다. 그런 모습은 그의 고

국 프랑스 교회와는 사뭇 달랐다. 프랑스를 포함해서 대부분의 유럽 국가에서는 교회와 국가가 미국처럼 명확하게 정교 분리되어 있지 않았고 국교와 같은 지위를 차지하고 있었기 때문이다. 유럽의 교회들이 이야기하는 것은 대부분 중앙 정부의 의제와 맞닿아 있었다. 하지만 토크빌의 눈에 비친 신대륙 미국의 교회는 사람들의 일상에서 그들과 연관된 문제 근처에 있었다.

그런 미국의 지역 교회들마저도 20세기 중반 매스 미디어 시대에 와서는 성격이 변하기 시작했다. UC버클리 도시계획학과에 있던 도시사회학자 도널드 폴리Donald Foley(1952)는 1950년대 뉴욕 로체스터 지역을 연구하면서 지역 기반의 시설과 조직으로서의 교회 역할이 현격히 줄어들고 있음을 발견했다. 로체스터대학교 사회학과의 앨버트 헌터 Albert Hunter(1975)는 1970년대 초에 폴리의 연구를 재검증하는 연구를 했는데, 교회가 지역에서 차지하는 위상이 폴리가 연구했을 때보다도 더 줄어들고 있음을 발견했다. 퍼트넘 역시 1950년 이후 꾸준히 지역 교회 출석 인구가 줄어든다는 사실을 사회 자본 감소의 증거로 삼기도 했다 (Putnam, 2000; Putnam & Campbell, 2012).

미국 민주주의를 떠받치는 중요한 제도 중 하나라고 도크빌이 칭송했던 미국의 지역 교회들의 위상이 줄어든 원인은 무엇이었을까? 무엇보다 미국 사회에서 1950년대부터 징후를 보이다가 1960년대 이후 본격화한 세속화 경향이 영향을 미쳤을 것이다. 폴리나 헌터는 코스모폴리턴적 성향의 사람들이 늘어나면서 교회를 나가더라도 꼭 자기가 사는 지역의 교회를 나가야 할 필요성이 줄어들었다는 점을 지적하기도 했다. 교회 자체가 안고 있는 문제들도 생각해 볼 수 있다. 미국 사회에서는 개신교 자체가 더 보수화되면서 교회가 지역에서 수행해야 하는 사회적 기관으로의 역할, 지역 이야기하기 기관으로서의 역할을 강조하는 것이 줄어들었다(Greenberg, 2000). 교회는 정치와 분리되어야 하고, 심지어는 모든 사회적 이슈에도 개입해서는 안 되고, 오로지 예배와 복음 전파에만 전념해야 한다는 극단적인 경건주의와 보수주의적 신학이 미국 지역 교회를 잠식해 갔다. 이런 상황에서 이른바 지역 교회는 한편에서는 지역과 직접 관련 없는 영성을 강조하거나, 제3국을 대상으로 하는 선교에 자원을 쏟거나, 지역과 관련된 활동을 하더라도 대개 그 활동의 주된 목적을 '복음의 전파'로 삼고 지역 현안에 대한 이해와 참여는 부차적인 것으로 취급하게 되었다. 교회에서 사회적 이슈를 논할 때도 낙태 문제 등 보편적 현안이 대부분이고, 특정 지역이나 개인의 일상과 연관된 이슈를 다루는 경우는 점점 줄어들었다. 결국 교회에서 사람들은 자기가 사는 장소나 자기 일상에 대해 이야기하지 않게 되었다. 그리고 교회라는 제도는 사람들의 구체적 삶과 연관된 이야기하기를 위한 기관으로서의 역할에서 더욱더 멀어지게 되었다. 이런 변화가 매스 미디어에 의해 얼마나 직접 영향을 받았는지는 알 수 없다. 하지만 매스 미디어 시대라고 우리가 규정하는 20세기 중후반에 이런 변화가 가속화된 것은 분명하다. 1970년대 조지 거브너가 배양 이론을 제시하면서 이제는 TV가 현대인의 교회가 되었다고 말한 점은 연관성 위기의 맥락에서 시사하는 바가 크다. 거브너는 엄격한 의미에서의 인과 관계를 말하려 했던 것도 아니고, 교회 그 자체를 말하려 했던 것도 아니었다. 하지만 그가 매스 미디어 시대에 가장 강력한 이야기 제도는 더 이상 교회가 아니라 TV 같은 매스 미디어가 되었음을 강조하고자 했던 점은 분명하다. 어차피 교회와 TV 모두 나/우리, 지금, 여기와 연관된 이야기를 하지 않는다면 굳이 교회에 나가기보다는 훨씬 더 편하게 소비할 수 있는 TV 보는 편을 택했던 것이다.

한국 교회는 어땠을까? 한반도에 교회가 세워진 것은 19세기 말부터였지만, 개신교의 교회들이 한국에서 본격적으로 확장되기 시작한 것은 1970년대 이후라고 할 수 있다. 급속한 도시화와 산업화 과정에서 많은 이들이 자기 고향에서 뿌리 뽑힌 채 도시로 내몰렸다. 그런 도시인(특히 도시 빈민)은 각박한 도시에서 마음의 위로를 얻고 최소한의 소속감을 얻을 수 있는 공간으로 역할을 했던 교회를 찾았다. 이들 교회 대부분은 신학적으로나 정치적으로나 매우 보수적인 성격을 띠고 있었다. 그렇기에 교회에 참여하는 것이 지역 참여로 연결되는 경우는 많지 않았다 (김성건, 2013: 이수인, 2004). 교회에서 소통하는 이야기는 거의 전적으로 종교적인 것, 즉 초월적이고 보편적이고 일반적인 내용에 국한되었다. 한국 사회에서 교회 공간을 나/우리, 지금, 여기의 문제와 연관성 있는 이슈를 논하는 이야기하기 제도로 상상하는 경우는 매우 드물었다.

교육 제도와 연관성 위기

사람들의 일상 근처에서 연관성 높은 이야기의 생산자로 역할을 할 잠재력을 갖춘 또 다른 기관인 학교에 대해서도 생각해 보자. 앞에서 살펴본 교회 등 종교 기관은 지역에 속해 있으면서 지역과 연관된 이야기를 풀어낼 잠재성을 갖고 있지만 동시에 본질상 초월성을 추구할 수밖에 없는 양면성을 갖고 있다 할 수 있다. 어떤 점에서는 학교도 비슷한 상황에 있다. 특정 지역 안에서 그 지역에 사는 아이들을 가르치는 역할을 담당하지만, 실제 교육 과정에서 다루는 내용은 그 지역과 관련 없는 보편적 내용인 경우가 많다. 사실 보통 교육이라는 것의 태생 자체가 연관성과는 거리가 먼 것이었다. 19세기 유럽에서는 국민 국가 체제가 거의 완성된 단계에 이르렀다. 그 후 국민 국가 체제를 지속해서 유지하고 발전시키기 위한 목적으로 국민에게 공교육을 실시해야 한다는 이념이 유럽 국가들에 퍼졌다. 이 과정에서 프랑스의 마르키 드 콩도르세

Marquis de Condorcet, 독일의 요한 고틀리프 피히테Johann Gottlieb Fichte 등이 주창한 국민 교육 제도의 아이디어가 결정적 역할을 하였다(Ballinger, 1959; King, 1961). 조선도 일찍이 19세기 말에 근대적 보통 교육 체계를 받아들였다. 1895년에 조선 왕조는 소학교령을 제정하고 근대적인 정규 보통 교육을 실시하였다(구희진, 2006). 이런 점들을 보면 보통 교육 자체가 국가주의적 이념, 즉 연관성의 한계를 넘어서는 보편적, 일반적 목적 위에서 만들어졌음을 알 수 있다. 그렇기에 학교라는 제도와 건물이 사람들이 사는 일상의 공간과 시간 속에 있다 하더라도, 그리고 학교들이 특정 지역의 이름을 띠고 있다 하더라도, 그 학교가 전달하는 내용은 그 학교가 놓여 있는 곳에 사는 사람들의 정체성과 구체적 시공간의 경험과는 관계없는 보편적이고 초월적인 것들이었다.

학교의 커리큘럼을 사람들의 정체성, 지금, 여기의 문제와 연결하려는 시도가 전혀 없었던 것은 아니었다. 미국이나 일본 등에서는 지역 학교를 지역 커뮤니티 전체를 위한 공간으로 활용하고자 하는 시도가 있었다. 한국에서도 이런 모델을 가져와서 1960년대부터 지역 사회 학교 프로그램을 시행하기도 했었다. 1960년대와 1970년대에 걸쳐서 그런 모델들을 한국에서는 향토학교, 온마을교육, 새마을교육 등의 이름으로 불렀다(김미향, 2020). 최근에는 그것들을 지역 사회 학교라는 이름으로 통일시키기도 했다. 이것들은 모두 학교라는 공간을 지역 주민에게도 열어서 지역 주민을 위한 교육을 실시하는 것을 가리킨다. 최근에는 더욱 혁신적으로 교육 내용 차원에서도 지역 연관성을 높이려는 시도가 이루어지고 있다. 가령 '지역 연계 교육' 과정은 학생들에게 제공하는 교육 내용을 그 학교가 있는 지역의 사례를 갖고 진행한다(성은모·정효정, 2013). 그런데 1960년대에서 1980대에 걸쳐, 매스 미디어 시대라고 우리가 부르는 바로 그 시기에, 학교 기관이 지역 연관성을 높이기 위해 했던 다양한 시도가 어떤 효과를 실제 보였는지에 대한 체계적 평가는 아직 이루어지지 않고 있다. 그렇기에 확신을 갖고 이야기할 수는 없지만, 1960년대에서 1980년대까지의 중앙 집중적인 군사 독재 체제하에서는 지역 사회 프로그램들조차도 중앙의 지방 통제 일환으로 이루어졌을 가능성이 컸을 것이라 짐작할 수 있다. 그런 상황이었다면 지역 학교라는 제도가 지역 사람들에게 자기가 사는 곳의 문제, 자기와 직접 연관 있는 문제에 관해 이야기하는 장을 제공하는 연관성 기관으로서의 역할을 제대로 수행하기는 쉽지 않았을 것이다.

지역 미디어와 연관성 위기

공교롭게도 매스 미디어 시대에 연관성 측면에서 가장 큰 타격을 받은 것은 미디어 그 자체였다. 가령 사람들이 일상을 살아가는 지역과 연관성 있는 이야기를 전달해야 하는 지역 미디어가 매스 미디어 시대에는 강력한 위협을 받았다. 미국 신문의 예를 들어 보자. 미국에서 발행되는 신문은 대개 지역 신문의 형태를 띠고 있었다. 지역 신문이라고 해서 신문의 소유주가 꼭 그 지역에 있는 개인이나 기업이었던 것은 아니었다. 한 기업이 여러 지역에서 복수의 신문을 소유하는 이른바 신문 체인들이 1차 세계 대전이 끝날 때부터 조금씩 늘어나기 시작했다. 신문 체인의 역사는 매스 미디어 시대 시작 때부터라 할 수 있다. 그러다가 1980년대 초에 이르면 신문 체인이 대세가 되는 상황이 만들어졌다 (Ferguson, 1983). 1차 세계 대전을 기점으로 그 전과 후에 미국 내 신문 체인의 수가 전국적으로 13개에서 55개로 늘어났다. 이것을 신문 수로 이야기하면 62개에서 311개로 늘어난 것이었다. 1960년에 이르면 체인 수가 109개, 체인에 속한 신문 수가 560개에 이르게 된다. 1986년에는 체인의 숫자가 127개로 늘어나고, 체인에 속한 신문 수는 1,158개에 이르게 된다(Busterna, 1988). 1980년대 미국에서 가장 큰 규모의 체인은 톰슨Thompson이란 회사였는데, 이 회사 하나가 전국적으로 96개의 지역 신문을 소유했다. 가넷Garnett도 90개 신문을 소유했다. 나이트리더Knight-Ridder(33개), 뉴하우스Newhouse(27개) 등이 그 뒤를 이었다. 〈뉴욕 타임스The New York Times〉도 26개 지역 신문을 소유한 체인 기업 중 하나였다. 지역 신문을 지역의 개인과 기업이 소유하는 것이 아니라, 지역 밖의 신문 체인이 소유한다는 것이 의미하는 것은 무엇일까?

지역 신문의 소유 구조 변화가 신문사의 운영 방향, 목적, 특히 기사 내용에 어떤 영향을 미치는지에 대한 연구가 1970년대와 1980년대에 걸쳐서 진행되었다. 가령 데이비드 드머스David Demers와 대니얼 와크먼Danial Wakman(1988)은 신문사 소유 구조에 따라 신문사 운영 목적에서 어떤 차이가 나타나는지 살펴보았다. 그들은 체인에 속하지 않은 독립 지역 신문사들은 커뮤니티를 위한 봉사의 목적을 더 강조하는 반면, 체인에 속한 신문사들은 이윤 획득의 목적을 더 강조한다는 것을 발견했다. 소유 구조의 차이가 실제 기사 내용에 어떻게 반영되는지 살펴본 연구들의 결과에서 일반화할 만큼 일정한 방향성을 찾는 것은 사실 쉽지 않았다(Lacy, 1986). 몇몇 연구자들이(Litman & Bridges, 1986; Thrift Jr, 1977) 체인 소유의 신문들이 체인에 속하지 않은 지역 기반의 독립 신문보다 지역 이슈와 연관된 논쟁적 사설을 싣는 경향을 적게 보인다는 사실을 발견하기는 했다. 최근 캐나다 맥길대학교의 연구진은 신문사의 소유 구조가 지역 뉴스 감소에 통계적으로 유의미한 영향을 미쳐 왔다는 결과를 발표하기도 했다(LeBrun et al., 2022). 이 연구에 따르면 지역 독립 언론의 소유권이 외부 체인 기업에 넘어가게 되면 지역 뉴스의 절대량이 줄어들고, 뉴스 내용이 지역의 구체적 장소들을 다양하게 다루기보다는 몇몇 대표적인 장소들에만 집중하는 경향을 보인다. 또 이 연구는 체인이 손을 뻗고 있는 여러 미디어 시장에서 동일한 기사를 공유하는 경우가 늘어나다 보니 언론사 소유가 체인으로 넘어간 후에는 기사 내용이 특정 지역 내 이슈를 다루기보다는 전국적 이슈를 다루는 경향이 커진다는 것을 발견하였다. 뉴스 소유의 전국화 때문에 결국 지역 미디어가 지역의 이야기를 하지 않는 연관성 위기가 초래되었다는 것을 실증적으로 보여 주는 결과라고 할 수 있다.

방송에 대한 것도 살펴보자. 미국에서는 1940년대부터 지역성이라는 것을 방송 공익성의 중요한 가치 중 하나로 공식화했다. FCC(Federal Communications Commission)는 1946년에 처음으로 라디오 방송 편성에 대한 정책 방침을 정리해서 발표했다(Napoli, 2001; Stewart, 1946). 〈방송 피허가권자의 공공 서비스 책임〉이라는 FCC 보고서는 매스 미디어로서의 방송이 갖는 규모의 경제, 이윤 추구의 동기가 초래할 수 있는 부작용을 어떻게 억제할 것인가에 대한 정부 지침 성격을 갖는 것이었다. 다시 말해 이 보고서는 방송이 본질적으로 초래할 수 있는 연관성 위기 억제책을 담고 있었다. 보고서의 지침에서 FCC가 강조했던 것 중 하나는 라디오 방송이 지역의 관심, 필요, 욕구 등을 반영하는 지역적 표현을 적극적으로 담아야 한다는 것이었다. 라디오 방송국은 그 기술이 갖는 보편성과 편재성에도 불구하고, 특정 지역에 방송국을 설치해야 하고, 그 지역 미디어 시장 안에서 방송 허가권을 얻게 되어 있었다. 방송이라는 기술 자체는 탈지역성을 담보했지만, 방송 제도는 지속해서 지역성을 강조해 왔던 것이다. 방송이 갖는 기술적 특성(탈지역성)과 제도적 강조점(지역성)은 방송의 역사를 통해 계속 갈등적 상황을 만들어 냈다. 이와 함께 주목할 것은 1940년대의 미국이 반공주의로 사회 분위기가 위축되었다는 점이다. 흥미로운 것은 그런 분위기에서 1946년의 FCC 보고서는 반자본주의적이고 친공산주의적 이념을 담고 있다는 비판을 받았다는 점이다(Bringson, 2004). 아마도 FCC 보고서 내용이 그대로 시행된다면 새로운 제약을 감수해야 할 상업 라디오 방송국들은 보고서에 대한 그런 반공주의적 비판이 내심 반가웠을 것이다. 결국 FCC는 보고서의 내용을 거의 시행하지 못했을 뿐 아니라, 이 보고서를 작성한 담당자들을 해고까지 해야 했다. 이런 '역경'을 겪으면서도 FCC는 계속해서 지역성의 문제를 방송과 연결시키려 노력하였다. 가령 1960년대는 방송 사업자들을 재심사할 때 방송사가 속한 지역 커뮤니티를 위해 어떤 노력을 했는지를 재심사 평가 기준 중에 포함하기도 했다. 1970년대에는 방송사들이 지역 현안을 다루는 뉴스, 공공 사안에 관한 내용, 비오락적 내용 등을 일정 분량 포함할 것을 요구하는 지침을 만들기도 했다(Napoli, 2001). 물론 FCC의 이런 조치들은 1980년 이후에 거세진 탈규제 물결 속에서 대부분 철회되었지만(Stavitsky, 1994), 매스 미디어 시대의 연관성 위기에 대처하기 위해 지역성을 강조했던 정책적 노력이었다고 평가할 수 있다. 이런 정책적 노력이 필요했다는 사실 자체가 방송이 연관성 위기를 초래할 수밖에 없는 태생적 한계를 지녔다는 점을 시사하는 것일지도 모르겠다.

그런데 유럽 국가들의 방송은 조금 상황이 달랐다. 상업 방송국이 주축을 이루었던 미국과 달리 대부분의 서유럽 국가들은 국가가 방송국을 직접 소유, 운영하는 국영 방식을 채택했다. 따라서 방송이 지역성을 강조하기보다는 국가 전체의 관심사를 다루는 경우가 많았다. 그런데도 1970년대부터는 지역성에 대한 논의가 활발히 이루어지고 중앙집중적인 국영 방송 체제에서 벗어나려는 시도가 공식적, 비공식적 (가령 해적 방송) 형태를 띠고 이루어졌다. 1980년대 들어서서는 유럽 국가들안에서도 지역 방송이라는 개념이 본격화되었다. 토머스 매케인Thomas McCain과 페럴 로Ferrell Lowe(McCain & Lowe, 1990)는 그런 시도를 세 가지 형태로 구분할 수 있다고 설명한다. 첫 번째는 국영 방송이 직접 운영하는 지역 방송, 두 번째는 공식 혹은 비공식적인 상업 방송, 세 번째는 이른바 커뮤니티 방송이다. 물론 이 세 가지 형태 모두 지역성을 충분히 살려서 연관성 위기를 극복하기에는 역부족이었다. 국영 방송이 운영하는 지역 방송은 태생적으로 국가가 지역에 대한 정보 제공을 원활히 하기 위한 목적을 갖고 하향식으로 시행한 것이었기에 지역 구성원들이 스스로 자기들의 이야기를 만들고 공유하는 인프라로 사용하기 어려웠다. 상업 방송은 이윤 추구의 목적을 우선시해야 했기 때문에 지역에 연관성 높은 이야기를 생산하고 공유하는 일에는 처음부터 한계를 지닐 수밖에 없었다. 국영 방송과 상업 방송이 갖는 한계를 극복하기 위해 만들어진 것이 커뮤니티 방송이었으나 실질적인 영향력을 발휘하기에는 자원이 매우 부족한 경우가 많았고, 커뮤니티를 어떻게 정의할 것인가라는 근본적 문제를 제대로 풀지 못하는 경우가 많았다.

이제 한국의 경우를 살펴보자. 한국에서는 1980년대 이전에는 지역 미디어라는 개념 자체가 부재했다고 해도 과언이 아니다. 특히 방송의 경우는 고도의 중앙 집중적 형태를 띠었다. 이는 앞에서 언급한 한국 지방 자치 제도의 쇠락과 연결되는 것이라 할 수 있다. 1990년대 이전까지 한국에서 지역성 혹은 지역 자치라는 것은 다른 국가적 가치, 가령 국가 안보, 국가 발전, 통일 등을 위해 잠시 유보해야 하는 가치였다. 그런 기조가 지역 미디어에 대한 정책과 제도에도 미쳤다. 1980년대 들어서서는 그나마 명맥을 간신히 유지하던 미디어의 지역성에 철퇴가 가해지는 사건이 있었다. 제5공화국이 벌인 이른바 언론 통폐합 조치였다. 언론 통폐합의 여러 조치에는 서울 MBC와 제휴 관계에 있던 지방 MBC 방송사들을 서울 MBC의 자회사화하는 것, 지방의 군소 방송국들을 KBS에 통합시키는 조치들이 있었다. 이런 조치들을 통해 그나마 남아 있던

신군부의 언론 통폐합 결의 소식을 전하는 1980년 11월 15일 〈한국일보〉 1면. 언론 통폐합은 매스 미디어 시대에 한국 미디어 환경에서 연관성 위기를 심화시킨 사건이었다. (사진: 〈한국일보〉)

지역 방송의 씨앗들이 제거되었다(윤석민 외, 2004).

　지역 신문의 경우도 살펴보자. 한국에서 오랫동안 있었던 관행은 신문을 전국지와 지방지(혹은 지역지)로 나누는 것이었다(오두범, 1982). 지방지는 특정 도, 혹은 그와 접경하는 복수의 도를 포괄하는 신문을 일컫는다. 1980년대까지는 대개 신문협회 등이 자체적으로 만든 가이드라인을 통해 지방지가 다루는 지역의 범위를 정했다. 그럼으로써 불필요한 경쟁이 발생하지 않게 조정하려 했다. 그런데 1981년 시행된 언론 통폐합 조치 안에는 '1도 1신문'의 기조 아래 지역 신문사들을 통폐합하는 내용이 들어 있었다. 1980년대까지 한국의 신문은 중앙지이건 지방지이건 정부의 실질적인 통제 아래 있었고, 당시 지역 신문이라고 불리는 것은 결국 도 수준의 대단위 범위를 포괄하는 신문이었을 뿐, 사람들이 실제 살아가는 마을이나 동네에 집중하는 신문이 아니었다. 몇몇 저널리즘 학자들은 이런 상황에서 지방의 지역 언론들이 자신이 속한 지역보다는 중앙의 이해관계에 복속되는 체제 속에 있게 되었다 비판하기도 했다(유현옥·김세은, 2013). 결국 한국의 지역 신문을 통해 나/우리, 지금, 여기와 연관된 이야기, 특히 특정 지역의 경계 안에서 연관성 있는 이야기를 듣기는 매우 어려운 일이었다.

중앙 집중적인 매스 미디어 제도가 구축되어 있던 상황에서 사람들에게 실질적으로 연관성 있는 이슈를 다루는 미디어를 생각하기는 쉽지 않았다. 매스 미디어 시대에 한국에서 찾아볼 수 있는 대안적 미디어는 거의 없었고, 있었다 하더라도 그것들은 대개 불온시되었다. 2000년대 이전까지는 연관성의 측면에서 대안을 제시할 수 있는 공동체 미디어나 대안 미디어에 대한 학술적 논의조차 거의 전무한 상태였다. 결국 매스 미디어 시대에 한국에서 제도로서의 미디어는 심각한 연관성 위기에 있었다고 할 수 있다. 그것이 군사 독재라는 정치적 상황과 맞물리면서 한국에서 자리 잡은 연관성 위기는 어쩌면 그 어떤 다른 사회의 것보다 심각한 것이었을지 모른다. 특히 1981년 언론 통폐합은 언론 환경 속에서의 연관성 위기를 더 심화시키고, 구조화시킨 사건으로 볼 수 있다.

제도의 위기, 연관성의 위기

매스 미디어 시대에 제도로서의 미디어는 여러 측면에서 매스 미디어의 이야기하기 독점을 강화하는 방향으로 구축되었다. 매스 미디어 제도 자체가 경제적, 조직적, 제도적 측면에서 매스 미디어 제도와 직접 연결된 개인들과 조직들이 이야기하기 권리를 독점하고 다른 사람들은 독자, 청취자, 시청자에 머물게 하였다. 매스 미디어 제도는 그 밖에 다른 제도들, 정치, 경제, 종교, 교육, 문화 관련 제도에도 영향을 미쳤고, 결국 연관성 위기는 매스 미디어 시대를 사는 사람들의 다양한 삶의 국면에서 드러나게 되었다. 매스 미디어 제도가 이 모든 것의 원인이었다고 말하는 것은 지나치게 미디어 중심주의적인 말일 것이다. 매스 미디어 제도가 사회를 구성하는 다른 제도들과 상호 작용하면서 20세기 내내 연관성 위기를 확장해 갔다고 말하는 것이 더 적절할 것이다. 매스 미디어 시대 동안 제도적 차원에서 이루어진 여러 변화 때문에 개인과 공동체가 나/우리, 여기, 지금의 문제를 공유하도록 만드는 제도적 인프라들이 사라졌거나 축소되었다. 지역성이라는 이념으로 연관성 위기 문제를 극복해 보려는 시도들이 없었던 것은 아니지만, 대개 역부족이었다.

사람으로서의 미디어와 연관성 위기
: 이야기꾼의 실종

지금까지 도구로서의 미디어, 내용으로서의 미디어, 제도로서의 미디어가 매스 미디어 시대에 어떻게 연관성 위기 가운데 있었는지를 살펴보았다. 이제는 사람으로서의 미디어 측면에서도 연관성 위기의 문제에 대해 살펴보자. 매스 미디어 시대에 개인들은 어떤 점에서 연관성 위기에 처해 있었을까? 미디어와 관련된 개인의 삶을 도구, 내용, 제도로서의 매스 미디어가 설정한 상황들과 떼어 놓고 볼 수는 없을 것이다. 도구, 내용, 제도로서의 미디어가 초래한 연관성 위기가 개인(즉 미디어 역할을 할 잠재성을 갖춘 개인)의 삶에도 영향을 미쳤을 것이기 때문이다. 결론부터 말하자면 매스 미디어 시대에는 개인이 자신(⑭)의 목소리를 갖는 것은 소수에게만 제한되고, 대부분 사람에게는 그것이 매우 힘든 일이었거나 심지어는 금지되었다. 매스 미디어 시대는 자기 문제를 자기 목소리로 말하는 이야기꾼을 억압하고 주변화하는 시기였다고 할 수 있다.

목소리의 억압

매스 미디어 시대에 개인으로서 자신의 이야기를 생산하고, 그것을 다른 사람들이 들을 수 있게 전달할 기회는 소수의 사람에게만 주어졌다. 5장에서 언급했던 카리스마 권력자, 셀럽 언론인들, 여론 지도자로 불리는 사람 정도가 그렇게 할 수 있었다. 매스 미디어 조직을 소유하거나, 그것을 통제할 권리를 갖거나, 매스 미디어 조직이 의존할 수밖에 없는 강력한 정치적, 경제적, 상징적 힘을 가진 사람들만 비로소 자기 목소리를 갖고, 그것을 세상이 들을 수 있게 할 능력을 가질 수 있었다. 대체로 정치가, 기업인, 유명인, 미디어 소유자가 그런 사람들이었다. "텔레비전에 내가 나왔으면 정말 좋겠네"라는 노래는 한국에서 아이들을 위한 동요로 만들어졌지만, TV와 같은 매스 미디어를 통해 목소리를 갖는 것이 얼마나 큰 특권인지를 은유적으로 표현한 노래였다. 텔레비전에 나온다고 해서 한 개인이 연관성 위기를 온전히 극복하고 자기의 정체성, 지금, 여기와 관련된, 자기의 이야기를 한다는 것이 전적으로 보장되는 것은 아니다. 그러나 적어도 그럴 가능성은 더 커진다고 할 수 있다. 텔레비전에 내가 나온다는 것은 적어도 누군가 나의 이야기에 관심을 두고, 내 얘기를 들을 준비가 되어 있다는 것이기 때문이다. 그러나 매스 미디어 시대 내내 텔레비전 카메라와 마이크에 접근할 수 있는 사람들은 극히 일부에 국한되어 있었다.

텔레비전에 나올 특권을 누리지 못하는 사람들 대부분은 자기 목소리를 만들기도 쉽지 않았고, 자기 목소리가 있다 하더라도 그것을 다른 사람들이 듣게 할 수 있는 수단을 갖지 못했다. 매스 미디어 시대에 생겨난 계급은 결국 자기 목소리를 타자들이 듣게 할 수단에 접근 가능한가, 그렇지 않은가(다시 은유적으로 표현하자면, 텔레비전에 나올 수 있는지 없는지)로 나뉜다고 할 수 있다. 매스 미디어 시대는 소수의 목소리와 다수의 침묵으로 계급 분할이 이루어졌다고 할 수 있다. 목소리가 있다 하더라도 그것을 전달할 방법을 갖지 못했다면 처음부터 목소리가 없는 것이나 마찬가지였다. 그래서 그들도 결국 침묵의 계급 안에 묶일 수밖에 없었다.

영국 런던정경대학의 미디어 사회학자 닉 쿨드리는 자신의 책《왜 목소리가 중요한가*Why Voice Matters: Culture and Politics After Neoliberalism*》(2010)에서 20세기에 사람들이 겪은 목소리의 위기를 집중적으로 논했다. 그는 사실 이 책에서 특정 시기에 집중하고 있는데, 주로 1980년대 이후 신자유주의가 자리를 잡은 이후의 세계에서 어떻게 목소리가 설 자리가 사라졌는지를 다루었다. 모든 것을 경제 논리와 합리주의로 치환하는 신자유주의 체제에서 목소리를 갖는다는 것 자체가 일종의 이데올로기적인 것이었다. 신자유주의 체제와 어울리지 못하는 이야기, 그런 자신만의 이야기를 갖는 것은 이단적인 것으로 치부되었다. 사회관계까지 인적 자본과 사회 자본이란 경제적 개념으로 치환해서 이해하는 신자유주의 체제 내에서 우정, 사랑, 공감, 환대 등의 이야기는 이제 설 자리가 별로 없는 주변부의 이야기에 지나지 않을 뿐이라는 것이다. 누군가 자신이 처한 지금, 여기에서 스스로 구축한 정체성을 기반으로 우정과 사랑 경험을 이야기하려고 해도, 그것을 들어줄 다른 누군가를 찾기가 쉽지 않다. 그래서 쿨드리는 현대 사회의 위기를 목소리의 위기라고 했다. 쿨드리가 말하는 목소리의 위기는 우리가 여기서 말하는 연관성 위기와 상당히 겹치는 말이다. 신자유주의 체제가 강요하는 추상적, 합리적, 일반적 이야기가 아닌 자기 자신, 여기, 지금과 연관된 이야기를 할 자유가 사라진 상황은 연관성 위기이면서 동시에 목소리의 위기이기 때문이다. 쿨드리는 목소리의 위기에 대한 논의를 앞에서 언급했듯이 신자유주의의 틀이 자리잡기 시작한 1980년대부터 시작하였다. 그런데 개인 수준에서도 목소리의 위기와 연관성 위기의 문제는 사실 매스 미디어 시대에 이미 시작된 것이다. 매스 미디어 체제가 자리를 잡으면서 개인이 자기 목소리를 만들어 내는 것은 이미 매우 힘든 일이 되었다. 목소리를 어떻게든 만들어 낸다 하더라도 누군가가 들을 수 있게 하는 것은 더욱 힘든 일이었다.

매스 미디어 시대에 목소리를 잃은 개인에 대해 누구보다도 격정적으로 비판한 사람은 허버트 마르쿠제Herbert Marcuse였다. 그는 《일차원적 인간One-dimensional man》이란 테제를 통해 현대 산업주의 자본 사회에서 주체적 개인이 어떻게 몰락해 가는지를 비판했다(Marcuse, 1964). 마르쿠제에게 일차원적 인간이란 누구인가? 마르쿠제에 따르면 그들은 추상적, 일반적 체제가 만들어서 사람들에게 주입하는 도구적 합리성을 그대로 받아들인 인간들이다. 결국 그들은 자기 삶(지금, 여기, 정체성)과 연관된 것이 무엇인지를 체세가 결정하도록 양보하고, 스스로 거기에 맞춰서 사는 사람들이다. 그들은 목소리를 잃은 사람들이고 연관성 위기 가운데 있는 사람들인 것이다. 마르쿠제는 매스 미디어 시대가 그런 일차원적 인간으로 가득 차 있음을 안타깝게 지켜보았다.

연관성 위기와 목소리의 위기는 한나 아렌트Hannah Arendt가 《인간의 조건The Human Condition》에서 언급한 정치의 위기와도 연결된다(Arendt, 1998). 아렌트는 이 책에서 인간의 활동적 삶이 노동, 작업, 행위로 구성된다고 설명했다. 아렌트가 말한 노동이란 인간 신체의 생물학적 과정에 상응하면서 생존 그 자체를 목적으로 하는 활동이다. 작업이란 인간 조건의 비자연적인(즉 인공적인) 부분에 상응하는 사물들을 만들고 제공하는 활동이다. 행위는 다원성을 토대로 해서, 즉 다수의 타자를 염두에 두고, 사물이나 물질의 매개 없이 인간들 사이에서 직접 수행하는 정치적 활동을 가리킨다. 그런 정치적 활동을 떠받치는 가장 중요한 수단은 쿨드리 식으로 말하자면 목소리다. 즉 자기와 연관성 있는 이야기를 할 수 있는 목소리다. 목소리를 기반으로 하는 자유로운 정치 활동을 통해서 사람들은 자신이 누구인지와 관련된 문제, 그리고 여기, 지금의 문제에 주체적으로 개입할 수 있다.

그런데 행위는 늘 불안정하고, 예측 불가능하고, 환원 불가능하기 때문에 작업 등 다른 조건으로부터 간섭을 받기 마련이다. 작업은 인간이 스스로 만들어 내는 추상적이고, 일반적인 질서다. 그러한 질서를 통해서 예측 불가능하고, 환원 불가능하고, 불안정하기만 한 행위를 억제하려는 시도가 역사적으로 이루어져 왔다고 아렌트는 설명한다. 아마도 이런 상황(행위에 작업이 개입하는 것)이 가장 극적으로 나타난 시기가 우리가 여기서 다루는 매스 미디어 시대라고 할 수 있다. 매스 미디어의 도구, 내용, 제도는 모두 사람이 만든 것이고, 그것을 어떻게 활용할 것인가(가령 자본주의 확장을 위한 도구로, 혹은 전체주의 수단으로)도 사람들이 결정한다. 작업의 과정이나 결과물로서의 매스 미디어는 그것을 이용하는 개인들에게 당신들은 누구이고, 지금은 어떤 때이고, 여기는 어떤 곳인지를 개인의 자율적 행위가 미치지 못하는 곳에서 규정해 준다. 내가 누구인지, 여기는 어디이고, 지금은 언제인지를 스스로 이야기하지 못하면서 개인은 스스로의 목소리를 잃어버리고 연관성 위기 가운데 서게 된다. 그것이 아렌트가 제시하는 '인간 소외'다. 아렌트가 말하는 '인간 소외'는 결국 연관성 위기의 원인이자 결과다. 아렌트는 인간 소외를 결국 '지구 소외'로까지 끌고 나아간다. 아렌트가 말하는 지구 소외는 자신의 일상 밖으로 탈출해서 추상적이고 글로벌한 세계로 나아가는 방식 혹은 일상에서 도피하며 내면으로 숨어드는 방식으로 이루어진다. 이제는 연관성의 시공간은 없고, 나, 지금, 여기에 대해 이야기할 수 있는 주체도 없다. 목소리가 사라진 세계, 목소리의 주체가 숨은 세계, 즉 연관성 위기를 겪는 개인들이 살아가는 매스 미디어 시대는 결국 아렌트가 말한 인간 소외와 지구 소외의 시대였던 것이다.

개인주의와 집단 정체성

매스 미디어 시대에 들어선 후 개인주의가 강화되었다고 믿는 사람들이 있다. 가령 일리노이대학교 심리학과에서 집단주의와 개인주의 비교 연구를 해온 해리 트리앤디스Harry Triandis(1993) 같은 사람들이다. 트리앤디스는 TV 등의 매스 미디어가 전통적 커뮤니티에 확산되면서 종래에 집단주의적 문화를 갖고 있던 사회도 급속하게 개인주의적 사회로 변화해 갔다고 했다. 집단주의와 개인주의라는 개념은 늘 논란의 대상이 되어 왔다. 한 사회를 집단주의 혹은 개인주의라는 이분법적 틀에서 규정할 수 있는 것인지, 대부분 사회는 사실 두 가지 속성을 다 가진 것은 아닌지, 그리고 집단주의나 개인주의는 절대적이기보다는 상대적인 개념인 것은 아닌지 등의 문제가 계속 제기되어 왔다. 그런데도 TV가 전달하는 내용 안에는 개인주의적 성향의 것이 많이 들어 있고, TV에 노출 정도가 많은 사람은 그런 개인주의적 내용으로부터 어느 정도 영향을 받지 않겠냐고 말하는 것을 너무 과도하다 할 수는 없을 것이다. MIT 경제학과 교수였던 대니얼 러너는 그의 이른바 발전 이론의 틀에서 매스 미디어가 개인의 개성을 부각시키면서 개인을 전통적 사회의 굴레에서 벗어나게 하고 근대적 성향을 갖게 한다고 역설했다(Lerner, 1958). 전통에 억눌려 있던 사회에서 매스 미디어를 통해 비로소 '개인'이 등장했고, 개인이 다시 살아났다는 것이다. 발전 이론의 이런 논리는 많은 비판을 받아왔다. 발전 이론에 비판적인 학자들은 매스 미디어에 의해서 개인이 자신의 고유한 개성을 갖는 독자적이고 자율적인 존재로 태어나는 것이 아니라고 주장했다. 개인이 어떤 면에서는 매스 미디어 때문에 전통 사회의 가치관과 태도에서 벗어났다고 할 수 있을지 모르지만 결국 매스 미디어가 대변하는 국제적 종속 질서에 개인이라는 파편화된 상태로 편입되는 상태에 처하게 되었다는 것이다(Wallerstein, 1990). 이런 비판은 앞서 언급한 마르쿠제의 일차원적 인간과 아렌트의 인간 소외의 개념과도 일맥상통하는 것이라 할 수 있다. 어떤 면에서는 매스 미디어 시대에 개인들이 전통의 속박으로부터 벗어나 자유로운 존재로 태어났다고 말할 수 있을지 모르겠다. 하지만 그들은 또한 전통적 관계와 가치관으로부터 뿌리 뽑힌 채 망망대해를 홀로 항해하는 목소리를 잃은 사람들로 살아가게 되었다.

매스 미디어 시대에 (목소리를 잃은) 개인은 다양한 집단 정체성의 집하장처럼 되었다. 독자, 청취자, 시청자, 소비자, 국민, 민중 등과 같은 집단적 정체성이 사람들 머리 위로 쏟아져 내렸다. 그것 중 어느 것도 개인이 스스로 선택할 수 있는 것은 없었다. 매스 미디어 시대를 살게 되면 누구나 사실상 강제로 부여받는 정체성이었다. 이러한 집단 정체성의 이름은 씨줄과 날줄이 되어 개인이 스스로를 바라보는 방식에 영향을 미쳤다. 그렇기에 매스 미디어 시대는 개인의 시대이면서 동시에 집단 정체성의 시대라고 해야 할 정도로 모순적인 시기였다. 그렇다고 해서 매스 미디어 시대에 개인들이 늘 수동적이기만 했다는 인상을 가질 필요는 없다. 매스 미디어 시대 한가운데서도 우리는 개인들이 다양한 방식으로 저항하는 모습들을 볼 수 있었기 때문이다. 미디어 이론들에서는 그렇게 저항하는 개인들에게 조금 순화된 형태로 능동적 수용자란 이름을 부여했다. 그러나 능동적 수용자라는 이름이 상징하는 것보다 더 적극적으로 저항하는 사람들이 1960년대 이후로 등장했다. 북미와 유럽에서 1960년대는 인종, 성, 계급, 노동 등의 문제를 둘러싸고 사람들이 저항하던 시기였다. 한국을 포함한 아시아 국가들에서도 1960년대와 1970년대는 저항과 투쟁의 시기였다. 한국에서는 그런 투쟁이 1980년대에 극대화되었다. 그런데 그러한 저항과 투쟁마저도 사실은 개인의 것이 아니었다. 저항은 늘 집단적 과정에서 이루어졌고, 저항의 얼굴에는 늘 집단 정체성의 표식이 새겨져 있었다. 집단 정체성 속에서 사실 개인이 설 자리는 별로 없었다. 개인이 내는 저항의 목소리는 자신이 일상에서 경험하는 정체성, 지금, 여기에서 출발한 목소리가 아니라 계급 이론, 노동관계, 인종 차별, 성차별의 문제를 논하는 이론적이고 추상적인 개념에서 출발한 목소리인 경우가 많았다. 추상적 이론과 구체적으로 연관된 현실은 늘 불협화음을 낼 수밖에 없었다.

투쟁하는 개인 미디어

역사에는 늘 예외가 있기 마련이다. 집단 정체성이 개인을 압도하던 상황에서도 자신의 문제, 즉 자신과 직접 연관된 정체성, 지금, 여기의 문제에서 출발해서 자기 목소리를 만들고 전달하려 했던 영웅적 사례가 있다. 여기서 나는 한국과 미국의 사례 하나씩을 언급하고자 한다. 하나는 대한민국 청계천의 전태일이고, 또 다른 하나는 미국 앨라배마주의 로자 파크스Rosa Parks다. 그들은 매스 미디어 시대에 나타난 개인 영웅으로서의 미디어였다.

조영래의 《전태일 평전》에 따르면 전태일은 청계천 평화시장 피복점에서 재단사로 열심히 일하며 자기 가게를 열 꿈을 가진 청년이었다 (조영래, 1983/2009). 그런데 자신이 일하던 피복점에서 각혈을 하는 여성 견습생이 결국 그 때문에 해고당하는 것을 지켜보게 된다. 그것은 그에게

전태일의 생전 모습. 그는 추상적이고 일반적인 노동 이론이나 이데올로기가 아니라 평화시장 피복점 노동자로서 스스로 겪은 문제에서 출발해 "근로기준법을 준수하라, 우리는 기계가 아니다"라고 소리친, 사람으로서의 미디어였다. (사진: 전태일기념관).

충격적인 일이었다. 이를 계기로 전태일은 자신과 함께 일하던 여공들의 노동 현실에 눈을 뜨게 되었고, 그들을 돕겠다는 결심을 하게 되었다. 그 과정에서 근로기준법이 있음을 알게 되었지만, 전태일은 국한문으로 되어 있는 근로기준법을 읽을 수 없었다. 그런 상황에서 그가 "내가 대학교를 나왔더라면, 아니 대학생 친구라도 있었다면 (근로기준법의 내용을) 알 수 있었을 텐데"라고 한 말은 이제 한국 노동 운동사에서 가장 유명한 말이 되었다. 근로기준법이 있었음에도 그것이 제대로 지켜지지 않는 현실을 고발하고자 그는 근로기준법 화형식을 준비했다. 그런데 경찰과 고용주가 고용한 깡패들에 의해 그 행사가 저지되었다. 그러자 그는 자신의 몸에 준비한 기름을 붓고 스스로 분신하였다. 죽어 가며 그는 "근로기준법을 준수하라! 우리는 기계가 아니다! 일요일은 쉬게 하라! 노동자들을 혹사하지 말라! 내 죽음을 헛되이 하지 말라"라고 외쳤다. 그의 분신은 모든 언론가 중앙에서 통제되는 군사 독재 치하, 개인이 자기 목소리를 만들어서 세상에 전달하는 것이 거의 불가능하거나 금지되었던 매스 미디어 시대에, 개인으로서 낼 수 있는 유일한 목소리였다. 그의 저항은 추상적 이론에서, 일반적이고 표준화된 상황 인식에서 출발한 것이 아니었다. 바로 자기가 일하던 곳, 자기가 다른 동료들과 함께 숨을 쉬던 시간, 평화시장 피복점의 노동자라는 정체성에서 출발한 것이었다. 그는 연관성 위기를 떨쳐내고 타오른 강력한 개인 미디어였다.

로자 파크스의 이야기도 바로 자기가 있는 바로 그 지점, 그 시간에서, 스스로의 정체성을 기반으로 시작했다는 점에서 전태일의 이야기와 일맥상통한다(Theoharis, 2015). 1955년 로자 파크스는 미국 앨라배마주의 수도인 몽고메리시에서 하루 일과를 마치고 집으로 가기 위해 버스를 탔다. 당시 버스에는 유색 인종이 앉는 좌석이 별도로 지정되어 있었다. 그런데도 서서 가는 백인들이 있는 것을 보자 버스 기사는 유색 인종 지정

몽고메리 버스 보이콧 운동에 참여했다가 1956년 2월 22일 체포되어 경찰관에게 지문 채취를 당하는 로자 파크스. 몽고메리 버스 보이콧 운동은 한 해 전 로자 파크스가 퇴근 길 버스 안에서 자리를 백인에게 양보하지 않아 체포된 사건이 촉발한 인종 차별 반대 운동이었다. 몽고메리 버스 보이콧 때문에 마틴 루터 킹 목사가 알려지기 시작했고, 미 전역에서 인종 차별 폐지 운동이 벌어졌다. 로자 파크스는 특정한 이념을 기반으로 이 운동의 촉발자가 된 것이 아니었다. 그녀는 자신의 일상에서 겪은 차별에 침묵하지 않고, "내가 왜 일어나야 하는지 이유를 모르겠네요"라고 목소리를 높인, 사람 미디어의 역할을 했을 뿐이었다.

좌석 몇 개를 그들이 앉을 수 있도록 조정했다. 거기에 이미 앉아 있던 흑인 네 명에게 뒷자리로 옮기라고 명령했다. 그 네 명 중 한 명이 로자 파크스였다. 다른 세 명은 일어나 뒷자리로 옮겨 앉았지만 로자 파크스는 거기에 저항했다. 그러면서 그녀는 "내가 왜 일어나야 하는지 이유를 모르겠네요"라고 외쳤다. 로자 파크스는 경찰에 의해 바로 체포되었다. 그러나 그녀의 저항은 결국 1960년대 흑인 민권 운동의 도화선이 되었다. 그녀가 말한 "내가 왜 일어나야 하는지 이유를 모르겠네요"라는 말은 당시에는 감히 낼 수 없는 말이었다. 그러나 로자 파크스는 용감히 자기 목소리를 냈다. 그렇게 그녀는 하나의 미디어가 되었다. 그 미디어에서 나오는 목소리는 점점 커져 흑인 민권 운동의 거대한 고함이 되었다.

전태일과 로자 파크스, 구조적 불평등의 피해자라는 사실 외에는 별로 공통점이 없을 것 같은 두 사람 사이에는 연관성 위기 문제와 관련해 생각해 볼 중요한 유사점이 있다. 전태일은 자신의 일상적 노동 현장에서 스스로 어떤 문제를 발견했다. 그리고 그것에 관해 이야기했다. 그러고 나서 근로기준법을 발견했고 자신의 일상 문제를 공론의 장으로 옮기려고 시도했다. 자신의 정체성, 지금, 여기의 문제에서 출발해서 그 문제를 해결하기 위한 하나의 수단으로 근로기준법을 이용한 것이다. 그리고 자신의 분신을 통해 활활 타며 세상에 외치는 미디어가 되었다. 전태일은 스스로 미디어가 되어 외치면서 남한 내 노동 운동의 상징이 되었고, 노동 운동의 방향을 결정하는 힘이 되었다. 로자 파크스 역시 인종 차별 철폐에 대한 사상과 이념을 실천하기 위해 버스 내 저항을 했던 것이 아니었다. 그녀가 벌인 저항의 기반은 일상적 삶에 구조화된 차별이 부당하다고 느낀 분한 감정, 그 이상도 그 이하도 아니었다. 그런 감정은 연관성을 기반으로 하는 감정이었다. 로자 파크스는 일상의 불만에서 출발해서 자기 목소리를 냈고, 그 목소리를 기반으로 결국 흑인 민권 운동으로 나아갔다. 연관성 높은 구체적 현실에서 추상적이고 일반적인 운동으로 나아갔던 것이다. 다시 말하지만 전태일과 로자 파크스는 연관성 있는 문제를 끄집어내어 그에 대한 자기 목소리를 사람들에게 전하고, 그들의 목소리를 들은 사람들도 자기 일상의 문제를 새롭게 보게 만드는 하나의 개인 미디어였다. 이처럼 매스 미디어 시대에도 정체성, 지금, 여기의 문제를 인식하고, 그에 대해 목소리를 높인 개인 미디어들이 없었던 것은 아니다. 그러나 그들의 삶은 매우 예외적인 것이었다. 가공할 상징적 힘을 갖춘 매스 미디어에 맞서 싸우는 개인 미디어의 힘은 대개 보잘것없는 것이었다. 그 미디어들이 목소리를 높이더라도 대개는 희미하게 들리는 신음 정도에 지나지 않았고, 이내 사그라져 들기 일쑤였다.

공간으로서의 미디어와 연관성 위기

매스 미디어 시대 공간의 가장 기본적 틀은 국민 국가의 경계였다. 매스 미디어 시대에 사람들 머릿속 지도는 대개 국가의 경계에서 멈춰 있었다. 매스 미디어 시대는 냉전의 공간이 지배하던 시기이기도 했다. 또한 그 시대는 개발과 재개발의 시대였고, 광장의 시대였고, 중앙이 변방을 장악한 시대였다. 매스 미디어 시대 공간으로서의 미디어들은 사람들을 지금, 여기로부터 계속해서 밖으로 내모는 방식의 소통을 촉진했다. 사람들은 지금, 여기의 일을 말하기보다는 중앙의 일, 국가의 일, 자유 진영(혹은 공산 진영)의 일에 대해 말해야 했다. 개발과 재개발은 지금, 여기, 나/우리의 정체성으로 구성되는 연관된 것을 추상적이고 일반적인 목적(가령 이윤 추구)으로 대체하는 것이었다. 이런 것들을 돌아보면 매스 미디어 시대에 공간으로서의 미디어 역시 연관성 위기에 한가운데 있었다고 할 수 있다.

매스 미디어 시대를 대표하는 공간들은 광장, 놀이동산, 쇼핑몰, 창고형 대형 점포, 고속 도로, 공항, 아파트, 재개발 지구 같은 것들이었다. 이런 공간의 특징은 무엇인가? 사람들을 나/우리의 정체성, 지금, 여기의 연관성에서 벗어날 탈출 공간의 역할을 했다는 것이다. 앞에서 우리는 이런 공간과 장소가 일종의 미디어 성격을 갖는다고 이야기했다. 공간은 사람들을 모으거나 흩고, 서로 몰랐던 사람들을 연결하기도 하지만 알던 사람들을 헤어지게 하기도 한다. 이야기와 정보를 집적하거나 확산시키고, 이야기꾼을 만들어 내기도 하고 그들을 화형에 처하기도 한다. 이 모든 것들이 기본적으로 미디어의 기능이다. 공간과 장소가 미디어 역할을 할 수 있다는 것은 이론의 여지가 없는 사실이다. 그런 미디어가 잘못 사용되면 심각한 연관성 위기를 초래한다. 이제 광장, 놀이동산, 쇼핑몰, 창고형 대형 점포, 고속 도로, 공항, 아파트, 재개발 지구 같은 공간으로서의 미디어가 어떻게 매스 미디어 시대에 연관성 위기의 온상이 되었는지 살펴보자.

광장과 연관성 위기

5장에서 살펴본 것처럼 20세기는 광장의 세기였다. 20세기 주요 장면의 상당수는 광장에서 펼쳐졌다. 1917년 상트페테르부르크의 팰리스 광장에서 레닌과 볼셰비키의 러시아 혁명이 발생했고, 러시아의 권력은 늘 모스크바 붉은 광장을 배경으로 했다. 쿠바의 혁명은 1959년 혁명 광장Plaza de la Revolución에서 피델 카스트로Fidel Castro의 카랑카랑한 연설로 시작했다. 런던의 트라팔가 광장, 파리의 콩코드 광장은 20세기에도 서구 제국의 영광을 상징했다. 워싱턴의 유니언 광장과 라파예트 광장은 미국 민주주의의 우월성을 보여 주는 곳이었고, 맨해튼의 타임스퀘어는 20세기 내내 자본주의의 화려함을 설파하는 공간이었다. 1950년대 말에 완공된 평양의 김일성 광장과 1970년대 초 완공된 서울의 5·16 광장(지금의 여의도 공원)은 매스 미디어 시대에는 분단된 남한과 북한 정권의 권력을 상징하는 공간이었다. 광장은 사람들을 모으고, 그들을 연대하게 하고, 동지 의식을 느끼게 하고, 공동체 정신을 만드는 역할을 하기도 하지만, 동시에 특정 장소를 마케팅하고, 관광객을 끌어들이고, 그 공간 안에 있는 사람들을 소비자로 전환하고, 광장 안에서의 상호 작용을 합리적 거래로 만들기도 한다. 20세기에 광장은 공동체의 공간이면서 동시에 소비의 공간이라는 양면적 성격을 모두 갖고 있었다(Madanipour, 1999). 광장이 갖는 공동체적 성격은 20세기 내내 우리가 매스 미디어 시대라고 부르는 시대를 특징지어 온 거대 담론의 이념에 곧잘 굴복하곤 했다. 그래서 광장은 사람들이 모여 자기 자신의 정체성, 여기, 지금의 연관성 이야기를 자유롭게 주고받는 공간으로 활용되기보다는, 나/우리, 지금, 여기와 직접적 연관성이 없는 거대 이데올로기의 확성기 같은 역할을 하는 공간으로 탈바꿈하는 경우가 많았다. 결국 정치적 이념과 경제적 이해관계, 20세기를 특징짓는 합리성과 추상성의 대표 주자들이 대결하는 공간으로 탈바꿈한 것이다. 이런 가운데 연관성 위기는 광장에 타오르는 혁명의 불길처럼 걷잡을 수 없는 것이 되었다.

놀이동산과 연관성 위기

놀이동산이 등장한 시점은 TV가 북미와 유럽 사람들 가정에 들어갈 때 즈음인 1940년대였다. 19세기 동안에도 놀이동산의 원류라 부를 수 있는 것들이 있기는 했지만, 보통 영어로 어뮤즈먼트 파크amusement park 혹은 테마파크theme park라고 부르는 놀이동산은 1940년대에 생겨났다. 미국의 경우, 1946년 인디애나주 산타클로스시의 산타클로스랜드Santa Claus Land, 1949년 뉴욕주 윌밍턴시 외곽의 산타스 워크숍Santa's Workshop이 개장했다. 그러나 놀이동산 역사에서 기념비적 사건은 뭐니 뭐니 해도 역시 1955년 월트 디즈니Walt disney가 LA 애너하임에서 디즈니랜드를 개장한 것이었다. 월트 디즈니가 디즈니랜드를 만들었다는 것, 즉 영화 산업과 놀이공원 산업이 서로 연결되었다는 것은 매우 자연스러운 것이라고도 볼 수 있다. 하지만 그 둘 사이에 어떤 본질적인 인과 관계가 있었다고 생각할 필요는 없다. 영화 산업과 놀이동산 산업 모두 매스 미디어 시대를 관통하는 미디어 환경 변화의 영향을 받은 것이라고도 볼 수 있

1995년 개장 당시의 디즈니랜드. 장 보드리야르는 이곳을 현실 같은 초현실의 세계라고 했다. 사실 이곳은
매스미디어 시대 연관성 위기를 상징적으로 보여 주는 공간 미디어였다. (사진: 〈연합뉴스〉/AP)

기 때문이다. 장 보드리야르Jean Baudrillard가 디즈니랜드를 방문하고 나서
이곳이야말로 현실보다 더 현실 같은 하이퍼리얼리티hyperreality의 세계라
고 말했다는 것은 유명한 이야기다(Baudrillard, 1981/1994). 그는 디즈니랜드
같은 곳이 있기 때문에 미국 사회 전체가 이미 초현실의 세계, 시뮬라크
르의 세계가 되었음에도 그것을 은폐할 수 있다고도 했다. 디즈니랜드가
초현실화된 미국 사회에 일종의 알리바이를 제공하고 있었다는 말이다.

1950년대와 1960년대에 걸쳐 쇠퇴해 가던 도시의 현실로부터 도피하는 마음으로 미국 사람들은 디즈니랜드 같은 놀이동산을 찾았다. 놀이동산에는 나/우리, 지금, 여기로부터, 그리고 그것과 연관된 모든 문제로부터 벗어나서 비로소 숨을 쉴 수 있는 시공간이 펼쳐져 있었다. 디즈니랜드를 찾은 보드리야르가 처음 발견한 것은, 주차장에 차를 주차시킨 후 디즈니랜드 안으로 들어가기 위해 트램을 타야 한다는 것이었다. 트램은 현실에서 초현실로, 연관성의 세계에서, 연관성을 넘어선 세계로 넘어가는 짧은 여정을 제공했다. 놀이동산은 연관성의 문제를 극단적으로 삭제하는 갖가지 무대와 장치를 제공함으로써, 서구 사회에 이미 급속히 진전되던 연관성 위기에 알리바이를 제공했다.

쇼핑몰과 연관성 위기

쇼핑몰과 창고형 점포 역시 매스 미디어 시대에 출현한 것들이다. 이런 공간에 비견할 수 있는 백화점은 이미 19세기에 파리, 런던, 더블린 등 유럽 도시에 등장했고, 미국에서도 19세기 말에 필라델피아의 워너메이커, 시카고의 시어스 같은 백화점이 개장했다. 20세기 초에 일본 대도시에서도 심지어는 식민지의 수도 경성에서도 백화점이 등장했다. 다양한 물품들을 한꺼번에 갖다 놓고 판다는 점에서 백화점과 쇼핑몰, 그리고 창고형 상점 간에 본질적인 차이는 없다. 이들 사이에 있는 차이는 그 공간을 사람들이 경험하는 방식에 있었다. 백화점은 그 자체로 사람들의 일상과 완전히 단절된 공간이었다. 백화점을 찾는 것은 누구에게나 매우 특별한 경험이었다. 백화점의 고층 건물, 건물 안의 레이아웃 등은 일상의 공간과는 사뭇 다른 것이었기 때문이다. 1950년대부터 자동차 보급이 급증하고 사람들이 교외로 몰려 나가기 시작하면서 쇼핑몰이라는 것이 미국에서 탄생했다. 쇼핑몰은 일상적인 거리를 가상으로 만들어 놓고, 그 안에 다양한 상점들을 복합적으로 묶어 놓은 공간으로 등장했다. 사람들을 이런 모습의 거리를 그들이 교외로 이주해 오기 전 도시의 다운타운에서 경험했었다. 다운타운의 상점 거리가 마치 앞에서 언급한 디즈니랜드처럼 쇼핑몰 안에 하나의 거대한 세트장으로 만들어 졌고, 사람들은 마치 다운타운의 상점가를 거닐 듯 쇼핑몰 공간을 소비 했다. 한 가지 차이점은 쇼핑몰 안에서는 비나 눈, 따가운 햇볕같이 변덕 스러운 날씨를 걱정하지 않아도 되었고, 쾌적한 온도와 향수 내음 속에 서 쇼핑할 수 있었다는 것이다. 결국 쇼핑몰도 디즈니랜드와 마찬가지로 초현실의 시뮬라크르였다. 사람들은 쇼핑몰에서 마치 일상 속에 있다고 생각했을지 모르지만, 쇼핑몰에 가기 위해서는 자신의 실제 일상, 자신 과 실제로 연관된 세계를 떠나야만 했다. 대형 창고형 점포도 마찬가지 였다. 그런 공간은 자신과 연관된 정체성, 지금, 여기를 떠나야만 경험할 수 있는 곳이었다. 놀이동산과 마찬가지로 쇼핑몰과 창고형 대형 점포 도 사람들을 연관성의 세계에서 밀어내는 공간 미디어였다.

자동차 도로, 공항, 연관성 위기

20세기는 자동차 도로와 함께 시작하였다. 20세기 승반에 오년 북미 지 역에서는 장거리 여행(미국 같은 곳에서는 주 경계를 넘어서는 대륙 횡단 여행)을 가 능케 하는 고속 도로 체계가 본격적으로 구축되기 시작했다. 동네 사람 들이 함께 걸어 다니고, 아는 사람들과 마주치기도 하고, 서서 이야기를 나누기도 하던 '길'들이 자동차의 등장과 함께 '도로'가 되었다. 도로道路 라는 말은 사실 보행자 길과 자동차 길이라는 의미 모두를 포함하는 것 이지만, 20세기에 만들어진 대부분 도로 관련 법들은 도로가 전적으로 자동차를 위한 길이라고 규정한다. 자동차가 아직 낯선 것이었던 20세 기 초에는 사람들과 마차와 자동차가 길에 엉켜 있었다. 그래서 도로는 자동차만을 위한 길이라는 인식을 사람들에게 심어 주는 것이 큰 과제였다. 이 과정에서 나온 일종의 신조어가 무단횡단이란 뜻을 지닌 영어 단어 제이워크jaywalk였다. 제이jay는 20세기 초 미국에서 멍청이, 촌뜨기라는 뜻을 가진 비속어였다. 제이워크는 자동차가 다니는 길에 서 있거나 그 위를 걸어가는 사람들을 시대의 변화를 따르지 못하는 멍청한 촌뜨기라고 비꼬는 말이었다. 이제 마을의 촌뜨기들이 걸어 다니며 다른 촌뜨기들과 마주치던 길이, 어디서 왔는지, 어디로 가는지, 누구의 것인지도 모르는 자동차들이 중앙 정부에서 만든 일반 도로법에 따라 달리는 도로로 바뀌게 된 것이다. 이런 도로들을 한국에서는 신작로라고 불렀다. 곽하신이 〈문장〉지에 발표한 《신작로》는 깊은 산마을에도 신작로가 깔린 것을 모티브로 삼은 단편 소설이다. 이 소설은 그 마을에 사는 돌쇠와 정이가 서울로 가는 트럭 위로 몸을 던지는 장면에서 끝난다. 이처럼 신작로는 나/우리, 여기, 지금으로부터 사람들을 떠나게 만든다. 매스 미디어 시대에 연관성 위기는 자동차가 점령한 신작로와 함께 왔다. 이런 경향은 고속 도로가 건설되며 더 심화되었다. 미국에서는 1926년부터 미국 고속 도로US Highway 시스템이 구축되어 전국의 포장된 도로를 연결하기 시작했다. 1950년대에는 아이젠하워 대통령의 지시하에 대륙을 가로지르는 주간 고속 도로interstate highway 시스템이 구축되었다. 한국에서는 정치적 논란 끝에 1968년에 경인 고속 도로가, 1970년에 경부 고속 도로가 뚫렸다. 도시화, 산업화, 경제 발전이 한국에서 본격적으로 시작되던 때였다. 고속 도로는 사람들의 이동 과정을 탈맥락화시킨다. 출발지와 목적지를 결정하고 고속 도로에 들어서면 마치 우주에서 블랙홀과 화이트홀을 연결하는 웜홀처럼 사람들은 자신의 정체성, 지금, 여기와는 관계없는 시공간을 흘러간다.

라디오, 영화, TV 등이 출현하던 시기에 만들어진 새로운 공간 중

1970년 서울 - 부산 간 고속 도로 준공 기념 경축 아치. 1968년에 개통한 경인 고속 도로에 이어 1970년에는 경부 고속 도로가 개통하였다. 고속 도로는 연관성 위기를 선의 형태로 경험하게 하는 미디어로서의 공간이었다. (출처: 국가기록원)

하나는 공항이었다. 고속 도로와 마찬가지로 공항은 마르크 오제Marc Augé(1995)가 비장소non-place의 대표적 예로 언급한 곳이다. 비장소는 기억, 관계, 이야기 등이 축적되지 않는 공간이다. 사람들은 그곳을 스쳐 지나갈 뿐 그곳에 어떤 미련도 남기지 않는다. 마누엘 카스텔은 공항을 흐름의 공간의 대표적 예라고 설명하기도 했다(Castells, 2000). 흐름의 공간이란 구체적 의미를 부여하는 장소로 기억되지 않고, 사람, 물자, 정보 등이 흐르기만 하는 추상적 공간을 가리킨다. 흐름의 공간에 대비되는 것은 장소의 공간이다. 장소의 공간은 개인이 특별한 의미를 부여하는 곳이다. 비장소와 흐름의 공간은 연관성의 무덤이다. 거기에서 나/우리의 정체성, 지금, 여기에 대한 감각을 가지려 하거나 그와 관련된 주장을 하는 사람은 없다. 고속 도로가 연관성 위기를 선의 형태로 경험하게 하는 미디어로서의 공간이었다면, 공항은 같은 위기를 점의 형태로 경험하게 하는 미디어로서의 공간이었다.

아파트와 연관성 위기

매스 미디어 시대에 도시에서 두드러지게 나타난 공간적 산물은 아파트와 같은 공동 주택이었다. 20세기 초까지만 하더라도 지금 우리가 아는 형태의 공동 주택은 지구상 어디에도 존재하지 않았다. 서양의 수도원이나 동양의 사찰 등에서 수도사들이나 승려들이 공동생활을 하는 경우가 있긴 했지만 말이다. 공동 주택의 이상을 처음으로 체계적이고 이론적으로 제기한 사람은 프랑스의 건축가 르 코르뷔지에Le Corbusier다. 그는 바우하우스의 영향을 받아 사람들의 움직임, 상호 작용 등을 이론화하여 박스형의 공동 주택을 설계했다. 피렌체의 엠마수도원이나 19세기 프랑스 철학자 샤를 푸리에Charles Fourier가 설계한 이상적 공동체 '팔랑스테르Phalanstère' 등이 그의 공동 주택 프로젝트에 영향을 준 것으로 알려져 있다(Choung, 1998; Serenyi, 1967). 르 코르뷔지에가 설계한 대표적인 공동 주택 프로젝트들은 그가 '300만 명의 주민을 위한 현대 도시Ville contemporaine pour 3 millions d'habitants'라고 이름 붙인 것과 이메블-빌라Immeuble-Villas 같은 것들이다. 이것들은 이른바 시트로앙 주택들을 연속적이거나 블록형으로 결합시키는 형태를 갖췄다. 르 코르뷔지에는 수백 명의 사람들이 한 건물에 거주하면서 그 안에서 사적인 시간, 공적인 시간을 함께 보낼 수 있게 공동 주택을 설계했다. 각자의 공간에 있을 때는 사적 시간을 최대한 보장받는 사람들이, 옥상이나 1층에 마련된 공적 공간(혹은 커뮤니티 공간)에서는 다른 사람들을 만나고 공동체 활동을 할 수 있게 했다. 르 코르뷔지에는 시트로앙을 "살기 위한 기계" 혹은 "주거를 위한 기계"라고 불렀다. 주택도 이제 공장에서 찍어 내는 세상

1960년대 초 마포아파트 건설 장면. 마포아파트는 한국 최초의 단지형 아파트였다. 한국에서는 1980년대부터 아파트 공화국의 서막이 열리기 시작했다. 한국에서 아파트 공간은 연관성 위기가 거주하는 곳이다. (출처: 국가기록원)

이 되었다고 억설하기도 했다. 주거 공간이 기계처럼 공장에서 대량 생산되는 것이 되었다면, 그 공간에서의 삶 역시 과학적인 예측과 계산을 통해 표준화될 수 있는 것으로 볼 수 있다고 그는 생각했다. 집home이 갖는 고유성과 정통성authenticity은 사라지고, 거주자는 거주 기계의 부속품처럼 될 위험에 처하게 되었다는 비판이 가능하다. 이러한 공동 주택은 20세기 매스 미디어 시대에 거주 공간에 대한 정신이 되어 전 세계로 퍼져나갔다. 대개는 대도시 밀집 지역의 거주 형태로 자리 잡았다.

　　한국에서 공동 주택의 시작은 일제 강점기에 지어진 충정 아파트(지금까지도 건물이 남아 있다)나 남산의 미쿠니아파트 등이다. 1930년대에 지어졌으니 100년 가까운 역사를 갖고 있다. 해방 후에는 1958년 종암동에 세운 아파트가 최초의 아파트라고 할 수 있다. 1950년대에서 1970년대 사이에 서울 등 한국의 도시에 아파트가 건설되긴 했지만, 사람들의 선호 대상이 되지 못했었다. 아파트에 거주하는 것이 한국에서 지배적인 거주 형태가 된 것은 여의도와 강남에 고층 아파트가 세워진 1970년대 이후라고 해야 할 것이다. 1970년대와 1980년대에 여의도와 강남 아파트에는 대개 서울의 다른 지역에서 이주해 온 사람들이 살았다. 당시엔 규격화된 거주 형식에서도 사람들이 나름대로 이웃 관계를 만들기도 했다. 그러나 1980년대 이후 본격적으로 이른바 "아파트 공화국"(Gelézeau, 2007)이란 말이 나올 정도로 아파트가 지배적 거주 양식으로 자리 잡은 이후에는 매스 미디어 시대 연관성 위기를 고착화하고 강화하는 공간이 되었다. 현관문을 닫고 들어가면 사람들은 옆집이나 위, 아랫집과는 이른바 층간 소음이라는 소통 불능의 진동음으로만 연결되어 있을 뿐이었다. 그런 환경 속에서 나/우리, 지금, 여기의 연관성 이야기를 나눌 수 있는 통로를 만드는 것은 매우 어려운 일이었다. 르 코르뷔지에가 꿈꾸었던 사적 세계와 공적 세계의 절묘한 융합을 아파트 공간에서 실현하는 일은 사실 매우 큰 심리적, 사회적, 경제적 비용이 드는 것이었다. 수십 가구가 사는 아파트 건물에서 각각의 집마다 서로 다른 나/우리, 지금, 여기가 존재할 뿐이었다. 결국 아파트 공간은 연관성 위기가 거주하는 곳이다.

도시 재개발과 연관성 위기

5장에서 살펴보았듯이 매스 미디어 시대는 재개발의 시기이기도 했다. 1950년대와 1960년대에 뉴욕에서 있었던 모시스와 제이콥스의 대결, 서울에서 김현옥 등이 대표하는 개발론자들과 거기에 맞서 싸우던 도시 빈민들의 투쟁 이야기는 이제 먼 과거의 이야기가 되었다. 그런 투쟁의 이야기들을 이제는 조세희의 《난장이가 쏘아올린 작은 공》 같은 문학 작품에서나 읽을 수 있는데, 사실 그것들은 대개 연관성 투쟁의 이야기들이었다. 가족을 이루고, 아이를 낳고, 크는 아이를 바라보고, 그 아이가 다른 아이와 소꿉장난을 하고, 함께 학교에 다니고, 이웃들과 좋은 일과 궂은일을 함께 겪고, 함께 인사를 나누기도 하고, 또 싸우기도 했던 그 기억들이 재개발의 불도저와 함께 사라졌다. 사람들이 함께 나누고 함께 축적했던 이야기들도 사라졌다. 사람들은 남은 짐을 손수레나 트럭에 싣고 어디론가 사라졌다. 그리고 그들이 서로 맺었던 관계들도 사라졌다. 땅에 대한 교환 가치가 사용 가치를 압도하면서, 사람들의 기억, 경험, 관계, 이야기들이, 즉 연관성의 핵심 원소들이 사라졌다. 그것이 매스 미디어 시대 도시 재개발 과정에서 도시 거주민들이 겪었던 것들이다. 재개발 지역을 떠난 원주민들을 이어 주는 것은 이제 그들이 어디에 있건 상관없이 함께 9시 뉴스를 보고, 뉴스가 끝난 후에 〈수사반장〉 드라마를 보는 시청자라는 정체성뿐이었다.

매스 미디어 시대 연관성 위기를 넘어서

이 장에서 나는 매스 미디어 시대가 왜 연관성 위기를 경험한 시대였는지를 미디어의 다섯 가지 차원으로 나눠서 살펴보았다. 도구로서, 내용으로서, 제도로서, 사람으로서, 공간으로서의 미디어, 이 모든 측면에서 매스 미디어 시대를 살았던 개인들은 나/우리, 지금, 여기에 관해 이야기를 나누고, 그것들을 존중하고, 그것들의 가치를 제대로 누릴 기회를 얻지 못했다. 오히려 중앙 집중, 세계화, 표준화, 일반화 등이 가리키는 방향의 변화에서 개인은 자신의 문제, 지금, 여기의 문제로부터 소외되고, 대신 자신과 직접 관련 없는, 지금, 여기의 문제와는 동떨어진 이슈, 쟁점, 이야기들에 끌려다닐 뿐이었다.

1990년대 초가 되면 매스 미디어 시대가 저물고 이제 다른 방식의 미디어 환경, 다른 모습의 미디어 시대로 넘어가게 된다. 물론 앞에서 이야기했던 것처럼 매스 미디어 시대에는 늘 종말의 그림자가 서려 있었다. 종말의 그림자가 계속 보이지만, 아직 그때가 오지 않은 것뿐이었다. 그런데 그런 종말이 본격적으로 시야에 들어오기 시작했다. 냉전이 끝나고, 인터넷이 등장한 1990년대 초반부터였다. 우리는 그 시기를 포스트매스미디어 시대라고 부를 것이다. 이제 7장에서는 그 시대의 특징이 무엇이었는지를 살펴볼 것이다. 그러고 나서 8장에서는 포스트매스미디어 시대의 중요한 특징이라 할 수 있는 '연관성 초위기'에 대해 설명하도록 하겠다. 연관성 초위기는 연관성 위기가 진화한 것이다. 연관성 위기와 연관성 초위기 사이의 차이를 이해하는 것 자체가 포스트매스미디어가 매스 미디어 시대와 어떻게 다른지 이해하는 하나의 지름길이다.

7장

포스트매스미디어 시대
: 인터레그넘 시기

매스 미디어 시대의 석양은 언제부터 지기 시작한 것일까? 라디오는 1950년경부터 이미 채널들을 다변화시켜 가며 청취자들을 세분화시키고 있었다. 그렇게 매스 미디어 체제의 기반은 매스 미디어 시대 초기부터 조금씩 허물어지고 있었다. 매스 미디어에 대한 연구를 했던 학자 중에는 이제 매스 미디어에 대한 연구를 할 필요가 없어졌다고 선언하면서 20세기 중반에 이미 다른 연구 주제로 떠나는 사람들도 생겼다. 리처드 마이셀Richard Maisel(1973)은 1970년대에 이미 매스 미디어 시대가 저물기 시작했다고 말하기도 했다. 매스 미디어 시대의 황혼은 어쩌면 매스 미디어 시대라는 돌출적 시대의 해가 떠오르자마자 바로 시작한 것이라고 해야 할지 모르겠다. 하지만 매스 미디어 시대의 종말이 실제 가시화된 것은 1980년대 케이블 방송이 시작하면서부터라고 해야 할 것이나. 케이블 방송 때문에 채널의 숫사가 늘어나면서 소수가 다수의 눈과 귀를 독점하는 것이 힘든 일이 되기 시작했다. 매스 미디어 시대가 저무는 것을 본격적으로 촉진시킨 것은 무엇보다 1990년대 초반 인터넷이 등장했다는 것이었다. 인터넷이 개발되기 시작한 것은 1960년대 말부터였다. 그러나 그것이 일반 사람들의 삶 속에 실제 들어오기 시작한 것은 1990년대 초반부터였다. 인터넷이 등장하면서 사람들이 살아가는 미디어 환경이 급속히 변화하기 시작했다. 그러면서 포스트매스미디어 시대의 동이 조금씩 떠오르기 시작했다. 스티븐 채피Steven Chaffee와 미리엄 메처Miriam Metzger는 2001년에 발표한 "매스 커뮤니케이션의 종말The end of mass communication"이라는 논문에서 매스 커뮤니케이션은 20세기의 현상이었으며, 그래서 이제 매스 커뮤니케이션에서 '매스'를 벗겨내고, 대신 미디어 커뮤니케이션이라는 말을 쓰는 게 좋겠다고 제안했다(Chaffee & Metzger, 2001). 그러나 매스의 그림자가 완전히 사라진 것은 아니다. 여전히 그것이 우리 사회에 길게 드리워져 있다. 그 그림자 밑의 세상을 여기서 나는 포스트매스미디어 시대의 모습으로 그리고 있는 것이다. 7장은 여러모로 5장과 대칭될 것이다. 5장과 마찬가지로 7장에서도 미디어의 다섯 가지 차원에 따라 포스트매스미디어 시대의 특징을 살펴보려 한다. 7장에서 전개할 논의 대부분에서 5장에서 논의한 내용이 일종의 준거로 사용될 것이다. 즉 포스트매스미디어의 성격에 대한 논의를 그것이 매스 미디어 시대의 성격과 어떻게 유사하고, 어떻게 다른지 이야기하는 방식으로 전개해 나갈 것이다. 포스트매스미디어 시대에 대한 논의의 준거를 매스 미디어 시대로 잡는다는 것 자체가 포스트매스미디어 시대가 매스 미디어 시대와 구별되는 고유성을 갖지만 동시에 여전히 매스 미디어로부터 이어지는 끈을 완전히 끊지는 못하고 있음을 보여 주는 것이기도 하다.

포스트매스미디어 시대 도구로서의 미디어

바로 위에서 밝힌 것처럼 포스트매스미디어 시대에 도구로서의 미디어에 어떤 변화가 생겼는지를 논하기 위해서 우리는 다시 매스 미디어 시대로 돌아가야 한다. 어떤 것의 변화에 대해 이야기하려면 변화를 논할 준거점이 필요하기 때문이다. 앞의 5장과 6장에서 논의한 매스 미디어 시대의 특징을 준거로 삼아서 포스트매스미디어 시대에 도구로서의 미디어에 어떤 새로운 특징이 생겼는지 나는 여기서 개인화, 디지털화, 가상성virtuality, 연결성, 이동성과 자동화 등의 측면에서 살펴보려 한다.

미디어의 개인화

매스 미디어 시대와 포스트매스미디어 시대를 나누는 가장 가시적인 변화 중 하나는 미디어의 개인화 정도가 포스트매스미디어 시대로 오면서 커졌다는 것이다. 조금 다른 식으로 말하자면, 채피와 메처(2001)가 지적했듯이, 매스 미디어라는 말에 들어 있는 매스 즉 대중이 미디어 환경의 성격을 규정하는 강도가 서서히 약해지기 시작했다는 것이다. 매스 미디어에서 개인 미디어로의 전환이라는 변화가 포스트매스미디어 시대에 들어서며 본격적으로 나타나기 시작했다. 그런 변화는 다양한 방식으로 진행되었다. 첫 번째 우리가 주목할 것은 1980년대부터 본격적으로 나타난 채널의 다양화다. 5장에서 우리는 매스 미디어 시대 도구로서의 미디어를 특징짓는 것 중 하나가 '대다수 사람들로 하여금 동일한 내용을 동시에 접하게 하는' 기술이라고 했다. 5장에서는 그런 기술이 초래하는 정치적, 사회적, 경제적 효과에 대해서도 살펴보았다. 그런데 돌이켜보면 그런 식의 소통 방식은 사실 매우 기괴한 것이었다. 모든 사람들이 동시에 같은 이야기를 듣다니! 그러나 매스 미디어 시대에도 대중 일반에게서 벗어나 혼자서 딴짓, 딴생각, 딴 이야기를 하는 사람들은 늘 있었을 것이다. 그들을 우리는 괴짜나 튀는 사람이라고 불렀다. 포스트매스미디어 시대의 징후가 짙어 가기 시작한 1980년대, 그리고 그것이 본격화되기 시작한 1990년대로 오게 되면 일사불란한 전체를 따르지 않는 '개별 행동'이 걷잡을 수 없이 증가하게 된다. 도대체 어떤 일이 벌어졌던 것일까?

1980년대부터 케이블 방송이 본격적으로 시작되면서 사람들이 이용할 수 있는 채널이 급증하였다. 공중파 방송의 소수 채널이 사람들의 관심을 독점하던 시대가 물러가기 시작했다. 음악의 경우엔 오래전부터 축음기와 음반을 통해 사람들이 자신의 취향에 따라, 자신이 원하는 시간에 원하는 곡을 들을 수 있었다. 하지만 실제로 그럴 수 있는 사람은 늘 소수에 지나지 않았다. 전축을 집에 갖고 있기 위해서는 어느 정도의 소득과 음악을 들을 시간과 공간이 있어야 하기 때문이다. 그러다가 1980년대부터 카세트테이프가 대중화되기 시작하면서 누구든 자기가 원하는 음악을 원하는 시간에 들을 수 있게 되었다(소니 워크맨은 원하는 장소에서 듣는 것까지 가능하게 했는데, 그에 대해서는 뒤에 나올 이동성 부분에서 자세히 다루겠다). 더불어 1980년대에는 전 세계적으로 비디오 대여 산업이 본격화되면서 사람들의 시간과 관심을 기존의 매스 미디어 채널들로부터 빼앗았다. 미국에서는 1980년대에 '블록버스터' 등 대형 비디오 체인 기업이 등장했다. 한국에서도 1980년대부터 '비디오 가게'라고 불렸던 비디오 대여점이 등장했다. 1992년에만 전국에 걸쳐 약 3만 2,000여 개의 비디오 대여점이 있었다. 그러나 이들 비디오 가게는 2000년대가 되면서 사양길에 접어들었다. 2006년에 이미 KBS 뉴스는 "비디오 가게, 역사 속으로 사라져"(https://news.kbs.co.kr/news/view.do?ncd=1159737)라는 방송을 하기도 했다. 2010년이 넘어가면서 비디오 가게는 멸종 상태가 되었다. 그 자리를 점차 넷플릭스, 애플TV, 아마존프라임, 디즈니플러스, 웨이브, 왓챠, 쿠팡 등의 국내외 온라인 스트리밍 서비스들이 차지했다. 2020년대 시점에서는 이런 상황이 더욱더 극단적으로 진행되었지만, 1980년대와 1990년대에 걸쳐, 즉 매스 미디어 시대에서 포스트매스미디어 시대로 넘어가는 시점에 이미 사람들은 걷잡을 수 없이 늘어난 채널의 바닷속을 헤엄치는 상황에 처했다. 이제 매스 미디어 시대처럼 대다수 사람들에게 동일한 내용을(종종 동일한 시간에) 전달하는 것은 매우 힘든 일이 되었다. 포스트매스미디어 시대가 되자 도구로서의 미디어는 사람들을 한꺼번에 모아 놓는 채널 역할을 하기보다는 각 개인이 자신만의 세계를 만들려 할 때 사용하는 채널로 역할을 하게 되었다.

이런 미디어의 개인화 경향은 1990년대 이후 인터넷의 하이퍼미디어hyerpmedia를 사람들이 접하게 되면서 강화되었다. 하이퍼미디어라는 개념은 하이퍼텍스트hypertext나 하이퍼링크hyperlink 등의 말에서 온 것이다. 하이퍼텍스트는 다른 문서(가령 웹 페이지, 동영상, 음악 파일 등)로 가는 통로 역할을 하는 하이퍼링크를 품고 있는 내용이다. 그것은 말 그대로 텍스트(단어, 문장 등)가 될 수도 있지만, 비디오, 오디오, 그림 등이 될 수도 있다. 하이퍼미디어는 하이퍼텍스트와 하이퍼링크를 조직화함으로써 비선형적 미디어 경험을 가능케 하는 미디어 기술, 내용, 제도 등을 모두 포함하는 것이다. 하이퍼미디어라는 말을 사용할 때도 여기서 미디어라는 말이 무엇인지 애매한 경우가 많은데, 이 책에서 제시하는 미디어 개념의 다차원성을 활용해서 정의를 내린다면 하이퍼미디어는 '(1) 웹, HTML, 하이퍼텍스트와 하이퍼링크 등의 도구, (2) 그 도구에 의해 만들어지는 개방되고, 연결되고, 확장된 미디어 내용, (3) 웹상의 내용을 어떻게 조직화할 것인가에 대한 규칙, 규범, 프로토콜을 포함하는 제도의 종합'이라 할 수 있다. 즉 하이퍼미디어 안에도 도구, 내용, 제도의 차원이 모두 들어 있다. 하이퍼미디어는 이용자 개인이 결정하는 링크 경로에 따라 이용자마다 완전히 새로운 미디어 경험을 가능케 하기 때문에 개인 스스로가 미디어 일부가 되는 것이라 할 수 있다. 그렇기에 하이퍼미디어는 개인으로서의 미디어 차원도 포함한다고 할 수 있다. 하이퍼미디어는 텍스트와 텍스트, 개인 이용자와 텍스트의 상호 작용적 관계 때문에 만들어지는 특별한 미디어 공간을 형성한다. 가령 하이퍼 미디어를 이용하는 개인은 링크를 타고 텍스트와 텍스트를 넘나들면서 특별한 공간 이동의 경험을 하게 되고, 그런 과정에서 텍스트 간의 특별한 관계망의 공간이 만들어진다. 이런 식으로 하이퍼미디어는 공간으로서의 미디어적 차원도 포함한다.

우리가 여기서 특히 주목할 점은 하이퍼미디어가 사람들에게 비선형적non-linear 미디어 경험을 가능케 한다는 것이다. 똑같은 데이터베이스를 기반으로 하는 하이퍼미디어를 이용할 때 사람들은 그들이 어떤 경로로 그 미디어를 접하느냐에 따라 매우 다른 내용에 접하게 된다. 책이나 영화나 연극이나 TV의 드라마 등 기존 미디어를 이용할 때 우리는 그 안의 이야기와 정보를 선형적으로 경험한다. 다시 말해 원래부터 만들어진 이야기의 흐름을 그저 따라갈 뿐이다. 그러나 비선형적 미디어에서는 이용자가 이야기나 정보 이용의 출발점, 경로, 종착점을 스스로 결정한다. 그래서 같은 웹 페이지를 방문한 100명의 사람이 모두 100개의 서로 다른 미디어 내용을 경험할 수 있게 되는 것이다. 어디에서부터 그 페이지에 도달한 것인지, 어느 부분에서 하이퍼링크를 통해 다른 페이지로 건너갔는지, 그들이 다시 그 페이지로 돌아올지 아닐지, 그들의 궁극적인 종착점이 어디일지 등이 개인마다 다 다르다. 인터넷이 처음 등장하고 이른바 웹1.0 시대에 머물러 있을 때는 하이퍼미디어 환경 속에서도 개인 이용자들이 스스로 정보나 의견의 생산자가 되기는 쉬운 일이 아니었다. 그것이 수월해진 것은 나중에 이용자 스스로 이야기의 생산자가 되는 것을 쉽게 만든 이른바 웹2.0 시대가 열리면서부터였다. 그래서 웹1.0 시대의 인터넷이 마치 소수가 정한 내용을 다수에게 일방적으로 전하는 매스 미디어 모델을 여전히 따르고 있었다고 말하는 사람들도 있다(Morris & Ogan, 1996). 그러나 웹1.0 시대조차도 인터넷이 비선형적 미디어 경험을 가능케 하는 하이퍼미디어로서의 성격을 지녔다는 사실을 잊어서는 안 된다. 포스트매스미디어 시대가 되면서부터는 어떤 식으로건 다수가 동질적이고, 동시적인 미디어 경험을 하는 것은 불가능한 세상이 되어 버렸다. 미디어 경험은 지극히 개인적인 경험이 된 것이다.

미디어의 디지털화(표준화)

포스트미디어 시대에 나타난 미디어의 개인화 경향을 만든 가장 중요한 토대는 우리가 포스트매스미디어 시대의 두 번째 주요한 특징으로 이야기할 미디어의 디지털화다. 앞에서 언급한 채널의 급증, 하이퍼미디어의 확산 등을 통한 미디어의 개인화는 모두 미디어의 디지털화를 기반으로 한다. 포스트매스미디어 시대가 시작하면서 미디어 생산, 유통, 소비의 과정 모두가 디지털화되었다. 디지털 장치에 의해서 디지털 내용물이 생산되고, 그것이 디지털망을 통해 사람들에게 전달이 되고, 사람들은 디지털 기기를 갖고 디지털 내용물을 소비한다. 이런 과정에서 기존에 아날로그 방식으로 만들어졌던 텍스트, 사진, 동영상 등도 모두 디지털로 변환digitization되었다. 미디어의 디지털화가 의미하는 것은 무엇일까? 그것은 텍스트건, 사진이건, 음악이건, 동영상이건 상관없이 모두 레프 마노비치Lev Manovich(2002)가 말한 것처럼 '수적 재현'을 물적 기반으로 해서 동일하게 표준화됨을 의미한다. 미디어의 개인화 경향을 떠받치는 물적 토대 중 하나가 미디어의 디지털화라고 할 수 있지만, 사실 이 눌은 상반된 경향을 반영하는 것이기도 하다. 개인화 경향은 묶여 있던 것을 흩는 것이고, 디지털화는 흩어져 있던 것을 같은 방식으로 묶는 것이기 때문이다. 미디어의 개인화와 디지털화를 통해 묶임과 흩어짐이 절묘한 방식의 모순적 역동성을 만들었다. 그러면서 미디어 환경은 급속히 매스 미디어 시대의 틀을 벗어날 준비를 하게 되었다.

미디어의 가상성

개인화와 디지털화가 결합하면서 포스트매스미디어 시대 도구로서의 미디어의 세 번째와 네 번째 특징이 등장하는데, 하나는 미디어의 가상성이 강화된다는 것이고, 또 다른 하나는 미디어 사이의 연결성이 확장된다는 것이다. 먼저 미디어의 가상성부터 살펴보자. 5장에서 우리는 매스미디어 시대에 도구로서의 미디어가 보여 준 특징으로 시공간 경험의 변화에 대해서 이야기했다. 즉 매스 미디어 시대에 우리는 공간이 확장되고, 시간은 압축되는 경험을 했다. 그런데 공간의 확장이나 시간의 압축이라는 개념은 '지금,' '여기'라는 준거를 기준으로 하는 개념이다. 여기의 공간이 저 너머의 거기까지 확장되는 것, 지금의 시간이 소실점을 향해 사라지면서 표준화되는 경향을 보이는 것, 이것이 매스 미디어 시대에 사람들이 새롭게 가졌던 시공간적 경험이었다. 그런데 미디어가 디지털화되고 개인화되면서 사회적으로 공유되는 '지금,' '여기'라는 시공간적 준거의 절대성이 약해지기 시작했다. 디지털 기술로 구성(디지털화)되고 개인적으로 경험되는(개인화) 시간과 공간은 이제 어떤 특정한 준거(지금, 여기)가 없이도 만들어질 수 있게 되었다. 그러면서 강화되는 것이 가상성이다. 준거점이 불확실하거나 사실상 없는, 새로운 시간, 새로운 공간이 가상의 세계에서 만들어질 수 있는데, 포스트매스미디어 시대의 도구로서의 미디어는 이러한 가상성을 계속 강화시키는 방향으로 발전하고 있다. 가상성 안에는 앞에서 이야기했던 개인화와 표준화의 특성이 모두 들어 있다. 시각, 청각, 촉각, 압각壓覺 등의 감각이 모두 디지털 신호로 통합되는 동시에 가상 현실 미디어에서 사람들이 경험하는 것은 지극히 개인화된 경험이다.

미디어의 연결성: 도구로서의 미디어 융합

포스트매스미디어 시대 도구로서의 미디어가 갖는 네 번째 특징은 연결성이다. 매스 미디어 시대에는 책, 신문, 영화, 라디오, TV 등이 서로 묶이

스티브 잡스Steve Jobs의 애플은 2007년 첫 번째 아이폰 모델을 세상에 공개했다. 아이폰과 같은 스마트폰이야말로 도구로서의 미디어 차원에서 융합적 연결성을 보여 준 가장 극적인 사례라 할 수 있다. (사진: 〈연합뉴스〉)

지 않았다. 각각은 대체로 자기 나름의 고유한 생태계를 유지했다. 각 미디어 사이를 연결하는 다리가 전혀 없었던 것은 아니지만 말이다. 그러나 포스트매스미디어 시대로 오면서 이들 사이에 중첩되는 부분이 늘어나기 시작했다. 그러다가 이제는 서로 거의 구별이 되지 않는, 구별하는 것 자체가 의미 없어진 시대가 열렸다. 실로 도구로서의 미디어 차원에서 컨버전스 혹은 융합convergence의 시대가 열린 것이다(Jenkins, 2006; Jensen, 2010). 서로 다른 미디어 기기들이 클라우드와 사물 인터넷 기반의 기술에 의해서 다양한 방식으로 연결되고 있다. 뿐만 아니라 하나의 이야기 재료가 서로 다른 미디어 플랫폼 사이를 넘나드는 이른바 트랜스미디어 현상이 일반화되고 있기도 하다(Evans, 2011; Jenkins, 2010; Jin, 2015; Scolari, 2009). 미디어 연결성도 앞의 가상성과 마찬가지로 디지털화와 개인화의 특성과 밀접하게 연결되는 현상이라 할 수 있다. 결국 연결성을 가능케 하는 것은 모든 장르의 미디어 제작, 유통, 소비가 디지털화되었기 때문이라 할 수 있다. 연결성 때문에 개인은 각자 자신이 선호하는 미디어 기기, 미디어 장르, 미디어 내용 등을 갖고 자신만을 위한 미디어 생태계를 만들 수도 있게 되었다. 도구로서의 미디어 차원에서 나타난 연결성과 융합을 가장 극적으로 보여 준 예는 2007년부터 본격적으로 등장한 스마트폰일 것이다. 스마트폰은 전화, 신문, 책, 방송, 문자 전송, 녹음기, 사진, 영화 스캐너 등의 기술들(이 목록은 끝없이 이어진다)을 하나의 기기 안에 통합해 놓았다.

미디어의 이동성

다섯 번째로 우리가 주목할 포스트매스미디어 시대의 미디어가 갖는 중요한 특징은 이동성이다. 도구로서의 미디어는 이제 특정 장소에 묶여 있지 않고, 이동성을 갖게 되었다. 매스 미디어 시대의 미디어들은 마치 가구와도 같이 거실이나 안방의 특정한 장소를 차지했다. 미디어를 이용한다는 것은 그런 미디어가 놓여 있는 특정 장소(극장, 거실, 안방 등)에 묶인다는 말과 같았다. 그러나 포스트매스미디어 시대의 징후가 서서히 나타나기 시작한 1980년대부터 사람들은 미디어를 휴대하고 다니는 경험을 하기 시작했다. 장소의 횡포에서 벗어나는 길을 연 가장 대표적인 예는 소니의 워크맨일 것이다. 물론 워크맨 이전에도 휴대하는 미디어가 전혀 없었던 것은 아니었다. 가령 17세기에도 사람들은 책이나 신문을 손에 들고 다닐 수 있었다(사실 그 이전에는 책이나 신문도 도서관, 커피하우스, 교회나 수도원 등 특정 장소에 묶여 있어서 이동성이 높지 않았다). 더 거슬러 로마 제국 때는 왁스 태블릿 같은 휴대용 필기구를 손에 들고 다니기도 했다(Standage, 2013). 20세기 매스 미디어 시대에는 대중교통이 발달한 시기이기도 하기 때문에 버스, 기차, 지하철 등에서 사람들이 책, 신문, 잡지 등을 휴대하고 다니는 모습은 일상적인 것이었다. 그러다가 소니의 워크맨이 등장하면서 청각 미디어(라디오, 음악 카세트)도 휴대할 수 있게 된 것이다. 스마트폰이 나오기 전인 2000년대 중반에는 DMB TV라는 것이 전 세계 처음으로 한국에서 등장했다. DMB는 Digital Multimedia Broadcasting을 줄인 말이다. 안테나 달린 DMB TV 단말기를 들고 다니거나 자동차에 장착한 사람들은 어디서든 공중파 TV를 시청할 수 있었다. TV를 보기 위해 집의 방이나 거실, 사무실이나 특정 공공장소(공항이나 고속버스 터미널, 병원 로비 등)에 있을 필요가 없게 된 것이다. 2007년 아이폰이 처음 세상에 모습을 보이고 2010년 이후 스마트폰이 확산한 이후에는 도구로서의 미디어는 더욱더 급진적으로 장소에서 벗어나는, 일종의 이동성 혁명이 시작되었다. 통화, 문자, 이메일, 신문, 라디오, TV 등 그전에는 모두 특정 장소에서 하던 것들이 스마트폰에 통합되면서 모두 함께 장소로부터 탈출하게 되었다. 이런 변화가 개인과 사회에 가져온 영향은 양면적이다. 한편에서는 사람들에게 사신들이 움직이는 일상과 비일상의 공간을 더 잘 이해하고, 각각의 공간적 맥락 안에서 그때그때 필요한 자원을 더 쉽게 찾고, 그러면서 일상과 비일상의 공간에 대한 통제감(김용찬·손해영·심홍진·임지영, 2012)을 더 많이 느끼게 되었다. 그러나 다른 한편에서는 사람들이 이동성이 강화된 도구로서의 미디어에 어디에 있든 꽁꽁 묶여 살아가는 상황이 만들어졌다. 장소를 초월한 초연결 상태에 묶인 사람들은 이제 어느 곳에 있든지 상관없이 시와 때와 맥락을 가리지 않는 미디어의 요구에 순응할 수밖에 없게 되었다. 이동성과 연결된 미디어의 초연결성hyperconnectivity은 사람들에게 축복이면서 동시에 저주이기도 한 것처럼 보였다(김은미·이동후·임영호·정일권, 2011).

미디어의 자동화

여섯 번째, 마지막으로 포스트매스미디어 시대에 우리가 주목할 변화는 자동화다. 인공 지능 기술, 빅 데이터 수집 및 처리, 분석 기술, 클라우드 기술, 초고속 유무선 통신 기술들을 기반으로 해서 미디어 내용의 기획 – 제작 – 편집 – 유통 – 소비에 이르는 전 과정이 자동화되고 있다(조용성 외, 2020). 즉 미디어 생산과 유통, 소비의 주체가 이제는 사람이 아니라 기계로 전화되고 있다. 이를 위해 최근 기계를 통한 그리고 기계를 위한 영상 부호화 기술인 VCM(Video Coding for Machine), 인공 지능 기술을 통해 음성 및 동영상 신호를 압축하는 NNAVC(Neural Network based A/V coding), 인공 지능 기술을 활용해서 미디어 내용의 메타데이터를 자동으로 생성하는 기술, 인공 지능 기반 자동 제작 및 편집 기술 등에 대한 개발 노력이 계속되고 있다. 미디어의 자동화도 앞에서 언급한 개인화와 표준화의 변화와 밀접하게 연결되어 있다. 자동화를 이루는 가장 근본적인 기술 기반 역시 모든 것이 숫자로 치환되고 표준화되는 디지털화이고, 그 결과는 결국 미디어 경험의 개인화이기 때문이다. 그뿐만 아니라 자동화는 미디어의 가상성, 이동성, 연결성의 효과를 극대화하는 특성이 되기도 하고, 이들 특성이 자동화의 효율성을 더 높이는 것이 되기도 한다. 미디어의 가상성, 이동성, 연결성을 통해 생성되는 이용자 데이터가 자동화 강화를 위한 재료로 쓰이기도 하기 때문이다.

미디어의 자동화가 개인과 사회에 미치는 효과 역시 양면성을 띤다. 미디어의 자동화를 통해서 개인은 무엇을 읽고, 듣고, 볼까 하는 선택의 괴로움에서 벗어나고 나보다 나를 더 잘 아는 시스템이 추천해 주는 내용을 소비할 수 있다. 그렇게 해서 남는 시간과 에너지를 더욱 창의적이고 생산적인 것에 투여할 수 있으리라 기대할 수 있다. 그러나 미디어 자동화를 위해서는 개인의 미시적 삶의 정황이 기계에 의해서 늘 관찰되고, 그렇게 관찰된 내용이 지속해서 데이터화되는 과정이 있어야 한다. 개인은 자기 삶에서 나오는 데이터에 대한 통제권을 미디어 기업에 양도할 수밖에 없게 되었다. 그뿐만 아니라 개인은 스스로 미디어 이용을 위한 결정 과정에서도 소외될 수 있다. 개인과 미디어(다섯 가지 차원을 모두 포괄하는 미디어) 사이의 관계가 미디어를 움직이는 알고리즘에 의해 이미 프로그램화된 것이고, 미디어를 이용하는 과정에서 개인의 주체성은, 미셸 푸코Michel Foucault(2005)가 《말과 사물Les mots et les choses》에서 쓴 표현을 빌리면, 모래사장에 써놓은 글자처럼 사라지게 될 것이다. 사람들이 그동안 '미디어 이용'이란 말을 쓸 때는 미디어를 목적어로 상정하고 쓴 것이었지만, 이제는 미디어를 주어로 놓아야 하는 세상이 되었다고 해야 할지도 모르겠다. 개인이 미디어를 이용하는 것이 아니라, 이제는 미디어가 개인(그들의 삶, 관심, 데이터 등)을 이용하게 된 것이야말로 포스트매스미디어 시대의 특징적 풍경이 되고 있기 때문이다.

도구로서의 미디어의 모순적 특징

이제 지금까지 이야기한 포스트매스미디어 시대 도구로서의 미디어의 특징을 정리해 보자. 매스 미디어 시대의 특징이었던 동일한 내용을 수많은 사람이 동시에 접하는 것은 이제 매우 예외적인 세상이 되었다. 매스 미디어 시대 사람들이 경험했던 도구로서의 미디어는 공간의 확장과 시간의 균질화 혹은 축소를 만들었다. 그러나 포스트매스미디어 시대에는 공간이 일정한 방향으로 확장된다기보다, 사방으로 무질서하게 분산되고 있다. 매스 미디어 시대에 축소되고 표준화되었던 시간이 다시 매스 미디어 시대 이전처럼 분열되고 파편화되고 있다. 사람들이 경험하는 시간은 그가 어떤 상황에 있느냐에 따라 질적으로 달라지게 되었다. 네트워크상에서는 물리적 시간(즉 뉴턴의 시간)은 멈추고 마누엘 카스텔이 말한 시간 없는 시간timeless time이 존재할 뿐이다. 그러나 포스트매스미디어 시대에도 여전히 전통의 시간에 묶여 있고, 과거의 기억을 붙잡고, 그것을 기준으로 하는 시간 속에서 사는 사람들도 있다. 그들은 19세기에 표준시가 도입되기 이전처럼 이제 각자 자신의 국지적 시간을 살고 있다.

개인화, 디지털화(표준화), 가상성, 연결성, 자동화, 이동성 증가 등의 특징으로 설명할 수 있는 포스트매스미디어 시대 도구로서의 미디어는 기본적으로 매우 모순적이다. 한편으로는 지역화, 개인화, 차별화의 효과를 보이기도 하지만, 결국 그 효과들은 디지털화, 연결성 같은 기술의 보편화를 기반으로 한다. 이런 모순적 상황에서 사람들은 더더욱 파편화된 시공간을 살게 되었다. 포스트매스미디어 시대의 사회적 불평등은 미디어를 통한 시공간 경험에서 극적으로 드러난다. 포스트매스미디어 시대의 미디어는 한편으로는 개인의 통제감, 자기 결정, 효능감, 효율성, 생산성, 역량 등을 높여 주는 것 같은 특성을 가졌지만, 동시에 개인의 자율성을 제한하고 사람들을 도구로서의 미디어에 종속되게 한다. 결국 앞서 말했던 것처럼 개인이 미디어를 이용하는 것이 아니라 미디어가 개인을 이용하는 상황이 만들어지는 것이다.

포스트매스미디어 시대 내용으로서의 미디어

포스트매스미디어 시대에는 내용으로서의 미디어 측면에서도 매스 미디어 시대와 비교했을 때 중요한 변화가 만들어졌다. 매스 미디어 시대에 미디어의 내용은 대개 보편과 일반의 것이었다. 미디어의 내용이 만드는 상징적 생태계는 개인의 국지적 일상보다는 일반적, 추상적, 보편적 세계로 가득했다. 20세기의 초반 두 차례 세계 전쟁을 거치면서 미디어 내용의 효과에 관한 관심이 커졌다. 그 관심은 대개 기대와 두려움으로 표출되었다. 내용에 대한 사람들의 양면적 느낌, 즉 기대와 두려움이 공존하는 것은 포스트매스미디어 시대에도 마찬가지라고 할 수 있다. 중요한 변화는 보편과 일반의 내용에서 구체적 일상의 작은 이야기들이 점점 더 중요한 비중을 차지하기 시작했다는 것이다. 포스트매스미디어 시대에 내용으로서의 미디어의 변화는 단독으로 발생한 것이 아니라 다른 차원(도구, 제도, 사람, 공간)의 미디어에서 진행된 변화와 서로 영향을 주고받는 과정에서 나타난 것이라고 봐야 할 것이다. 특히 내용으로서의 미디어의 변화에는 앞에서 이야기한 도구로서의 미디어에서 나타난 변화(개인화, 디지털화(표준화), 가상성, 연결성, 자동화, 이동성 증가)가 중요한 영향을 미쳤다.

작은 이야기들의 부상

첫 번째로 우리가 살펴볼 포스트매스미디어 시대에 내용으로서의 미디어 측면에서 나타난 변화는 '작은 이야기'들이 설 자리가 생겼다는 것이다. 거대 담론이 지배하던 매스 미디어 시대를 벗어나서 포스트매스미디어 시대로 오면서 작은 이야기, 국지적인 이야기, 변방의 이야기들이 이야기 생태계의 '중앙 무대'에 진출할 기회를 얻게 되었다. 이메일, 문자, 블로그, 인터넷 카페, 소셜 미디어 포스팅(텍스트, 사진, 동영상 등), 댓글, 이모티콘 등이 포스트매스미디어 시대 미디어 생태계에서 중요한 부분을 차지하기 시작했다. 그뿐만 아니라 다른 사람의 글에 '좋아요'를 클릭하는 것, 댓글을 다는 것, 다른 사람들의 글, 사진, 동영상을 공유하는 것 등 비교적 '사소한' 내용이 포스트매스미디어 시대 미디어 내용의 지형을 구성하는 중요한 부분이 되었다. 물론 이런 내용이 매스 미디어 시대 혹은 그 이전 시대에 없었던 것은 아니다. 그러나 그것이 전면에 드러난 경우는 드물었다. 집안에서, 골목 어귀 평상에서, 놀이터 벤치에서, 친구들이 모인 술자리에서 늘 존재해 왔지만, 그런 일상의 이야기들이 미디어 환경에서 제대로 된 주소를 부여받은 적은 없었다. 특히나 매스 미디어 시대를 장악하던 국가, 민족, 진영, 이데올로기 같은 거대 담론 속에서 작고 사소한 이야기들은 수면 밑에서 숨죽이고 있을 수밖에 없었다. 가령 1970년대 유신 독재가 한창일 때 "민족중흥의 역사적 사명을 띠고 이 땅에 태어난" 사람들은 이런 작은 이야기들을 사적 공간(가령 책상 서랍 속 일기장)에 숨기거나, 누군가에게 이야기하기를 미루거나 혹은 결국 포기해야 했다. 그러나 포스트매스미디어 시대의 징후가 짙어지기 시작하자 이러한 작고, 국지적이고, 변방에 속한 이야기들이 사람들의 주목을 받는 경우들이 나타났다. 미디어 이벤트의 대상이 될 수 있는 국가 행사, 스포츠 경기나 예술 행사, 지진, 태풍, 홍수 같은 자연 재난 같은 것에 관한 이야기도 이제 사람들은 매스 미디어 내부의 제도적 과정(가령 뉴스 가치에 대한 규범, 게이트키핑 과정, 의제 설정과 프레임 과정 등)에 의해 일방적으로 선택, 편집, 전달하는 내용을 수동적으로 받는 것이 아니라, 그 현장에 있던 개인들이 공유하는 조각조각의 이야기들을 통해 접하는 경우가 많아졌다.

인류 역사를 통틀어 포스트매스미디어 시대에서와같이 만인이 만인에게 글을 쓰고, 공유하고, 이야기하는 세상이 있었던가? 코넬대학교의 리 험프리스Lee Humphreys는 이런 작은 이야기들의 기록과 공유 현상을 미디어 어카운트media account라는 말로 설명한다(Humphreys, 2018). 과거를 돌이켜 보면 이런 것이 완전히 새로운 현상은 아니다. 매스 미디어 시대 이전에도 오랫동안 사람들은 자신의 이야기를 일기나 일지의 형식으로 써왔다. 그런데 근대 이전 시기에는 사람들이 일기와 일지를 혼자만 보는 사적 문서로만 썼던 것이 아니었다. 험프리스에 따르면, 과거에는

소포니스바 앙귀솔라의 〈자화상〉(1554). 그녀가 들고 있는 것이 리베르 아미코룸으로 "혼인하지 않은 소포니스바 앙귀솔라가 자신을 그림 1554"라는 내용이 펼쳐진 페이지에 적혀 있다.

사람들이 적극적으로 자기 일기를 친구들이나 가족들과 공유했다. 실제로 16세기 종교 개혁 시기부터 19세기까지 유럽에서는 친구들의 책book of friends라는 뜻을 가진 라틴어 리베르 아미코룸liber amicorum 혹은 알붐 아미코룸album amicorum이라 불리는 것이 있었다(Pelz, 2022; Reinders, 2016). 대개 대학생 정도의 젊은 사람들이 사적인 이야기, 시구, 삽화 등을 친구들끼리 돌려보는 수단으로 이용하였다. 소포니스바 앙귀솔라Sofonisba

Anguissola의 〈자화상〉에서 앙귀솔라 본인이 들고 있는 것이 리베트 아미 코룸이다.

한국 역사에서도 일기의 저자들이 공적 의식을 갖고 일기를 썼던 경우들을 쉽게 찾을 수 있다. 이순신의 《난중일기》, 박지원의 《열하일기》, 18세기에 인목왕후의 책립부터 폐위까지의 일을 기록한 신익성의 《청백일기》, 인조반정의 야기를 담은 저자 미상의 《계축일기》 등을 보면 거기에 사적인 감정과 소회 등도 적혀 있지만, 동시에 공적 기록의 책임감을 갖고 저자가 글을 썼다는 것도 알 수 있다. 사적 동기와 공적 동기 모두를 갖고 일기를 쓴 것이다. 감춰 놓고 사적인 글로 쓰는 일기는 사실 서양에서도 근대 이후 개인주의가 발전하면서 등장했다. 즉 근대 이전에는 동양이나 서양이나 모두 일기를 쓰는 기본적인 태도가 요즘 블로그나 소셜 미디어에 글을 쓰는 사람들의 태도와 비슷한 점이 많았다. 글의 성격이 사적인 것인지, 공적인 것인지가 늘 애매하다는 점을 포함해서 말이다. 작은 이야기들은 늘 개인이 하는 이야기이기만 한 것은 아니었다. 2000년대 들어서 다양한 작은 미디어들이 새로운 모습을 띠고 등장하기도 했다. 그것들을 사람들은 공동체 미디어, 마을 미디어, 동네 미디어 등으로 불렀다(김용찬, 2021; 정은경, 2018; 채영길 외, 2016; Kim, Chae, & Kim, 2022). 거기에서는 대개 사람들의 일상적인 이야기, 개인의 미시사, 지극히 사소한 경험과, 감정과, 관계에 대한 것이어서 매스 미디어 시대에는 어떤 방식으로도 공유되지 못했던 이야기들이 공유되곤 했다. 미디어 안에서 주고받는 이런 이야기들이 전체 사회에 미치는 영향은 미미할지 모르지만, 이조차도 포스트매스미디어 시대의 변화된 상황을 보여 주는 징후라고 할 수 있다.

기존 신념 강화를 위한 내용 생태계

내용으로서의 미디어 측면에서 우리가 주목할 포스트매스미디어 시대의 두 번째 특징은 개인들이 살아가는 미디어 내용의 생태계가 기존 신념을 강화하기에 좋은 것들로 편향되었다는 것이다. 이런 생태계에서는 개인의 성향과 다른 이야기들을 접하기가 쉽지 않다. 다름과 차이는 삭제되고 유사성과 동질성이 지배적인 생태계로 발전했기 때문이다. 이런 식의 미디어 내용 환경이 만들어진 이유는 앞에서 설명한 도구로서의 미디어 변화의 성격 때문일 것이다. 특히 자동화, 디지털화, 개인화 등이 결합하면서 개인의 기존 성향에 맞는 내용을 맞춤형으로 전달하는 것이 가능해졌다.

사람들은 2010년경부터 이런 상황을 이른바 "필터 버블filter bubble" (Pariser, 2011)이나 "에코 체임버echo chamber"(Jamieson & Cappella, 2008) 같은 말들을 갖고 언급해 왔다. 필터 버블은 미국의 대표적 온라인 시민운동 플랫폼이라 할 수 있는 무브온MoveOn.com의 창시자 엘리 패리저Eli Pariser가 2010년 처음 사용한 말로 알려져 있다. 필터 버블이라는 단어는 그가 2011년 출판해서 베스트셀러가 된 책의 제목에도 들어 있다(Pariser, 2011). 필터 버블이라는 말은 미디어 플랫폼 일고리즘이 수행하는 내용 필더링 때문에 사람들이 일종의 거품 방울 속에 갇히게 되는 상황을 은유적으로 표현한 말이다. 에코 체임버, 즉 반향실이라는 말도 미디어에서 개인이 읽고 듣고 보는 이야기들이 대개 그의 성향을 반영하는 메아리 같은 것이라는 점을 강조하기 위한 은유다. 사람들은 필터 버블이나 에코 체임버 같은 은유적 표현이 소개되자마자 그것들이 현실을 매우 잘 반영하는 개념이라 생각하고 거부감 없이 쉽게 받아들였다. 미디어 플랫폼이 검색 결과나 뉴스피드 결과를 제시할 때 랜덤으로 제시할 리가 없고, 외부에는 결코 공개하지 않을 특정한 알고즘으로 취사선택한 내용을 제시함으로써 자신들의 수익을 극대화한다는 사실을 사람들은 이미 잘 알고 있었기 때문이다. 거기에다가 깜짝 놀랄 정도로 자신의 성향과 일상의 경험들을 잘 반영한 내용이 미디어 플랫폼에 올라오는 것을 보면서 필터 버블과 에코 체임버에 대한 대중적 믿음이 커져 왔다. 그런데도 그것을 실증적으로 명확히 확인한 연구 결과는 아직 그리 많지 않다. 패리저의 경우도 자신의 주장에 대한 근거를 일화적 사례들에 의존하고 있을 뿐이다. 필터 버블과 에코 체임버 현상에 대한 실증 연구들의 상당수는 오히려 그것을 반박하는 것들이었다. 그런데 잊지 말아야 할 것은 반박 연구들의 상당수가 플랫폼 기업 안에서 일하는 연구진이 발표한 것이라는 점이다. 이 연구들이 주장하는 바는 대체로 이렇다. 필터 버블이나 에코 체임버 같은 것이 존재한다는 증거가 부족하고, 미디어 이용과 의견 양극화 사이의 상관관계가 있다 하더라도 그것이 알고리즘 기반의 필터링 영향이라 보기는 어렵고, 사실 양극화가 발생하는 것은 개인들이 원래부터 구축해 놓은 사회연결망의 성격 때문이거나 개인이 직접 수행하는 미디어 내용에 대한 선택적 노출과 선택적 이용 때문이라는 것이다(Bakshy et al., 2015). 필터 버블과 에코 체임버라는 개념은 그것들이 이론적 토대를 바탕으로 생성된 개념이 아니라, 현상에 대한 개인적 경험을 기반으로 해서 만들어진 은유적 개념이라는 한계를 처음부터 갖고 있었다.

필터 버블과 에코 체임버 같은 은유적 표현이 갖는 한계를 고려하더라도, 포스트매스미디어 시대 미디어 내용의 생태계가 매스 미디어 시대에 비해 자기 확신을 위한 내용에 더 쉽게 접속할 수 있게 만들어졌다는 것을 부인하기는 쉽지 않다. 이런 환경이 전적으로 특정 알고리즘에 의한 필터링 결과 때문이라고 할 수는 없을지라도 말이다. 사실 그것이 전혀 영향을 미치지 않았다고 하는 것도 과장된(혹은 편견 섞인) 주장일 것이다. 앞에서 언급한 페이스북 연구진들도 필터링의 효과 자체를 부인하지는 않았다. 다만 그것과 더불어 사람들이 가진 기본적 성향들, 가령 확증 편향의 성향, 인지 부조화를 피하고 인지적 일관성을 유지하고자 하는 동기, 선택적 노출과 선택적 이용의 행동 경향, 정보 과부화를 피하고 가급적 인지적 노력을 최소화시키려는 경향(인지적 구두쇠 성향), 개인적, 사회적 정체성 위협identity threat을 피하고 가능한 한 자아정체성의 긍정적 이미지 유지에 도움이 되는 메시지 환경에 있고자 하는 욕구가 내용의 동질성을 높여 주는 요인으로 작동한다고 주장했다. 결국 종합해서 보면, 미디어 알고리즘의 필터링 작용과 위에서 언급한 개인들의 동기 성향이 결합해서 사람들이 자신의 기존 신념을 강화하는 내용에는 지속적으로 연결되고, 자신의 생각과 다른 의견과는 절연되는 환경에 놓이게 되었다고 볼 수 있다.

포스트매스미디어 시대 미디어 내용의 생태계가 개인들의 기존 신념, 인식, 취향, 라이프스타일을 강화하는 동질적 내용이 주가 되고, 그것에 부합하지 않는 '다른' 내용은 배제되는 방식으로 구축된다면, 그것이 초래하는 사회적 결과는 무엇일까? 우선 필터 버블이나 에코 체임버 개념의 주창사들이 걱정했던 정치적 양극화라는 결과를 생각해 볼 수 있다. 그러나 단순히 정치적 양극화의 차원뿐 아니라, 더 다양한 차원의 양극화 결과도 생각해 볼 수 있다. 가령 문화적 양극화, 세대 간의 양극화, 지역 간 양극화 등이 그런 예가 될 수 있을 것이다. 물론 이런 것들이 소셜 미디어 도입 이후에 완전히 새롭게 등장한 현상은 아니다. 인터넷이 등장한 1990년대에 이미 인터넷상에서 벌어지는 다양한 양극화 문제를 언급하기 위해서 "사이버발칸화cyberbalkanization"(Sunstein, 2001)나 "파편화된 인터넷splinternet"(Kumar, 2001) 같은 말이 쓰이기도 했다. 인터넷 등장 이전의 매스 미디어 시대에도 지식 격차 가설을 개발하고 발전시킨 학자들은 미디어 이용이 정보, 지식, 문화적 취향 등에서 양극화를 강화할 수 있다고 주장했었던 것을 생각해 보면 미디어 내용이 양극화의 발단이 될 수 있는 것은 포스트매스미디어 시대만의 특징은 아니라 할 수 있다. 하지만 포스트매스미디어의 미디어 환경에서 사람들은 전보다 훨씬 더 쉽게 자신의 기존 성향을 지지할 내용에만 둘러싸여 있을 수 있게 되었다. 물론 사람들이 에코 체임버와 필터 버블에 꼼짝달싹 못하게 갇혀 있다고 말하는 것은 지나친 과장일 것이다. 뭔가 새로운 것, 자신의 기존 성향과 다른 정보, 다른 지식, 다른 의견을 추구하는 것도 마음만 먹는다면 사실 전보다 더 쉬워졌다(Malone & Bernstein, 2022). 그러나 인지적 일관성, 선택적 노출, 인지적 구두쇠 등의 심리적 동기들을 생각해 보면 대부분의 개인은 자신의 기존 성향과 경험에 부합하는 내용으로 자신의 일상적 미디어 환경을 채울 가능성이 크다. 그리고 가능성은 앞에서 언급했던 다면적 차원의 양극화로 이어질 것이다. 그런 상황에서 우리 사회의 부족 사회화(Maffesoli, 1995)는 더 심각한 수준으로 진행될 것이다.

미디어 내용으로서의 알고리즘

내용으로서의 미디어 측면에서 세 번째로 우리가 주목할 점은 포스트매스미디어 시대에는 알고리즘 자체가 내용으로서의 미디어의 한 구성 부분이 되었다는 것이다. 그러므로 미디어 (내용) 효과 연구에는 알고리즘 효과 연구가 포함되어야 한다. 매스 미디어 시대에는 미디어 효과란 대체로 미디어 내용의 효과를 의미하는 것이었다. 매스 미디어 시대에도 미디어 내용의 효과를 파악하려 할 때 늘 겉으로 드러나는 명시적 내용의 효과만을 본 것은 아니었다. 대개 양적인 연구들이 그런 명시적 내용 효과에 치중하는 경향이 있었던 것은 사실이지만, 보다 심층적인 층위에서 발생하는 내용의 효과를 살펴보는 연구들도 있었다. 기호학, 담론 분석, 정신분석학 등의 방법을 통해서 내용이 가져오는 이데올로기적 효과를 분석하려는 시도들도 있었다. 그런 분석은 결국 미디어 내용이 생산되는 제도적 과정과 결과물로서의 텍스트를 연결하는 시도였다. 포스트매스미디어 시대로 오게 되면, 매스 미디어 시대에 이루어진 내용 효과의 연구 전통을 이어받으면서도 새로운 연구 영역이 떠오르게 된다. 미디어의 명시적 내용(텍스트, 사진, 동영상 등)을 자동적으로 구성하고 그것을 시간과 공간의 축 위에서 역동적으로 제시하는 미디어 알고리즘에 대한 분석이 그 연구 영역의 핵심 주제다(Lee & Björklund, 2019). 미디어 알고리즘 자체도 하나의 미디어 '내용'이라 할 수 있다. 알고리즘이라는 것 자체가 본질적으로 프로그래머가 프로그래밍 언어로 작성하는 텍스트이기 때문이다. 그렇기에 알고리즘 효과 연구도 결국은 내용 효과 연구에 포함시킬 수 있다. 물론 미디어 이용자 눈에는 그 알고리즘이 눈에 보이거나 귀에 들리지 않는다. 매스 미디어 시대에는 미디어 내용의 이데올로기성에 대한 연구가 대개 미디어의 내용 차원과 제도 차원을 결합해서 이루어졌다면, 포스트매스미디어 시대의 내용 효과 연구는 인공 지능 기술의 자동화 특성 등을 고려해야 하기 때문에 미디어의 내용, 제도 차원뿐 아니라 도구로서의 차원까지 함께 고려해야 한다.

매스 미디어 내용의 효과 연구 중 상당수는 심리학이나 사회심리학의 개념에 기대어 이루어졌다. 하지만 알고리즘에 대한 분석은 심리적 효과에 관한 연구와 더불어 윤리학적 연구(Kearns & Roth, 2019)가 되어야 한다. 가령 매스 미디어 효과 연구에서 오랫동안 중요한 개념으로 사용되어 온 '선택적 노출'이란 개념에 대해 생각해 보자. 매스 미디어를 통해 메시지가 사람들에게 전달되는 과정을 하나의 인지 과정으로 표현한다면, 개인을 향해 전달되는 미디어 내용이 처음 만나는 관문이 바로 선택적 노출의 관문이다. 사람들은 자신을 향해 쏟아져 들어오는 모든 메시지를 인지 과정으로 흘려보내지 않는다. 어떤 것들은 인지 과정을 밝게 하지만, 어떤 것들은 아예 처음부터 문을 열어 주지 않는다. 그것을 미디어학자들은 선택적 노출이라고 불렀다. 그런데 개인이 내용으로서의 미디어와 만나는 과정에서 알고리즘의 영향력이 커지게 된다면 선택적 노출에 대한 새로운 이해가 필요해진다. 본래 선택적 노출의 주체는 개인이었다. 그래서 그 과정을 설명하기 위해서는 개인의 심리적 과정을 설명하는 이론과 개념이 필요했다. 그러나 이제 그 결정의 주체가 개인이 아니라 알고리즘이라면, 혹은 적어도 알고리즘과 개인의 공조가 결정 요인이 되는 것이라면, 선택적 노출이라는 것을 어떻게 이해해야 할까?(Mukerjee, 2021; Slechten, Courtois, Coenen, & Zaman, 2022) 알고리즘이 개인과 공동체의 유익을 위해서, 공정하게, 정직하게 구성된 것인지, 그래서 알고리즘에 의한 선택적 노출 때문에 신체적 정신적 피해, 불평등, 불공정, 억압, 착취 등의 문제가 발생하는 것은 아닌지 등에 대한 분석, 즉 윤리 문제에 대한 분석이 이제 우리에게 필요해졌다. 그렇기에 포스트매스미디어 시대의 미디어 (내용) 효과 연구는 심리학적 연구에 그치지 않고, 윤리적 논의까지 이어질 수밖에 없다.

미디어 내용의 진실성

매스 미디어 시대에서 포스트매스미디어 시대로 오면서 미디어 내용에 대해 갖는 관심의 지점이 바뀌고 있다. 매스 미디어 시대에는 미디어 내용의 폭력성, 선정성, 스테레오타입, 이데올로기적 효과 등에 대한 관심이 많았다면, 포스트매스미디어 시대에는 더욱 근본적 문제, 즉 내용의 진실성 자체가 만들어 내는 효과에 대해 관심이 많아지게 되었다. 물론 미디어 내용의 진실성 문제가 포스트매스미디어 시대 이후 갑자기 등장한 것은 아니다. 거짓말, 루머, '가짜 뉴스', 허위 정보, 반쪽 진실 등은 인간의 역사와 함께 늘 있어 왔다. 가령 프로파간다의 역사는 반쪽 진실을 전달하는 테크닉의 역사였다. 20세기 전쟁 중에 수행된 각종 선전전을 통해 사람들은 정치 목적을 위해 생산, 유통되는 반쪽 진실의 사례를 수없이 목도했다. 정치 캠페인과 광고 캠페인은 어쩌면 전시 프로파간다의 순화된 형태라 할 수 있다. 평화로운 시기에 만들어지고 유통되는 정치 캠페인과 광고 캠페인의 내용도 사실은 반쪽 진실로 채워져 있다. 반쪽 진실이 완전한 거짓말은 아니고, 또한 그것이 결국 민주주의와 자본주의 경제를 움직이는 동력의 역할을 한다는 변명을 사람들은 받아들여 왔다. 그런데도 20세기의 역사적 경험을 통해 대부분 사람은 권력을 좇는 정치의 세계는 진실성을 추구하지 않는다는 것, 그리고 이윤이 최고의 가치인 자본의 세계에서도 진실성의 가치에 우선순위를 부여하지 않는다는 것을 깨달았다. 그뿐 아니라 사람들은 선전, 선동, 정치 캠페인, 광고와 마케팅 등이 도구로서의 매스 미디어와 결합하면 가공할 만한 힘을 발휘할 수도 있다는 것도 20세기 매스 미디어 시대에 경험하였다. 권력과 이윤을 추구하는 정치적 목적과 경제적 이해관계에 미디어가 묶이게 된다면, 그런 미디어가 전달하는 내용에서 진실성을 추구할 수 있을지에 대한 회의는 포스트매스미디어의 징후가 시작되기 전부터 이미 존재했다.

진실성의 문제 자체가 포스트매스미디어 시대에 갑자기 새로 발생한 문제는 아니라 할지라도 20세기 후반부터 사람들은 미디어가 매개하는 진실성 자체에 매스 미디어 시대와는 비교할 수 없을 정도의 심각한 고장이 발생했다는 점을 자각하게 되었다. 그런 고장의 징후들을 표현하기 위해 사람들은 포스트진실(Harsin, 2018)이라는 말을 쓰기 시작했다. 포스트매스미디어 시대가 시작될 즈음에 포스트진실의 시대가 시작된 것이다. 제이슨 하신Jayson Harsin은 포스트진실의 시대로 들어오면서 사실과 진실이 모두 시장적 지배에 종속되었다고 했다(Harsin, 2015). 이 시장의 한쪽에는 사실과 진실을 '전략적'으로 가공해서 그것들과 허구 사이의 구분을 없애고, 그럼으로써 자신의(혹은 자신을 고용한 누군가의) 정치적, 경제적 목적을 달성하려고 하는 세력이 있다. 또 다른 한쪽에는 이른바 팩트체킹이라는 이름으로 사실과 허구를 구분하고자 하는 일종의 사실 제련(혹은 거짓 제거) 노력을 하는 세력이 있다(정은령, 2019). 그런데 여기서 우리가 유념할 것이 있다. 팩트체킹의 노력이 시민적 의무와 선의를 바탕으로 했다 하더라도 결국 그 과정에서 사람들이 깨닫는 것은 팩트체킹 그 자체가 시장적 지배의 논리 밖으로 나갈 수 없다는 것, 그리고 더 근본적으로는 팩트체킹을 하기 위해 붙잡을 사실의 준거가 이미 어느 한 곳에 고정되어 있지 않다는 것이다. 팩트체킹 자체가 이미 포스트진실의 저주에 갇히게 된 것이다. 진실성의 측면에서 포스트매스미디어 시대가 매스 미디어 시대와 다른 점이 바로 여기에 있다.

앞에서 언급했듯이 거짓말과 반진실이 매스 미디어 시대에도 극성이었지만, 그런데도 여전히 거짓말과 반진실을 판단할 진실과 사실의 준거는 그것이 아무리 허약해졌을지라도 어느 정도 남아 있었다(Arendt, 1972). 물론 그런 준거의 토대가 허물어지기 시작한 것은 아마도 20세기 초반 발터 벤야민(Benjamin, 1986)이 기술 복제 시대를 선포할 때 즈음이었을 것이다. 벤야민은 기술의 발전으로 무한대의 복제가 가능해진 시대가 등장하자 원본의 아우라가 갖는 권위가 상실되었다고 말했다. 이런 변화는 예술 작품의 수용을 민주화하기도 했지만, 그것이 쉽게 정치적, 경제적 이해관계에 의해 타락할 수 있는 길도 동시에 열었다. 그렇다고 해도 매스 미디어 시대에 어느 누구도 자신의 집 거실에 걸려 있는 고흐의 작품이 원본이 아니라 복제품이라는 것, 그리고 그 복제품이 런던 국립미술관에 걸려 있는 원본에 비해서는 열등한 위계적 관계를 갖는다는 점을 잊고 있는 사람은 없었다. 장 보드리야르는 시뮬라크르와 시뮬라시옹의 개념을 통해 매스 미디어 시대를 관통하는 복제들, 즉 시뮬라크르들의 득세에 대해서 설명했다(Baudrillard, 1994). 시뮬라크르를 만드는 작동 과정으로서의 시뮬라시옹은 몇 개의 차원으로 이루어진다. 먼저 현실을 복제해서 그것의 반영물을 만드는 것이 일차적 복제라면, 이차적 복제는 반영의 대상이 없는 복제다. 그것을 보드리야르는 초현실 즉 하이퍼리얼리티라고 불렀다. 그것은 현실의 근거가 없는 복제이다. 벤야민 식으로 말하자면 아예 처음부터 원본이 없는 복제물인 것이다. 그러나 현실보다 더현실적으로 만들어 놓은 디즈니랜드에 가더라도 사람들은 저 밖에 놀이동산과는 다른 현실이 있다는 것을 알고 있다. 하이퍼리얼의 세상에서도여전히 사람들은 그것이 하이퍼리얼의 경험인 것을 잊지 않고, 실재와 비교하고 구별할 수 있다. 매스 미디어 시대에 이것이 가능했던 것은 여전히 어딘가 실재가 있다는 신념이 남아 있었기 때문이다.

하지만 포스트진실의 시대, 포스트매스미디어 시대에는 준거와 비교의 대상으로서의 실재가 점점 힘을 잃어 간다. 포스트매스미디어 시대로 오면서 진실이 거할 준거점 자체가 사라지는 것이다. 포스트진실의 상태란 결국 진실이 주거지 불명 상태에 빠졌음을 표현하는 말이라할 수 있다. 미국의 작가이자 평론가인 라이오넬 트릴링Lionel Trilling은 1972년에 자신의 책 《성실성과 정통성Sincerity and Suthenticity》에서 진실함의 의미가 시대적으로 어떻게 변해 왔는지를 흥미로운 방식으로 분석했다(Trilling, 2009). 그는 근대화 과정에서 진실과 거짓을 나누는 기존의 기준(가령 종교, 권력, 관습 등)이 약화된 상황에서 '개인'과 '사회'가 역사(적어도 서구의 역사)에 등장하였음을 지적한다. 이런 맥락에서 전통, 관습, 집단으로부터 독립한 개인이 추구하는 진실함은 트릴링이 성실성이라 이름 붙인 것이다. 개인이 성실함의 진실성을 보이는지 그렇지 않은지를 판가름하는 기준은 (역시 근대의 산물인) 개인을 둘러싼 '사회'였다. 여기서 사회란

한 개인을 둘러싸고 있는 사회관계들을 말하는 것이다. 나의 말과 행동이 일관되고, 어제의 나와 오늘의 내가 일치하는지 등을 나를 지켜보는 내 주위의 사회적 시선들이 판단한다. 그러므로 개인은 자신의 성실성을 판단하는 '사회'를 늘 의식하며 살아간다. 트릴링도 언급했듯이, 20세기 초 시카고학파 사회학자로 활동한 어빙 고프먼(Goffman, 1959)이 근대 사회의 개인은 무대 위에서 관객(사회적 시선)을 향해 연극을 벌이는 배우 같은 존재라고 말했을 때 바로 이런 상황을 염두에 둔 것이었다. 그런데 이제 20세기 중반 이후 또 다른 양상이 펼쳐졌다. 진실성의 기준이 그 누구도 아닌 바로 나 자신이어야 한다는 생각이 등장한 것이다. 그것이 정통성의 생각이다. 이제는 나 스스로에게 진실하다는 것이 중요해졌다. 외부에는 진실성을 기댈 어떤 기준도 없고, 있어서도 안 된다. 자신의 진실성에 대한 기준은 플라톤적인 이데아에 있는 것도 아니고, 권력이나 종교적 원리에 있는 것도 아니고, 매 순간 변하는 외부의 사회적 시선들에 있는 것도 아니다. 그 기준은 이제 자신의 내부에 있다. 정통성이 극대화된 세상은 외부의 모든 준거점을 삭제하고 나 자신에게 충실한 세상이다. 그것은 하이퍼리얼의 세상을 넘어서서 자체 논리로 움직이는 가상의 세상이다. 이런 세상에서는, 자크 데리다Jacques Derrida(1997)가 1997년에 파리 국제철학학교 강의에서 말한 것처럼, 진실과 반진실을 명제적 차원에서 따지고 구분하는 것 자체가 무의미하다. 이제 중요한 것은 진실이든 거짓이든 그것이 만들 개인적, 사회적 결과일 뿐이라는 것이 데리다 강의의 결론이었다.

2010년대에 들어서면서 사람들은 자신들이 접하는 미디어의 내용이 이제 진실과 거짓을 구분하기조차 힘든 가상 세계의 내용으로 나아가는 상황을 지켜보고 있다. 그런 상황은 봇 기술이 발달하고, 데이터 분석 기술이 고도화되고, 딥페이크 기술 등이 발전하면서 더욱 걷잡을 수 없는 방향으로 나아가고 있다. 정치적으로는, 2016년 도널드 트럼프Donald Trump가 미 대선에 당선되고, 같은 해 영국에서 브렉시트(유럽연합 탈퇴) 국민 투표가 찬성으로 통과되고, 2012년 국정원 댓글 조작 사건과 2018년 드루킹 댓글 조작 사건 등 다양한 형태의 인터넷 여론 조작 시도들이 이루어져 왔음이 드러나면서, 사람들은 정치 캠페인이 완전히 다른 차원으로 진화했음을 보고 충격받았다. 이제는 무엇이 진짜 여론이고 무엇이 가짜 여론인지를 구별하는 것조차 모호한 세계가 되었다. 예술 분야에서도 진실과 거짓의 경계 구분이 모호해졌다. 2022년 9월에 미국 콜로라도에서 열린 '콜로라도 주립 박람회 미술대회'에서 제이슨 앨런Jason Allen이라는 사람이 미디어 아트 분야에서 〈스페이스 오페라 극장Space Opera Theatre〉이라는 작품으로 1등상을 받았다. 제이슨 앨런의 원래 직업은 컴퓨터 프로그래머였다. 그의 수상은 곧 취소되었는데, 그가 미드저니Midjourney라는 인공 지능 기반 프로그램을 사용해서 작품을 만들었다는 것이 뒤늦게 밝혀졌기 때문이었다. 미드저니는 이용자가 문구를 입력하면 그것을 표현하는 이미지를 자동으로 생성해 주는 프로그램이다. 이 사건은 이제 진실된 예술과 진실되지 않은 예술도 구분하기 힘들어졌다는 것을 상징적으로 보여 주는 것이었다.

비즈니스와 소비의 세계에서도 비슷한 일이 벌어진다. LG가 만든 김래아, 삼성의 샘 같은 소셜 미디어 가상 캐릭터가 특정 패션 브랜드나 전자 기기를 직접적이든, 간접적이든 "써 보니 좋아요"라는 식의 광고를 한다고 하면, 그것은 거짓 광고일까 아닐까? 아마도 아이유가 스스로는 한 번도 써 보지 않은 제품을 들고 나와서 '이거 써 보니 너무 좋다'고 말했다면, 윤리적 비판을 받을 것이다. 그런데 우리가 보는 것이 진짜 아이유가 아니라 딥페이크에 의해 합성된 아이유라면 어떤 판단을 내려야 할 것인가? 그런 가상의 광고 내용을 거짓이라고 판단할 수 있을까? 먹방 유튜버의 이른바 뒷광고 행태에 대해서 사람들이 비난하지만, 그런 비난이 가능한 것은 진실과 거짓을 판단할 기준이 아직은 허약한 상태로나마 남아 있기 때문일 것이다. 그러나 만약 유튜버 자체가 가상 캐릭터라면 그의 말에 대해서 우리는 어떤 판단을 할 수 있을까? 이렇게 진실성에 대한 판단 중지를 요구하는 것들이 포스트매스미디어 시대 내용으로서의 미디어를 특징짓고 있다.

포스트매스미디어 시대 제도로서의 미디어

포스트매스미디어 시대로 오면서 제도적 측면에서도 미디어에 많은 변화가 생겼다. 가령 전파 자원의 희소성이라는 것은 이제 구년묵이의 개념이 되었다. 매스 미디어 시대 대부분의 기간 사용 가능한 주파수의 폭이 제한되어 있었다. 그래서 소수만이 전파를 사용해서 방송할 수 있었다. 적어도 케이블 방송이 본격적으로 시작하기 전에는 그러했다. 그러나 1980년대부터 케이블 방송이 시작되고, 1990년대부터 인터넷망이 미디어 환경의 핵심적 인프라가 되고, 컴퓨터 혁명이 급속하게 진행되어 많은 사람이 컴퓨터를 소유하고 이용하게 되는 등 포스트매스미디어 시대를 위한 환경 변화가 조성되었다(Raine & Wellman, 2012). 누구나 기본적 인프라(가령 인터넷 가입)에 접근할 수 있고, 또 스스로 원하기만 한다면, 자기 이야기를 만들고 전송할 수 있는 제도적 장치가 마련되기 시작했다. 막대한 자본을 가진 기업이나, 권력을 독점한 정부가 아닌 평범한 사람들이 미디어 내용을 생산하고 유통하는 것, 마누엘 카스텔(Castells, 2009)이 "매스 자아 커뮤니케이션mass-self communication"이라고 이름 붙인 것을 가능케 하는 제도적 틀이 조금씩 구축되기 시작한 것이다. 이런 것이 가능해진 데는 매스 셀프 커뮤니케이션을 위한 초기 자본이 매스 미디어 시대에 비해 현격하게 줄어들었다는 것, 미디어 활동이 규모의 경제에서 어느 정도 벗어났다는 것 등이 영향을 미쳤다. 미디어 제작과 유통을 위한 비용이 급감하게 되자 이제 자신의 이야기가 있는 집단과 개인들이 자신들의 목소리를 적극적으로 전하려는 노력을 기울이게 되었다. 물론 여전히 어느 정도의 자본은 필요하지만 말이다. 이야기 주체의 확산이라는 원심력과 더불어 그들을 다시 모으는 구심력을 보이는 변화도 포스트매스미디어 시대에 나타났다. 이른바 미디어 플랫폼이 그러한 구심력을 대표하는 것이다. 미디어 플랫폼의 부상은 미디어 산업이 데이터 산업으로 전환하고 있음을 보여 주는 것이다. 아마도 이것이 포스트매스미디어 시대에 제도로서의 미디어를 이해하는 데서 가장 중요한 점일 것이다.

5장에서도 말을 했지만, 제도로서의 미디어에서 나타난 변화는 도구로서의 미디어, 내용으로서의 미디어에서 나타난 변화보다 구조적인 부분과 맞닿아 있다. 그렇기에 제도로서의 미디어가 변화할 때 우리는 그런 변화 속에서 미디어와 사회에 대한 근본적인 질문들을 새로운 방식으로 제기하게 된다. 가령 미디어는 어떤 역할을 해야 하는가, 미디어는 얼마나 자유로워야 하는가, 누가 미디어를 소유할 수 있는가, 누가 미디어에 접근할 수 있는가, 누가 미디어를 위해서 일하는가, 미디어를 위해서 일한다는 것은 무엇을 의미하나, 미디어가 만들어 내는 생산물의 사회적 기능은 무엇인가, 미디어는 개인 권리를 어느 정도까지 보호해야 하는가, 미디어가 전체 사회에, 혹은 개인에게 초래하는 폐해에 대해서는 어떻게 제도적으로 대응해야 하는가 등의 질문이다. 이런 질문들은 모두 제도로서의 미디어와 연관된 질문이다. 이 질문 대부분은 매스 미디어 시대에 먼저 제기된 것들이지만, 포스트매스미디어 시대에서도 여전히 신중하게 답을 찾아야 하는 것들이다.

매스 미디어 기업의 위기

매스 미디어 시대로부터 포스트매스미디어로 전환되면서 기존 매스 미디어 기업에 위기가 닥쳐왔다. 그들이 오랫동안 가지고 있던 이야기 생산과 유통의 독과점적 위치가 흔들리기 시작했기 때문이다. 모든 사람이 이야기꾼이 되어 가는 상황에서 매스 미디어 조직은 다른 미디어 조직들과 경쟁하는 것과 더불어 일반 대중과도 경쟁을 해야 하는 상황에 봉착했다. 포스트매스미디어 시대를 사는 개인들은 모든 사람에게 동일한 내용을 전달하는 매스 미디어 체제에서 점점 벗어나기 시작했고, 오히려 자기들과 비슷한 모습을 한 사람들이 공유하는 '작은 이야기'들에 끌리기 시작했다. 그런 작은 이야기들을 쉽게 찾고, 즐기고, 공유할 수 있는 새로운 플랫폼들이 나오면서 매스 미디어 내용에 쏟던 관심과 시간과 열정은 조금씩 줄어들기 시작했다. 전통적으로 권위를 자랑하던 신문사들도, 많은 이들의 귀와 눈을 끌었던 방송국들도, 사람들의 거실을 차지하고 있던 신문과 TV 수상기와 라디오도, 이제는 사람들 일상의 주변부로 서서히 물러서게 되었다. 사람들은 이제 지상파 방송을 통해서 미디어 내용에 접하기보다는 비디오 스트리밍 서비스를 통해서 영화, 드라마 등을 본다. 그조차도 기존의 TV 수상기를 통해서가 아니라 스마트폰, 태블릿, 노트북 등 다양한 모바일 기기를 통해서 보는 경우가 많아졌다. 그뿐만 아니라 보는 방식에서도 몰아보기, 소셜 미디어 플랫폼을 매개로 같이 보기 등 새로운 형태가 등장하고 있다. 물론 매스 미디어가 사람들 일상의 테두리 밖으로 완전히 내쫓긴 것은 아직 아니다. 그런데도 매스 미디어 조직들을 주인공으로 하는 '위기' 담론이 2000년대 들어서면서부터 여기저기서 들려 오기 시작했다. 가령 2005년에 한국언론진흥재단이 지상파 방송 종사자 331명에게 설문 조사를 했더니 설문에 참여한 사람들의 86.1%가 지상파 방송이 위기를 맞고 있다고 답했다(김경환, 2005). '저널리즘의 위기,' '신문의 위기,' '방송의 위기'와 같은 말들을 인터넷에서 검색해 보면 엄청나게 많은 검색 결과를 볼 수 있다.

매스 미디어 기업이 겪는 위기는 다양한 지표에서도 나타난다. 가령 이용자 수의 급락, 매출의 감소, 광고 산업의 비중 감소 등이 그런 지표다. 먼저 미디어별 광고 수익의 비율을 살펴보자. 2022년 현재까지 전 세계 광고비 비율을 미디어별로 살펴보면 인터넷 광고가 전체 광고의 61.95%를 차지하는 반면, TV 광고는 22.7%, 라디오는 3.8%, 신문은 3.7%, 잡지는 2.1%에 그쳤다(Statista, 2022). 한국만 놓고 보더라도 상황은 비슷하다. 2019년 통계를 살펴보면 뉴 미디어 광고(모바일 광고, 인터넷 광고, 케이블 PP) 등이 차지하는 비중이 전체 광고비의 61%를 차지하는 반면, 지상파 TV(10.0%), 신문(11.7%), 잡지(2.4%), 라디오(1.9%) 등 이른바 4대 미디어는 모두 합해도 26% 정도에 그치는 상황이다(최호규, 2022). 매스 미디어를 통한 광고의 상대적 비중이 그동안 꾸준히 준 반면, 뉴 미디어 기반의 광고 비중은 계속 늘어났고, 이제는 후자가 광고 시장을 지배하는 세상이 되었음을 세계 통계와 한국 통계가 모두 명확히 보여 준다. 포스트매스미디어 시대의 징후는 광고 시장에서 가장 가시적으로 드러난다고 해도 과언이 아니다. 이런 상황에서도 기존 매스 미디어 기업들은 광고 매출에 상당한 정도로 의존하는 비즈니스 모델을 여전히 떨쳐 내지 못하고 있다. 지상파 방송사들의 경우를 살펴보자. 2018년 〈방송광고산업실태조사〉 보고서를 보면 지상파 방송사 중 SBS와 MBC의 경우에는 전체 매출에서 광고가 차지하는 비중이 여전히 50%를 넘었다(정보통신정책연구원, 2018). KBS는 시청료 때문에 그 비중이 SBS나 MBC보다는 적었다.

매스 미디어 조직의 위기는 일반 사람들이 미디어 환경에 대해 생각하는 방식에서도 드러난다. 방송통신위원회가 발간한 〈2020년 방송 이용 행태 조사〉라는 보고서에는 사람들에게 가장 필수적인 미디어가 무엇인지 묻는 문항이 들어 있었다. 그 질문에 대해 사람들이 답한 내용을 살펴보면 지난 10년 동안 사람들이 미디어 환경에 대해 인식하는 방식이 극적으로 변했음을 확인할 수 있다. 가령 TV가 자기 삶에서 필수적인 미디어라고 답한 사람들의 비율이 2012년에는 60%였는데, 2020년에 오면 29.5%로 급감했다. 신문의 경우는 2011년 2.2%이었으나 2020년에는 0.2%로 떨어졌다. 반면 스마트폰의 경우는 2012년에 24.3%였던 것이 2020년으로 오면 67.2%로 늘어났다. 이것을 연령대별로 살펴보면 그 차이가 더욱더 극심하게 나타나는 것을 볼 수 있다. 가령 2020년에 TV가 자기 삶에서 가장 필수적인 미디어라고 답한 10대는 0.6%, 20대는 4.8%, 30대는 8.0%에 그쳤다. 한국 사회를 사는 30대 이하의 삶에서 TV가 차지하는 비중이 얼마나 줄어들었는지 극적으로 보여 주는 수치라고 할 수 있다. 방송통신위원회 보고서는 각 미디어를 일주일에 5일 이상 이용하는 사람들의 비율을 보고하기도 했다. 한 미디어를 일주일에 5일 이상 이용한다는 것은 그것이 개인의 삶에서 일상적 미디어로 취급됨을 의미한다 할 수 있다. 그 비율이 TV의 경우는 2011년에 81.1%에서 2020년에 77.1%로 떨어졌고, 신문의 경우는 더욱더 극적으로 14.4%에서 2.8%로 떨어졌다. 방송통신위원회가 제시한 결과들 모두에서 TV라는 응답은 지상파 TV뿐 아니라 케이블 방송, 종편, IPTV 등을 모두 포함하는 것이었다. 지상파 방송만을 따로 떼어 놓고 본다면 매스 미디어로서의 TV가 사람들의 일상에서 차지하는 비중은 더 줄어들 것이다. 이 조사 결과 수치들을 보면 특히 신문은 이제 사람들이 살아가는 미디어 생태계에서 거의 멸종 위기에 들어섰다 해도 과언이 아닐 정도로 그 비중이 축소되었다.

종이 신문은 실제로 종말을 염려해야 하는 상황에까지 이르렀다. 독자의 감소, 광고 수익을 다른 미디어에 빼앗기는 것, 기자들의 숫자가 줄어들고, 전반적으로 기사의 수준이 과거보다 떨어지는 것, 특히 논설 기사의 수준이 떨어지는 것, 클릭 장사를 유도하는 기사들의 득세, 제작 비용이 덜 드는 대안적 온라인 뉴스 미디어의 등장, 시민 저널리즘의 등장, 블로그, 컴퓨테이셔널 저널리즘 등 새로운 저널리즘 방식의 출현 등의 변화뿐 아니라, 잠재적 뉴스 소비자들의 삶의 형태와 미디어 소비 방식 변화 등에 제대로 적응하지 못한다면 기존 전통적 방식의 신문 기업들은 결국 문을 닫을 수밖에 없는 상황에 처해 있다. 저널리즘 학자인 이그나시오 실레스Ignacio Siles와 파블로 보즈코프스키Pablo Boczkowski는 2012년에 신문의 위기에 대한 그동안의 학문적 논의를 검토하고 정리하는 글을 발표하였다(Siles & Boczkowski, 2012). 이 글에서 그들은 저널리즘 위기의 원인에 대한 학문적 논의를 경제적, 기술적, 사회적 원인 등세 가지로 정리해서 소개하였다. 두 사람이 정리한 바에 따르면 그동안 학자들은 저널리즘 위기의 경제적 원인으로 (1) 광고 의존도가 높은 기존의 진부한 사업 모델을 신문사가 계속 고수하는 것, (2) 수익성을 너무 좇은 나머지 신문 본연의 정론적 논설 기능을 상실하고 그럼으로써 전반적인 품질 저하를 초래한 것, 그리고 외적 요인으로서 (3) 경제 위기 등으로 인한 재성 약화와 부채 상승 능의 경험에 수복했다. 기술적 요인 중에서 저널리즘 위기와 연결된 것은 당연히도 인터넷의 등장이었다. 인쇄 미디어가 주도하던 시절의 저널리즘 가치와 제작 방식을 신문사들이 인터넷 이후에도 계속 고수하면서 미디어 기술 환경 변화에 제대로 대처하지 못했다는 것을 그들은 기술적 차원에서의 저널리즘 위기 요인으로 꼽았다. 미디어학자들 중에는 인터넷이 신문사 조직 내부 권력관계에 의미 있는 변화를 만들었지만, 신문사 스스로 그런 변화를 제대로 수용하지 못한 것을 저널리즘 위기의 또 다른 원인으로 지적하는 사람들도 있었다. 인터넷의 등장은 뉴스 소비 방식에 혁명적 변화를 만들기도 했다. 블로그, 뉴스 포털, 소셜 미디어 등의 등장은 사람들이 뉴스를 소비하는 방식을 바꿨다. 그 결과 인터넷이 뉴스 전달 미디어로서의 신문의 중심성에 타격을 가했다. 그러나 신문사들은 그런 기술적 도전에 선제적으로 대처하지 못했다. 실레스와 보즈코프스키가 언급한 저널리즘 위기의 세 번째 원인은 사회적 요인이었다. 특히 그들은 신문과 저널리즘에 대한 사회적 신뢰 저하 문제를 강조했다. 사람들은 이제 더 이상 신문을 신뢰할 수 있는 조직으로 보지 않는다. 실레스와 보즈코프스키가 이 문제에 대해 다른 요인들만큼 자세한 논의를 하지는 않았지만, 신문에 대한 신뢰 저하에는 신문이 보이는 완고한 정파성, 노골적인 이윤 추구, 클릭 수만을 올리기 위한 미끼 기사들의 성행, 사회적 지탄을 받는 기자들의 관행 등이 영향을 미쳤을 것이다. 실레스와 보즈코프스키가 언급한 경제적, 기술적, 사회적 요인들은 따로따로 영향을 끼치는 것들이라기보다는 서로 상호 작용하며 통합적으로 신문의 위기에 영향을 미치는 것이라고 봐야 할 것이다.

신문 등 전통적 매스 미디어 기업들이 모두 이런 위기 상황을 가만히 지켜보면서 종말이 올 날을 조용히 기다렸던 것은 물론 아니다. 매스 미디어 기업들도 나름대로 이러한 역경을 헤쳐 나갈 새로운 돌파구를 마련하려 노력해 왔다. 새로운 비즈니스 모델을 찾거나 새로운 수익원을 찾는 등의 노력을 했다. 무엇보다 디지털 전환을 이루려는 다양한 시도를 감행했다. 이러한 노력을 보여 주는 가장 대표적인 예가 〈뉴욕 타임스〉다. 〈뉴욕 타임스〉는 디지털 우선digital first 정책을 내세우며, 광고보다는 구독자 모델을 중심으로 새로운 사업 모델을 성공적으로 구축하는 등 혁신의 성공 사례를 만들었다는 평을 받고 있다. 〈뉴욕 타임스〉의 변화 방향을 체계적으로 정리해서 보여 주는 내용은 〈뉴욕 타임스〉가 2014년도에 공개한 〈혁신 보고서Innovation Report〉에 들어 있다(New York

Times, 2014). 이 보고서에서 〈뉴욕 타임스〉는 자신들이 지금 업계의 선두에 서 있긴 하지만 인터넷 시대의 새로운 도전을 제대로 인식해야 한다고 하였다. 그러면서도 여전히 가장 중요한 미션은 '좋은 저널리즘'을 구축하는 것이라고 선언했다. 특히 〈뉴욕 타임스〉는 독자 수를 늘리기 위해 현명한 전략을 수립해야 한다고 하였다. 특히 디지털 전략 수립과 시행에 대한 시급성은 점점 더 커지는데, 사람과 돈이 디지털 미디어로 몰리고, 사람들의 관심을 끌 중요한 혁신이 거기서 벌어지고 있기 때문이다. 바로 그런 이유로 〈뉴욕 타임스〉는 이른바 '디지털 우선' 정책 시작을 선언하였다. 그리고 광고가 아닌 구독을 중심으로 하는 새로운 비즈니스 모델을 수립했다. 실제 〈뉴욕 타임스〉 수익은 2011년에 이른바 골든 크로스를 보였다. 이때까지 〈뉴욕 타임스〉의 수익은 주로 광고에서 들어왔으나, 2011년 이후부터는 구독자 수입이 광고 수입을 앞서게 되었다. 2017년에 두 번째 나온 혁신 보고서에서 〈뉴욕 타임스〉는 지금까지의 자체 노력을 긍정적으로 평가하면서 계속해서 디지털화 정책을 가속화할 것을 천명했다(*New York Times*, 2017). 가령 다양한 디지털 스토리텔링 기법을 활용해서 기사의 가시성을 높이려 하거나, 독자에게 기사를 취합, 정리해서 매일 개인화된 '뉴스브리핑'을 이메일로 보내 주는 등 저널리즘의 실천을 디지털 방식으로 더욱 전환시키고, 기자들을 '온전히 디지털화된digitally native' 저널리즘에 더 익숙해지도록 훈련시키고, 업무 자체에서 나오는 데이터를 활용해서 목표 달성을 객관적으로 파악하고, 편집국과 제작국 사이의 유기적 관계를 강화시키는 것에 집중할 것을 천명하였다. 그렇다고 해서 〈뉴욕 타임스〉가 종이 신문을 완전히 없앤 것은 아니었다. 그것의 비중은 줄이면서도 오히려 종이 신문의 질은 더 높이는 방향의 혁신을 꾀하겠다는 계획을 발표하기도 했다.

제도적 차원의 미디어 융합

1995년에 월트디즈니사가 ABC 방송을 인수했다. 2013년에는 온라인 유통업체라 할 수 있는 아마존이 〈워싱턴 포스트_The Washington Post_〉 신문사를 인수하였다. 국내에서는 2009년에 통과한 미디어법을 근거로 해서 〈조선일보〉, 〈동아일보〉, 〈중앙일보〉, 〈매일경제〉 등의 신문사들이 종합편성 채널(혹은 종편)을 갖게 됨으로써 신문사가 방송국을 소유하고, 대기업들이 유료 방송 채널에 진입할 수 있게 되었다. 이런 움직임들이 공통적으로 보여 주는 것은 무엇인가? 포스트매스미디어 시대에 미디어 조직 차원에서 주목해 볼 점은 미디어 기업 사이의 융합이 매우 역동적으로 진행된다는 것이다(Lawson-Borders, 2006; Lee & Olson, 2016). 이러한 제도적 차원에서의 미디어 융합은 앞에서 언급한 도구적 차원에서의 융합을 바탕으로 한 것이다(McQuail & Deuze, 2020). 미디어의 디지털화 등을 통해서 이루어진 도구 미디어 차원에서 이루어진 미디어 융합은 종래에는 서로 분리되어 있던 분야(가령 통신, 콘텐츠, 컴퓨터, 웹 산업)의 미디어 기업들이 서로 결합하고, 하나의 모기업에 속하는 방식으로 제도적 차원의 융합을 만들었다. 그리고 제도적 차원의 융합은 기술적 차원의 융합을 더욱 가속화시키면서, 결국 도구로서의 미디어 차원과 제도로서의 미디어 차원의 미디어 융합 현상이 서로를 가속화시키는 상호 순환 구조가 만들어지고 있다.

매스 미디어 시대에는 비교적 미디어 분야가 명확하게 분리되어 있었다. 가령 영화 산업, 방송, 신문, 출판, 통신, PC, 소프트웨어 등의 산업이 분리되어 있었다. 그래서 미국의 경우 디즈니사는 영화를 만들고, CBS는 방송 네트워크를 운영하고, 〈뉴욕 타임스〉는 신문을 만들고, 랜덤하우스는 책을 팔고, AT&T는 전화 사업을 하고, 델은 PC를 만들어 팔고, 마이크로소프트는 윈도와 인터넷 익스플로러 같은 PC용 소프트웨어를 만드는 데 집중했다. 그러나 포스트매스미디어 시대로 오면서 상황이 바뀌기 시작했다. 이제는 하나의 모기업이 영화, TV, 웹, 출판, 게임, 소프트웨어 등 미디어 내용 관련 기업들, 전화, 인터넷망, 케이블 등의 통신, 광고, 프랜차이즈, 유통, 소비자 금융 등의 서비스업, 게임 콘솔, 미디어 기기, 컴퓨터, 컴퓨터 보조 장치, 미디어 저장 장치, 전화기, TV 수상기 등의 하드웨어를 생산하는 기업 등을 모두 소유하는 형태가 등장하고 있다. 미디어 소유의 수직적 통합과 수평적 통합이 동시에 일어나고 있다. 그리고 이러한 미디어 융합은 국내 시장뿐 아니라 국제적인 수준으로 확장되고 있다. 가령 아마존의 경우를 살펴보자. 아마존은 원래 온라인 서점으로 출발한 회사였다. 그러나 이제는 세계 최대의 이커머스 회사가 되었고, 아마존 창업자 제프 베이조스Jeff Bezos의 소원대로 "세상의 모든 것을 파는 회사"가 되었다. 아마존은 이커머스 회사일 뿐만 아니라, AWS라는 클라우드 컴퓨팅 플랫폼, 아마존 프라임Amazon Prime Video이라는 비디오 스트리밍 서비스, 아마존 뮤직Amazon Music이라는 음악 스트리밍 서비스 등을 소유할 뿐 아니라, TV 프로덕션 회사(MGM Television), 케이블 채널(MGM HD), 신문사(《워싱턴 포스트》) 등도 소유하고 있다. 아마존뿐 아니라 구글, 페이스북, 애플, 마이크로소프트 등다른 거대 IT 기업들도 비슷한 방식의 제도적 융합의 중심에 서 있다. 국내에서는 KT가 통신뿐 아니라, 음악(지니뮤직), 도서(밀리의 서재), 광고(나스미디어), 케이블 방송(skyTV) 등을 소유하고 있는 것도 제도적 차원의 융합 현상을 보여 주는 것이다. CJ가 IT 사업, 케이블회사(CJ Hello), 방송 제작(CJ E&M), 케이블 방송(tvN 등 채널), 영화관(CJ CGV), 홈쇼핑(CJ 오쇼핑), 그외 다양한 유통업 등을 소유하고 있는 것도 제도로서의 미디어 차원에서 나타나는 융합의 사례라 할 수 있다.

플랫폼화

포스트매스미디어 시대에 제도적 차원에서 사람들이 주목해 온 중요한 것 현상 하나는 미디어 기업과 활동의 플랫폼화다. 매스 미디어 시대에서 포스트매스미디어 시대로 접어들면서 플랫폼적 성격을 지닌 기업이 미디어 환경에서 차지는 비중이 커졌다. 플랫폼이란 무엇인가? 원래 사람들이 플랫폼이란 말을 쓸 때 그것은 대개 기차역에서 기차를 타고 내리는 승차장, 혹은 연설 등을 하는 사람이 올라서서 잘 보이게 청중이나 관객들이 서 있는 곳보다 약간 높게 만든 평평한 구조물 같은 것을 지칭했다. 혹은 사람뿐 아니라 사물을 올려놓는 평평한 구조물을 말할 때도 플랫폼이란 말을 썼다. 이런 의미들을 종합해 보면 플랫폼이란 사람과 사물들이 서로 만나게 하고, 함께 행위를 하게 하는 장치나 공간이라 말할 수 있다. 사람과 사람, 사람과 사물, 혹은 사물과 사물이 서로 만나서 어떤 행동을 할 수 있는 장으로서의 플랫폼은 이미 미디어적 성격을 가진 매개의 공간이라 할 수 있다. 플랫폼을 중매matchmaker와 비교하는 사람들이 있는데 중매라는 행위 자체가 미디어적 행위다. 물건을 팔려는 사람들과 사려는 사람들을, 혹은 물물 교환을 하려는 사람들을 함께 모아 놓은 전통 시장도 플랫폼이라 할 수 있고, 그것이 현대적으로 진화한 형태라 할 수 있는 오프라인 쇼핑몰도 플랫폼이라 할 수 있다. 그렇다면 시장이라는 플랫폼도, 쇼핑몰이라는 플랫폼도 미디어적 공간으로 볼 수 있다.

사람들이 '플랫폼적 현상'을 플랫폼이라는 단어를 갖고 말하기 시작한 것은 그리 오래되지 않았다. 플랫폼이라는 말이 경영적 측면에서 처음 언급된 것은 프랑스 퐁텐블로 경영대학원(인시아드INSEAD)의 애나벨 가워Annabelle Gawer와 MIT의 마이클 쿠수마노Michael Cusumano가 2002년 출판한 《플랫폼 리더십Platform Leadership》이라는 책에서였다(Gawer

& Cusumano, 2002). 여기에서 두 사람은 플랫폼이라는 것을 다른 기업들의 제품 생산의 기반이 되는 제품이라고 정의내렸다. 그러니까 플랫폼이란 결국 제품들을 위한 제품인 것이다. 가워와 쿠수마노는 2002년 시점에서 플랫폼의 사례들로 인텔, 마이크로소프트, 시스코 같은 기업을 꼽았다. 특히 그들이 주목해서 본 것은 인텔이었다. 인텔의 사례를 보면 그들이 말하는 '다른 기업 제품들 생산의 기반이 되는 제품'이라는 것이 무엇을 말하는지 알 수 있다. IBM이 PC 시장을 떠난 후인 1990년대 초 PC 시장은 누구도 주도하지 않는 상황에 놓였다. 그런 상태에서 PC 시장의 성장이 둔화할 기미가 보였다. 인텔은 컴퓨터 자체를 만드는 회사가 아니라, PC에 들어가는 마이크로프로세서 즉 CPU를 만드는 회사였다. 더 빠르고 성능 좋은 인텔의 CPU 개발은 계속되었지만, 그것이 시장에서 받아들여지려면 발전된 CPU에 대응할 PC 주변 장치들의 혁신과 생산이 따라 줘야 했다. 더 빠르고 강력한 컴퓨터에 대한 수요가 계속 지속하여야만 인텔도 새로운 CPU를 개발하고 생산하는 것이 가능했다. 그러나 1990년대 초의 상황은 그리 밝지 못했다. 그래서 인텔은 가워와 쿠수마노가 그들의 책에서 플랫폼 리더십 전략이라고 부른 접근 방식을 취한다. 인텔 스스로가 일종의 혁신 플랫폼이 되어서, 주변 장치를 만드는 회사들이 인텔의 CPU가 필요한 제품들을 생산할 수 있게 만들어 주는 역할을 맡기 시작한 것이다. 인텔의 그런 노력을 상징적으로 보여 주는 것이 USB(universal serial bus)의 개발이었다. USB는 컴퓨터의 주변 기기(모니터, 프린터, 키보드, 마우스, 메모리 장치 등)를 그야말로 '범용적으로' CPU에 연결하는 인터페이스 장치였다. 즉 모든 컴퓨터 장치가 범용으로 인텔의 플랫폼에 연결될 수 있는 통로였다. 이런 장치 등을 활용해서 인텔은 전체 PC 산업을 떠받치는 플랫폼으로 역할을 했다.

가워와 쿠수마노는 어떤 특정 제품(가령 인텔의 CPU)을 플랫폼의 기반으로 보았지만, 그 뒤에 나오는 미디어 플랫폼에 대한 논의들은 플랫폼을 다양한 주체들이 서로 만나서 일종의 거래 행위transaction을 할 수 있게 만들어 주는 장을 의미하는 말로 사용했다. 특히 '미디어 플랫폼'에 대한 논의는 대략 2010년대 이후에 본격화되었다(Jin, 2017). 캐나다 사이먼프레이저대학교의 진달용 교수는 어느 순간에 갑자기 페이스북이나 트위터, 넷플릭스 같은 온라인 스트리밍 서비스, 구글과 같은 검색 엔진 등 우리가 통칭해서 플랫폼이라 부를 수 있는 것들이 정치적, 경제적, 문화적, 기술적으로 현대인의 삶에 깊이 뿌리내리게 되었고, 사람들의 일상, 특히 그들의 문화적 활동에 큰 영향을 미치게 되었다고 평가했다(Jin, 2017). 영국 킹스칼리지런던의 닉 서르닉Nick Srnicek은 2017년 발표한 《플랫폼 자본주의Platform Capitalism》라는 책에서 플랫폼을 "복수의 집단이 교류하는 디지털 인프라"라고 비교적 간단하게 규정한다(Srnicek, 2017). 결국 플랫폼은 소비자, 광고주, 서비스 제공자, 생산자, 공급자, 물리적 객체들이 서로 만나게 하는 매개자라는 것이다. 그렇다면 플랫폼이야말로 포스트매스미디어 시대 제도로서의 미디어의 다른 이름이라 할 수 있다. 서르닉은 플랫폼의 특성을 다음과 같이 설명한다. 첫째, 플랫폼은 매개자로서 다양한 주체들을 서로 만나게 하면서, 거기서 생성되는 막대한 정보에 접근한다. 둘째, 플랫폼은 네트워크 효과network effects를 생산하고, 그것에 의존한다. 또한 플랫폼은 교차 보조 전략cross-subsidization을 사용한다. 셋째, 플랫폼상에서 이루어지는 모든 상호 작용은 플랫폼 기업에 의해서 계산되고, 디자인되고, 통제된다.

위에서 제시한 플랫폼의 두 번째 특성 안에 들어있는 '네트워크 효과'와 '교차 보조 전략'이란 무엇일까? 플랫폼의 성격을 더 잘 이해하는 데 필요하니, 이에 대해 조금 부연 설명을 해 보도록 하겠다. 네트워크 효과란 상품, 서비스, 플랫폼의 가치가 그것을 구매하거나 이용하는 사람들의 수가 증가하면 함께 증가하는 현상을 설명하기 위한 개념이다(Belleflamme & Peitz, 2018; Katz & Shapiro, 1994). 가령 지구상에 전화 소유자가 단 한 명뿐이라면 전화의 가치는 0일 것이다(즉, 전화 걸 곳이 한 군데도 없으니 그것은 전혀 쓸모없는 물건이다). 그러나 두 번째 전화 이용자가 생기자마자 전화는 가치를 갖게 될 것이다(이제 세상에 존재하는 두 명의 전화 이용자 각각에게 전화 걸 곳이 적어도 한군데는 있다). 전화의 가치는 세상에 전화 이용자가 두 명 있을 때보다는 200명 있을 때 훨씬 더 커질 것이다. 네트워크 효과가 작동하기 때문이다. 소셜 미디어 플랫폼도 마찬가지다. 특정 소셜 미디어 플랫폼 이용자가 세상에 단 한 명이라면 그 플랫폼의 가치는 0이라고 해야 한다. 세상에 하나뿐인 이용자가 거기에 글을 올린다고 해도 어느 누구도 보지 않을 것이니 말이다. 소셜 미디어 플랫폼 자체에 아무런 변화가 없더라도 그것을 이용하는 이용자가 한 명 더 생기면 전화의 경우와 마찬가지로 플랫폼의 가치가 발생한다. 이용자가 늘어나면 플랫폼의 가치도 함께 늘어난다. 이것이 네트워크 효과다. 특히 플랫폼이 양면 시장(하나의 플랫폼이 판매자와 소비자를 모두 상대하는 시장)을 포괄하고 양면 시장에 참여하는 성격이 다른 고객들(가령 중고 물품 판매자와 그것을 사려는 소비자 혹은 자신의 공간을 제공하는 에어비앤비 호스트와 그 공간을 빌려 쓰는 이용자)이 농시에 존재하는 경우에 발생하는 네트워크 효과는 '교차 네트워크 효과cross network effects'라고 부른다. 교차 보조 전략은 교차 네트워크 효과와 관련된 것이다. 플랫폼에서 사용하는 교차 보조 전략이란 플랫폼에 참여하는 성격이 다른 고객들에게 차별적인 이용 가격을 책정하는 것을 말한다(Rochet & Tirole, 2003). 가령 페이스북이나 구글 검색 서비스가 일반 이용자들에게는 요금을 전혀 부과하지 않지만 광고를 하는 광고주들에게는 요금을 부과하는 것, 혹은 에어비앤비가 호스트들과 이용자들에게 차별적인 수수료를 책정하는 것 등이 교차 보조 전략의 예라 할 수 있다. 교차 보조 전략을 통한 가격 설정에서 중요한 것은 양면 시장의 성격이 다른 구성원들(가령 판매자와 소비자)이 서로 상승 작용을 일으키며 최대한으로 많이 플랫폼에 모일 수 있게 하는 적정 가격을 찾는 것이라 할 수 있다. 즉 교차 보조 전략을 쓰는 가장 중요한 이유는 교차 네트워크 효과를 극대화하려는 것이다.

서르닉은 같은 책에서 플랫폼의 유형을 광고 플랫폼, 클라우드 플랫폼, 산업 플랫폼, 제품 플랫폼, 린 플랫폼 등 다섯 가지로 구분할 수 있다고 설명한다(Srnicek, 2017). 광고 플랫폼의 대표 격은 구글의 검색 엔진이나 메타의 페이스북이다. 구글이나 페이스북은 검색 엔진 이용자나 소셜 미디어 이용자의 정보를 수집, 분석해서 온라인 광고주들에게 판매한다. 반면 클라우드 플랫폼은 개인, 기업, 정부 등이 컴퓨터, 소프트웨어, 데이터베이스, 컴퓨터 네트워크 등을 자체 구입하거나 설치하는 대신 그에 대한 접근권만을 구입해서 이용할 수 있게 하는 것을 말한다. 가령 전에는 기업이 특정 업무를 수행하려면 컴퓨터를 구입하고, 데이터는 자체 건물 안의 서버에 저장하고, 소프트웨어는 제조사로부터 물리적 형태로 구매해서 각 컴퓨터에 일일이 설치해서 쓰고, 컴퓨터 사이의 네트워킹도 직접 회사 내 컴퓨터들을 물리적으로 연결하는 방식으로 구축해야 했다. 하지만 이제는 이 모든 것을 클라우드상에서 가능하게 해 놓고, 그에 대한 이용권을 파는 기업들이 생겨났다. 가령 마이크로소프트는 이제 윈도나 MS오피스 등의 소프트웨어를 물리적 형태의 상품으로 판매하지 않는다. 대신 온라인상에서 그 소프트웨어에 접근할 수 있는 접근 라이선스를 판매할 뿐이다. 마이크로소프트의 소프트웨어를 사용하면서 나오는 문서 등의 결과물은 이용자 본인의 컴퓨터에 저장되는 것이 아니라, 마이크로소프트의 클라우드에 저장이 된다. 어도비 같은 회사도 비슷한 방식으로 플랫폼화 전략을 추구하고 있다. 클라우드 플랫폼의 대표 주자는 아마도 아마존일 것이다. 아마존은 어떤 기업이든지 그 기업의 업무를 추진하는 데 필요한 컴퓨팅 관련 서비스를 클라우드 웹 서비스를 통해 제공하는 체제를 구축했다. 구글 드라이브 서비스도 클라우드 플랫폼의 일종이라 할 수 있다. 클라우드 서비스는 결국 개인이나 조직이 컴퓨터 하드웨어와 소프트웨어와 만나는 장을 마련해 주는 것이라 할 수 있다. 클라우드 플랫폼 회사들은 이용자들에게 이용료를 받기도 하지만, 중요한 수익원 중 하나는 개인과 조직이 자신의 클라우드 서비스를 이용하면서 발생시키는 데이터이기도 하다.

세 번째 유형의 플랫폼은 서르닉이 산업 플랫폼이라는 이름으로 분류한 것이다. 이것은 일면 클라우드 플랫폼의 특수한 형태라고도 할 수 있는데, 제조업이라는 특수 분야를 위한 플랫폼이라 할 수 있다. 이제는 공장에서 제품을 생산하는 과정도 컴퓨터, 인공 지능, 로봇, 네트워크 기술 등에 기대야 하는데, 각각의 기업이 자체 시스템을 만드는 것은 비용이 많이 들기 때문에 GE나 지멘스 등의 회사가 이미 구축해 놓은 플랫폼을 사용하는 것이 더 효율적이 되었다. 여기서도 GE나 지멘스 등은 플랫폼을 구축해 주고, 관리해 주는 것뿐 아니라, 거기에서 나오는 막대한 양의 데이터에서 수익을 올린다.

네 번째로 제품 플랫폼은 기업이 특정 제품을 미리 소유하고 있다가 그것을 임대하는 플랫폼을 말한다. 기업 소유의 자전거, 스쿠버, 자동차 등을 앱을 통해 공유해 주는 모빌리티 서비스들이 여기에 해당한다. 마지막 유형의 플랫폼인 린 플랫폼도 제품과 서비스를 임대한다는 점에서는 제품 플랫폼과 비슷하지만, 차이점은 린 플랫폼 기업은 그 제품이나 서비스를 실제 소유하지 않고, 제품과 서비스를 제공할 사람과 그것을 이용할 사람을 연결해 주기만 한다는 것이다. 가령 우버, 카카오 택시, 에이비앤비 같은 회사가 여기에 해당한다. 제품 플랫폼과 린 플랫폼 모두 이용 수수료를 받지만, 이 경우에도 더 중요한 것은 플랫폼상 거래로부터 발생하는 어마어마한 규모의 데이터라고 할 수 있다.

닉 서르닉이 언급한 플랫폼 기업의 유형 중에서는 아마도 광고 플랫폼이 미디어학자들이 말하는 미디어 플랫폼에 가장 근접한 것이라 할 수 있다. 그러나 나머지 유형들도 모두 이 책에서 규정하는 미디어 성격을 갖고 있다 할 수 있다. 플랫폼 기업들은 모두 다양한 주체와 객체들을 서로 연결하고, 그러한 연결 위에서 인터페이스interface, 행위action, 상호 작용interaction, 거래transaction을 발생시키고, 거기서 도출되는 데이터를 수집, 분석, 활용하는 것을 기반으로 한다. 서르닉이 제시한 다섯 가지 유형 중 어디에 속하든 플랫폼 기업들의 활동은 결국 미디어 활동이고, 그렇기에 모두 미디어 기업으로서의 특성을 지녔다고 할 수 있다.

미디어에 참여하는 모든 주체와 객체가 플랫폼을 통해서(혹은 플랫폼을 통해서만) 특정한 유형의 인터페이스, 행위, 상호 작용, 거래를 경험할 수 있다면, 결국 참여 주체들과 플랫폼 사이에 모종의 권력관계가 만들어지게 될 것이다. 가령 유튜버들이 자신의 동영상을 다른 사람들에게 보여 주기 위해서 유튜브에(만) 의존할 수밖에 없고, 유튜브 이용자들도 자신이 원하는 내용을 쉽게 찾고, 이용하고, 공유하기 위해 유튜브에(만) 의존하게 되는 상황이 만들어졌다고 해 보자. 이 경우 동영상 생산과 소비 양면에서 유튜브 플랫폼에 대한 이중적 의존이 발생한다고 할 수 있다. 이런 플랫폼 의존platform dependency은 매스 미디어가 사회 체계와 개인과의 관계 속에 노정되어 있어서 사회 구성 주체들이 매스 미디어에 의존할 수밖에 없다고 말한 샌드라 볼로키치의 미디어 체계 의존이 21세기 버전으로 다시 태어난 것이라 할 수 있다. 외부의 불확실성이 높아지거나 개인과 조직의 정보 추구 동기가 커지게 되면 매스 미디어가 갖는 상대적 권력이 커지게 되고 그러면 정치 체계와 경제 체계에 속한 조직들이 매스 미디어에 대해 갖는 의존이 커지고, 체계 수준에서의 매스 미디어에 대한 의존도가 그런 식으로 높아지면 개인들 역시 불확실해진 일상에서 매스 미디어에 대한 의존을 더 높일 수밖에 없다는 것이 미디어 체계 의존 이론이 설명하는 바였다. 포스트매스미디어 시대로의 전환이 이루어는 21세기에도 매스 미디어가 여전히 힘을 발휘하고 있고, 다른 주체(조직, 개인)의 매스 미디어에 대한 의존이 높아지는 경우가 여전히 있다. 가령 자연 재난 등이 갑자기 발생해서 실시간으로 동일한 내용을 사람들이 받을 필요가 있을 때가 그런 경우다. 그러나 이제 개인과 조직이 일상적으로 의존하는 대상은 매스 미디어라기보다는 다양한 유형의 미디어 플랫폼이다. 갑작스럽게 발생한 자연 재난에 대한 정보도 이제는 플랫폼에 의존해서 얻는 사람들이 늘어나고 있다. '플랫폼 의존'은 포스트매스미디어 시대의 새로운 화두가 되었다(Meesem & Hurcombe, 2021; Cutlolo & Kenney, 2021).

플랫폼 의존에 대한 논의를 국제적 수준으로 끌어올리면 매스 미디어 시대부터 제기되어 온 문화제국주의 혹은 미디어제국주의의 문제와 만나게 된다. 최근에는 플랫폼 제국주의의 문제가 제기되고 있기도 하다. 플랫폼 권력이 미국(혹은 미국의 거대 아이티 기업들)을 중심으로 공고히 구축되고 있으며 간혹 한국과 같이 자체적인 플랫폼(네이버, 다음카카오 등)이 자국 시장에서 힘을 발휘하는 때도 있기는 하지만 국제적인 수준에서 본다면 종래 제국주의적 관계가 플랫폼을 중심으로 재현되고 있다는 것이다(Jin, 2015). 물론 이 문제는 결코 단순하지 않다. 최근에 나타나는 예외적 현상들에도 주목해야 한다. 가령 미국의 글로벌 IT 기업에 대한 다른 서구권 국가들 특히 EU 국가들의 견제가 점점 더 심해지는 점, 중국은 미국 IT 기업의 자국 내 활동을 금지하는 점, 국가의 지원을 받아 중국 IT 기업이 부상하는 점, 그리고 앞에서 언급한 한국의 예와 같이 지역 시장에서 미디어 권력을 행사하는 로컬 기업이 존재한다는 점 등, 플랫폼 제국주의라는 개념으로 충분히 설명하기 어려운 현상이 존재한다. 그럼에도 현재 진행 중인 플랫폼화 경향에서 주로 미국에 속한 글로벌 IT 기업들에 미디어 권력이 집중되고 있다는 점은 부인할 수 없는 사실이고, 그것이 글로벌 시장과 각 국가 내 미디어 시장에서 갖는 힘의 함의에 대한 논의는 여전히 필요하다. 그런 논의를 위해 가장 적절한 개념은 무엇일까에 대한 논의는 여전히 숙제로 남아 있다.

미디어로서의 플랫폼상에서 발생하는 인터페이스, 행위, 상호 작용, 거래, 그리고 거기서 생산되는 다양한 이야기들은 모두 데이터화되어 클라우드에 저장되고, 분석이 되어서, 결국 제삼자의 이윤 추구를 위한 데이터 상품으로 전환된다. 그래서 결국 플랫폼 기업은 미디어 기업이면서 동시에 데이터 기업이기도 하다. 이에 관한 이야기는 바로 다음에 나오는 데이터 산업화에 관한 내용에서 계속하도록 하겠다.

미디어 산업에서 데이터 산업으로

포스트매스미디어 시대의 미디어 산업(즉 플랫폼 산업)은 결국 데이터 산업화하여 가고 있다(Mosco, 2017). 인공 지능, 사물 인터넷, 클라우드, 데이터 분석 기술 등을 기반으로 해서 미디어 산업은 미디어 내용물을 제공하면서 동시에 미디어 소비자들로부터 다양한 데이터를 추출, 가공, 활용하여 이윤을 만들어 낸다(Arsenault, 2017; Couldry & Mejias, 2019; Lippell, 2016). 이것을 매스 미디어 시대에 구축된 이중 상품 시장 구조에 대비할 수 있다. 5장에서 설명했듯이 매스 미디어 시대에 미디어 기업은 표피적으로는 미디어 내용을 생산해서 미디어 이용자에게 공급하는 것이 주 활동처럼 보이지만, 실제로 그들은 미디어 내용물을 일종의 미끼로 삼아 미디어 이용자를 끌어모은 뒤, 그렇게 모인 미디어 이용자(사실은 그들의 관심,

시간, 지갑의 가용 예산 등)을 광고주에게 팔고 있었다. 그래서 사실 미디어가 파는 상품은 시청자(청취자, 독자)였고, 미디어 시장의 고객은 미디어 이용 자가 아니고 광고주였다. 이것을 우리는 5장에서 매스 미디어 시대의 이 중 상품 시장이라 불렀다. 포스트매스미디어 시대에도 일종의 이중 상 품 시장이 존재한다. 매스 미디어 시대의 경우와는 조금 다른 모습이긴 하지만 말이다. 포스트매스미디어 시장의 이중 상품 시장은 미디어 기업 이 데이터 기업화되는 과정에서 등장했다.

포스트매스미디어 시대의 이중 상품 시장에서 미디어 기업은 겉으 로는 미디어 내용물(영화, 드라마, 신문 기사 등), 서비스(검색 서비스, 지도 서비스, 주 문 서비스 등), 공간(미디어 내용물을 찾을 수 있는 스트리밍 서비스 공간 등)을 만들어 서 소비자에게 파는 것을 주된 활동으로 삼는다. 그러나 실제로는 그런 내용, 서비스, 공간을 역시 일종의 미끼로 이용해서 사람들을 모은 뒤, 그 들로부터 다양한 데이터를 수집, 가공, 분석, 활용, 판매하는 것이 미디어 기업의 주된 업무가 되었다. 새로운 방식의 이중 상품 시장이 등장한 것 이다. 물론 데이터를 모으는 과정에서 혹은 그것의 궁극적인 목표로 이 용자를 광고주에게 연결해 주는 활동도 하므로 실제로는 이중 상품 시장 을 넘어 삼중 상품 시장, 혹은 다중 상품 시장이라 불러야 힐 것이다.

기존 규범 체계의 흔들림

포스트매스미디어 시대로 들어서면서 매스 미디어 시대에 구성된 여러 규범 체계들이 흔들리기 시작했다. 그러나 그것들을 대체할 새로운 규 범 체계가 무엇인지는 아직 분명하지 않다. 그나마 분명히 드러나는 지 배적 가치는 이윤의 극대화라는 자본주의적 가치와 개인의 편리, 효율, 안전, 행복 등을 강조하는 공리주의적 가치다. 신자유주의의 영향을 받 아 강조되는 이런 가치들이 다른 기존의 가치들을 대체하는 중이라고 할 수 있다. 미디어 환경 내 가치 규범의 문제를 여기서는 공익성, 객관성, 공정성, 개인 정보, 지적재산권, 접근에 대한 규제, 내용에 대한 규제 등으로 나눠서 살펴보겠다.

먼저 공익성의 문제부터 살펴보자. 매스 미디어 체제가 구축되면서 공익성의 개념이 대두되었다(5장). 매스 미디어 체제 내에서 공익성의 개념이 대두된 것은 매스 미디어, 특히 방송이 갖는 전파의 희소성 문제 때문에 소수만 전파를 수탁받아 방송할 수 있는 특권을 가질 수 있었다는 것, 같은 내용을 다수의 사람이 동시에 듣고 보는 것이 미칠 수 있는 사회적 영향의 크기가 어마어마할 수 있다는 생각 등을 기반으로 한 것이었다. 이에 대해서는 5장에서 자세히 다루었다. 매스 미디어 시대에는 공익성의 이념과 원칙이 공영으로 소유 및 운영되는 미디어들뿐 아니라 사적으로 운영되는 미디어들에도 요구되었다. 그러나 1980년대 이후가 되면서 두 가지 조건이 약화하기 시작했다. 케이블 방송의 시작으로 전파의 희소성 조건이 약화되기 시작했고, 사람들의 시선과 관심이 다양한 채널로 분산되면서 미디어가 사회에 미치는 영향력에 대한 두려움이 줄어들기 시작했다. 공익성의 이념을 미디어에 적용하기 위한 이념적, 기술적, 정책적 기반이 흔들리기 시작한 것이다. 만약 어떤 이유에선가 운동화 제작과 판매를 하나의 회사가 독점할 수밖에 없다면 운동화 품질과 가격 (가령 적정 수준 이상의 품질과 적당한 수준 이하의 가격) 등에 대한 공익적 가치를 물을 수 있는 근거가 생길 것이다. 하지만 사람들이 자기 취향에 따라 자기가 좋아하는 운동화를 골라서 살 수 있는 경쟁 시장이 존재한다면, 운동화 회사에 공익성을 적용하기 쉽지 않을 것이다. 같은 일이 1980년대 이후 미디어 환경에서도 벌어졌다. 포스트매스미디어 시대에 사람들이 이용할 수 있는 미디어 채널이 늘어나면서 공익성은 낡은 가치라는 주장이 힘을 얻고 있다. 그러나 이에 대한 반론도 동시에 존재한다. 끊임없이 늘어나는 채널들 때문에 사람들의 관심이 분산되는 것 같지만, 여전히 미디어 시장에는 독과점 구조가 남아 있고, 그래서 미디어의 영향력을 여전히 무시할 수 없다고 주장하는 사람들이 있다. 그들은 그런 영향력이 이제 플랫폼 기업으로 옮겨 가고 있다고 말한다. 우리가 앞에서 살펴보았던 미디어의 플랫폼화 그리고 플랫폼 간의 경쟁 상황에서 벌어지는 불공정 경쟁과 독과점 추세를 제어할 필요가 있고, 그런 제어를 위해서는 공익성과 같은 규범이 여전히 필요하다고 그들은 주장한다(Fenton, 2011; Frenken et al., 2020; Mosco, 2017; Napoli, 2015; Powell, 2016; Thelsen, 2018).

객관성과 공정성에 대한 개념 역시 흔들리고 있다. 5장에서 살펴봤듯이 객관성의 개념은 신문 등의 미디어가 매스 미디어화하면서 등장한 개념이다. 사실과 의견을 구분하고, 사실에 관해 이야기할 때는 충분한 검증을 거치고, 대립하는 의견에 대해서는 가급적 공평하게 다루는 것이 매스 미디어 시대의 기본적 규범이었다. 사실은 하나로 고정되어 있고, 의견은 다양할 수 있다는 것이 그때의 기본 전제였다. 물론 편견, 실수, 능력 부족 등에 의해서 사실을 제대로 반영하지 못할 수 있다. 그러나 매스 미디어 시대에는 하나의 사실이 존재한다는 것 자체가 흔들리지는 않았다. 매스 미디어 시대의 기자들은 '사실'을 선날하는 섯을 제1원칙으로 삼았다. 그러나 의견은 다양할 수 있었다. 특정 사안에 대해서 언론사가 한쪽으로 기울어진 어떤 의견을 가질 수도 있었다. 그러나 그것은 대개 사설을 둘러싼 박스 안에 머물러 있어야 했고, 박스 테두리 밖에서는 공정성과 객관성의 기준 속에서 다양한 의견을 공평한 비중으로 다뤄야 한다는 것이 매스 미디어 시대의 규범이었다. 물론 그것이 현실에서 완벽하게 이루어진 것은 아니었지만 말이다. 그러나 포스트매스미디어 시대와 겹치는 포스트진실의 시대로 넘어오면서 상황이 바뀌었다. 하나의 사실과 다양한 의견이 존재하는 상황에서 다양한 사실과 다양한 의견이 존재하는 상황으로 바뀌었다. 트럼프 정부의 백악관 선임고문 켈리앤 콘웨이Kellyanne Conway가 사용한 '대안적 사실alternative facts'이라는 정치적 수사는 사실 정치적 수사에 그치지 않고 포스트진실 사회의 징조를 보여주는 것이기도 했다. 사실 자체가 흔들리고, 사실 자체의 근원이 사라지고, 사실은 필요에 따라 생산될 수도 있는 것이라는 사상이 커지고 있다. 지구 온난화 문제에 대해서도, 팬데믹의 원인과 예방 방법에 대해서도, 영토 경계에 대해서도, 불과 몇십 년 전의 역사적 사건에 대해서도, 아니 심지어는 바로 어제 벌어진 사건에 대해서도 복수의 대안적 사실들이 경쟁하는 상황에 처하게 된 것이다. 반면에 의견은 오히려 고착되었다. 비슷한 의견을 가진 사람들끼리의 네트워크가 쉽게 이루어질 수 있게 되면서 내집단의 의견이 집단의 '진리'로 승격되는 현상이 나타났다. 이런 상황에서 기존의 공정성과 객관성의 규범이 설 자리는 좁아지고 있다.

포스트매스미디어 시대 들어서 나타난 규범적 인식의 변화는 개인 정보에까지 번졌다. 개인 정보 혹은 프라이버시가 하나의 법적 규범으로 인식되기 시작한 것은 서구에서도 19세기 말부터라 할 수 있다(Nissenbaum, 2010; Solove, 2008; Westin & Ruebhausen, 1967). 20세기 매스 미디어 시대에 개인 정보와 관련된 이슈는 대개 그것이 어떤 경우에 침해되었다고 규정할 수 있는지, 개인 정보 침해의 문제를 어떻게 막을 수 있는지, 문제 발생 이후 그에 대한 책임을 누구에게, 어떻게 물을지 등에 관한 것이었다(Nissenbaum, 2010; Solove, 2008). 그러나 포스트매스미디어 시대로 오면서 개인 정보는 침해 가능성에 노출되어 있어서 보호의 대상이 되어야 하는 개인의 권리이기만 한 것이 아니라 네트워크 정보 경제를 위한 자원이라는 새로운 지위를 부여받았다. 개인 정보는 보호의 대상이 되는 권리이기만 한 것이 아니라 적극적으로 활용되어야 하는 사회적 자원으로 취급받게 된 것이다.

포스트매스미디어에는 개인 정보를 권리로 보는 시각과 자원으로
보는 시각이 공존한다. 개인 정보를 권리로 보는 시각이 드러난 사례로
는 EU의 일반 개인 정보 보호 규정(GDPR)이 2018년 5월부터 시행된 것
을 꼽을 수 있다. GDPR은 EU 내에서 사업장을 운영하면서 EU 시민의
개인 정보를 활용하는 기업, EU에 사업장을 물리적으로 운영하는 것은
아니지만, 전자 상거래 등으로 EU 시민에게 재화나 서비스를 판매하거
나 제공하는 기업, EU 거주 시민의 행동을 모니터링하는 기업을 대상으
로 한다. GDPR 내용 중에서 주목할 점은 일반인이 자신의 개인 정보에
대한 열람청구권, 삭제권, 정보이동권을 행사할 수 있는 길을 열어 주어
서 개인이 스스로 자신의 개인 정보에 대해 갖는 개인 정보 보호 통제
권을 강화했다는 것이다. EU 시민의 개인 정보가 역외로 이전하는 요건
을 명확히 하기도 했다. 법령을 위반할 시에는 글로벌 매출의 4% 또는
2,000만 유로 중 높은 금액의 과징금을 부과하는 조항도 명시했다.

반면에 개인 정보가 권리에서 자원으로 변화하고 있음을 잘 보여
주는 경우는 지난 2020년에 한국에서 제정된 데이터 경제 3법이다. 데
이터 경제 3법 안에는 개인정보보호법, 신용정보법, 정보통신망법이 들
어 있다. 데이터 경제 3법은 개인과 관련된 성보를 개인 성보, 가명 정
보, 익명 정보로 구별한다. 개인 정보는 개인을 알아볼 수 있는 내용을
포함한 정보인데, 데이터 3법에 따르면 사전적이고 구체적인 동의를 받
았다면 사용 가능하다. 가명 정보는 추가 정보 없이는 특정 개인을 식별
할 수 없도록 하는 조치를 사전에 이미 취해 놓은 정보인데, 통계 작성,
연구, 공익적 기록 보존 목적이라면 개인 동의 없이도 사용 가능하다. 익
명 정보는 어떤 방법으로도 개인을 식별할 수 없는 정보인데, 이런 정보
는 데이터 3법에 의하면 동의 수집 필요 등의 제한 조건 없이 자유롭게
사용할 수 있다. 즉 데이터 3법은 경제적 활동을 위해서 기업이 쓸 수 있

는 개인 관련 정보 데이터의 범위를 사전 동의를 받지 않은 개인 정보(개인의 정체를 식별 가능한 정보)를 제외한 모든 경우로 넓힌 것이다.

개인 정보를 권리이자 자원으로 보는 이중적 시각이 공존하는 상황에서 사람들은 일종의 패러독스에 빠지게 된다. 대개 미디어 기업들은 개인들의 정보를 사용하면서 그것이 개인들에게 돌아갈 다양한 유익에 대해 홍보를 한다. 개인 맞춤형 정보와 지식을 제공한다든지, 개인 맞춤형 상품과 서비스를 제공한다든지, 개인 정보를 학습 데이터로 활용해서 인공 지능의 능력을 확장함으로써 개인들의 삶을 더 편리하고, 안전하고, 효율적이고, 생산적으로 만들어 준다든지 등의 말을 한다. 이런 상황에서 개인들은 스스로 개인 정보를 보호해야 한다는 동기와 자신의 개인 정보를 기업에 제공함으로써 기업들이 약속하는 새로운 상품과 서비스를 이용하겠다는 동기를 동시에 느낀다. 그러면서 혹자들이 '프라이버시 패러독스'라고 이름 붙인 내적 갈등의 상황에 빠지게 된다(편미란 외, 2021; Dinev & Hart, 2006; Kim, 2019; Norberg, Horne, & Horne, 2007; Son & Kim, 2008; Taddei & Contena, 2013; Taddicken, 2014). 이런 패러독스가 모든 사람을 괴롭히는 것은 물론 아니다. 어떤 사람들은 나름대로 개인 정보 보호 동기와 제공 의사를 자신의 삶 속에서 잘 병립해서 살기도 하고, 아니면 더욱더 적극적으로 디지털화되어 가는 현대의 삶에서는 적극적으로 개인 정보를 공유하는 것이 마땅하다는 새로운 차원의 자유주의적 소비자 태도를 피력하며 일종의 '프라이버시 자유방임'의 모습을 보이기도 한다(Kim, 2019). 그러나 한편에서는 여전히 개인 정보가 정부나 기업에 오용될 것을 걱정하고 우려하는 사람들도 있다. 개인 정보와 프라이버시에 대한 이율배반적인 패러독스가 공존하는 사회에서 그에 대한 사회적 규범과 법적 규제를 어떻게 정할 것인가는 아직 분명하지 않다.

개인 정보의 문제는 사회적 감시surveillance의 문제로까지 이어진다.

인간의 역사를 통틀어 개인에 대한 감시는 늘 있었다. 매스 미디어 시대에도 마찬가지였다. 매스 미디어 시대의 권력은 사람들이 무엇을 읽는지, 듣고 보는지, 말하는지에 대해 늘 관심을 가졌다. 그래서 다양한 방식으로 사람들을 감시했다. 사실 권력이 실제로 감시 활동을 하느냐 그렇지 않으냐는 중요하지 않을 수 있다. 푸코가 제러미 벤담Jeremy Bentham의 파놉티콘Panopticon 은유로 잘 설명해 주었듯이 권력자의 눈이 실제로 자기들을 지켜보든 그렇지 않든 상관없이 사람들은 자신들이 감시받고 있다는 생각 그 자체에 의해 감시를 당했다(Foucault, 2012). 감시를 당한다는 것은 늘 거북하고, 두렵고, 피하고 싶은 것이다. 그러나 포스트매스미디어 시대로 오면서 감시에서도 일종의 '젠트리피케이션gentrification'이 이루어졌다. 감시라는 것이 밝은 이미지를 갖게 된 것이다. 감시란 말 자체에는 여전히 음산한 기운이 어려 있지만, 그런데도 이제 사람들은 전보다 더 편한 삶, 안전한 삶, 편리한 삶, 효율적인 삶, 생산성 높은 삶을 살기 위해서 기꺼이 감시당할 것을 감수한다. 마치 좋은 감시가 있기라도 하듯이 말이다. 자기 집 현관 앞에 CCTV가 없으면 오히려 불안해하고 민원을 넣어 CCTV를 달아달라고 요청하고 수상한 자를 감시하기 위한 목적으로 기꺼이 자신의 일거수일투족도 감시의 대상으로 내놓는다. 위로부터의 감시는 두려운 것이기만 한 것이 아니라 어떤 때는 이렇게 감사한 것이 되기도 한다.

사람들은 감시의 대상만 되는 것이 아니라 스스로 감시의 주체가 되기도 한다. 그러한 감시는 위로부터의 감시에 비하면 음흉한 기운이 훨씬 덜하다. 종종 사람들은 그것을 게임처럼 즐기기도 한다. 개인(들)이 스스로 감시의 주체가 되는 것을 대략 두 가지 유형으로 나눠 볼 수 있다. 첫째는 수평적인 감시lateral surveillance다(Andrejevic, 2004; Humphreys, 2011; Reeves, 2012). 1970년대 북한에서는 5호 담당제로, 남한에서는 반상회 등을 통해 주민들이 다른 주민들을 수평적으로 감시하게 했다. 1970년대의 칙칙하고 음산한 기운 따위 벗어 던지고, 21세기 포스트매스미디어 시대의 사람들은 소셜 미디어를 통해 다른 사람들이 어제 무엇을 먹었는지, 지난 주말에는 교외의 어떤 레스토랑에 다녀왔는지, 어떤 공연을 봤는지, 어떤 옷을 입었는지, 무슨 생각을 하는지 등을 서로 감시한다. 미디어에 상호 감시의 수많은 눈들이 상존해 있는 듯하다. 영국의 시인 프랜시스 버딜론Francis Bourdillon은 밤에는 천 개의 눈이 있다고 말했는데, 소셜 미디어에는 그보다 더 많은 눈이 있는 듯하다. 이 눈들은 제인 제이콥스가 뉴욕 그리니치빌리지에서 발견한 서로 바라봐 주며 동네를 더 안전하게 유지하는 길거리의 눈eyes on the street(Jacobs, 1961/1993)과는 다른 것이다. 수평적 감시는 길거리의 눈처럼 커뮤니티를 유지하는 기능도 할 수 있지만, 그보다는 사회적 비교, 자기 신념 강화 등의 동기를 더 키운다. 개인들이 스스로 감시의 주체가 되는 또 다른 방식은 아래로부터의 감시 sousveillance(Mann & Ferenbok, 2013; Mann, Nolan, & Wellman, 2003; Reilly, 2015)다. 사람들이 아이돌 가수의 일상을 매일매일 체크한다거나, 정치가의 말, 삶, 행동거지를 24시간 들여다보려 하는 것이 아래로부터의 감시다.

감시의 방향이 아래로, 옆으로, 위로 다양하게 이루어진다는 것이 포스트매스미디어 시대의 감시가 갖는 특징의 전부가 아니다. 사실 더 중요한 특징이 있다. 포스트매스미디어 시대에는 감시의 과정 자체가 감시된다. 개인이 감시된다는 것이 데이터화되고, 그 개인이 수평으로, 수직으로 감시의 주체가 되어서 친구들을 감시하고, 스타와 정치가를 감시하는 것 자체도 감시되고 데이터화되어서 더 심층적인 감시의 기반이 쌓이게 된다. 매스 미디어 시대와 비교해서 포스트매스미디어 시대가 갖는 차이는 바로 이런 감시의 중층성에 있다.

마지막으로 살펴볼 것은 지적재산권에 대한 것이다. 포스트매스미디어 시대로 오면서 지적재산권에서도 새로운 상황이 만들어지고 있다. 지적재산권이란 저작권이나 특허 등을 포함하는 것으로서 결국 미디어 내용 생산자들, 생산물, 이용자 사이의 관계에 대한 법적 규범을 가리키는 것이다. 지적재산권이라는 개념 자체가 원래부터 매우 불안한 토대 위에서 있었다. 그 개념이 갖는 토대의 불안정성에는 두 가지 요인이 있다. 첫 번째는 지적재산권이 원 내용의 생산자와 이용자 모두의 권리를 존중해야 한다는, 어쩌면 서로 모순되는 이중적 목적을 달성하기 위해 만들어졌다는 사실이다(Aufderheide & Jaszi, 2018; Ginsurg, 2002; Lyman, 1995). 내용 생산자의 권리만을 절대적으로 인정한다면 새로운 창의적 생산을 심각하게 제한하게 될 것이다. 어떤 창의적 생산도 하늘에서 떨어지거나 땅에서 솟는 것이 아니라, 기존의 것들을 기반으로 하기 마련이기 때문이다. 하지만 새로운 창작품의 생산을 장려한다는 명분으로 기존 내용의 사용 권리를 모든 사람에게 열어 준다면 새로운 내용을 창작하려는 의지 자체를 꺾는 결과가 초래될 것이다. 새로운 것을 만들더라도 아무런 보상을 받을 수 없다고 생각하면 어느 누구도 그런 일을 하려 하지 않을 것이기 때문이다. 창작품에 대한 자신의 권리를 보장받지 못한다면 누가 새로운 것을 만들어 내겠는가? 지적재산권 개념은 이렇게 내용을 장착한 사람의 권리를 존중하면서도 기존 내용을 새로운 창작자들이 늘 사용할 수 있는 길을 열어 주는, 두 가지 충돌하는 목적 가운데서 균형점을 잡는 데 초점을 두어 왔다. 지적재산권이 갖는 이런 모순 상황이 늘 그것을 불안정한 규범으로 남게 했다. 지적재산권이 모순적인 방식으로 창작자와 사용자의 이해관계 모두를 보호하는 방식의 규범으로 자리 잡았다는 이야기는 그것이 늘 정치적 논쟁의 대상이 될 수 있다는 것과, 정치 및 경제 권력의 영향에 허약할 수밖에 없다는 것을 의미했다.

지적재산권이라는 규범이 갖는 토대의 불안정을 만드는 두 번째 요인은 미디어 기술의 발전에 따라 그것을 적용하는 방식, 범위, 혹은 그것의 개념 자체가 근본적으로 변할 잠재성을 늘 갖고 있다는 것이다(Norderhaug & Oberding, 1995). 지적재산권은 사실 구텐베르크의 인쇄술을 기반으로 책과 같은 인쇄 미디어가 대량 생산되기 시작하기 전에는 지구상에 존재하지 않았던 개념이다(Ong, 1982). 대량 생산되는 책이라는 것이 사회 안에서 자리를 잡기 시작하면서 특정 내용에 대해 '저자로서의 권리'라는 개념이 자리 잡기 시작했다. 인쇄 미디어를 기준으로 해서 저작권 등 지식재산권과 관련된 세부적인 규정 — 최초 창작자와 이용자들 간 권리의 균형을 어떻게 잡아서 사회적 차원에서 궁극적으로 과학과 예술의 발전을 도모할 것인가, 도서관이나 학교 등 이른바 공정 사용fair use을 허용할 영역은 어디까지인가, 저작권의 범위(가령 시간적 제한)는 어디까지로 할 것인가 등 — 이 만들어졌다. 그리고 그 내용은 매스 미디어 시대에까지 큰 변화 없이 이어졌다.

그러나 1990년대 이후 포스트매스미디어 시대가 본격적으로 시작되면서 저작권 등 지적재산권에 대해서 사람들이 기존의 생각을 계속해서 이어갈 수 있을 것인지에 대한 논의가 시작되었다(Chartrand, 1996; Lessig, 2002). 가령 누군가 특정 웹사이트를 방문하게 되면 그 웹사이트의 내용이 자동으로 이용자의 컴퓨터에 복제가 된다. 그것이 부지불식간에 이루어지는 것일지라도 결국 남의 내용을 무단 복제하는 것이기에 저작권 위반으로 봐야 할 것인가와 같은, 매스 미디어 시대에는 고민할 필요가 없던 새로운 문제들이 등장했다. 특히 포스트매스미디어 시대 미디어 환경이 콘텐츠 소유자(가령 마이크로소프트 같은 소프트웨어 제작자)와 콘텐츠 전송자(가령 전화 회사나 케이블 회사)로 양분되면서 콘텐츠 소유자들은 지적재산권의 범위를 더 촘촘하게 확장하자고 주장했고, 전송자는 인터넷 기반의 새로운 미디어 환경이 그 잠재력을 충분히 발휘하려면 지적재산권 적용 범위를 축소해야 한다고 주장하는 상황이 만들어졌다. 뒤에 기술적, 제도적 차원의 디지털 컨버전스 정도가 심화되면서 콘텐츠 소유자들과 전송자들 사이의 구분 자체가 분명하지 않은 상황이 만들어졌지만, 그럼에도 여전히 지적재산권을 확장하려는 힘과 그것을 축소하려는 힘 사이의 줄다리기는 계속되고 있다. 가령 P2P 방식으로 음악, 영화, 책, 소프트웨어 등 저작권 보호를 받는 내용물이 '적절한' 요금 지급 없이 공유되는 것을 막기 위해서 이런 저작물의 사유권을 강화하는 기술적 장치들이 개발되었다. 가장 대표적인 것은 디지털 권리 관리digital rights management(DRM)를 통해서 저작권 보호를 받는 내용물을 누구도 무단으로 복제나 전송하지 못하게 한 기술이라 할 수 있다. 반면 다른 쪽에서는 오픈소스 방식으로 저작물에 대한 사적 소유권을 엄격하게 적용하지 않고, 저작물에 대한 개방된 사용을 허용하면서도 이윤을 만들어 내는 일종의 오픈소스 비즈니스 모델이 개발되기도 했다(Benkler, 2006). 리눅스, 위키피디아, 구글 안드로이드, IBM의 비즈니스 모델이 그 예가 될 수 있다.

새로운 제도직 질서에 대한 논의

포스트매스미디어 시대의 제도적 변화들은 다른 차원(도구, 내용, 사람, 공간)의 미디어적 변화들과 서로 영향을 주고받으면서 21세기 사람들이 살아갈 미디어 환경의 성격에 중요한 변화를 만들고 있다. 매스 미디어 체제 흔적이 아직도 남아 있지만, 포스트매스미디어의 미디어들은 새로운 미디어 환경에서 어떻게 적응하면서 자신의 위치를 찾을 것인가라는 새로운 숙제를 안게 되었다. 방송, 통신, 컴퓨터 산업이 융합되면서 새로운 방식의 내용 생산, 유통, 소비 체제가 구축되고 있다. 그 중심에는 플랫폼 산업이 있다. 이러한 변화에서 미디어 산업은 빠른 속도로 데이터 산업화하고 있다. 공익성, 공정성, 객관성, 개인 정보, 저작권 등 매스 미디어 시대에 정립된 미디어 규범들은 폐기 처분의 대상이 되거나, 재개념화의 과정에 놓여 있다. 폐기와 재개념화는 모두 격렬한 정치적 논쟁의 장에 올려질 수밖에 없다. 21세기 초반에 사람들은 그 논쟁이 어떤 방향으로 나아갈지 더 지켜봐야 하는 혼란한 상황에 있다. 그런 논쟁을 겪는 대부분 사회에서 가장 강력한 힘은 신자유주의적 틀 속에서 미디어 환경을 구성, 재구성하려는 자본의 힘이다. 물론 글로벌 IT 기업들과 국가들(예를 들어 유럽연합 등) 사이의 긴장 관계를 보여 주는 사례가 있긴 하지만 말이다.

한편에서는 새로운 미디어 질서에 대한 논의들도 등장하고 있다. 가장 상징적인 모습 중의 하나는 웹의 아버지라는 칭송을 듣는 영국의 팀 버너스리Tim Berners-Lee 경이 '웹을 살리자Save the Web' 운동을 2019년부터 벌이기 시작한 것이다(Sample, 2019). 그는 '가짜 뉴스,' 정치 조작, 개인 정보 침해, 다른 사악한 것들로부터 웹을 지켜 냄으로써 세상이 '디지털 디스토피아'로 빠지지 않도록 해야 한다고 천명하였다. 그리고 그것을 이루기 위해서는 전 세계적 운동이 필요하다고 역설하였다. 캐나다의 비판적 미디어학자인 빈센트 모스코Vincent Mosco(2019. 11. 24)는 현재의 미디어 환경이 갖는 문제들을 해결하려면 특히 몇 가지 과감한 조치를 취해야 한다고 주장한다. 그런 조처로서 가령 이른바 빅 파이브Big Five라 불리는 글로벌 IT기업들(애플, 구글, 메타, 아마존, 마이크로소프트)을 해체하는 것(과거에 미국 정부가 AT&T를 해체했던 것처럼), 상업주의만을 바탕으로 한 서비스(검색, 소셜 미디어)에 대한 규제를 강화하고 공공적 성격을 지닌 대안적 서비스를 만드는 것, 미디어가 군사적 목적을 위해 사용되는 것에 저항하는 것, 디지털 오염e-pollution을 통제하는 것, 개인 정보를 복구시키는 것, 기본임금을 적극적으로 도입하는 것 등을 언급하기도 했다. 이런 변화가 포스트매스미디어 시대에 과연 가능할까?

포스트매스미디어 시대 사람으로서의 미디어

도구로서의, 내용으로서의, 제도로서의 미디어가 포스트매스미디어 시대로 오면서 보인 변화는 사람으로서의 미디어에도 중대한 변화를 만들었다. 무엇보다 중요한 변화는 '사람이 미디어'라는 19세기적 관점이 부활하였다는 것이다. 매스 미디어 시대에 숨죽이며 살던 그들이 돌아왔다! 매스 미디어 시대에 누군가(신, 국민, 진리)를 대신해서 목소리를 높였던 사람들, 즉 스스로가 미디어가 될 수 있는 사람들은 소수였다. 정치지도자, 종교 지도자 등 카리스마 있는 개인들은 매스 미디어 시대에도 신의 대변자, 국민의 대변자, 진리의 대변자 역할을 하면서 미디어로서의 개인의 모습을 보일 수 있었다. 전통적인 의미의 카리스마는 없더라도 여론 지도자나 식견 있는 시민의 정체성 속에서 미디어로서의 역할을 수행하는 사람들도 있긴 했다. 능동적 수용자라는 관점은 개인과 미디어 사이에 밀접한 관계가 있음을 암암리에 인정하는 것이었다. 능동적 수용자의 능동성도 결국은 수용자라는 정체성에 갇혀 있었지만 말이다. 매스 미디어 시대 동안 개인들에 대한 지배적 이미지는 국민, 대중, 시청자, 청취자, 독자 등의 십난 성체성과 언결되어 있었다. 이런 집단 정체성이 지배적인 이미지가 되면서 개인으로서의 미디어라는 관점은 오랫동안 가려져 있었다. 그러나 이런 상황이 포스트매스미디어 시대로 오면서 조금씩 바뀌기 시작했다.

이야기 생산자의 확대

매스 미디어 시대에 개인들은 늘 듣는 자, 읽는 자, 보는 자였지, 쓰고, 말하고, 보여 주는 사람으로서는 주목받지 못했다. 매스 미디어 시대의 개인은 내용으로서의 미디어를 소비하는 자로만 인식되었고, 그러한 소비 과정에서 의도적, 비의도적으로 발생하는 미디어 효과의 최종 목적지로만 여겨졌다. 포스트매스미디어 시대로 오면서 이제 개인들은 읽고, 듣고, 보기만 하는 사람들이라는 인식에서 벗어나, 적극적으로 쓰고, 말하고, 보여 주는 사람들로 등장했다. 많은 사람이 자신의 이야기를 적극적으로 생산하는 생산자의 역할도 맡는 새로운 상황이 만들어진 것이다. 이런 변화를 표현하기 위해 생산소비자 정도로 번역할 수 있는 프로슈머 prosumer 같은 신조어들이 만들어지기도 했다. 물론 매스 미디어 시대에도 사람들이 전혀 아무런 발언이나 대꾸도 못 한 채 침묵만 했던 것은 아니다. 이에 대해서는 5장에서 살펴보았다. 카리스마, 여론 지도자, 능동적 수용자의 모습으로 매스 미디어 시대에도 미디어로서의 역할을 하며 말하는 자들이 존재했다. 그런데 따져 보면 사실 그것뿐만이 아니었다. 독자, 청취자, 시청자라는 그 말 자체가 수동성을 담지하는 정체성을 갖고서도, 사람들은 여러 방식으로 스스로의 목소리를 전하려 노력했다. 라디오 프로그램에 엽서를 보낸다든지, 신문에 독자 의견을 보낸다든지, 취재원이 된다든지, 관객으로 TV나 라디오 공개 프로그램에 참여해서 박수나 환호로 참여한다든지, 아니면 〈전국노래자랑〉이나 퀴즈 프로그램 같은 시청자 참여 프로그램에 나가서 자신의 이야기를 다른 사람들에게 전하려 했다. 그러나 그런 참여는 매우 제한적이고 예외적인 것이었다.

1990년대에 인터넷이 등장한 후에도 얼마 동안 이런 상황이 크게 달라지지는 않았다. 웹 페이지도 기존 매스 미디어처럼 자신들이 전달할 내용을 일방적으로 전달했고, 웹 페이지 '방문자'는 그것을 둘러보고, 읽고, 보고 할 뿐이었다. 물론 웹 페이지가 갖춘 하이퍼미디어 성격 때문에 이용자가 내용의 흐름에 적극적으로 참여하고 개입하는 길이 넓어지긴 했다. 가령 개인이 웹상에서 경험하는 내용의 구성과 흐름을 마우스 클릭으로 스스로 결정할 수 있게 되었다. 매스 미디어적이고, 정태적인 인터넷 초기의 웹 환경은 곧 개인이 자기 이야기를 직접 만들어 공유하는 것을 가능케 하는 방향으로 진화해 갔다. 어떤 사람들은 이것을 웹2.0이 라고 부르기도 했다. 웹2.0 환경이 만들어지면서 본격적으로 인터넷은 초기의 매스 미디어 성격을 떨쳐버리기 시작했다. 그러면서 개인으로서의 미디어가 활보할 공간이 더 많이 열렸다. 개인은 이제 자신의 이야기를 써서 블로그 형태로 올리고, 트위터, 페이스북, 유튜브 등 소셜 미디어에 매일 매일의 신변잡기를 텍스트, 사진, 동영상 등의 다양한 형식으로 올릴 수 있게 되었다. 미디어 내용의 '생산자 대중'이 역사에 등장한 것이다. 리 험프리스(Humphreys, 2018)의 미디어 어카운팅 개념에 기대어 말하자면, 이들은 미디어 어카운턴트들이다. 개인이 스스로 자신의 이야기를 쓰는 미디어 내용 생산 행위가 매스 미디어 시대에 주춤했다가 포스트매스미디어 시대로 오면서 다시 복원된 것이다. 포스트매스미디어 시대에 개인이 하는 이야기하기는 블로그 포스팅이나 소셜 미디어 포스팅의 형태만 띠는 것이 아니다. 다른 사람들의 글에 좋아요를 클릭하는 것, 댓글을 다는 것, 다른 사람들의 글, 사진, 동영상을 공유하는 것 등 비교적 '사소한' 내용 생산도 포함한다. 그렇게 사소하고도 작은 이야기 생산 행위가 포스트매스미디어 시대 미디어 내용의 지형을 만드는 중요한 부분이 되었다. 그리고 그런 내용을 생산하는 사람들은 스스로가 미디어가 되었다. 사람으로서의 미디어가 다시 본격적으로 등장한 것이다.

매스 미디어 시대에 미디어 산업이 독과점 체제를 갖추고 소수의 주체만 이야기를 생산하고 전달할 수 있는 구조를 가졌던 것은 미디어 상품이 공공재로서의 독특한 성격을 갖고 있었고, 다른 많은 산업처럼 매스 미디어 산업도 규모의 경제가 지배하고 있었기 때문이었다. 이에 대해서도 5장에서 비교적 자세히 이야기했다. 매스 미디어 상품의 경우 최초 생산품을 만들어 내는 데 들어가는 비용이 어마어마했기 때문에 자연스럽게 소수를 제외한 만인의 침묵이 만들어졌다. 더군다나 전파의 희소성 등 기술적, 제도적 제약은 소수를 제외한 대부분 사람을 방송을 통한 이야기하기 과정에서 배제했다. 그렇다고 해서, 앞에서 여러 차례 언급했듯이, 만인이 정말로 완전히 침묵했던 것은 아니다. 목소리를 내더라도 그 목소리가 널리 들릴 수 있는 길이 없었기 때문에, 사실상 침묵하는 것이나 다를 바 없었던 것이라고 말하는 것이 더 정확할 것이다. 이런 이야기 생산 구조를 요하이 벤클러는 산업 정보 경제industrial information economy의 개념으로 설명한다(Benkler, 2006). 산업 정보 경제는 결국 매스 미디어 시대의 중앙 집중적인 이야기 생산 체제의 성격을 압축해서 표현하는 것이라 할 수 있다. 벤클러는 산업 정보 경제가 네트워크 사회로 오면서 네트워크 정보 경제로 전환했다고 설명한다. 네트워크 정보 경제에서는 개인이나 작은 단위의 조직들도 이제는 침묵의 자리에 만족하지 않는다. 이야기 생산 수단과 유통 수단에 누구나 쉽게 접근해서 누구든 자기 이야기를 만들고 공유할 수 있게 되었기 때문이다. 클레이 셔키(2008)는 2008년 출판한 책의 제목을 《이제 모든 이들이 오고 있다here comes everybody》라고 했다. 이제 모든 이들이 이야기꾼이 될 수 있고, 자신의 이야기를 다른 사람들에게(종종 수십만, 수백만의 많은 사람에게) 전달하는 것이 가능해졌다는 것이다. 그렇다면 셔키의 책 제목은 이제 스스로가 미디어인 개인들이 다시 오고 있다라고 바꿔도 된다. 앞에서도 언급했지만 마누엘 카스텔이 말한 매스 자아 커뮤니케이션(Castells, 2009)도 바로 이런 상황을 묘사하는 개념이었다. 헨리 젱킨스Henry Jenkins(2006)는 기술적 융합과 경제적 융합(우리는 이것을 앞에서 도구적 미디어 차원의 융합과 제도적 차원의 융합으로 이야기했다)을 기반으로 해서 개인의 미디어 삶 속에서의 융합이 나타난다는 점을 강조했다. 개인의 일상에서 경험하는 미디어 융합은 개인을 수동적으로 미디어 내용을 받기만 하는 존재에서 적극적으로 스스로 이야기하는 존재로 전환시킨다. 그런 전환의 계기를 바탕으로 젱킨스는 이제 새로운 참여적 문화participatory culture가 열렸다고 선포한다. 젱킨스가 말하는 참여적 문화는 결국 스스로 이야기하는 이야기꾼들의 문화다. 미디어 융합과 참여적 문화가 가능케 한 아마추어적 이야기 생산자의 확산은 생산−소비, 사적−공적, 문화−기술, 지역−세계 등의 경계를 허물기도 했다(이에 대해서는 이 장의 마지막 부분에서 좀 더 자세히 이야기하도록 하겠다). 포스트매스미디어 시대에는 이야기하기의 민주화가 달성되었다고 해도 과언이 아니다. 이제 중요한 것은 누가 다른 사람들이 들을 만한 이야기를 갖고 있느냐이지, 이야기 생산의 비용을 누가 감당할 수 있느냐가 아니다(Barabási, 2003).

네트워크 개인

파워 블로거, 파워 트위터, 소셜 미디어 인플루언서들은 사실 어쩌면 포스트매스미디어 시대의 예외적 사례라 할 수 있다. 그렇게 분류되지 않는 나머지 사람들은 어떤 상태에 있을까? 매스 미디어 시대의 대중과 같은 방식으로 묘사하면 되는 것일까? 다양한 미디어 채널과 미디어 인플루언서를 추종하는 수동적 존재들인 것처럼 말이다. 포스트매스미디어의 개인을 묘사할 수 있는 가장 적절한 표현은 베리 웰먼Barry Wellman이 말한 네트워크화된 개인(성)networked individualism이다(Raine & Wellman, 2012). 웰먼에 따르면 네트워크 사회의 개인들은 고정된 집단(가정, 회사, 이웃 등)에 포박되어 있는 존재들이 아니라, 거기서 해방되어 더 집단이나 공간과 관계없이 관계를 맺고, 소통할 수 있는 존재들이다. 개인은 자신이 처한 상황, 개인마다 갖는 동기, 각자의 목표 등에 따라서 다양한 방식으로 자신만의 관계망 혹은 커뮤니티를 구축한다. 다른 말로 하면 각각의 개인은 자기 자신의 커뮤니티 포트폴리오를 갖게 되는 것이다. 개인은 스스로의 미디어 세계(성격, 범위 등)를 구축하고, 그 안에서 자신의 세계를 구성, 공유하는 미디어 활동을 벌인다. 네트워크화된 개인은 디지털 미디어를 기반으로 스스로 구축한 네트워크 속 한 노드가 되어서 자신이 일상에서 순행하는 모든 공간을 네트워크 공간으로 구성해 간다. 그래서 네트워크화된 홈, 네트워크화된 직장, 네트워크화된 지역, 네트워크화된 도시가 출현한다(이에 대해서는 뒤에서 더 자세히 다루겠다). 이들이 네트워크상에서 벌이는 공동의 행위는 조직 동원과 조직 소속을 기반으로 한 기존의 집합 행위와 질적으로 다른 것이다. 이제 이들이 벌이는 집단 행위는 네트워크화된 행위다. 집합 행동이 아니라 네트워크화된 행동이 출현하는 것이다. 미국 워싱턴대학교의 랜스 베넷Lance Bennet과 스웨덴 웁살라대학교의 알렉산드라 세거버그Alexandra Segerberg는 그것을 연결 행위라 불렀다(Bennett & Segerberg, 2013). 연결 행위 혹은 네트워크화된 행위는 종래의 집합 행위와는 본질적으로 다른, 포스트매스미디어 시대의 행위 방식이라고 해야 할 것이다. 네트워크화된 행위, 연결 행위에서는 참여하는 개인 한 명 한 명이 하나의 미디어가 되어서 자신의 의견, 견해, 감정을 스스로 매개한다. 대개 그들의 손에는 네트워크 기기가 쥐어져 있기에 천 명의 개인들이 물리적 공간에 모여 구성한 네트워크화된, 혹은 연결 행위 집단에는 천 개의 네트워크가 있다고 할 수 있다.

　네트워크화된 개인들과 집단들은 모두 평등할까? 그 안에도 위계가 있다. 마누엘 카스텔은 자신의 책 《커뮤니케이션 파워Communication Power》에서 네트워크 사회에서 어떻게 권력이 불평등하게 개인들 사이에서 분배되는지에 대해 설명한다(Castells, 2009). 우선 그는 네트워크 자체에 연결되는 사람들과 그렇지 못한 사람들을 구별한다. 네트워크 사회에서도 제대로 네트워크에 연결되지 못한 사람들이 있다는 것이다. 이런 차이가 네트워킹 권력networking power의 차이를 만든다고 카스텔은 설명한다. 네트워크에 연결된 사람들 사이에서도 권력의 차이가 발생하는데, 우선 네트워크 안에서 적용되는 표준화된 원칙, 규범, 프로토콜을 지정하거나 적어도 그것이 자신의 이해관계와 어울리게 만드는 힘을 가진 사람들과 그렇지 못한 사람들 사이에 권력 차이가 발생한다. 카스텔은 그것을 네트워크 권력network power이라고 불렀다. 또 같은 네트워크 안에 있는 개인들 사이에 다양한 유형의 자원 보유에 있어서 차이가 나타나고, 그 차이 때문에 불균등한 의존 관계가 만들어지는데, 그런 의존은 결국 권력관계(그리고 권력 불평등)를 만든다. 카스텔은 여기서 발생하는 권력을 네트워크화된 권력networked power이라고 불렀다. 카스텔이 중요하게 여기는 또 다른 권력은 네트워크를 만드는 권력network-making power이다. 이것은 네트워크의 목표, 성격, 방향 등을 결정하는 프로그래밍 권력과 서로 다른 네트워크들을 연결해서 새로운 목표, 비전, 성격을 창출하는 스위칭 권력으로 구성된다. 네트워크 안에는 프로그래머와 스위처로 역할을 하는 사람들과 그들이 만든 네트워크의 목표, 비전, 내용을 수동적으로 받아들이고 그 안에서 활동하는 사람들이 존재한다. 이처럼 포스트매스미디어 시대의 네트워크 공간 안 세상은 결코 평평하지 않다. 누군가는 더욱 강력한 미디어로 활동하고, 누군가는 약한 미디어로 작동한다. 네트워크에 연결되어 있다는 것 자체가 개인이 미디어로 작동한다는 것을 말해 준다. 누가 더 강하고, 누가 더 약한지, 누가 더 많은 권력을 가졌는지, 누가 더 약한 권력을 가졌는지는 다르지만 말이다.

미디어 인플루언서

5장에서 살펴봤듯이 매스 미디어 시대에도 미디어로서의 개인성 혹은 개인으로서의 미디어성을 명확히 보여 주는 이들이 있었다. 카리스마 넘치는 정치가, 종교인, 배우, 가수가 그랬고, 이른바 여론 지도자라 불리는 사람들이 그랬다. 매스 미디어 시대의 스타 언론인도 그런 사람이었다. 미디어 조직을 위해서 일하지만 이들은 이미 스스로가 미디어였다. 이제 누구나 이야기꾼이 될 수 있는 포스트매스미디어 세상에서 새로운 이름을 가진 이들이 등장했다. 이른바 미디어 인플루언서로 불리는 이들이다.

앞에서 언급했듯이 포스트매스미디어 시대의 미디어 세상은 결코 평등한 곳이 아니다. 그 안에서도 서열과 위계가 존재한다. 이른바 파워 블로거, 소셜 미디어 인플루언서라 불리는 사람들은 포스트매스미디어의 여론 지도자와 같은 역할을 수행한다. 마케팅 업계에서는 팔로워 수 등을 기반으로 한 영향력 크기에 따라 이들을 나노, 마이크로, 매크로, 메가인플루언서 등으로 구별하기도 한다(김은재·황상재, 2019). 이들은 패션, 관광, 음식, 여가 등에 영향을 미칠 뿐 아니라, 정보와 지식의 통로가 되기도 한다. 이 중에는 팔로워에게 정치적 영향력을 끼치는 이들도 있다.

한국에서 포스트매스미디어 시대에 막강한 미디어 권력을 갖춘 정치 유튜버들이 등장했다. 2020년을 전후한 시점에서 보면, 김어준, 유시민, 진중권, 변희재, 정규재, 진성호, 홍준표 등이 그런 권력을 나눠 갖고 있다 할 수 있다. 이들은 매스 미디어 시대에 구축된 객관성, 공정성, 공익성, 불편 부당의 가치 틀에 묶이지 않고 자신이 하고 싶은 말을 그들의 말을 듣고 싶어 하는 사람들에게 한다. 막대한 자본을 가진 조직만이 말을 할 수 있고, 개인들은 그런 조직 안에서 전문직의 모자를 쓰고 있을 때만 말의 게임에 참여할 수 있다라는 매스 미디어 시대의 틀이 이들에 의해서 깨지고 있는 것이다. 정치 유튜버 중 일부는 전직 언론인 혹은 전·현직 정치인들이지만, 현실 정치의 경험이나 언론인 경험이 전혀 없는 사람들도 많다. 그들 중 가장 대표적인 사람은 아마도 김어준일 것이다. 그는 이미 정치 인플루언서 세계에서 가장 큰 권력을 쥔 사람이 되었다. 그는 공중파뿐 아니라 인터넷 신문, 팟캐스트, 유튜브 등 다양한 미디어를 융합적으로 활용하면서 자신의 영향력을 확장해 왔다. 김어준은 그 자체가 강력한 융합 미디어다.

큰 목소리 때문에 정치 유튜버들의 존재감이 더 크게 느껴질지 모르지만, 소셜 미디어 세계에서 더 큰 영향력을 보이는 개인들은 사실 그들이 아니다. 초등학생, 중학생들 사이에서 강력한 팬덤을 형성하고, 그들에게 강력한 미디어 권력을 행사하는 이들이 있다. 〈포브스 코리아〉가 2022년 발표한 한국의 파워 유튜버 순위를 보면 1위는 계항쓰라는 이름의 유튜버가 차지했다. 게임, 애니메이션, 먹방 등의 내용을 전하는 계항쓰는 2022년 10월 기준 525만 명의 구독자를 확보하고 있다. 계항쓰는 특히 게임 캐릭터의 2차 창작물이라 부를 수 있는 내용을 만들어 공유한다. 게임 캐릭터를 활용해서 애니메이션을 만들고, 심지어는 게임 캐릭터가 먹방을 진행하는 내용을 만들기도 한다. 〈포브스 코리아〉 순위에서 2위는 옐언니라는 유튜버가 차지했다. 주로 초등학생들을 대상으로 하는 옐언니는 210만의 유튜버 구독자를 갖고 있다. 그녀는 틱톡에서 먼저 유명해졌는데, 2022년 현재 틱톡 팔로워 수가 1,000만 명을 넘어섰다. 옐언니 유튜브의 내용은 옐언니 자신의 캐릭터를 강조하는 내용, 간식 먹기, 피규어 소개, 틱톡 촬영 모습 등, 전봉석 방송의 기준에서는 지극히 사소하고 시시한 일상의 모습이다. 옐언니는 틱톡, 유튜브, 인스타그램 등을 유기적으로 연결하는 내용을 만들고, "옐언니 옷 입히기" 같은 게임 앱, "사라진 옐언니" 같은 어린이용 만화책을 만들기도 하는 등 트랜스미디어적 활동을 해왔다. 계항쓰와 옐언니 이외에도 상위에 오른 한국 유튜버들은 어린이 대상 내용, 먹방, 정보 제공, 여행, 애니메이션이나 드라마 등 자체 창작물을 공유한다. 특히 최근 주목받는 장르 중 하나는 드라마나 영화의 요약이나 리뷰다. 방송국이나 제작사와 협업 계약으로 영화와 드라마에 대한 이야기를 풀어내는 몽고라는 이름의 유튜버는 이미 구독자가 210만을 넘어섰다. 앞에서 언급한 정치 유튜버들처럼 계항쓰, 옐언니, 몽고 같은 유튜버도 포스트매스미디어 시대로의 변화 속에서 자신의 이야기를 전할 권력을 획득한 사람들이다. 이들은 정치 유튜버를 운영하는 사람들과 달리 소셜 미디어의 인플루언서가 되기 전에는 지극히 평범한 사람들이었다. 그러나 그렇다고 모든 사람들이 이들 같은 미디어 권력을 획득할 수 있는 것은 아니다. 다른 사람들과 비교한다면 이들은 대개 전달할 내용을 선별하는 능력, 그리고 그것을 자신의 팬들이 좋아하는 방식으로 전달할 줄 아는 능력을 갖췄다. 이야깃거리를 발견하는 능력과 이야기하기의 능력이 이제 미디어 권력을 만드는 중요한 자원이 된 것이다.

미디어 생산 노동의 성격 변화: 플랫폼 노동과 디지털 노동

개인들이 미디어가 되는 길이 열렸지만, 그렇다고 해서 모든 사람이 미디어 권력을 쥐게 된 것은 아니다. 소수의 개인은 강력한 미디어 권력을 쥐고 새롭게 구축되는 미디어 환경에서 여론, 취향, 관심을 선도하고, 그 과정에서 막대한 정치적, 경제적, 상징적(권위, 명성 등) 이득을 취한다. 개인들도 네트워크 기술을 토대로 네트워크화된 개인들로 새롭게 태어나고, 그들이 속한 공동체에 어떤 현안이 발생했을 때는 연결된 공중connective public이 되어 새로운 정보와 지식을 창출해 내고, 정치적 압력을 행사하고, 문제 해결의 집합적 주체가 되기도 한다. 네트워크 환경 속에서 모두가 전보다 더 힘이 세지고, 더 똑똑해진 것 같다. 개인은 집단 지성을 구축하고 연결된 공중을 형성하는 과정에서 필수 최소 단위가 되었다. 현대 사회의 개인은 이제 모두 각자가 하나의 미디어가 되었다. 이런 개인 미디어는 자신의 소소한 일상부터 거대 악에 대한 비판까지 어떤 이야기일지라도 혼자, 그리고 함께할 수 있다. 하지만 거기에도 그늘이 있다.

배달 플랫폼 노동자들이 오토바이를 타고 달리는 모습은 이제 거리에서 흔히 볼 수 있는 풍경이다. 개인으로서의 미디어 관점에서 보면 이들이야말로 매우 선명하게 미디어 성격을 지녔다. 그러나 그들은 자신들이 중간자적 위치에서 발생시키는 가치로부터 소외되어 있다. (사진: 〈연합뉴스〉)

　　모든 사람이 모든 사람에게 미디어가 된 상태의 세상에서 누군가는 프레카리아트precariat 계층으로 전락한다. 이는 개인 미디어의 추락이라 할 수 있다. 포스트매스미디어 체제 내의 대표적 프레카리아트 계층에는 플랫폼 노동자들이 있다. 앞에서 살펴봤던 플랫폼 산업을 실제로 굴러가게 만드는 사람들이 플랫폼 노동자들이다(Van Doorn, 2017; Kuhn & Maleki, 2017; Psarras, 2022; Ticona & Mateescu, 2018). 플랫폼 노동은 대개 주문형 작업On-demand work과 크라우드 작업Crowd work의 두 가지 유형으로 구분할 수 있다(de Stefano, 2016; Fieseler, Bucher & Hoffmann, 2019; Kittur et al., 2013. 2; Shapiro, 2018). 주문형 작업은 택배 기사, 대리 기사, 우버 기사 등과 같이 시간과 장소가 정해진 주문이 들어오면 그에 따라 노동을 제공하는 경우를 말한다. 크라우드 작업은 플랫폼 기업이 대규모 작업을 세부적으로 분리해서 다수의 플랫폼 노동자들에게 분배할 때 각 노동자가 제공하는 노동을 말한다. 가령 인공 지능을 학습시키기 위한 이미지, 음성, 텍스트 등의 데이터를 분류, 가공하는 일종의 데이터 꼬리표 붙이기 labelling 작업이 여기에 해당한다. 플랫폼 노동은 고용 관계의 불명확성, 생계의 불안정성, 작업 환경과 조건의 열악, 노조 결성의 법적 근거 취약 등의 문제를 품고 있다(김예란, 2015; 이희은, 2014; 채석진, 2016; Fieseler et al., 2019). 더군다나 노동자의 작업에 대한 매우 촘촘한 데이터 감시dataveillance가 이루어짐으로써 과도한 노동 통제의 문제도 갖고 있다(Kim & Yu, 2019; Clarke, Parsell, & Lata, 2021; 박선희, 2020). 개인으로서의 미디어의 관점에서 보면 플랫폼 노동자들이야말로 매우 선명하게 미디어 성격을 지닌 사람들이다. 도시의 길이라는 공간과 항시 대기 중인 도시의 시간을 플랫폼 노동자로서의 개인 미디어들이 채우고 있다(채석진, 2021; 정수남, 2020). 이들은 스스로 미디어이면서 동시에 현대 도시를 하나의 거대한 공간 미디어로 만드는 요소이기도 하다. 그런데 그들에게는 노동자로서의 권리가 제약되어 있는 것만큼 미디어로서의 권력도 제한되어 있다. 그들은 모든 이들의 중간에 있지만(그래서 그들은 미디어다) 그러나 그 중간 위치가 제공하는 권력과 이윤으로부터는 소외되어 있다. 대신 그들이 중간자적 위치에서 발생시키는 가치들은 플랫폼 기업들이 가져간다. 그것을 위해서 과도할 정도로 강력한 데이터 감시가 이루어지는 것이다.

플랫폼 노동의 문제를 개인으로서의 미디어 문제로 볼 수 있다면, 플랫폼 산업의 틀 속에서 우리가 주목할 또 다른 측면의 개인 미디어 추락 현상이 있다. 최근 미디어학자들 중에는 플랫폼 이용자들이 플랫폼상에서 생산하는 다양한 내용(텍스트, 이미지, 동영상뿐 아니라 보기, 듣기, 브라우징, 멈춤 등의 행동이 만드는 데이터)을 일종의 노동 산물로 봐야 한다고 주장하는 이들이 있다(Schwarz, 2019; Andrejevic, 2012; Fuchs, 2015b). 이용자들이 플랫폼상에서 하는 내용 생산의 행동은, 그런 행동의 동기가 무엇이든, 이용자들 스스로가 자신의 행동에 대해서 어떻게 생각하든, 일종의 노동이라는 것이다. 그런데 앞에서 언급한 정치 유튜버나 파워 유튜버 등의 소셜 미디어 영향력자들을 제외한 사람들 대부분은 자신들의 '노동'에 대한 대가를 전혀 지불받지 못한다. 미디어 플랫폼상에서 이루어지는 이용자의 활동을 일종의 노동으로 파악한다면 당연히 그것은 무임 노동free labor이라 해야 할 것이다(Terranova, 2012; 김영욱, 2021; 원용진·박서연, 2021). 인류 역사를 돌이켜 봤을 때 무임 노동이 미디어 플랫폼 산업과 더불어 갑자기 등장한 현상은 아니다. 그리고 무임 노동을 제공하는 사람이 스스로의 노동을 노동으로 인식하지 못한 것(가령 전업주부가 자신이 하는 집안일을 무임 가사 노동으로 인식하지 못하는 것)도 새로운 경험이 아니다. 역사적 경험들을 살펴보더라도 사회 내에서 다양한 방식으로 이루어지는 무임 노동의 대가를 대개 노동자 스스로가 아닌 다른 사람들(가령 가부장 사회에서의 남자, 혹은 더 나아가 집안일에서 해방되어 자신의 일에만 집중하는 남자를 고용하는 기업주)이 가져간 예들을 쉽게 찾을 수 있다. 최근 비판적 미디어학자들은 플랫폼 자본주의 체제가 갖는 차이짐은 미디어 플랫폼상에서 이루어지는 무임 노동의 대가를 지극히 소수의 플랫폼 기업들이 독점한다는 사실이라고 주장한다(Andrejevic, 2012; Terranova, 2012; Rey, 2012). 이 학자들의 플랫폼 무임 노동 관점을 받아들인다면 어떤 면에서는 플랫폼 이용자가 바로 앞 문단에서 논한 플랫폼 노동자와 비슷한 상황에 부닥쳐 있다고 할 수 있다. 미디어 플랫폼 이용자 역시 모든 것들의 중간에 있지만 (그래서 그들 역시 미디어다) 중간 위치가 제공하는 권력과 이윤으로부터 소외되어 있고, 그 중간 위치에서 스스로 생산하는 내용의 대가로부터도 소외되어 있다고 볼 수 있기 때문이다. 무임노동론의 관점에서 보면 미디어 플랫폼 이용자들이 무임 노동으로 생산하는 내용의 대가는 플랫폼 기업이 독점한다. 결국 전형적인 노동 착취가 미디어 플랫폼과 이용자들 사이에서 벌어지고 있는 것이다. 이런 비판적 관점의 시각으로 바라보면, 스스로 미디어이지만 스스로가 미디어임을 자각하지 못하는 미디어들이 포스트매스미디어 시대에 넘쳐 난다고 할 수 있다. 미디어 플랫폼 이용자는 단순한 이용자가 아니라 스스로 내용을 생산하는 미디어지만 그것을 스스로 자각하지 못하고 오히려 플랫폼 기업이 광고주들에게 파는 상품(Fuchs, 2012)으로 전락해 버렸다.

플랫폼 노동의 관점과 플랫폼 이용자들의 무임 노동 관점 모두 너무 결정적인 것이 되면 오히려 사람들의 실제 경험을 개념의 틀에 묶어 버리고 사람들의 실제 경험을 정확히 포착하지 못할 수 있다. 이런 점을 의식하면서 플랫폼 노동의 현실적 문제를 해결하고자 하는 다양한 대안들이 최근 제기되고 있다(Gurumurthy et al., 2021). 미디어 이용자들의 내용 생산 행동은 일종의 사회적 여가 활동이므로 그것을 노동으로 보는 것 자체에 의문을 제기하는 경우도 있고, 미디어 이용자들은 사실 내용 생산 활동을 통해서 관계 형성, 증진, 사회적 지위 획득, 긍정적 만족감, 민주주의 참여 기회 확대 등 다양한 측면의 대가를 얻고 있기 때문에 그들의 상황을 노동 착취나 소외의 개념으로만 파악할 수 없다는 점을 지적하는 목소리도 있다(Jin & Feenberg, 2015; Arvidsson & Colleoni, 2012; Cockayne, 2016). 무엇보다 매스 미디어 시대에서도 자신의 미디어성을 어떻게든 표현하려 했던 개인들이 포스트매스미디어 시대에 완벽한 도구화 속에서 주체성을 온전히 잃게 될 것이라 보는 것은 지나친 결정론이면서 과도한 비관론으로 흐를 수 있다. 미디어 플랫폼의 구조에 대한 비판적 학자들의 문제 제기를 받아들이더라도 그 안에서 여전히 자신의 창의적 주체성을 지키고, 확장시키면서, 혹은 종종 전복적이고 저항적인 방식으로, 스스로의 개인 미디어성을 표현하려는 움직임이 있을 가능성을 무시할 필요는 없다. 개인들 스스로 미디어성에 대한 자각을 하는 것과 더불어 미디어의 다른 차원(도구, 내용, 제도, 공간)상에서 개인 미디어의 자율성, 주체성, 기본적 권리를 지키고, 확장시킬 방안에 대한 논의도 할 수 있다(김예란, 2020). 그럼으로써 플랫폼 노동자들이 프레카리아트 상태로 전락하는 것을 막고 오히려 플랫폼 경제 체제 속에서 새롭게 부상하는 목소리들을 대변하는 능동적 미디어 주체들이 되고, 미디어 플랫폼 이용자들이 자신들이 생산하는 내용의 가치를 공유하는 새로운 방식의 미디어(생산만 하는 것이 아니라 저장과 소유도 하는)로 거듭날 다양한 가능성을 상상해 볼 수 있다.

포스트매스미디어 시대 공간으로서의 미디어

포스트매스미디어 시대에 공간으로서의 미디어 역시 급진적인 변화를 겪고 있다. 공간으로서의 미디어가 변화한다는 것은 사람들이 무슨 생각을 할지, 무슨 말을 할지, 어떻게 말을 할지, 다른 사람들과 마주치고, 만나고, 어울리고, 함께 협력할지 등의 과정에 공간이 영향을 주는 방식이 달라지고 있다는 것이다. 매스 미디어 시대에 공간으로의 미디어는 국민 국가의 공간, 도시의 추상적 개발 공간, 단일 목적으로 모인 다수를 향해 매스 커뮤니케이션이 가능했던 광장의 공간, 혹은 냉전으로 틀 지어진 글로벌 이념 공간의 모습을 띠고 있었다. 거기에서 사람들은 국민으로서, 자유/공산 진영의 일원으로서, 개발된 도시 공간의 수혜자이면서 소비자로서 혹은 자기가 살던 장소에서 쫓겨가는 철거민으로서, 광장에 모여 함께 대오를 짜는 청중으로서 소통했다. 매스 미디어 시대의 공간들은 그런 소통을 극대화하는 미디어였다. 이제 포스트매스미디어 시대로 오면서 새로운 방식의 소통을 만들어 내는 새로운 공간(혹은 공간에 대한 새로운 이용 방식)이 만들어지고 있다.

공간의 대립: 장소의 공간과 흐름의 공간

포스트매스미디어 시대의 가장 중요한 기술적 기반은 인터넷 등으로 대표되는 글로벌 네트워크라고 할 수 있다. 이를 기반으로 1980년대와 1990년대에 걸쳐 많은 미디어 선지자들이 글로벌 네트워크 사회가 도달했다고 외쳤다(Benkler, 2006; Castells, 2000; Wellman et al., 2003). 한편으로는 기대하고, 또 한편으로는 두려움을 갖고 말이다. 그중 가장 대표적인 학자가 마누엘 카스텔이다(Castells, 2000). 카스텔은 컴퓨터 혁명, 글로벌 네트워크 구축, 교통 기술의 발달, 세계화 등을 토대로 해서 모든 중요한 가치들을 네트워크에 편입시키는 변화가 1980년대 이후 만들어졌다고 선포했다. 정보, 지식, 자본, 관계, 문화, 예술 등 사람들이 유형, 무형의 가치를 부여하는 거의 모든 것들이 네트워크 위에서 흘러 다니는 흐름의 공간이 만들어졌다. 흐름의 공간은 추상화, 일반화, 표준화의 공간이다. 그곳에서는 시간도 숨을 죽인다. 카스텔은 그것을 시간 없는 시간으로 표현했다. 시간은 얼음처럼 고체화되고, 대신 네트워크상의 새로운 시간 경험이 구성된다. 시간은 흐르지 않고 현재에 박제되어 있다. 네트워크상에서는 영원한 현재만 있을 뿐이다. 이것은 포스트매스미디어 시대의 새로운 시공간 경험을 만든다. 이제 개인도, 조직도, 도시도, 심지어는 국가조차도 글로벌 네트워크상의 흐름의 공간과 시간 없는 시간의 논리에 적응하지 않고는 살아남을 수 없다. 이제 세상은 생산 수단을 소유한 부르주아 계급과 그것을 소유하지 못하고 대신 자신의 노동을 팔며 살아가는 프롤레타리아 계급으로 나뉘기보다는 글로벌 네트워크에 연결된 개인/조직/도시/국가와 거기서 배제된 개인/조직/도시/국가로 나뉘게 되었다.

카스텔은 네트워크 사회의 (도시) 공간을 흐름의 공간과 장소의 공간으로 구분한다. 이러한 구분의 기준 역시 네트워크에 포섭되어 있는지, 배제되어 있는지다. 흐름의 공간과 장소의 공간은 르페브르의 공간 재현과 재현의 공간에 상응하는 개념이다. 흐름의 공간은 공간 재현처럼 추상성이 기본 구성 원리다. 반면에 장소의 공간은 재현의 공간처럼 구체적 경험이 기본 구성 원리다. 흐름의 공간은 글로벌 네트워크에 포섭되어 있는 공간이다. 장소의 공간은 거기에서 배제되어 있거나 그것과의 연결이 느슨하거나 간접적인 공간이다. 흐름의 공간에서는 글로벌한 세계의 지배적 경향이 반영되어 있지만, 장소의 공간은 매우 구체적이고, 국지적이고, 특수한, 정통성(Benet-Weiser, 2012; Zukin, 2009)을 품고 있다. 흐름의 공간은 스타벅스와 맥도날드의 공간이지만, 장소의 공간은 100년 동안 한자리를 꿋꿋하게 지키는 골목 식당의 공간이다.

네트워크 사회에서는 흐름의 공간이 대세가 될 수밖에 없고, 장소의 공간에는 암울한 그림자가 어려 있는 듯하다. 카스텔이 1991년 《네트워크 사회》에서 흐름의 공간과 장소의 공간 개념을 처음 소개했을 때는 그런 분위기를 감추지 못했다. 그러나 실제로 포스트매스미디어 시대의 네트워크 사회에서 장소의 공간은 자신의 자리를 굳건히 지켜왔다. 장소의 공간의 건재는 다양한 모습으로 나타나고 있다. 가령 마을과 동네의 저항, 지역성에 대한 재발견, 글로벌 네트워크에 속한 흐름의 공간에 대한 장소의 반격, 글로벌 IT 기업에 대한 국가(예를 들어 중국) 혹은 국가 연합(가령 유럽연합)의 저항 등의 모습으로 나타나고 있다(Van Dijk, 1999; Castells, 2004; Castells & Kumar, 2014; Castells, 2015). 여전히 글로벌 네트워크에 밀접하게 연결된 흐름의 공간은 힘이 세지만, 장소의 공간도 만만치는 않다. 포스트매스미디어 시대의 장소의 공간은 매스 미디어 시대의 장소의 공간과는 처해 있는 상황이 다르고 그 성격이 다르다. 포스트매스미디어 시대에 장소의 공간은 고립되어 있거나 정태적이지 않다. 장소의 공간도 적어도 선별적으로라는 글로벌 네트워크에 연결되어 있다. 네트워크로부터 완벽하게 절연되어 있는 장소의 공간을 이제는 어디서도 찾을 수 없을 것이다. 스타벅스와 맥도날드만 글로벌 네트워크상에 존재하는 것이 아니다. 연희동 골목의 빵집과 제주도 세화읍의 서점은 바로 그 장소에만 존재하는 것이지만, 동시에 인스타그램에도 존재하기에 전세계 어디에서도 그 존재를 확인할 수 있다. 어떤 면에서는 장소의 공간이 계속 생존해 갈 수 있는 기반을 네트워크가 제공하는 상황이 만들어졌다고 할 수 있다. 포스트매스미디어 시대에는 흐름의 공간도 장소의 공간도 글로벌 네트워크에 기대어 존재한다. 물론 장소의 공간에 속한 것들은(관계, 모임, 상점 등) 여전히 특정 장소에 있다는 정체성을 존재 근거로 삼는 것을 포기하지 않는다. 오히려 그러한 정통성을 자신의 고유한 가치로, 흐름의 공간이 갖지 못한 차별적 가치로 삼는다.

흐름의 공간과 장소의 공간은 모두 미디어의 공간이다. 그 출발점이 다르고 지향점이 다를 뿐이다. 추상성, 일반성, 보편성을 추구하는 디지털 네트워크 공간으로서의 흐름의 공간에서도 개인과 집단은 구체적, 상황적, 특수한 경험의 세계에 대해 듣고, 해석하고, 말하고, 경험한다. 흐름의 공간은 그런 것을 가능하게 하는 미디어다. 공항과 같은 흐름의 공간에서 사람들은 추상적 노드를 흘러 다닌다. 그러나 남미의 어느 낯선 공항에 내려 커피를 마시며 주변 사람들과 시선을 마주칠 때 찰나적일지라도 구체적이고, 특수하고, 고유한 경험을 하기도 한다. 전 세계 어느 도시를 가더라도 찾을 수 있는 스타벅스라는 흐름의 공간에서 사람들은 '아침에 스타벅스에서 커피를 마시는 사람'이라는 보편적이고, 일반적인, 스타벅스의 브랜딩 전략이 만들어 낸, 그리고 전 세계 스타벅스 방문자들이 공유하는 이미지를 소비한다. 그러면서도 그곳에서 자신의 구체적 현실의 문제가 담긴 이메일을 보내거나, 누군가를 만나 동네 현안에 관해 이야기하기도 한다. 물론 그들이 공항이나, 스타벅스에서 하는 행동들은 데이터화되어서 다시 추상적, 일반적, 보편적인 네트워크상으로 올라가 거기서 분석되고 네트워크상에서 흘러 다니게 된다.

　반면 장소의 공간에서 개인과 집단은 구체적, 상황적, 특수한 경험의 세계에 대해 스스로 기억하고, 기억을 자신의 머리에 저장하고, 그에 관해 이야기한다. 그렇기에 거기에는 시간이 다시 입체성을 띠고 흐른다. 그리고 사람들은 장소에 기반을 둔, 거기에 깃든 소통을 한다. 장소의 공간은 그런 소통을 가능케 하는 미디어다. 장소의 공간에서 사람들은 추상적, 일반적, 보편적인 네트워크 권력으로부터 도망쳐 나온 사람들처럼 거기에 피신해 있기도 하고, 그 권력에 맞설 각오를 다지기도 하고, 혹은 그 권력에 어떻게든 빌붙어 살아갈 방도를 모색하기도 한다. 그런 과정에서 장소의 공간들이 생존을 위해서는 흐름의 공간과의 관계에서 어느 정도 타협은 불가피하다고 느끼기도 한다. 가령 도시 지역 내에서 동네 사람들끼리 마을 공동체를 만들고 '마을 사람'이라는 정체성을 함께 나누며 살아갈 때 그 마을은 장소의 공간으로 태어난다. 그러나 그들도 카카오톡 단톡방에서 서로 연락을 주고받고, 페이스북 페이지를 만들고, 팟캐스트를 하는 등으로 디지털 네트워크상 흐름의 공간을 자신들의 일상 수준으로 끌고 내려와 지역화하는 노력을 할 수밖에 없다(Castells, 1999). 제주도 조천읍에 있는 네 평짜리 독립 서점도 제주의 하늘과 돌담이 창밖으로 보이는 장소의 틀을 벗어나 인스타그램 안에서도 자리를 잡는다. 그곳은 네 평짜리 공간보다 훨씬 더 넓은 공간이다. 실제 서점에는 열 명이 함께 들어와 있기도 힘들지만, 인스타그램의 공간에는 수만 명이 팔로워로 등록되어 있다. 인스타그램에 올라온 서점 사진을 보고 누군가는 온라

제주 세화에 있는 독립 서점 제주풀무질. 이 서점은 세화읍에만 존재하는 것이 아니라 동시에 인스타그램에도 존재한다. 그렇게 흐름의 공간과 장소 모두에 연결되어 있다. (사진: 김용찬)

인 여행사에서 항공기 예매를 하고 김포공항에서 제주공항까지 비행기를 타고 와서, 온라인에서 등록한 렌터카를 접수한 뒤, 조천읍까지 한 시간 운전해서 서점을 방문한다. 서점에 들어서서 그 안의 공간을 한번 둘러본 뒤에 셀카를 찍고 그것을 인스타그램에 올린다. 물론 적절한 해시태그와 함께. 이렇게 네트워크의 흐름의 공간이 제주 조천읍 네 평짜리 장소의 공간에 내려와 머문다. 이런 과정에서 장소의 공간은 늘 위험에 노출되어 있다고 할 수 있다. 그 위험은 장소의 공간이 흐름의 공간에 완전히 포섭되거나 그것 때문에 사라질 수 있다는 위험이고, 결국 장소의 공간이라는 미디어가 흐름의 공간이라는 미디어에 의해 장악될 수 있다는 위험이다. 그런 위험이 현실화됨이 의미하는 것은 결국 장소의 공간이라는 미디어에서 사람들이 하는 소통이 사라지고, 모두 흐름의 공간 미디어가 요구하고 가능케 하는 소통에만 전념하는 세상이 만들어질 수 있다는 것이다. 동네 사람들이 서점 앞에 모여 앉아 잡담하는 장소의 공간 미디어는 사라지고, 다음 비행기를 타기 위해 급히 걸어가거나 잠깐 앉아 커피를 마시는 공항 이용자의 소통 같은 것만 가능케 하는 흐름의 공간 미디어만 득세하게 될 수도 있다는 것이다.

재개발의 공간에서 재생의 공간으로

매스 미디어 시대가 재개발의 시대였다면 포스트매스미디어 시대는 재생의 공간이다. 사실 도시 재개발과 도시 재생은 명확하게 구별될 수 있는 것은 아니다. 국토교통부는 2018년 발표한 도시 재생 뉴딜 로드맵을 통해 한국에서 현재 진행되는 도시 재생 사업의 목표를 "도시 쇠퇴에 대응하여 물리적 환경 개선과 주민들의 역량 강화를 통해 도시를 종합 재생"하는 것이라고 밝히고 그에 따른 구체적 목표들로 주거 복지 실현, 도시 경쟁력 회복, 사회 통합, 일자리 창출 등을 제시하였다. 국토교통부의 목표들 안에는 다양한 가치들이 열거되어 있다. 어떤 것들은 도시 재개발에 포함할 수 있는 것도 있다. 그래서 사실 재개발과 재생 간의 차이는 뉘앙스 차이에 그치는 것이라 볼 수도 있다. 도시의 현실에서는 그 둘을 명확히 구별하기가 쉽지 않다. 그런데도 대체로 재개발은 공적 자본 투자와 도시의 물리적 상태를 변화시키는 것에 치중하는 반면 도시 재생은 장소의 경제적, 물리적 개선과 더불어 커뮤니티의 복원과 사회적 문제 해결에 치중하는 것이라고 구분할 수 있다(Fainstein et al., 1986; Gotham, 2001; Hyra, 2012; Molotch, 1976). 전자는 경제적, 물리적 변화를, 후자는 사회적, 정치적 변화를 강조하는 것이라고도 할 수 있다. 재개발 시대의 공간은 사람들 사이의 관계를 일반화시키고, 추상적 거래의 소통을 하게 만드는 미디어 공간이었다. 사람들이 살고 일하는 터전, 그들의 기억과 경험과 이야기가 숨어 있는 장소를 허물고, 그것을 교환 가치의 공간으로 치환시키는 것이었다. 그러나 도시 재생 시대의 공간은 장소 기반의 관계, 기억, 이야기를 유지하고, 공유하고, 혹은 그것들을 다시 불러오는 소통이 이루어지는 미디어 공간이다. 도시 재개발은 '흐름의 공간'의 전략이고 도시 재생은 '장소의 공간'의 전략이다. 매스 미디어 시대에 이루어진 도시 개발과 재개발의 과정을 통해 어떤 방식의 공간 미디어가 출현했는지는 5장에서 살펴보았다. 포스트매스미디어 시대에도 도시 재개발이 없어지기는커녕 최근에는 '스마트 도시' 등의 옷을 입고 다시 등장하고 있다. 여기서는 도시 재생이 새롭게 만들어 내는 공간 미디어에 집중해서 이야기해 보겠다. 스마트 도시의 문제는 뒤에서 다시 논의할 것이다.

그동안 도시 재생의 논리는 늘 성장과 재개발 논리에 저항하는 모습을 통해서 주로 드러났다(Roberts & Sykes, 1999). 뉴욕 개발론자인 모시스에 대항했던 제인 제이콥스의 사례가 좋은 예다. 그러나 2000년을 전후에서 전 세계적으로 도시 재생 프로젝트가 유행처럼 번지고 있다(Hyra, 2012; Porter & Shaw, 2013). 비어 있는 공장 건물들을 재생해서 박물관, 스타트업 사무실, 학교 등으로 만드는 도시 재생 프로젝트가 전 세계 많은 도시에서 진행되고 있다. 버려진 공장과 창고 건물들을 복합 문화 공간으로 재생시킨 캐나다의 그랜빌 아일랜드 프로젝트, 오래된 선착장의 건물들을 거주, 사무, 문화, 상업 공간으로 바꾼 영국 리버풀의 앨버트 독 Albert Dock 프로젝트, 스페인의 철강 도시였던 빌바오를 구겐하임미술관

도시 재생과 젠트리피케이션의 과정을 겪고 있는 문래동. (사진: 김용찬)

건립을 통해 재생시킨 빌바오 프로젝트, 19세기부터 공장 지대였던 스페인 바르셀로나의 포블레노우Poblenou 지역을 재생해서 기술과 혁신 지구로 만들 뿐 아니라 레저, 주거 지역으로 탈바꿈시키려는 22@바르셀로나 프로젝트, 19세기에 만들어진 맥주 공장을 재생해서 스타트업 기업이 사용할 수 있게 만든 팩토리 베를린 프로젝트, 사회적 기업이 주축이 되어서 쇠락한 동네를 성공적으로 활성화시킨 런던의 코인 스트리트 사례, 1980년대 이래로 버려진 철길을 친환경 산책로로 만든 뉴욕 맨해튼의 하이라인 프로젝트 등이 대부분 2000년대 전후에 이루어졌다. 한국에서도 서울의 청계천, 서촌, 북촌, 문래동, 성수동, 연남동, 해방촌 등지에서 기존 건물과 동네를 복원해서 사용하는 도시 재생 움직임이 나타났다. 서울 외의 도시들에서도 각 도시의 원도심 지역을 중심으로 다양한 도시 재생 사업들이 진행되어 왔다. 물론 이런 도시 재생 프로젝트들이 모두 아무런 마찰 없이 이상적으로 진행되었던 것은 아니다.

도시 재생은 단순히 기존의 물리적 공간들을 지키고, 복원하고, 재생하는 것이 아니라 그런 과정을 통해서 커뮤니티를 복원하고, 커뮤니티를 기반으로 한 관계, 소통, 이야기를 강화하는 것이다. 그리고 더 나아가 그런 변화를 통해서 지역의 사회적, 정치적 역량을 키우는 것이다. 그러나 모든 재생 프로젝트가 그런 효과를 거두었다고 말할 수는 없다. 지역 사람들이 만나, 관계를 만들고, 유지하고, 강화하면서 자기들과 연관된 이야기를 생산, 유통, 확산시키는 공간 미디어를 만드는 데 실패한 도시 재생 사례도 많다. 도시 재생을 통해 오히려 자본이 들어오고, 기존 원주민들은 상승한 임대료를 견뎌 내지 못하고 자신들의 터전에서 쫓겨나는 이른바 도시 젠트리피케이션의 결과가 만들어지기도 한다. 젠트리피케이션 문제 때문에 도시 재생의 기대 효과가 사라지는 것은 결국 공간 미디어의 실패 경우로 파악할 수 있다. 특정 장소와 연관된 정체성, 관계, 기억, 쟁점에 관한 이야기를 나눌 공간 미디어가 고장이 나고, 대신 다시 자본이 주도하는 재개발의 논리가 장악한 추상적, 일반적 이야기, 장소와는 직접 관련 없는 이야기들을 주로 전달하는 공간 미디어가 들어서는 상황이 만들어지기도 한다. 결국 도시 재개발과 도시 재생은 공간 미디어 간 경쟁의 이야기이고, 도시 재생이 젠트리피케이션으로 무너지는 것은 공간 미디어 쇠락의 이야기다. 포스트매스미디어 시대에 우리는 이 두 공간 미디어가 서로 경쟁하는 모습을 지켜본다.

장소의 광장에서 연결의 광장으로

5장에서는 매스 미디어 시대의 대표적인 공간 미디어가 광장이었다고 말했다. 광장은 매스 커뮤니케이션을 공간적으로 실현하는 미디어였다. 포스트매스미디어 시대에도 물론 광장은 존재한다. 그러나 두 시대를 비교하면 광장이 하는 역할, 사람들이 광장을 경험하는 방식은 사뭇 다르다. 매스 미디어 시대의 광장에는 거대한 확성기들이 설치되고, 똑같은 얼굴을 한 사람들이 모여 같은 이야기를 듣고, 같은 감정과 생각을 공유한다. 그러나 포스트매스미디어 시대의 광장은 하나의 집단이 동일한 모습으로 존재하는 곳이 아니다. 포스트매스미디어 시대의 광장은 약한 네트워크, 서로 분리된 네트워크도 공존할 수 있게 작동한다. 한 공간에 있더라도 서로 다른 네트워크에 연결되는 것을 허용하고, 촉진하는 방식으로 작동하는 것이다.

매스 미디어 시대의 광장과 포스트매스미디어 시대의 광장을 조금 더 구체적으로 비교해 보자. 가령 1987년 6월 항쟁 때의 시청 광장과 2016년 탄핵 촛불 집회 때의 시청 광장은 똑같은 시청 광장이라 할지라도 사람들은 매우 다른 공간으로 경험하였다. 1987년의 광장은 집합 행위collective action의 소통을 가능케 하는 공간 미디어였다면, 2016년의 광장은 연결 행위의 소통을 가능케 하는 공간 미디어였다. 랜스 베넷과 알렉산드라 세거버그는 디지털 미디어의 발전을 토대로 개인의 정치 참여가 집합 행위 방식에서 연결 행위로 전환되고 있다고 했다(Bennett & Segerberg, 2013). 집합 행위는 사람들이 무임승차의 충동을 이겨내고(혹은 어느 정도 타협하면서) 자신의 시간, 노력, 감정, 자본 등을 투여해서 하나의 목적과 하나의 집단에 연대하고 자신의 개인성은 뒤로 미루는 방식의 참여 행위였다. 그러나 연결 행위에서 사람들은 자신의 개인성을 뒤로 미루거나 포기하지 않고 그것을 계속 유지하면서 디지털 미디어를 통해 공적, 사적 상황을 넘나들며 공동의 목적을 달성하는 과정에 이바지한다. 연결 행위에서는 이제 전체를 위한 개인의 희생, 총화, 일사불란 등의 말들이 설 자리가 없다. 개개인의 자율적 행위, 무질서함, 방향 없음이 디지털 미디어에 의해 연결되어 집합 행위보다 더 큰 결과를 가져올 수도 있다는 것이 베넷과 세거버그의 설명이다. 1987년의 광장은 집합 행위를 가능케 하는 매스 미디어 시대의 아날로그 공간 미디어였고, 2016년의 광장은 연결 행위를 가능케 하고 촉진하는 포스트매스미디어의 디지털 미디어였다.

2016년의 시청 광장에 좀 더 집중해서 이야기해 보자. 거기에는 장소를 기반으로 하는 '다중 공중'이 있었다. 원래 공중은 장소와 상관없이 존재하는 것이라는 점에서 군중이나 폭도들과 구별된다. 군중(그리고 폭도)은 극장, 야구장, 거리, 광장같이 특정 장소에서 시공간을 공유하는 사람들이지만, 공중은 특정 장소에 존재하는 것이 아니기에 대개 눈에 보이지 않고, 매스 미디어의 호명이나 여론 조사 결과 등을 통해서만 자신의 존재를 드러내는 것이 일반적이다(Blumer, 1969; Miller, 2000; Price, 1992). 그러나 2016년 시청 광장에 모인 사람들은 장소를 기반으로 한 공중이었다. 무대에 올라 연설하는 사람들의 이야기를 수동적으로 듣기만 하는 것이 아니라, 비판적으로 선택적으로 듣는 공중이었다. 그들은 광장에 모이기 전에, 그리고 광장을 떠난 후에 자신이 속한 다양한 네트워크상에서 관심 이슈에 관한 토론을 이어갔다. 광장의 분위기와 주장이 사람들을 온전히 압도할 수 없었다. 광장에 앉거나 서 있을 때 그들은 주변 사람들과도 소통하지만, 또 동시에 텍스트, 사진, 동영상 등을 통해 자기 생각, 의견, 감정, 느낌을 온라인과 오프라인의 네트워크에 공유했다. 그들은 한 장소에 모여 있지만 하나의 총체적인 시위대였다기보다는 연결 행위(Bennett & Segerberg, 2013)에 참여하는 일종의 연결된 공중(Neuman,

Guggenheim, Jang, & Bae, 2014)이었다. 이렇게 포스트매스미디어 시대의 광장
은 원래는 비가시적인 의견의 총체로만 사회에 존재하던 공중을 체화된
공중embodied public으로 새롭게 태어나게 한다. 2016년 광장의 공중은 즉
석 공중instant public이라는 점에서도 1987년의 군중과 달랐다. 각자 자신
의 세계에 속해 있던, 다양한 배경의 사람들이 모였다. 그들은 서로 낯선
사람들이지만, 서로 같은 공간을 공유했다. 서로 간의 미세한 끈을 인식
하기는 하지만, 그들의 만남은 우연적인 것이고, 그 느슨한 끈은 거의 찰
나적이었다. 그들은 언제든 원할 때 광장을 떠나 그들의 바쁜 일상으로
돌아갔다. 그리고 잠시 광장을 공유했던 사람들은 상호 간 낯선 사람들,
상호 모르는 사람들이라는 위치로 복귀했다. 바쁜 일상 속에서 잠시 짬
을 내 편의점 구석에서 즉석 음식을 먹는 도시인처럼, 광장에 모인 사람
들은 바쁜 일상의 중간에 잠시 시간을 내어 즉석의 동료 의식을 경험했
다. 그리고 언제든 원할 때 자신의 일상으로 돌아갔다. 이들은 또 네트워
크화된 공중networked publics(Varnelis, 2012)이기도 했다. 2016년 촛불 집회
에서 사람들은 가족이나 친구들과 손을 잡고 참여하기도 하였다. 광장의
물리적 공간에는 개인이 있다기보다 조그만 네트워크의 집합체가 있었
다고 해도 과언이 아니다. 그러나 그게 다가 아니다. 손에 쥔 모바일 기기
를 통해 그들은 광장의 다른 곳에, 혹은 광장 밖 일상에 아직 남아 있는
다른 사람들과 끊임없이 접선을 벌였다. 광장의 사람들은 적어도 두 개
이상의 세계에 속해 있었다. 포스트매스미디어 시대의 광장은 사람들로
하여금 복수의 네트워크에 동시에 연결되는 것을 허용했다. 10만 명이 광
장에 있다면 거기에는 사실 10만 개 이상의 네트워크가 있는 것이었다.
광장에 모인 연결된, 정보 기반의, 즉석의, 네트워크화된 공중은 광장을
이끄는 하나의 조직적 중심을 거부했다. 포스트매스미디어 시대의 광장
은 조직화 없는 조직화를 요구한다. 특정 중심 세력이, 특정 정당이, 특정

이념이 이들을 하나로 묶을 수 없었다. 포스트매스미디어 시대의 광장은 광장 안의 네트워크가 아니라 자신의 네트워크에 머물러 있기를 원하는 개인들을 위해 존재한다.

네트워크화된 장소

포스트매스미디어 시대에 공간 측면에서 나타난 의미 있는 변화는 장소조차 네트워크 기술에 편입되면서 사람들이 새로운 방식의 장소 경험을 하게 되었다는 것이다. 네트워크화된 미디어로서의 장소(경험)가 가능하기 위해서는 5G에 도달했고 이제 6G 기술을 앞둔 모바일 네트워크 기술, 스마트폰 등 모바일 기기, 네이버 지도나 구글 지도 같은 모바일 지도 등과 더불어 위치location와 장소place를 인식하는 기술이 필요하다. 가령 GPS, 셀룰러, 와이파이, 블루투스 기술 등이 위치 인식location awareness과 장소 인식place awareness을 가능하게 기술이다. 이렇게 장소와 결부된 기술들이 속속 등장하자 추상적인 흐름의 공간, 온라인 공간, 가상 공간, 사이버스페이스 등으로 사라졌던 사람들이 다시 구체적 장소로 돌아오고 있다. 구름 위로 올라갔던 사람들이 이제 다시 자신이 발을 딛고 살아가는 장소로 돌아온 것이다. 이제 네트워크화된 개인들이 네트워크화된 장소networked place에서 살아가고 있다. 장소가 네트워크화되면서 장소를 경험하는 방식도 바뀌었다. 네트워크화된 장소는 더 이상 흐름의 공간과 대립하지 않는다. 장소가 네트워크화되면서 장소의 미디어성에도 중요한 변화가 생긴 것은 어쩌면 당연한 일이다.

네트워크화된 장소에서 사람들이 하는 소통의 방식이 변화되고 있기도 하다. 사람들은 이제 자신이 속한 장소에서 온라인과 오프라인을 유기적으로 연결하는 융합적 방식의 소통을 한다. 융합 혹은 컨버전스는 도구, 내용, 제도, 사람, 그리고 공간 등 미디어의 모든 차원에서 일어나는데, 공간의 일부분이라 할 장소에서도 나타난다. 사람들을 이제 자신이 살고, 일하고, 놀고, 다양한 이유로 활보하는 장소를 온라인과 오프라인이 결합하는 융합적 미디어로서 경험한다. 사람들은 다양한 디지털 기기와 네트워크와 위치 인식 기술과 앱을 지역 기반 내용에 연결하고, 지역의 다양한 개인과 상업 시설과, 모임/단체에 연결한다. 이렇게 도구, 내용, 제도, 사람, 공간이 네트워크화된 장소에서 함께 어우러진다.

네트워크화된 장소에서 사람들은 디지털 기기를 통해 장소를 새롭게 경험한다. 거기서 동네 맛집을 찾고, 자신의 동선을 확인하고, 버스 오는 시간을 체크하고, 택배 트럭이 어디쯤 왔는지 확인한다. 음식 딜리버리 앱을 통해서 자기가 있는 장소의 식당들과 음식들의 리스트를 손에 쥐고, 장소 기반의 한 끼를 주문한다. 앱을 통해 주문하는 것과 같은 온라인 행동은 음식 배달의 오프라인 행위를 유발한다. 동네 맘 카페에 글을 올리기도 하고, 당근마켓 같은 지역 기반 앱을 통해 중고 물품을 사고팔고, 그러면서 찰나적 순간이지만 동네 사람들과 오프라인 스침의 순간을 갖는다. 사람들이 소셜 미디어에 올리는 텍스트, 사진, 동영상에 지오태그와 해시태그가 붙는다. 특정 장소의 점(건물, 교차로 등), 선(거리), 면(공원, 학교 등)에 지오태그와 해시태그가 쌓인다는 것은 물리적 상소에 디지털 경험, 기억, 이야기의 층이 쌓인다는 것을 의미하는 것이기도 하다(de Souza e Silva & Frith, 2013). 포켓몬고와 같은 장소 기반 게임을 통해서 자기가 살고, 일하고, 방문하는 장소에 대해 새로운 시각을 갖게 되기도 한다(Stokes, 2020; Vella et al., 2019). 지역 기반의 소셜 미디어와 데이팅 앱들은 온라인과 오프라인의 만남을 중재하기도 한다. 심지어 다크웹도 장소와 연결된다(Harvianien, Haasio, & Hämäläinen, 2020). 네트워크화된 장소에서는 마약 같은 불법 상품도 장소 기반의 앱을 통해 거래된다. 네트워크화된 장소에서 사람들은 에릭 고든Eric Gordon과 아드리아나 드 수자 이 실바Adriana de Souza e Silva가 넷 장소성net locality이라고 개념화한 것을 경험한다(Gordon & de Souza e Silva, 2011). 넷 장소성이란 네트워크화되고 디지털화된 장소 그 자체가 새로운 표현의 수단이 되는 것을 말한다. 그것을 통해 사람들은 읽고, 듣고, 볼 뿐 아니라, 쓰고, 말하고, 보여 주기도 한다. 장소는 이렇게 네트워크에 연결된 디지털 미디어로서의 성격을 더욱더 분명히 하게 되었다.

고든과 드 수자 이 실바는 넷 장소성이 새로운 방식의 도시 내러티브uban narrative를 만든다고 설명한다(Gordon & de Souza e Silva, 2011). 도시 내러티브를 커뮤니케이션 하부 구조 이론(Kim & Ball-Rokeach, 2006b)에서 사용하는 개념으로 바꿔 말하자면 장소 기반의 커뮤니티 이야기하기가 네트워크에 연결된 디지털 미디어상에서 확장되었고 말할 수 있다. 이것에 이름을 붙이자면 '네트워크화된 커뮤니티 이야기하기networked community storytelling'라 할 수 있다. 넷 장소성을 기반으로 하는 도시 내러티브와 네트워크화된 커뮤니티 이야기하기의 통로가 되는 장소들은 더욱 더 본격적으로 미디어 성격을 띠게 되었다. 앞에서 언급했듯이 사람들은 이제 장소 위에서, 장소 안에서, 혹은 장소를 통해서 읽고, 듣고, 보는 등 미디어 소비자 역할을 하기도 하고 또 어떤 때는 쓰고, 말하고, 보여 줌으로써 미디어 생산자의 역할을 하기도 한다. 읽고, 듣고, 보는 것의 예로는 물리적 장소와 연결되는 디지털 내용을 그 장소를 지나갈 때 디지털 기기(혹은 웨어러블 기기)나 증강 현실 기술을 활용해서 읽거나, 듣거나, 동영상의 형태로 보는 것이다. 디지털 지도를 보는 것 자체도 네트워크화된 장소를 읽고 보는 것이다. 쓰고, 말하고, 보여 주는 예로는 특정 위치와 관련된 글, 사진, 동영상을 웹상에 다양한 방식으로 올리는 것을 말한다. 고든과 드 수자 이 실바(Gordon & de Souza e Silva, 2011)는 이것을 "모바일 주석mobile annotation"이라고 불렀다. 장소의 온라인상 좌표에 디지털 태깅을 하고 개인의 이야기, 경험, 특정 장소에 대한 정보, 이슈, 문제 등을 덧붙이는 것이 모바일 주석이다. 이런 방식으로 이제 사람들은 장소로서의 미디어 위에서 읽고, 쓰고, 듣고, 말하고, 보고, 보여 준다.

　　장소의 네트워크화가 더욱더 본격적으로 이루어진 것은 이른바 디지털 트윈digital twin 기술을 장소에 적용했을 때이다. 디지털 트윈이란 물리적 사물(들)을 가상 세계에 그대로 복제하는 것을 말한다(Liu et al., 2021; Jones et al., 2020). 도시 계획 분야 등에서는 디지털 트윈의 개념과 기술을 도시에 적용해 왔다(White et al., 2021). 디지털 트윈을 장소에 적용해 본다면, 현실의 물리적 장소 그리고 그 안의 다양한 과정과 상황에 대한 데이터를 수집하고 디지털화하여 가상 공간에서 시뮬레이션 형태로 복제함으로써 장소의 디지털 트윈을 만들 수 있다. 현실의 장소에서 벌어지는 일이 실시간으로 가상의 공간에 투입되고, 가상의 장소에서 이루어진 시뮬레이션 결과가 현실의 물리적 장소에 재투입되면서 현실과 가상이 서로 연결된다. 디지털 트윈은 인공 지능, 사물 인터넷, 통신, 시뮬레이션, 컴퓨팅, 데이터 분석 기술 등의 발전으로 가능케 되었다. 이런 디지털 트윈이 본격적으로 현실화된다는 것은 결국 앞에서 이야기한 네트워크화된 장소의 내러티브와 이야기하기가 현실과 가상에서 쌍방향으로 자동화되는 것을 의미한다. 이제 물리적 장소와 온라인 공간에서 쌍방향으로 읽고, 쓰고, 듣고, 말하고, 보고, 보여 주는 것은 개인들이 아니라, 인공 지능과 사물 인터넷과 컴퓨터와 네트워크 장치들이 될 수도 있다.

도시의 디지털화

포스트매스미디어 시대의 중요한 공간적 특징은 미디어로서의 도시의 성격이 디지털화라는 말로 특징지어지는 변화를 겪게 되었다는 것이다. 이제 도시는 그냥 미디어가 아니라 디지털 미디어가 되었다. 본격적으로 사람들이 사는 일상의 사적 공간과 공적 공간이 모두 디지털화되었다. 인공 지능, 사물 인터넷, 디지털 디바이스, 네트워크 기술, 소셜 기술 등이 현대 도시의 기술적 토대를 바꿔 왔다. 이러한 변화를 나는 '도시의 디지털화'라고 불러왔다(김용찬, 2020a). 도시 디지털화에 대한 논의와 전망은 사실 1980년대부터 시작되었다. 도시의 디지털화를 이끄는 다양한 디지털 실험은 인터넷이 사람들의 일상에 들어오기 전인 1970년대부터 시작되었다(Castelnovo, Misuraca, & Savoldelli, 2016). 1970년대부터 스마트 도시(Kitchin, 2015; Townsend, 2013), 지능 도시(Komnious, 2008), 유비쿼터스 도시(Hwang, 2009), 와이어드wired 도시(Dutton, Blumer, & Kraemer, 1987), 정보 도시(Castells, 1989), 네트워크 도시(Mitchell, 2004), 디지털 도시(Ishido, 2002), 텔레커뮤니케이션 도시(Graham & Marvin, 1996), 지식 도시(Carillo, 2005), 학습learning 도시(Coe, Paquet, & Roy, 2001), 창조 도시(Florida, 2004) 등 다양한 이름으로 도시의 디지털화에 대한 논의와 전망이 제시되어 왔다(Nam & Pardo, 2011). 최근에는 스마트 도시라는 이름이 다른 이름들을 압도하고 있다. 어떤 이름으로 불리든 도시 디지털화를 보여 주는 최근 경향의 핵심 내용은 (1) 최첨단 센서 기술을 통해 도시 내의 사람과 사물들의 움직임과 그들 사이의 상호 작용을 감지sensing하고, (2) 네트워크 기술, GPS, 증강 현실, 소셜 미디어 등 온라인 기술과 플랫폼을 통해 인간과 사물의 활동(그들 사이의 상호 작용)을 모니터링하면서, (3) 그 과정에서 생산되는 다양한 데이터를 인공 지능 알고리즘을 통해 분석하고, (4) 그 결과를 실시간으로 도시 환경에 적용하여, (5) 도시 인프라와 도시 내 자원의 관리를 최적화하면서, (6) 도시의 문제를 해결하고(de Lange & de Waal, 2019), (7) 도시를 더 효율적이고, 더 안전하고, 사회적, 경제적, 환경적으로 지속 가능한 곳으로(Polese, Stren, & Stren, 2000) 변화시키는 것이다.

도시 디지털화의 상상은 결국 도시 전체를 하나의 거대한 디지털 미디어로 보는 것이다. 스마트폰과 같은 디지털 기기가 도시 전체로 확장한 것이나 마찬가지다. 스마트폰에 안드로이드나 iOS 같은 운영 체제 operating system가 깔렸듯이 도시라는 미디어에 인공 지능 기술, 디지털 네트워크, IoT 기술 등을 활용해서 도시 전체(그리고 그 안에서 벌어지는 수많은 사건)를 움직이는 거대한 운영 체제를 까는 것이 도시 디지털화의 인프라 구축이다. 그렇게 만들어진 거대한 도시 디지털 미디어 위에서 도시 안의 다양한 삶, 활동, 과정과 연계된 애플리케이션이 작동하면서 도시는 다양한 문제를 해결하는 일종의 '솔루션' 기계가 된다. 결국 도시는 하나의 거대한 미디어 플랫폼이라고도 할 수 있다(Han & Hawken, 2018). 도시 플랫폼 위에서 도시의 삶과 경험, 문제 인식과 해결이 진행된다. 이와 같은 플랫폼 도시성을 기반으로 하는 도시 디지털화는 기술적 문제에 그치는 것이 아니라, 인적 자본, 인프라 자본, 사회 자본, 기업가형 자본(Kourtit & Nijkamp, 2012). 경제, 거버넌스, 시민 참여, 모빌리티, 환경, 삶의 질 등이 복합적으로 얽힌 문제이기도 하다(Borsekova, Vanova, & Vitalisova, 2016; Giffinger et al., 2007). 로버트 홀랜즈Robert Hollands(2008)는 도시의 디지털화가 갖는 목표를 (1) 네트워크 기술을 활용해서 경제적, 정치적 효율성을 증진시키고, 사회, 분화, 도시의 발전을 가능케 하는 것, (2) 비즈니스 중심 혹은 비즈니스 친화적 도시 공간을 구축하는 것, (3) 사회 학습, 교육, 사회 자본의 구축을 통해 스마트 커뮤니티를 발전시키는 것, (4) 사회적 응집, 소속감, 포용, 친환경 태도를 구축하고, 그것을 토대로 사회와 환경의 지속가능성을 높이는 것 등으로 구분하였다. 이 모든 것을 미디어로서의 도시가 수행하는 일로 만드는 것이 도시 디지털화인 것이다.

도시의 디지털화는 도시의 미디어 성격을 바꾼다. 도시의 미디어 성격이 바뀌는 것은 그 안에서 사람들이 개인적/집단적 정체성을 구축하고, 타자를 만나서 관계를 만들고, 발전시키고, 중단하고, 다양한 방식의 소통을 하는 과정에도 변화를 초래한다. 그러면서 미디어 연구의 새로운 주제들을 만들어 낸다(김용찬, 2020a). 가령 도시의 디지털화가 대면과 비대면의 사회관계에 어떤 변화를 만들 것인가, 도시의 디지털화는 시민적 참여의 방식에 어떤 변화를 만드는가, 장소와 지역의 경험에 어떤 변화를 만드는가, 사람들은 개인적, 혹은 공동체적 수준에서 이루어지는 개인 정보 수집과 감시를 어떻게 받아들일 것인가, 개인과 커뮤니티는 자신의 일상의 이야기에 대한 주권을 지켜 낼 수 있을 것인가, 도시라는 미디어 안에서 어떤 방식의 새로운 불평등이 드러날 것인가, 사람들은 다름과 차이에 대해 어떻게 소통하고, 어떻게 대처할 것인가, 위험에 대한 소통에 어떤 변화를 초래할 것인가, 사람들은 디지털 도시에 대한 이미지를 어떻게 생산하고, 유통하고, 소비하는가 등의 문제 등이 우리가 주목할 새로운 주제들이다.

포스트매스미디어 시대 사회 구성 원칙
: 혼종화

지금까지 매스 미디어 시대를 준거로 삼아서 포스트매스미디어 시대의 특징을 도구, 내용, 제도, 사람, 공간의 차원에서 살펴보았다. 다양한 특징을 언급했지만, 그것들 사이에는 어떤 공통된 흐름이 있다. 매스 미디어 시대에서 포스트매스미디어 시대로의 변화는 보편적, 일반적, 추상적인 것의 시대에서 국지적, 개별적, 구체적인 것의 시대로, '그들'의 이야기에서 '나/우리'의 이야기로, 큰 미디어에서 작은 미디어로, 카리스마의 시대에서 평범한 개인들의 시대로, 공간의 시대에서 장소의 시대로의 전환을 의미하는 것이었다. 도구, 내용, 제도, 사람, 공간의 네트워크화가 이 모든 변화의 토대가 되었다고 해도 과언이 아니다. 매스 미디어 시대에는 서로 나뉘고 구분되는 것이 당연시 여겨졌던 것은 합쳐지고, 반면 원래 하나라고 생각했던 것은 나뉘고 있다. 디지털 기술과 네트워크 기술을 통해 모든 것이 모든 것에 연결된다. 하지만 동시에 인류 역사상 어쩌면 가장 치명적인 배제와 분리 역시 동시에 벌어진다. 배제된 자들은 포스트매스미디어 시대의 투명 인간invisible man이 된다.

포스트매스미디어 시대의 특징은 사람들이 살아가는 삶의 양태에 중요한 변화를 만들고 있다. 포스트매스미디어 시대의 특징을 살펴보면 앞으로 우리가 살아갈 사회의 성격을 예측해 보려 할 때 필요한 중요한 단서들을 얻을 수 있다. 그런 단서의 일면을 논하면서 이 장을 마치려 한다. 포스트매스미디어 시대의 미디어적 특징은 사람들이 무엇을 하려고 하는지, 무엇을 할 수 있는지, 무엇을 하고 싶은지 등과 연관된 구조적 기회와 제약 모두를 만들어 왔다. 이것을 나는 여기서 사회의 구성 원칙 organizing principle이라고 부르려 한다. 미디어 환경이 매스 미디어 시대에서 포스트매스미디어 시대로 오면서 삶을 구성하는 구성 원칙이 어떻게 변화했을까? 사회의 구성 원칙은 무엇보다도 사람들로 하여금 자신들이 살아가는 공간, 시간, 행위, 상호 작용, 관계 등을 어떻게 이해하는지에 그리고 그들이 삶에서 욕망, 목적, 행위를 어떻게 만들고 영위하는지에 영향을 미친다.

포스트매스미디어의 사회 구성 원리가 갖는 특징 중 가장 두드러진 것은 혼종화hybridization다. 근대 이후 사회의 사회 구성 원리를 설명하고자 했던 학자들은 그것이 대체로 공적 - 사적, 개인 - 집단, 익숙함 - 낯섦, 참여 - 비참여, 현실 - 비현실 등과 같은 개념들의 대립 항을 기반으로 하는 것으로 이해했다. 미디어 환경이 포스트매스미디어 시대로 접어들면서 기존에 익숙했던 대립 항들 안에서 조금씩 균열이 만들어지기 시작

표 7−1 근대적 대립항 개념과 혼종화 결과

대립 항	혼종화 결과
가시성visibility − 비가시성invisibility	비가시적 가시성invisible visibility 혹은 가시적 비가시성visible invisibility
공적 영역public sphere − 사적 영역private sphere	융합적 영역convergent sphere
진실truth − 반진실non-truth	포스트진실post-truth
현존presence − 비현존absence	비현존적 현존absent presence 혹은 현존적 비현존present absence
현실real − 가상virtual	현실 가상 real virtuality 혹은 가상 현실 virtual reality
글로벌global − 로컬local	글로컬glocal
개인individual − 집단collective	네트워크화된 개인networked individual 혹은 네트워크화된 자아networked self
익숙함familiarity − 낯섦strangeness	익숙한 낯섦familiar strangeness 혹은 낯선 익숙함strange familiarity
생산production − 소비consumption	생산소비proconsumption
노동work − 오락entertainment	노동오락worktainment
연대solidarity − 비연대no solidarity	차별화된 연대differentiated solidarity
참여participation − 비참여non-participation	유연한 참여flexible participation: 비참여적 참여non-participating participation 혹은 참여적 비참여participating non-participation

했다. 그런 균열의 시작은 사실 매스 미디어 시대에 이미 이루어졌다고 할 수 있다. 그러나 그러한 균열이 가시화되고 중요한 현상으로 부각되기 시작한 것은 포스트매스미디어 시대에 들어서라고 해야 할 것이다. 기존 대립항의 견고한 틀에 균열이 새기면서 대립 항들이 보여 주는 명쾌한 구분이 모호해지기 시작했고, 그 틈을 비집고 다양한 혼종화 현상이 만들어졌다. 표 7−1에 열거한 것은 그중에서 대표적인 것들이다. 그

중 몇몇은 이미 이 장 앞부분에서 언급하기도 했다.

가령 포스트매스미디어 시대에는 가시성과 비가시성 사이의 경계가 허물어지면서 보이면서도 보이지 않고(가시적 비가시성)(Kim & Blake, 2005), 보이지 않으면서도 보이는(비가시적 가시성)(Johnson-Roullier, 2022) 영역이 등장했다. 더 정확하게는 전에는 보이지 않은(혹은 보이지 않는 척하던) 무대 뒤 후방 영역의 것들을 사람들이 대놓고 엿보는 상황이 많아졌다. 가령 소셜 미디어 안에서 다른 사람들의 '사적'인 삶을 엿보는 것 등이 그것이다. 그 반대로 명확히 보이는 것 같지만 사실은 보이지 않는 경우들도 많아졌다. 사람들이 인스타그램에서 자신의 삶을 연출하면서 가시성이 높아진 듯하지만 우리는 정작 그의 삶의 그늘은 보지 못한다. 가시적인 것과 비가시적인 것 사이의 혼종은 결국 공적인 것과 사적인 것의 섞임으로 나아간다. 대개 전에는 가시적인 것은 공적이고 비가시적인 것은 사적이었다. 그러나 이제 그런 대응 관계는 사라졌다. 사람들은 이제 공적 영역에서 사적 행동을 하고, 사적 영역에서 공적 행동을 한다. 그 둘 사이의 경계가 사라지면서 이제 일종의 융합적 영역convergent sphere(Lange, 2007; Papacharissi, 2010)이 만들어진다. 종래 공론장은 공적인 영역에서 구축되었으나 공적/사적의 혼종화로 인해 공론장의 성격 자체가 변화되고 있다. 진실과 반진실을 구분하는 기준점이 사라지면서 둘을 구분 짓는 것이 점점 더 힘들어지는 포스트진실 사회의 징후가 나타나는 것이 포스트매스미디어 시대의 특징이라고 이 장 앞 부분에서 언급했다. 마르틴 하이데거Martin Heidegger는 진실의 어원을 추적하면서 고대 그리스어 알레테이아aletheia에는 드러냄의 의미가 들어 있다고 했다(Cambell, 2017). 그래서 결국 가시성, 공적 영역, 진실(드러냄)은 모두 하나의 축으로 연결되는 것들이라 할 수 있다.

가시적인 것, 공적인 것, 드러내는 것과 비가시적인 것, 사적인 것, 숨기는 것 사이의 경계가 모호해지는 상황에서 현존과 비현존도 서로 섞이며 다양한 상황을 만들어 내고 있다. 물리적 장소를 공유하는 사람들이 실제로는 서로에게 집중하지 않고 가상의 다른 내용, 관계, 업무에 신경을 쓰기도 하고(현존적 비현존), 반대로 서로 물리적으로 떨어져 있더라도 원할 때는 언제든지 연결되는, 심지어는 과잉 연결되기도 하는 것(비현존적 현존)을 경험한다(Lee, 2016; Raine & Wellman, 2012). 이제 현존적 현존present presence과 비현존적 비현존absent absence은 매우 드문, 혹은 매우 사치스러운, 소수만이 경험하는 것이 되었다. 비슷한 방식으로 현실과 가상도 혼종화 경향을 보이면서 현실이 가장 세계로 들어가는 가상 현실virtual reality과 더불어 가상성이 현실로 들어와서 실질적 영향을 미치는 현실 가상real virtuality의 형태로 현실과 가상이 서로 결합하고 있다(Castells, 2000). 가상과 현실, 현존과 비현존, 공적−사적의 혼종은 지리적으로 글로벌과 로컬 사이의 구분이 흐릿해지고 글로컬적인 영역과 경험이 늘어나는 것과 상호 작용한다. 지금까지 언급한 혼종은 결국 전 지구적인 수준의 네트워크 사회화와 연결되는 것인데, 그런 맥락에서 개인들과 집단들 사이의 구분도 희미해지면서 새로운 개인들(네트워크화된 개인)(Raine & Wellman, 2012)과 새로운 집단(네트워크화된 공중)(Varnelis, 2012)이 등장한다. 개인이 자신의 연결망 안팎의 사람들을 구분하는 낯섦과 익숙함의 경계도 희미해졌다. 낯설면서 익숙한 것(혹은 사람)과 익숙하면서도 여전히 낯선 것(사람)들이 완전히 익숙한 것(사람)들과 완전히 낯선 것(사람)들보다 더 일상적인 것이 되었다(Milgram, 1977; Nielsen & Faber, 2014). 앞서 설명했듯이, 생산과 소비의 혼종화가 진행되면서 생산소비가 일반적인 것이 된다(Ritzer, Dean, & Jurgenson, 2012). 또 노동과 오락 간의 경계가 허물어지면서 둘 사이의 혼종(노동 오락)이 무임 노동이나 플랫폼 노동의 형태로 나타난다. 사람들의 행위 자체에도 변화가 생겨서 연대하는 것과 하지 않는 것, 참여하는 것과 참여하지 않는 것이 전에는 비교적 명확하게 구분되었지만, 이제는 그것들 사이의 매우 유연한 혼종들이 많이 생겨났다. 자신의 상황에 따라, 유연하게 연대하고 참여하는 다양한 형태의 유대와 참여가 등장했다. 그것들을 차별화된 연대differentiated solidarity(Young, 2000) 혹은 유연한 참여flexible participation(Aristeidou & Herodotou, 2020)로 부를 수 있다. 그런 유연성 속에서 참여/연대로 볼 수 있을지 애매한 참여/연대(가령 침대에 누워서 특정 사회 운동을 지지하는 '좋아요'를 찍어 주는 것은 참여일까? 자신의 사적 공간에서 만원 기부를 하는 것도 참여라고 할 수 있을까)들이 생겼는데, 그것들을 잠정적으로 '참여적 비참여' 혹은 '비참여적 참여'(둘은 사실 같은 것이다)로 부를 수 있을 것이다.

포스트매스미디어 시대 사회의 구성 원리는 이렇게 혼종화의 방향으로 나가고 있다. 도구, 내용, 제도, 사람, 공간으로서의 미디어의 변화, 그리고 그것과 상호 작용하면서 혼종화의 방향으로 나가는 사회 구성 원리를 배경으로 해서 우리는 다음 장에서 다시 연관성의 문제로 돌아가고자 한다. 매스 미디어 시대의 맥락에서 우리는 6장에서 연관성 위기 문제를 논했다. 이제 포스트매스미디어 시대에 우리가 생각할 연관성의 문제는 위기의 수준을 넘어서서 초위기의 수준으로 나아간다. 연관성 초위기, 그것이 다음 8장에서 우리가 함께 생각해 볼 문제다.

8장

연관성 초위기

포스트매스미디어 시대 연관성 초위기

클라우딩, 사물 인터넷, 네트워크, 데이터 분석 기술 등으로 무장한 초국가 IT 기업이 어마어마한 데이터 자원을 기반으로 개인과 연관된 정보를 그 개인보다 더 많이 소유하는 것이 가능한 플랫폼을 구축했다(Mosco, 2017). 연관성의 경험이 개인의 자율적 선택 영역을 떠나 데이터 기반의 초합리적 알고리즘으로 결정되는 상황이 만들어진 것이다. 이런 체제에서는 개인과 연관된 데이터가 발생시킨 정치적, 경제적 가치를 그 개인이 아닌 제삼자가 취해 간다. 초국가적 IT 기업은 한 개인의 삶에 무엇이 연관되어 왔는지, 그 개인이 무엇을 중요하게 여기며 살아왔는지, 그가 그동안 무엇에 주목해 왔는지에 대한 데이터를 갖고, 그가 지금, 여기에서 무엇을 중요하게 여기고 무엇을 연관성 있는 것처럼 여기며 살아가야 하는지 일러준다. 초국가적 IT 기업이 특히 위력을 발휘할 때는 수집한 감지 데이터를 결합해서 개인에 대해, 그리고 특정 공동체에 대해 하나의 새로운 이야기를 만들어 낼 때다. 그 이야기는 (이야기의 주인공인) 개인과 공동체 스스로가 접근할 수도 없고, 수정할 수도 없는 이야기다. 나와 우리의 이야기가 알고리즘에 의해 프로그램화되고, 연관성을 위한 선택이 나와 우리의 경계 밖에서 이루어진다. 나와 우리의 이야기를 디지털 기업이 구성하고, 소유하고, 그것을 토대로 나와 우리의 삶을 예측하고, 설득하고, 행동을 유도하고, 통제한다(김용찬, 2020a). 쿨드리와 율리시스 메지아스

Ulises Mejias(Couldry & Mejias, 2019)는 디지털 정보화가 급진적으로 발전하는 오늘날의 세계는 그 안에서 사는 사람의 일상적 경험과 이야기를 데이터로 전환한 뒤 그것의 가치를 개인의 일상에서 멀리 떨어진 자본주의의 "중심"에서 실현하는 일종의 데이터 식민주의 성격을 지닌다고 말한다. 데이터 식민주의야말로 연관성 초위기를 초래하는 맥락이다.

포스트매스미디어 시대 연관성 초위기는 매스 미디어 시대 연관성 위기와 본질에서 다른 성격을 보인다. 6장에서 집중적으로 설명한 연관성 위기는 일반적, 보편적이고, 글로벌한 것이 구체적이고, 개별적이고, 지역적인 것을 삭제하거나 대체하는 것이었다. 하지만 이제 도래하는 연관성 초위기는 오히려 구체적이고, 개별적이고, 지역적인 것에 주목하고 그것을 데이터화하면서 새로운 가치(가령 이윤과 권력)를 만들어 낸다. 즉 일상의 구체적 상황에서 수행되는 연관성의 선택이 개인과 공동체의 연관성(나/우리, 지금, 여기) 테두리 안에서가 아니라 그것 밖에서 보편적 가치(권력과 이윤)를 추구하는 제삼자(초국적 IT 기업과 정치 세력)에 의해서 이루어진다. 그리고 연관성의 선택이 만들어 내는 가치를 개인이 아니라 제삼자들이 가져가는 상황이 만들어진다. 나/우리, 지금, 여기를 억누르고 삭제하려 했던 연관성 위기의 상황에서 나/우리, 지금, 여기가 새로운 가치를 갖는 동시에 그 가치가 개인의 자율적 통제 영역 밖으로 바로 벗어나는, 연관성 초위기로의 전환을 우리가 경험하게 된 것이다. 그렇다면 이제 우리에게 주어진 질문은, 어떻게 우리가 연관성 초위기를 더 잘 이해하고, 그에 대처할 것인가가 되어야 할 것이다. 어떻게 개인이 스스로 생산하는 이야기의 소유권과 통제권을 놓치지 않을 것인가 하는 질문도 던져야 한다. 아마도 미디어의 역사를 통틀어 이런 질문을 던진 적은 없었을 것이다. 적어도 매스 미디어 시대에 이런 질문을 던지는 사람들은 드물었다. 우리가 던져야 할 질문이 무엇이냐가 연관성 위기가 지배하던 매스 미디어 시대와 연관성 초위기가 지배할 포스트매스미디어 시대를 가르는 중요한 기준이 된다고 할 수 있다. 연관성 위기를 넘어서 연관성 초위기가 포스트매스미디어 시대에 어떻게 드러나는지를 앞의 장들에서 그랬던 것처럼 미디어의 다섯 가지 차원이라는 틀에서 살펴보자.

도구로서의 미디어와 연관성 초위기

매스 미디어 시대에 도구적 차원에서 나타났던 연관성 위기를 다시 떠올려 보자. 6장에서 우리는 도구로서의 매스 미디어가 개인, 가족, 공동체의 일상에 들어와서 개인과 공동체를 나/우리, 지금, 여기와 연관된 관심, 이야기, 관계, 일로부터 멀어지게 하는 상황을 연관성 위기의 문제로 논했다. 그 과정에서 미디어 중독에 대한 사회적 논의, 미디어를 둘러싸고 벌어지는 가족 내 걱정, 긴장, 갈등, 매스 미디어에 포박되면서 멀어지게 된 다양한 사회관계(가령 이웃과의 관계)와 줄어드는 사회자원(예를 들어 사회 자본) 등의 문제가 결국 연관성 위기 문제를 지적하는 것이었음을 살펴보았다. 물론 그런 논의를 이끌었던 사람들이 '연관성'이나 '연관성 위기' 같은 말을 쓰지는 않았지만 말이다. 포스트매스미디어 시대로 오면서 도구로서의 미디어에 많은 변화가 생겼다. 이는 7장에서 개인화, 디지털화, 가상성, 융합, 이동성, 자동화 등의 개념을 중심으로 살펴보았다. 그런 변화는 연관성 측면에서 어떤 변화를 만들었을까? 포스트매스미디어 시대 도구로서의 미디어는 연관성 위기를 극복할 가능성을 갖기도 하지만 동시에 연관성 위기의 깊이를 더 깊게 해서 '초위기super crisis'로 나가게 할 수 있다. 연관성의 문제는 나/우리, 지금, 여기의 차원, 즉 정체성 차원, 시간 차원, 공간 차원에서 드러난다. 매스 미디어 시대 연관성 위기는 나/우리, 지금, 여기의 문제가 나/우리의 문제가 아닌 것, 지금의 문제가 아닌 것, 여기의 문제가 아닌 것으로 대체되는 것이었다. 연관성 초위기는 나/우리, 지금, 여기의 문제가 다른 것으로 대체되기는커녕 오히려 활성화되는 것에서부터 시작한다. 그러나 그러한 활성화가 결과적으로 나/우리, 지금, 여기의 근거를 근본적으로 흔드는 결과를 만들어 낸다는 것이 연관성 초위기가 보이는 특성이다. 이런 특성 때문에 발생하는 연관성 초위기는 마치 자가 면역 질환과 비슷한 문제를 개인과 공동체에서 만들어 낸다. 자가 면역에 문제가 생기면 신체 내부의 면역계가 외부 침입자를 물리치는 대신 몸의 정상 세포를 공격한다. 포스트매스미디어 시대가 연관성 초위기 시대라는 결론을 이미 벌써 내렸지만, 내가 그렇게 생각하는 이유를 몇 개의 소주제로 나눠서 살펴보겠다. 특히 그것을 포스트매스미디어 시대의 새로운 미디어 도구가 나/우리의 정체성에 미친 영향, 나/우리와 다른 나/우리 사이의 관계에 미친 영향, 나/우리가 존재하는 시간적 맥락과 공간적 맥락에 미친 영향 등의 순서로 풀어나가려 한다.

매스 미디어 시대에 사람들이 걱정했던 미디어 중독(그것이 정말 존재하는가는 계속 논란이 있지만)은 결국 사람들에게 나/우리, 지금, 여기의 문제로부터 도피하게 하는 것이었다. 미디어 중독(최근에는 게임 중독, 스마트폰 중독 등)이라는 말이 한국 사회에서 왜곡된 방식으로 쓰이기도 하고, 정치화된 방식으로 사용되는 면이 있지만, 여기서 그 개념을 다시 쓴다면 포스트매스미디어 시대에도 중독의 문제가 있다. 그런데 포스트매스미디어 시대의 중독은 매스 미디어 시대의 중독과 비교하면 조금 다른 성격을 가졌다. 포스트매스미디어 시대의 미디어 중독은 나/우리, 지금, 여기로부터 벗어나게 하는 중독이 아니라 오히려 그에 대한 과잉을 만들어 내는 중독이다. 이제 사람들은 어떤 특정한 물질이나 도구에 중독되는 것이 아니라 자기 자신에게, 혹은 자신이 속한 집단에 중독된다. 그리고 '지금'과 '여기'에 중독된다. '지금'이라는 시간을 과거와 미래가 함께 존재하는 역사적 흐름 속에 놓는 능력을 상실하고, '여기'라는 공간을 여기 밖의 관점으로 살피는 눈을 갖지 못하고, 그저 자기 앞에 놓인 지금과 여기에만 몰두할 뿐이다. 다시 말해 포스트매스미디어 시대의 중독은 개인에게 나/우리를 타자와의 관계에서 제대로 파악하지 못하게 하고, 지금에 속한 문제의 역사성을 이해하는 눈을 갖지 못하게 하고, 여기의 문제가 전체 공간 지도에서 갖는 상대적 위치를 파악할 능력을 지니지 못하게 하는 것을 가리킨다. 연관성 초위기가 보이는 증상은 배타성과 편협성, 그리고 시공간적 근시다.

포스트매스미디어 시대에 도구로서의 미디어가 보인 변화에 힘입어 개인은 나/우리, 지금, 여기에 더 집착하게 되었다. 미디어 이용자가 집착하는 나/우리, 지금, 여기의 경험이 이제는 특정 장소나 시간, 특정 미디어 기기에 묶일 필요도 없게 되었다. 미디어의 융합과 이동성은 미디어 이용자에게 형식, 기기, 장소 등에 구애받지 않고 계속해서 자신의 특정 상황에 관한 이야기를 만들고 공유할 수 있게 했다. 7장의 끝부분에서 실명한 포스트매스미디어 시대의 특징인 혼종화의 경향을 기반으로 사람들은 이제 공적, 사적 상황을 넘나들면서 자신이 있는 곳에서 끊임없이 유동적인 '연관성'의 좌표를 만든다. 연관성 위기의 문제가 마치 그런 식으로 극복되는 것처럼 보이기도 하지만, 그것은 어쩌면 연관성 과잉의 세계를 만드는 것이기도 하다. 연관성 과잉의 세계는 한병철(2014)이 비판했던 투명 사회로 나아간다. 한병철에 따르면 투명 사회의 투명성이 갖는 중요한 특징은 부정성이 삭제되는 것이다. 투명 사회에서는 연관되지 않은 것이 하나도 없이 모든 것이 연관되고, 중요하지 않은 것이 하나도 없이 모든 것이 중요하다. 그것이 더 나아가면 진실하지 않은 것은 하나도 없고 모든 것이 진실한 탈진실적 상황까지 나아간다. 연관되지 않음, 중요하지 않음, 진실하지 않음과 같은 부정성은 사람들 삶에서 삭제된다. 온갖 종류의 센서로 충만한 도시를 개인 모바일 기기를 장착하고 걸어가는 개인의 삶은 모두 연관성의 데이터로 전환된다. 그 데이터에서 하나도 버릴 것이 없다. 부정성 제로의 상태! 그 경로 위에서는 모든 것이 연관된 것이다. 모든 것이 연관된 현실에서 연관성 초위기가 시작한다. 이 문제를 조금 세분화해서 살펴보자.

'나'의 과잉

포스트매스미디어 시대에 도구로서의 미디어는 연관성의 가장 기본 준거라 할 자아self와 정체성identity에 대해 작동하면서 나와 우리의 과잉을 만들어 낸다. 포스트매스미디어 시대에 미디어 기술이 보인 여러 특성(7장에서 설명한 특성)은 함께 작동하면서 언제, 어디서든 개인이 자신에 대해 스스로 이야기하는 것을 손쉽게 하였다. 매스 미디어 시대에 개인은 자기 정체성을 잠시 내려두고, 더 큰 거대한 정체성(가령 국민, 민족, 민중 등)을 부여받고 그것을 뒤집어쓴 채 살 것을 강요받았다. 하지만 포스트매스미디어 시대의 개인은 '자기 자신에 대해' 말할 뿐이다. 자기 자신에 대해 말할 수 있는 수단을 비로소 얻었기 때문이다. 그런데 자신에 관한 이야기하기가 종종 과잉으로 나아간다는 것이 문제다. 그래서 결국 포스트매스미디어 시대는 자아 과잉의 시대가 되었다. 사람들은 자신에 대한 이야기를 쏟아내고, 자신에 대한 이미지와 동영상을 끊임없이 전시한다. 페이스북에서, 인스타그램에서, 틱톡에서, 유튜브에서 스마트폰을 손에 쥔 디지털화한 나르시시스트들이 넘쳐 난다. 인류 역사상 이렇게 많은 '자서전'이 나온 적이 있었던가? 이렇게 많은 '자화상'이 나온 적이 있었던가?

　많은 사람이 이런 상황에 대해 걱정하는 논평을 했다. 가령 한병철

(2014)은 이런 상황을 "포르노"나 "매춘"이란 센 말로도 표현했다. 내러티브나 의미 없이 모든 것이 보이고, 보는 눈과 보이는 말, 텍스트, 이미지 사이의 거리가 사라지는 '전시 사회'의 모습은 결국 포르노이고, 매춘일 뿐이라는 것이다. 자아의 표현적 과잉이 초래한 연관성 초위기에 대해 한병철식으로 표현한 말이라 할 수 있다. 어떤 사람들은 이런 문제를 특정 세대나 연령대의 문제로 말하기도 한다. 그런 수많은 논평을 종합해 보면, 포스트매스미디어의 도구적 미디어 특성을 기반으로 해서 이기적이고, 공감할 줄 모르고, 시민적 위무와 참여에는 관심 없고, 이전 세대로부터 내려온 지혜와 지식을 거부하고, 순간적인 자기 고양에 취하면서 창의적인 것처럼 보이지만 사실은 창의성에서 오히려 멀어진 세대가 등장했다는 것이다. 2013년 〈타임Time〉지의 조엘 스테인Joel Stein과 〈와이어드The Wire〉지의 정치면 편집장(이었다가 현재는 CNN 특파원인) 엘레 리브Elle Reeve 사이의 지상 논쟁은 바로 그런 우려에 대한 것이었다. 조엘 스테인은 2013년에 나온 〈타임〉지 커버 스토리에서 포스트매스미디어 시대의 첨병이라 할 밀레니얼 세대를 "나, 나, 나 세대me, me, me generation"라고 불렀다. 그리고 그 세대의 중요한 특징이 나르시시즘이라고 했다. 그러자 엘레 리브는 조엘 스테인의 글에 대해 반박하는 내용을 〈애틀란틱The Atlantic〉지에 실었다. 1982년생으로서 스스로가 밀레니얼 세대에 속하는 엘레 리브는 나르시시즘 성향은 세대의 문제가 아니라 10대와 20대의 젊은 나이 문제라고 하면서 윗세대가 젊은 세대를 그렇게 부른 것은 오래전부터 늘 있었던 것이라고 주장했다. 두 사람이 2013년 밀레니얼 세대를 '나 세대'라 부를 수 있는지 논쟁을 벌였지만, '나 세대'에 대한 논쟁은 엘레 리브의 말처럼 사실 오래전부터 있었다는 점을 기억할 필요가 있다. 밀레니얼 세대보다 한두 세대 위 사람들, 즉 1970년대에 청소년기와 청년기를 거쳤던 이른바 베이비붐 세대야말

로 '나 세대'란 말을 듣던 세대였다. 1970년대를 '나의 십년me decade'이라고 부르는 사람들도 있었다. 한 세대를 묶어서 나르시시즘적 세대라고 부른 것도 2010년대 처음 등장한 것이 아니라 1970년대 '나 세대'를 묘사할 때 종종 쓰였던 말이기도 했다.

'나 세대'라는 이름으로 부르거나 나르시시즘으로 낙인찍는 방식으로 밀레니얼 세대에 대해 논쟁하는 일은 사실 방향을 잘못 잡은 것이다. 그것은 세대의 문제가 아니다. 그렇다고 엘레 리브가 주장하는 것처럼, 생물학적 이유 때문이건 사회적 이유 때문이건 원래 10대나 20대는 이기적이고 나르시시즘적일 수밖에 없다는 식의 주장도 설득력이 높진 않다. 자기 중심성, 자기애, 자아 과잉 등의 문제는 세대나 연령대의 문제가 아니라 시대의 문제이고 환경의 문제다. 특히 한 시대를 특징짓는 미디어 환경과도 밀접하게 연관된 문제다. 나르시시즘 성향의 사람들은 유사 이래 계속 있었겠지만, 그것이 표출되는 방식과 정도는 결국 각 시대가 갖는 미디어 환경의 문제와 관련될 수밖에 없다. 그것은 포스트매스미디어 시대에도 마찬가지다. 포스트매스미디어 시대를 사는 사람들은 나이나 세대와 상관없이 이 시대의 미디어에 얼마나 밀접하게 연결되어 있느냐에 따라 다양한 방식으로, 다양한 정도로, 자신에 관해 이야기한다. 포스트매스미디어 시대의 나르시시즘은 자신만 바라보며 자신에게만 침잠하는 나르시시즘(아마도 1970년대 매스 미디어 시대적 나르시시즘)이 아니라 자신을 적극적으로 표현하고 전시하는 나르시시즘이다. 셀피를 찍는 사람은 그것을 혼자 바라보며 만족하기 위해서만 찍지 않는다. 다른 사람들에게 보여 주기 위해 찍는다. 포스트매스미디어 시대 사람들은 자기 혼자 읽기 위해 일기를 쓰지 않는다. 다른 사람들과 공유하기 위해 쓴다. 브이로그Vlog처럼 동영상 형태로 자신의 일기를 공유하기도 한다. 우리가 주목해야 할 것은 이런 식의 나르시시즘을 가능케 하는 미디어 환경의 특성이다.

남의 이야기가 아닌 자신의 이야기를 다양한 방식으로 할 수 있게 되었다는 것은 일면 긍정적인 것으로 들린다. 그러나 여기서 중요한 점은 자신의 이야기가 하나의 이야기로서의 완결성을 갖기 위해서는 타자의 이야기와 연결되어야 한다는 것이다. 포스트매스미디어 시대 도구로서의 미디어가 지닌 가장 큰 약점은 나의 이야기를 하기는 매우 쉬워졌지만, 그 이야기를 타자의 이야기와 주체적으로 연결해서 '우리의 이야기'를 만들어 내기가 매우 어려워졌다는 것이다. 나의 이야기와 타자의 이야기 각각이 함께 의미 있는 이야기가 되기 위해서는 나의 이야기와 타자의 이야기가 서로에게 준거가 되어 주어야 한다. 그럴 수 없다면 개인들은 스스로 쏟아 놓는 자기 이야기에만 중독될 수밖에 없다. 자기가 생산한 자기 이야기에 중독되어서 자기 이야기의 동굴 속에 갇히는 존재가 되고 마는 것이다. 포스트매스미디어 시대에는 독백의 향연이 여기저기서 펼쳐진다. 나의 이야기와 너의 이야기, 그리고 그와 그녀의 이야기를 연결하고, 거기에서 어떤 의미를 뽑아내는 것은 이야기하기의 주체인 나(그리고 너, 그, 그녀)의 영역에서 이루어지지 않는다. 그것은 그 영역 밖에서 이루어신다. 가령 그것은 내(너, 그, 그녀)가 스스로에 관해 이야기하는 장을 마련해 준 플랫폼 기업 안에서 이루어진다. 결국 이야기하는 자와 그 이야기의 의미를 포착하고, 이용하고, 거기에 어떤 내러티브를 입히고, 그런 의미화 작업(사람들은 그것을 데이터 분석이라고 부른다)을 통해 이윤을 얻는 자가 분리되는 상황이 만들어진 것이다. 연관성의 가장 핵심 준거인 '나'는 과잉 이야기되지만, 그것의 의미로부터는 분리되고 소외되는 연관성 초위기 현상이 이렇게 만들어진다. 이에 대해서는 다음 절에서 조금 더 이야기해 본다.

나/우리의 소외

나의 과잉이 나의 소외로 연결되는 것은 어쩌면 자연스러운 귀결이다. 나의 과잉이 나의 소외로 연결되는 것이야말로 포스트매스미디어 시대를 대표하는 특징이라고 할 수 있다. 포스트매스미디어 시대에 미디어는 그것이 가져올 편리성, 안전성, 효율성, 생산성 향상 등의 유익에 대해 사람들에게 끊임없이 약속한다. 자동화된 미디어가 등장한 세상에서 개인이 그것으로부터의 유익을 누리는 주체라는 점은 여전히 분명하다. 미디어를 이용하면서 더 편리한 생활, 더 안전한 환경, 효율적인 일 처리, 생산적인 하루를 누리고 그에 대해 만족하는 것도 미디어를 이용하는 개인이다. 앞에 있는 문장을 다시 살펴보자. 이 문장 안에는 (미디어를) '이용한다'라는 동사와 '누리다'와 '만족하다'라는 동사가 들어 있다. 이 문장 안에서만큼은 이용, 누리다, 만족하다라는 동사의 주어가 모두 개인이다. 포스트매스미디어 시대에도 미디어 이용이 가져오는 유익을 '누리고' 그에 대해 '만족하는' 것이 개인인 것은 분명해 보인다(사실 그것도 더 따져보면 피상적으로 보는 것과 다른 현실이 있을 수 있다). 그러나 미디어 '이용'의 주체도 여전히 개인일까? 그 점이 점점 모호해진다.

미디어를 이용하는 주체와 미디어 이용을 통해 만족하는 주체가 갈리기 시작했다. 매스 미디어 시대에 만들어진 미디어 이용에 대한 대부분의 실증 이론, 특히 이용과 충족 이론의 기본 가정이 흔들린다는 이야기다. 이용의 주체와 만족의 주체가 같으리라는 것은 이용과 충족 이론에서는 기본 전제나 기본 가정이라고 굳이 밝힐 필요조차 없는 너무나도 당연한 것이었다. 이용과 충족 이론의 학자들은 미디어가 개인에게 어떤 영향을 미치는지 살피기보다는 개인이 미디어를 왜 이용하는지, 그리고 미디어를 갖고 무엇을 하는지에 더 주목해야 한다는 점을 강조했다(Katz, Blumler, & Gurevitch, 1973). 미디어에 관한 이야기의 주인공을 미디어가 아니라 미디어를 이용하는 개인으로 전환했다. 포스트매스미디어 시대로 접어들면서 어떤 미디어를 왜, 어떻게, 사용할까 하는 것이 모두 개인화되고, 또 자동화되고 있다. 그러면서 개인을 위한 미디어(도구, 내용, 제도, 사람, 공간 모두) 선택을 개인이 하지 않고 자동화된 기계가 하는 환경이 만들어지고 있다(Andrejevic, 2019). 개인의 일상 속 구체적 상황에서 발생하는(혹은 누군가에 의해 구성되는) 각종 결핍을 자동화된 알고리즘이 당사자보다 더 먼저 인식한다. 미디어를 통해 채워져야 하는 자기 일상의 결핍 문제를 그 결핍의 주인이라 할 개인이 스스로 인식하기도 전에, 결핍을 없애는 행동, 심지어는 결핍을 예방하는 행동이 수행될 수 있는 환경을 미디어가 알아서 만들어 주는 것이다. 멋진 신세계가 열렸다고 해야 할까? 그런 결정의 결과물을 안전, 편리, 효율, 생산성의 가치와 함께 누리는 개인이 그런 만족이 주어지는 과정의 배후에 미디어가 작동한다는 사실 자체를 알아채지 못할 수도 있다. 자동화된 미디어 세상에서도 결핍(즉 위험, 불편, 비효율, 저생산성 등)이 해소되는 것을 경험하며 만족하는 주체는 개인이라는 것이 유지되는 것처럼 보인다. 그러나 그들이 과연 미디어 이용의 주체라고도 할 수 있을지는 확실히 모호해졌다. 이용과 충족, 이 둘 사이의 필연적 연결성은 이미 희미해졌고, 그래서 그 둘은 분리decoupling해서 논해야 하는 것이 되었다.

개인이 미디어 이용을 하기 위해서는 여러 결정을 해야 한다. 미디어가 전달하는 내용을 수용할 때뿐 아니라, 미디어를 통해 자기 이야기, 자기 자신, 자기 동영상을 올릴 때도 그렇다. 어떤 미디어를 이용할지, 어떤 플랫폼을 이용할지, 어떤 포맷으로, 어떤 내용을 올릴지 등에 관해 결정해야 한다. 어느 시간대에 이용하고, 어디에서 이용할 것인지 등에 관해서도 결정해야 한다. 그런데 만약 그런 것들을 개인이 스스로 결정하는 것이 아니라 나의 상태에 대해 나보다 더 '객관적'으로 잘 파악할 수 있는 미디어 알고리즘이 결정한다면? 그런 결정이 내가 무엇을 읽을지, 들을지, 볼지에 대한 결정을 넘어서서 내가 무엇을 쓰고, 말하고, 보여 줄지에까지 미친다면? 그런 상황을 어떻게 받아들여야 할까? 플랫폼 기업은 어떻게든 개인이 자신의 이야기를 끊임없이 쏟아내게 하려 한다. 끊임없이 "무슨 생각을 하고 계시는가요"라고 묻고, 개인의 사진첩 사진 목록을 보여 주면서, 자기 글, 사진, 동영상을 클릭 한두 번으로 쉽게 올릴 수 있게 만들어 준다. 다른 사람들이 공유한 내용을 특별한 방식으로 보여 주면서 결국 개인도 자기 얘기를 스스럼없이 털어놓게 만든다.

　내가 나에 관해서 이야기하는 것까지 정말로 자동화의 대상이 될수 있을까? 그런데 생각해 보면 기업의 CEO를 돕는 인간 비서나 정치가의 보좌관은 이미 이와 흡사한 일을 해 왔다. CEO나 정치 지도자마다 성향이나 스타일이 다 다르지만, 대개 그들은 공식적인 자리에서는 비서나 보좌관이 미리 만들어 준 각본에 따라 말하고 행동하기 마련이다(종종 그렇게 하지 않을 때 발생하는 CEO와 정치 지도자의 실수를 처리하는 것도 비서와 보좌관의 주요 업무다). 이런 점을 생각하면 KT의 기가지니, SKT의 누구, 애플의 시리, 아마존의 알렉사 등을 인공 지능 '비서' 서비스라고도 부른다는 것은 흥미로운 일이다. 2022년 현재 그들이 할 수 있는 것은 아직 미미한 상태에 머물러 있지만, 어느 순간 내가 원하는 것을 해 주는 것을 넘어서서, 내가 무엇을 볼지, 들을지, 읽을지, 누구와 무슨 대화를 할지 등을 알아서 결정하고, 그런 결정의 결과물로 내 시간과 공간을 채워줄 날이 곧 올지 모른다. 더 나아가 우리가 미디어를 통해서 하는 모든 것, 즉 어떤 음식과 어떤 서비스를 주문할지, 어디에 투자할지, 누구에게 투표할지 등의 판단도 자동화된 미디어가 우리를 대신하는 날이 올수도 있지 않을까? 그런 세상이라면 내가 나에 관해 이야기하는 것까지 자동화된 미디어가 대신한다고 해도 특별한 일은 아닐 것이다.

미디어의 자동화는 나로부터 수집한 데이터를 분석해서 나온 결과를 토대로 한다. 그런 데이터를 기반으로 해서 '나'를 위한 결정이 나를 넘어선 다른 곳에서 이루어진다. 그동안 개인이 스스로 결정해 왔던 것들을 이제 인공 지능 알고리즘이 대신한다. 개인에게서 나오는 다양한 데이터를 통해 미디어 시스템은 이제 개인 자신보다 그 개인에 대해 더 잘 알고, 그래서 더 잘 예측할 수 있다(Bello-Orgaz et al., 2016). 이런 자동화를 통해 개인은 가족으로서, 이웃으로서, 시민으로서 스스로 결정하고 책임져야 하는 결정 과정에서 소외된다(Lanier, 1995; Puntoni et al., 2021; Rey, 2012). 나를 위한 결정이 내 삶에서 나온 데이터를 기반으로 하면서도, 그리고 (다시 말하지만) 그 결정이 나를 '위한' 결정임에도 그 결정 과정에서 정작 나 자신은 소외되는 것이다. 그런데 여기서 잊지 말아야 할 것은 자동화된 미디어 결정이 만들어 내는 결과에 대한 책임은 결국 개인이 져야 한다는 것이다. 여기가 연관성 초위기가 시작하는 지점이다.

우리의 과잉: 수평적 연결의 '중독'

포스트매스미디어 시대로 오면서 이른바 연결성의 혁명(Hinds, 2003)이 발생했다. 개인은 이제 매스 미디어 시대에서처럼 중앙으로 통하는 수직적 소통에 의해서만 자신이 원하는 내용을 얻지 않는다. 포스트매스미디어 시대로 접어들면서 중앙의 이야기 독점이 완화되기 시작했다. 포스트매스미디어 시대에 도구로서의 미디어에서 나타난 변화는 현대 사회 안에서 이야기 흐름의 구조를 바꾸었다. 이야기 흐름을 장악하는 매스 미디어의 중심성이 약화되었다. 그 중심성이 완전히 해체된 것은 아니지만 말이다. 현대 사회에서 유통되는 이야기는 매스 미디어 시대처럼 위에서 아래로, 중앙에서 변방으로만 흐르는 것이 아니다. 이제 그것이 사방으로 흐르는 세상이 되었다. 특히 수평적으로 연결된 개인들 사이에서 생산되고 유통되는 이야기들이 서로 섞이는 체제가 구축되고 있다. 개인들 사이에서 수평적 소통이 촘촘히 이루어지고 있다. 사람들은 다양한 미디어를 통해 그런 수평적 소통을 계속 늘려간다. 매스 미디어 시대처럼 중앙으로만 혹은 중앙을 통해서만 연결되는 것이 아니라, 중앙을 건너뛰고 서로가 서로에게 촘촘히 연결되는 초연결 사회의 연결성에 사람들은 적응해 간다. 그런 수평적 소통에서 나의 이야기, 너의 이야기, 그와 그녀의 이야기가 교환된다. 그러나 여전히 개인이 스스로 그것들을 묶어서 의미 있는 내러티브를 구축하기는 쉽지 않다. 매스 미디어 시대의 중앙 집중적 소통 환경이 극복되는 것 같고, 그래서 결국 연관성 위기가 보여 주는 문제도 해소되는 것처럼 보인다. 그러나 그런 변화의 밑에는 연관성 초위기의 징후가 숨어 있다.

포스트매스미디어 시대는 종종 "초연결hyperconnectivity 사회"라고 불린다(Quan-Haase & Wellman, 2003). 초연결 사회는 결국 연결 과잉overconnectivity의 사회다. 연결 과잉 속에서 사람들은 이제 새로운 유형의 '중독'을 걱정하게 되었다. 포스트매스미디어 시대의 개인은 24시간 연결되어 있거나 연결 대기 상태에 있다. 연결되어 있지 않다는 느낌, 연결에서 제외될 것 같다는 느낌 자체가 다양한 금단 증상을 초래한다. 매스 미디어 시대에 걱정했던 중독은 사람들에게 나/우리, 지금, 여기의 문제로부터 도피하게 하는 중독이었다. 포스트매스미디어 시대에 사람들이 걱정하는 중독은 나/우리, 지금, 여기의 과잉을 만들어 내는 중독이다. 나의 과잉에 대해서는 앞에서 이미 이야기하였다. 포스트매스미디어 시대에 사람들은 자기 자신에게뿐 아니라 자기와 비슷한 사람들과의 연결에도 중독된다.

결국 수평적 연결의 과잉은 연관성 초위기를 초래한다. 나를 나와 비슷한 사람들과 연결해 주면서 연관성 위기를 극복하게 해 주는 것 같지만, 나와 비슷한 사람들과의 초연결은 결국 그런 동질적 연결망 너머에 존재하는 다른 타자들different others의 배제를 초래한다. 사실 모든 연결은 거의 필연적으로 배제를 초래한다(Abrams & Hogg, 1990; Nelson, 1989; Tajfel & Turner, 1986; Turner et al., 1987). 그렇기에 초연결은 일종의 초배제hyper-exclusion를 만든다. 수평적 연결의 과잉은 결국 나와 우리(결국 또 다른 나들)와의 소통 안으로만 사람들을 밀어 놓고 거기 단단히 묶어 놓는다. 그런 식으로 나/우리와 다른 타자가 배제된 삶과 공동체가 만들어진다. 그런 과정을 거치면서 개인의 삶과 공동체의 삶에서 낯선 사람들이 사라진다. 근대적 삶이란 낯선 사람들과 어울리는 법을 배우는 삶이었다(Simmel, 1950). 그런 과정에서 자아, 정체성, 사회적 규범norm 같은 개념이 만들어졌다(Goffman, 1967/2005; Mead, 1934). 낯선 자들이 없고 나와 비슷한 사람들만 주변에 있다면 이런 개념들에 대해 특별히 주의를 기울일 필요조차 없었을 것이다. 그러나 나와 우리에 집착하는 관계 과잉이 만들어지면서 사람들의 삶에서 낯선 타자들이 사라질 운명에 처하게 되었다. 낯선 사람들을 만나고 그들과 공동의 문제를 논의하고 협력하는 것이 사회 자본(Putnam, 2000)과 공동체 역량(Chaskin, 2001)의 핵심이었다. 그러나 이제 낯섦이 정말로 낯설어진 사회가 되었다. 낯선 타자들을 밀어내는 사회에서 나와 비슷한 사람들과의 초연결은 결국 공동체를 파괴하는 독처럼 작용할 수 있다(김현경, 2016; Young, 2000). 공동체라는 것이 연결을 기반으로 하는 것임에도 말이다. 연결성이 독이 될 수 있다는 것이 연관성 초위기의 중요한 특징이다.

여기와 지금의 과잉과 중독

포스트매스미디어 시대를 사는 사람들이 자기 자신에 관해 이야기하는 것에 중독되고, 자기와 비슷한 사람들과의 과잉 연결과 과잉 소통에만 중독되는 것이 아니다. 그들은 또 '바로 지금'과 '바로 여기'에도 중독된다. 나/우리, 지금, 여기는 연관성 경험의 기본 축들이었다. 매스 미디어 시대에는 이것들이 나/우리가 아닌 것, 여기가 아닌 것, 지금이 아닌 것에 의해 대체되는 연관성 위기를 겪었다. 그러나 포스트매스미디어 시대를 사는 사람들은 나/우리의 과잉뿐 아니라, 지금과 여기의 과잉이 만드는 연관성 초위기를 겪는다. 먼저 '지금'에 대한 이야기부터 해 보자. 미국의 힙합 그룹 블랙 아이드 피스The Black Eyed Peas의 2009년 앨범에 들어 있는 "나우 제너레이션Now Generation"에는 이런 가사가 있다.

> "우리는 나우 제너레이션! (……) 나는 기다릴 수 없어. 나는 지금 당장 원해. 나는 기다릴 수 없어. 나는 지금 당장 원해. 왜냐하면 시간은 기다려 주지 않아. 맞아 기다려 주지 않아. 나는 인내하지 않아. 나는 기다릴 수 없어. (……) 큰돈. 내 돈을 줘(그래 지금 당장 원해). 현금이 필요해(그래 지금 낭상 원해). 난 그게 빨리 필요해(그래 지금 당장 원해). 일찍 서둘러. 네 이름이 마치 눈깜짝이라도 되는 것처럼(그래 지금 당장 원해). 넌 날 기다리게 하고 있어. 네 엉덩이를 찰 거야(그래 지금 당장 원해). 나는 지금 원해(지금!), 나는 지금 원해(지금!). 나는 지금 원해(지금!) (……)"

이 가사처럼 포스트매스미디어 시대의 사람들은 '지금'에 집착한다. 블랙 아이드 피스뿐 아니라 많은 사람이 2000년대 이후의 세대, 즉 포스트매스미디어 시대의 주축들을 나우 제너레이션 혹은 제너레이션 나우 generation now라고 불렀다. 그런데 흥미로운 것은 나우 제너레이션이라는 말 자체도 최근에 새롭게 등장한 것이 아니라는 점이다. 미 제너레이션 me generation이라는 말이 21세기 들어 새삼스레 나온 것이 아니라 역사의 순간마다 늘 등장했다고 앞서 이야기한 것처럼 말이다. 나우 제너레이션이란 말도 사실 1970년대 미국 등 서구권에서 당시의 젊은이들을 호칭하는 말이었다(Jameson & Hessler, 1970). 1960년대에 격정적 저항의 시기를 보낸 후 1970년대에 들어서자 당시의 젊은이들은 새로운 라이프스타일을 추구하기 시작했다. 그들은 히피적이고, 무정부주의적이고, 반체제적이고, 반권위적이고, 자기 자신의 정통성을 중요하게 생각하며 외적인 보상보다 자아실현을 더 중시하는 사람들이었다. 그들에게 중요한 것은 바로 지금 이 순간이 의미 있는가였다. 우리가 여기서 논의하는 연관성 개념을 가지고 바꿔 말해 본다면, 그들에게 중요한 질문은 늘 '바로 지금 이 순간과 연관 있는가'였던 것이다. 과거에 그렇게 했으니 지금도 그렇게 해야 한다거나, 미래를 위해서 오늘을 희생시켜야 한다는 것을 그들은 받아들일 수 없었다. 중요한 것은 바로 지금 이 순간이었다. 이런 분위기에서 1970년대는 반체제 운동의 시기였고, 히피 운동의 시기였고, 또 노동운동의 시기이기도 했다. 1970년대 나우 제너레이션은 현재를 억압하는 과거에 대해 저항했고, 현재를 희생시키려는 미래를 비웃었다. 그런 저항과 냉소는 지금 이 순간의 의미와 연관성을 지키기 위한 것이었다. 지금 이 순간의 연관성을 지키기 위해 그들은 타자와 연대해야 함을 알았다. 포스드매스미디어 시대에 다시 등장한, 블랙 아이드 피스가 노래한 나우 제너레이션은 어떤 모습을 보이고 있을까?

　　매스 미디어 시대의 나우 제너레이션이 과거에 저항하고, 미래를 비웃긴 했지만, 여전히 그들은 바로 지금 이 순간의 연관성 인식의 척도를 과거와 미래와의 관계에서 찾았다. 적어도 그들에게 '나우now'는 '어제와 내일이 아닌 순간'이라는 의미에서라도 과거와 미래와 연결되어 있었다. 그러나 포스트매스미디어 시대의 나우 제너레이션에 속하는 사람들은 '지금'이라는 것을 역사 흐름 속에 보려 하지 않는다. 그들은 그저 지금에, 즉 맥락을 잃어버린 지금에, 몰입할 뿐이다. 지금의 문제가 갖는 과거와 미래와의 관계성을 이해할 눈을 잃어버린 채로 말이다. 그래서 포스트매스미디어 시대는 결국 지금에 대한 치명적 중독 증세를 보인다. 납작해진 과거와 미래는 현재에 농축되어 들어갈 뿐이다. E. H. 카E. H. Carr가 모든 역사는 현재의 역사라고 했지만(Carr, 1961), 그가 말한 역사는 입체성을 유지하던 역사였다. 하지만 포스트매스미디어 시대에 역사는 편의점에서 쉽게 살 수 있는 물건처럼, 유튜브에 오른 5분짜리 하이라이트 요약본이나 그보다도 더 짧은 '숏폼'이나 '짤'처럼 만들어져서 소비되는 것으로 전락한다. 미래도 거의 같은 운명에 처해 있다. 과거와 미래가 바로 지금 이 순간의 필요 때문에 소비 가능한 형태로 가공된다. 매스 미디어 시대에 지금 이 순간은 늘 미래의 영광(진영과 국가와 민족의 영광과 개인과 가족의 성취 등)을 위해 뒷전으로 밀려났다. 하지만 이제 전세가 역전되었다. 모든 것이 지금 이 순간 안으로 들어와서 압축된 상태로 굳어 버리고 바로 지금 이 순간의 영광을 위해 소비될 뿐이다.

'여기'의 문제도 마찬가지다. 포스트매스미디어 시대에 사람들은 '지금'뿐 아니라 '여기'에도 중독될 위험에 처해 있다. 포스트매스미디어 시대를 살아가는 사람들의 경험은 그들이 일상의 삶을 항해해 나가는 동안에 끊임없이 여기의 관점에서 지속적으로 재규정된다. 그것이 어디에서 발생한 경험일지라도 말이다. 모든 것이 여기로 오며, 모든 것의 중심이 여기가 된다. 전에는 '여기'를 벗어나 '거기'를 가야만 할 수 있던 것들이 이제는 모두 여기에서 가능해진다. 그런데 흥미로운 점은 그런 '여기'가 고정되어 있지 않다는 것이다. 미디어의 이동성이 커지면서 개인이 움직이면 여기도 움직인다. 이제 개인은 여기에서 여기가 아닌 거기로 가지 않는다. 개인이 있는 모든 곳이 여기가 된다. 물론 포스트매스미디어 시대 미디어의 특성 때문에 여기는 온라인과 오프라인을 넘나든다. 온라인상에서도 수많은 여기가 있다. 이런 경향은 특히 GPS나 와이

파이, 셀룰러 기술 등에 힘입은 위치 기반 서비스들이 쏟아져 나오면서 더 강화되었다. 미디어를 장착한 개인이 움직일 때 세상은 이동하는 '여기'를 중심으로 끊임없이 재편된다. 그렇기에 결국 개인의 삶에서 '거기'는 아무리 해도 도달할 수 없는 무지개 같은 것이 되고 만다. 거기는 계속해서 지연된다. 혹은 이미 개인의 삶에서 삭제되었다. 포스트매스미디어 시대를 살면서도 여전히 '거기'에 관해 묻는 사람들에게는 '거기 도착해야 거기 도착한 거야We get there, when we get there'라는 하나 마나 한 답만 주어진다. 한편 '여기'의 공유는 전보다 더 힘들어졌다. 도구로서의 미디어가 보이는 개인성(포스트매스미디어 시대 도구로서의 미디어가 갖는 다른 특성과 결합한 개인성)은 같은 물리적 공간에 있는 사람들 사이에도 '여기'의 경험 차이를 만들어 낸다. 한 장소 안에서도 많은 '여기'가 있을 수 있게 되었다. 사람들은 늘 자신의 현 좌표와 함께 움직이며 자기 삶을 잠시의 중단도 없이 채우는 '여기'에 집착하게 되었다. 왜냐하면 여기밖에는 아무것도 없는 삶이 되었기 때문이다. 영어 there에서 t가 영원히 사라졌다. 그런 상황에서도 사람들이 경험하는 공동의 '여기'는 계속 축소된다. 여기의 파편화가 진행된다. 파편화된 지금에 중독된 것처럼, 사람들은 파편화된 여기에도 중독된다.

지금과 여기의 중독! 개인의 일상이 지금과 여기에 장악되면서 지금이 아닌 것, 여기가 아닌 것의 정체는 모호해져 간다. 지금이 아닌 것, 여기가 아닌 것은 미스터리의 영역, 혹은 신화의 영역으로 들어간다. 사실 이런 변화는 '지금'과 '여기'의 편에도 좋은 뉴스가 아니다. 여기가 아닌 것, 지금이 아닌 것이 삶의 지경에서 사라지면 여기의 여기스러움, 지금의 지금스러움을 판단할 준거도 사라지는 것이기 때문이다. 지금의 절대화, 여기의 절대화가 구축되면 이제 내가 경험하는 지금이 어떤 지금이고, 내가 경험하는 여기가 어떤 여기인지 판단할 근거가 사라진다. 사실 인류 역사를 돌이켜보면 개인들은 늘 어떤 조건(가령 막대한 부, 막대한 권력)이 주어지면 자신이 사는 지금과 여기를 절대화하려는 경향을 보였다. 그러니 그 자체가 새로운 일은 아닐 것이다. 2000년 전에 누가가 쓴 누가복음 12장을 보면 예수는 아주 자신만만한 부자 이야기를 한다. 그 부자는 타자의 존재는 전혀 의식하지 않는 태도로, 말하자면 일종의 폐쇄 순환 체계에서 자기 스스로 말을 한다. 그것은 독백 이상의 말이다. "영혼아, 여러 해 동안 쓸 많은 물건을 쌓아 두었으니, 너는 마음 놓고, 먹고 마시고 즐겨라." 그의 말속에는 그야말로 '자신,' '지금,' '여기'만 들어 있다. 그런데 예수는 그의 이런 말에 신이 어떻게 응답하는지 말한다. "어리석은 사람아, 오늘 밤 네 영혼을 네게서 도로 찾을 것이다. 그러면 네가 장만한 것들이 누구의 것이 되겠느냐?" 예수는 내가 아닌 것(신과 내 재물을 가져갈 타자들), 지금이 아닌 것(죽음 후), 여기가 아닌 것(내세)을 통해서 나, 지금, 여기로 자기충족적인 삶을 흔들어 버릴 질문을 던졌다. 이 부자의 위기는 결국 연관성 초위기였다. 나, 지금, 여기에 집착하지만, 그런 집착 자체가 나, 지금, 여기를 해체하고 파괴하는 그런 초위기!

연관성 초위기를 겪을 가능성은 이렇게 인간의 운명 속에 늘 존재해 왔다. 그렇다고 모든 사람이 그런 운명의 희생양이 되는 것은 아니었다. 사실 인류 역사를 통틀어 대부분의 사람들은 나, 지금, 여기에 집착할 만한 토대를 갖지 못한 채 살았다. 그러나 포스트매스미디어 시대의 가장 중요한 변화는 이제 상당수의 개인(물론 모두는 아니다)이 그런 토대를 갖게 되었다는 것이다. 나, 지금, 여기에 집착할 수 있는 특권적 토대를 누군가(권력자, 귀족 등)가 가졌을 때는, 다시 인류 역사를 돌이켜본다면, 그것을 억제할 다양한 상징적, 사회적, 문화적 장치가 사회 안에서 작동했다. 가령 대부분의 종교에서 이야기하는 내세의 개념, 세상에 올(혹은 재림할) 메시아에 대한 신앙, 국가 지도자가 내세우는 미래의 비전, 혁명가

나 선지자가 외치는 도래할 새로운 세상에 대한 메시지 등은 나, 지금, 여기에 집착할 많은 이유가 있는 사람(가령 예수가 언급한 부자)에게도 지금, 여기를 성찰하도록 하는 지금의 밖과 여기 너머의 관점을 제공한다. 각 공동체 내부에서 반복해 이야기되는 창세의 이야기, 건국의 이야기, 신화 등의 이야기들도 끊임없이 과거의 시간과 장소를 지금과 여기를 이해하는 준거로 제시하는 문화적, 상징적 장치다. 그런 장치는 지금과 여기의 과잉, 집착, 중독을 막는 해독제이기도 하다.

막스 베버는 예수 이야기의 부자와는 조금 다른 유형의 부자들에 관한 이야기를 《프로테스탄티즘 윤리와 자본주의 정신*Die protestantische Ethik und der Geistes des Kapitalismus*》에서 소개한다(Weber, 1930/1976). 그들은 속세를 떠나 수도원 같은 곳에서 금욕 생활(결국 연관성에서 멀어진 종교 생활)을 하는 대신 세속적 삶(즉 자신의 직업 생활) 속에서 근면, 성실, 정직의 금욕 생활을 하는 16세기 칼뱅주의 청교도들이었다. 금욕적 생활 양식 속에서 자본가는 이윤을 창출하고 자본을 축적할 수 있었고, 노동자는 적어도 중산층의 지위를 얻을 수 있었다. 자본주의적 생활 양식이 이들에 의해서 탄생한 것이다. 이들이 함께 만들어 낸 생활 양식은 나/ 여기, 지금에 충실한, 즉 연관성의 틀 속에서 성실한 삶의 양식이었다. 그런데 이런 생활 양식을 만들어 낸 것은 지금, 여기에서 돈을 많이 벌고, 내가 인정받고 싶어서 하는 욕구가 아니었다. 그것은 장 칼뱅Jean Calvin이 제시한 예정론의 틀(즉 누가 신의 선택을 받을지 버림을 받을지는 이미 예정되어 있다는 것, 그러나 선택/배제의 예정을 누구도 죽기 전에는 알 수 없다는 것을 기본 축으로 하는 인식 틀) 속에서 자신이 구원받았음을 스스로 확증하려는 동기가 만들어 낸 생활 양식이었다. 즉 청교도들은 창세 전에 이미 이루어진 신의 예정(과거)에 대한 믿음과 죽음 후 맞이할 운명(미래)에 대한 두려움을 준거로 삼아 나, 지금, 여기와 연관성 있는 삶의 양식을 구축했다. 이들의 그런 자세는 앞에서 소개한 예수의 이야기 속 부자가 자신, 지금, 여기에 대해서 인식했던 것과 사뭇 대조된다. 2000년 전 예수 이야기 속의 부자가 어떤 면에서는 16세기와 17세기의 청교도보다 더 현대적이었다. 그의 삶은 앞에서도 언급했듯이 포스트매스미디어 시대의 특징인 연관성 초위기를 보여 주기 때문이다. 포스트매스미디어 시대 연관성 초위기의 가장 심각한 문제는 과거에서도, 미래에서도, 어느 장소와 공간에서도 지금, 여기의 준거를 찾을 수 없다는 데에 있다.

지금과 여기의 과잉이 심해지면 개인은 삶에서 불안 장애와 강박 증세를 느낄 가능성이 커진다. 현대 사회에서 불안과 강박감이 향하는 것은 결국 지금과 현재이다. 사람들은 지금과 현재의 것들에 과도하게 집착하면서 불안 장애와 강박을 느낀다. 현재와 지금에 지나친 강박을 보이면 오히려 현재와 지금의 일을 자연스럽게 처리하지 못하고, 잘못된 결정을 하고, 실수하기도 한다(Leckman et al., 1997). 그러면 불안과 강박 증세는 더 커진다. 그렇게 악순환이 만들어진다. 우울의 기반이 나의 과잉이라고 한다면, 불안과 강박의 기반은 지금과 여기의 과잉이라고 할 수 있다.

지금과 여기의 과잉은 개인 수준의 문제를 넘어서서 사회 문제를 만들기도 한다. 지금과 여기의 과잉이 사회적으로 초래하는 가장 심각한 문제 중 하나는 그것이 종종 타자의 배제로 나아간다는 것이다. 인류 역사의 거의 모든 순간과 장소에서 사람들은 타자들과 갈등을 빚어 왔다. 그러나 포스트매스미디어 시대의 문제는 조금 다르다. 그 타자들이 개인 삶에서 아예 배제되기 때문이다. 포스트매스미디어 시대의 타자 배제는 타자의 '시간'과 타자의 '공간'에 대한 배제로 이어지곤 한다. 타자의 배제는 결국 그들의 공간과 그들의 시간에 대한 배제라 할 수 있다. 같은 사회 안에 사는 사람들 사이에서도 출신 지역, 계층, 세대, 정치 성향, 젠더 등으로 구분되는 사회적 범주에 따라 서로 다른 시간 감각과 서로 다른 공간 감각이 존재한다(김성경, 2013; 박경숙, 2004). 가령 한국 전쟁을 경험한 세대(가령 80대 이상)와 2000년 이후 태어난 세대 간에는 과거와 미래에 대한 감각, 그리고 그것을 토대로 하는 '요즈음'이라든지 '현재'에 대한 감각이 다를 것이다. 마찬가지로 성인이 되어서 한국에 이주한 사람과 한국에서 태어나 줄곧 한국에서만 자란 사람은 같은 도시에 산다고 해도 그들이 그 도시에 대해 느끼는 공간 감각은 다를 것이다. 타자의 시간 감각, 타자의 공간 감각을 공유하지 못하고, 자신 혹은 자신과 비슷한 사람들의 시간과 공간 속에만 몰입해 사는 것, 자신의 여기와 자신의 지금에만 집착하는 것, 그것이 포스트매스미디어 시대에 나타나는 연관성 초위기의 징후라 할 수 있다. 나/우리, 지금, 여기에만 집착하고 몰두하면서 타자들의 정체성, 그들의 시간, 그들의 공간이 인식의 지평에서 삭제되면 사람들은 일관성 있는 자아 개념, 일관성 있는 시간과 공간 경험을 할 기회를 오히려 박탈당한다. 20세기 초 자아 개념과 정체성 개념을 정리한 학자들은 모두 그것들이 타자와의 관계에서 만들어지는 것이라고 설명했다(Berger & Luckmann, 1966; Giddens, 1991; Mead, 1934). 특히 나/우리, 지금, 여기의 의미 있는 경험은 나/우리가 아닌 그들, 지금이 아닌 그때, 여기가 아닌 거기에 끊임없이 노출되었을 때 비로소 가능하다. 그들, 그때, 거기가 나/우리, 지금, 여기에 대한 이해와 경험의 준거가 되는 것이기 때문이다. 도구로서의 미디어 측면에서 포스트매스미디어 시대에 드러나는 연관성 초위기는 나/우리, 지금, 여기에 대한 중독 때문에 나/우리, 지금, 여기에 대한 의미 있는 경험이 오히려 불가능해지는 상황을 통해 드러난다고 할 수 있다. 연관성 초위기 속에서는 '여기'를 거기의 관점에서 바라보지 못하고, 지금을 과거와 미래에 속한 그때의 시각에서 보지 못한다. 그저 당장 앞에 놓인 지금과 여기에만 몰입할 뿐이다. 포스트매스미디어 시대의 연관성 위기는 개인에게 나/우리를 타자와의 관계에서 제대로 파악하지 못하게 하고, 지금의 문제가 지닌 역사성을 보지 못하게 하고, 여기의 문제를 전체 지도에서 파악할 능력도 갖지 못하게 한다.

연관성 과잉

도구로서의 미디어가 만드는 연관성 초위기는 우리 삶의 구석구석을 채운다. 포스트매스미디어 시대의 미디어 자체가 우리의 일상을 채우고 있기 때문이다. 미디어의 연결성과 이동성, 그리고 가상성 등의 특징을 토대로 온라인과 오프라인 상태를 포함하는 모든 상황에 미디어가 존재한다. 이제 우리 삶에서 미디어가 존재하지 않는 시간이나 장소는 없다.《멘탈이 무기다*Art of Impossible*》의 저자 스티븐 코틀러Steven Kotler는 비시간non-time이라는 말을 쓰면서 모든 것에서 벗어난 자신만의 시간(비시간)에 대해 얘기했다. 중요한 거점들 밖에 있어서 사람들이 그저 빨리 통과해 버리기만 바라는 무의미한 공간(고속 도로, 공항 등)을 마르크 오제는 비장소라고 했다(Augé, 1995). 그런데 포스트매스미디어 시대의 시간과 공간에는 비시간도, 비장소도 없다. 모든 시간과 장소가 미디어에 의해 꽉꽉 채워져 있다. 그리고 모든 시간과 장소가 연관성 초위기 속에 있다.

우리 일상의 시공간을 가득 채운 미디어는 우리의 관심과 주목을 끊임없이 요구한다. 시간 측면에서도, 공간 측면에서도 작은 틈도 허용하지 않는다. 미디어 포화(Couldry, 2008; Johnson, 1998; Sherry, 2022) 상태라는 표현의 수준을 넘어서서 사람들이 살아가는 일상의 모든 순간을 과잉 미디어화한다. 그것을 과미디어화over-mediatization라고 부르자. 과미디어화 상태에서 사람들은 미디어를 통해서만 나, 지금, 여기를 본다. 좋아하는 연예인이 바로 앞을 지나가는데도 그를 사진에 담기 위해 그를 직접 보지 못하고 카메라 렌즈 구멍을 통해서만 바라보는 사람처럼 말이다. 매스 미디어 시대와 비교할 때 포스트매스미디어 시대에는 나, 지금, 여기와 연관된 것들이 훨씬 더 중요한 것으로 취급받는 것처럼 보인다. 연관성 위기를 극복한 것처럼 보이지만, 문제는 이제 연관성 있는 것들만 내 삶에 남게 되었다는 것이다. 앞에서 언급했듯이 개인이 움직이면서 모든 것이 지금이 되고, 모든 것이 여기가 되는 상황이 만들어지고, 그러면서 나/우리가 아닌 것, 여기가 아닌 것, 지금이 아닌 것과의 연결점들이 사라진 상황이 만들어지고 있다. 결국 개인 삶을 구성하는 모든 시공간이 연관성의 시공간이 되어 버렸다. 개인을 둘러싼 모든 것, 개인이 움직이며 맞닥뜨리는 모든 것, 주인공과 배경, 주제와 배경이 모두 동일한 프레임 안에서 부호화되면서 똑같이 연관된 것으로 취급된다. 개인이 경험하는 모든 것은 연관된 것이고, 동일하게 중요한 것이 된다. 이런 상황에서 개인은 연관성 과잉을 경험한다. 연관성 자체가 과잉일 수 있다는 것이 연관성 초위기의 징후다. 그런 징후야말로 연관성 초위기가 연관성 위기와 구별되는 점이다.

공동 경험의 축소 혹은 사라짐

나의 과잉, 나와 비슷한 사람들과의 관계로만 이루어진 우리의 과잉, 지금과 여기의 과잉은 우리 삶에서 나/우리가 아닌 것, 지금과 여기가 아닌 것(더 정확히는 나/우리의 지금이 아닌 것, 나/우리의 여기가 아닌 것)을 몰아낸다. 그러면서 나/우리가 타자를 만날 기회를 축소하고 나의 지금과 나의 여기가 타자의 지금과 타자의 여기와 연결될 기회를 줄인다. 포스트매스미디어 시대 미디어가 만들어 낸 집단 지성과 연결된 힘의 가능성에 대해 2000년대 이후부터 많은 사람이 들떠 있었다. 새로운 미디어 환경에서 개인과 공동체가 공존할 수 있는 사회가 만들어질 것 같았다. 개인을 억압하는 집단주의 사회도 아니고, 공동체가 사라진 개인주의 사회도 아니라, 개인과 집단, 개인과 공동체가 서로 공존하는 사회가 가능할 것 같았다. 그러나 2022년 시점에서 우리가 실제 경험하는 것은 무엇인가? 개인은 자신의 시간과 공간을 확장하며 자신과 비슷한 사람들과만 연결될 뿐 이질적인 타자, 이질적인 시간과 공간이 함께 어우러지는 공동체로부터는 멀어지고 있다. 전보다 확장된 연결망을 보며 새로운 공동체가 태어난 것같이 착각할지 모르지만, 진짜 공동체는 우리가 포스트매스미디어 시대에 경험하는 확장된 연결망처럼 그렇게 매끈하지 않다. 다름과 차이, 그리고 갈등이 없는 공동체, 그야말로 매끈한 공동체를 과연 우리가 공동체라고 부를 수 있을까? 다름과 차이가 삭제되었거나 영원히 연기된 '공동체,' 혹은 모든 갈등이 '공동체' 구성원들이 인식하기도 전에 시스템상에서 처리되거나 삭제되는 '공동체'에서 사람들이 공동체 경험을 한다고 할 수 있을까? 그들은 전보다 연결성이 강화된 환경에서 산다. 하지만 다름과 차이를 맞닥뜨리며 나/우리의 정체성, 시간, 공산을 나와 본질에서 다른 타자들의 정체성, 시간, 공간과 연결할 공동의 기획을 벌일 수는 없다. 나/우리의 정체성, 시간, 공간과 타자들의 정체성, 시간, 공간이 포스트매스미디어 시대의 미디어 위에서는 모두 동일하게 디지털 형식의 데이터로 취급되고, 수집되고, 결합하고, 분석될 뿐이다. 나/우리의 정체성, 시간, 공간과 타자들의 정체성, 시간, 공간이 연결되는 것은 나도 타자도 의식하지 못하는 순간에, 미지의 장소에서, 제삼자에 의해 이루어진다. 그런 식의 연결은 제삼자의 권력 강화나 이윤 추구를 위해 이용될 뿐 나/우리와 타자가 함께 만드는 공동체를 위해 사용되지는 않는다.

내용으로서의 미디어와 연관성 초위기

내용으로서의 미디어 차원에서 드러난 매스 미디어 시대의 연관성 위기는 매스 미디어의 내용이 개인에게 자기가 누군지를 잊게 하고, 자기가 실제로는 어떤 시공간적 위치에 있는지 잊게 하고, 대신 다른 정체성, 다른 시공간의 문제로 관심을 이동시키는 상황에서 발생하는 위기였다. 개인은 매스 미디어로부터 국민, 민족 같은 거북한 정체성의 세례를 받거나, 이상적 몸과 이상적인 태도에 대한 가르침을 받으면서 연관성 위기를 겪어야 했다. 현실 도피의 내용에 침잠하며 나의 열등감과 여기와 지금의 골칫거리에서 벗어나려 애쓰면서도 연관성 위기를 겪었다. 그뿐만 아니라 문화제국주의 혹은 미디어 제국주의적인 거시적 틀에서 보면, 개인들, 특히 비서구 국가의 개인들의 일상적 시공간과는 동떨어진 미디어 내용이 연관성 위기를 초래하기도 했다. 이처럼 매스 미디어의 내용은 거시적 상황과 미시적 상황 모두에서 개인에게 나/우리, 지금, 여기에서 벗어나게 하는 것들로 가득했다. 포스트매스미디어 시대로 오면서 사람들은 자신의 이야기, 혹은 자신과 비슷한 사람들의 이야기를 더 많이 들을 수 있게 되었다. 내가 누군지에 대한 정체성 이야기도, 나에게 이상적인 몸이 어떤 것인지에 대한 이야기도, 이제는 위로부터 나에게 강요되는 것이 아닌 게 되었다. 그것들 모두는 이제 개인 스스로가 기획하고 만들어서 공유할 수 있는 것이 되었다. 개인은 이제 자신의 이야기, 지금, 여기의 이야기를 어떤 제약 없이 할 수 있는 것처럼 보인다. 연관성 위기는 극복되었는가?

작은 이야기들의 진격, 그러나 파편화된

거대 담론이 장악했던 매스 미디어 시대와 달리 포스트매스미디어 시대에는 작은 이야기들이 안전하게 거할 새로운 처소들이 생겼다. 매스미디어 시대에는 사소한 이야기로 간주하며 골목의 허름한 선술집이나, 집 안의 식탁 위에서나, 친한 친구들끼리 모인 사적인 모임에서나 나눌 법한 이야기들을 이제는 수천 명, 수만 명, 수십만 명이 듣고 보는 것이 가능한 세상이 되었다. 물론 모든 이야기에 그런 특권이 주어지는 것은 아니지만 말이다. 아는 사람들 몇 명만 보는 지극히 사소한 이야기라 할지라도 어쨌든 중요한 점은 그런 작은 이야기들이 깃들 처소가 생겼다는 것이다. 거대 담론뿐 아니라 작은 이야기도 읽힐, 들릴, 혹은 보일 기회를 얻게 된 것이다. 사실 이것은 매우 고무적인 일이다. 내용으로서의 미디어 측면에서 보자면 어쩌면 가히 혁명적 변화라고 할 수도 있다. 그런데 문제는 그 이야기들이 서로 비슷비슷한 다른 이야기들과만 연결되고 자기들만의 클러스트를 구축하며 일종의 폐쇄형 이야기 공동체를 만들고 있다는 것이다. 타자들의 다른 이야기와 섞이거나 연결되는 경우는 거의 없고, 나의 이야기, 나와 비슷한 너(그리고 우리)의 이야기와만 교류할 뿐이다. 나의 이야기는 타자의 이야기를 배제하고, 타자의 이야기로부터 배제된다. 나의 이야기와 타자의 이야기가 만나면서 구축되는 완결된 내러티브를 이제는 찾아보기 힘들어졌다. 나, 지금, 여기와 연관성을 갖는 이야기는, 그런 연관성을 계속 유지하기 위해서라도 나, 여기, 지금의 이야기에만 머물러선 안 된다. 그 이야기가 나와 다른 타자들의 이야기들과 연결될 수 있을 때 비로소 연관성을 확증받는 것이기 때문이다. 동굴에 갇힌 사람에게 동굴 안 이야기는 연관성 있는 이야기다. 그러나 동굴 안 이야기가 연관성의 의미를 제대로 가지려면 동굴 밖의 이야기와 어떤 식으로든 연결되어야 한다. 아주 작고 사소한 이야기라 할지라도 그것이 사람들의 삶에서 연관성의 기반을 계속 제공하기 위해서는 그 이야기가 나, 지금, 여기의 경계 밖의 것과 연결되어야 한다. 그런 연결의 과정은 일종의 '번역' 과정이라 부를 수 있다. 서로 다른 상황에서 만들어진 이야기들이 상호 번역의 과정에서 묶이면서 더 크고 더 완결된 내러티브를 만든다. 그런 번역은 수평적으로 이루어질 수 있지만(수평 번역), 또 수직적으로도 이루어진다(수직 번역). 가령 다른 지역의 젠트리피케이션 경험 이야기를 통해 내가 사는 지역의 젠트리피케이션 발생 가능성에 관한 이야기를 만들고 공유할 수 있다. 이것은 수평 번역의 예가 될 것이다. 특정 지역의 이야기가 보편적 이야기로 번역이 되기도 하고, 보편적 이야기가 특정 지역과 연관성 있는 이야기로 번역되기도 한다. 이것은 모두 수직 번역의 예들이 될 것이다. 이런 수평, 수직의 번역 과정이 사회적으로 활발히 이루어지지 못하고, 이야기가 고립되고, 파편화되고, 발칸화되면 결국 연관성 초위기가 발생한다. 나의 이야기 그리고 나와 비슷한 너의 이야기만 있는 곳에서는 고립된 진실성만 존재한다. 그 진실성을 판단해 줄 다른 이야기들과의 연결 고리는 끊겨 있다. 나와 너의 이야기가, 이질적인 것까지 포함하는 더 큰 내러티브 안에서, 제대로 된 평가를 받지 못하게 되는 것이다. 남은 것은 파편화된 이야기들 사이의 끊임없는, 그리고 허망한 대결뿐이다. 사실 이 대결은 상호 마주침 없는, 결국 허공을 지는 대결이다. 그 대결 속에서 작은 이야기들 사이에 가상의 양극화 현상이 나타난다. 양극화이긴 한데, 전에 한 번도 섞인 적이 없는 양극화다. 포스트매스미디어 시대 연관성 초위기는 나의 작은 이야기가 나와 다른 타자의 작은 이야기들과 함께 얽혀서, 서로 비판하고, 갈등하고, 싸우더라도 의미 있는 내러티브를 만드는 데까지 나가지 못하는 것에 있다.

진실성에 대한 판단 중지
작은 이야기들이 모두 고립된 진실성을 추구하면서 결국 사회 전체적으로는 어느 이야기에도 정당성을 부여하기 힘든 상황이 만들어졌다. 이것의 가장 직접적 원인은 앞에서 언급한 이야기들의 파편화다. 이야기들이 파편화되어서 그것들이 경연장에서도, 공연장에서도, 언론 기사를 포함하는 어떤 장르의 미디어 내용에서도 서로 만나지 못한다. 이런 상황에서는 어떤 이야기도 다른 이야기에 비해 상대적 정당성을 부여받지 못하고, 또 진실성에 대한 시험을 치를 수도 없다. 매스 미디어 시대와 비교하면 포스트매스미디어 시대로 오면서 작은 이야기들이 힘을 얻었지만, 그 힘을 얻자마자 진실성의 기반은 흔들리거나 사라지고 있다. 매스 미디어 시대에도, 그 이전에도, 허위 정보와 가짜 이야기들은 넘쳐 났다. 하지만 그것들은 어떤 식으로건 진실의 경연장에서 다른 정보나 다른 이야기들과 만날 수밖에 없었다. 그 싸움이 지난할지라도 언젠가는, 그리고 어떤 방식에 의해서건(정치적 판단, 쿠데타, 여론, 사법적 판단 등), 어떤 이야기가 더 진실하고 더 정당한지를 판가름할 수 있을 것이라는 희망이 있었다. 그런 희망의 토대는 서로 다른 이야기들이 대립하더라도 어쨌든 같은 결투장에 있었다는 것이었다. 그러나 포스트매스미디어 시대의 이야기들은 각자의 동굴에 숨어서 자신과 비슷한 이야기들과만 연결되어 있을 뿐이다. 서로 다른 이야기들은 이제 어디에서도 좀처럼 만나지 않는다. 그렇기에 이야기의 정당성과 진실성(Fisher, 1989; 이상길, 2010)을 판단할 근거를 찾기 어려워졌다. 왜냐하면 그런 판단은 각기 다른 이야기들이 정당성 투쟁과 진실성을 놓고 서로 투쟁할 수 있을 때나 가능한 것이기 때문이다. 모든 이야기가 이제 자신의 세계에서는 너무나도 진실이고too true이고, 너무나도 정당하다too legitimate. 반면 그 세계 밖 이야기들은, 단지 그 세계 밖에 있다는 것 때문에, 너무나도 허위too wrong이고, 너무나도 부당too illegitimate하다. 연관성 초위기 속에서 이야기의 진실성과 정당성에 대한 판단은 사실상 중지된다. 이제 서로 마주치지 않는 대결만 남아 있을 뿐이다. 진실 이후란 뜻을 지닌 탈진실post-truth이란 말도 무색하게 어느 누구도 진실의 결투장에 아직 입장도 못한 상태에서 말이다.

내용 효과의 폐쇄 회로: 내가 말한 것에 내가 영향받음

포스트매스미디어 시대에는 개인들이 외부에서 들어오는 내용(가령 매스 미디어가 전달하는 내용)에만 영향을 받지 않는다. 그들은 이제 자기 자신이 한 이야기, 혹은 자기와 비슷한 사람들이 한 이야기에도 영향을 받을 수 있다. 이제 미디어 내용 효과에 관한 연구는 개인 스스로가 생산하고 유통한 내용이 개인 본인에게 미치는 효과에 대한 것까지도 포함해야 하는 상황이 되었다. 그야말로 미디어 효과의 폐쇄 구조가 만들어진 것이다. 내가 t1에 찾아본 것, 검색한 것, 이야기한 것들이 t2에 내가 무엇을 볼지, 검색할지, 이야기할지에 영향을 미친다. 미디어 내용이 개인에게 가하는 효과에 대해서 이제 개인들은 그 누구도 비난할 수 없는 상황에 부닥쳤다. 그러므로 미디어 내용이 개인에게 영향을 미치는 과정에서 일종의 폐쇄적인 내적 완결성이 만들어졌기 때문이다. 그렇기에 미디어 내용이 어떤 부정적인 효과를 만들어 낸다고 하더라도 그것 때문에 외부 세력(가령 정치권력이나 자본)노 비난의 대상으로 삼기 힘들어졌다. 개인이 접하는 내용은, 강압적 방식으로건 무의식을 향해 몰래 속삭이는 방식으로건, 이제 전적으로 외부에서 들어오는 것이라 말할 수 없다. 오히려 개인이 미디어에서 접하는 내용은 그가 가진 이기심, 편견, 확증 편향, 그리고 그것을 토대로 최근까지 그가 미디어에서 듣고, 보고, 말하고, 떠든 것을 토대로 만들어진 것이라 할 수 있기 때문이다. 미디어 내용과 그 내용의 효과가 그렇게 재귀적 성격을 갖게 되었다. 그렇다면 이제 비난의 대상은 다른 누군가가 아니라 자기 자신이다. 개인은 자기 자신의 선택 때문에 스스로 식민지화된다. 이런 상황에서 페이스북 연구자들이 양극화의 원인은 페이스북의 알고리즘이 아니라 페이스북을 이용하는 이용자들의 확증 편향 성향이라고 말할 수 있게 된 것이다 (Bakshy et al., 2015). 선정적인 내용, 폭력적인 내용, 선전과 선동의 내용, 권력과 자본과 이데올로기의 내용이 외부에서 들어와 사람들에게 영향을 주면서 연관성 위기를 초래했던 매스 미디어 시대와는 사뭇 다른 상황이 만들어졌다. 개인은 스스로 만든 내용에 의해 영향받는다. 그리고 그것에 의해 어떤 부정적 영향을 받는다 해도 비난할 대상이 마땅하지 않은 연관성 초위기 징후를 겪게 되었다.

매스 미디어 시대에 미디어 내용에 많은 문제가 있긴 했지만, 어쩌면 그에 대한 우려 때문에 미디어가 개인과 사회에 미칠 영향에 대한 다양한 이론이 만들어졌다고 할 수 있다. 그리고 그 이론들을 토대로 많은 연구가 수행되었다. 그러나 이제 미디어 내용 효과에 관한 연구는 막다른 골목에 다다랐다. 개인은 알고리즘이 구성한 틀 속에서 다른 사람들이 만든 것들을 읽고, 듣고, 볼 뿐 아니라, 자신의 이야기를 쓰고, 말하고, 보여 준다. 알고리즘의 작동 상황을 개인이 인지할 수도 있고, 그렇지 않을 수도 있다. 사실 그런 인식 여부 자체가 그리 중요한 문제는 아니다. 개인이 $t1$에서 어떤 내용을 어떻게 생산하고 소비하는지가 $t2$에서 어떤 미디어 내용을 생산하고 소비하는지에 영향을 미치는 모든 과정 밑에서는 자동화된 알고리즘이 작동한다. 그렇기에 이제 미디어 효과에 관한 연구는 알고리즘에 관한 연구가 되어야 한다. 그러나 미디어 기업 밖의 어느 누구도 미디어 알고리즘 자체에 접근할 수 없다. 가끔 플랫폼 기업이 알고리즘 검토위원회 같은 형태로 소수의 전문가에게 문을 살짝 열어 주는 경우가 있긴 하지만 말이다. 네이버가 뉴스 포털의 알고리즘의 질과 공정성 검토를 하면서 그런 검토의 정당성을 확보하기 위해 외부 전문가들을 중심으로 알고리즘 검토위원회를 두 차례에 걸쳐 구성했던 것이 그 예가 될 것이다. 그런 경우를 제외한다면 미디어 내용 효과 연구는 이제 막다른 골목에 다다르게 되었다는 말이 지나치지 않은 상황이 만들어지고 있다.

제도로서의 미디어와 연관성 초위기

매스 미디어 시대에 사람들이 겪었던 연관성 위기 한가운데는 매스 미디어 제도의 문제가 버티고 있다. 5장에서 살펴봤듯이 규모의 경제, 매스 미디어 생산물의 공공재적 성격, 전파 사용을 위해서는 정부의 허가가 필요한 점, 그리고 수용자들이 결국 광고주들에게 팔리는 이중 상품 시장의 문제 등은 매스 미디어 체계의 중심성을 강화했고, 매스 미디어 체계 내 조직들과 구성원들이 이야기하기를 독점하는 체제를 구축했다. 매스 미디어 종사자들을 전문직으로 규정하려는 시도, 이른바 '언론 고시'라는 말이 상징하듯 매스 미디어 조직의 구성원이 되는 것을 매우 어렵게 만들어 놓았던 상황, 매스 미디어 조직 내에서 이루어지는 다양한 사회화 기세(결국 조직이 원하는 것을 말하는 사람들을 길러내는 사회화), 공익성, 객관성, 공정성, 개인 정보, 지적재산권 등의 법적, 윤리적 규범 등도 매스 미디어 시대에 매스 미디어 조직의 이야기하기 독점을 유지하게 하는 제도적 장치로 역할을 했다. 그런 상황에서 매스 미디어 시대에 연관성 위기가 발생했다. 매스 미디어 제도가 이야기하기의 권리를 독점하게 되자 정치, 종교, 교육 등 전통적으로 연관성 있는 이야기하기의 기관으로 역할 했던 다른 제도들마저 연관성 위기의 블랙홀로 빠져들어 갔다. 그 제도들조차 이야기하기의 역할을 수행하기 위해서는 매스 미디어 체계에 의존할 수밖에 없는 상황이 만들어졌다(Ball-Rokeach, 1998). 그뿐만 아니라 연관성 있는 이야기를 생산하는 것이 본령이라 할 지역 미디어는 그런 역할을 수행할 입지가 점점 줄어들었다. 포스트매스미디어 시대로 접어들면서 조금씩 변화가 만들어지기 시작했다. 매스 미디어 제도의 중심성은 줄어드는 대신, 매스 미디어 체제 밖 다른 제도에 속한 조직도 스스로 이야기하기의 기능을 강화하고 있다. 지역 미디어 역시 신문, 잡지 등의 전통적 형태를 넘어서서 팟캐스트, 유튜브, 인터넷 카페, 소셜 미디어 페이지 등의 다양한 형태로 연관성 있는 이야기들을 쏟아내고 있다. 그렇다면 이제 연관성 위기는 극복되었는가? 연관성 위기 극복의 제도적 토대가 마련되어 간다고 할 수 있을까? 현실은 미디어의 제도적 차원에서도 연관성 초위기 징후가 드러나고 있다는 것이다.

새로운 이야기 제도의 등장과 플랫폼 종속

매스 미디어 시대의 주류 미디어 조직들은 사람들의 삶에서 연관된 것과 중요한 것을 분리하는 주역이었다. 그에 대항할 대안이 매스 미디어 시대에는 많지 않았다. 공동체 미디어 같은 대안 미디어가 늘 있었지만, 그것들은 지하에 숨어 있거나, 변방으로 쫓겨나 있을 뿐이었다. 앞에서 언급했듯이 연관성의 이야기를 사람들에게 전할 수 있는 다른 제도(정치, 교육, 종교 제도 등)도 모두 매스 미디어 시대 연관성 위기의 피해자이거나 그 위기를 촉진하는 주체로 남았다. 포스트매스미디어 시대에 들어서면서 그런 위기를 뚫고 새로운 이야기의 제도가 등장했다. 사람들이 자신과 연관된 이야기를 듣고, 또 할 수 있는 장들이 블로그, 온라인 카페, 집단 채팅방, 소셜 미디어 등의 형태로 등장했다. 그중에는 매스 미디어 시대에 뉴스 미디어가 하던 역할을 하는 것도 있다. 매스 미디어 조직에서 볼 수 있는 채용 방식('언론 고시'), 구성원의 전문직주의, 조직 내 규범, 조직 외부와의 권력관계 등을 블로그, 온라인 카페, 채팅방, 소셜 미디어 등에서 찾는 것은 무리일 것이다. 그러나 이렇게 느슨한 제도 안에서도 가입 자격, 가입 절차, 소속감, 집단 내부 규범, 규범을 어겼을 때 처벌 방식 등이 존재한다(McLaughlin et al., 1997; Smith et al., 1997). 매스 미디어 시대의 미디어 제도와 비교했을 때, 포스트매스미디어의 느슨한 이야기 제도가 보이는 차이점은 분명하다. 포스트매스미디어 시대로 오면서 이제 누구든 자기와 연관된 이야기를 할 수 있는 제도적 토대가 마련되었다는 사실이다.

그런데 여기 우리가 주목할 문제가 생겼다. 그것은 포스트매스미디어 시대의 이야기하기가 대부분 미디어 플랫폼 위에서 이루어진다는 사실이다(Coyle, 2018; Meese & Hurcombe, 2021). 포스트매스미디어 시대 새로운 이야기하기 제도storytelling institutions의 주체들이 모두 미디어 플랫폼을 통해서만 이야기하기의 인터페이스, 행위, 상호 작용, 거래 행위를 경험하게 되었다. 이야기하기의 제도와 거기에 참여하는 참여자들이 모두 플랫폼에 의존할 수밖에 없는 상황이 만들어진 것이다. 미디어 플랫폼 위에서라도 이야기하기의 제도가 구축되고 그것을 통해 참여자들이 자신들과 연관된 이야기, 자신들에게 중요한 이야기를 나눌 수 있게 되었다면, 매스 미디어 시대에 겪었던 연관성 위기를 극복할 가능성이 커진 것처럼 보인다. 미디어 플랫폼이 연관성 확장의 토대로 작동하는 듯하다. 그러나 만약 미디어 플랫폼상에서 생산되고 교환되는 연관성의 이야기들이 그 이야기를 생산하고 공유하는 개인이 모르는 곳에서 데이터화되고 분석되어서 그 이야기를 만든 개인과 연관되지 않은 다른 동기를 위해 사용된다면?(Andrejevic, 2011; Rey, 2012) 연관된 이야기하기의 새로운 제도들 안에서 참여자들이 공유하는 '해야 하는 것'과 '해서는 안 되는 것'들에 대한 인식(즉 규범에 대한 인식)과 '할 수 있는 것'과 '할 수 없는 것'에 대한 인식(즉 효능감에 대한 인식)이 복잡한 과정을 거치면서 사회적으로 구성되는 것이 아니라(Hecher & Opp, 2001; Horne & Mollborn, 2020), 사실은 플랫폼 인터페이스를 어떻게 디자인했는지에 의해서 구성되는 것이라면? 이야기 제도 운영 방향, 안정적 운영 방식, 운영 상태 등이 미디어 플랫폼이 지닌 의도, 자원, 작동 방식, 안전성 등에 의존하는 것이라면? 플랫폼상에서 운영되는 이야기하기 제도(지역 팟캐스트 등)가 생산하는 연관성 이야기들이 만들어 내는 가치(권력과 이윤)가 이야기하기 제도 내부에서 실현되는 것이 아니라, 외부에서 실현되는 것이라면? 이런 질문들은 모두 연관성 초위기와 관련된 질문들이다. 플랫폼상에서 작동하는 이야기하기의 제도는 스스로 연관성 확장의 제도로 역할을 할 수 있지만 동시에 연관성 초위기를 심화시킬 주역이 될 수도 있다. 미디어 플랫폼은 연관성 확장의 제도적 토대를 만들면서 동시에 연관성 초위기를 초래하고 확장하는 이중적 성격을 갖고 있다.

여기서 알프레드 슈츠의 연관성 이론을 다시 가져와 보자. 4장에서 우리는 알프레드 슈츠가 연관성의 하위 개념으로 주제적 연관성, 해석적 연관성, 동기적 연관성 등을 제시했음을 살펴보았었다(Schutz & Luckmann, 1973). 데이터 기반의 미디어 플랫폼은 우리에게 무엇에 주목해야 할지 알려주고(주제적 연관성), 주목한 것을 클라우드에 이미 저장된 어떤 데이터와 연결해야 할지 알고리즘을 설정하고(해석적 연관성), 그리고 나아가 그러한 주제적 연관성과 해석적 연관성의 결과를 통해 개인이 어떤 행동을 해야 할지(동기적 연관성)를 결정해 준다. 개인이 한 행동은 데이터화되어서 그 개인(그리고 그와 비슷한 속성을 가진 다른 개인들)이 무엇에 주목할지(주제적 연관성), 그의 행동을 어떻게 해석할지의 분석 틀을 결정하는 과정(해석적 연관성)에 다시 재귀적으로 영향을 미친다. 그렇게 순환적이면서 재귀적인 과정에서 연관성의 선택은 개인의 자율적 영역을 벗어난다. 슈츠는 그의 연관성 이론을 구축하면서 연관성 구조를 작동시키는 핵심 요소인 '선택'(즉 무엇에 주목할 것인가에 대한, 해석을 위해 어떤 지식을 이용할 것인가에 대한, 어떤 행동을 벌일 것인가에 대한 선택)이 과연 어떤 식으로 이루어지는지에 대해 분명한 설명을 하지 않았다는 비판을 받아 왔다(Gunderson et al., 2020). 특히 그러한 선택 과정에 거시적, 제도적 요인(가령 정치경제학적 요인)이 어떻게 영향을 미치는지에 대해서 모호한 상태로 남겨 놓았다. 개인의 자율적 영역을 벗어난 구조적/거시적, 제도적 차원의 문제와 개인이 수행하는 연관성의 미시적 선택 문제를 어떻게 연결할지가 연관성 이론을 더욱더 체계화하는 과정에서 중요한 과제로 남아 있게 된 것이다. 그런데 플랫폼 의존의 개념화와 그것을 토대로 한 이론 구축의 노력이 그 과제를 어떻게 다룰지에 대한 실마리를 제공한다. 플랫폼 의존을 개념화하는 과정에서 플랫폼 의존을 이끄는 구조적, 거시적, 제도적 차원의 요인과 개인 수준에서 경험하는 연관성의 선택 행위를 연결할 단서를 찾을 수 있을 것이기 때문이다. 이런 점을 생각해 보면 결국 포스트매스미디어 시대 연관성 초위기 징후는 거시적 요인과 미시적 경험 사이의 모호한 괴리 사이에 있는 것이라 설명할 수 있다.

포스트매스미디어 시대의 대안 미디어

포스트매스미디어 시대에 능장하는 다양한 유형의 대안 미디어에 대해서도 살펴보자. 일부 미디어 연구자와 실천가가 그동안 대안 미디어를 마치 연관성 위기와 초위기를 해결할 수 있는 독립군인 것처럼 논의해 왔기 때문이다. 포스트매스미디어 시대의 새로운 기술적 토대를 바탕으로 다양한 방식의 대안 미디어들이 등장했다. 대표적인 예가 지역을 기반으로 한 마을 미디어다. 마을 미디어는 대개 팟캐스트, 유튜브, 블로그, 소셜 미디어 페이지 형태로 이루어진다. 종이 신문이나 종이 잡지, 혹은 소수이지만 전파를 사용하는 방송의 형태를 띠는 일도 있다. 그러나 대개는 포스트매스미디어 시대 등장한 새로운 미디어 플랫폼상에서 마을 미디어 활동이 이루어진다. 전통적 미디어를 사용하는 경우도 그것에만 전적으로 의존하는 경우는 거의 없다. 대개 신문, 잡지, 방송에 올라온 내용을 다시 팟캐스트, 유튜브, 소셜 미디어상에서 공유한다. 포스트매스미디어 시대에 등장한 도구로서의 미디어가 도시의 특정 장소를 중심으로 나/우리, 지금, 여기의 연관성 이야기를 생산하고, 공유하는 마을 미디어 제도를 활성화시켜 온 것이다. 막대한 자본이나 정부 허가 없이도, 몇 명이 함께 마음먹으면 쉽게 이런 마을 미디어를 시작할 수 있게 되었다. 동네를 기반으로 그 동네와 연관성 높은 개인과 공동체의 이야기를 주고받는다는 점에서 마을 미디어는 연관성 위기를 극복할 출구처럼 보였다. 사실 분명 그런 면이 있다. 한 번도 자기의 이야기, 자기가 살아온 장소적 맥락을 이야기해 본 적이 없는 사람들이 키보드를 두드리며, 혹은 마이크와 카메라 앞에 앉아서 연관성 높은 이야기를 함으로써 자기 삶이 인정받고 있다는 느낌, 다른 사람들과 연결되어 있다는 느낌, 뭔가 할 수 있다는 효능감, 어딘가에 소속되어 있다는 소속감을 느낄 수 있었기 때문이다. 커뮤니케이션 하부 구조 이론의 틀에서 예측해 보면 이렇게 자신과 연관된 이야기(가령 동네 이슈, 동네 안에서 개인의 삶)를 하는 것이 지역 소속감, 집합적 효능감, 지역 활동 참여 의지 등에 긍정적 영향을 미칠 가능성이 크다(Kim & Ball-Rokeach, 2006b). 그런 결과가 만들어진다면 마을 미디어가 지역 커뮤니티를 강화할 중요한 장치가 될 수 있을 것이다. 결국 마을 미디어에 참여한 사람들의 경험은 연관성 높은 이야기하기의 힘을 보여 주는 사례가 될 수 있고, 그것이 개인과 공동체에 미칠 긍정적 영향에 대해서도 기대해 볼 수 있다.

그러나 마을 미디어의 경험도 그 이면을 들여다보면 연관성 초위기의 징후와 맞닿아 있다. 몇 가지 이유를 간단히 살펴보자. 첫째로는 앞에서 언급했듯이 마을 미디어에서 주고받는 연관성 높은 이야기들마저도 모두 플랫폼상에서 만들어지고, 공유되고, 소비된다는 것이다. 그런 연관성 높은 이야기가 만드는 정치적, 경제적, 시민사회적 가치가 마을 미디어 활동과는 전혀 관련 없는 다른 곳에서 실현된다는 플랫폼 경제의 원리가 여기에서도 적용된다. 둘째로 마을 미디어 활동들 대부분이 폐쇄 구조 속에서 이루어지면서 결국에는 마을 미디어 활동이 대상으로 삼는 동네의 다른 구성원들에게조차 닿지 않는 파편화된 이야기가 만들어진다는 것이다. 마을 미디어임에도 불구하고 마을 미디어에 직간접적으로 참여하는 소수의 사람에게만 이야기가 전달되고, 그 이야기가 마을의 다른 구성원들에게는 도달하지 못하는 경우들이 많다는 이야기이다. 이것은 앞에서 내용으로서의 미디어 측면에서 연관성 초위기를 논하면서 언급하였던 이야기의 파편화 문제와도 연결되는 것이다. 마을 미디어에 참여하는 사람들 스스로는 그런 참여를 통해 정체성, 지금, 여기에 대한 연관성 자각을 하는 등 의미 있는 경험을 하기도 한다(김예란 외, 2017; 김용찬, 2021; 유숙·강진숙, 2017). 그러나 동시에 자신이 참여하는 미디어의 영향력이 미미하다는 것 때문에 실망감과 좌절감을 느끼는 경우도 많다. 연관성 높은 이야기하기의 활동은 이루어지고 있으나 그것이 실제로 그 연관성의 맥락(가령 동네) 전체의 역량을 승가시키지 못한다는 것, 그 과정에서 마을 미디어 참여자들의 실망과 좌절감 등이 깊어진다는 것 등이 대안 미디어로서의 마을 미디어 앞에 놓여 있는 연관성 초위기의 징후와 맞닿아 있는 현실의 한 측면이라 할 수 있다.

데이터 식민주의

7장에서 우리는 포스트매스미디어 시대 제도로서의 미디어 측면에서 나타난 변화, 가령 제도적 차원의 미디어 융합, 미디어의 플랫폼화, 미디어 산업의 데이터 산업화 등에 대해서 살펴보았다. 이런 변화가 초래하는 연관성 초위기를 가장 압축적으로 설명해 주는 것이 쿨드리와 메지아스(Couldry & Mejias, 2019)가 말하는 데이터 식민주의의 개념이라 할 수 있다. 쿨드리와 메지아스는 데이터 식민주의가 일련의 이데올로기를 토대로 한다고 주장한다. 가령 세상의 모든 것을 연결하는 일은 결국 좋은 것이라는 생각, 모든 것이 데이터화된다면 우리 삶이 훨씬 좋아질 것이라는 생각, 개인 맞춤형 서비스를 제공하고 제공받기 위한 추적과 감시는 개인의 복지와 공공선을 위해 좋은 것이라는 생각 등이 그들이 설명하는 데이터 식민주의의 이데올로기다. 이들에 연결주의, 데이터주의, 개인화주의 정도의 이름을 붙일 수 있을 것이다. 연결주의와 개인화주의는 내가 여기서 붙인 이름이지만, 데이터주의는 쿨드리와 메지아스도 사용하는 개념이다. 이런 데이터 식민주의의 이데올로기를 토대로 해서 일상의 것(즉 연관성 높은 것)이 '개인화'되고, 서로 연결되고, 동시에 데이터화된다. 그렇게 만들어진 일상의 데이터들이 데이터 식민주의의 중앙부로 이동한다. 중심부로 이동한 데이터가 만들어 내는 가치(권력과 자본)는 대개 중심부에 머무르고 데이터가 생산된 '식민지'로 돌아오지 않는다. 식민지로 돌아오는 것은 더 많은, 더 양질의 데이터를 생산하는 데 필요한 만큼의 상품과 서비스일 뿐이다.

오늘날 세계에서 데이터 식민주의의 중심부는 미국과 중국이다. 대부분의 거대 글로벌 미디어 플랫폼 기업이 미국에 있다. 이들 기업은 독자적으로 움직이는 것 같지만 사실은 미국 정부와 원활한 관계를 유지한다. 그 관계에서 일종의 정부-기업 간 데이터 공조가 구축된다(Foster & McChesney, 2014; Lyon, 2015; Smyrnaios, 2018; Taplin, 2017). 여전히 기업이 주축이 되지만 글로벌 IT 기업과 미국 정부의 공조 속에서 식민주의적 데이터 착취가 전 세계에 걸쳐 이루어진다. 중국 내부에서도 정부와 기업 간의 공조 관계가 만들어져 왔다. 일대일로의 기치 아래 글로벌 영향력을 키워온 중국 역시 데이터 식민주의의 중심부 역할을 한다(Calzati, 2022; Gravett, 2020). 결국 미국과 중국이 데이터 식민주의 체제의 두 축을 차지한 셈이다. 정치, 경제, 사회 체제가 매우 다른 두 나라가 정부와 기업 사이의 데이터 공조 관계 구축이라는 측면에서는 상당히 닮았다. 미국에서는 기업이 그 관계를 주도하는 모습을 보이고, 중국에서는 정부가 그것을 주도하는 모습을 보인다는 차이가 있을 뿐이다.

데이터 식민주의의 과정은 결국 연관성 초위기를 만드는 과정이다. 개인과 공동체가 생산하는 경험, 욕망, 소통, 관계 일상의 데이터가 추적, 감시, 수집되어서 개인과 공동체 일상의 영역 밖으로 이동한다. 그리고 개인과 공동체가 살아가는 일상의 영역 밖에서 경제적, 정치적 가치를 만들어 낸다. 그런 가치는 데이터를 생산한 주체들에게로 돌아가지 않는다. 그중 일부가 이른바 개인화 혹은 맞춤화의 이름으로 더 많은 데이터를 착취하기 위한 재료로서 개인과 공동체 일상에 다시 투여될 뿐이다. 그리고 더 많은 데이터가 수집되고 그것이 개인과 공동체의 일상의 밖, 연관성의 영역 밖으로 다시 이동한다. 연관성 데이터의 생산이 이루어지는 곳과 그 데이터의 가치가 창출되는 곳이 분리되어 있다는 것, 그것이 연관성 초위기 징후의 핵심적 특징이라고 할 수 있다.

사람으로서의 미디어와 연관성 초위기

매스 미디어 시대는 사람으로서의 미디어가 매우 위축된 시기였다. 그때는 자기 자신의 목소리를 낼 수 있는 개인이 소수에 지나지 않았다. 대부분은 자기 목소리를 잃어버린 채 있었다. 대신 매스 미디어 시대의 개인은 집단 정체성의 거죽을 덮어쓴 채 살아갔다. 자기 목소리는 잃어

버렸지만, 집단이 만들어 내는 목소리에는 참여했다. 물론 이런 상황에서도 영웅적 목소리의 이야기(5장에서 언급했던 전태일이나 로자 파크스의 이야기)는 존재했지만, 그것은 매우 예외적이었다. 포스트매스미디어 시대로 오자 상황이 크게 바뀌었다. 마치 개인 미디어의 시대가 열리는 것으로 보일 정도다. 개인들이 다시 미디어 역사의 전면에 등장한 듯 보이기도 한다. 특정 집단에 속하지 않고도 자기 목소리를 갖고 소리칠 수 있는 개인이 등장하고 있다. 사람으로서의 미디어들이 행진하고 있다. 그래서 이제 연관성 위기가 물러서는 것처럼 보이지만, 그러나 여기에도 연관성 초위기 징후가 역설적인 방식으로 드러나고 있다.

더 똑똑해지고 더 힘이 더 세진 것 같지만 권력으로부터는 멀어진 개인

지난 20여 년 동안 집단 지성, 연결 지성, 네트워크 공중 등의 개념들이 유행처럼 사용되었다. 디지털화, 융합, 가상성, 이동성 등의 특성이 있는 포스트매스미디어 시대 도구로서의 미디어가 사람들을 더 힘이 세지고, 더 똑똑해진 존재로 만들 수 있다는 기대가 전면에 등장했다. 헨리 젱킨스(Jenkins, 2006)의 융합 논리가 바로 그런 것이고, 요하이 벤클러(Benkler, 2006)나 클레이 셔키(Shirky, 2008, 2010) 등의 논의도 그런 생각을 바탕으로 한 것이었다. 젱킨스(Jenkins, 2006)는 융합 문화, 집단 지성, 참여 문화 등의 개념들을 제시하면서, 새로운(즉 포스트매스미디어 시대의) 미디어 환경에서는 개인들이 수동적인 수용자에서부터 참여자로 등장하고 있다고 말해 왔다. 도구적, 내용적, 제도적 차원의 미디어 융합 위에서 개인이 서로 연결되어 다양한 방식으로 주류 미디어의 내용 생산 과정에 직간접적으로 참여하게 된 것이다. 그래서 팬 그룹은 이제 연예인을 수동적으로 추종하는 사람들의 모임이 아니라 융합적 미디어로 무장한 창조적 행위 집단이 되었다. 예를 들어 BTS의 팬클럽 아미Army는 2020년 미국 대통령 선거

기간에 트럼프가 오클라호마주 털사에서 유세할 때 노쇼 운동을 해서 관중석 3분의 1을 텅 비게 하는 힘을 보여 줬다(Lorenz et al., 2020). 블랙 라이브스 매터Black Lives Matter 운동을 지지하기 위해 전 세계 아미가 24시간 만에 100만 달러를 모은 일도 있었다(이지영, 2018). 이런 식의 융합적 참여 문화는 대중문화나 미디어 소비 영역뿐 아니라 정치와 경제 영역에서도 찾아볼 수 있다. 아랍의 봄, 월스트리트 점령 운동, 홍콩 우산 시위, 한국의 촛불 집회 등이 그 예가 될 수 있다. 벤클러와 셔키를 비롯해 수많은 학자는 연결된 힘이 만들어 내는 정치적 힘에 관해 이야기해 왔다(Benkler, 2006; Shirky, 2008). 연관성 측면에서 보자면, 포스트매스미디어 시대의 개인(연결된 개인)은 마치 자기에게 연관된 것에 스스로 주목하고, 남이 만들어 준 틀이 아닌 스스로에게 연관된 해석 틀(나/지금/여기의 관점이 반영된 틀)로 그것을 이해하고, 자기와 연관된 이슈에 대한 행동 결정을 스스로 내릴 수 있는 존재인 것처럼 보였다. 그러나 과연 정말 개인은, 개인 미디어는, 연결된 개인 미디어는, 더 힘이 세지고 더 똑똑해진 것일까?

바로 위에서 제시한 질문에 답하기 전에 우리가 풀어야 할 또 다른 질문이 있다. 그 질문은 '연결된 개인의 창의적 역량과 참여의 힘이 생산하는 가치는 과연 어디에 축적되는 것이고, 결국 누구의 소유가 될 것인가'이다. 가령 아미에 속한 사람들의 연결된 힘이 생산하는 가치는 결국 누구의 것이냐라는 것이다. 혹은 TV 드라마나 리얼리티 프로그램에 개입해서 내용에 영향을 가하던 그 집단적 힘이 만들어 낸 가치는 누가 가져갔느냐는 것이다. 미디어 소비자로서의 참여자들이 보이는 연결된 힘은 대개 지속적, 구조적 힘으로 유지되지 못하고 어느새 미디어 기업의 이윤을 올리는 에피소드적 힘으로 전락하고 마는 경우가 많다. 미디어 제작자는 이제 시청자의 댓글, 팬들의 집단적, 연결된 대응까지도 프로그램의 한 요소로 취급하려 노력한다(윤태진, 2011). 정치적 이슈를 중심으로 연결된 공중에 대해서도 비슷한 질문을 던질 수 있다(Hoskins, 2017). 가령 아랍의 봄, 월스트리트 점령 운동, 홍콩 우산 시위, 한국의 촛불 집회가 보여 준 연결 공중의 놀라운 힘은 지금 어디에 있는가? 그 힘이 만들어 낸 열매는 누가 가져갔는가? 그 경험이 만들어 낸 정치적, 사회적 가치는 어디에 축적되어 있는가? 대부분 사례에서 극적으로 나타났던 연결된 정치적 힘이 지속적인 시민 권력으로 이어지지 못했다. 그 힘은 하나의 허위의식 같은 통제감(김용찬·손해영 외, 2012)의 기억으로만 남고 역사 속으로 사라진 듯하다. 포스트매스미디어 시대의 개인은 마치 자신에게 연관된 것에 스스로 주목하고, 자신에게 연관된 해석의 틀로 그것을 이해하고, 자신과 연관된 것에 대해 어떤 행동을 할지 스스로 선택할 수 있는 존재인 것처럼 보였다(Benkler, 2006; Shirky, 2008). 디지털 기술로 무장된 개인/집단이 스스로 전보다 더 힘이 세진 것처럼 느낄지라도 연관성의 선택을 하는 실제 주체는 데이터 권력을 쥐고 있는 거대 IT 기업(가령 페이스북), 혹은 그 IT 기업의 플랫폼을 해킹할 수 있는 소수의 데이터 기업(가령 케임브리지 애널리틱스)일 수 있다(Couldry & Mejias, 2019). 트럼프의 당선과 그 뒤에 있던 페이스북과 케임브리지 애널리틱스의 사례가 그 점을 생생하게 보여 준다(Benkler et al., 2018).

사회과학 이론은 오랫동안 능력감empowerment과 권력power 사이의 높은 상관관계를 당연한 것으로 간주해 왔다. 그래서 많은 민주주의 관련 연구는 시민의 능력감을 강화하는 방안에 대한 논의를 해 왔다(Bachrach & Botwinick, 1992; Cruikshank & Cruikshank, 1999; Sørensen, 1997; Zimmerman & Rappaport, 1988). 같은 맥락에서 미디어학자들은 어떻게 뉴스 미디어가 시민들의 능력감을 높이는 역할을 할 수 있을지에 관한 연구를 해오기도 했다(Gans, 2004; McLeod et al., 1996; Scullion et al., 2013). 그런 논의의 전제는 시민들의 능력감이 결국 시민 권력을 만들어 낸다는 것이었다. 그런데 포스트매스미디어 시대의 중요한 특징은 이제 그 둘이 서로 분리되었다는 것이다. 디지털 미디어 이용이 사람들에게 능력감을 높여 줄지라도 실제 권력은 다른 곳에서 발생하고 다른 곳에서 축적된다. 능력감과 권력의 분리, 그 자체가 연관성 초위기 현상이라 할 수 있다. 그리고 이제 그런 분리 현상은 현대 사회 내에서 이루어지는 권력 행사와 기업 마케팅의 중요한 원칙이 되고 있다. 유권자와 소비자는 능력감의 환상을 갖지만, 실제 권력과 이윤은 정치 집단과 기업으로 향할 뿐이다.

우리가 미디어를 이용하는 것이 아니라 미디어가 우리를 이용한다

포스트매스미디어 시대로 들어서면서 적극적 수용자의 정체성은 더 분명해졌다. 적극적 수용자라는 개념은 매스 미디어 시대에 등장한 것이지만, 포스트매스미디어 시대로 오면서 그것은 당연한 현실인 것처럼 받아들여졌다. 이제 수용자라는 이름보다는 이용자나 심지어는 참여자라는 이름이 더 적절해 보이는 상황에까지 왔다. 포스트매스미디어 시대의 개인은 읽는 자, 듣는 자, 보는 자에 그치지 않는다. 게다가 읽고, 듣고, 보는 것으로부터 인지적, 정서적, 행동적 영향을 수동적으로 받는 존재에 그치지도 않는다. 그들은 이제 자신의 필요에 따라 미디어(도구, 내용, 제도)를 이용하기도 하지만, 더불어 자신들이 읽고, 듣고, 보는 것이 생산 및 유통되는 과정에 직접 참여하기도 하고, 스스로 내용을 생산, 공유하기도 하는 존재가 되었다.

앞에서 살펴본 도구로서의 미디어 특성(가령 디지털화, 개인화, 자동화 등) 때문에 이제는 미디어가 점점 개인의 삶에서 보이지 않는 것이 되었다. 미디어가 보이지 않는 것이 되면서 인프라적 성격이 더 강화되었다. 대개 인프라는 보이지 않는다. 보이지 않는 곳에서 작동하면서 사람들이 일상을 살아가게 만드는 것이 인프라다. 미디어가 인프라 요소가 되면서 사람들은 미디어를 직접 이용한다는 인식을 하지 않으면서도 미디어가 제공하는 서비스를 받을 수 있게 되었다. 매스 미디어 시대에 도구로서의 미디어는 사람들의 일상에 마치 침입자처럼 들어섰다. 그리고 사람들 눈에 가장 잘 띄는 곳을 차지했다. 매스 미디어 시대에 도구로서의 미디어가 갖는 중요한 특성은 그래서 가시성이라 할 수 있다. 가시성을 토대로 사람들을 붙잡아 놓을 수 있었고, 그것이 사람들의 사회적 유대(강한 유대와 약한 유대 모두)와 부딪히면서 연관성 위기를 만들어 냈다. 하지만 이제 포스트매스미디어 시대로 오면서 도구로서의 미디어가 갖는 가장 큰 미덕은 눈에 띄지 않는 것이다(Couldry, 2008; Howard, 2004). 미디어를 이용하는 사람조차도 자신이 미디어를 이용하고 있는지 모를 정도가 되어야 한다. 미디어 '이용'의 행위가 진행되고 있지만 '이용자'의 정체성은 희미해지고 있다. 그러면서 이용하는 주체와 이용당하는 객체 간의 역전 현상이 벌어지기도 한다. 사람들이 미디어를 읽고, 듣고, 보던 시절에서 미디어가 사람들을 읽고, 듣고, 보는 시대로의 전환이 이루어지고 있다. 이런 상황에서 적극적 이용자와 주체적 참여자는 해체되고 이제는 미디어가 적극적으로 개인 삶을 보고, 읽고, 듣는 상황이 만들어졌다. 적극적 이용과 참여의 주체가 역전되는 현상이 만들어진 것이다. 이용과 참여의 역전 현상 역시 연관성 초위기의 근본적 징후라 할 수 있다.

다중 구조 속에 갇힌 개인

앞에서 언급한 두 현상, 즉 이용과 참여의 역전 현상과 능력감과 권력의 단절 현상은 모두 개인들이 미디어의 플랫폼화 과정에서 갖는 취약한 위치와 관련 있는 것이라고 할 수 있다. 포스트매스미디어 시대의 개인은 디지털 기기로 무장하고 새로운 미디어 환경에서 주역이 된 것처럼 스스로 느낄지 모르지만 실상 그들 대부분은 여전히 취약한 상태에 있다. 우리는 앞서 포스트매스미디어 시대의 미디어 환경에서 미디어의 플랫폼화가 급속히 진행되고 있고, 그런 과정에서 매스 미디어 시대 드러난 이중 상품 시장을 넘어서는 다중 상품 시장이 존재하게 된 것도 살펴보았다. 다중 상품 시장의 관점에서 보면 개인은 적극적 이용자, 적극적 참여자, 적극적 소비자 같지만, 사실은 광고주에게 팔리는 상품이고, 마케팅의 대상이고, 데이터 추출의 지점일 뿐이다. 그리고 개인의 '참여'는 개인 데이터를 제공해 주는 참여로 축소될 뿐이다. 그런데 그것이 다가 아니다. 7장에서 살펴봤듯이, 포스트매스미디어 시대의 미디어 플랫폼 이용자는 자신이 노동자인지도 인식하지 못하면서 플랫폼 기업에 착취당하는 무임 노동자로 보는 시각까지 등장했다. 미디어 시장의 다중 구조에서 개인의 입지는 이렇게 더 좁혀지고 있다. 자기 스스로는 자기의 관심과 이해, 자신의 시간과 장소에서 살고 있다고 생각했는데, 사실은 제삼자의 이해, 제삼자의 시간과 공간에서 움직이고 있었다. 그런데 그런 개인의 발밑에 누군가가 더 있다. 더 내려가 보면 앞에서 이야기했던 플랫폼 노동자가 있고, 그들의 침묵이 있다. 그것은 포스트매스미디어 시대, 누구나가 목소리를 가질 수 있는 세상에서 그런 세상을 바닥에서 떠받치는 사람들의 침묵이다. 플랫폼 노동자야말로 제삼자의 이해, 제삼자의 시공간을 이농하면서 플랫폼 기업의 플랫폼성을 몸소 실현하는 사람들이다. 그런데도 그들은 포스트매스미디어 시대에 가장 취약한 이들이 되어 버렸다. 플랫폼상의 다중 상품 구조에서 개인들은 한편에서는 이용자로서, 참여자로서, 지불 능력 있는 소비자로서, 또 다른 한편에서는 광고주에게 팔리는 상품으로서, 데이터의 원천으로서, 무임 노동자로서, 플랫폼 노동자로서, 자신들의 삶을 겹겹이 에워싼 연관성 초위기를 외롭게 견뎌야 한다.

목소리의 환상

매스 미디어 시대에는 개인 중에서도 소수의 사람들(카리스마 지도자, 셀럽 언론인 등)만 목소리를 가질 수 있었다. 대부분 사람에게 자기 목소리를 갖는다는 것은 상상조차 하기 힘든 사치이거나, 평생 꿈만 꾸는 일이거나, 어떤 사회(권위주의적인 국가)에서는 감옥에 갈 것을 감수하거나 목숨을 거는 일이었다. 포스트매스미디어 시대로 오면서 누구나 원하면 자기 목소리를 낼 수 있는 도구로서의 미디어를 갖게 되었다. 그것을 부추기는 제도적 미디어도 생겨났다. 그 미디어들은 "지금 어떤 생각을 하십니까"라고 물어보면서 뭐라도 좋으니 어떤 말이든 하라고 끊임없이 졸라 댄다. 이렇게 모든 사람이 목소리를 갖게 된 것 같지만 그렇다고 해서 그 목소리들이 모두 공평한 지위를 갖는 것은 아니다. 이른바 디지털 인플루언서로 불리는 사람들을 쳐다보며 다른 많은 사람이 자기들도 그들과 비슷하게 될 수 있지 않겠냐는 환상을 가질 수는 있다. 그러나 모든 사람이 파워 인플루언서의 영향력을 가질 수 없다는 것은 지극히 당연한 사실이다. 매스 미디어 시대와 비교해서 본다면 많은 사람이 목소리를 가진 것처럼 보이지만, 그 목소리를 모두 공평하게 나눠 가진 것은 아니다. 몇몇 파워 인플루언서를 제외하면 대부분 사람의 목소리는 여전히 매우 미약하다. 목소리의 크기는 여전히 권력관계와 상응한다. 권력 사다리의 밑 부분에 있는 사람도 포스트매스미디어 시대로 오면서 자기 목소리를 가질 가능성을 미미하게라도 갖게는 되었다. 그러나 그 목소리가 실제적인 영향력을 갖는 경우는 매우 예외적인 상황에서일 뿐이다. 매스 미디어 시대에는 목소리를 갖는다는 것이 정치적 주체성과 권력을 갖는다는 것을 의미했다. 목소리와 권력 사이에는 모종의 상관관계가 있었다. 그러나 포스트매스미디어 시대로 오면서 목소리와 권력 사이에 있던 상관관계는 깨지고, 그 둘 사이의 분리 현상이 만들어지고 있다. 몇몇 예외적 사례는 이제 누구든지 목소리를 가질 가능성이 있다는 이데올로기를 계속 유지시켜 주는 역할을 할 뿐이다. 대부분 사람 앞에는 목소리를 가질 기술적 가능성과 실제로는 미약한 목소리일 뿐이라는 현실 사이에 큰 협곡이 놓여 있다. 그런 협곡 사이에 불안한 외줄이 하나 놓여 있는 그림을 누군가 그린다면 아마도 그 그림이야말로 연관성 초위기를 상징하는 것이 될 수 있다.

공간으로서의 미디어와 연관성 초위기

매스 미디어 시대에 놀이동산, 쇼핑몰, 자동차 도로, 공항, 아파트 등 새로운 공간 형식들이 나타났다. 광장은 매스 미디어 시대 이전부터 있던 것이지만 매스 미디어 시대에는 수십만 명 이상이 모여 특정 장소에서 매스 커뮤니케이션을 실천할 수 있는 공간으로 변화했다. 매스 미디어 시대는 도시 재개발의 논리가 지배하면서 구체적이고 개별적 기억, 이야기, 관계 같은 것은 불도저로 밀어 버리고, 일반적, 보편적, 합리적 공간의 세계를 만들려 했던 시대이기도 했다. 매스 미디어 시대에 나타난 이런 공간 미디어적 현상은 사람들을 연관성의 장소로부터 몰아내고 일반적, 추상적, 보편의 공간으로 끌어들이는 효과를 보였다. 그런 공간에서 사람들은 표준화된 가치, 취향, 표정을 공유했다. 포스트매스미디어 시대에도 그런 공간들이 아주 없어진 것은 아니다. 그러나 그런 와중에도 포스트매스미디어 시대의 기술을 토대로 해서 장소의 공간, 도시 재생의 공간, 연결의 공간에 대한 새로운 감각과 전망이 생겨났다. 사람들이 살아가는 구체적 장소들이 네트워크에 밀접하게 연결되면서 특정 장소(가령 사는 동네)에서 나, 여기, 지금의 경험이 전보다 강화되었다. 도시의 디지털화는 사람들의 장소 경험을 더욱 급속히 디지털화하고 있다. 이런 변화 속에서 사람들은 일반적, 추상적, 보편의 광장을 떠나·아이들 목소리와 밥 먹으라고 아이를 부르는 엄마 목소리가 들리는, 구체적, 개별적, 일상의 삶을 경험하는 자신의 골목으로 다시 돌아가는 것은 아닐까 기대하기도 한다. 내가 누구인지 포기하지 않으면서 그리고 바로 지금, 여기를 떠나지 않으면서도 내가 원하는 것(가령 정보, 관계, 상품, 서비스 등)을 얻는 것이 가능해졌다. 공간으로서의 미디어 측면에서 연관성 위기가 극복된 모습들이 보이기도 한다. 그러나 앞의 다른 경우들과 마찬가지로 연관성 위기가 극복되는 것 같지만 바로 그런 변화 가운데 연관성 초위기의 위험이 숨어 있는 것이 포스트매스미디어 시대의 본질이다.

장소성과 사회성의 어긋남

연관성 초위기가 공간으로서의 미디어 측면에서 어떻게 나타나는지를 가장 명확하게 볼 수 있는 것은 사람들의 구체적 일상의 삶이 자리 잡은 지역(동네, 마을)이라는 맥락에서다. 지역의 맥락에서 연관성 초위기의 징후를 추적해 보자. 지역 맥락에서 연관성의 경험을 구성하는 두 가지 중요한 차원은 장소성placeness과 관계성relationship이라 할 수 있다. 최근 나는 다른 글(김용찬, 2020a)에서 장소성과 관계성이 어긋나는 몇 가지 경우들을 제시했다. 그런 어긋남은 포스트매스미디어 시대 도구, 내용, 제도로서의 미디어 특성 때문에 나타난 현상이다. 그것은 연관성 위기와 초위기 문제와 관련된 현상이기도 하다.

　　장소성과 관계성이 어긋나는 첫 번째 경우는 관계성은 확장되지만 장소성은 축소되거나 소멸하는 경우다. 이 경우 사람들은 특정 장소와의 연관성을 일상에서 삭제하고, 네트워크 공간에서 새롭게 가능해진 관계성 구축에 집중한다. 그렇게 되면 개인의 일상에서 동네와 이웃 등장소와 묶인 경험 대상들은 연관성 제공의 역할을 상실한다. 디지털 기술, 인공 지능, 사물 인터넷이 결합한 새로운 미디어 환경에서 사람들은 지역성과 장소성에 묶이지 않는 새로운 방식의 관계망을 구축하고, 장소를 떠난 네트워크화된 개인들로만 존재하게 된다(Wellman et al., 2003). 지역 맥락이나, 특정 장소의 사회적, 정치적, 문화적 현실은 사람들의 관심 밖으로 내몰리면서(Kontokosta, 2016) 지역이라는 테두리 안에서 연관성을 구축하려는 시도들의 근거 자체가 흔들린다. 이것은 매스 미디어 시대에 사람들이 겪었던 연관성 위기와 흡사한 경험이다. 사람들은 그런 경험을 포스트매스미디어 시대에도 계속하고 있다.

장소성과 관계성이 어긋나는 다른 경우는 앞의 경우와 반대로 장소성은 확장되나 관계성은 축소되는 경우다. 최근 도시 지역 환경의 디지털화가 급속히 이루어지며 지역 환경 정보(조명 수준, 소음, 공기 질, 기온/습도/기압, 풍속 등)에 대한 감지, 지역 자원(에너지, 물, 쓰레기)에 대한 감지, 지역 활동에 대한 감지, 지역 내 감성, 태도, 행동에 대한 감지, 각종 규범 이탈 행동과 부정적 행동(가령 교통 법규 위반, 주차 위반, 건물법 위반 등)에 대한 감지, 공적 공간의 질(청결, 접근성, 상태 등)에 대한 상시 모니터링, 이용자가 스스로 제공하는 바이오메트릭 데이터 수집(가령 FitBit data) 등이 고도화되고 있다. 이런 감지 과정을 통해 나오는 데이터들을 공간적 좌표와 연결하면 각 데이터 포인트들은 장소 정체성을 갖게 되고, 그것들을 분석하면 데이터 기반의 지역 정보와 이야기가 생성된다. 장소 인식 및 공간 데이터 분석 기술을 활용해서 최근 등장한 다양한 유형의 장소 기반 서비스가 이런 효과를 만들어 낸다. 가령 장소 기반의 소셜 미디어, 데이팅 서비스, 주문 서비스(배달의민족, 요기요), 대중교통(카카오택시나 타다), 재난 알림, 맛집 추천, 중고 물품 거래(당근마켓) 등과 더불어 장소 기반 게임(포켓몬고 등) 등이 등장했다. 이러한 장소 기반 서비스는 장소의 종말과 종종 연결해서 이야기하는 디지털 사회에서도 여전히 장소가 개인 일상의 연관성 경험에 큰 영향을 주는 요인인 것처럼 보이게 한다. 산업화와 개인화로 인해 오래전부터 이미 장소에 대한 소속감을 잃어 가던 사람들에게 이런 기술이 자기가 익숙한 장소에 대해 긍정적 시각을 갖게 하는 것처럼 보이기도 한다. 하지만 여기서 주목할 점은 이러한 장소 기반 서비스가 반드시 장소 안에서의 관계성 확장으로 연결되지는 않는다는 것이다. 지역성과 장소성의 문제는 여기서 데이터 수집의 단위로 축소될 뿐이다. 장소 기반의 서비스는 개인을 다양한 장소적 자원(가까운 맛집, 가까이 있는 택시, 내가 필요한 물건을 팔려는 동네 사람 등)에 쉽고 편리한 방식으로 연결해 주지만, 그 과정에서 관계성이 깊어지는 것이 필연적이지는 않다. 가령 장소 기반 서비스를 이용하는 개인은 자기가 현재 위치한 곳으로부터 거리를 정하고(가령 반경 5킬로미터), 그 범위 안에 있는 사람들과 '소통'한다. 그들과 정보, 정서, 물건, 서비스 등 다양한 유형의 사회적 지지 social support(Tardy, 1985)를 나누기도 한다. 하지만 거기서 어떤 지속적 관계성을 만드는 것이 쉽지는 않다. 굳이 말하자면 '즉석instant'의 관계성만 존재한다. 특정 지역 커뮤니티에 속한 사람들이 구축하는 지역화된 정보 통신 기술(Information & Communications Technology: ICT)(Kim & Shin, 2016)의 경우, 가령 연남동 사람들이 모이는 온라인 카페나 페이스북 페이지에서 사람들이 특정 장소에 대해 다양한 이야기를 주고받는 경우, 그 과정에서 의미 있는 관계의 구축은 쉽게 생략될 수 있다. 지역화된 ICT가 인공 지능과 사물 인터넷 등을 기반으로 더욱더 정교화된다면, 개인들이 서로 만나 이야기하고 관계를 구축하는 과정이 전혀 없이도 지역 이야기하기에 참여하는 것이 가능해질 수도 있다. 다시 말해 지역 연관성과 분리된 지역 이야기하기가 가능해질 수 있다는 것이다. 상업화된 지역 기반 미디어(가령 한국의 당근마켓이나 미국의 넥스트도어 등)처럼 관계성을 최소화하고 장소성만 강조하는 서비스는 결국 주민의 커뮤니티 이야기하기 결과물을 데이터화하고 그 가치를 지역 밖에서 실현시키는 연관성 초위기의 징후를 강화하는 데 그칠 가능성이 크다.

한편 장소성과 관계성이 모두 축소되는 경우도 생각해 볼 수 있다. 이는 둘 사이에 어떤 연결도 있을 필요도 없는 상태다. 장소나 관계 모두 가상성에 포섭되는 경우라 할 수 있다. 장소성은 현실과의 직접 관계가 거의 사라진 채 네트워크상에서 구현된 가상의 장소감sense of place으로 변환하고, 관계성 역시 시뮬레이션 기반의 관계 설정으로 축소된다. 이런 상황에서는 정보, 지식, 사회자원 등에 대한 필요만 있을 뿐 그것을 특정 관계에서, 혹은 특정 장소에서 얻어야 한다는 필연성은 사라진다. 모든 것이 흐름의 공간(Castells, 2000) 안에서만 작동할 뿐이다. 이런 경우엔 연관성이 장소성이나 관계성 차원이 아니라, 네트워크상의 추상적 변인(밀도, 중심성 등)에 의해서만 규정될 뿐이다. 이런 상황에서 우리는 연관성 위기와 초위기를 모두 경험하게 된다.

지금까지 한 논의를 살펴보더라도 공간으로서의 미디어 측면에서 연관성 초위기는 연관성 위기와 본질에서 다른 성격을 보인다고 할 수 있다. 연관성 위기는 일반적, 보편적인 것들이 구체적, 지역적인 것들을 삭제하거나 대체하는 것이었다. 하지만 공간 미디어 측면에서 도래하는 연관성 초위기는 오히려 구체적, 지역적인 것을 데이터화하면서 그것들로부터 새로운 가치(가령 이윤)를 만들어 내는 것이다. 지역의 구체적 상황에서 수행되는 연관성의 선택이 개인이 아니라 지역 밖에서 보편적 가치(이윤)를 추구하는 제삼자(초국적 IT 기업)에 의해서 이루어진다. 그리고 연관성의 선택이 만들어 내는 가치를 개인이 아니라 초국적 IT 기업이 가져가는 상황이 만들어진다. 이런 상황이 지역 맥락에서도 나타난다. 매스 미디어 시대에는 지역성을 억누르고 삭제하는 연관성 위기를 겪었으나 포스트매스미디어 시대로 오면서 지역성이 새로운 가치를 갖게 되었다. 그러나 그것의 가치가 지역 안에서 실현되는 것이 아니고, 개인과 개인이 사는 지역의 자율적 통제 영역 밖으로 벗어나는 연관성 초위기를 만나게 되었다.

연관성 초위기로서의 도시 젠트리피케이션

7장에서 우리는 젠트리피케이션의 문제를 포스트매스미디어 시대 공간으로서의 미디어가 만드는 이슈 중 하나로 이야기했다. 샤론 주킨Sharon Zukin(2009)은 자신의 책《무방비 도시: 정통적 도시 공간의 죽음과 삶 *Naked City: The Death and Life of Authentic Urban Places*》에서 도시의 구체적 지역들에서 고유성과 정통성을 추구하는 것이 결국 장소의 상품화를 초래한다고 지적한다. 그리고 장소의 상품화는 젠트리피케이션이라는 결과를 낳는다고 했다. 젠트리피케이션은 연관성 위기와 초위기의 성격을 모두 담은 현상이다. 젠트리피케이션의 흔한 이야기 흐름은 다음과 같다. 싼 임대료를 찾아 도시의 어느 낙후된 동네에 젊고, 자유분방하고, 독특한 라이프스타일을 가진 사람들이 몰려든다. 가령 글 쓰는 작가나, 미술 작가, 사진작가 같은 사람들이 그들이다. 공장 지역이었으나 산업 구조의 변경으로 빈 공장이 많아진 지역, 특별한 이유로 개발이 억제되면서 낙후된 채 남은 동네가 주로 그들이 찾는 동네다. 새로 들어온 사람들 때문에 그 동네의 분위기가 바뀐다. 새로 들어온 주민의 취향에 맞는 카페나, 식당이 들어오고, 전에는 그 동네에서 생각지도 못하던 문화 공간도 만들어진다. 그렇게 동네 경관이 바뀌어 간다. 그러면서 그 동네가 핫 플레이스로 알려진다. 서울에서는 홍대 앞, 성수동, 익선동, 서촌, 북촌, 해방촌, 문래동 같은 곳이 그런 식의 변화를 겪은 곳이다. 그런데 문제는 이들 동네가 이른바 '핫플'이 되면서 임대료가 올라가고, 정작 그 지역의 색깔을 바꾸는 데 주역이 되었던 사람들은 더 이상 그곳에 살 수 없는 지경에 이른다. 그들은 결국 떠나가고 지역에는 자본의 이해관계가 남는다. 젠트리피케이션 과정에 대한 이런 이야기 자체가 연관성 초위기의 내러티브를 그대로 담고 있다. 연관성 위기를 극복하려는 노력이 오히려 결국 더 큰 위기를 갖고 온다는 초위기의 내러티브!

주킨은 그러한 과정에서 정통성의 개념에 주목한다. 종종 젠트리피케이션의 과정에서 특정 지역의 정통성이 만들어지고, 그런 정통성이 결국 젠트리피케이션을 촉진하는 요소가 된다는 것이다. 정통성의 개념은 우리가 여기서 이야기하는 연관성의 개념과 매우 자연스럽게 연결할 수 있는 개념이다. 정통성이란 어떤 도시 장소가 원래부터 가진 본질적 속성이라고 사람들이 받아들이는 것을 가리킨다. 가령 어떤 장소는 대학촌, 어떤 장소는 전통 한옥 마을, 어떤 장소는 철공소 마을, 어떤 장소는 예술가들의 마을, 어떤 장소는 중국 교포들의 마을 등으로 인식하는 것은 각각의 동네가 갖는 정통적 정체성에 대한 인식이라 할 수 있다. 그런데 사실 각 동네의 정통성 요소를 자세히 살펴보면 그것이 우리가 생각하는 것만큼 본질적이지 않고, 역사적으로도 근거가 확실하지 않거나, 그것의 시간적 숙성이 사실 그리 오래되지 않은 경우가 많다는 것을 알게 된다. 대개 그것은 발명된(많은 경우 최근에 발명된) 정통성(Hobsbaum & Ranger, 2012; Zukin, 2009)인 것이다. 서울에 있는 북촌의 경우가 이런 점을 잘 보여 준다. 북촌은 한옥 마을로 알려져 있다. 그래서 그곳에서는 전통 한옥이 오랫동안 그 동네의 정통성을 만들어 왔다고 사람들은 생각하기 마련이다. 사람들은 북촌이 갖는 그런 정통성을 소비하기 위해서 그곳을 찾는다. 전 세계의 관광객이 몰려들면서 정작 그곳에 사는 사람들은 각종 소음을 견뎌야 하는 삶과 프라이버시 없는 삶을 살아가면서 고통스러워한다. 더불어 집값과 임대료가 치솟으면서 소박하게 살아

서울 북촌의 한 한옥집. 비교적 최근 이루어진 '발명된 정통성'의 좋은 사례를 북촌이 보여 준다. 북촌은 장소의 정통성을 상품화하고 파는 장소가 되었다. 북촌의 젠트리피케이션은 그런 정통성의 상품화가 만들어 낸 결과물 중 하나다. 정통성이 상품화되는 과정은 마치 연관성의 활동이 데이터 상품화되어 장소 밖으로 팔려 나가는 과정과 닮았다. (사진: 김용찬)

가던 세입자들과 임대 소상공인은 더 버티지 못하고 다른 곳으로 이주할 수밖에 없는 상황이 만들어진다. 그런데 흥미로운 것은 북촌에 있는 한옥들이 조선 시대에서부터 내려온 진짜 전통 한옥이 아니라는 사실이다. 그것들은 일제 강점기에 서울에서 집 장사를 하던 정세권이라는 사람이 북촌 일대의 집과 땅을 산 뒤 스스로 설계해서 지은 일종의 개량 한옥들이었다(김경민, 2017). 현재의 북촌이 갖는 전통의 깊이와 정통성의 깊이가 사실은 그리 깊지 않다는 것이다. 북촌은 장소의 정통성을 상품화하고 파는 장소가 되었다. 북촌의 젠트리피케이션은 그런 정통성의 상품화가 만들어 낸 결과물 중 하나다. 정통성이 상품화되는 과정은 마치 연관성의 활동이 데이터 상품화되어서 장소 밖으로 팔려 나가는 과정과 닮았다. 그 둘은 모두 연관성 위기와 초위기를 초래한다는 점에서도 닮았다.

미디어 젠트리피케이션

젠트리피케이션 자체가 이미 공간으로서의 미디어와 매우 밀접하게 연관된 일종의 미디어 현상이다. 그것을 더욱 본격적인 미디어적 현상으로 밀고 나가 보자. 그러면 젠트리피케이션 현상이 공간으로서의 미디어뿐 아니라 다른 차원의 미디어 개념과도 만나게 된다. 젠트리피케이션을 다차원적 미디어 개념과 연결하게 되면 도시 젠트리피케이션은 '미디어 젠트리피케이션'이라 내가 이름 지은 특수한 현상을 하나의 하부 현상으로 갖게 된다. 미디어 젠트리피케이션이란 '지역 기반 미디어들이 생산, 공유하는 지역 이야기들이 데이터화되고 재가공되어 다시 지역 안으로 들어오면서 결국 지역 내 커뮤니케이션 하부 구조가 갖는 고유한 성격이 잠식되는 과정'이라 할 수 있다. 미디어 젠트리피케이션 과정을 통해 연관성 초위기는 사람들의 일상으로 더 밀접하게 다가온다. 예를 들어 보자. 제주의 도심에서 멀리 떨어진 촌락에 독립 서점이 생겼다. 기존 건물을 독특한 방식으로 재생하고 그 안을 문학, 인문학, 사회과학 책으로 채웠다. 그 촌락의 주민은 대개 연령대가 높은 노인들이다. 그들이 읽을 만한 책은 그 서점에 없다. 서점을 찾는 이들은 서울 등 육지에서 온 사람들이다. 젊고 상대적으로 학력이 높은 이들이 여기까지 찾아올 수 있었던 것은 이 서점의 멋진 이미지를 소셜 미디어에서 보았기 때문이다. 소셜 미디어에 올라온 멋진(즉 이미지의 젠트리피케이션을 거친) 사진들을 보고 나서 이들은 제주공항으로부터 차로 1시간을 운전해 와서 밭두렁 사이에 있는 독립 서점의 풍광을 소비하는 수고를 아끼지 않는다. 그렇게 사람들이 찾기 시작하면 어느새 근처에 서양식 레스토랑과 카페가 생긴다. 그 동네에 사는 선주민들은 정작 들어가기 쉽지 않은 공간이 늘어난다. 그러면서 동네 사람들은 자신이 살아온 동네의 공간에서 조금씩 밀려나기 시작한다. 소셜 미디어와 같은 온라인 공간에서는 선주민 대부분이 애초에 존재조차 하지 않는다. 그런데 소셜 미디어상에서 만들어진 동네의 새로운 이미지는 오프라인의 삶까지 위협하는 요소로 다가온다. 그 위협은 선주민에게뿐 아니라 서점 주인 등 그 동네 풍경을 바꾼 새 주민들에게도 향한다. 특유하고도 고유한 라이프스타일과 경험을 낙후된 지역에 갖고 들어간 이른바 힙스터 주민이 그 장소를 상품화하며 젠트리피케이션을 유발한다. 그러다가 결국은 높아진 임대료 등 때문에 자신도 거기서 쫓겨나는 역설적 과정이 소셜 미디어와 지역 기반 데이터를 둘러싸고도 벌어진다. 그런 현상이 바로 '미디어 젠트리피케이션'이다.

미디어 젠트리피케이션은 지역 기반의 미디어가 잘 갖추어진 곳에서도 발생할 수 있다. 지역 기반의 다양한 미디어(가령 마을 미디어, 지역 기반 맘 카페 등)가 지역 내 다른 지역 이야기하기 주체(주민, 모임, 단체 등)와 연결되어 다양한 유형의 지역 이야기를 생산하고, 공유하면서 사람들이 자신이 사는 구체적 장소로서의 지역에 대해 새로운 경험을 하고, 새로운 관계를 구축하고, 소속감을 느끼고 지역 활동에 참여한다고 해 보자. 그것이야말로 커뮤니케이션 하부 구조 이론이 상상하는 이상적이고, 튼튼한 커뮤니케이션 하부 구조를 갖춘 지역의 모습이라 할 수 있다(김용찬, 2014; Kim et al., 2022). 그런데 지역 기반의 미디어들이 상업적 미디어 플랫폼상에서 이루어진다면, 지역 이야기하기를 둘러싼 경험, 관계, 활동이 데이터로 전환되고, 상품화되는 상황을 벗어날 수 없다. 별다른 조처가 없다면 튼튼한 커뮤니케이션을 갖춘 지역 커뮤니티조차 그런 위험에서 온전히 벗어나기 힘들다. 그것이 바로 포스트매스미디어 시대 연관성 초위기의 운명이다.

9장

우리는 이제
어떤 미디어 환경에서
살 것인가

지금까지 '개념'과, '시대'와, '문제'의 축 위에서 미디어의 문제를 논하였다. 미디어의 하위 차원을 도구, 내용, 제도, 사람, 공간으로 세분화해 나누는 개념 논의의 축, 20세기 초부터 지금까지의 시간을 매스 미디어 시대와 포스트매스미디어 시대로 나누는 시대 구분 논의의 축, 그리고 각 시대별 핵심 문제를 연관성 위기와 초위기로 구분해서 살펴보는 문제 논의의 축 등 세 가지 논의의 틀을 엮는 작업을 시도해 보았다. 이러한 논의는 자연스럽게 우리를 하나의 질문으로 이끈다. 그 질문은 다름 아닌, '이제 우리는 어떤 미디어 환경에서 살 것인가'다. 이 질문에 답하기 위해서는 '미디어 환경'이 무엇인지를 먼저 이해해야 한다. 그런데 문제는 미디어 연구자들조차도 아직 '미디어 환경'에 대해 명확한 설명을 하고 있지 않다는 것이다. 많은 사람이 다양한 맥락에서 '미디어 환경이 급변한다'라든지, '미디어 환경에 문제가 많다'라는 말을 쓴다. 그런데 그런 말들 속에 들어 있는 '미디어 환경'이라는 말이 대개 수사적 표현 그 이상을 넘어서지 못하는 경우가 많다. 미디어 환경이란 말을 쓰지만, 그에 대한 명확한 개념 규정은 아직 본격적으로 이루어지지 못하고 있다. 미디어 환경뿐 아니라 미디어 생태(계)란 개념도 마찬가지다. 그런데도 미디어 환경이란 무엇인가, 미디어 생태계란 무엇인가 하는 질문은 미디어에 대한 문제를 이해하고, 그것을 평가하는 데 점점 더 필수적인 것들이 되고 있다. 그렇기에 이제 그 개념들을 수사적 용도로만 사용하는 것을 넘어서서 더욱 체계적인 개념화와 이론화의 작업이 필요한 시점이 되었다.

미디어 환경의 개념

1장부터 8장까지 이 책에서 소개한 개념들은 미디어 환경과 미디어 생태계를 개념화하고, 그에 관해 설명하는 작업에 필요한 유용한 재료라 할 수 있다. 그 재료 중 일부를 사용해서 간단히 말하자면 미디어 환경이란 도구로서의, 내용으로서의, 제도로서의, 사람(들)으로서의, 공간으로서의 미디어 요소들이 상호 작용하며 만드는 역동적 관계 양상의 합 같은 것이다. 그런 생각을 조금 더 밀고 나가 보자. 그럼 이런 식의 이야기도 가능하다. 도구, 내용, 제도, 사람, 공간으로서의 미디어 요소들이 우리가 살아가는 미디어 환경의 중요한 인프라(미디어 하부 구조)를 구성한다. 어떤 도구, 어떤 내용, 어떤 제도, 어떤 사람, 어떤 공간이 미디어로 작동하는지, 그리고 그것들이 어떻게 상호 작용하는지가 사람들의 사회적 행위social action와 미디어 행위media action에 영향을 미치는 구조적 틀(미디어 구조)을 만든다. 미디어 구조란 미디어 행위를 가능케 하고 조건 짓는 구조다. 미디어 구조의 틀 속에는 어떤 행위를 해야 하는지, 해서는 안 되는지를 규정하는 규범적 요소와 어떤 행위를 할 수 있는지와 할 수 없는지를 규정하는 효능감의 요소가 들어 있다. 규범과 효능감이 행위(미디어 행위)를 위한 구조적 틀을 구성한다. 이런 식으로 이야기를 풀어가면 미디어 하부 구조infrastructure, 미디어 구조structure, 미디어 행위action라는 개념을 도출할 수 있다. 미디어 행위에 대해서도 간략하게나마 설명이 필요하다. 미디어 행위라는 것은 미디어에 반응하며, 미디어를 상대로, 미디어를 갖고, 미디어를 통해서, 미디어 안에서, 미디어를 둘러싸고, 미디어에 대적하며 하는 모든 행위를 가리킨다. 물론 여기에서 '미디어'는 미디어의 다섯 가지 차원을 모두 포함하는 것이다. 미디어화의 개념이 암시하듯, 이제 대부분의 사회적 행위를 매개의 과정과 분리하는 것이 점점 힘들어져

가는 상황을 생각하면 이제 미디어 행위와 (주로 사회학에서 규정해 온) 사회 행위social action는 상당 부분 겹치는 것들이 되었다. 이제 미디어 하부 구조, 구조, 행위 사이의 관계 설정을 통해 미디어 환경과 미디어 생태계의 개념을 잠정적으로나마 규정해 볼 수 있다. 가령 미디어 환경이란 미디어 하부 구조와 미디어 구조의 합이다.

미디어 환경 = 미디어 하부 구조 + 미디어 구조 (규범 + 효능감)

미디어 환경은 결국 미디어 행위를 위한 맥락을 제공한다. 그러나 그 관계가 늘 한 방향으로 설정되는 것은 아니다. 미디어 환경과 미디어 행위는 대부분 생태학 이론이 말하듯 일종의 교변 작용transaction을 갖는다(Berkes et al., 2003; Dewey & Bentley, 1946; Emery & Trist, 1972; Hawley, 1950; Kahn, 1947). 생태학 이론은 상호 작용과 교변 작용을 구별하는데, 가령 A와 B 사이의 상호 작용은 A가 B에게 어떤 영향을 미치고, 동시에 혹은 순차적으로 B가 A에게 영향을 미치는 것을 가리킨다. A와 B는 모두 사람들일 수 있고, 하나는 사람이고, 하나는 미디어 기기일 수 있고, 혹은 하나는 환경이고 하나는 개별 주체의 행위일 수도 있다. 어떤 경우를 염두에 두고 생각하든 상관없이 상호 작용은 A와 B 사이의 일방향적 작동이 동시에 혹은 순차적으로 일어나는 상황을 가리킨다. 결국 그러한 상호 작용을 통해서 A와 B 모두 시간이 지나면서 변화할 수밖에 없지만, 엄격하게 말하면 A가 B에게 영향을 미칠 때는 B만 변화하고 A는 변화하지 않는다(물론 그 반대의 경우에는 B는 가만히 있고, A만 변화할 것이다). 교변 작용은 실제 생태계의 현실을 더 잘 보여 주는 개념이라 할 수 있는데, 왜냐하면 대개 경우 A가 B에게 영향을 미치는 과정에서 B만 변하는 것이 아니라, B에게 영향을 미치려는 자신의 작동(B가 A에게 영향을 미치려는 작동이 아니라) 때문에 A 자신도 영향을 받고 변하기 때문이다. 'transaction'의 더 일반적 번역이 거래인데, 거래야말로 그런 상황을 잘 보여 준다. 거래(가령 물건을 파는 상인과 그것을 사는 소비자 사이의 거래)상의 모든 행위는 거래 행위 주체와 객체에 동시에 영향을 주기 마련이기 때문이다. 특히 그런 교변 작용은 환경과 그 환경 안의 개체 사이의 관계 성격을 잘 설명할 수 있는 개념이다. 평형 상태를 유지하는 숲에 전에 없던 딱정벌레 한 마리가 들어와 서식하게 되면, 숲과 딱정벌레 사이에 다양한 교변 관계가 만들어진다. 그 관계에서 숲의 생태계도 변하고 딱정벌레도 변화하기 마련이다. 미디어 환경과 개인들의 미디어 행위 사이에서도 그런 교변 관계를 상정할 수 있다. 미디어 환경(미디어 인프라와 미디어 구조)이 개별 주체의 미디어 행위에 영향을 미치는 과정에서 환경과 행위 모두가 변화한다. 이런 생각을 토대로 미디어 생태계에 대해 다음과 같은 공식을 만들어 볼 수 있다. 미디어 생태계란 미디어 환경과 미디어 행위 사이의 역동적 교변 작용 관계 위에 존재한다.

미디어 생태계 = 미디어 환경 + 미디어 행위

미디어의 다섯 가지 하부 차원, 그들 사이의 역동적 관계가 만나는 미디어 하부 구조, 그것이 구성하고, 재구성하는 구조적 요소(규범과 효능감), 하부 구조와 구조가 함께 만드는 미디어 환경, 미디어 환경과 미디어 행위가 만드는 미디어 생태계, 이런 개념들을 갖고 미디어 환경과 미디어 생태계에 대한 일반 이론을 구축하는 작업은 이 책의 범위를 넘어서는 과제다(이에 대한 후속 저작을 준비 중이다). 그런 이론화가 가능하다면 매스미디어 시대에서 포스트매스미디어 시대로 넘어가는 과정, 즉 두 시대의 미디어 환경의 변화를 더욱 정교한 방식으로 설명할 수 있다. 여기서는 일단 앞에서 제시한 미디어 환경이란 개념, 미디어 생태계라는 개념에만 집중하도록 하자.

미디어 환경에 대한 질문

미디어 환경이나 미디어 생태계를 체계적으로 개념화할 수 있다면 앞에서 제시한 질문, 우리는 어떤 미디어 환경에서 살아야 하느냐는 질문에 대한 답을 찾는 작업이 조금은 수월해진다. 물론 여전히 그것이 쉬운 작업은 아니지만 말이다. 미디어 환경의 개념을 체계화하면 이제 특정 미디어 기기를 어떻게 디자인할까의 문제, 미디어 내용에 대해 정치적, 법적, 사회적으로 어떻게 개입할까와 같은 문제, 미디어 제도를 어떻게 바꿀 것인가의 문제 등을 넘어서서 우리가 어떤 미디어 환경에서 살아가야 하는가의 문제를 더 정교하게, 그리고 복합적으로 다룰 수 있다. 미디어 환경의 새로운 개념은 단순히 수사적 표현을 넘어서서 실제 우리가 어떤 미디어 환경에 살고 있으며, 어떤 미디어 환경에서 살아야 할 것인가에 대한 논의의 방향과 틀을 정할 때 필요한 실질적 지침을 제시할 것이다.

이 책에서 제시한 미디어 개념 안에는 이미 그런 논의를 할 수 있는 좋은 재료들이 있다. 가령 사람으로서의 미디어에 대해서 살펴보자. 사람이 미디어라는 생각은 결국 사람은 어떤 미디어가 되어야 하느냐는 윤리적 질문을 던질 수 있는 근거를 마련해 준다. 그런 질문을 던진다면 허위 조작 정보의 문제는 단순히 기술적 문제이기만 한 것도 아니고, 알고리즘의 문제이기만 한 것도 아니고, 내용으로서의 미디어나 제도로서의 미디어 문제이기만 한 것이 아니라, 미디어 환경의 중요한 부분을 차지하는 사람 미디어의 문제이기도 하다. 허위 조작 정보가 생산되고 유통되는 과정을 생각해 보면 네트워크 미디어에 연결된 모든 사람이 부지불식간에, 직간접적으로 거기에 얽혀 있을 수밖에 없다. 그렇기에 혹시 허위 조작 정보의 생산과 유통 과정에 나 자신도 모르는 사이에 참여했던 것은 아닌가 하는 성찰적이고 윤리적 질문이 필요해진다. 그런 질문의 타당성을 '사람으로서의 미디어'라는 시각이 제공해 준다. 공간으로서의 미디어 개념도 마찬가지다. 공간으로서의 미디어 개념은 사람들이 살아가는 공간적 특성이 어떤 상태에 있는지, 그런 특성 때문에 어떤 소통이 가능한지(혹은 불가능한지), 어떤 소통이 요청되는지(혹은 억제되는지) 등을 판단할 근거를 제시해 준다. 그리고 미디어로서의 공간을 어떻게 구축하는 것이 정의로운 것인지 등에 대한 윤리적 논의를 할 수 있게 해 준다.

그렇다면 미디어 환경(미디어 하부 구조 + 미디어 구조)에 대해서 우리는 어떤 질문을 던져야 할까? 우리가 사는 현재의 미디어 환경의 상태에 대해서, 그리고 앞으로 도래할 미디어 환경의 상태에 대해서 우리는 어떤 판단을 해야 할까? 혹은 매스 미디어 시대의 미디어 환경과 포스트매스미디어 시대의 미디어 환경에 대해서는 어떤 점을 기준으로 비교하고 평가해야 할까? 같은 시간대에도 국가 간, 도시 간 미디어 환경에는 어떤 차이가 있을까? 어떤 기준에서 우리는 그 차이를 평가해야 할까?

미디어 환경에 대해서 던져야 하는 몇 가지 질문들을 생각해 보자. 첫 번째 질문은 미디어 환경이 얼마나 안정적인가다. 미디어 환경이 실제로 하나의 환경으로 역할을 하기 위해서는, 즉 미디어 환경이 사람들이 일상의 사회적 행위와 커뮤니케이션 행위를 수행하는 데 필요한 하부 구조와 구조를 제공하기 위해서는, 그것이 언제 무너질지 모르는 불안정한 상태에 있으면 안 될 것이다. 두 번째 가능한 질문은 미디어 환경이 얼마나 지속 가능한가다. 단순히 시스템의 안정성뿐 아니라, 안정된 미디어 환경이 얼마나 지속 가능한지에 대한 질문이 필요하다. 더 나아가 미디어 환경이 얼마나 정의로운 환경인지도 질문해야 한다. 존 롤스John Rawls(1971)의 '공정함으로서의 정의' 개념을 가져온다면 정의로운 미디어 환경은 공정한 미디어 환경이기도 해야 한다. 공정하고 정의로운 미디어 환경이란 말할 권리뿐 아니라 들릴 권리right to be heard가 공평하게 분배된 환경이다. 우리는 또 미디어 환경이 얼마나 평등한지도 질문해야 한다. 이는 미디어 환경이 제공하는 유익을 모든 사람이 함께 공유하는지에 대한 질문이 될 것이다. 미디어 환경을 중심으로 한 질문은 대개 개인적 수준의 문제로 축소되어 논의되는 디지털 격차 논의, 디지털 리터러시 논의에 대해서도 대안적 질문들을 제시한다. 어떻게 개인의 디지털 리터러시를 높여서 정보 격차 문제를 해결할 것이냐는 개인 수준의 질문으로 접근하기보다는 우리가 사는 미디어 환경은 평등한가라는 질문으로 접근할 때 정보 불평등 문제에 대해 보다 입체적인 이해와 해결책 모색이 가능할 것이다. 미디어 환경이 개인과 공동체의 성장을 돕는 환경인지도 물어야 한다(Kim et al., 2022). 개인과 공동체의 성장을 억제하거나, 특정 개인과 특정 공동체를 성장의 기회로부터 배제하는 환경은 아닌지 판단할 수 있어야 한다. 마지막으로 미디어 환경이 차이와 다름을 포용하는 환경인지도 물어야 한다. 양극화의 경향만 키우고, 개인 사이에, 공동체 사이에, 지역 간에 장벽을 세우는 미디어 환경인지, 아니면 오히려 그런 장벽을 허물고 사람들에게 자기와 다른 타자들과의 소통을 시도하도록 유도하는 환경인지도 물어야 한다. 미디어 환경이란 개념은 이런 윤리적 질문들을 던질 근거를 제공해 준다.

이 책에서 논의한 연관성의 개념을 가지고도 우리는 미디어 환경에 대한 중요한 질문을 던질 수 있다. 개인들이 연관성 위기와 초위기를 스스로 극복하고, 나/우리, 지금, 여기와 연관성 있는 이야기에 주목하고, 연관성 있는 이야기를 생산하고, 공유하면서, 타자와 공존의 관계를 만들고 유지할 수 있는 미디어 환경은 어떤 것이고, 그런 환경을 어떻게 만들 것인가에 대해 우리는 계속 질문해야 한다. 1장에서 미디어 개인사에 대한 이야기로 시작한 나의 미디어 오디세이는 일단 여기서 이 질문으로 끝내도록 하겠다.

강상현 (2021). 《커뮤니케이션과 사회 변동》 개정판. 컬처룩.

강준만 (2015). 지방의 '내부식민지화'를 고착시키는 일상적 기제: '대학 - 매체 - 예산'의 트라이앵글. 〈사회과학연구〉, 54(2), pp.113~147.

강대영 (2007). 새로운 텔레비전 서비스와 공익성 개념의 변화. 〈사이버커뮤니케이션학보〉, 21, pp.5~38.

강형철 (2014). 융합미디어 시대 보편적 서비스와 공영방송. 〈한국언론정보학보〉, 67(3), pp.35~61.

강형철 (2016). 《융합 미디어와 공익: 방송통신 규제의 역사와 미래》. 나남.

구희진 (2006). 갑오개혁 전후 전통교육제도에 대한 정책. 〈역사교육〉, 100, pp.195~233.

김경민 (2017). 《건축왕, 경성을 만들다: 식민지 경성을 뒤바꾼 디벨로퍼 정세권의 시대》. 이마.

김경환 (2005). 지상파방송의 위기 요인과 위기 대응에 관한 연구. 〈방송과 커뮤니케이션〉, 6(2), pp.78~96.

김미향 (2020). 학교와 지역사회 간 연계 · 협력에 기반한 마을교육공동체의 개념 탐색. 〈평생학습사회〉, 16(1), pp.27~52.

김성건 (2013). 고도성장 이후의 한국교회: 종교사회학적 고찰. 〈한국기독교와 역사〉, 38, pp.5~45.

김성경 (2013). 북한이탈주민의 월경과 북 · 중 경계지역: '감각'되는 '장소'와 북한이탈여성의 '젠더'화된 장소 감각. 〈한국사회학〉, 47(1), pp.221~253.

김승수 (1998). 《매체경제분석: 언론경제학의 관점에서》 (제2판), 커뮤니케이션북스.

김영욱 (2021). 디지털 공짜노동(free labor), 논쟁과 진화 그리고 공유지 회복. 〈커뮤니케이션 이론〉, 17(3), pp.5~59.

김영희 (2002). 일제시기 라디오의 출현과 청취자. 〈한국언론학보〉, 46 (2), pp.150~183.

김영희 (2003). 한국의 라디오시기의 라디오 수용현상. 〈한국언론학보〉, 47(1), pp.140~165.

김영희 (2007). 한국의 방송매체 출현과 수용현상. 정진석 외, 《한국방송 80년, 그 역사적 조명》 (p.70). 나남.

김예란 · 김용찬 · 채영길 · 백영민 · 김유정 (2017). 공동체는 발명되어야 한다: 서울시 마을 미디어 형성과 활동을 중심으로. 〈한국언론정보학보〉, 81, pp.40~74.

김예란 (2020). 플랫폼 생산자와 일상성: 일상 브이로거의 삶과 노동. 〈한국언론정보학보〉, 101, pp.153~199.

김용욱 (2003). 조선조 후기의 烽燧制度: 해안 봉수대를 중심으로. 〈법학연구〉, 44(1), pp.127~151.

김용찬 (2020a). 도시의 디지털화: 인공지능 기반 '디지털 도시'의 커뮤니케이션 이슈들. 〈언론정보연구〉, 57(4), pp.95~149.

김용찬 (2020b). 미디어, 흔들리는 개념. 〈한국방송학보〉, 34(6), pp.115~150.

김용찬 (2020c). '포스트매스미디어 시대'와 '네트워크 신부족 사회'에서의 사회통합 한국언론학회 추계학술대회, 서울.

김용찬 (2021). 지역 기반 공동체 미디어와 연관성 위기. 〈방송문화연구〉, 33(1), pp.49~85.

김용찬·손해영·심홍진·임지영 (2012). 뉴미디어 이용과 환경통제감 인식: 스마트폰과 SNS 이용을 중심으로. 〈사이버커뮤니케이션학보〉, 29(2), pp.45~94.

김용찬 (2014). 인프라로서의 커뮤니케이션. 한국언론학회 엮음. 《커뮤니케이션의 새로운 은유》 (pp.227~300). 커뮤니케이션북스.

김용찬·심홍진·김유정·신인영·손해영 (2012). 소셜네트워서비스에서의 공유행위와 영향요인에 대한 연구. 〈한국언론학보〉, 56(3), pp.28~50.

김윤희 (2016). 영생하는 수령과 '그리움의 정치': 김일성에 대한 집단적 기억과 유훈 전개과정을 중심으로. 〈국제정치논총〉, 56(2), pp.207~251.

김은미·이동후·임영호·정일권 (2011). 《SNS 혁명의 신화와 실제: '토크, 플레이, 러브'의 진화》. 나남.

김은재·황상재 (2019). 인플루언서 마케팅에서 정보원 유형과 경제적 대가 표시에 따른 광고 효과 연구: 유튜브(YouTube) 플랫폼을 중심으로. 〈한국디지털콘텐츠학회 논문지〉, 20(2), pp.297~306.

김재영·이승선 (2016). 지역방송의 내부 식민지는 어떻게 작동하는가?: 사장선임 등 지배구조 분석과 개선방안. 〈한국언론정보학보〉, 78(4), pp.35~78.

김진옥 (1987). 표준시보제도와 국민생활. 〈과학과 기술〉, 20(6), pp.9~12.

김진희·서미혜·김용찬 (2020). 포항 지진과 지역 기반 소셜미디어 의존. 김진희 등 엮음. 《포항지진 그 이후: 재난 거버넌스와 재난 시티즌쉽》 (pp.221~264). 나남.

김현경 (2016). 《사람, 장소, 환대》. 문학과지성사.

마동훈 (2004). 초기 라디오와 근대적 일상: 한 농촌지역에서의 민속지학적 연구. 〈언론과 사회〉, 12(1), pp.56~91.

문선영 (2012). 1950~60년대 라디오 방송극과 청취자의 위상. 〈한국극예술연구〉, 35, pp.189~219.

문종대·이강형 (2005). 내부 식민지로서의 지역방송 재생산에 관한 연구. 〈언론과학연구〉, 5(2), pp.175~208.

박경숙 (2004). 생애구술을 통해 본 노년의 자아. 〈한국사회학〉, 38(4), pp.101~132.

박성래 (1990). 한국과학기술의 맥(47): 봉수와 파발에서 첨단정보까지. 〈과학과 기술〉, 23(4), pp.35~37.

박선희 (2020). 플랫폼의 전유와 저항: 배달플랫폼 노동과 AI 노동의 사회적 구성. 〈언론과 사회〉,

28(4), pp.5~53.

박소라 (2001). 지상파 방송사의 외주제작 프로그램 거래과정 특성에 관한 연구. 〈방송과 커뮤니케이션〉, pp.75~112.

박순애 (2005). 조선총독부의 라디오 정책. 〈한중인문학연구〉, 15, pp.263~282.

박진우·송현주 (2012). 저널리스트 전문직에 대한 인식의 변화: 전문직 노동과 직업 전망에 대한 위기의식. 〈한국언론정보학보〉, 57(1), pp.49~68.

성은모·정효정 (2013). 자유학기제 청소년 진로 체험활동의 효과적 운영을 위한 지역사회 연계 방안. 〈진로교육연구〉, 26(4), pp.49~63.

손정목 (2003). 《서울 도시계획 이야기: 서울 격동의 50년과 나의 증언》. 한울.

안소진·김용찬 (2020). 한국 10대 청소년 유튜버(YouTuber): 제작자로서의 능동적 이용자 개념 연구. 〈한국언론학보〉, 64(6), pp.275~318.

양승목 (2005). 초창기 한국 언론학의 제도화와 정체성 변화. 〈커뮤니케이션 이론〉, 1(1), pp.1~34.

오두범 (1982). 한국지방신문(韓國地方新聞)의 특질(特質)에 관한 연구(硏究) ― 독자(讀者)와의 관계를 중심(中心)으로. *Journal of Communication Research*, 19, pp.91~109.

오형일·윤석민 (2014). 한국 공영방송이 추구하는 공익 이념과 실제: 공영방송 법제도 및 KBS 편성 목표 분석을 중심으로. 〈방송통신연구〉, 87, pp.107~146.

우지운 (2010). 미디어 정책과 국가주의의 성격 변화: 김영삼정부 시대의 케이블 TV 산업을 중심으로. 〈한국언론학보〉, 54(6), pp.396~421.

원용진 (2009). '식민지적 공공성'과 8·15 해방 공간. 〈한국언론정보학보〉, 47, pp.50~73.

원용진·박서연 (2021). 《메가플랫폼 네이버: 한국 인터넷 산업의 성장과 그늘》. 컬처룩.

유숙·강진숙 (2017). 공동체 미디어 활동가의 다중 실천과 정동 체험에 대한 연구: 미디어 제작 활동을 중심으로 한 미디어 비오그라피 분석. 〈한국방송학보〉, 31(5), pp.50~77.

유현옥·김세은 (2013). 제3공화국 시기 지역 미디어의 확산과 지역 권력의 형성: 강원도를 중심으로. 〈한국언론학보〉, 57(2), pp.122~153.

윤석민·김희진·윤상길·문태준 (2004). 방송에서의 이념형적 지역주의와 그 현실적 전개. 〈언론과 사회〉, 12(2), pp.121~156.

윤태진 (2011). 정서적 참여와 실재(reality)의 재구성: 한국 리얼리티 텔레비전쇼의 작동방식에 대한 고찰. 〈방송문화연구〉, 23(2), pp.7~36.

이동후 (2021). 《미디어는 어떻게 인간의 조건이 되었는가》. 컬처룩.

이만갑 (1973). 《한국 농촌사회의 구조와 변화》. 서울대학교출판부.

이상길 (2010). 문화매개자 개념의 비판적 재검토: 매스 미디어에서 온라인 미디어까지. 〈한국언론정보학보〉, pp.154~176.

이상철 (2009). 언론학 50년의 성찰. 〈동서언론〉, 12, pp.1~35.

이설희·홍남희 (2020). 유동하는 청년들의 미디어 노동: 2·30대 미디어 생산자를 중심으로. 〈한국언론정보학보〉, 101, pp.113~152.

이수인 (2004). 개신교 보수분파의 정치적 행위 ― 사회학적 고찰. 〈경제와사회〉, 64, pp.265~301.

이승철 (2017). 한국의 지방행정체제 변화에 대한 함의: 제3공화국에서 제5공화국을 중심으로. 〈한국지방자치학회보〉, 29(4), pp.104~123.

이지영 (2018).《BTS 예술혁명》. 파레시아.

이창근 (2002). 커먼 캐리어(Common Carrier)의 공적(公的) 의무의 기원에 대하여: 비차별 서비스 의무(Duty to Serve)를 중심으로.〈언론과 사회〉, 10(1), pp.8~41.

이화진 (2007). '극장국가'로서 제1공화국과 기념의 균열.〈한국근대문학연구〉, 15, pp.197~228.

임영호 (2015). 한국 미디어 정치경제학의 한계와 가능성 탐색.〈한국언론정보학보〉, 70(2), pp.9~34.

임종수 (2006). 방송 미디어와 근대적 시간의 구조화에 관한 연구.〈언론과 사회〉, 14(3), pp.4~34.

임종수 (2010). 수용자의 탄생과 경험: 독자, 청취자, 시청자: 다중 미디어 시대의 기막에 관한 시론적 연구.〈언론정보연구〉, 47(1), pp.77~120.

장용호·노동렬 (2008). 드라마 산업의 수직적 해체와 생산요소시장의 부상 과정.〈방송문화연구〉, 20(1), pp.153~185.

장호순 (2015). "종속"과 "배제": 한국 지역방송의 내부식민지 구조에 대한 탐색적 연구.〈언론과학연구〉, 15(2), pp.375~411.

정명기 (2003). 세책본소설의 유통양상-동양문고 소장 세책본소설에 나타난 세책장부를 중심으로.〈고소설연구〉, 16, pp.3~100.

정수남 (2020). 거리 위의 프레카리아트: 배달앱 노동자의 삶과 실천감각. *Oughtopia*, 35(2), pp.81~130.

정은경 (2018). 마을 미디어는 공동체 변화에 어떻게 기여하는가: 서울 마을 미디어를 중심으로. 김용찬 등 엮음,《미디어와 공동체》(pp.283~311). 컬처룩.

정은령 (2019). 팩트체크 관련 연구 동향. 김양순 외 (엮음).《팩트체크 저널리즘》. 나남.

정성현 (1998). 마르세이유 위니떼 다비따시옹의 건축근원에 대한 재고. 대한건축학회 논문집 계획계, 14(11), pp.183~190.

조영래 (2009).《전태일 평전》. 아름다운전태일.

조용성 외 (2020). 미디어와 AI 기술: 미디어 지능화. [ETRI]〈전자통신동향분석〉, 35(5), pp.92~101.

조항제 (2018). 한국 공영방송 노동조합의 자율성 투쟁: 반후견주의와 전문직주의 노조주의.〈언론정보연구〉, 55(2), pp.112~168.

차재영 (2020). 윌버 슈람의 한국전쟁 심리전 연구와 언론학의 제도화.〈한국언론정보학보〉, 99, pp.275~297.

채상원 (2016). 기피시설 입지 갈등에서 로컬 거버넌스의 형성과 행위주체들 간 권력의 상호 작용: 수원 보호관찰소 성남지소 분당구 서현동 입지 갈등을 사례로.〈지리학논총〉, 62, pp.99~121.

채석진 (2021). 팬데믹 시대의 숨쉬기에 관하여.〈한국언론정보학보〉, 109, pp.40~66.

채영길·김용찬·백영민·김예란·김유정 (2016). 서울시 마을 공동체 미디어와 공동체 공론장의 분화와 재구성.〈커뮤니케이션 이론〉, 12(2), pp.4~46.

최봉기 (2011). 한국지방자치 20년의 회고와 지방자치 선진화 과제.〈한국지방자치학회보〉, 23(3), pp.5~37.

최유희 (2017). 조선시대의 상업출판 들여다보기 ― 이윤석,『조선시대 상업출판 ― 서민의 독서, 지식과 오락의 대중화』(민속원, 2016).〈한국민족문화〉, 64, pp.343~349.

최형국 (2007). 봉수는 어떻게 시작되었나.〈인물과사상〉, pp.194~205.

최호규 (2022). 우리나라 광고비 현황 및 추세에 관한 연구. 〈기업경영리뷰〉, 13(2), pp.39～52.

편미란·신혜진·김용찬 (2021). 프라이버시 역설 집단별 OTT 서비스 이용과 태도에 관한 연구. 〈방송과 커뮤니케이션〉, 22(4), pp.5～39.

한병철 (2014). 《투명사회》. 문학과지성사.

Abiocca, F. (1988). Opposing conceptions of the audience: The active and passive hemispheres of mass communication theory. *Annals of the International Communication Association*, 11(1), pp.51～80.

Abrams, D. E., & Hogg, M. A. (1990). *Social identity theory: Constructive and critical advances*. Springer-Verlag Publishing.

Abramson, A. (2003). *The history of television, 1942 to 2000*. McFarland.

Addams, J. (1909). *The spirit of youth and the city streets*. McMillan.

Adena, M., Enikolopov, R., Petrova, M., Santarosa, V., & Zhuravskaya, E. (2015). Radio and the Rise of the Nazis in Prewar Germany. *The Quarterly Journal of Economics*, 130(4), pp.1885～1939.

Adler, R. B., Rodman, G. R., & Sévigny, A. (2006). *Understanding human communication* (Vol. 10). Oxford University Press.

Adorno, T. W. (2000). *The psychological technique of Martin Luther Thomas' radio addresses*. Stanford University Press.

Adorno, T. W., & Horkheimer, M. (1997). *Dialectic of enlightenment* (Vol. 15). Verso.

Agliata, D., & Tantleff-Dunn, S. (2004). The impact of media exposure on males' body image. *Journal of Social and Clinical Psychology*, 23(1), pp.7～22.

Ajzen, I. (1991). The theory of planned behavior. *Organizational Behavior and Human Decision Processes*, 50(2), pp.179～211.

Alhassan, A., & Chakravartty, P. (2011). Postcolonial media policy under the long shadow of empire. In R. Mansell & M. Raboy (Eds.), *The Handbook of Global Media and Communication Policy* (pp.366～382). Wiley-Blackwell.

Altschull, J. H. (1984). *Agents of Power: The Role of the News Media in Human Affairs*. Longman.

Anderson, B. (1991). *Imagined communities*. Verso.

Andrejevic, M. (2004). The work of watching one another: Lateral surveillance, risk, and governance. *Surveillance & Society*, 2(4).

Andrejevic, M. (2012). Estranged free labor. In Scholz, T. (ed.). *Digital labor: The internet as playground and factory* (pp.157～172). Routledge.

Andrejevic, M. (2019). *Automated media*. Routledge. [이희은 옮김. 《미디어 알고리즘의 욕망》. 컬처룩. 2021].

Andrejevic, M. B. (2011). Surveillance and alienation in the online economy. *Surveillance & Society*, 8(3), pp.278～287.

Apprich, C. (2013). Remaking media practices: From tactical media to post-media. in C. Apprich, J. Berry, A. I. Slater, & O. L. Schultz, (Eds.), *Provocative alloys: A post-media anthology* (pp.122～140). Mute.

Araujo, A. C. (2006). European public opinion and the Lisbon earthquake. *European Review*, 14(3), pp.313～319.

Arendt, H. (1964). *Eichmann in Jerusalem*. Viking Press.

Arendt, H. (1972). *Crises of the republic: Lying in politics, civil disobedience on violence, thoughts on politics, and revolution* (Vol. 219). Houghton Mifflin Harcourt.

Arendt, H. (1998). *The Human Condition*. University of Chicago Press.

Aristeidou, M., & Herodotou, C. (2020). Online citizen science: A systematic review of effects on learning and scientific literacy. *Citizen Science: Theory and Practice*, 5(1), pp.1～12.

Arsenault, A. H. (2017). The datafication of media: Big data and the media industries. *International Journal of Media & Cultural Politics*, 13(1-2), pp.7～24.

Arvidsson, A., & Colleoni, E. (2012). Value in Informational Capitalism and on the Internet. *The Information Society*, 28(3), pp.135～150.

Aufderheide, P., & Jaszi, P. (2018). *Reclaiming fair use: How to put balance back in copyright*. University of Chicago Press.

Augé, M. (1995). *Non-places: Introduction to an anthropology of supermodernity* (H. Howe, Trans.). Verso.

Bachrach, P., & Botwinick, A. (1992). *Power and empowerment: A radical theory of participatory democracy*. Temple University Press.

Bakshy, E., Messing, S., & Adamic, L. A. (2015). Exposure to ideologically diverse news and opinion on Facebook. *Science*, 348(6239), pp.1130～1132.

Ballinger, S. E. (1959). The idea of social progress through education in the French Enlightenment Period: Helvetius and Condorcet. *History of Education Journal*, 10(1/4), pp.88～99.

Ball-Rokeach, S. J. (1985). The origins of individual media system dependency: A sociological framework. *Communication Research*, 12, pp.485～510.

Ball-Rokeach, S. J. (1998). A theory of media power and a theory of media use: Different stories, questions, and ways of thinking. *Mass Communication and Society*, 1(1/2), pp.5～40.

Ball-Rokeach, S. J. (2008). Media system dependency theory. In Donsbach, W. (ed.). *The international encyclopedia of communication*. https://doi.org/10.1002/9781405186407.wbiecm051

Ball-Rokeach, S. J., & DeFleur, M. L. (1976). A dependency model of mass-media effects. *Communication Research*, 3(1), pp.3～21.

Ball-Rokeach, S. J., & Jung, J. -Y. (2009). The evolution of media system dependency theory. In R. Nabi & M. B. Oliver (Eds.), *Sage handbook of media processes and effects* (pp.531～544). Sage.

Ball-Rokeach, S. J., et al. (2001). Storytelling neighborhood: Paths to belonging in diverse urban environments. *Communication Research*, 28(4), pp.392～428.

Bandura, A. (1986). *Social foundations of thought and action: A social cognition*. Prentice Hall.

Bandura, A. (1994). Social cognitive theory of mass communication. In J. Bryant & D. Zillman (Eds.), *Media effects: Advances in theory and research* (pp.61～90). Lawrence Erlbaum.

Bandura, A. (1997). *Self-efficacy: The existence of control*. Freeman.

Banet-Weiser, S. (2012). *Authentic™. In Authentic™*. New York University Press.

Barabási, A. -L. (2003). *Linked: The new science of networks.* Perseus.

Bathrick, D. (1997). Making a national family with the radio: The Nazi Wunschkonzert. *Modernism/ modernity*, 4(1), pp.115~127.

Bathrick, D. (1997). Making a national family with the radio: The Nazi Wunschkonzert. *Modernism/ modernity*, 4(1), pp.115~127.

Battles, K., & Hayes, J. E. (2002). The enduring significance of The War of the Worlds as broadcast event. *In The Routledge Companion to Radio and Podcast Studies* (pp.217~225). Routledge.

Baudrillard, J. (1981/1994). *Simulacre and simulation* (S. F. Glaser, Trans.). University of Michagan Press

Baudrillard, J. (1994). *Simulacra and simulation.* University of Michigan Press.

Becker, L. B., Sobowale, I. A., & Cobbey, R. E. (1979). Reporters and their professional and organizational commitment. *Journalism Quarterly*, 56(4), pp.753~770.

Bell, D. (1956). The Theory of Mass Society. *Commentary*, 22(1), p.75.

Bello-Orgaz, G., Jung, J. J., & Camacho, D. (2016). Social big data: Recent achievements and new challenges. *Information Fusion*, 28, pp.45~59.

Beniger, J. (1986). *The control revolution: Technological and economic origins of the information society.* Harvard University Press.

Benjamin, W. (1986). *Illuminations* (Vol. 241). Random House Digital, Inc.

Benjamin, W. (1999). *The arcades project* (H. Eiland & K. McLaughlin, Trans.). Harvard University Press.

Benkler, Y. (2006). *The wealth of networks: How social production transforms markets and freedom.* Yale University Press.

Benkler, Y., Faris, R., & Roberts, H. (2018). *Network propaganda: Manipulation, disinformation, and radicalization in American politics.* Oxford University Press.

Bennett, W. L. & Segerberg, A. (2013). *The logic of connective action: Digital media and the personalization of contentious politics*, Cambridge University Press.

Berelson, B. (1959). The state of communication research. *Public Opinion Quarterly* 23(1), pp.1~2.

Berger, P. L., & Luckmann, T. (1966). *The social construction of reality: A treatise in the sociology of knowledge.* Penguin Books.

Berkes, F., Colding, J., & Folke, C. (2003). *Navigating social ecological systems: Building resilience for complexity and change.* Cambridge University Press.

Berkman, D. (1992). The Promise of Early Radio and Television for Education — as Seen by the Nation's Periodical Press. *Educational Technology*, 32(12), pp.26~31.

Bernstein, H. (1971). Modernization theory and the sociological study of development. *The Journal of Development Studies*, 7(2), pp.141~160.

Bijker, W. E., & Law, J. (Eds.) (1994). *Shaping technology/building society: Studies in sociotechnical change.* MIT Press.

Billings, A. C., Brown, K. A., & Brown, N. A. (2013). 5,535 hours of impact: Effects of Olympic media on nationalism attitudes. *Journal of Broadcasting & Electronic Media*, 57(4), pp.579~595.

Bishop, S. (2019). Managing visibility on YouTube through algorithmic gossip. *New Media & Society*, 21(11-12), pp.2589~2606.

Blumer, H. (1933). *Movies and conduct*. Macmillan.

Blumer, H. (1969). Collective behavior. In A. M. Lee (Ed.), *Principles of sociology* (pp.165~221). Barnes and Noble.

Bogart, L. (2017). *Commercial culture: The media system and the public interest*. Routledge.

Bolter, J. D., & Grusin, R. (2000). *Remediation: Understanding new media*. MIT Press.

Bortoluci, J. H., & Jansen, R. S. (2013). Toward a postcolonial sociology: the view from Latin America. *Postcolonial Sociology*, 24, pp.199~229.

Boyd-Barrett, O. (2014). *Media imperialism*. Sage.

Braden, W. W., & Brandenburg, E. (1955). Roosevelt's fireside chats. *Communications Monographs*, 22(5), pp.290~302.

Briggs, A., & Burke, P. (2009). *A social history of the media: From Gutenberg to the Internet*. Polity.

Brinson, S. L. (2004). *The red scare, politics, and the Federal Communications Commission*, 1941-1960. Greenwood Publishing Group.

Bryant, J., & Pribanic-Smith, E. J. (2010). A historical overview of research in communication science. In C. R. Berger, M. E. Roloff, & D. R. Roskos-Ewoldsen (Eds.), *The handbook of communication science* (pp.21~36). Sage.

Burt, R. S. (2004). Structural holes and good ideas. *American Journal of Sociology*, 110(2), pp.349~399.

Busterna, J. C. (1988). Trends in daily newspaper ownership. *Journalism Quarterly*, 65(4), pp.831~838.

Butsch, R. (1998). Crystal sets and scarf-pin radios: gender, technology and the construction of American radio listening in the 1920s. *Media, Culture, & Society*, 20, pp.557~572.

Calabrese, A., & Burke, B. R. (1992). American identities: Nationalism, the media, and the public sphere. *Journal of Communication Inquiry*, 16(2), pp.52~73.

Calzati, S. (2022). 'Data sovereignty' or 'data colonialism'? Exploring the Chinese involvement in Africa's ICTs: A document review on Kenya. *Journal of Contemporary African Studies*, 40(2), pp.270~285.

Campbell, R. (2017). Heidegger: Truth as aletheia. In Small, R. (ed.). *A hundred years of phenomenology: perspectives on a philosophical tradition* (pp.73~87). Routledge.

Campo, E. (2015). Relevance as social matrix of attention in Alfred Schutz. *Società Mutamento Politica*, 6(12), pp.117~148.

Cantril, H. (2017). *The invasion from Mars: A study in the psychology of panic*. Routledge.

Cantril, H., & Allport, G. W. (1935). *The psychology of radio*. Haper.

Carey, J. W. (1988). *Communication as culture: Essays on media and society*. Unwin Hyman.

Carr, N. (2010). *The shallows: What the Internet is doing to our brains*. Norton.

Castells, M. (1999). Grassrooting the space of flows. *Urban Geography*, 20(4), pp.294~302.

Castells, M. (2000). *The rise of the network society* (2nd ed.). Blackwell.

Castells, M. (2004). *The power of identity*. Blackwell.

Castells, M. (2009). *Communication power*. Oxford University Press.

Castells, M. (2015). *Networks of outrage and hope: Social movements in the Internet age*. John Wiley & Sons.

Castells, M., & Kumar, M. (2014). A conversation with Manuel Castells. *Berkeley Planning Journal*, 27(1), pp.93~99.

Chaffee, S. H., & Metzger, M. J. (2001). The end of mass communication?. *Mass Communication & Society*, 4(4), pp.365~379.

Chartrand, S. (April 14, 1996). The ins and outs of on-line copyright. *The New York Times*. http://search.nytimes.com/ docsroot/library/ jobmarket/ 0414sabra.htlm.

Cho, Y. (2009). Unfolding sporting nationalism in South Korean media representations of the 1968, 1984 and 2000 Olympics. *Media, Culture & Society*, 31(3), pp.347~364.

Cialdini, R. B. (2003). Crafting normative messages to protect the environment. *Current Directions in Psychological Science*, 12(4), pp.105~109.

Cialdini, R. B., Reno, R. R., & Kallgren, C. A. (1990). A focus theory of normative conduct: Recycling the concept of norms to reduce littering in public places. *Journal of Personality and Social Psychology*, 58(6), p.1015~1026.

Clark, C. C. (1932). Sound motion pictures as an aid in classroom teaching. *The School Review*, 40(9), pp.669~681.

Clarke, A., Parsell, C., & Lata, L. N. (2021). Surveilling the marginalised: How manual, embodied and territorialised surveillance persists in the age of 'dataveillance'. *The Sociological Review*, 69(2), pp.396~413.

Cockayne, D. G. (2016). Sharing and neoliberal discourse: The economic function of sharing in the digital on-demand economy. *Geoforum*, 77, pp.73~82.

Coffman, E. (2017). You cannot fool the electronic eye: Billy Graham and medma. in Finstuen, A., Wills, A. B., & Wacker, G. (Eds.). *Billy Graham: American Pilgrim* (pp.197~215). Oxford University Press.

Compaine, B. M., & Gomery, D. (2000). *Who owns the media?: competition and concentration in the mass media industry*. Routledge.

Conway, M. (2014). The origins of television's "Anchor Man": Cronkite, Swayze, and journalism boundary work. *American Journalism*, 31(4), pp.445~467.

Cooley, C. H. (1897). The process of social change. *Political Science Quarterly*, 12(1), pp.63~81.

Cooley, C. H. (1902/2017). *Human nature and the social order*. Routledge.

Couldry, N. (2008). Mediatization or mediation? Alternative understandings of the emergent space of digital storytelling. *New Media & Society*, 10(3), pp.373~391.

Couldry, N. (2010). *Why voice matters: Culture and politics after neoliberalism*. Sage.

Couldry, N., & Hepp, A. (2017). *The mediated construction of reality*. Polity.

Couldry, N., & Mejias, U. A. (2019). Data colonialism: Rethinking big data's relation to the contemporary subject. *Television & New Media*, 20(4), pp.336~349.

Couldry, N., & Mejias, U. A. (2019). *The costs of connection*. Stanford University Press.

Coyle, D. (2018). Platform dominance. M. Moore & D. Tambini (eds). *Digital Dominance: The Power of Google, Amazon, Facebook, and Apple*. Oxford University Press.

Craig, D. B., & Craig, D. B. (2000). *Fireside politics: Radio and political culture in the United States, 1920~1940*. The Johns Hopkins University Press.

Cruikshank, B. (1999). *The will to empower: Democratic citizens and other subjects*. Cornell University Press.

Cull, N. J. (2003). 'The man who invented truth': The tenure of Edward R. Murrow as director of the United States Information Agency during the Kennedy years. *Cold War History*, 4(1), pp.23~48.

Cunningham, S., Flew, T., & Swift, A. (2015). *Media economics*. Bloomsbury Publishing.

Cutolo, D., & Kenney, M. (2021). Platform-dependent entrepreneurs: Power asymmetries, risks, and strategies in the platform economy. *Academy of Management Perspectives*, 35(4), pp.584~605.

Davis, F. D. (1989). Perceived usefulness, perceived ease of use, and user acceptance of information technology, *MIS Quarterly*, 13(3), pp. 319~340.

De Certeau, M. (1984). *The practice of everyday life* (S. Rendall, Trans.). University of California Press.

De Schutter, B., Brown, J. A., & Vanden Abeele, V. (2015). The domestication of digital games in the lives of older adults. *New Media & Society*, 17(7), pp.1170~1186.

de Sola Pool, I. (1965). Mass communication and political science. In Kindred, L. W. (ed.). *Communications research and school-community relations* (pp.133~150). College of Education, Temple University.

de Sola Pool, I. (1983). *Technologies of freedom*. Harvard University Press.

de Stefano, V. (2016). The rise of the 'just-in-time' workforce: On-demand work, crowdwork and labour protection in the gig economy. *International Labour Office: Conditions of Work and Employment Series*, 71. Available from http://heinonline.org/HOL/P?h=hein.journals/cllpj37&i=507

DeFleur, M., & Ball-Rokeach, S. J. (1989). *Theories of mass communication*. Longman.

Demers, D. P., & Wackman, D. B. (1988). Effect of chain ownership on newspaper management goals. *Newspaper Research Journal*, 9(2), pp.59~68.

Derrida, J. (1997). History of the lie: Prolegomena. *Graduate Faculty Philosophy Journal*, 19(2/1), pp.129~161.

Deuze, M. (2012). *Media life*. Polity.

Dewey, J. (1929). *Experience and nature*. Norton

Dewey, J., & Bentley, A. F. (1946). Interaction and transaction. *The Journal of Philosophy*, 43(19), pp.505~517.

Dinev, T., & Hart, P. (2006). An extended privacy calculus model for e-commerce transactions. *Information Systems Research*, 17(1), pp.61~80.

Douglas, S. (1987). *Inventing American Broadcasting, 1899~1922*. The Johns Hopkins University Press.

Doyle, G. (2013). *Understanding media economics*. Sage.

Dunwoody, S. (1979). News-gathering behaviors of specialty reporters: A two-level comparison of mass media decision-making. *Newspaper Research Journal*, 1(1), pp.29~41.

de Souza e Silva, A., & Frith, J. (2013). Re-narrating the city through the presentation of location. In Farman, J. (2014). *The mobile story: Narrative Practices with Locative Technologies* (pp.46~62). Routledge.

Eco, U. (2005). Towards a semiotic inquiry into the television message. In Abbas, A. & Erni, J., *Internationalizing Culture Studies an Anthology* (pp.237~252). Blackwell.

Edwards, B. (2004). *Edward R. Murrow and the birth of broadcast journalism*. Wiley.

Eisenstein, E. L. (1985). *The printing press as an agent of change*. Cambridge University Press.

Ellison, N. B., Steinfield, C., & Lampe, C. (2007). The benefits of Facebook "friends:" Social capital and college students' use of online social network sites. *Journal of Computer-Mediated Communication*, 12(4), pp.1143~1168.

Emery, F. E., & Trist, E. L. (1972). *Towards a social ecology: contextual appreciation of the future in the present*. Plenum Press.

Emmel, J. R. (1959). *The persuasive techniques of Charles Grandison Finney as a revivalist and social reform speaker 1820-1860*. The Pennsylvania State University.

Entman, R. M. (2010). Media framing biases and political power: Explaining slant in news of Campaign 2008. *Journalism*, 11(4), pp.389~408.

Ettema, J. S., & Kline, F. G. (1977). Deficits, differences, and ceilings: Contingent conditions for understanding the knowledge gap. *Communication Research*, 4(2), pp.179~202.

Evans, E. (2011). *Transmedia television: Audiences, new media, and daily life*. Routledge.

Fainstein, S. S., Fainstein, N. I., Hill, R. C., Judd, D. R., & Smith, M. P. (1986) *Restructuring the city: The political economy of urban redevelopment*. Longman.

Fenton, N. (2011). Deregulation or democracy? New media, news, neoliberalism and the public interest. Continuum: *The Journal of Media & Cultural Studies*, 25(1), pp.63~72.

Ferguson, J. M. (1983). Daily newspaper advertising rates, local media cross-ownership, newspaper chains, and media competition. *The Journal of Law and Economics*, 26(3), pp.635~654.

Fieseler, C., Bucher, E., & Hoffmann, C. P. (2019). Unfairness by design? The perceived fairness of digital labor on crowdworking platforms. *Journal of Business Ethics*, 156(4), pp.987~1005.

Fischer, C. S. (1992). *America calling: A social history of the telephone to 1940*. University of California Press.

Fishbein, M., & Ajzen, I. (2011). *Predicting and changing behavior: The reasoned action approach*. Taylor & Francis.

Fisher, W. (1989). *Human communication as narration: Toward a philosophy of reason, value, and action*. University of South Carolina Press.

Fishwick, M. W. (1988). Father Coughlin time: The radio and redemption. *Journal of Popular Culture*, 22(2), p.33~47.

Flint, A. (2009). *Wrestling with Moses: How Jane Jacobs took on New York's master builder and transformed the American city*. Random House.

Foley, D. L. (1952). *Neighbors Or urbanites?: The study of a Rochester residential district*. University of Rochester.

Foster, J. B., & McChesney, R. W. (2014). Surveillance capitalism: Monopoly-finance capital, the military-industrial complex, and the digital age. *Monthly Review*, 66(3), pp.1~31.

Foucault, M. (2005). *The order of things*. Routledge.

Foucault, M. (2012). *Discipline and punish: The birth of the prison*. Vintage.

Frenken, K., van Waes, A., Pelzer, P., Smink, M., & van Est, R. (2020). Safeguarding public interests in the platform economy. *Policy & Internet*, 12(3), pp.400~425.

Fuchs, C. (2012). The political economy of privacy on Facebook. *Television & New Media*, 13(2), pp.139~159.

Fuchs, C. (2015a). Dallas Smythe Today – The audience commodity, the digital labour debate, Marxist political economy and critical theory. Prolegomena to a digital labour theory of value. In C. Fuchs & V. Mosco (Eds.). *Marx and the Political Economy of the Media* (pp.522~599). Brill.

Fuchs, C. (2015b). Digital labor. in Maxwell, R. (ed.). *The Routledge companion to labor and media* (pp.51~62). Routledge.

Fukuyama, F. (1989). The end of history? *The National Interest*, 16, pp.3~18.

Fullerton, H. S. (1988). Technology collides with relative constancy: The pattern of adoption for a new medium. *Journal of Media Economics*, 1 (2), pp.75~84.

Gans, H. J. (2004). *Democracy and the News*. Oxford University Press.

Gawer, A., & Cusumano, M. A. (2002). *Platform leadership: How Intel, Microsoft, and Cisco drive industry innovation* (Vol. 5). Harvard Business School Press.

Gaziano, C., & Gaziano, E. (1996). Theories and methods in knowledge gap research since 1970. In M. B. Salwen & D. W. Stacks (Eds.), *An integrated approach to communication theory and research* (pp.127~143). Erlbaum.

Gelézeau, V. (2007). *Seoul, ville geante, cites radieuses*. [길혜연 옮김. 《아파트공화국》. 후마니타스. 2007].

Gellner, E. (2008). *Nations and nationalism*. Cornell University Press.

Gerbner, G. (1970). Cultural indicators: The case of violence in television drama. *The ANNALS of the American Academy of Political and Social Science*, 388, pp.69~81.

Gerbner, G. (1998). Cultivation analysis: An overview. *Mass Communication and Society*, 1(3-4), pp.175~194.

Gerbner, G., Gross, L., Eleey, M. F., Jackson–Beeck, M., Jeffries–Fox, S., & Signorielli, N. (1977). TV violence profile no. 8: The highlights. *Journal of Communication*, 27(2), pp.171~180.

Gibson, J. J. (1966). *The senses considered as perceptual systems*. Allen and Unwin.

Giddens, A. (1991). *Modernity and self-identity: Self and society in the late modern age*. Stanford, Stanford University Press.

Giffin, K. (1949). The selection and preparation of university of Chicago round table participants. *Central States Speech Journal*, 1(1), pp.30~34.

Gil de Zúñiga, H. (2012). Social media use for news and individuals' social capital, civic engagement and political participation. *Journal of Computer-Mediated Communication*, 17(3), pp.319～336.

Giles, D. C. (2002). Parasocial interaction: A review of the literature and a model for future research. *Media Psychology*, 4(3), pp.279～305.

Ginsburg, J. C. (2002). The concept of authorship in comparative copyright law. *DePaul Law Review*, 52, pp.1063～1092.

Goebbels, J. (2003, November 22). Radio as the eighth great power. http://www.calvin.edu/academic/cas/gpa/goeb56.htm

Goffman, E. (1959). *The presentation of self in everyday life*. Doubleday.

Goffman, E. (1966). *Behavior in public places: Notes on the social organization of gatherings*. Free Press.

Goffman, E. (1967/2005). *Interaction ritual: Essays in face to face behavior*. Routledge.

Goodman, D. (2011). *Radio's civic ambition: American broadcasting and democracy in the 1930s*. Oxford University Press.

Gordon, E., & de Souza e Silva, A. (2011). *Net locality*. Wiley-Blackwell.

Gotham, K. F. (Ed.) (2001). Critical perspectives on urban redevelopment, *Research in Urban Sociology*, Vol. 6. Emerald.

Gottdiener, M. (1987). *The decline of urban politics: Political theory and the crisis of the local state*. Sage Publications.

Grabe, S., Ward, L. M., & Hyde, J. S. (2008). The role of the media in body image concerns among women: a meta-analysis of experimental and correlational studies. *Psychological Bulletin*, 134(3), p.460～476.

Gratz, R. B. (2010). *The battle for Gotham: New York in the shadow of Robert Moses and Jane Jacobs*. Bold Type Books.

Gravett, W. (2020). Digital neo-colonialism: The Chinese model of internet sovereignty in Africa. *African Human Rights Law Journal*, 20(1), pp.125～146.

Greenberg, A. (2000). The church and the revitalization of politics and community. *Political Science Quarterly*, 115(3), pp.377～394.

Guattairi, F. (2009). Postmodern deadlock and post-media (C. Wiener & E. Wittman, Trans.). In S. Lotringer, C. Wiener, & E. Wittman (Eds.), *Soft subversions: Texts and interviews 1977－1985* (pp. 291～300). Semiotext(e).

Guattari, F. (2013). Towards a post-media era. in Apprich, C., Berry, J., Slater, A. I. & Schultz, O.L. (Eds.). *Provocative alloys: A post-media anthology* (pp.26～27). Mute.

Gunderson, R., Stuart, D., & Houser, M. (2020). A political–economic theory of relevance: Explaining climate change inaction. *Journal for the Theory of Social Behaviour*, 50(1), pp.42～63.

Gurumurthy, A., Chami, N., & Bharthur, D. (2021). Platform labour in search of value: a study of worker organizing practices and business models in the digital economy. International Labour Organisation.

Habermas, J. (1984). *The theory of communication action*. Beacon Press.

Habermas, J. (1987). System and lifeworld: A critique of functionalist reason. In *The theory of communicative action* (Vol. 2). Beacon Press.

Habermas, J. (1989). *The structural transformation of the public sphere: An inquiry into a category of Bourgeois society* [1962] (T. McCarthy, Trans.). Polity.

Hackett, R. A. (1984). Decline of a paradigm? Bias and objectivity in news media studies. *Critical Studies in Media Communication*, 1(3), pp.229~259.

Hall, S. (1980) Encoding/decoding. In S. Hall, D. Hobson, A. Lowe, & P. Willis. (Eds.). *Culture, Media, Language* (pp.128~140), Hutchinson.

Hallin, D. C., & Mancini, P. (2011). *Comparing media systems beyond the Western world*. Cambridge University Press.

Hargreaves, D. A., & Tiggemann, M. (2004). Idealized media images and adolescent body image: "Comparing" boys and girls. *Body Image*, 1(4), pp.351~361.

Harsin, J. (2015). Regimes of posttruth, postpolitics, and attention economies. *Communication, Culture & Critique*, 8(2), pp.327~333.

Harsin, J. (2018). Post-truth and critical communication studies. In Oxford research encyclopedia of communication. https://oxfordre.com/communication/view/10.1093/acrefore/9780190228613.001.0001/acrefore-9780190228613-e-757

Harviainen, J. T., Haasio, A., & Hämäläinen, L. (2020, January). Drug traders on a local dark web marketplace. In Proceedings of the 23rd International Conference on Academic Mindtrek (pp.20~26).

Hawley, A. (1950). *Human ecology: a theory of community structure*. The Ronald Press Company.

Hayes, J. E. (2000). Did Herbert Hoover Broadcast the First Fireside Chat? Rethinking the Origins of Roosevelt's Radio Genius. *Journal of Radio Studies*, 7(1), pp.76~92.

Hecher, M., & Opp, K. (2001). *Social Norms*. Russell Sage Foundation.

Heil Jr, A. L. (2003). *Voice of America: A history*. Columbia University Press.

Herf, J. (2009). *Nazi propaganda for the Arab world*. Yale University Press.

Hesmondhalgh, D. (2015). Media labor. In R. Maxwell (Ed.), *The Routledge companion to labor and media* (pp.30~39). Routledge.

Hjarvard, S. (2008). The mediatization of society: A theory of the media as agents of social and cultural change. *Nordicom Review*, 29(2), pp.104~134.

Hjarvard, S. (2013). *The mediatization of culture and society*. Routledge.

Hobsbawm, E., & Ranger, T. (Eds.). (2012). *The invention of tradition*. Cambridge University Press.

Hollands, R. G. (2008). Will the real smart city please stand up? Intelligent, progressive or entrepreneurial? *City*, 12(3), pp.303~320.

Horkheimer, M., & Adorno, T. W. (1944/1972). *Dialectic of enlightenment*. Seabury Press.

Horne, C., & Mollborn, S. (2020). Norms: An Integrated Framework. *Annual Review of Sociology* 46 (1), pp.467~487.

Horton, D., & Richard Wohl, R. (1956). Mass communication and para-social interaction:

Observations on intimacy at a distance. *Psychiatry*, 19(3), pp.215~229.

Horwitz, R. B. (1991). *The irony of regulatory reform: The deregulation of American telecommunications*. Oxford University Press.

Hoskins, A. (2017). Memory of the multitude: The end of collective memory. In Hoskins, A. (ed.). *Digital memory studies* (pp.85~109). Routledge.

Howard, P. N. (2004). Embedded media. in Howard, P. N. (ed.). *Society online: The Internet in context* (pp.1~27). Sage.

Humphreys, L. (2011). Who's watching whom? A study of interactive technology and surveillance. *Journal of Communication*, 61(4), pp.575~595.

Humphreys, L. (2018). *The qualified self: Social media and the accounting of everyday life*. MIT Press.

Hunter, A. (1975). The loss of community: An empirical test through replication. *American Sociological Review*, 40(5), pp.537~552.

Husserl, E. (1970). *The crisis of European sciences and transcendental phenomenology: An introduction to phenomenological philosophy*. Northwestern University Press.

Hyra, D. S. (2012). Conceptualizing the new urban renewal: Comparing the past to the present. *Urban Affairs Review*, 48(4), pp.498~527.

Innis, H. A. (1950). *Empire and communications*. Oxford University Press.

Innis, H. A. (1951). *The bias of communication*. University of Toronto Press.

Iyenger, S., & Kinder, D. (1987). *News that matters: Television and American opinion*. University of Chicago Press.

Jacobs, J. (1961/1993). *The dealth and life of great American cities*. Random House.

Jameson, J., & Hessler, R. (1970). The natives are restless: the ethos and mythos of student power. *Human Organization*, 29(2), pp.81~94.

Jamieson, K. H., & Cappella, J. N. (2008). *Echo chamber: Rush Limbaugh and the conservative media establishment*. Oxford University Press.

Janowitz, M. (1975). Professional models in journalism: The gatekeeper and the advocate. *Journalism Quarterly*, 52(4), pp.618~626.

Jeffres, L. W., Dobos, J., & Lee, J. -W. (1988). Media use and community ties. *Journalism Quarterly*, 65(3), pp.575~581, 677.

Jenkins, H. (2006). *Convergence culture: Where old and new media collide*. New York University Press.

Jenkins, H. (2010). Transmedia Storytelling and Entertainment: An annotated syllabus. *Continuum: Journal of Media & Cultural Studies*, 24(6), pp.943~958.

Jensen, K. B. (2010). *Media convergence: The three degrees of network, mass and interpersonal communication*. Routledge.

Jin, D. (2017). Digital platform as a double-edged sword: How to interpret cultural flows in the platform era. *International Journal of Communication*, 11, pp.3880~3898.

Jin, D. Y. (2015). Digital convergence of Korea's webtoons: Transmedia storytelling. *Communication Research and Practice*, 1(3), pp.193~209.

Jin, D. Y., & Feenberg, A. (2015). Commodity and community in social networking: Marx and the monetization of user-generated content. *The Information Society*, 31(1), pp.52~60.

John, P. (2001). *Local governance in western Europe*. Sage.

Johnson, L. (1981). Radio and everyday life The early years of broadcasting in Australia, 1922~1945. *Media, Culture & Society*, 3(2), pp.167~178.

Johnson-Roullier, C. (2022). A grammar of modern silence: Race, gender, and visible invisibility in iola leroy and contending forces. *Angelaki: Journal of the Theoretical Humanities*, 27, pp.49~74.

Johnston, J. (1998). *Information multiplicity: American fiction in the age of media saturation*. The Johns Hopkins University Press.

Johnstone, J. W., Slawski, E. J., & Bowman, W. W. (1972). The professional values of American newsmen. *Public Opinion Quarterly*, 36(4), pp.522~540.

Jones, D., Snider, C., Nassehi, A., Yon, J., & Hicks, B. (2020). Characterising the digital twin: A systematic literature review. *CIRP Journal of Manufacturing Science and Technology*, 29, pp.36~52.

Jowett, G. S., & O'Donnell, V. (2018). *Propaganda & persuasion*. Sage Publications.

Jung, J. -Y., & Kim, Y. -C. (2016). Are you an opinion giver, seeker, or both? Re-examining political opinion leadership in the new communication environment. *International Journal of Communication*, 10. pp.4439~4459.

Kadushin, C. (2012). *Understanding social networks: Theories, concepts, and findings*. Oxford University Press.

Kahn, S. J. (1947). Transaction vs. interaction. *The Journal of Philosophy*, 44(24), pp.660~663.

Katz, E. (1957). The two-step flow of communication: An up-to-date report on an hypothesis. *Public Opinion Quarterly*, 21(1), pp.61~78.

Katz, E. (1980). On conceptualizing media effects. *Studies in Communication*, 1, pp.119~141.

Katz, E., Blumler, J. G., & Gurevitch, M. (1973). Uses and gratifications research. *The Public Opinion Quarterly*, 37(4), pp.509~523.

Katz, E., & Foulkes, D. (1962). On the use of the mass media as "escape": Clarification of a concept. *Public Opinion Quarterly*, 26(3), pp.377~388.

Katz, E., & Lazarsfeld, P. (1955). *Personal Influence*. Free Press.

Kay, J., Ziegelmueller, G. W., & Minch, K. M. (1998). From Coughlin to contemporary talk radio: Fallacies and propaganda in American populist radio. *Journal of Radio Studies*, 5(1), pp.9~21.

Kearns, M., & Roth, A. (2019). *The ethical algorithm: The science of socially aware algorithm design*. Oxford University Press.

Keedy, E. R. (1917). Is a taxicab company a common carrier?. *University of Pennsylvania Law Review and American Law Register*, 66(1/2), pp.71~73.

Kellner, D. (2003). *Media culture: Cutural studies, identity, and politics between the modern and the post-modern*. Routledge

Kim, C. Y., & Blake, R. (2005). Psychophysical magic: rendering the visible 'invisible'. *Trends in cognitive sciences*, 9(8), pp.381~388.

Kim, J. H., & Yu, J. (2019). Platformizing webtoons: The impact on creative and digital labor in South Korea. *Social Media+Society*, 5(4). https://journals.sagepub.com/doi/pdf/10.1177/2056305119880174

Kim, Y., Chae, Y. G., & Kim, Y. C. (2022). "Doing Community": Digital Hyperlocal Media as Care. *Digital Journalism*. https://www.tandfonline.com/doi/full/10.1080/21670811.2022.2145330

Kim, Y. C. (2018). Communication infrastructure theory as a theory for collective problem recognition and problem-solving in urban communities: Beliefs, assumptions, and propositions. In Y. C. Kim, M. Matsaganis, H. Wilkin & J. Y. Jung. *The communication ecology of 21st century urban communities* (pp.50~66). Peter Lang,

Kim, Y. C. (2019, March). Digital privacy paradox. Paper presented at KGRI risk society and the media project international symposium.

Kim, Y. C. (2020). Defining media environment: An introduction of communication infrastructure-structure-action model. Association for Education in Journalism and Mass Communication (AEJMC) Annual Conference, Virtual Conference (August, 2020).

Kim, Y. C. (2020). Media system dependency theory. *The International Encyclopedia of Media Psychology*, pp.1~17.

Kim, Y. C., & Ball-Rokeach, S. J. (2006a). Civic engagement from a communication infrastructure perspective. *Communication Theory*, 16(1), pp.1~25.

Kim, Y. C., & Ball-Rokeach, S. J. (2006b). Community Storytelling Network, Neighborhood Context, and Civic Engagement: A Multilevel Approach. *Human Communication Research*, 32(4), pp.411~439.

Kim, Y. C., Kim, Y., & Chae, Y. G. (2022). Communication and difference in urban neighborhoods: A communication infrastructure theory perspective. *Communication Monographs*, 89, pp.419~444.

Kim, Y. C., Pyun, M. & Yoo, Y. E. (2022). Art, gentrification, and communcation infrastructure in urban neighborhoods: The case of Mullae in Seoul. In Andrews, J. T, & LaWare, M. R. (Eds.). *Art and the global city: Public space, transformative media, and the politics of urban rhetoric* (pp.277~298). Peter Lang.

Kim, Y. C., & Shin, E. (2016). Localized use of information and communication technologies in Seoul's urban neighborhoods. *American Behavioral Scientist*, 60, pp.81~100.

Kim, Y. -C., Shin, E., Cho, A., Jung, E., Shon, K., & Shim, H. (2019). SNS dependency and community engagement in urban neighborhoods: the moderating role of integrated connectedness to a community storytelling network. *Communication Research*, 46(1), pp.7~32.

King, W. L. (1961). *The philosophical foundations of the educational theory of Johann Gottlieb Fichte*. University of Illinois Press.

Kinsey, C. (2013). Post-media/post-medium: Re-thinking ontology in art and technology. in Apprich, C., Berry, J., Slater, A. I., & Schultz, O. L. (Eds.). *Provocative alloys: A post-media anthology* (pp.28~43). Mute.

Kittur, A., Nickerson, J. V., Bernstein, M., Gerber, E., Shaw, A., Zimmerman, J., & Horton, J. (2013,

February). The future of crowd work. In Proceedings of the 2013 conference on Computer supported cooperative work (pp.1301~1318).

Koppes, C. R., & Black, G. D. (1990). *Hollywood goes to war: How politics, profits and propaganda shaped World War II movies*. University of California Press.

Krauss, R. (1999). Reinventing the medium. *Critical Inquiry*, 25(2), pp.289~305.

Krauss, R. (2011). *Under blue cup*. MIT Press.

Kraut, R., Kiesler, S., Boneva, B., Cummings, J., & Helgeson, V. (2002). Internet paradox revisited. *Journal of Sociological Issues*, 58(1), pp.49~74.

Kraut, R., Lundmark, V., Patterson, M., Kiesler, S., Mukopadhyay, T., & Scherlis, W. (1998). Internet Paradox: A social technology that reduces social involvement and psychological well-being? *American Psychologist*, 53(9), pp.1017~1031.

Kuhn, K. M., & Maleki, A. (2017). Micro-entrepreneurs, dependent contractors, and instaserfs: Understanding online labor platform workforces. *Academy of Management Perspectives*, 31(3), pp.183~200.

Kumar, A. (2001, April, 24). Libertarian, or just bizarro. *Wired*, 124. http://www.wired.com/politics/law/news/2001/04/43216

Lacy, S. R. (1986). The effects of ownership and competition on daily newspaper content (Publication No. 8621755) [Doctoral dissertation, The University of Texas at Austin]. Proquest Dissertations and Theses Global.

Lang, K., & Lang, G. E. (1952). The unique perspective of television and its effect: A pilot study. *American Sociological Review*, 18, pp.3~12.

Lange, P. G. (2007). Publicly private and privately public: Social networking on Youtube. *Journal of Computer-Mediated Communication* 13(1), pp.361~380.

Lanier, J. (1995). Agents of alienation. *Journal of Consciousness Studies*, 2(1), pp.76~81.

Lasswell, H. D. (1971). *Propaganda technique in world war I*. MIT Press.

Lawson-Borders, G. (2006). *Media organizations and convergence: case studies of media convergence pioneers*. Routledge.

Lazarsfeld, P. F. (1941). Remarks on administrative and critical communications research. *Zeitschrift für Sozialforschung*, 9(1), pp.2~16.

Lazarsfeld, P., Berelson, B., & Gaudet, H. (1948). *People's choice*. Columbia University Press.

Lazarsfeld, P. F., & Merton, R. K. (1948). Mass communication, popular taste and organized social action. In I. Bryson (Ed.), *The communcation of ideas: A series of addresses* (pp.95~118). Harper & Bros.

LeBrun, B., Todd, K., & Piper, A. (2022). *Buying the news: A quantitative study of the effects of corporate acquisition on local news*. New Media & Society.

Leckman, J. F., Grice, D. E., Boardman, J., Zhang, H., Vitale, A., Bondi, C., ... & Pauls, D. L. (1997). Symptoms of obsessive-compulsive disorder. *American Journal of Psychiatry*, 154(7), pp.911~917.

Lee, F., & Björklund, L. (2019). How should we theorize algorithms? Five ideal types in analyzing algorithmic normativities. *Big Data & Society*, 6(2).

Lee, H. (2016). Mobile networks, urban places and emotional spaces. In Aurigi, A., & De Cindio, F. (Eds.). A*ugmented urban spaces: articulating the physical and electronic city* (pp.63~82). Routledge.

Lee, S. M., & Olson, D. L. (2016). *Convergenomics: strategic innovation in the convergence era*. Routledge.

Lefebvre, H. (1991). *The production of space* (D. Nicholson-Smith, Trans.). Blackwell.

Leighton, W. A. (2001). Broadband deployment and the digital divide. *Cato Policy Analysis*, No 410, August 7.

Lerner, D. (1958). *The passing of traditional society: Modernizing the Middle East*. Free Press.

Lessig, L. (2002). *The future of ideas: The fate of the commons in a connected world*. Vintage.

Lievrouw, L. A., & Livingstone, S. (Eds.). (2002). *Handbook of new media: Social shaping and consequences of ICTs*. Sage.

Lim, E. T. (2003). The Lion and the Lamb: De-mythologizing Franklin Roosevelt's Fireside Chats. *Rhetoric and Public Affairs*, 6(3), pp.437~464.

Lim, J. J., Kim, Y. C., & Koch-Weser, S. (2022). Catalyzing storytelling in communication infrastructure theory: A Study of local ethnic media. *Journal of Health Communication*, 27(5), pp.312~325.

Lin, C. A. (2003). An interactive communication technology adoption model. *Communication Theory*, 13(4), pp.345~365.

Lippell, H. (2016). Big data in the media and entertainment sectors. In Cavanillas, J. M., Curry, E., & Wahlster, W. (Eds.). *New Horizons for a Data-Driven Economy* (pp.245~259). Springer.

Lippmann, W. (2017). *Public opinion*. Routledge.

Litman, B. R., & Bridges, J. (1986). An economic analysis of daily newspaper performance. *Newspaper Research Journal*, 7(3), pp.9~26.

Liu, M., Fang, S., Dong, H., & Xu, C. (2021). Review of digital twin about concepts, technologies, and industrial applications. *Journal of Manufacturing Systems*, 58, pp.346~361.

Lorenz, T., Browning, K., & Frenkel, S. (2020). TikTok teens and K-pop stans say they sank Trump rally. *The New York Times*, 12. https://www.nytimes.com/2020/06/21/style/tiktok-trump-rally-tulsa.html

Lyman, P. (1995). Copyright and fair use in the digital age: Q and A with Peter Lyman. *Educom Review*, 30(1), pp.32~35.

Lynd, R. S., & Lynd, H. M. (1929). *Middletown; a study in contemporary American culture*. Harcourt, Brace & World, Inc.

Lyon, D. (2015). *Surveillance after Snowden*. John Wiley & Sons.

MacKenzie, D., & Wajcman, J. (1999). *The social shaping of technology*. Open University Press.

Madanipour, A. (1999). Why are the design and development of public spaces significant for cities? *Environment and Planning B: Planning and Design*, 26(6), pp.879~891.

Maddux, J. E., & Rogers, R. W. (1983). Protection motivation and self-efficacy: A revised theory of fear appeals and attitude change. *Journal of Experimental Social Psychology*, 19(5), pp.469~479.

Maffesoli, M. (1995). *The Time of the Tribes: The Decline of Individualism in Mass Societies*. Sage.

Maisel, R. (1973). The decline of mass media. *Public Opinion Quarterly*, 37(2), pp.159~170.

Malone, T. W., & Bernstein, M. S. (Eds.). (2022). *Handbook of collective intelligence*. MIT Press.

Mann, S., & Ferenbok, J. (2013). New Media and the power politics of sousveillance in a surveillance-dominated world. *Surveillance & Society*, 11(1/2), pp.18~34.

Mann, S., Nolan, J., & Wellman, B. (2003). Sousveillance: Inventing and using wearable computing devices for data collection in surveillance environments. *Surveillance & Society*, 1(3), pp.331~355.

Manovich, L. (2002). *The language of new media*. MIT Press.

Marcuse, H. (1964). *One-dimensional man: Studies in the ideology of advanced industrial society*. Beacon Press.

Massey, D. (2013). *Space, place and gender*. John Wiley & Sons.

McCain, T. A., & Lowe, G. F. (1990). Localism in Western European radio broadcasting: Untangling the wireless. *Journal of Communication*, 40(1), pp.86~101.

McCombs, M. E., & Shaw, D. L. (1972). The agenda-setting function of mass media. *Public Opinion Quarterly*, 36(2), pp.176~187.

McCombs, M. E., Shaw, D. L., & Weaver, D. H. (2014). New directions in agenda-setting theory and research. *Mass Communication and Society*, 17(6), pp.781~802.

McCormack, T. (1961). Social theory and the mass media. *Canadian Journal of Economics and Political Science/Revue canadienne de economiques et science politique*, 27(4), pp.479~489.

McGuire, W. J. (1984). Public communication as a strategy for inducing health-promoting behavioral change. *Preventive Medicine*, 13(3), pp.299~319.

McLaughlin, M. L., Osborne, K. K., & Ellison, N. B. (1997). Virtual community in a telepresence environment. In Jones, S. (ed). *Virtual culture: Identity and communication in cybersociety* (pp.146~168). Sage.

McLeod, J. M., & Hawley, S. E. Jr. (1964). Professionalization among news men, *Journalism Quarterly*, 41(4), pp.529~539.

McLeod, J. M., Bybee, C. R., & Durall, J. A. (1979). Equivalence of informed political participation the 1976 presidential debates as a source of influence. *Communication Research*, 6(4), pp.463~487.

McLeod, J. M., Daily, K., Guo, Z., Eveland Jr, W. P., Bayer, J., Yang, S., & Wang, H. (1996). Community integration, local media use, and democratic processes. *Communication Research*, 23(2), pp.179~209.

McLeod, J. M., Scheufele, D. A., & Moy, P. (1999). Community, communication and participation: The role of mass media and interpersonal discussion in local participation. *Political Communication*, 16(3), pp.315~336.

McLeod, J. M., Scheufele, D. A., & Moy, P. (1999). Community, communication, and participation: The role of mass media and interpersonal discussion in local political participation. *Political Communication*, 16(3), pp.315~336.

McLoughlin, W. G. (2004). *Modern Revivalism: Charles Grandison Finney to Billy Graham*. Wipf and

Stock Publishers.

McLuhan, M. (1964). *Understanding media: Extension of man*. MIT Press.

McQuail, D. (2000). *Mass Communication Theory*. Sage.

McQuail, D., & Deuze, M. (2020). *McQuail's Media and Mass Communication Theory*. Sage.

McQuire, S. (2008). *The media city: Media, architecture, and urban space*. Sage.

Mead, G. H. (1934). *Mind, self, and society*. University of Chicago.

Meerloo, J. A. (1954). Television addiction and reactive apathy. *The Journal of Nervous and Mental Disease*, 120(3), pp.290~291.

Meese, J., & Hurcombe, E. (2021). Facebook, news media and platform dependency: The institutional impacts of news distribution on social platforms. *New Media & Society*, 23(8), pp.2367~2384.

Merton, R. K. (1948). Patterns of influence: A study of interpersonal influence and of communications behavior in a local community. In P. F. Lazarsfeld & F. N. Stanton (Eds.), *Communications Research, 1948~1949* (Vol. 1949, pp.180~219). Harper.

Meyrowitz, J. (1986). *No sense of place: The impact of electronic media on social behavior*. Oxford University Press.

Milan, S., & Hintz, A. (2013). Networked collective action and the institutionalized policy debate: bringing cyberactivism to the policy arena? *Policy & Internet*, 5(1), pp.7~26.

Milgram, S. (1977). The familiar stranger: An aspect of urban anonymity. In Milgram, S. (ed.). *The individual in a social world* (pp.51~53). Addison-Wesley,

Miller, C. R. (1941). Radio and propaganda. *The Annals of the American Academy of Political and Social Science*, 213(1), pp.69~74.

Miller, D. L. (2000). *Introduction to collective behavior and collective action* (2nd ed.). Waveland Press.

Miller, E. C. (2021). The Means of Revival: Charles Grandison Finney's Rhetorical Theory. *Journal of Communication & Religion*, 44(4). pp.63~79.

Mills, C. W. (1956). *The power elite*. Oxford University Press.

Mitchell, W. J. (1996). *City of bits: space, place, and the infobahn*. MIT Press.

Molotch, H. L. (1976) The city as a growth machine. *American Journal of Sociology* 82(2), pp.309~30.

Monge, P. R., & Contractor, N. S. (2003). *Theories of communication networks*. Oxford University Press.

Morley, D. (1993). Active audience theory: pendulums and pitfalls. *Journal of Communication*, 43(4), pp.13~19.

Morris, M., & Ogan, C. (1996). The Internet as mass medium, *Journal of Computer-Mediated Communication*, 1(4), https://doi.org/10.1111/j.1083-6101.1996.tb00174.x

Mosco, V. (2017). *Becoming digital: Toward a post-internet society*. Emerald Publishing.

Moy, P., Scheufele, D. A., & Holbert, R. L. (1999). Television use and social capital: Testing Putnam's time displacement hypothesis. *Mass Communication and Society*, 2(1-2), pp.27~45.

Mukerjee, S. (2021). A systematic comparison of community detection algorithms for measuring selective exposure in co-exposure networks. *Scientific Reports*, 11(1), pp.1~11.

Mumford, L. (1934). *Technics and civilization*. University of Chicago Press.

Mumford, L. (1961). *The city in history*. Harvest Books.

Murdock, G., & Golding, P. (1997). For a political economy of mass communication. In P. Golding & G. Murdock (Eds). *The Political Economy of the Media*, Vol. 1. (pp.3~32). Edward Elgar. (Orig. pub. 1974)

Napoli, P. M. (2001). The localism principle in communications policymaking and policy analysis: Ambiguity, inconsistency, and empirical neglect. *Policy Studies Journal*, 29(3), pp.372~387.

Napoli, P. M. (2015). Social media and the public interest: Governance of news platforms in the realm of individual and algorithmic gatekeepers. *Telecommunications Policy*, 39(9), pp.751~760.

Napoli, P. M. (2016). The audience as product, consumer, and producer in the contemporary media marketplace. In Lowe, G. F., & Brown, C. (Eds.). *Managing media firms and industries* (pp.261~275). Springer.

Nayman, O. B. (1973). Professional orientations of journalists: An introduction to communicator analysis studies. *Gazette* (Leiden, Netherlands), 19(4), pp.195~212.

Negroponte, N. (1995). *Being digital*. Random House. [백욱인 옮김. 《디지털이다》. 커뮤니케이션북스, 1999].

Nelson, R. E. (1989). The strength of strong ties: Social networks and intergroup conflict in organizations. *Academy of Management Journal*, 32(2), pp.377~401.

Neuman, W. R. (2016). *The digital difference: Media technology and theory of communication effects*. Harvard University Press.

Neuman, W. R., Guggenheim, L., Mo Jang, S. A., & Bae, S. Y. (2014). The dynamics of public attention: Agenda-setting theory meets big data. *Journal of Communication*, 64(2), pp.193~214.

New York Times (2014). New York Times innovation report. https://sriramk.com/memos/nytimes-innovation-report.pdf

New York times (2017). Journalism that stands apart: The report of the 2020 group. https://www.nytimes.com/projects/2020-report/index.html

Newman, M. (2018). *Networks*. Oxford University Press.

Nissenbaum, H. (2010). *Privacy in context: Technology, policy, and integrity of social life*. Stanford University Press

Noelle-Neumann, E. (1999). The effect of the mass media on opinion formation. In D. D. K. Viswanath (Ed.), *Mass media, social control, and social change: A macrosocial perspective* (pp.51~76). Iowa State University Press.

Norberg, P. A., Horne, D. R., & Horne, D. A. (2007). The privacy paradox: Personal information disclosure intentions versus behaviors. *Journal of Consumer Affairs*, 41(1), pp.100~126.

Norderhaug, T., & Oberding, J. M. (1995). Designing a web of intellectual property. *Computer Networks and ISDN Systems*, 27(6), pp.1037~1046.

Norris, P. (1996). Does television erode social capital? A reply to Putnam. *PS: Political Science & Politics*, 29(3), pp.474~480.

Ong, W. J. (1982). *Orality and literacy: The technologizing of the word*. T. J. Press.

Owen, B. M., & Wildman, S. S. (1992). *Video economics*. Harvard University Press.

Papacharissi, Z. (2010). *A networked self: Identity, community, and culture on social network sites*. Routledge.

Papacharissi, Z. (2010). *A private sphere: Democracy in a digital age*. Polity.

Pariser, E. (2011). *The filter bubble: What the Internet is hiding from you*. Penguin UK.

Park, R. E., & Burgess, E. W. (1933). *Introduction to the Science of Sociology*. University of Chicago Press.

Pelz, A. (2022). Travel in social media: From historical albums to selfies and stories. In Korte, B., & Sennefelder, A. K. (Eds.). *Travel, writing and the media* (pp.14~32). Routledge.

Perkins, J. (1994). 'Germany calling': Nazi short-wave broadcasting to Australia in the 1930s. *Journal of Australian Studies*, 18(42), pp.43~50.

Persico, J. E. (2020). *Edward R. Murrow: An American Original*. Plunkett Lake Press.

Peters, J. D. (2012). *Speaking into the Air: A History of the Idea of Communication*. University of Chicago Press.

Peters, J. D. (2015). *The marvelous clouds: Toward a philosophy of elemental media*. University of Chicago Press. [이희은 옮김. 《자연과 미디어》. 컬처룩. 2018].

Peters, J. D., & Simonson, P. (2004). *Mass communication and American social thought: Key texts 1919~1968*. Rowman & Littlefield Publishers.

Petty, R. E., & Cacioppo, J. T. (1986). The elaboration likelihood model of persuasion. In Petty, R. E. & Cacioppo, J. T. (Eds.) *Communication and persuasion* (pp.1~24). Springer.

Petty, R. E., Cacioppo, J. T., & Goldman, R. (1981). Personal involvement as a determinant of argument-based persuasion. *Journal of Personality and Social Psychology*, 41(5), p.847~855.

Pires, F., Masanet, M. J., & Scolari, C. A. (2021). What are teens doing with YouTube? Practices, uses and metaphors of the most popular audio-visual platform. *Information, Communication & Society*, 24(9), pp.1175~1191.

Pollard, J. (2020). The eccentric engineer: A tale of six pips — how the BBC became the national arbiter of time. *Engineering & Technology*, 15(2), p.91.

Porter, L., & Shaw, K. (Eds.). (2013). *Whose urban Renaissance?: An international comparison of urban regeneration strategies*. Routledge.

Powell, A. (2016). Hacking in the public interest: Authority, legitimacy, means, and ends. *New Media & Society*, 18(4), pp.600~616.

Praigg, N. (1923). *Advertising and selling by 150 advertising and sales executives*. Doubleday, Page, & Company.

Preston, M. I. (1941). Children's reactions to movie horrors and radiocrime. *The Journal of Pediatrics*, 19(2), pp.147~168.

Price, V. (1992). *Public opinion* (Vol. 4). Sage.

Pristed, N, H., & Faber, S. T. (2014). A strange familiarity? Place perceptions among the globally mobile. *Visual Communication*, 13(3), pp.373~388.

Psarras, E. (2022). It'sa mix of authenticity and complete fabrication Emotional camping: The cross-platform labor of the Real Housewives. *New Media & Society*, 24(6), pp.1382~1398.

Puntoni, S., Reczek, R. W., Giesler, M., & Botti, S. (2021). Consumers and artificial intelligence: An experiential perspective. *Journal of Marketing*, 85(1), pp.131~151.

Putnam, R. D. (1995). Tuning in, tuning out: The strange disappearance of social capital in America. *PS: Political Science & Politics*, 28(4), pp.664~683.

Putnam, R. D. (2000). *Bowling alone: The collapse and revival of American community*. Simon & Schuster.

Putnam, R. D., & Campbell, D. E. (2012). *American grace: How religion divides and unites us*. Simon & Schuster.

Raine, L., & Wellman, B. (2012). *Networked: The new social operating system*. MIT Press.

Reeves, J. (2012). If you see something, say something: Lateral surveillance and the uses of responsibility. *Surveillance & Society*, 10(3/4), pp.235~248.

Reilly, P. (2015). Every little helps? YouTube, sousveillance and the 'anti-Tesco'riot in Stokes Croft. *New Media & Society*, 17(5), pp.755~771.

Reinders, S. (2016). 'Social Networking is in our DNA': Women's alba amicorum as places to build and affirm group identities. In Van Der Poel, D., Grijp, L. P., & van Anrooij, W. (Eds.). *Identity, intertextuality, and performance in early modern song culture* (pp.150~177). Brill.

Rey, P. J. (2012). Alienation, exploitation, and social media. *American Behavioral Scientist*, 56(4), pp.399~420.

Riesman, D., Glazer, N., & Denney, R. (2020). *The lonely crowd*. Yale University Press.

Ritzer, G., Dean, P., & Jurgenson, N. (2012). The coming of age of the prosumer. *American Behavioral Scientist*, 56(4), pp.379~398.

Roach, C. (1997). Cultural imperialism and resistance in media theory and literary theory. *Media, Culture & Society*, 19(1), pp.47~66.

Roberts, P., & Sykes, H. (Eds.). (1999). *Urban regeneration: A handbook*. Sage.

Rogers, E. M., & Cartano, D. G. (1962). Methods of measuring opinion leadership. *Public Opinion Quarterly*, 26(3), pp.435~441.

Rogers, E. M., Vaughan, P. W., Swalehe, R. M., Rao, N., Svenkerud, P., & Sood, S. (1999). Effects of an entertainment–education radio soap opera on family planning behavior in Tanzania. *Studies in Family Planning*, 30(3), pp.193~211.

Roosevelt, F. D. (1992). *FDR's Fireside Chats*. University of Oklahoma Press.

Roosvall, A. (2015). Media and nationalism. *The Wiley Blackwell Encyclopedia of Race, Ethnicity, and Nationalism*, 1~4.

Rorty, J. (1934). *Our master's voice: Advertising*. John Day Company.

Russell, J. C. (1958). Late ancient and medieval population. *Transactions of the American Philosophical Society*, 48(3), pp.1~152.

Ryfe, D. M. (1999). Franklin Roosevelt and the fireside chats. *Journal of Communication*, 49(4), pp.80~103.

Sample, I. (2019). Tim Berners-lee unveils global plan to save the web. *The Guardians*. https://www.

theguardian.com/technology/2019/nov/24/tim-berners-lee-unveils-global-plan-to-save-the-internet

Sapir, E. (1931). Communication. In E. Seligman (Ed.), *Encyclopedia of the social sciences* (pp.78~81). MacMillan.

Scheufele, D. A. (1999). Framing as a theory of media effects. *Journal of Communication*, 49(1), pp.103~122.

Schiller, D. (1979). An historical approach to objectivity and professionalism in American news reporting. *Journal of Communication*, 29(4), pp.46~57.

Schiller, H. I. (1969). *Mass communications and American empire*. Augustus M. Kelley.

Schiller, H. I. (2019). *Communication and cultural domination*. Routledge.

Schlesinger, P. (1991). Media, the political order and national identity. *Media, Culture & Society*, 13(3), pp.297~308.

Schramm, W. (1964). *Mass media and national development: The role of information in the developing countries* (Vol. 65). University Press Stanford.

Schramm, W., & Riley, J. W. (1951). Communication in the Sovietized state, as demonstrated in Korea. *American Sociological Review*, 16(6), pp.757~766.

Schudson, M. (1989). The sociology of news production. *Media, Culture & Society*, 11(3), pp.263~282.

Schudson, M. (2011). *The Sociology of news*. Norton. [이강형 옮김. 《뉴스의 사회학》. 한국언론진흥재단. 2014].

Schutz, A. (1996). Outline of a Theory of Relevance. *In Collected Papers* (pp.3~5). Springer.

Schutz, A., & Luckmann, T. (1973). *The structures of the life-world* (Vol. 1). Northwestern University Press.

Schwartz, J. (1993). *The New York approach: Robert Moses, urban liberals, and redevelopment of the inner city*. Ohio State University Press.

Schwarz, O. (2019). Facebook rules: structures of governance in digital capitalism and the control of generalized social capital. *Theory, Culture & Society*, 36(4), pp.117~141.

Scolari, C. A. (2009). Transmedia storytelling: Implicit consumers, narrative worlds, and branding in contemporary media production. *International Journal of Communication*, 3, pp.586~606.

Scott, J. (2012). *What is social network analysis?* Bloomsbury Academic.

Scullion, R., Gerodimos, R., Jackson, D., & Lilleker, D. G. (Eds.). (2013). *The media, political participation and empowerment*. Routledge.

Seaman, W. R. (1992). Active audience theory: pointless populism. *Media, Culture & Society*, 14(2), pp.301~311.

Sears, D. O., & Kosterman, R. (1994). *Mass media and political persuasion. In persuasion: Psychological insights and perspectives*. Allyn and Bacon.

Sennet, R. (2009). *The Craftman*. Yale University Press.

Sennett, R. (2012). *Together: The rituals, pleasures and politics of cooperation*. Yale University Press.

Serenyi, P. (1967). Le Corbusier, Fourier, and the monastery of Ema. *The Art Bulletin*, 49(4), pp.277~

286.

Shaffer, T. J. (2019). Democracy in the air: Radio as a complement to face-to-face discussion in the new deal. *Journal of Radio & Audio Media*, 26(1), pp.21~34.

Shah, D. V., McLeod, J. M., & Yoon, S. -H. (2001). Communication, context, and community: An exploration of print, broadcast, and Internet influences. *Communication Research*, 28(4), pp.464~506.

Shah, H. (2011). *The production of modernization: Daniel Lerner, mass media, and the passing of traditional society*. Temple University Press.

Shapiro, A. (2018). Between autonomy and control: Strategies of arbitrage in the "on-demand" economy. *New Media & Society*, 20(8), pp.2954~2971.

Shaw, D., & McCombs, M. (1972). The agenda-setting function of mass media. *Public Opinion Quarterly*, 36(2), pp.176~187.

Sherry, J. L. (2002). Media saturation and entertainment—Education. *Communication Theory*, 12(2), pp.206~224.

Shirky, C. (2008). *Here comes everybody: The power of organizing without organizations*. The Penguin Press.

Shirky, C. (2010). *Cognitive surplus: Creativity and generosity in a connected age*. The Penguin Press.

Siebert, F., Peterson, T., Peterson, T. B., & Schramm, W. (1956). *Four theories of the press: The authoritarian, libertarian, social responsibility, and Soviet communist concepts of what the press should be and do* (Vol. 10). University of Illinois Press.

Siles, I., & Boczkowski, P. J. (2012). Making sense of the newspaper crisis: A critical assessment of existing research and an agenda for future work. *New Media & Society*, 14(8), pp.1375~1394.

Silverstone, R., & Haddon, L. (1996) Design and the domestication of information and communication technologies: Technical change and everyday life. In R. Silverstone & R. Mansell (Eds). *Communication by design: The politics of information and communication technologies* (pp.44~74). Oxford University Press.

Silverstone, R. (2005). Domesticating domestication: Reflections on the life of concept, In Berker, T., Hartmann, T., Punie, Y. & Ward, K. (Eds) *Domestication of media and technologies* (pp.229~248). Open University Press.

Silverstone, R. (2006). Domesticating domestication: Reflections on the life of a concept. In T. Berker, M. Hartmann, Y. Punie, & K. J. Ward (Eds.), *The domestication of media and technology* (pp.229~248). Open University Press.

Simmel, G. (1950). Strangers. in Wolff, K. H. (ed. & trans.) *The Sociology of Georg Simmel* (pp.402~408). Free Press.

Simonson, P. (2010). *Refiguring mass communication: A history* (Vol. 164). University of Illinois Press.

Singhal, A., & Rogers, E. (2012). *Entertainment-education: A communication strategy for social change*. Routledge.

Singhal, A., & Rogers, E. M. (1989). Prosocial television for development in India. In R. E. Rice & C.

Atkin (Eds.), *Public communication campaigns* (2nd ed., pp.331~350). Sage.

Slater, H. (2013). Post-media operators. In Apprich, C., Berry, J., Slater, A. I. & Schultz, O. L. (Eds.). *Provocative alloys: A post-media anthology* (pp.28~43). Mute.

Slechten, L., Courtois, C., Coenen, L., & Zaman, B. (2022). Adapting the selective exposure perspective to algorithmically governed platforms: The case of Google Search. *Communication research*, 49(8), 1039-1065.

Slotten, H. R. (2009). *Radio's hidden voice: The origins of public broadcasting in the United States* (Vol. 164). University of Illinois Press.

Smith, C. B., McLaughlin, M. L., & Osborne, K. K. (1997). Conduct control on Usenet. *Journal of Computer-Mediated Communication*, 2(4), JCMC2410.

Smyrnaios, N. (2018). *Internet oligopoly: The corporate takeover of our digital world*. Emerald Group Publishing.

Smythe, D. W. (1951). The consumer's stake in radio and television. *The Quarterly of Film Radio and Television*, 6(2), pp.109~128.

Smythe, D. W. (1960). On the political economy of communications. *Journalism Quarterly*, 37(4), pp.563~572.

Smythe, D. W. (1981). On the audience commodity and its work. In M. G. Durham & Kellner, D. M. (Eds.). (2012). *Media and cultural studies: Keyworks* (pp.230~256). John Wiley & Sons.

Sokolova, K., & Kefi, H. (2020). Instagram and YouTube bloggers promote it, why should I buy? How credibility and parasocial interaction influence purchase intentions. *Journal of Retailing and Consumer Services*, 53, p.101742.

Solove, D.J. (2008). *Understanding privacy*. Harvard University Press.

Son, J. Y., & Kim, S. S. (2008). Internet users' information privacy-protective responses: A taxonomy and a nomological model. *MIS Quarterly*, 32(3), pp.503~529.

Sørensen, E. (1997). Democracy and empowerment. *Public Administration*, 75(3), pp.553~567.

Spigel, L. (1992). *Make room for TV: Television and the family ideal in postwar America*. University of Chicago Press.

Sproule, J. M. (1987). Propaganda studies in American social science: The rise and fall of the critical paradigm. *Quarterly Journal of Speech*, 73(1), pp.60~78.

Srnicek, N. (2017). *Platform capitalism*. John Wiley & Sons.

Standage, T. (1998). *The Victorian Internet*. Berkely Books.

Standage, T. (2013). *Writing on the wall: Social media-The first 2,000 years*. Bloomsbury Publishing.

Star, S. L. & Bowker, G. C. (2002) How to infrastructure. In Lievrouw, L. A. & Livingstone, S. (Eds.) *The handbook of new media* (pp.151~162). Sage.

Starr, P. (2004). *The creation of the media: Political origins of modern communications*. Basic Books.

Stavitsky, A. G. (1994). The changing conception of localism in US public radio. *Journal of Broadcasting & Electronic Media*, 38(1), pp.19~33.

Stephens, M. (2007). *(A)history of news*. [이광재 · 이인희 옮김. 《뉴스의 역사》 (3판). 커뮤니케이션북

스. 2010].

Stewart, P. (1946). The FCC Report: A Summary. *Hollywood Quarterly*, 1(4), pp.429~434.

Stokes, B. (2020). *Locally played: Real-world games for stronger places and communities*. MIT Press.

Straßheim, J. (2010). Relevance theories of communication: Alfred Schutz in dialogue with Sperber and Wilson. *Journal of Pragmatics*, 42(5), pp.1412~1441.

Sunstein, C. (2001). *Republic.com*. Princeton University Press.

Sussman, S., & Moran, M. B. (2013). Hidden addiction: television. *Journal of Behavioral Addictions*, 2(3), pp.125~132.

Taddei, S., & Contena, B.(2013). Privacy, trust and control: Which relationships with online self-disclosure?. *Computers in Human Behavior*, 29(3), pp.821~826.

Taddicken, M. (2014). The 'privacy paradox' in the social web: The impact of privacy concerns, individual characteristics, and the perceived social relevance on different forms of self-disclosure. *Journal of Computer-Mediated Communication*, 19(2), pp.248~273.

Tajfel, H., & Turner, J. C. (1986). *The social identity theory of intergroup behaviour*. Nelson-Hall.

Taplin, J. (2017). *Move fast and break things: How Facebook, Google, and Amazon have cornered culture and what it means for all of us*. Pan Macmillan.

Tardy, C. H. (1985). Social support measurement. *American Journal of Community Psychology*, 13(2), p.187.

Terranova, T. (2012). Free labor. In Scholz, T. (ed.). *Digital labor: The internet as playground and factory* (pp.41~65). Routledge.

Teune, H. (1980). Nationalization of local politics and the governance of cities in the United States. *International Political Science Review*, 1(2), pp.280~295.

The Commission on Freedom of The Press (1947). *A free and responsible press: A general report on mass communication*. University of Chicago Press.

Thelen, K. (2018). Regulating Uber: The politics of the platform economy in Europe and the United States. *Perspectives on Politics*, 16(4), pp.938~953.

Theoharis, J. (2015). *The rebellious life of Mrs. Rosa Parks*. Beacon Press.

Thompson, J. B. (1995). *The media and modernity: A social theory of the media*. Stanford University Press.

Thrift, Jr., R. R. (1977). How chain ownership affects editorial vigor of newspapers. *Journalism Quarterly*, 54(2), pp.327~331.

Tichenor, P. A., et al. (1970). Mass media flow and differential growth in knowledge. *Public Opinion Quarterly* 34(2), pp.159~170.

Ticona, J., & Mateescu, A. (2018). Trusted strangers: Carework platforms' cultural entrepreneurship in the on-demand economy. *New Media & Society*, 20(11), pp.4384~4404.

Tocqueville, A. de. (1969). *Democracy in America*. Anchor.

Tokunaga, R. S. (2015). Perspectives on Internet addiction, problematic Internet use, and deficient self-regulation: Contributions of communication research. *Annals of the International Communication Association*, 39(1), pp.131~161.

Tomlinson, J. (2001). *Cultural imperialism: A critical introduction*. A&C Black.

Triandis, H. C. (1993). Collectivism and individualism as cultural syndromes. *Cross-cultural Research*, 27(3-4), pp.155~180.

Trilling, L. (2009). *Sincerity and authenticity*. Harvard University Press.

Tuan, Y. F. (1979). Space and place: humanistic perspective. In *Philosophy in geography* (pp.387~427). Springer.

Tuchman, G. (1978a). *Making the news: A study in the construction of reality*. Free Press.

Tuchman, G. (1978b). Professionalism as an agent of legitimation. *Journal of Communication*, 28(2), pp.106~113.

Turkle, S. (2011). *Alone together: Why we expect more from technology and less from each other*. Basic Books.

Turner, J. C., Hogg, M. A., Oakes, P. J., Reicher, S. D., & Wetherell, M. S. (1987). *Rediscovering the social group: A self-categorization theory*. Basil Blackwell.

Uslaner, E. M. (1998). Social capital, television, and the "mean world": Trust, optimism, and civic participation. *Political psychology*, 19(3), pp.441~467.

Van Dijk, J. A. (1999). The one-dimensional network society of Manuel Castells. *New Media & Society*, 1(1), pp.127~138.

Van Doorn, N. (2017). Platform labor: on the gendered and racialized exploitation of low-income service work in the 'on-demand' economy. *Information, Communication & Society*, 20(6), pp.898~914.

Varnelis, K. (Ed.). (2012). *Networked publics*. MIT Press.

Vella, K., Johnson, D., Cheng, V. W. S., Davenport, T., Mitchell, J., Klarkowski, M., & Phillips, C. (2019). A sense of belonging: Pokémon GO and social connectedness. *Games and Culture*, 14(6), pp.583~603.

Venkatesh, V., & Davis, F. D. (2000). A theoretical extension of the technology acceptance model: Four longitudinal field studies. *Management Science*, 46(2). pp.186~204

Vygotsky, L. S. (1962). *Thought and language* (E. Hanfmann & G. Vakar, Ed. & Trans.). MIT Press.

Wacker, G. (2014). *America's Pastor: Billy Graham and the Shaping of a Nation*. Harvard University Press.

Wallerstein, I. (1990). Culture as the ideological battleground of the modern world-system. *Theory, Culture & Society*, 7, pp.31~55.

Weber, M. (1930/1976). *The Protestant ethic and the spirit of capitalism*, Allen and Unwin.

Weber, M. (1917). *Politik als Beruf*. [이상률 옮김. 《직업으로서의 정치》. 문예출판사. 2017].

Welch, D. (2017). *World War II propaganda: Analyzing the art of persuasion during wartime*. ABC-CLIO.

Wellman, B., Quan-Hasse, A., Boase, J., Chen, W., Hampton, K., de Diaz, I. I., & Miyata, K. (2003). The social affordances of the Internet for network individualism. *Journal of Computer Mediated Communication*, 8(3). http://jcmc.indiana.edu/vol8/issue3/wellman.html

Westin, A. F., & Ruebhausen, O. M. (1967). *Privacy and freedom* (Vol. 1). Atheneum.

White, G., Zink, A., Codecá, L., & Clarke, S. (2021). A digital twin smart city for citizen feedback. *Cities*, 110, 103064.

Wilke, J. (2009). Historical perspectives on media events: a comparison of the Lisbon earthquake in 1755 and the Tsunami catastrophe in 2004. In Couldry, N., Hepp, A., & Krotz, F. (Eds.). *Media events in a global age* (pp.45～60). Routledge.

Willey, M. M., & Rice, S. A. (1933). *Communication agencies and social life*. McGraw-Hill.

Wirth, L. (1948). Consensus and mass communication. *American Sociological Review*, 13(1), pp.1～15.

Young, I. M. (2000). *Incusion and democracy*. Oxford University Press.

Ytreberg, E. (2017). Towards a historical understanding of the media event. *Media, Culture & Society*, 39(3), pp.309～324.

Zillmann, D. (1988). Mood management through communication choices. *American Behavioral Scientist*, 31(3), pp.327～340.

Zillmann, D., & Bryant, J. (2013). *Selective exposure to communication*. Routledge.

Zillmann, D., & Vorderer, P. (2000). *Media entertainment: The psychology of its appeal*. Routledge.

Zimmerman, M. A., & Rappaport, J. (1988). Citizen participation, perceived control, and psychological empowerment. *American Journal of Community Psychology*, 16(5), pp.725～750.

Zukin, S. (2009). *Naked city: The death and life of authentic urban places*. Oxford University Press.

Zweigh, S. (1946) *Balzac*. The Viking Press. [안인회 옮김. 《츠바이크의 발자크 평전》. 푸른숲. 1998].

찾아보기